INDUSTRIE KAUFLEUTE

INDUSTRIELLE GESCHÄFTSPROZESSE

LERNSITUATIONEN

Lernfelder 2, 5, 6, 7, 10, 11

Autoren:
Hans-Peter von den Bergen
Anja Brunnett
Christine Hinterthür
Franca Johannsen
Hans-Peter Klein
Melanie Seeliger
Gisbert Weleda
Dr. Petra Zedler

unter Mitarbeit der Verlagsredaktion

Dieses Buch wurde erstellt unter Verwendung von Materialien von Maria Auer, Oliver Dillmann, Wolfgang Duschek, Peter Engelhardt, Kai Franke, Christian Fritz, Bettina Glania, Marita Herrmann, Ariane Hoffmann, Ludger Katt, Antje Kost, Claudia Lang, Antje Licht, Wolfgang Metzen, Kathrin Montrone, Ute Morgenstern, Klaus Otte, Michael Piek, Roswitha Pütz, Josef Schnettler, Heike Scholz, Dieter Schütte, Alfons Steffes-lai, Mandy Viering, Ralf Wimmers, Carsten Zehm.

Wir weisen darauf hin, dass die im Lehrwerk genannten Unternehmen und Geschäftsvorgänge frei erfunden sind. Ähnlichkeiten mit real existierenden Unternehmen lassen keine Rückschlüsse auf diese zu. Dies gilt auch für die im Lehrwerk genannten Kreditinstitute, IBAN und Buchungsvorgänge. Ausschließlich zum Zwecke der Authentizität wurden insoweit existierende Kreditinstitute und IBAN verwendet.

Soweit in diesem Lehrwerk Personen fotografisch abgebildet sind und ihnen von der Redaktion fiktive Namen, Berufe, Dialoge und Ähnliches zugeordnet oder diese Personen in bestimmte Kontexte gesetzt werden, dienen diese Zuordnungen und Darstellungen ausschließlich der Veranschaulichung und dem besseren Verständnis des Inhalts.

Sämtliche Personenbezeichnungen in diesem Band (z. B. „Schüler", „Lehrer") gelten selbstverständlich für beide Geschlechter.

Verlagsredaktion:	Peter Sander
Außenredaktion:	Veronika Kühn, Köln; Dr. Dörte Lütvogt, Mainz; Annegret Wieck, Berlin
Bildredaktion:	Christina Fanselow
Gesamtgestaltung und technische Umsetzung:	vitaledesign, Berlin

www.cornelsen.de/cbb

Die Webseiten Dritter, deren Internetadressen in diesem Lehrwerk angegeben sind, wurden vor Drucklegung sorgfältig geprüft. Der Verlag übernimmt keine Gewähr für die Aktualität und den Inhalt dieser Seiten oder solcher, die mit ihnen verlinkt sind.

Dieses Werk berücksichtigt die Regeln der reformierten Rechtschreibung und Zeichensetzung. Ausnahmen bilden Originaltexte, bei denen lizenzrechtliche Gründe einer Änderung entgegenstehen.

1. Auflage, 5. Druck 2022

Alle Drucke dieser Auflage sind inhaltlich unverändert und können im Unterricht nebeneinander verwendet werden.

© 2013 Cornelsen Schulverlage GmbH, Berlin
© 2018 Cornelsen Verlag GmbH, Berlin

Druck: AZ Druck und Datentechnik GmbH, Kempten

ISBN 978-3-06-450492-9

PEFC-zertifiziert
Dieses Produkt stammt aus nachhaltig bewirtschafteten Wäldern und kontrollierten Quellen

PEFC/04-31-2260   www.pefc.de

Bildquellenverzeichnis

Titelbild: Fotolia/Yuri Arcurs

Martin Beckmann S. 251/2
BIONADE GmbH, Ostheim v. d. Rhön S. 296/2
Bundesverband der Deutschen Volksbanken und Raiffeisenbanken (BVR), Berlin S. 387/3
Cölner Hofbräu P. Josef Früh KG, Köln S. 296/1
Commerzbank AG, Frankfurt/Main S. 387/4
Cornelsen Verlagsarchiv S. 198, S. 200
Derby Cycle Werke GmbH, Cloppenburg S. 10/1–S. 10/4
Deutsche Bank AG, Frankfurt/Main S. 387/5
Deutscher Sparkassen- und Giroverband, Berlin S. 387/2
ecolo – Agentur für Ökologie und Kommunikation, www.ecolo-bremen.de S. 172
Fotolia S. 6/Industrieblick, S. 208/jonasginter, S. 222/alphaspirit, S. 245/Mumpitz, S. 246/ExQuisine
Joachim Gottwald, Berlin S. 148
iStockphoto S. 65/belljohn, S. 104/inkastudio, S. 136/kbeis, S. 161/begepotam, S. 171/kdmy, S. 256/shapecharge, S. 263/laflor, S. 274/schulzie, S. 280/inkastudio, S. 286/LUGO, S. 287/peepo, S. 288/1/mipan, S. 288/2/mgkaya, S. 289/1/mgkaya, S. 289/2/OnePopPhoto, S. 295/1/mediaphotos, S. 295/2/WillSelarep, S. 295/3/sturti, S. 298/1/WillSelarep, S. 298/2/sturti, S. 299/kevinjeon00, S. 301/Moodboard_Images, S. 303/1/chichi, S. 303/2/ozgurdonmaz, S. 305/prill, S. 308/PeskyMonkey, S. 310/mrPliskin, S. 312/studiovision, S. 321/Courtneyk, S. 323/2/Jirsak, S. 325/1/TomasSereda, S. 325/2/matsou, S. 328/1/Content-Works, S. 328/2/rekemp, S. 335/1/mammamaart, S. 335/2/shotbydave, S. 339/imagestock, S. 344/Neustockimages, S. 364/jkitan, S. 366/roccomontoya, S. 373/TobiasK, S. 379/danielschweinert, S. 382/froxx, S. 387/1/evirgen, S. 402/peepo, S. 406/Squaredpixels, S. 412/2/Squaredpixels
iveco/Pressebild S. 398
Gerhard Mester, Wiesbaden S. 186
OrangeBikeConcept GmbH, Karlsruhe S. 57/1
Petit-jean GmbH, Berlin S. 356
Photothek S. 187/Ute Grabowsky
Picture-Alliance S. 110/ZB, S. 41/1/Eibner-Pressefoto, S. 58/Bildagentur/Klein, S. 216/dpa, S. 219/1, S. 219/2/dpa, S. 331 /Bibliographisches Institut/Prof. Dr. H. Wilhelmy
project photos, Augsburg S. 201
RAMIEN Technische Illustration & Graphik, Kamp-Lintfort S. 412/1
Rehm Monats-Lohnsteuertabelle, Verlagsgruppe Hüthig Jehle Rehm, Heidelberg S. 228, S. 235, S. 239
Anette Schamuhn, Berlin S. 251/1
Shutterstock S. 17/2/TOSP Photo, S. 17/3/Sopotnicki, S. 31/Benis Arapovic, S. 52/Marcin Balcerzak, S. 113/Harper, S. 142/Monkey Business Images, S. 316 – S. 317/Tomasz Trojanowski, S. 332/LeventeGyori, S. 345/Ilin Sergey, S. 350/1/Nanisimova, S. 350/2/Harvepino
Stadtwerke Soltau GmbH, Soltau S. 28
Peter von Tresckow S. 48
Wikipedia S. 17/1/Hubert van Ham, Radical Design, S. 41/2/ Yanks 9596/GNU/CC
www.bike-doctor.de S. 57/2
www.woodtec.de S. 214

Inhaltsverzeichnis

Lernfeld 10: Absatzprozesse planen, steuern und kontrollieren

Lernfeld 11: Investitions- und Finanzierungsprozesse planen

Die Fly Bike Werke GmbH – eine Betriebserkundung

1 Unternehmensportrait

Jan Ullmann und Björn Ries, die Gesellschafter der Fly Bike Werke GmbH, sind seit frühester Jugend befreundet und hatten immer ein gemeinsames Hobby, das Radrennfahren. Die Väter der beiden Amateur-Rennfahrer waren schon frühzeitig im Fahrradmarkt ambitioniert. Dirk Ries, Vater von Björn Ries, betrieb in Oldenburg einen Fahrradeinzelhandel, wobei Rennräder für den Amateurbereich einen Schwerpunkt in seinem Sortiment darstellten. Klaus Ullmann, Vater von Jan Ullmann, produzierte in Oldenburg Standardfahrradrahmen aus Stahl für die Fahrradindustrie.

Die Erfahrungen, die Jan Ullmann als Hobbysportler gesammelt hatte, ließen sich gut mit dem Knowhow seines Vaters kombinieren. Die Geschäftsidee, eigene Freizeit-Sporträder aus Stahl zu entwickeln, erschien ihm so vielversprechend, dass er 1982 die Fly Bike Werke GmbH (als sogenannte Ein-Mann-GmbH) gründete. Die Aufgaben eines Geschäftsführers übertrug er an den ebenfalls radsportbegeisterten Hans Peters. Hauptziel der Fly Bike Werke GmbH ist und war immer die Produktion und der Absatz von hochwertigen, langlebigen Fahrrädern mit Gewinn.

Der Zwang zu modernen Fertigungsmethoden und die damit verbundenen Investitionen erhöhten den Kapitalbedarf zum Ende des ausgehenden Jahrhunderts erheblich. Da traf es sich gut, dass Jan Ullmann seinen alten Freund Björn Ries bei einem Radrennen traf und von seinen Sorgen erzählte. Der aufgrund eines erfolgreichen Berufslebens vermögende Björn Ries war spontan bereit, sich an der Fly Bike Werke GmbH zu beteiligen, und trat Anfang 2001 als weiterer Gesellschafter in die GmbH ein. Basis für die Geschäftstätigkeit der Fly Bike Werke GmbH ist der Gesellschaftsvertrag auf den folgenden Seiten.

Modellunternehmen Fly Bike Werke GmbH		
Rechtsform und Unternehmensgröße, Handelsregistereintrag	Gesellschaft mit beschränkter Haftung (GmbH) Kleine Kapitalgesellschaft gem. § 267 HGB Oldenburg HRB 2134	
Gesellschafter und Geschäftsanteile	Herr Jan Ullmann 200.000,00 €	Herr Björn Ries 100.000,00 €
Geschäftsführer	Herr Hans Peters	
Geschäftsjahr	Kalenderjahr (01.01. bis 31.12.)	
Umsatz Berichtsjahr	Ca. 6,9 Mio. €	
Bankverbindungen	– Deutsche Bank AG, Oldenburg BLZ: 280 700 57 Konto-Nr.: 2 114 253 666 BIC: DEUTDEHB280 IBAN: DE68 2807 0057 2114 2536 66 – Landessparkasse zu Oldenburg BLZ: 280 501 00 Konto-Nr.: 112 326 444 BIC: BRLADE21LZO IBAN: DE86 2805 0100 0112 3264 44	
Kontakt	Post- und Lieferadresse: Rostocker Str. 334, 26121 Oldenburg Telefon 0441 885-0 Telefax 0441 885-9211 Internet: www.flybike-werke.de E-Mail: mail@flybike-werke.de	
Absatzprogramm	Produktionsprogramm	Fahrräder: City-Räder, Mountain-Bikes, Rennräder, Jugendräder, Trekkingräder
	Handelswaren	Fahrradbekleidung, Fahrradzubehör, Fahrradanhänger
	Dienstleistungen	Vermittlung von Fahrradreisen
Stoffe, Vorprodukte, Fremdbauteile (Beispiele)	Rohstoffe	Rohre und Bleche aus Stahl und Aluminium
	Hilfsstoffe	Farben und Grundierungen, Schrauben und Kleinteile
	Betriebsstoffe	Strom, Gas, Wasser, Heizöl, Schmierstoffe
	Vorprodukte, Fremdbauteile	Räder, Beleuchtung, Sättel, Spezialrahmen, Federgabeln
Fertigungstypen und Fertigungsarten	– Fließ- bzw. Gruppenfertigung – Werkstattfertigung (Rennräder-Profi) – Serienfertigung – Einzelfertigung (Rennräder-Profi)	
Technische Anlagen und Maschinen (Beispiele)	Universalroboter, Rohrschneideanlage, Rahmenrichtmaschine, Schleifmaschine, Schweißmaschine, Montagebänder, Verpackungsanlage, Lackierautomaten	
Mitarbeiter	1 Geschäftsführer, 37 Arbeitnehmer, 3 Auszubildende	
Kunden	Großhändler, Filialisten, Cash-and-Carry-Märkte im Inland, Großhändler im Ausland	
Lieferanten	Industriebetriebe und Spezialgroßhändler im In- und Ausland	
Verbände	Oldenburgische Industrie- und Handelskammer (IHK), Oldenburg (Pflichtmitgliedschaft); NORDMETALL e. V., Hamburg, Geschäftsstelle Oldenburg, Bezirksgruppe Nordwest (Arbeitgeberverband)	
Betriebsnummer für die Sozialversicherung	26 550 966	
Steuer-Nr. USt-Id.-Nr.	112/8870/0057 DE 236667691	

2 Gesellschaftsvertrag

- Gesellschaftsvertrag -

§ 1 Firma und Sitz der Gesellschaft
(1) Die Firma der Gesellschaft lautet:
Fly Bike Werke Gesellschaft mit beschränkter Haftung
(2) Sitz der Gesellschaft ist Oldenburg.

§ 2 Gegenstand des Unternehmens
Gegenstand des Unternehmens ist die Herstellung und der Handel mit Fahrrädern, Fahrradteilen, Fahrradzubehör und Dienstleistungen im Fahrradmarkt. Die Gesellschaft darf andere Unternehmen gleicher oder ähnlicher Art übernehmen, vertreten und sich an solchen beteiligen; sie darf auch Zweigniederlassungen errichten.

§ 3 Stammkapital und Stammeinlage
(1) Das Stammkapital der Gesellschaft beträgt 350.000,00 DM (in Worten: dreihundertfünfzigtausend Deutsche Mark).
(2) Der alleinige Gesellschafter, Herr Jan Ullmann, Oldenburg, leistet seine Einlage, indem er alle Vermögenswerte der Einzelunternehmung Fahrrad Ullmann in die Gesellschaft einbringt.

§ 4 Dauer der Gesellschaft, Geschäftsjahr
(1) Die Gesellschaft wird auf unbestimmte Zeit errichtet.
(2) Geschäftsjahr ist das Kalenderjahr.

§ 5 Geschäftsführung und Vertretung
(1) Die Gesellschaft hat einen oder mehrere Geschäftsführer. Sind mehrere Geschäftsführer bestellt, so wird die Gesellschaft durch je zwei Geschäftsführer gemeinschaftlich vertreten.
(2) Zum Geschäftsführer wird bestellt: Herr Hans Peters. Er ist von den Beschränkungen des § 181 BGB befreit.

§ 6 Jahresabschluss
Innerhalb der ersten drei Monate nach Abschluss eines Geschäftsjahres hat die Geschäftsführung den Jahresabschluss und den Lagebericht aufzustellen und zusammen mit einem Vorschlag zur Ergebnisverwendung dem Gesellschafter vorzulegen. Der Jahresabschluss ist nach den gesetzlichen Vorschriften zu erstellen.

§ 7 Bekanntmachungen
Bekanntmachungen der Gesellschaft werden im Bundesanzeiger veröffentlicht.

Oldenburg, 15. Februar 1982

Jan Ullmann

**Änderungen des Gesellschaftsvertrages § 3 (1)
durch Gesellschafterbeschluss am 20.05.2000**
Das Stammkapital der Gesellschaft wird auf 200.000,00 € (in Worten zweihunderttausend Euro) erhöht. Die ausstehende Einlage ist zum offiziellen Umrechnungskurs von 1,95583 DM je Euro bis zum 31.12.2000 auf das Konto der Gesellschaft durch den Gesellschafter Jan Ullmann, Oldenburg, einzuzahlen.

Oldenburg, 20. Mai 2000

Jan Ullmann

Änderungen des Gesellschaftsvertrages § 3 (1) durch Gesellschafterbeschluss am 15.12.2000:

(1)   Zu Beginn des Geschäftsjahres 2001 tritt Herr Björn Ries in die GmbH ein. Der Gesellschafter Ries leistet eine Einlage von 100.000,00 € (in Worten einhunderttausend Euro). Das gezeichnete Kapital erhöht sich auf 300.000,00 €
(in Worten dreihunderttausend Euro). Davon übernehmen:

a)   Herr Jan Ullmann, Oldenburg, 200.000,00 €.

b)   Herr Björn Ries, Oldenburg, 100.000,00 €.

c)   Herr Björn Ries leistet eine Kapitalrücklage in Höhe von 100.000,00 € für die erbrachten Vorleistungen von Herrn Jan Ullmann (Know-how, Firmenimage).

Ergänzung des Gesellschaftsvertrages um § 3 (3) durch Gesellschafterbeschluss am 15.12.2000:

(3)   Der Gesellschafter Björn Ries, Oldenburg, leistet seine Einlage in Geld. Seine Stammeinlage und die vereinbarte Kapitalrücklage sind zu Beginn des Geschäftsjahres 2001 zur freien Verfügung der Gesellschaft auf das Konto der Gesellschaft einzuzahlen.

Ergänzung des Gesellschaftsvertrages um § 4 (3) durch Gesellschafterbeschluss am 15.12.2000:

(3) Jedem Gesellschafter steht ein Kündigungsrecht mit einjähriger Frist zum Jahresende zu.

Änderung des Gesellschaftsvertrages § 6 Jahresabschluss durch Gesellschafterbeschluss am 15.12.2000:

Innerhalb der ersten drei Monate nach Abschluss eines Geschäftsjahres hat die Geschäftsführung den Jahresabschluss und den Lagebericht aufzustellen und zusammen mit einem Vorschlag zur Ergebnisverwendung der Gesellschafterversammlung vorzulegen. Der Jahresabschluss ist nach den gesetzlichen Vorschriften zu erstellen.

Ergänzung des Gesellschaftsvertrages um § 8 durch Gesellschafterbeschluss am 15.12.2000:

§ 8 Gesellschafterversammlung, Stimmrecht und Erfolgsbeteiligung

(1) Alljährlich findet innerhalb von 6 Monaten nach Schluss des vorangegangenen Rechnungsjahres eine ordentliche Gesellschafterversammlung statt. Diese beschließt über die

- Feststellung des Jahresabschlusses für das vorangegangene Geschäftsjahr,
- Verwendung der Ergebnisse der Gesellschaft,
- Entlastung des/der Geschäftsführer/s,
- Wahl eines eventuell zu bestellenden Abschlussprüfers.

(2) Je 500,00 € eines Geschäftsanteils gewähren eine Stimme.

(3) 10 % eines Jahresüberschusses fließen ab 2001 in die Gewinnrücklage. Die Gewinnverteilung erfolgt im Verhältnis des gezeichneten Kapitals.

Oldenburg, 15. Dezember 2000

Jan Ullmann   *Björn Ries*

Der Gesellschaftsvertrag samt Änderungen wurde von Rechtsanwalt und Notar Dr. Heinfried Kampen, Oldenburg, notariell beglaubigt.

3 Produktionsprogramm, Absatzprogramm, Kunden, Preise

Das **Produktionsprogramm** der Fly Bike Werke GmbH umfasst zurzeit zwölf verschiedene Fahrradmodelle. Das Produktionsprogramm wird durch Handelswaren und Dienstleistungen zum **Absatzprogramm** erweitert.

Produktionsprogramm			
Modell	Artikel-Nr.	Modell-Name	unverbindl. Preis
City-Räder	101	City *Glide*	245,00 €
	102	City *Surf*	274,40 €
Trekkingräder	201	Trekking *Light*	299,25 €
	202	Trekking *Free*	350,00 €
	203	Trekking *Nature*	437,50 €
Mountain-Bikes	301	Mountain *Dispo*	393,75 €
	302	Mountain *Constitution*	598,50 €
	303	Mountain *Unlimited*	997,50 €
Rennräder	401	Renn *Fast*	1.260,00 €
	402	Renn *Superfast*	2.205,00 €
Kinderräder	501	Kinder *Twist*	196,88 €
	502	Kinder *Cool*	262,50 €

City-Rad Modell 102 *Surf*

Rennrad Modell 401 *Fast*

Handelswaren und Dienstleistungsangebote der Fly Bike Werke GmbH		
Handelswaren	Textilien aus Gore-Tex® (x = Größen S, M, L, XL, XXL)	– 701 x Shirts *STEFF superfast* – 702 x Shorts *STEFF superfast* – 703 x Jacketts *STEFF superfast*
	Fahrradanhänger	– 601 Modell *Kelly* – 602 Modell *Mini* – 603 Modell *Max* – 604 Modell *Kids* – 605 Modell *Sven*
Dienst-leistungen	Vermittlung von Radtouren/Reisen (Veranstalter: UIT und Rebbel)	– 901 Brandenburg und Mecklenburg-Vorpommern (Alleestraßen) – 902 Rheinland-Pfalz (Mosel/Saar) – 903 Niedersachsen (Nordsee) – 904 Südtirol (Pässetour, Teilnahme an Dolomiti Open) – 905 Toskana (Kultur, Tour und Mee(h)r) – 906 Schweiz (Pässetour)

Mountain-Bike Modell 302 *Constitution*

Kinderrad Modell 502 *Cool*

Kunden der Fly Bike Werke GmbH	
Einzelhandel	umsatzstarke Fachhandelsunternehmen mit eigenen Filialen und abgegrenzten Vertriebsgebieten in Deutschland
Großhandel national	Fahrradgroßhandelsunternehmen, die den Fahrradeinzelhandel in Deutschland beliefern
Großhandel Europa	je ein Großhändler in Belgien, in den Niederlanden, in Österreich und in der Schweiz, die dort landesweit den Fahrradeinzelhandel beliefern
Private-Label-Kunden	eine Kaufhauskette und ein Cash-and-Carry-Konzern, die Fahrräder unter eigenem Markennamen (Private Label) vertreiben

Die Preise der Fahrräder werden von der Fly Bike Werke GmbH immer als unverbindliche Preisempfehlungen angegeben, zuzüglich Umsatzsteuer für den Endverbraucher. Auf diese Preise erhalten die Wiederverkäufer (Kunden der Fly Bike Werke GmbH) Preisnachlässe in Form von **Rabatten**, **Boni** und **Skonti**.

4 Bilanz und GuV

**Bilanz der Fly Bike Werke GmbH, Oldenburg,
zum 31.12.20XX (in €)**

Aktiva	Vorjahr	Berichtsjahr	Passiva	Vorjahr	Berichtsjahr
A. Anlagevermögen			**A. Eigenkapital**	700.000,00	850.000,00
1. Grundstücke und Bauten	635.200,00	612.850,00	**B. Verbindlichkeiten**		
2. Technische Anlagen und Maschinen	224.904,00	131.870,00	1. Langfristige Bankverbindlichkeiten	639.000,00	602.000,00
3. Betriebs- und Geschäftsausstattung	138.371,00	97.505,00	2. Verbindlichkeiten aus Lieferungen und Leistungen	697.600,00	926.225,00
B. Umlaufvermögen			3. Sonstige Verbindlichkeiten	13.000,00	24.000,00
1. Roh-, Hilfs- und Betriebsstoffe	224.800,00	288.000,00			
2. Unfertige Erzeugnisse	36.000,00	48.000,00			
3. Fertige Erzeugnisse	72.900,00	140.000,00			
4. Handelswaren	0,00	4.000,00			
5. Forderungen aus Lieferungen und Leistungen	541.520,00	720.000,00			
6. Kasse	3.105,00	2.400,00			
7. Bankguthaben	172.800,00	357.600,00			
	2.049.600,00	2.402.225,00		2.049.600,00	2.402.225,00

Gewinn- und Verlustrechnung		
Gesamtkostenverfahren, Beträge in €	**Vorjahr**	**Berichtsjahr**
1. Umsatzerlöse	5.800.000,00	6.893.555,85
2. Erhöhung oder Verminderung an Erzeugnissen	18.000,00	105.500,00
3. andere aktivierte Eigenleistungen	3.000,00	3.600,00
4. sonstige betriebliche Erträge	–	4.000,00
5. Materialaufwand und Wareneinsatz	3.271.300,00	3.565.000,00
Rohergebnis	**2.549.700,00**	**3.441.655,85**
6. Personalaufwand	1.845.990,00	2.250.000,00
7. Abschreibungen	170.000,00	210.000,00
8. sonstige betriebliche Aufwendungen	324.000,00	344.000,00
Betriebsergebnis	**209.710,00**	**637.655,85**
9. Erträge aus Beteiligungen	–	–
10. Erträge aus anderen WP/Finanzanlagen	–	–
11. sonstige Zinsen	–	–
12. Abschreibungen auf WP des UV/Finanzanlagen	–	355.412,35[1]
13. Zinsaufwendungen	60.480,00	47.628,00
9. bis 13. Finanzergebnis	**– 60.480,00**	**– 403.040,35**
Ergebnis vor Steuern	**149.230,00**	**234.615,50**
14. Steuern vom Einkommen und vom Ertrag	47.230,00	82.115,50
15. Ergebnis nach Steuern	**102.000,00**	**152.500,00**
16. Sonstige Steuern	2.000,00	2.500,00
17. Jahresüberschuss/-fehlbetrag	**100.000,00**	**150.000,00**

WP = Wertpapiere, UV = Umlaufvermögen, 1) Vollständige Abschreibung einer Finanzanlage (Beteiligung), die erst im Berichtsjahr erworben wurde.

5   Organigramm

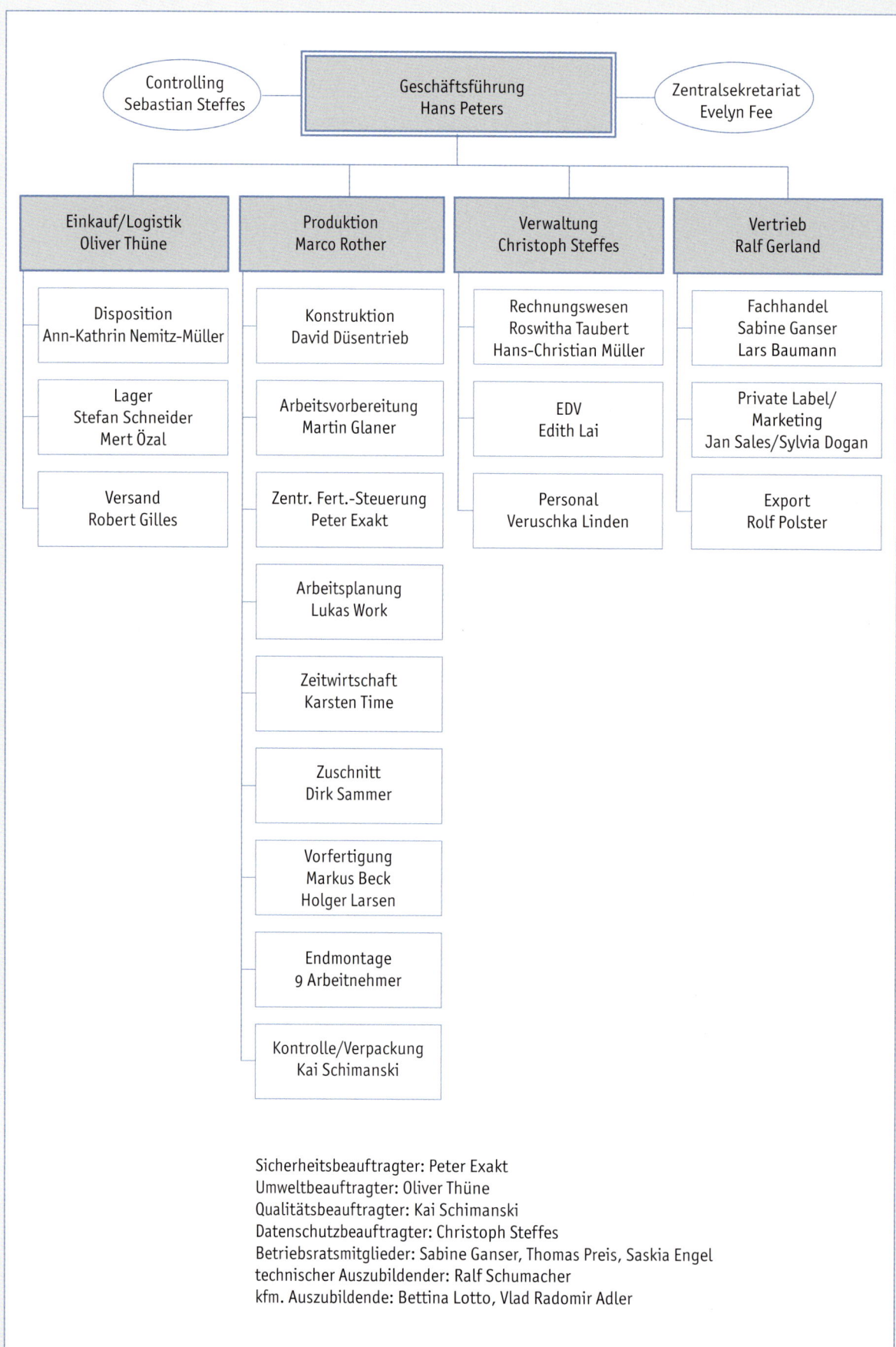

Controlling
Sebastian Steffes

Geschäftsführung
Hans Peters

Zentralsekretariat
Evelyn Fee

Einkauf/Logistik
Oliver Thüne

Disposition
Ann-Kathrin Nemitz-Müller

Lager
Stefan Schneider
Mert Özal

Versand
Robert Gilles

Produktion
Marco Rother

Konstruktion
David Düsentrieb

Arbeitsvorbereitung
Martin Glaner

Zentr. Fert.-Steuerung
Peter Exakt

Arbeitsplanung
Lukas Work

Zeitwirtschaft
Karsten Time

Zuschnitt
Dirk Sammer

Vorfertigung
Markus Beck
Holger Larsen

Endmontage
9 Arbeitnehmer

Kontrolle/Verpackung
Kai Schimanski

Verwaltung
Christoph Steffes

Rechnungswesen
Roswitha Taubert
Hans-Christian Müller

EDV
Edith Lai

Personal
Veruschka Linden

Vertrieb
Ralf Gerland

Fachhandel
Sabine Ganser
Lars Baumann

Private Label/
Marketing
Jan Sales/Sylvia Dogan

Export
Rolf Polster

Sicherheitsbeauftragter: Peter Exakt
Umweltbeauftragter: Oliver Thüne
Qualitätsbeauftragter: Kai Schimanski
Datenschutzbeauftragter: Christoph Steffes
Betriebsratsmitglieder: Sabine Ganser, Thomas Preis, Saskia Engel
technischer Auszubildender: Ralf Schumacher
kfm. Auszubildende: Bettina Lotto, Vlad Radomir Adler

6 Kundenstammdaten der Fly Bike Werke GmbH

Kundenstammdaten der Fly Bike Werke GmbH

Kunden-Nr. Debitoren-Nr.	Firma / Anschrift / Telefon/Fax	Ansprechpartner / Lieferanschrift / Lieferart	Zahlungsbedingungen / Zahlungsziel	Bankverbindung / Zahlungsart	Ansprechpartner FBW
10001 24001	Radbauer GmbH, Augsburger Str. 21, 80335 München, Tel. 089 224336(8), Fax 089 224337	Herr Rosenheim, Nymphenburgerstr. 42, 80335 München, Tel. 089 224416, Bahnfracht	2 % Skonto innerhalb von 8 Tagen, 30 Tage Ziel	Münchner Bank, IBAN DE4470190000 043622490, BIC GENODEF1M01, Überweisung	Herr Baumann
10002 24002	Schöller&Co. OHG, Fahrradhandel, Parlamentsplatz 2, 60385 Frankfurt a. M., Tel. 069 49260, Fax 069 49262333	Herr Kleine, Mörfelder Landstr. 180, 60589 Frankfurt a. M., Tel. 069 49262334, Bahnfracht	2 % Skonto innerhalb von 8 Tagen, 30 Tage Ziel	SEB, IBAN DE7350010111 0322400021, BIC ESSEDE5FXXX, Überweisung	Herr Baumann
10003 24003	Fahrradhandel Uwe Klein e. K., Am Wasserturm 4, 66113 Saarbrücken, Tel. 0681 685081, Fax 0681 6508222	Frau Geldert, Dudweiler Landstr. 157, 66123 Saarbrücken, Tel. 0681 6508223, Bahnfracht	2 % Skonto innerhalb von 8 Tagen, 30 Tage Ziel	Ver. Volksbanken Saarbrücken, IBAN DE3059190100 0120004569, BIC GENODE51SLS, Überweisung	Herr Baumann
10004 24004	Zweirad GmbH, Herzogstr. 70, 40251 Düsseldorf, Tel. 0211 37501, Fax 0211 3750667	Herr Grünert, Gladbacher Str. 50, 41462 Neuss, Tel. 0211 544222, Bahnfracht	2 % Skonto innerhalb von 8 Tagen, 30 Tage	Deutsche Bank, IBAN DE1730070010 214002679, BIC DEUTDEDDXXX, Überweisung	Frau Ganser
10005 24005	Fahrrad&Motorrad GmbH, Alter Hellweg 46, 44379 Dortmund, Tel. 0231 61701, Fax 0231 6170333	Frau Dunkel, Alter Hellweg 46, 44379 Dortmund, Tel. 0231 617010, Bahnfracht	2 % Skonto innerhalb von 8 Tagen, 30 Tage Ziel	Deutsche Bank, IBAN DE7844070050 0420006799, BIC DEUTDEDE440, Überweisung	Frau Ganser
10006 24006	Bike GmbH, Leipziger Chaussee 12, 39118 Magdeburg, Tel. 0391 6212415(6), Fax 0391 6212400	Herr Gründel, Am Hansehafen 5, 39126 Magdeburg, Tel. 0391 6212417, Bahnfracht	2 % Skonto innerhalb von 8 Tagen, 30 Tage Ziel	Santander Consumer Bank, IBAN DE4931010833 0122003344, BIC CCBADE31XXX, Überweisung	Herr Baumann
10007 24007	Zweiradhandelsgesellschaft GmbH, Unter den Linden 42, 10178 Berlin, Tel. 030 202080, Fax 030 20208100	Herr Wester, Rosenthaler Str. 40, 10178 Berlin, Tel. 030 20208650, Bahnfracht	2 % Skonto innerhalb von 8 Tagen, 30 Tage Ziel	BHF Bank, IBAN DE3210020200 0010046991, BIC BHFBDEFF100, Überweisung	Herr Baumann
10008 24008	Nordrad GmbH, Alter Markt 28, 18055 Rostock, Tel. 0381 4904416, Fax 0381 4904411	Frau Adams, Alter Hafen Nord 325, 18069 Rostock, Tel. 0381 4904414, Bahnfracht	2 % Skonto innerhalb von 8 Tagen, 30 Tage Ziel	Deutsche Bank, IBAN DE0313070000 0012300666, BIC DEUTDEBRXXX, Überweisung	Herr Baumann
10009 24009	Sachsenrad GmbH, Bayreuther Str. 20, 01277 Dresden, Tel. 0351 4274750, Fax 0351 4274751	Frau Zeisig, Bodenbacher Str. 81, 01277 Dresden, Tel. 0351 4274758, Bahnfracht	2 % Skonto innerhalb von 8 Tagen, 30 Tage Ziel	Commerzbank Dresden, IBAN DE9385080000 0669200451, BIC DRESDEFF850, Überweisung	Herr Baumann
20010 24010	EGZ Einkaufsgenossenschaft, Bonner Landstr. 512, 50996 Köln, Tel. 0221 934622, Fax 0221 934622300	Herr Kleinheisel, Bonner Landstr. 523, 50996 Köln, Tel. 0221 934622220, Spedition	3 % Skonto innerhalb von 10 Tagen, 30 Tage Ziel	Commerzbank Köln, IBAN DE2637040044 0240006692, BIC COBADEFFXXX, Überweisung	Frau Ganser
20011 24011	Radplus GmbH, Gütersloher Str. 102, 33415 Verl, Tel. 05246 45950, Fax 05246 4595111	Herr Reichenbach, Gütersloher Str. 122, 33415 Verl, Tel. 05246 4591200, Spedition	3 % Skonto innerhalb von 10 Tagen, 30 Tage Ziel	Kreissparkasse Wiedenbrück, IBAN DE7147853520 0000245398, BIC WELADED1WDB, Überweisung	Frau Ganser
20012 24012	Südrad e.G., Schleißheimer Str. 20, 85221 Dachau, Tel. 08131 78071, Fax 08131 7807211	Herr Huber, Münchner Str. 70, 85221 Dachau, Tel. 08131 5155130, Spedition	3 % Skonto innerhalb von 10 Tagen, 30 Tage Ziel	Raiffeisenbank Singoldtal, IBAN DE4470169413 0000624099, BIC GENODEF1HUA, Überweisung	Herr Baumann
20014 24014	Interrad e.G., Großbeerenstr. 30, 12107 Berlin, Tel. 030 747920, Fax 030 74792311	Herr Brand, Westfalenring 75, 12207 Berlin, Tel. 030 3007886, Spedition	3 % Skonto innerhalb von 10 Tagen, 30 Tage Ziel	BHF Bank, IBAN DE7210020200 0122000567, BIC BHFBDEFF100, Überweisung	Herr Baumann
30031 24031	Europarad N. V., Zandvoortstraat 16, 2800 Mechelen, Belgien, Tel. +32 15 209481, Fax +32 15 209411	Herr van den Kracht, Zandvoortstraat 16, 2800 Mechelen, Belgien, Tel. +32 15 209481, Spedition	1,5 % Skonto innerhalb von 14 Tagen, 60 Tage Ziel	O.B.K. Bank, IBAN BE9812287569 3600, BIC OBKBBE99, Überweisung	Herr Polster
30032 24032	Jansen Import B.V., Groot Bollerweg 10, 5928 NS Venlo-Blerick, Niederlande, Tel. +31 77 3822640, Fax +31 77 3824241	Herr van Erp, Groot Bollerweg 10, 5928 NS Venlo-Blerick, Niederlande, Tel. +31 77 3822640, Spedition	1,5 % Skonto innerhalb von 14 Tagen, 60 Tage Ziel	ABN Amro Bank, IBAN NL27ABNA0904428, BIC ABNANL2A, Überweisung	Herr Polster
30033 24033	Austria Fahrradhandelsgesellschaft AG, Rautenweg 182, 1220 Wien, Österreich, Tel. +43 1 226597, Fax +43 1 2206705	Frau Czech, Rautenweg 182–184, 1220 Wien, Österreich, Tel. +43 1 226598, Bahnfracht	1,5 % Skonto innerhalb von 14 Tagen, 60 Tage Ziel	BAWAG P.S.K., IBAN AT5660000217172, BIC BAWAATWW, Überweisung	Herr Polster
30034 24034	Velo AG, Binzstr. 15, 8045 Zürich, Schweiz, Tel. +41 1 4638596, Fax +41 1 4637070	Frau Alpi, Binzstr. 16, 8045 Zürich, Schweiz, Tel. +41 1 4638599, Bahnfracht	1,5 % Skonto innerhalb von 14 Tagen, 60 Tage Ziel	Zürcher Kantonalbank, IBAN CH710350110203, BIC ZKBKCHZZ80A, Überweisung	Herr Polster
40021 24021	Hofkauf AG, Emdener Str. 4, 50735 Köln, Tel. 0221 7122400, Fax 0221 71224033	Herr Thönnes, Lagerzentrum Frankfurter Str. 40, 51065 Köln, Tel. 0221 71240333, Spedition	2 % Skonto innerhalb von 10 Tagen, 45 Tage Ziel	Postbank Köln, IBAN DE7937010050 0240852122, BIC PBNKDEFFXXX, Überweisung	Herr Sales
40022 24022	Matro AG, Altenessener Str. 611, 45472 Essen, Ruhr, Tel. 0201 343170, Fax 0201 34317222	Herr Kunster, Zwischenlager Mülheim, Kruppstr. 60, 45472 Mülheim a. d. Ruhr, Tel. 0208 43430, Spedition	2 % Skonto innerhalb von 10 Tagen, 45 Tage Ziel	Stadtsparkasse Essen, IBAN DE9436050105 0012000399, BIC SPESDE3EXXX, Überweisung	Herr Sales

7 Lieferantenstammdaten der Fly Bike Werke GmbH

Lieferantenstammdaten der Fly Bike Werke GmbH

Liefer.-Nr. / Kreditoren-Nr.	Firma / Anschrift / Telefon/Fax	Ansprechpartner / Lieferanschrift / Lieferart	Bankverbindung / Zahlungsart	Lieferprogramm
60001 44001	Stahlwerke Tissen AG, Karl-Kleppe-Str. 19, 40474 Düsseldorf, Tel. 0211 45899917, Fax 0211 45899942	Herr Greiner, Tor 1, Karl-Kleppe-Str. 20, 40474 Düsseldorf, Tel. 0211 45899224, Spedition	Westdeutsche Landesbank, IBAN DE4030050000 0240033712, BIC WELADEDDXXX, Überweisung	Stahlrohre, Bleche
60002 44002	Mannes AG, Herner Str. 406, 44807 Bochum, Tel. 0234 904980, Fax 0234 9048711	Herr Özman, Herner Str. 405, 44807 Bochum, Tel. 0234 92468333, Spedition	HypoVereinsbank, IBAN DE7070020270 079914368, BIC HYVEDEMMXXX, Überweisung	Stahlrohre
60003 44003	AWB Aluminiumwerke AG, St. Augustiner Str. 30, 53225 Bonn, Tel. 0228 464770, Fax 0228 46477711	Herr Köllen, Trier Str. 16, 53115 Bonn, Tel. 0228 617934, Spedition	SEB, IBAN DE8738010111 0077998246, BIC ESSEDE5F380, Überweisung	Aluminiumrohre
60004 44004	Shokk Ltd., 401 Charcot Ave., San Jose, CA 95131, USA, Tel. +1 4 084357466, Fax +1 4 084357477	Mr. Temp, Keine Rücksendungen, Schiffsfracht	Bank of America N.A., 101 Park Center Plaza San Jose, CA 95130, USA, 77892346, Überweisung	Spezialfedergabeln
60005 44005	Hans Köller Spezialrahmenbau e. K., Lorenzstr. 10, 18146 Rostock, Tel. 03 81 69040, Fax 03 81 6904777	Frau Reiz, Lorenzstr. 10, 18146 Rostock, Tel. 0381 6904341, Bahnfracht	Deutsche Bank, IBAN DE3213070000 0012300241, BIC DEUTDEBR132, Überweisung	Spezialfahrradrahmen und Spezialfedergabeln
62007 44007	Farbenfabriken Beyer AG, Am Beyerwerk 144, 51333 Leverkusen, Tel. 0214 301, Fax 02 14 30 211	Herr Gräulich, Am Beyerwerk 144, 51333 Leverkusen, Tel. 0214 30799, Spedition	Sparkasse Leverkusen, IBAN DE8837551440 0607003712, BIC WELADEDLLEV, Überweisung	Lacke, Grundierungen
62008 44008	Color GmbH, Hafenstr. 125, 67061 Ludwigshafen am Rhein, Tel. 0621 582664, Fax 0621 582666	Frau Reineke, Hafenstr. 190, 67061 Ludwigshafen am Rhein, Spedition	Commerzbank, IBAN DE2954540033 0099763298, BIC COBADEFFXXX, Überweisung	Lacke, Grundierungen
71009 44009	Tamino Deutschland GmbH, Immermannstr. 24, 40210 Düsseldorf, Tel. 0211 162166, Fax 0211 162199	Herr Freundlich, Immermannstr. 24, 40210 Düsseldorf, Tel. 0211 162150, Spedition	Bank of Tokyo-Mitsubishi, IBAN DE7930010700 42299633, BIC BOTKDEDXXXX, Überweisung	Schaltungen, Laufräder, Bremssysteme, Antriebssysteme (vollständige Systemkomponenten)
71010 44010	Tamino INC, 3-77 Oimatsuchu, Sakei 590-77 Osaka, Japan, Tel. +81 6 722233280, Fax +81 6 722233282	Mr. Wasabi, Tamino Deutschland GmbH, Immermannstr. 24, 40210 Düsseldorf, Tel. 0211 162150, Schiffsfracht	Dai-Ichi Kangyo-Bank Ltd., 2-10 Izumimachi CHU0-CH 540 Osaka 5009087373, Überweisung	Schaltungen, Laufräder, Bremssysteme, Antriebssysteme (vollständige Systemkomponenten)
71011 44011	Dax AG, Rudolf-Diesel-Str. 25, 97424 Düsseldorf, Tel. 0211 80170, Fax 0211 8017999	Herr Sachse, Rudolf-Diesel-Str. 70, 97424 Düsseldorf, Tel. 0211 8017326, Spedition	SEB, IBAN DE2950010111 0004002193, BIC ESSEDE5FXXX, Überweisung	Schaltungen, Laufräder, Bremssysteme, Antriebssysteme (vollständige Systemkomponenten)
72012 44012	Schwalle KG, Märkische Str. 38, 44135 Dortmund, Tel. 0231 52810, Fax 0231 5281155	Herr Rille, Märkische Str. 38, 44135 Dortmund, Tel. 0231 5281936, Spedition	Dortmunder Volksbank, IBAN DE4344160014 0204400123, BIC GENODEM1DOR, Überweisung	Reifen (Decken), Schläuche mit Ventilen, Felgenbänder
72013 44013	Continent AG, Vahrenwalder Str. 99, 30165 Hannover, Tel. 0511 927411, Fax 0511 927411	Herr Rieger, Vahrenwalder Str. 102, 30165 Hannover, Tel. 0511 927411, Spedition	Deutsche Bank, IBAN DE7425070070 01244446711, BIC DEUTDE2HXXX, Überweisung	Reifen (Decken), Schläuche mit Ventilen, Felgenbänder
73014 44014	Ruhrwerke GmbH, Lohrheidestr. 72, 44866 Bochum, Tel. 02327 3521, Fax 02327 352998	Frau Rieser, Lohrheidestr. 72, 44866 Bochum, Tel. 02327 352974, Spedition	HypoVereinsbank, IBAN DE7070020270 0079200341, BIC HYVEDEMMXXX, Überweisung	Lenker, Vorbauten, Metallausstattungen (Ständer, Gepäckträger usw.)
73015 44015	Frikawerke GmbH&Co. KG, Gertenstr. 19, 58739 Wickede/Ruhr, Tel. 02377 5770, Fax 02377 577319	Herr Stoll, Gertenstr. 19, 58739 Wickede/Ruhr, Tel. 02377 577124, Spedition	Sparkasse Werl, IBAN DE1341451750 0039722611, BIC WELADED1WRL, Überweisung	Lenker, Vorbauten, Metallausstattungen (Ständer, Gepäckträger usw.)
74016 44016	Sella SA, Via San Pietro 22-24, 10121 Torino, Italien, Tel. +39 11 4679121, Fax +39 11 4679127	Sig. Maletti, Lieferanschrift Via San Pietro 22-24, 10121 Torino, Italien, Tel. +39 11 4679224, Bahnfracht	Unicredit Banca di Roma, IBAN IT69L0603005124, BIC BROMITR1708, Überweisung	Sättel, Sattelstützen, Satteltaschen
75020 44020	Union Elektro AG, Landsberger Str. 66, 12623 Berlin, Tel. 030 5628333, Fax 030 5628321	Herr Kraprich, Landsberger Str. 67, 12623 Berlin, Tel. 030 5628362, Spedition	Weberbank, IBAN DE8110120100 0160923309, BIC WELADED1WBB, Überweisung	Beleuchtungssysteme
76022 44022	Kunststoffwerke AG, Hans-Böckler-Str. 49-52, 28217 Bremen, Tel. 0421 399550, Fax 0421 3995613	Herr Danielesen, Hans-Böckler-Str. 49-52, 28217 Bremen, Tel. 0421 39955666, Spedition	Dresdner Bank, IBAN DE2429080010 0714900211, BIC DRESDEFF290, Überweisung	Kunststoffausstattungen (Schutzbleche, Kettenschutz, Griffe usw.) und Kunststoffverpackungen
77024 44024	Druckerei & Design Wolfgang Krause, Cloppenburger Str. 450, 26133 Oldenburg, Tel. 0441 47011, Fax 0441 47111	Herr Krause, Cloppenburger Str. 450, 26133 Oldenburg, Tel. 0441 47011, Spedition	Landessparkasse Oldenburg, IBAN DE8328050100 0100023309, BIC BRLADE21LZO, Überweisung	Abzüge, Drucksachen aller Art
78026 44026	Marwik GmbH, Den Haager Str. 1a, 28259 Bremen, Tel. 0421 576631, Fax 0421 57663222	Herr Kleinreich, Den Haager Str. 1b, 28259 Bremen, Tel. 0421 57663289, Spedition	Dresdner Bank, IBAN DE5429080010 0714911311, BIC DRESDEFF290, Überweisung	Hochwertige Antriebs- und Bremssysteme
80027 44027	Metallwarenfabrik Köller GmbH, Altendorfer Str. 411, 45143 Essen (Ruhr), Tel. 0201 627761, Fax 0201 6277512	Herr Wiesel, Altendorfer Str. 67, 45143 Essen (Ruhr), Tel. 0201 6277512, Spedition	Sparkasse Essen, IBAN DE6236050105 0360923555, BIC SPESDE3EXXX, Überweisung	Kleinteile aus Metall (Schrauben, Muttern, Unterlegscheiben, Anlötteile, Ausfallenden usw.)
80030 44030	apv Augsburger Papierveredelungsgesellschaft mbH, Gumpelzhaimerstr. 3-5, 86154 Augsburg, Tel. 0821 546660, Fax 0821 5466610	Frau Obermann, Gumpelzhaimerstr. 3-5, 86154 Augsburg, Tel. 0821 546622, Bahnfracht	UniCredit Bank, IBAN DE2872020070 0013190687, BIC HYVEDEMM408, Überweisung	Verpackungen aus Papier und Karton
90032 44032	Cycle-Tools-Import GmbH, Am Sandtorkai 30, 20457 Hamburg, Tel. 040 378231, Fax 040 37823200	Herr Weeseler, Am Sandtorkai 30-32, 20457 Hamburg, Tel. 040 37823372, Spedition	Bankhaus Wölbern & Co., IBAN DE1920030900 0420003900, BIC WOELDEHHXXX, Überweisung	Fremdbauteile und Handelswaren aller Art für die Fahrradindustrie (Weltmarktproduktionen)
90034 44034	Fahrradteile International GmbH, Borgwardstr. 16, 28309 Bremen, Tel. 0421 83091, Fax 0421 8309344	Herr Itze, Borgwardstr. 17, 28309 Bremen, Tel. 0421 8309567, Spedition	Dresdner Bank, IBAN DE9629080010 0700982228, BIC DRESDEFF290, Überweisung	Fremdbauteile und Handelswaren aller Art für die Fahrradindustrie (Weltmarktproduktionen)

Am 1. April geht allen Abteilungsleitern der Fly Bike Werke GmbH folgende E-Mail zu:

```
Von: h.peters@flybike-werke.de
An: w.mueller@flybike-werke.de
Betreff: Plandaten neues Geschäftsjahr
Datum: 01.10.20XX
```

Liebe Planungsverantwortliche,

unser Controller, Herr Steffes, möchte wie jedes Jahr zunächst eine Grobplanung der für Ihren Bereich maßgeblichen Vorgaben erstellen. An dieser Grobplanung sind Sie wesentlich beteiligt. Sie werden in diesem Zusammenhang darum gebeten, Ihre vorläufigen Plandaten bis spätestens zum 30. Mai einzureichen. Die für Ihre Planungen notwendigen Ausgangsdaten erhalten Sie in den nächsten Tagen.

Aufgrund der Grobplanung werden Geschäftsleitung und Controlling in den nächsten Wochen detailliertere Planvorgaben erarbeiten, die Ihnen dann gegen Mitte des Jahres zur Verfügung stehen werden.

Mit freundlichen Grüßen

Geschäftsführung der Fly Bike Werke GmbH
Herr Hans Peters

Dies versetzt nun die angesprochenen Personen in lebhafte Aktivität, allerdings nicht unbedingt gleichzeitig. Zunächst wird Herr Sales tätig, der durch ein Marktforschungsinstitut die Absatzerwartungen für die Produktpalette zu gegebenen Listenverkaufspreisen untersuchen lässt. Drei Wochen später erhält er folgende Prognose:

	Artikel-Nr.	Modell-bezeichnung	Erwartete Absatzmenge
Eigene Produkte	101–103	City-Räder	7 500
	201–203	Trekkingräder	5 500
	301–303	Mountain-Bikes	4 000
	401–402	Rennräder	2 500
	501–502	Kinderräder	2 000
Handelswaren	601–602	Anhänger	1 000

Herr Sales übernimmt diese Angaben **unverändert** in seinen Absatzplan. Danach schickt er den Absatzplan an den Controller.

1 Übertragen Sie die nach Produktgruppen verdichteten Marktforschungsergebnisse in den Absatzplan der Planungs-übersicht auf S. 19.

2 Der Controller hat die Absatzplanungen zwischenzeitlich an Marco Rother, den Produktionsleiter, weitergeleitet. Diesen interessieren die Handelswaren nicht, dafür schaut er sich die ihm vom Lagerleiter zugestellte Lagerliste sehr genau an:

	Artikel-Nr.	Modellbezeichnung	Istbestand	Mindest-bestand
Eigene Produkte	101–103	City-Räder	600	200
	201–203	Trekkingräder	1 200	200
	301–303	Mountain-Bikes	200	300
	401–402	Rennräder	100	100
	501–502	Kinderräder	100	100
Handelswaren	601–602	Anhänger	200	100

Ermitteln Sie den verfügbaren Lagerbestand aus der folgenden Gleichung:

LB_V = Istbestand – Mindestbestand

Tragen Sie die verfügbaren Lagerbestände in den Lagerplan in der Planungsübersicht auf S. 19 ein. Auch negative Ergebnisse sind möglich.

3 Ermitteln Sie die benötigten Herstellmengen und tragen Sie diese in den Produktionsplan (Planungsübersicht) auf S. 19 ein. Beachten Sie dazu die folgende Information:

> Besteht ein (positiver) verfügbarer Lagerbestand, so kann der Verkauf zunächst aus dem verfügbaren Lagerbestand heraus erfolgen, die Herstellmenge kann entsprechend **verringert** werden. Ist der verfügbare Lagerbestand negativ, liegt also der Ist- unter dem Mindestbestand, so muss nicht nur die Absatzmenge, sondern auch die erforderliche Auffüllmenge produziert werden.

4 Auch Herr Rother hat nun seine geplanten Produktionsdaten an den Controller weitergereicht. Bereits am nächsten Tag erhalten drei weitere Verantwortliche, nämlich Herr Thüne (Einkaufsabteilung), Frau Linden (Personalwesen) und Herr Müller (Rechnungswesen/Investitionsmanagement), ihre Ausgangsdaten. Alle drei wissen genau, wie sie aus diesen ihren Bedarf ermitteln.

Erstellen Sie mit diesen Angaben die Pläne für die Beschaffung, den Personal- und den Investitionsbedarf. Tragen Sie die Werte in die Planungsübersicht auf S. 19 ein.

> **Zusatzinformationen für die Beschaffungsplanung:**
> – Für jedes produzierte Fahrrad (außer Renn- und Kinderräder) benötigen Sie 4 kg Stahl. Rennräder benötigen 3 kg Aluminium, Kinderräder nur 2 kg Stahl.
> – Außerdem müssen Sie je Fahrrad zwei Kompletträder und einen Satz Anbauteile (Sattel, Bremsen, Beleuchtung, Klingel usw.) beziehen. Sie benötigen für die Montage ferner 40 kWh Energie je Fahrrad.
> – Ferner müssen Sie die benötigten Handelswaren beschaffen.
>
> **Zusatzinformationen für die Personalplanung:**
> – Die effektive Bearbeitungszeit für jedes produzierte Fahrrad liegt bei durchschnittlich 180 Minuten.
> – Die Jahresarbeitszeit jedes Mitarbeiters beträgt 91 200 Minuten.
>
> **Der quantitative Personalbedarf wird nach der folgenden Formel ermittelt:**
> $$PB = \frac{\text{Produktionsmenge} \cdot \text{effektive Bearbeitungszeit je Stück in Min.}}{\text{Jahresarbeitszeit jedes Mitarbeiters in Min.}}$$
>
> Das Ergebnis ist immer auf ganze Mitarbeiter aufzurunden.
>
> **Zusatzinformation für die Investitionsplanung:**
> Da unsere Betriebsmittelausstattung schon älter ist, benötigen wir je angefangene 5 000 Stück Fahrradproduktion eine neue Produktionsmaschine und je angefangene 15 000 Stück eine neue Werkshalle.

5 Nun ist nur noch die Erfolgs- und Finanzplanung abzuschließen. Frau Taubert, eine Mitarbeiterin des Rechnungswesens, verantwortet beide Planungen und hat deshalb nun besonders viel zu tun. Um nicht den Überblick zu verlieren, geht sie Schritt für Schritt vor und schaut sich zunächst noch einmal den Absatzplan an. Diesen ergänzt sie um Preisinformationen aus der eigenen Absatzstatistik, die sie mit einem kleinen Inflationsaufschlag anpasst.

Modellbezeichnung	Erwartete Absatzmenge in Stück	Durchschnittlicher Nettoabsatzpreis* in €
City-Räder	7 500	173,00
Trekkingräder	5 500	248,00
Mountain-Bikes	4 000	336,00
Rennräder	2 500	1.175,00
Kinderräder	2 000	122,00
Anhänger	1 000	172,00

*Hinweis: Der durchschnittliche Nettoabsatzpreis ist der von den Händlern unter Abzug aller Nachlässe tatsächlich gezahlte Nettopreis. Er liegt erheblich unter der unverbindlichen Preisempfehlung inkl. Umsatzsteuer für den Endverbraucher.

Berechnen Sie den zu erwartenden Umsatz für eigene Erzeugnisse und für Handelswaren und tragen Sie ihn als Teil der Einnahmenplanung in die Planungsübersicht auf S. 19 ein.

6 Schließen Sie mit den folgenden Angaben die Einnahmenplanung ab und tragen Sie die Werte in die Planungsübersicht auf S. 19 ein.

> **Zusatzinformation für die Einnahmenplanung:**
> Neben den Umsatzerlösen für eigene Erzeugnisse und Handelswaren rechnen wir im kommenden Geschäftsjahr auch noch mit Mieterträgen über 80.000,00 € und Zinserträgen über 45.000,00 €.

7 Jetzt steht Frau Taubert vor der umfangreichsten Aufgabe, der Erfassung aller Ausgaben. Hierzu benötigt sie eine Reihe von Zusatzinformationen aus der betrieblichen Kostenrechnung (siehe unten). Erstellen Sie aufgrund dieser Angaben den Ausgabenplan und tragen Sie die ermittelten Daten in die Planungsübersicht auf S. 19 ein.

> **Zusatzinformationen zur Ausgabenplanung:**
> - Für die Materialien bestehen folgende Bezugskosten:
>   - 1 kg vorgeformter Stahl: 33,65 €
>   - 1 kg vorgeformtes Aluminium: 169,80 €
>   - 1 Rad: 18,50 €
>   - 1 Satz Anbauteile: 22,20 €
> - Bezugskosten für die Handelswaren: 1 Fahrradanhänger (modellunabhängig) kostet 104,00 €.
> - Für die Energie sind 0,25 € je kWh aufzuwenden.
> - Das Jahresentgelt eines Mitarbeiters inkl. Nebenkosten wird mit 50.000,00 € veranschlagt.
> - Eine Produktionsmaschine kostet 200.000,00 €, eine Werkshalle 1.200.000,00 €.

8 Nun können Sie die Gesamtsummen des Einnahmen- und des Ausgabenplans in den Finanzplan übertragen und dort ein mögliches Zahlungsmitteldefizit bzw. einen möglichen Zahlungsmittelüberschuss feststellen. Vervollständigen Sie den Finanzplan in der Planungsübersicht auf S. 19. Übertragen Sie das sich ergebende Zahlungsmitteldefizit oder den sich ergebenden Zahlungsmittelüberschuss als zusätzlichen Kredit bzw. als Kreditrückzahlung in den Kreditplan.

Zusatzinformationen zur Finanzplanung:

Der Anfangsbestand an Finanzmitteln beträgt 50.000,00 €. Dieser soll auch am Jahresende in genau dieser Höhe vorhanden sein. Abweichungen sind über den Kreditplan auszugleichen.

Weil Anfangs- und Endbestand gleich sind, führt jeder Ausgabenüberschuss zu einer Kreditaufnahme, jeder Einnahmenüberschuss zu einer Kreditrückzahlung.

---

9 Der Controller, Herr Steffes, freut sich über die fast fertiggestellte Planungsübersicht, nur die Erfolgsplanung lässt noch auf sich warten. Gerade die ist jedoch für die Geschäftsführung und die Eigentümer der Fly Bike Werke GmbH von besonderem Interesse. Zwar sind viele Erträge auch Einnahmen und viele Kosten auch Ausgaben, aber diese Gleichsetzung ist nicht zu verallgemeinern. Frau Taubert hat zwei Positionen entdeckt, die unterschiedlich bewertet werden müssen:

- Die Investitionsausgaben selbst sind keine Kosten, sondern nur der spätere Wertverlust der gekauften Anlagegüter. Dieser wird als jährliche Abschreibung in Höhe von 10 % des Anschaffungswertes erfasst.
- Nicht als Einnahme, aber als Ertrag gelten die zwar bereits produzierten, einstweilen aber noch nicht abgesetzten betrieblichen Erzeugnisse. Diese führen zu einem Mehrbestand im Wert von 120.000,00 € im Fertigwarenlager.

Wandeln Sie den Einnahmenplan zum Ertragsplan und den Ausgabenplan zum Kostenplan ab. Ermitteln Sie daraus den Erfolgsplan. Stellen Sie mit diesen Daten die Planungsübersicht auf S. 19 fertig.

10 Berechnen Sie die Auswirkungen folgender Sachverhalte auf das betriebliche Planungssystem:
- **a** Anschaffung einer zusätzlichen Produktionsmaschine (Preis: 200.000,00 €), welche die effektive Bearbeitungszeit jedes Fahrrades um 20 Minuten verringert.
- **b** Alle Beschaffungspreise erhöhen sich um 10 %, ohne dass dies über erhöhte Verkaufspreise an die Kunden weitergegeben werden kann.

Planungsübersicht

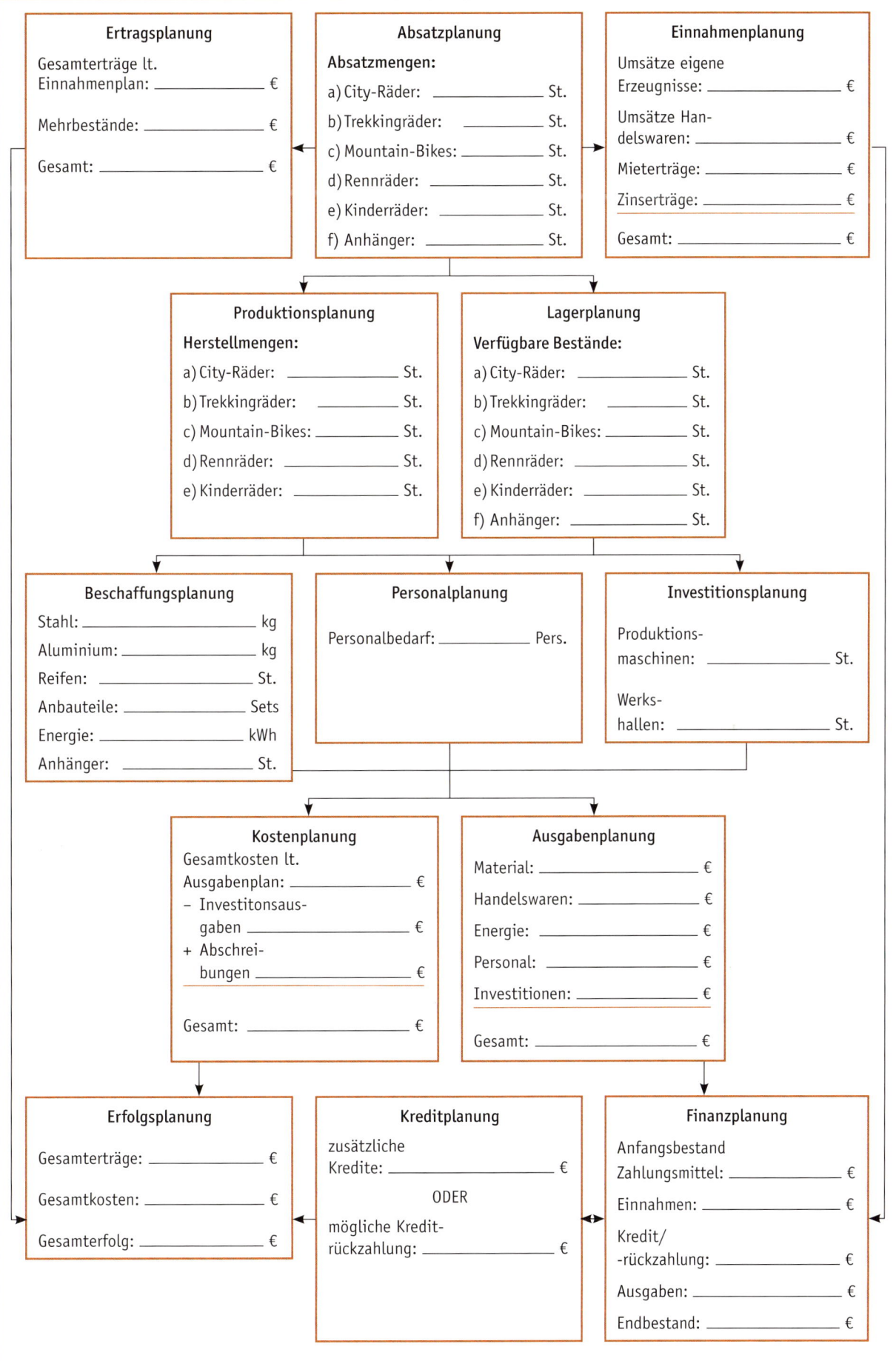

Ertragsplanung

Gesamterträge lt. Einnahmenplan: _____ €

Mehrbestände: _____ €

Gesamt: _____ €

Absatzplanung

Absatzmengen:

a) City-Räder: _____ St.

b) Trekkingräder: _____ St.

c) Mountain-Bikes: _____ St.

d) Rennräder: _____ St.

e) Kinderräder: _____ St.

f) Anhänger: _____ St.

Einnahmenplanung

Umsätze eigene Erzeugnisse: _____ €

Umsätze Handelswaren: _____ €

Mieterträge: _____ €

Zinserträge: _____ €

Gesamt: _____ €

Produktionsplanung

Herstellmengen:

a) City-Räder: _____ St.

b) Trekkingräder: _____ St.

c) Mountain-Bikes: _____ St.

d) Rennräder: _____ St.

e) Kinderräder: _____ St.

Lagerplanung

Verfügbare Bestände:

a) City-Räder: _____ St.

b) Trekkingräder: _____ St.

c) Mountain-Bikes: _____ St.

d) Rennräder: _____ St.

e) Kinderräder: _____ St.

f) Anhänger: _____ St.

Beschaffungsplanung

Stahl: _____ kg

Aluminium: _____ kg

Reifen: _____ St.

Anbauteile: _____ Sets

Energie: _____ kWh

Anhänger: _____ St.

Personalplanung

Personalbedarf: _____ Pers.

Investitionsplanung

Produktionsmaschinen: _____ St.

Werkshallen: _____ St.

Kostenplanung

Gesamtkosten lt. Ausgabenplan: _____ €

– Investitonsausgaben _____ €

+ Abschreibungen _____ €

Gesamt: _____ €

Ausgabenplanung

Material: _____ €

Handelswaren: _____ €

Energie: _____ €

Personal: _____ €

Investitionen: _____ €

Gesamt: _____ €

Erfolgsplanung

Gesamterträge: _____ €

Gesamtkosten: _____ €

Gesamterfolg: _____ €

Kreditplanung

zusätzliche Kredite: _____ €

ODER

mögliche Kreditrückzahlung: _____ €

Finanzplanung

Anfangsbestand Zahlungsmittel: _____ €

Einnahmen: _____ €

Kredit/-rückzahlung: _____ €

Ausgaben: _____ €

Endbestand: _____ €

Aufgaben

Aufgabe 1

Im Allgemeinen wird der Begriff „Planwirtschaft" mit kommunistischen Wirtschaftsverfassungen verbunden. Aber auch in einer Marktwirtschaft folgt in fast allen Unternehmen das wirtschaftliche Handeln langfristigen Planvorgaben. Halten Sie es für sinnvoll, in einer Wirtschaft mit sich ständig ändernden Rahmenbedingungen das unternehmerische Vorgehen langfristig zu planen? Sammeln Sie Pro- und Kontra-Argumente.

Aufgabe 2

Im Folgenden sind einige Zeitungsausschnitte abgebildet. Diese weisen auf Veränderungen in wichtigen Beschaffungs- und Absatzmärkten hin:

Energiepreise explodieren

Im dritten Jahr in Folge ist nun mit einem deutlichen Anstieg der Energiepreise zu rechnen. Die voraussichtliche Preissteigerung um mindestens 15 % hat ihre Ursache …

RADFAHREN ALS SENIORENHOBBY

Nach einer Studie des Sportgerätehersteller-Verbandes steigt entsprechend der allgemeinen demografischen Entwicklung der Anteil fahrradbegeisterter Senioren ständig an …

Bewerbermangel in technischen Berufen

Trotz Millionenarbeitslosigkeit haben Verarbeitungsbetriebe zunehmend Probleme, ihren Ersatzbedarf an technischen Fachkräften zu decken. Entsprechende Studienplätze und Lehrstellen bleiben unbesetzt …

Beschreiben Sie bei jedem Zeitungsartikel, welche betrieblichen Überlegungen und Planungsänderungen er auslösen könnte.

Aufgabe 3

Der Absatzplan enthält Menge und Art der abzusetzenden Erzeugnisse, der Produktionsplan enthält Menge und Art der herzustellenden Erzeugnisse.

a   Produktions- und Absatzplan können sich mengenmäßig unterscheiden, dies würde zu entsprechenden Veränderungen in der Lagerhaltung (Lagerplan) führen. Berechnen Sie die unterschiedlichen Monatsendbestände im Lager bei folgenden Ausgangsdaten:

Monat	Produktionsmenge	Absatzmenge	Monatsendbestand
Mai	400	300	200
Juni	300	200	
Juli	300	300	
August	300	400	
September	400	600	

b Produktions- und Absatzmenge können sich aber auch sachlich unterscheiden.

Absatzplan		innerbetriebliche Leistungen
Handelswaren	Produktionsplan	

Finden Sie im Absatzprogramm der Fly Bike Werke GmbH drei (mögliche) Beispiele für Handelswaren, die nicht produziert, aber dennoch verkauft werden.

c Finden Sie danach zwei (mögliche) Beispiele für Produktionen, die nie das Werksgelände verlassen. Überlegen Sie dabei, was die Fly Bike Werke GmbH „nur für sich" alles herstellen könnte.

Aufgabe 4

Strategische, taktische und operative Planungen gehen – wenn auch zeitlich verschoben – Hand in Hand.

a In der Fly Bike Werke GmbH ist nach langer Diskussion die Grundsatzentscheidung gefallen, die gesamte Produktion aus Kostengründen nach Osteuropa zu verlagern. Beschreiben Sie die daraus resultierenden notwendigen Festlegungen für die nächsten Jahre.

Strategische Planung	Taktische Planung	Operative Planung
Festlegung für einen längeren Zeitraum	Festlegungen, die bis 1 Jahr vor dem Umzug zu treffen sind	Festlegungen, die im letzten Jahr vor dem Umzug zu treffen sind
Festlegung: Die Fly Bike Werke GmbH verlegt die Produktion nach Osteuropa.	Festlegungen:	Festlegungen:

b Zeigen Sie anhand Ihres Planungskonzeptes, wo die getroffene taktische Festlegung die spätere operative Festlegung unmittelbar beeinflusst.

Lernsituation 2

Unternehmensleitbild

Obwohl die Fly Bike Werke GmbH schon seit Jahrzehnten wirtschaftlich erfolgreich auf dem Markt besteht, konnte sie nie eine bedeutende Marktposition erringen. Eine Expansion des Unternehmens wird neben eher geringen Investitionsmitteln vor allem dadurch behindert, dass das Unternehmen und seine Marken kein überzeugendes Image aufbauen konnten und deshalb auch von vielen Groß- und Einzelhändlern gar nicht im Verkaufsprogramm geführt werden.
Die Fly Bike Werke GmbH hat deshalb bei einem Marktforschungsinstitut eine Imagestudie in Auftrag gegeben. Das Marktforschungsinstitut befragte daraufhin sowohl potenzielle Wiederverkäufer wie auch repräsentativ ausgewählte Verbraucher mithilfe des folgenden Fragenkatalogs:

Imagestudie Fly Bike Werke GmbH
Befragungszeitraum 17.02.20XX bis 04.03.20XX

	trifft voll zu ++	trifft eher zu +	trifft eher nicht zu −	trifft gar nicht zu −−
Das Unternehmen ist mir bekannt.				
Ich kenne die Produkte des Unternehmens.				
Ich bin dem Unternehmen gegenüber positiv eingestellt.				
Sofern Unternehmen und Produkte bekannt ...				
Die Produkte sind qualitativ hochwertig.				
Die Produkte sind technisch innovativ.				
Das Preis-Leistungs-Verhältnis überzeugt mich.				
Die Auslieferung erfolgt fristgerecht.				
Die Ersatzteilversorgung ist gesichert.				
Das Unternehmen ist ökologisch orientiert.				
Das Unternehmen bietet gute Arbeitsbedingungen.				
Das Unternehmen engagiert sich sozial.				
Das Unternehmen fördert Frauen.				
Das Unternehmen informiert die Öffentlichkeit.				

1 Einige Wochen später sandte das Marktforschungsinstitut der Fly Bike Werke GmbH folgende Auswertungen kommentarlos zu:

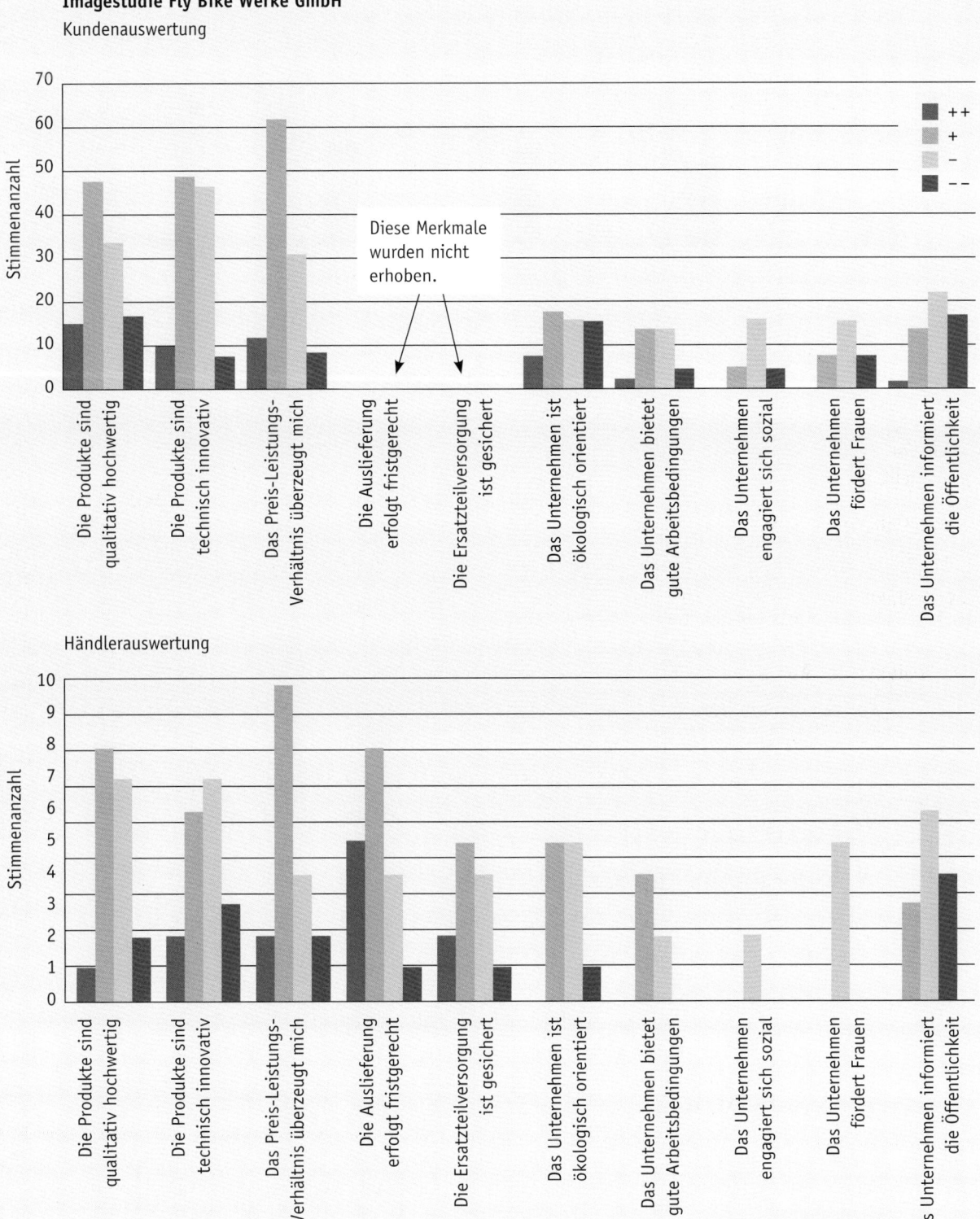

Imagestudie Fly Bike Werke GmbH
Kundenauswertung

Diese Merkmale wurden nicht erhoben.

Händlerauswertung

Was fällt Ihnen an den Untersuchungsergebnissen besonders auf? Achten Sie dabei auf die Verteilung der Antworten bei den einzelnen Fragen, auf die Anzahl der Antworten und die unterschiedlichen Reaktionen von Wiederverkäufern und Endverbrauchern.

2 Leiten Sie aus den Ergebnissen zu Arbeitsauftrag 1 die Imagestärken und Imageschwächen der Fly Bike Werke GmbH ab.

3 Aufgrund einiger Aussageschwächen der vorhergehenden Befragung beschließt die Geschäftsführung, ergänzend auch die eigenen Mitarbeiter zum Unternehmen zu befragen. Produktbezogene Fragen werden hier ausgeklammert. Auch hierzu die Ergebnisse:

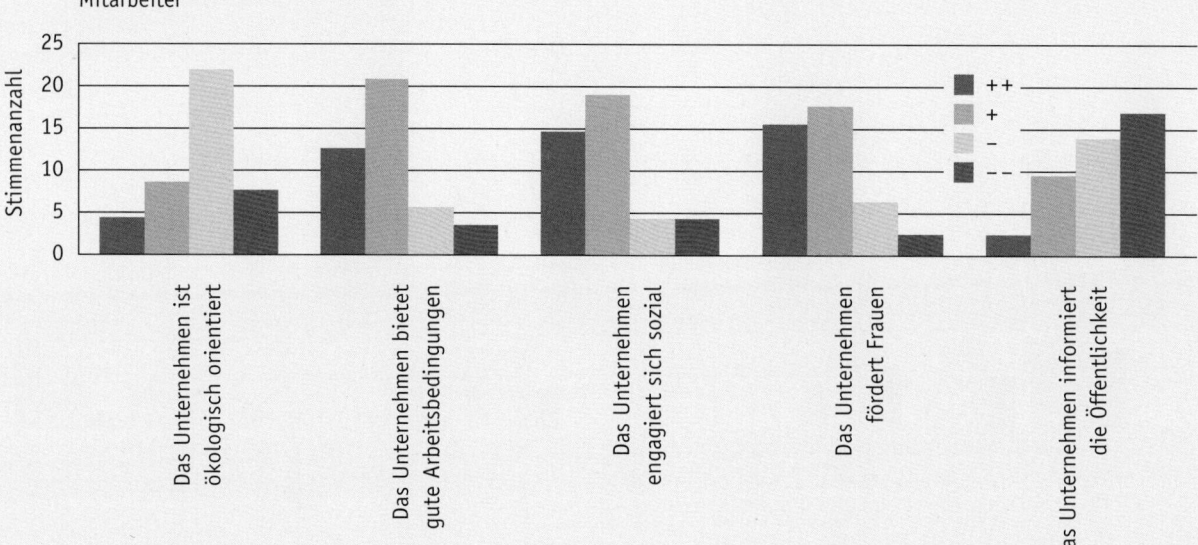

Imagestudie Fly Bike Werke GmbH
Mitarbeiter

Inwieweit stimmt das Außenbild vom Unternehmen mit dem Selbstbild seiner Belegschaft überein? Welche Folgerungen lassen sich aus dieser Einschätzung ableiten?

4 Die Erhebung und ihre Ergebnisse haben die Geschäftsführung in ihrem Vorhaben bestärkt, das Image des Unternehmens deutlich zu schärfen. Deshalb soll von Belegschaft und Geschäftsführung gemeinsam ein Unternehmensleitbild entwickelt und der interessierten Öffentlichkeit vorgestellt werden. Weil die Fly Bike Werke GmbH auf diesem Gebiet keine Erfahrung besitzt, hat man sich einige mehr oder weniger geeignete Muster beschafft:

LEITBILD
der Rhein-Ahr-Verkehrs GmbH

Als öffentlicher Verkehrsbetrieb engagieren wir uns für die Mobilität der Menschen in unserer Heimat.

Wir ...

- bieten Möglichkeiten des Zusammentreffens aller Bürger an fast jedem Ort unserer Region,
- gewährleisten Betrieben, Arbeitnehmern und Schülern einen zuverlässigen und sicheren Fahrweg,
- überzeugen durch Pünktlichkeit und Komfort unserer Fahrzeuge,
- sind ein bedeutender Arbeitgeber, der seiner sozialen Verantwortung durch Schaffung zahlreicher Ausbildungsplätze gerecht wird,
- fühlen uns der Erhaltung einer gesunden Umwelt durch emissionsarme Verkehrsmittel verpflichtet und betreiben fünf Solarstrom-Tankstellen,
- sehen uns als Team in der Verantwortung für unsere Fahrgäste und fördern eigenständiges Denken und Motivation unserer Mitarbeiter,
- investieren ständig in den Ausbau des öffentlichen Personennahverkehrs (ÖPNV),
- unterstützen Bürgerinitiativen und Vereine bei Kulturprojekten,
- sind Gründungsmitglied im „Verkehrsverbund Mittelrhein" und sorgen damit für eine attraktive Verknüpfung von Verkehrswegen in die umliegenden Ballungsgebiete.

ZEPPELIN UNTERNEHMENSLEITBILD

Das vorliegende, neue Unternehmensleitbild des Zeppelin Industriebereichs und seiner Tochterunternehmen ist ein Leitfaden, der das Selbstverständnis und die Ziele des Unternehmens beschreibt.

- Wir planen und liefern Anlagen für das Lagern, Fördern, Dosieren, Verwiegen und Mischen von hochwertigen Schüttgütern weltweit.
- Die herausragende Qualität und der Technologievorsprung unserer Produkte sichern unseren Markterfolg.
- Kernkompetenz ist das Engineering und die Fertigung von kundenspezifischen Komplettanlagen und Komponenten.

- Zum höchsten Nutzen unserer Kunden sichern wir unsere unabhängige Marktstellung durch Wertorientierung. Dazu streben wir eine Rendite über dem Branchendurchschnitt an.
- Wir setzen auf ein kontinuierliches Wachstum und eine stetige Entwicklung der Produkt- und Geschäftsfelder im Sinne maximaler Kundenorientierung. In unseren Geschäftsfeldern haben wir eine führende Marktposition.
- Wichtigste Erfolgsfaktoren sind hochqualifizierte, motivierte und leistungsorientierte Mitarbeiter.
- Gesundheit und Sicherheit sowie der Schutz der Umwelt sind integrale Bestandteile unserer Aktivitäten.

Quelle: http://www.zeppelin-industry.de/fileadmin/user_upload/pdf/company/DE/Unternehmensleitbild_D.pdf, S. 5; Stand: 14.05.2011

Nun geht man daran, die drei grundlegenden Aussagen eines Leitbildes zu erarbeiten. Achten Sie bei den Formulierungen, z. B. durch Vergleich mit den Leitbildmustern, genau darauf, dass sich die Aussagen **von denen anderer Unternehmen deutlich genug abheben.**

a   Beschreiben Sie die Mission der Fly Bike Werke GmbH. („Wozu gibt es uns?")

b   Notieren Sie die Visionen der Fly Bike Werke GmbH. („Was wollen wir erreichen?")

c   Wählen Sie die darzustellenden Werte aus. („Was sind die unverwechselbaren Kennzeichen unseres Handelns?")

5   Formulieren Sie nun für die Fly Bike Werke GmbH ein Unternehmensleitbild, das der Öffentlichkeit vorgestellt werden soll. Treffen Sie hierfür zwischen sechs und zehn Aussagen.

6   Sie können nun selbst die Effektivität der von Ihnen in Arbeitsauftrag 5 getroffenen Leitbildsätze zumindest ansatzweise überprüfen. Hierzu sollten Sie bei jeder Aussage überlegen, wer sich von ihr angesprochen fühlen soll (Adressatenkreis) und welche psychologische Wirkung zu erwarten ist.

7   Beschreiben Sie die mögliche Imagewirkung Ihrer Leitaussagen, indem Sie jedem Satz zwei Kennbuchstaben zuordnen:

Adressatenkreis	H = Handel E = Endverbraucher M = Mitarbeiter L = Lieferanten und Kreditgeber Ö = Öffentlichkeit und Politik
Psychologische Wirkung	A = die Bedeutung des Unternehmens für die Gesellschaft verankern P = ein günstiges Meinungsbild über das Unternehmen erzeugen I = eine Identifikation mit dem Unternehmen herstellen

8   Prüfen Sie nach, ob alle Adressatenkreise entsprechend berücksichtigt wurden und auch höherwertige Imagewirkungen möglich sind. Überarbeiten Sie daraufhin ggf. noch einmal das Leitbild aus Arbeitsauftrag 5.

9   Unternehmensleitbilder sind zunächst einmal nur bedrucktes Papier. Sie werden nur dann einen Imagewandel einleiten können, wenn die formulierten Werte auch sichtbar „gelebt" werden. Diese „Signale" der Unternehmensidentität werden auch als „Corporate Identity" bezeichnet. Die Geschäftsführung der Fly Bike Werke GmbH steht deshalb nach der Erstellung ihres Unternehmensleitbildes vor der Frage, mit welchen Maßnahmen sie die Verfolgung dieser Grundsätze symbolisieren kann.

Im Folgenden soll dies anhand von zwei möglichen Leitbildaussagen abgeklärt werden:

Unternehmensleitbild

(Auszug)

Wir gewährleisten durch unser Handeln den Erhalt natürlicher Ressourcen.
Wir benötigen kreative und eigenverantwortliche Mitarbeiter als Säule des Geschäftserfolgs.

Überlegen Sie, mit welchen Maßnahmen Sie in der Öffentlichkeit eine Harmonie zu diesen beiden Leitbildern herstellen können:

	Umweltbewusstsein	eigenverantwortliche Mitarbeiter
Maßnahmen im Bereich „Corporate Behaviour"		
Maßnahmen im Bereich „Corporate Design"		
Maßnahmen im Bereich „Corporate Communications"		

Aufgaben

Aufgabe 1

Betrachten Sie das Unternehmensleitbild der Stadtwerke Soltau:

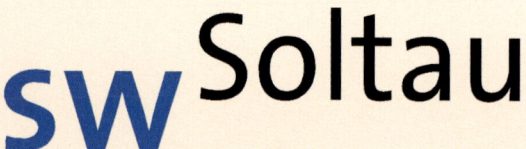

Das Leitbild des Unternehmens

Wir versorgen unsere Kunden mit Energie und Wasser. Darüber hinaus erbringen wir Dienstleistungen in der Energie- und Wasserversorgung, in der Abwasserentsorgung und in der Soltau-Therme.

Wirtschaftlichkeit

Jede unserer Dienstleistungen ist von dem Willen geprägt, diese mit höchstmöglicher Qualität bei hoher Wirtschaftlichkeit für das Unternehmen zu erbringen. Die Beziehungen zu unseren Geschäftspartnern werden geleitet von wirtschaftlichen Grundsätzen und Fairness.

Umwelt

Die Mitarbeiter aller Unternehmensbereiche achten darauf, alle zu ihrem Aufgabenbereich gehörenden Maßnahmen vorab auf Umweltverträglichkeit zu überprüfen. Außerdem beobachten und testen wir die Möglichkeiten der regenerativen Energieerzeugung als aktiven Beitrag zur Verbesserung der Umwelt. (...)

Zukunft

Die neuen Bedingungen des Wettbewerbs erfordern zur Sicherung der Arbeitsplätze ein hohes Maß an Flexibilität sowie die Nutzung moderner Arbeitsweisen und -mittel. Die Stadtwerke Soltau GmbH strebt an, den Herausforderungen der Zukunft, die sich aus regionalen oder globalen Wirtschaftsentwicklungen ergeben, auch weiterhin als eigenständiges Unternehmen gewachsen zu sein.

Neue, zu unserem Aufgabenbereich passende Geschäftsfelder bearbeiten wir mit Kreativität und Engagement.

Quelle: http://www.sw-soltau.de/index.php/Unternehmensleitbild.html

a Verfolgt das Unternehmen Ihrer Meinung nach die Grundausrichtung des Shareholder-Value oder den Stakeholder-Ansatz? Begründen Sie Ihre Meinung anhand von Leitbildaussagen.

b Welche Ziele lassen sich direkt aus dem Unternehmensbild ableiten? Sind hier alle Zielgruppen vertreten?

c In Arbeitsauftrag 4 der vorliegenden Lernsituation ist ein Leitbild eines anderen öffentlichen Versorgers, der Rhein-Ahr-Verkehrs GmbH, abgedruckt. Vergleichen Sie beide Texte, suchen Sie Gemeinsamkeiten und überlegen Sie, ob diese auf Zufall beruhen oder zwangsläufig sind. Begründen Sie Ihre Ansicht.

Aufgabe 2

Im Controlling werden u. a. folgende Kennzahlen verwendet:

Kennziffer	Aussage	Berechnung
Umsatz	Wie hoch ist der Wert der verkauften Erzeugnisse?	Absatzmenge · Absatzpreise
Marktanteil (absolut)	Welchen Anteil hat das Unternehmen an den Gesamtumsätzen mit dieser Produktart?	$\dfrac{\text{eigener Umsatz} \cdot 100\,\%}{\text{Gesamtumsatz}}$
Ausbildungsquote	Wie hoch ist der Anteil der Auszubildenden an den Mitarbeitern?	$\dfrac{\text{Anzahl Azubis} \cdot 100\,\%}{\text{Mitarbeiterzahl}}$
Fluktuationsquote	Welcher Anteil an Mitarbeitern scheidet im Laufe des Jahres aus?	$\dfrac{\text{Personalabgänge} \cdot 100\,\%}{\text{Personalbestand}}$
Arbeitsproduktivität	Welche Arbeitsleistung erbringt ein Arbeiter?	$\dfrac{\text{Produktionsmenge}}{\text{produktiv Beschäftigte}}$ ODER $\dfrac{\text{Produktionsmenge}}{\text{produktive Arbeitsstunden}}$
Neukundenanteil	Welcher Anteil der Kunden konnte neu gewonnen werden?	$\dfrac{\text{neue Kunden} \cdot 100\,\%}{\text{Gesamtkundenzahl}}$
durchschnittliches Produktalter	Wie lange sind unsere Produkte im Durchschnitt schon auf dem Markt?	$\dfrac{\text{Summe der Jahre aller Produkte}}{\text{Anzahl der Produkte}}$

a Überlegen Sie nun für jede dieser Kennzahlen, ob ein hoher oder ein niedriger Wert vorteilhaft ist, und begründen Sie diese Meinung.

Kennzahl	Vorteilhaft: niedriger Wert/hoher Wert	Begründung
Umsatz		
Marktanteil (absolut)		
Ausbildungsquote		
Fluktuationsquote		
Arbeitsproduktivität		
Neukundenanteil		
durchschnittliches Produktalter		

b Ihre Aufgabe ist es nun, für den Umsatz des folgenden Jahres die Planvorgabe zu erstellen. Dazu liegen Ihnen die folgenden Unterlagen vor. Begründen Sie den von Ihnen festgelegten Planwert.

Umsatzstatistik	Soll in €	Ist in €
Jahr 1	2,4 Mio.	2,5 Mio.
Jahr 2	2,6 Mio.	2,8 Mio.
Jahr 3	2,9 Mio.	2,9 Mio.
Jahr 4	2,9 Mio.	2,7 Mio.

Marktprognose IFI-Testinstitut

„... und so muss auch im kommenden Jahr aufgrund der anhaltenden Wirtschaftsschwäche mit einer deutlichen Kaufzurückhaltung gerechnet werden ..."

Werbebudget	Betrag in €
Jahr 2	25.000,00
Jahr 3	20.000,00
Jahr 4	20.000,00
nächstes Jahr	40.000,00

Interner Forschungsbericht

„... werden wir erst im übernächsten Jahr unsere neue Produktgeneration auf den Markt bringen können ..."

c Zum Ende des Geschäftsjahres liefert Ihnen die Betriebsstatistik u. a. folgende Daten:
- Neukunden des Geschäftsjahres: 120
- Gesamtkundenzahl: 670
- Anzahl Azubis am Geschäftsjahresende: 1
- Anzahl Mitarbeiter (inkl. Azubis) am Geschäftsjahresende: 16
- geleistete **produktive** Arbeitsstunden: 12 000
- Produktionsmenge: 815 Stück
- im Laufe des Geschäftsjahres ausgeschiedene und ersetzte Mitarbeiter: 1
- im Laufe des Geschäftsjahres ausgeschiedene und **nicht** ersetzte Mitarbeiter: 1

Berechnen Sie den Neukundenanteil, die Ausbildungs- und Fluktuationsquote sowie die Arbeitsproduktivität.

Aufgabe 3

Im Rahmen des Soll-Ist-Vergleichs ist es Ihre Aufgabe, Abweichungen festzustellen und deren Ursache zu analysieren. Dazu liegen Ihnen folgende Daten vor:

Kennziffer	Planvorgabe (Soll)	Ergebnis (Ist)
Umsatz	3.100.000,00 €	2.800.000,00 €
Marktanteil absolut	14,6 %	13,9 %
Ausbildungsquote	5,9 %	6,3 %
Fluktuationsquote	6,3 %	12,6 %
Arbeitsproduktivität	0,8 Produkte je Arbeitsstunde	0,75 Produkte je Arbeitsstunde
durchschnittliches Produktalter	4,2 Jahre	4,9 Jahre
Neukundenanteil	15,0 %	16,4 %

a Beschreiben Sie zu jeder Abweichung zwei mögliche Ursachen.
b Bei negativen Abweichungen entsteht zwischen den Beteiligten oft ein Streit darüber, ob es sich um Planungsfehler („Diese Planwerte sind unerreichbar!") oder Umsetzungsschwierigkeiten („Sie hätten sich eben mehr anstrengen müssen!") handelt. Beschreiben Sie einen Weg, wie sich solche Konflikte lösen/ausgleichen ließen. Beachten Sie dabei typische Aussagen im Unternehmensleitbild.

Bei der Fly Bike Werke GmbH häuft sich die Kritik an der Durchführung der Jahresinventur: „Zu langwierig, zu ungenau, zu kostenintensiv", ist die weit verbreitete Meinung.

Laut HGB ist auch bei der von der Fly Bike Werke GmbH angewandten permanenten Inventur eine jährliche körperliche Bestandsaufnahme vorgeschrieben. Deren Ablauf wurde von einer Mitarbeiterin im Rechnungswesen, Frau Taubert, wie folgt festgelegt:

Ablauf Jahresinventur

– Etwa einen Monat vor der Jahresinventur, die immer am 2. Januar stattfindet, bemüht sich das Rechnungswesen, z.B. durch Aushänge am Schwarzen Brett, Mitarbeiter aus allen Abteilungen als freiwillige Inventurhelfer zu finden.
– Gelingt dies nicht, so müssen entsprechend Inventurhelfer zwangsverpflichtet werden. Dies geschieht durch Auslosung. Dabei soll sichergestellt werden, dass bei der Verlosung alle Mitarbeiter erfasst werden.
– Nachdem die Helfer benannt sind, händigt die Lagerverwaltung ihnen ein Inventurmerkblatt aus. Am Erhebungstag werden die Helfer von der Lagerverwaltung nach Alphabet in Gruppen eingeteilt und erhalten die zu erhebenden Warengruppen zugewiesen. Sind die entsprechenden Listen mit den Soll-Beständen verteilt, kann die Inventur beginnen.
– Alle Helfer zählen die Warenbestände jeder Warenart und vergleichen sie mit dem Sollbestand auf der Bestandsliste. Bei Abweichungen wird die Zählung wiederholt. Stimmen Soll- und Inventurbestand überein, wird die nächste Warengruppe erfasst. Sind alle Artikel erfasst, werden die tatsächlichen Bestandswerte als Inventurdaten an das Rechnungswesen gemeldet.
– Damit ist die Inventur abgeschlossen.

Aufgrund einer neuen Organisationsanweisung ist das Rechnungswesen verpflichtet, den organisatorischen Ablauf (auch) durch eine ereignisgesteuerte Prozesskette (EPK) zu beschreiben. Da der mit der Aufgabe betraute Herr Müller dies vorher noch nie gemacht hat, ist er sich nicht sicher, ob ihm dies auch wirklich gut gelungen ist. Analysieren Sie die Darstellung des Ablaufes und machen Sie gegebenenfalls Verbesserungsvorschläge.

Hier nun zunächst die Darstellung des Abteilungsleiters:

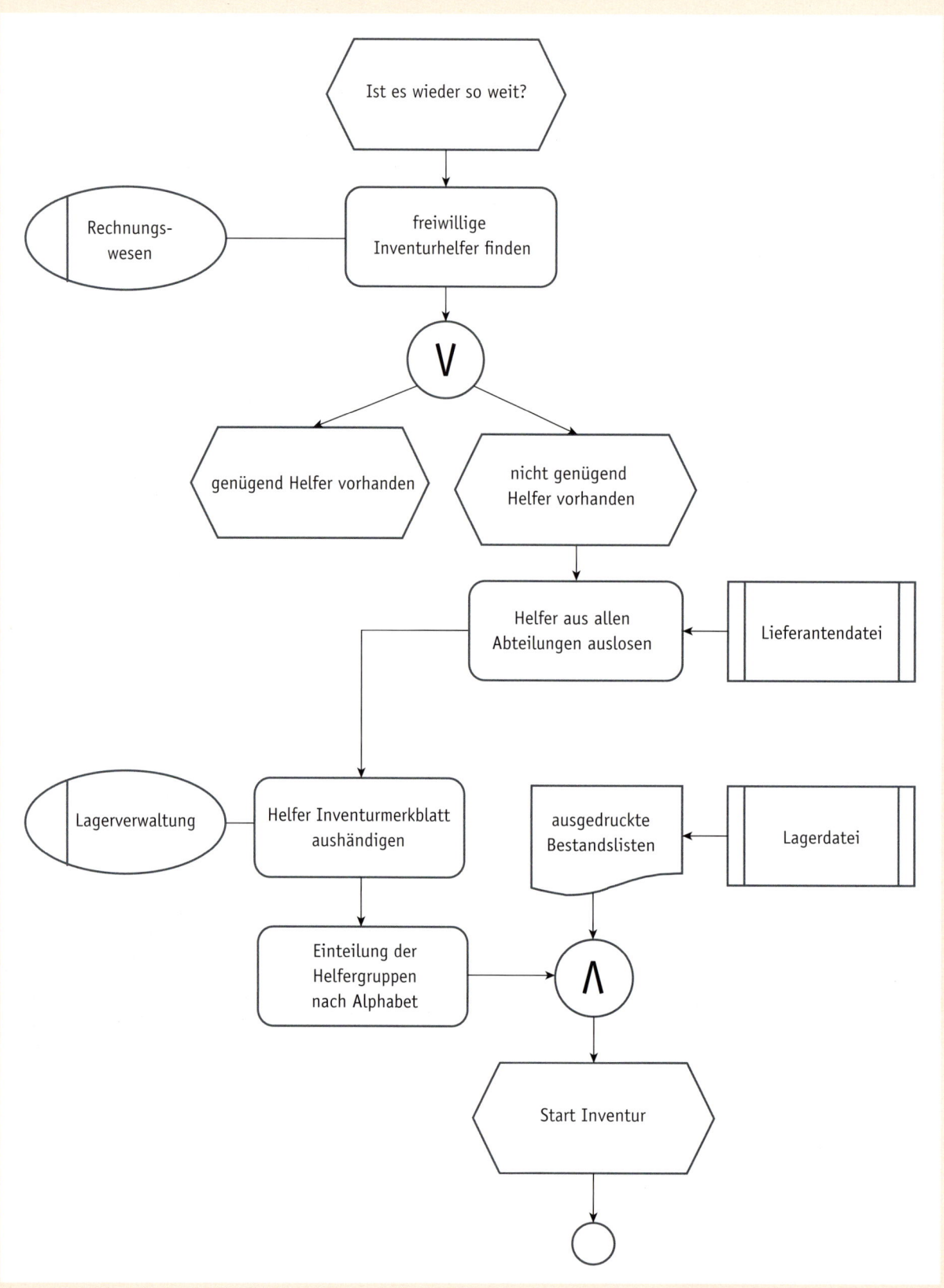

(Die Fortsetzung der EPK folgt auf der nächsten Seite.)

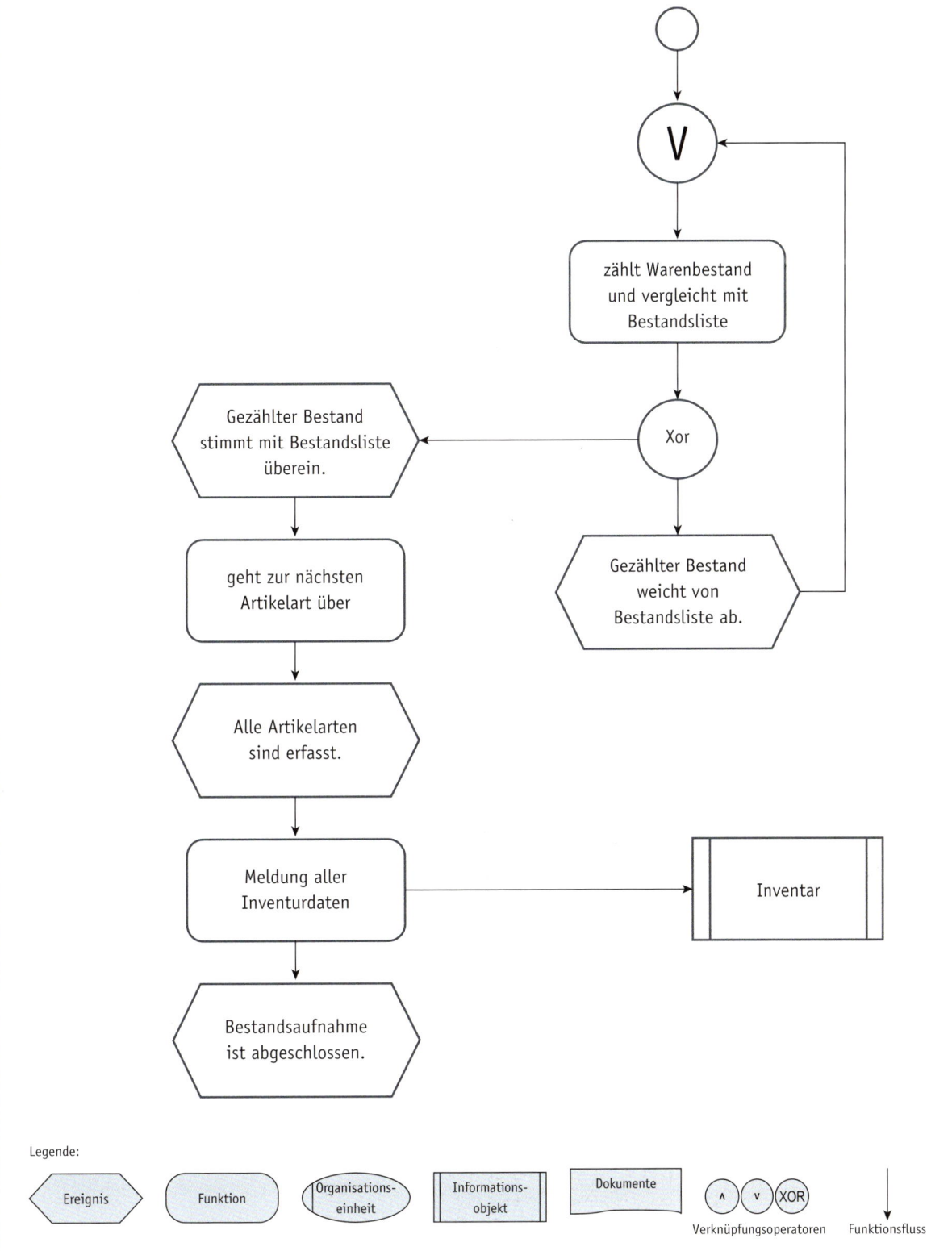

Legende:

Ereignis	Funktion	Organisations-einheit	Informations-objekt	Dokumente	∧ ∨ XOR	↓
					Verknüpfungsoperatoren	Funktionsfluss

1 Warum ist es zweckmäßig, einen Arbeitsablauf in Form einer EPK zu beschreiben? Sammeln Sie mindestens drei stichhaltige Argumente.

2 Handelt es sich beim oben gezeigten Ablauf um einen Kernprozess? Bitte begründen Sie Ihre Meinung.

3 Eine EPK beginnt immer mit einem Startereignis. Bitte prüfen Sie, ob in der folgenden Abbildung das richtige Symbol und die richtige Beschreibung gewählt wurden.

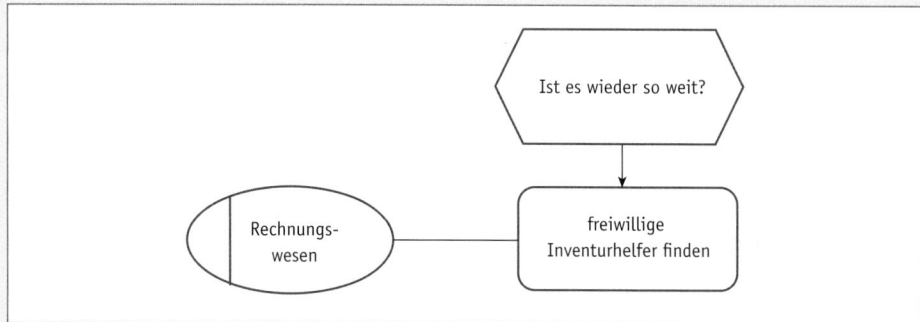

4 Beurteilen Sie, ob der Operator in der folgenden Abbildung richtig gewählt wurde. Falls nein, machen Sie einen Korrekturvorschlag.

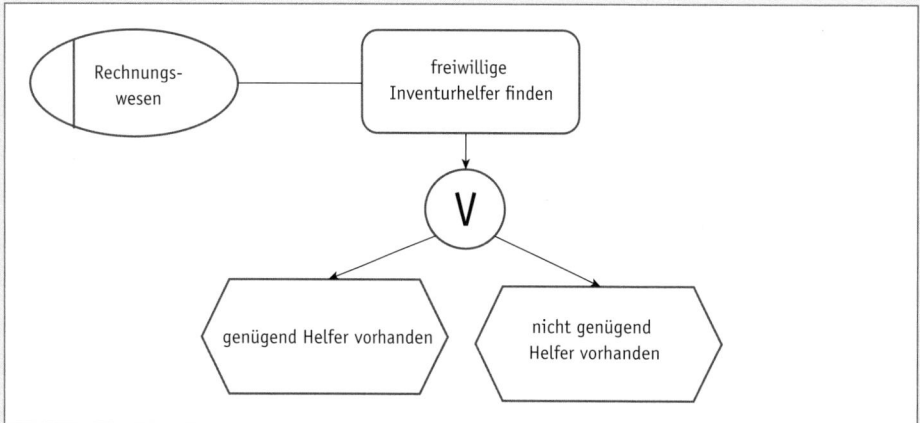

5 Im folgenden Abschnitt wurde offenbar ziemlich unachtsam gearbeitet.
  a Entdecken Sie einen inhaltlichen und einen logischen Fehler.
  b Halten Sie das vom Leiter des Rechnungswesens angedachte Auswahlverfahren für zweckmäßig?

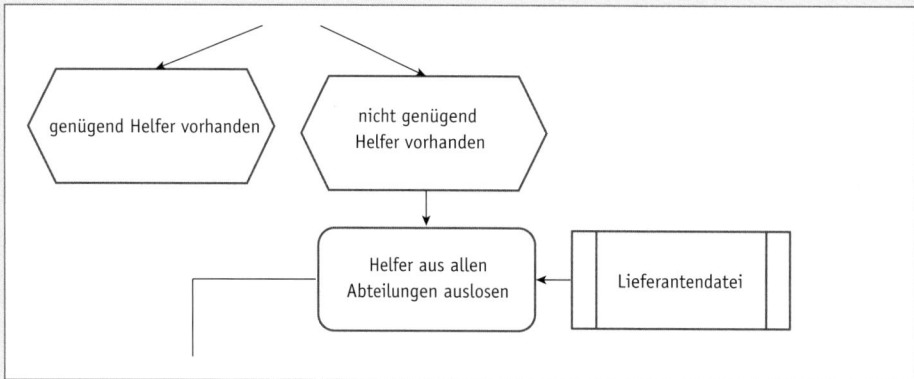

6 Betrachten Sie im folgenden Ausschnitt insbesondere die Reihung von Prozesselementen. Was wurde hier nicht beachtet?

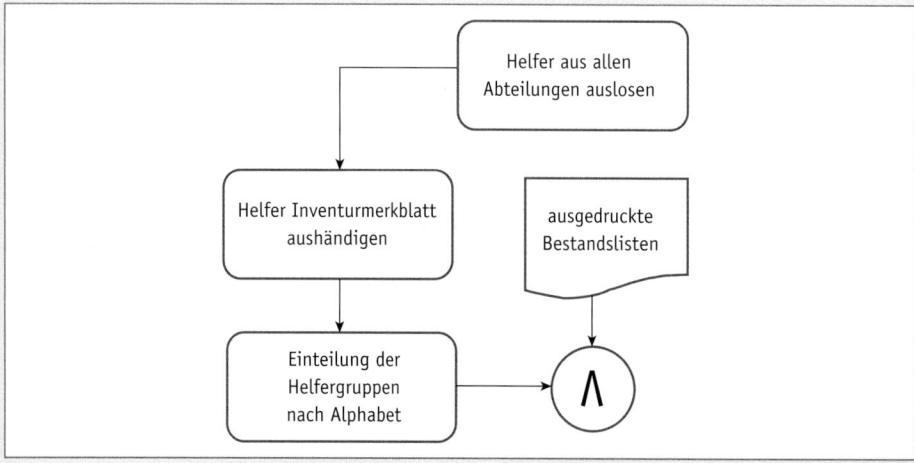

7 Das linke Symbol in der Abbildung unten weist auf ein Dokument hin. Dokumentensymbole lassen sich meist problemlos auch als Funktionen beschreiben. Wandeln Sie das Dokument durch entsprechende Neuformulierung in eine Funktion um.

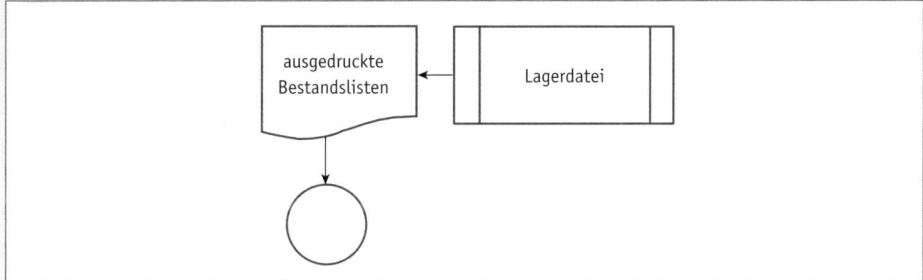

8 Vermutlich ist die Verzweigung am Ende der folgenden Abbildung auch nicht ganz gelungen. Prüfen Sie bitte den verwendeten Operator und die Ablauflogik. Können Sie eine Alternative skizzieren?

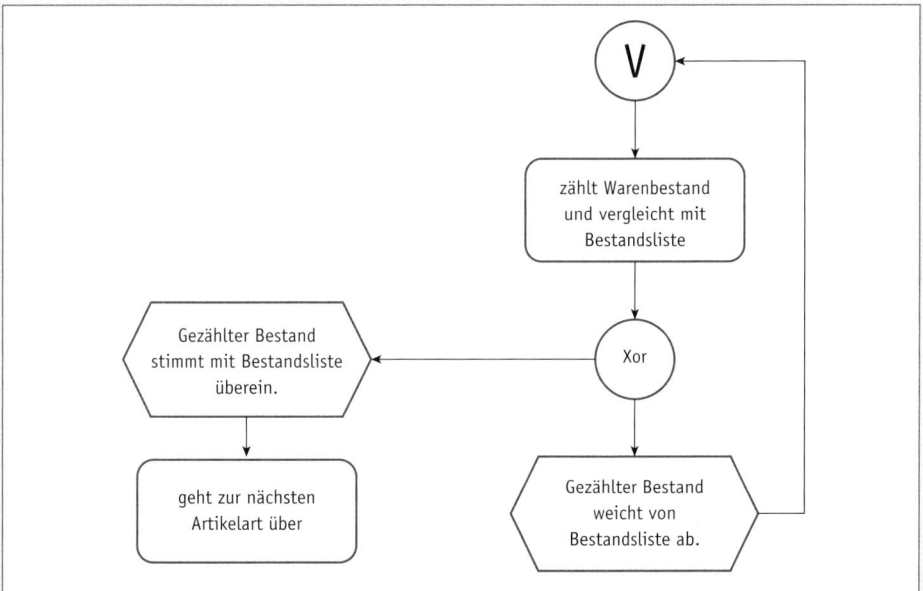

9 Eigentlich würde auch an diese Stelle eine Verzweigung gehören, tragen Sie sie nach.

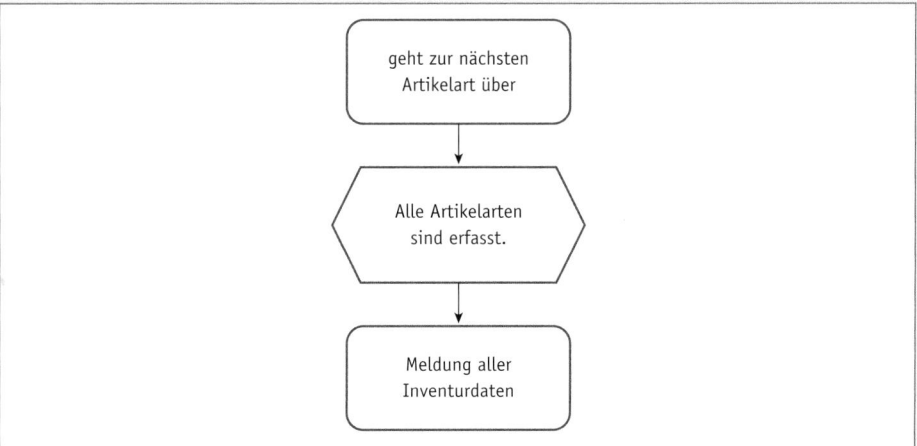

10 Eine längere und bisweilen auch heftige interne Diskussion hat dazu geführt, dass das Verfahren zur Durchführung der körperlichen Bestandsaufnahme in einigen Punkten deutlich überarbeitet wurde. Hier nun die neue Organisationsanweisung:

NEU
ARBEITSANWEISUNG INVENTUR
NEU

- Ab diesem Geschäftsjahr wird die körperliche Bestandsaufnahme immer an den beiden ersten Werktagen des Monats Februar durchgeführt.
- Das gesamte Lagerpersonal einschließlich der Lagerverwaltung führt die Erhebung durch, neue Mitarbeiter erhalten hierzu einen Tag vor Beginn der Bestandsaufnahme im Schulungszentrum eine halbtägige Schulung.
- Am Erhebungstag legt der Lagerleiter die Gruppeneinteilung fest. Die Mitarbeiter erhalten die Anweisung, welche Warenarten zu erfassen sind, sowie die Bestandslisten. Mitarbeitern der Lagerverwaltung wird zudem noch Sicherheitskleidung ausgehändigt, die die Lagerarbeiter bereits besitzen. Ist alles vorhanden, kann die Zählung starten.
- Wie auch in den letzten Jahren ist der gezählte Bestand mit der Bestandsliste zu vergleichen, bei Abweichungen ist die Zählung einmal zu wiederholen. Ergibt auch die Wiederholungszählung eine Differenz, so ist der tatsächliche Bestand direkt in der Bestandsliste zu korrigieren.
- Die Erfassung endet erst, nachdem alle Warenarten kontrolliert wurden. Die Bestandslisten sind beim Lagerleiter abzugeben, der die tatsächlichen Bestände zwecks Erstellung des Inventars an die Buchhaltung meldet.

Fly Bike Werke GmbH

Die Geschäftsleitung

Es wurde schon damit begonnen, eine der neuen Arbeitsanweisung angepasste EPK (siehe Abbildung auf S. 37 f.) zu entwerfen. Sie blieb in einigen Passagen aber noch unvollendet.

a Ergänzen Sie zunächst die leeren Funktionsfelder durch eine der folgenden Beschreibungen.

Gruppeneinteilung und Anweisung	Korrektur der Bestandsliste	Abgabe der Bestandsliste beim Lagerleiter.
Durchführung einer halbtägigen Schulung	Inventurhelfer prüft, ob alle Warenarten erfasst wurden.	

b Versuchen Sie dann, anhand der Beschreibung die noch fehlenden Prozessglieder zu bestimmen und freihändig (Symbole, Inhalte, Verbindungen) einzuzeichnen. Dabei sollen Ihnen die Markierungen (gestrichelte Linie) helfen.

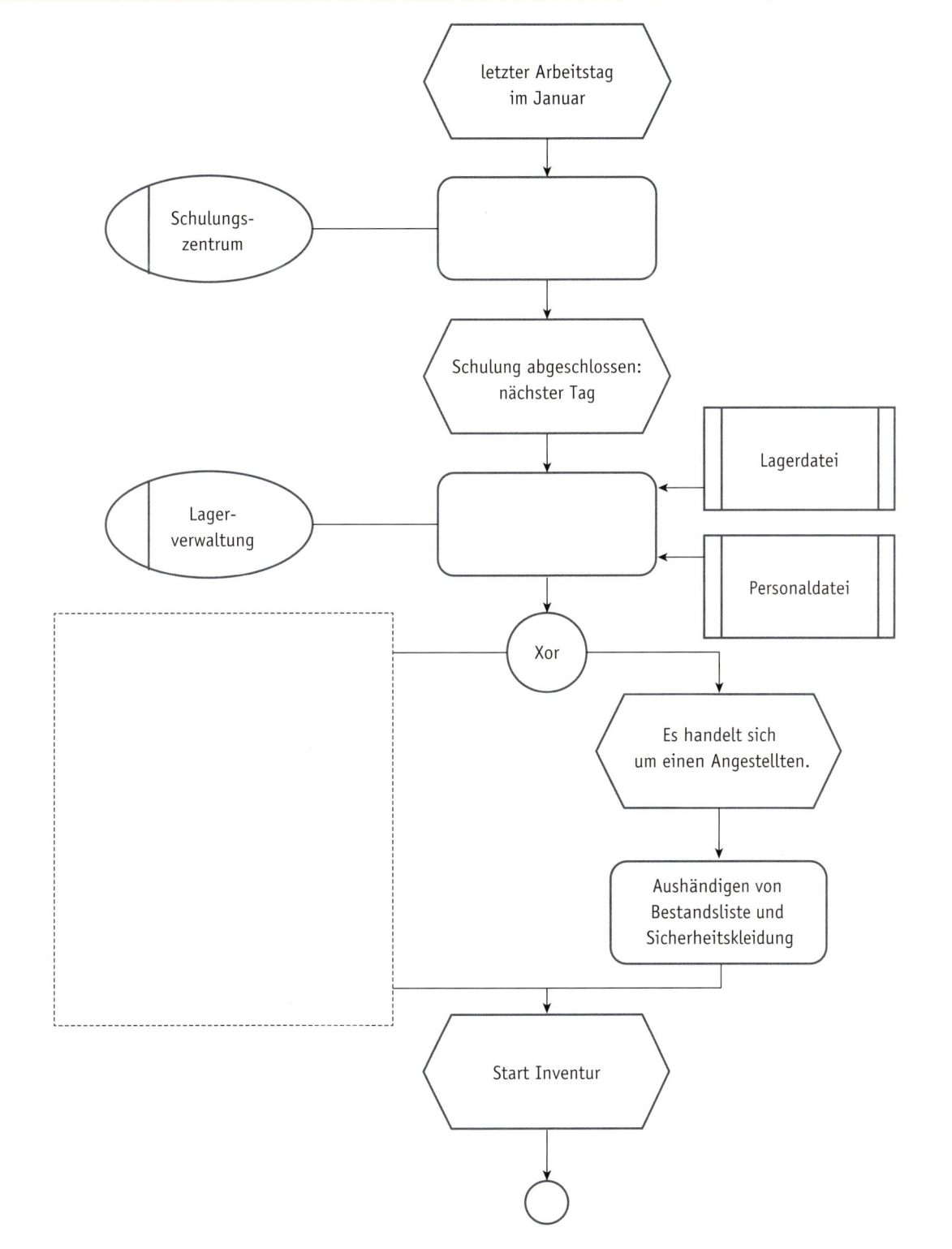

letzter Arbeitstag
im Januar

Schulungs-
zentrum

Schulung abgeschlossen:
nächster Tag

Lager-
verwaltung

Lagerdatei

Personaldatei

Xor

Es handelt sich
um einen Angestellten.

Aushändigen von
Bestandsliste und
Sicherheitskleidung

Start Inventur

(Die Fortsetzung folgt auf der nächsten Seite.)

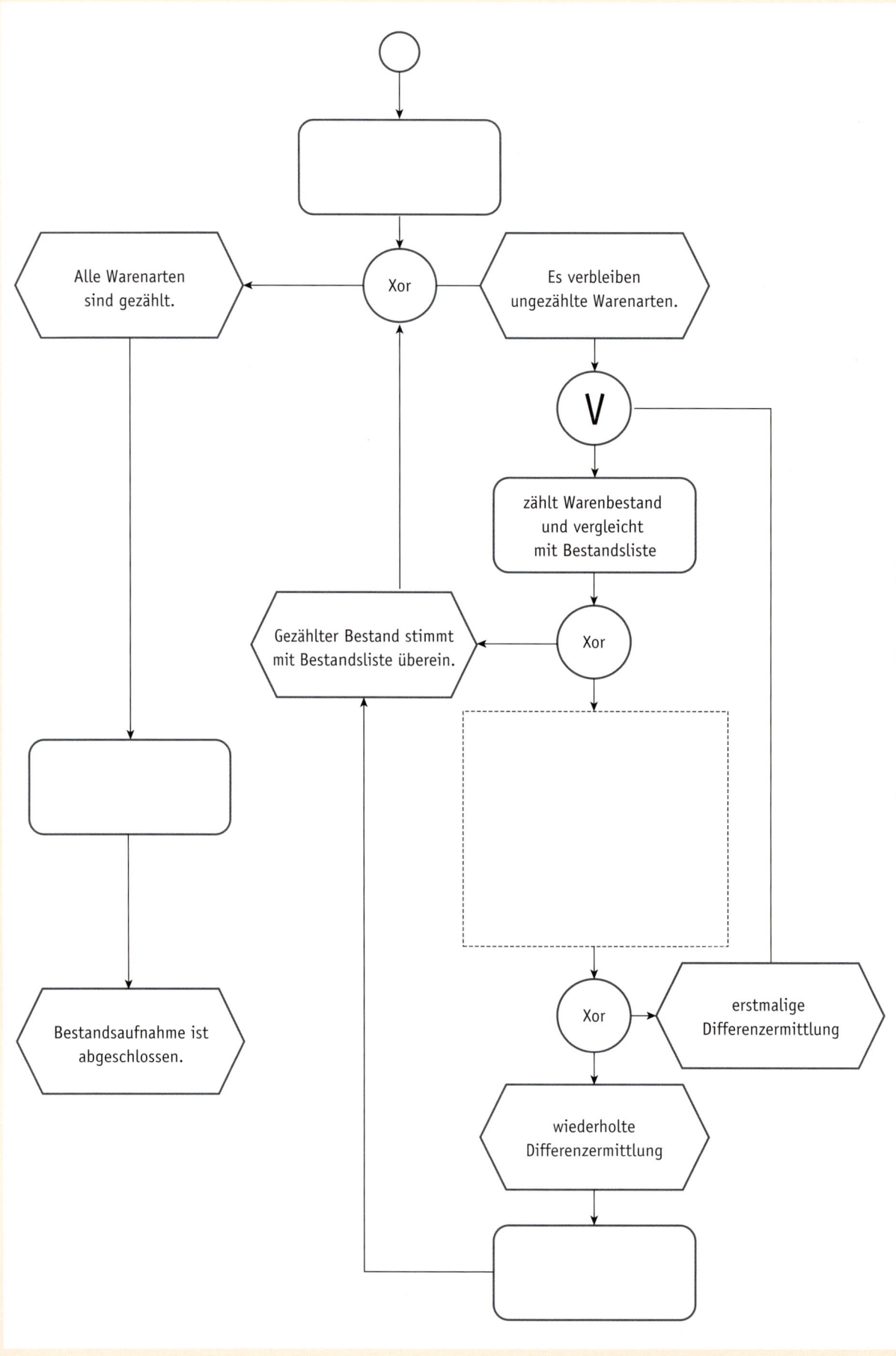

(Fortsetzung von S. 37)

Aufgaben

Aufgabe 1

Ordnen Sie den sechs Kernprozessen die entsprechenden Teilprozesse zu.

Leistungsange-bot definieren	Leistung entwickeln	Leistung herstellen	Leistung kommunizieren	Auftrag abwickeln	Leistung komplettieren
Primärbedarfs-planung	Kommunikations-politik	Änderungs-management	Produkt-/ Sortimentspolitik	Distributions-politik	Auftrags-realisierung
Absatz-marktforschung	Kapazitäts-planung	Auftragsplanung	Preis-/Kondi-tionenpolitik	Kaufvertrags-störungen beheben	Teilebedarfs-planung
Produkt-entwicklung	Maschinen-belegung	Qualitäts-sicherung	Terminplanung	Auftrags-abrechnung	Produktplanung
Machbarkeits-prüfung	Betriebs-datenerfassung	Kontrolle	Auftragsfreigabe	Produkt-entstehung	After-Sales-Prozesse

Leistungsangebot definieren	Leistung entwickeln	Leistung herstellen	Leistung kommunizieren	Auftrag abwickeln	Leistung komplettieren

Aufgabe 2

Die Radbauer GmH in München, ein langjähriger Kunde der Fly Bike Werke GmbH aus dem Fachhandel, bestellt für die Frühjahrssaison Mountain-Bikes, Modell Constitution. Bei der Abwicklung des Kundenauftrages fallen folgende Teilprozesse an:

a Da im Lager der Meldebestand erreicht ist, wird eine Bestellung über Räder und Schaltungen bei dem Lieferanten, der Tamino Deutschland GmbH in Düsseldorf, ausgelöst.

b Die Fly Bike Werke GmbH bestätigt den Auftragseingang.

c Die bestellten Räder und Schaltungen gehen bei der Fly Bike Werke GmbH ein.

d Die Mountain-Bikes werden an einen Spediteur übergeben, der den Versand übernimmt.

e Räder und Schaltungen für die Mountain-Bikes werden mit den übrigen Komponenten montiert.

f Die Rechnung der Tamino GmbH wird unter Ausnutzung von 2 % Skonto beglichen.

g Die bestellten Räder und Schaltungen werden zwischengelagert.

h Die Radbauer GmbH überweist den Rechnungsbetrag unter Ausnutzung eines Händlerrabattes von 29 %.

i Die einzelnen Komponenten, einschließlich Räder und Schaltungen, werden für die Montage der Mountain-Bikes zusammengestellt.

j Die Fly Bike Werke GmbH überprüft den Kundenauftrag hinsichtlich seiner Machbarkeit.

Bringen Sie die Teilprozesse in eine chronologische Reihenfolge und unterteilen Sie den Schritt e) in möglichst viele Subprozesse.

Aufgabe 3

In einem Industrieunternehmen sind im Rahmen der Anfragenbearbeitung die folgenden Teilaufgaben auszuführen:

– Ist eine Anfrage eingetroffen, müssen unter Zuhilfenahme der Kundenstammdaten und der Produktstammdaten von der Verkaufsabteilung mittels des Vertriebsinformationssystems alle Anfragedaten erfasst werden.

– Stellt sich aufgrund der Produktstammdaten heraus, dass es sich bei der Anfrage um eine Sonderanfertigung handelt, so ist eine Konstruktion der Sonderanfertigung notwendig.

– Die Konstruktion wird mittels der Anfragedaten von der Konstruktionsabteilung unter Zuhilfenahme eines CAD-Programms durchgeführt. Ergebnisse sind eine CAD-Zeichnung und eine Stückliste des Produkts (Produktspezifikation).

– Handelt es sich um ein Standardprodukt, ist das Produkt vollständig spezifiziert.

– Danach muss die Einhaltung des Wunschtermins geprüft werden. Dies geschieht in der Abteilung Produktionsplanung mittels der bestehenden Auftragsdaten im ERP-System.

– Dann muss die Einhaltung des Wunschtermins geprüft werden. Dies geschieht in der Abteilung Produktionsplanung mittels der bestehenden Auftragsdaten im ERP-System.

– Gleichzeitig erfolgt die Preiskalkulation des Produkts in der Verkaufsabteilung mittels des Vertriebsinformationssystems. Datenbasen sind die Produktspezifikation und der Materialstamm.

– Die Preiskalkulation erfolgt bei Standardprodukten mittels einer im Vertriebsinformationssystem hinterlegten Preisliste aufgrund der Auftragsdaten. Bei einer Sonderanfertigung erfolgt die Kalkulation in Excel unter Zuhilfenahme der Stückliste und der CAD-Zeichnung durch einen Mitarbeiter der Kalkulationsabteilung.

– Nachdem alle bisher aufgeführten Teilaufgaben ausgeführt worden sind, muss die Anfrage in ein Angebot umgewandelt werden (Verkauf, Vertriebsinformationssystem). Die Auftragsbearbeitung ist damit abgeschlossen.

Erstellen Sie das Geschäftsmodell mithilfe der ereignisgesteuerten Prozesskette (EPK).

Aufgabe 4

Alle im Folgenden beschriebenen Subprozesse betreffen den Einkauf. Zeichnen Sie für jeden Subprozess jeweils die Ereignisse, die richtige Art der Verknüpfung (Operator) und die entsprechenden Funktionen:

a Nachdem die Bedarfsmeldung eingeht, wird diese entweder sofort in eine Bestellung umgewandelt (Bestellwert bis 500,00 €) oder noch einmal der Geschäftsführung zur Genehmigung vorgelegt (Bestellungen über 500,00 €).

b Je nach Verfügbarkeit der Rohstoffe greifen wir auf unseren Stammlieferanten zurück oder bestellen bei einem anderen lieferfähigen Anbieter. Reichen die angebotenen Mengen bei einem Einzellieferanten nicht, bedienen wir uns aller verfügbaren Quellen.

c Sobald die Eingangsrechnung und der Lieferschein vorliegen, wird die Verbindlichkeit gebucht.

d Beim Wareneingang wird die Ware auf offene Mängel geprüft. Sind solche erkennbar, wird eine Mängelrüge geschrieben. Ist die Sendung aber äußerlich einwandfrei, wird sie einer Funktionsprüfung unterzogen.

e Mittels Angebotsvergleich wird das günstigste Angebot ermittelt. Nun wird ein Bestellvordruck mit der Adresse dieses Lieferanten erstellt. Gleichzeitig telefoniert der Einkaufssachbearbeiter noch mit dem Lieferanten, um ihn zu weiteren Zugeständnissen zu bewegen. Erst danach geht die Bestellung mit den nachverhandelten Konditionen hinaus.

Die Inhaber der Fly Bike Werke GmbH, Herr Jan Ullmann und Herr Björn Ries, möchten die Zukunft des Unternehmens durch Erschließung neuer Märkte absichern. Anstelle der langwierigen und risikobehafteten Entwicklung eigener Produkte und Vertriebskonzepte möchten sie die Expansion durch den Zukauf anderer Unternehmen vorantreiben. Über eine Beratungsfirma lässt Jan Ullmann nach geeigneten Übernahmekandidaten Ausschau halten, die Beratungsfirma präsentiert schließlich zwei Investitionsmöglichkeiten, die „Hexler Medical Systems GmbH" aus Österreich und die „Red Velo Corporation" aus China.

Die Beratungsfirma kann folgende Informationen über die beiden Kandidaten zur Verfügung stellen:

Hexler Medical Systems GmbH

Es handelt sich um einen 1988 gegründeten und seitdem rasch expandierten Hersteller medizinischer Diagnosegeräte. Mittlerweile hat der Umsatz der 72 Mitarbeiter nahezu die Hundertmillionen-Euro-Schwelle erreicht. Die Firma hat den Hauptsitz und das Werk in Graz (Österreich) und besitzt noch eine kleinere Betriebsstätte in Bregenz (Österreich).

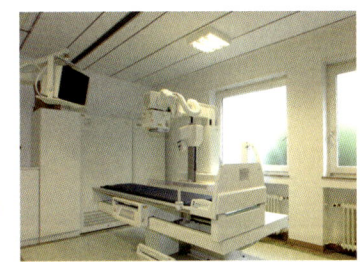

Das Absatzgebiet der Apparaturen liegt fast ausschließlich in Österreich und Süddeutschland. Während bei der Fly Bike Werke GmbH die Groß- und Einzelhändler als Abnehmer auftreten, liefert die Hexler Medical Systems GmbH an drei Abnehmergruppen: Gesundheitsämter, Arztpraxen und Krankenhäuser. Bedingt durch die hohe technische Komplexität und die hohen Anschaffungskosten sind sachkundige Beratung und Finanzierungshilfen von den Kunden besonders geschätzte Verkaufsargumente.

Dementsprechend hat sich das Verkaufspersonal, das überwiegend aus Ingenieuren besteht, intern auf eine bestimmte Art der Diagnosemedizin (also Ultraschall, Röntgen oder Magnetfeld) spezialisiert. Dadurch wird auch sichergestellt, dass auf neue Kundenwünsche und Konkurrenzentwicklungen besonders rasch reagiert werden kann.

Red Velo Corporation

Der Hersteller von Lastenrädern (Rikschas und Cargobikes) war einst ein regional sehr bedeutender Staatsbetrieb mit Hunderten von Beschäftigten. Durch die zunehmende Motorisierung in China hat er allerdings innerhalb der letzten zehn Jahre einen Großteil seines Absatzes verloren, viele Betriebsteile mussten stillgelegt werden. Im Rahmen eines staatlichen Privatisierungsprogramms wird für die Red Velo Corp. mit ihren noch verbliebenen 59 Arbeitern und zwölf Verwaltungsangestellten ein Investor gesucht. Diesem fließen für eine längere Übergangszeit auch beträchtliche Förderungsmittel zu, die in neue technische Ausstattung und Produktentwicklung investiert werden können.

Aufgrund des riesigen Staatsgebietes (die Fläche Chinas ist 30-mal größer als die Deutschlands) hat sich der in Chengdu ansässige Betrieb auf den Verkauf in den nächstgelegenen Provinzen (Guizhou, Sichuan und Yunnan) beschränkt. Diese relativ armen Provinzen zeichnen sich dadurch aus, dass in allen drei Han-Chinesisch gesprochen wird, eine der drei Hauptsprachen. Chengdu liegt aber auch in relativer Nähe zu den aufstrebenden Küstenprovinzen, die einen jährlichen Anstieg des Wirtschaftswachstums von bis zu 15 % erzielen. In dieser reicheren Nachbarregion wird zukünftig ein möglicherweise enormer Bedarf an Sport- und Lifestyle-Fahrrädern entstehen, der durch die chinesischen Staatsbetriebe nicht gedeckt werden kann.

1 Beschreiben Sie zunächst die Bedingungen sowie mögliche Ziele (Chancen) und Risiken eines Zusammenschlusses der Fly Bike Werke GmbH mit einem der beiden Übernahmekandidaten. Nutzen Sie dazu auch die Unternehmensbeschreibung der Fly Bike Werke GmbH im Arbeitsbuch (S. 6 – 14).

Zusammenschluss von ...	Fly Bike Werke GmbH mit Hexler Medical	Fly Bike Werke GmbH mit Red Velo
Erzeugnisgruppen		
Verkaufsgebiete		
Ziele des Zusammen-schlusses		
Risiken des Zusammen-schlusses		

2 Da beide Kombinationen Chancen und Risiken bieten, ist Herr Ullmann immer noch unentschieden. Er prüft deshalb, welche Unternehmen sich organisatorisch leichter integrieren lassen. Dazu sind drei Organigramme vorhanden:

A Organigramm der Fly Bike Werke GmbH

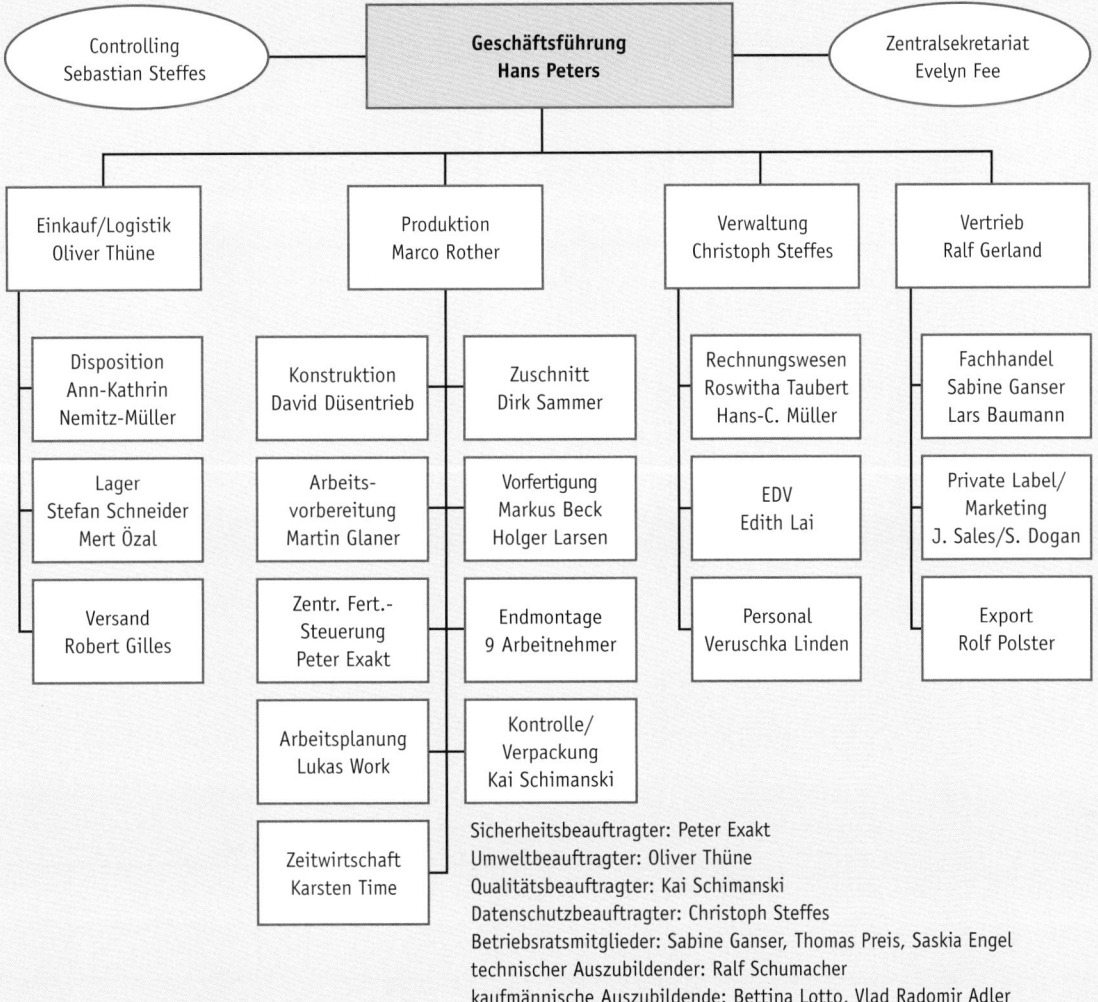

Sicherheitsbeauftragter: Peter Exakt
Umweltbeauftragter: Oliver Thüne
Qualitätsbeauftragter: Kai Schimanski
Datenschutzbeauftragter: Christoph Steffes
Betriebsratsmitglieder: Sabine Ganser, Thomas Preis, Saskia Engel
technischer Auszubildender: Ralf Schumacher
kaufmännische Auszubildende: Bettina Lotto, Vlad Radomir Adler

B Organigramm der Hexler Medical Systems GmbH

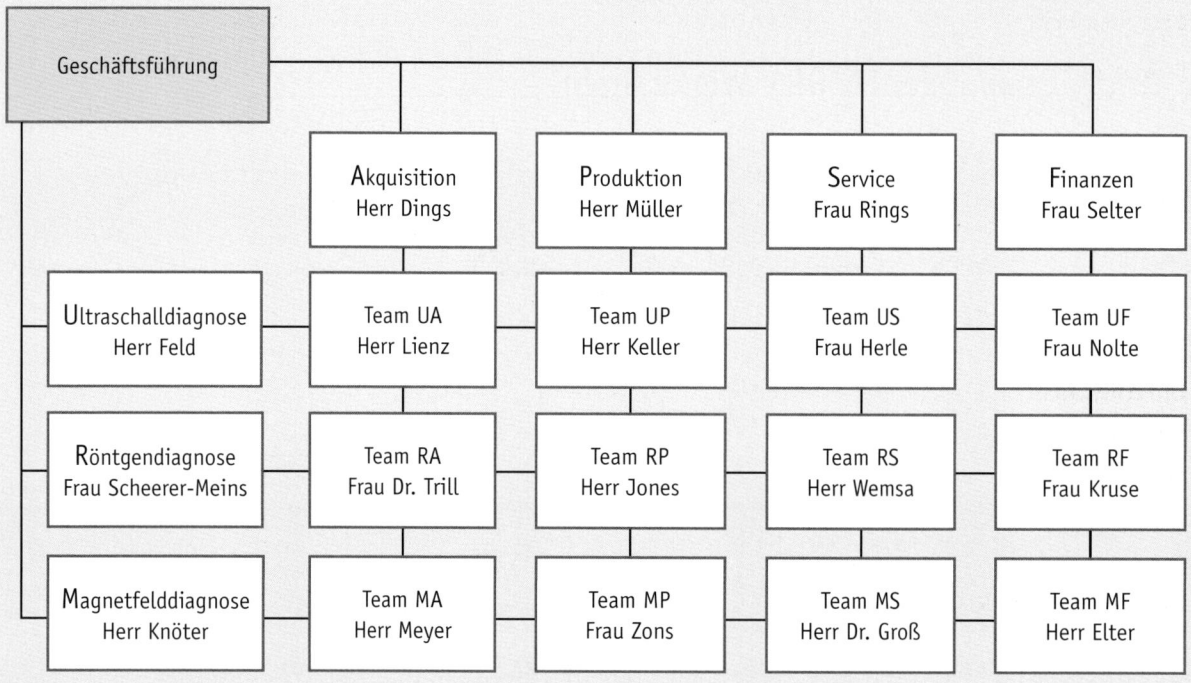

C Organigramm der Red Velo Corp.

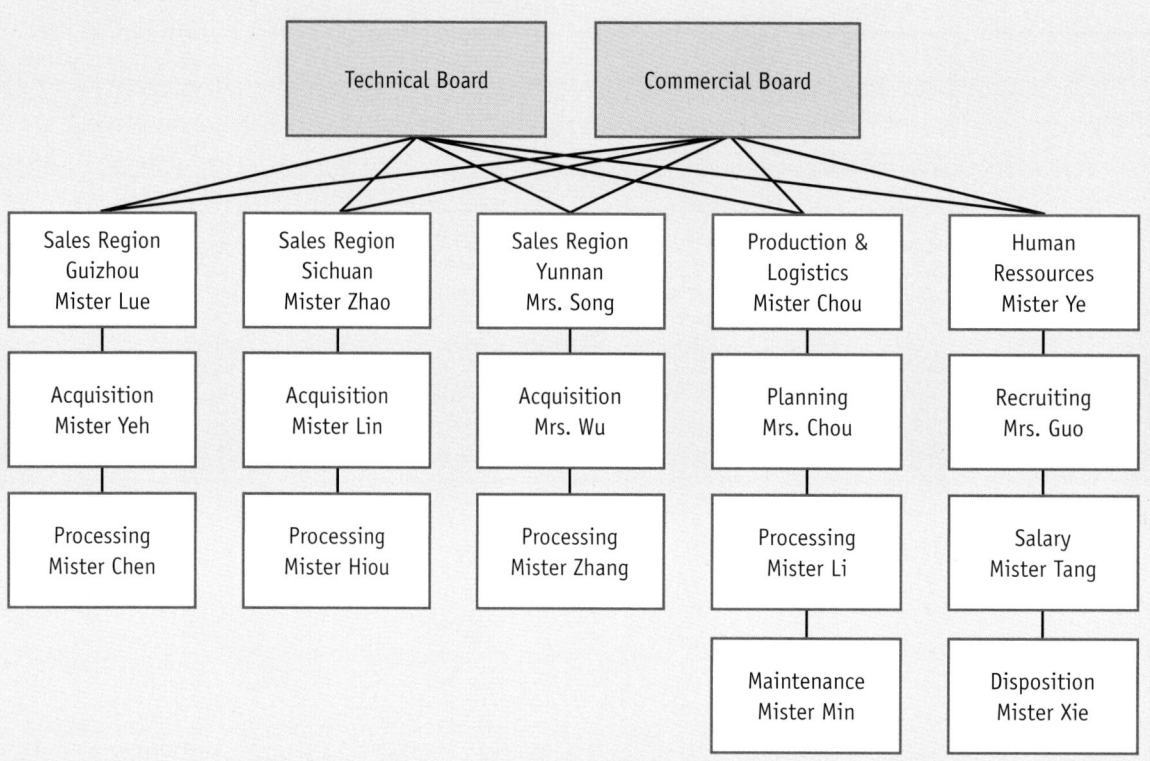

Analysieren Sie die vorhandene Aufbauorganisation aller drei Unternehmen nach folgendem Schema:

Unternehmen	Fly Bike Werke GmbH
Prinzip der Stellenbildung	nach Funktionen
Organisationsmodell	Stabliniensystem
Vorteile	– Übersichtlichkeit – eindeutige Anweisungswege und Zuständigkeiten – verbesserte Informationsbasis der Vorgesetzten
Häufige Anwendung	kleine/mittlere Unternehmen mit engem Produktionsprogramm

Unternehmen	Hexler Medical Systems GmbH
Prinzip der Stellenbildung	
Organisationsmodell	
Vorteile	
Häufige Anwendung	

Unternehmen	Red Velo Corp.
Prinzip der Stellenbildung	
Organisationsmodell	
Vorteile	
Häufige Anwendung	

3   Prüfen Sie die Möglichkeit einer Fusion zwischen der Red Velo Corp. und der Fly Bike Werke GmbH. Erstellen Sie mithilfe der Vorlage unten einen Organisationsvorschlag (Organigramm) für ein vereinigtes Unternehmen. Begründen Sie sowohl das gewählte Prinzip der Stellenbildung als auch das Weisungssystem. Zeigen Sie auch auf, wie die gewählte Organisationsform die in Arbeitsauftrag 1 erarbeiteten Ziele unterstützen kann.

> **Hinweise:**
> – Es ist nur eine Bezeichnung der Abteilungen und Stellen erforderlich. Die Namen möglicher Stelleninhaber stehen zu diesem Zeitpunkt noch nicht fest.
> – Die folgende Grafik gibt nur den Kern des Organigramms wieder. Mögliche Leitungs-, Stabs- oder Matrixfunktionen sind noch hinzuzufügen. Dafür lassen sich die schraffierten Felder als Schablonen verwenden. Je nach Organisationstyp werden jedoch nur einige dieser Formen benötigt!

4 Erstellen Sie in gleicher Weise wie in Arbeitsauftrag 3 einen Organisationsvorschlag für die Fusion zwischen der Fly Bike Werke GmbH und der Hexler Medical Systems GmbH und begründen Sie ihn.

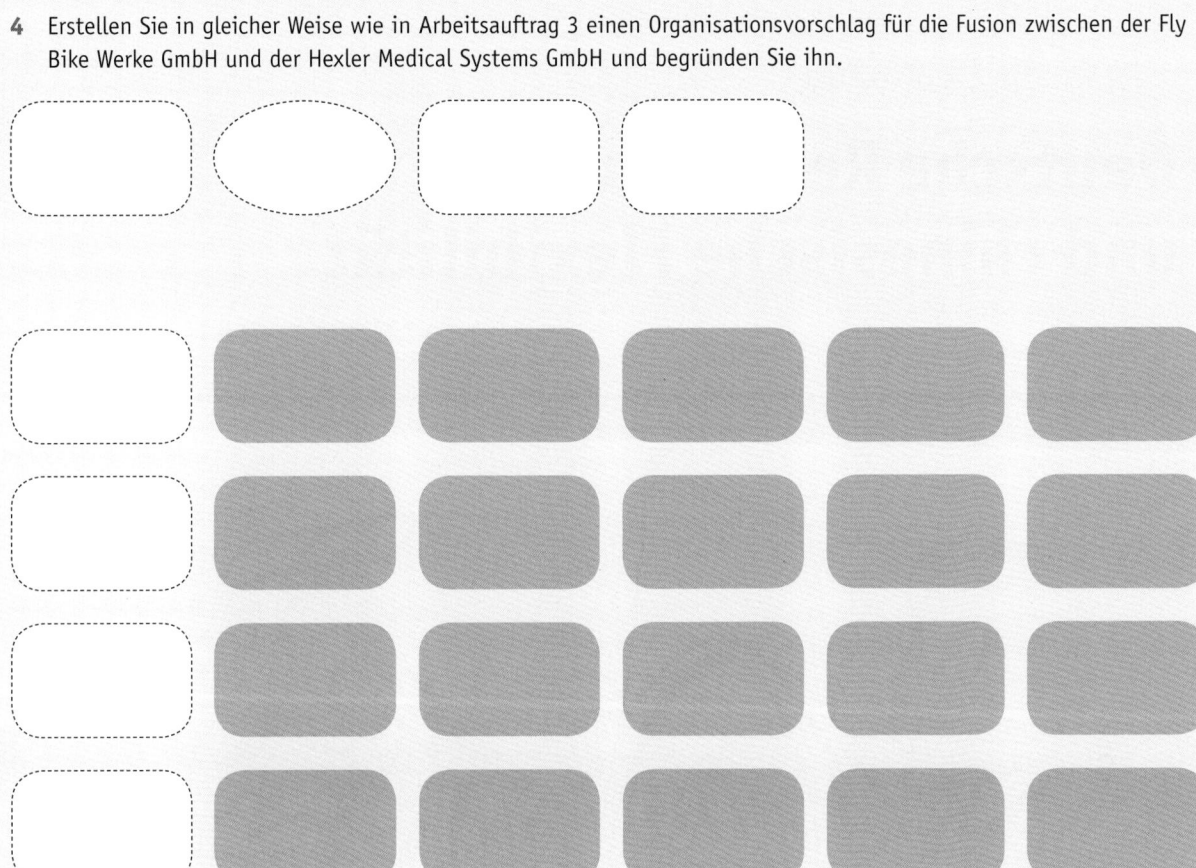

5 Herr Ullmann neigt nach Prüfung der bisherigen Sachverhalte nun zu der Meinung, dass ein Zusammenschluss der beiden Fahrradhersteller das größere Erfolgspotenzial besitzt und sich organisatorisch leichter realisieren lässt. Allerdings zeigt die Erfahrung, dass eine „Firmenehe" oft an schlechten Kommunikationsbeziehungen und unvereinbaren Unternehmenskulturen scheitert. Bei dem Zusammenschluss mit einem chinesischen Fahrradhersteller ist so möglicherweise die Entfernung zwischen Deutschland und China noch das geringste Problem.

Über die Führungs- und Unternehmenskultur der Hexler Medical Systems ist bekannt, dass sich auch nach dem Ausscheiden der beiden Firmengründer die von ihnen geprägte, sehr offene und kommunikationsfreudige Arbeitsweise innerhalb und zwischen den vielen Arbeitsteams erhalten hat. Der erste Satz des Unternehmensleitbildes lautet: „Nicht der Titel, sondern der Sachverstand bestimmt die beste Lösung. Jeder Mitarbeiter hat das Recht und die Pflicht, seine besten Ideen einzubringen."

Zu der Red Velo Corp. gibt es hier keine speziellen Informationen, Herr Ullmann hat jedoch im Zeitungsarchiv einen Artikel über chinesische Unternehmenskultur gefunden (siehe nächste Seite).

Erstellen Sie einen Maßnahmenkatalog nach dem folgenden Muster, mit dessen Hilfe eine reibungslose Zusammenarbeit, idealerweise eine einheitliche Führungskultur, geschaffen werden könnte. Berücksichtigen Sie dabei neben den kulturellen auch eventuelle sprachliche Barrieren.

Maßnahmenkatalog	
Begleitende Maßnahmen **FBW/Red Velo Corp.**	**Begleitende Maßnahmen** **FBW/Hexler Medical Systems**

UNTERNEHMENSKULTUR

Deutsche Regeltreue und chinesische Flexibilität

Mit ihrem westlichen Führungsstil kommen deutsche Manager im Reich der Mitte oft nicht weit.
Die wichtigsten Normen in chinesischen Unternehmen sind: „Hierarchie beachten" und „Gesicht wahren".

Carsten Aschoff bringt so schnell nichts aus der Ruhe. Selbst wenn alles schiefzugehen droht – der Ingenieur aus Karlsruhe bleibt gelassen. Seit gut zweieinhalb Jahren ist er Geschäftsführer des chinesisch-deutschen Joint-ventures Linuo Paradigma, das eine Flugstunde südlich von Peking in Jinan Solarthermie-Anlagen produziert. Mit Ruhe und Gelassenheit ist viel gewonnen in China. Vor einigen Monaten aber ist Aschoff doch der Kragen geplatzt.

Sehr kurzfristig hatte der Inhaber der chinesischen Holding eine Sitzung einberufen, auf der wichtige Fragen zu klären waren. Zeit zur Vorbereitung blieb keine, die Teilnehmer telefonierten nötige Informationen während der Sitzung per Handy zusammen. Wie immer im chinesischen Geschäftsalltag war die Runde sehr groß. Kurz: Ein produktives Arbeiten war nicht möglich. Carsten Aschoff schimpfte: Eine solch wichtige Sitzung müsse vorbereitet werden, das dauernde Telefonieren und Gerede um den heißen Brei sei unerträglich, und künftig sollten doch bitte nur Mitarbeiter mit Entscheidungs- oder Fachkompetenz an Meetings teilnehmen.

So still wie in jenen Minuten hatte Aschoff seine Kollegen selten erlebt. Seine Sätze waren ein klarer Affront gegen den Konzernchef, der das Meeting anberaumt hatte. „Bist du verrückt?" murmelte sein Sitznachbar. Aschoff hatte gegen eine sehr wichtige Regel verstoßen: „In China sind direkte Kritik und offen ausgetragene Konflikte tabu", sagt Eberhard Schenk, der Manager in Seminaren der Carl-Duisberg-Centren auf

ihren China-Aufenthalt vorbereitet. „Immer muß der Gesprächspartner die Chance haben, sein Gesicht zu wahren."

Mit ihrem westlichen Managementstil kommen Führungskräfte oft nicht weit. Sie müssen stets höflich bleiben, die Etikette wahren und auf Hierarchien achten, die im Arbeitsalltag eine wesentlich größere Rolle spielen als im Westen. Gewöhnen müssen sich deutsche Manager außerdem an die Bedeutung persönlicher Beziehungen: In Deutschland mögen Kontakte wichtig sein, in China sind sie oftmals geschäftsentscheidend.

Die richtige Sitzordnung

„Bei Paradigma in Deutschland sind die Hierarchien sehr flach. Vorgesetzte und Mitarbeiter diskutieren auf einer Augenhöhe", sagt Aschoff. „Hier in China würde mir ein solcher Führungsstil als Schwäche ausgelegt." Die Hierarchie spielt im Geschäftsalltag auch bei profanen Dingen wie dem Essen eine wichtige Rolle. Die Sitzordnung bleibt nicht dem Zufall überlassen, sondern ist eine diffizile Angelegenheit. „Ob sich beim Geschäftsessen gute Gespräche entwickeln, ist eher nebensächlich", sagt Trainer Schenk. „Wichtiger ist, wer neben wem sitzt." Ein hochgestellter Gast nämlich „gibt" seinem Nebenmann „Gesicht", also Ansehen. Hier ergänzen sich die beiden chinesischen Prinzipien „Hierarchie beachten" und „Gesicht wahren".

Quelle: Frankfurter Allgemeine Zeitung, 30.07.04, Nr. 176, S. 49

Aufgaben

Aufgabe 1

Wir unternehmen eine Reise in die Zukunft – die Fly Bike Werke GmbH ist zum größten europäischen Fahrradproduzenten aufgestiegen und beschäftigt nun über 12 000 Mitarbeiter. Neben einer breiten Palette an Fahrrädern werden auch Fitnessgeräte für den Heim- und Studiobereich hergestellt. Eine Neuorganisation ist deshalb überfällig. Folgender, erst halbfertiger Vorschlag soll als Zukunftskonzept dienen:

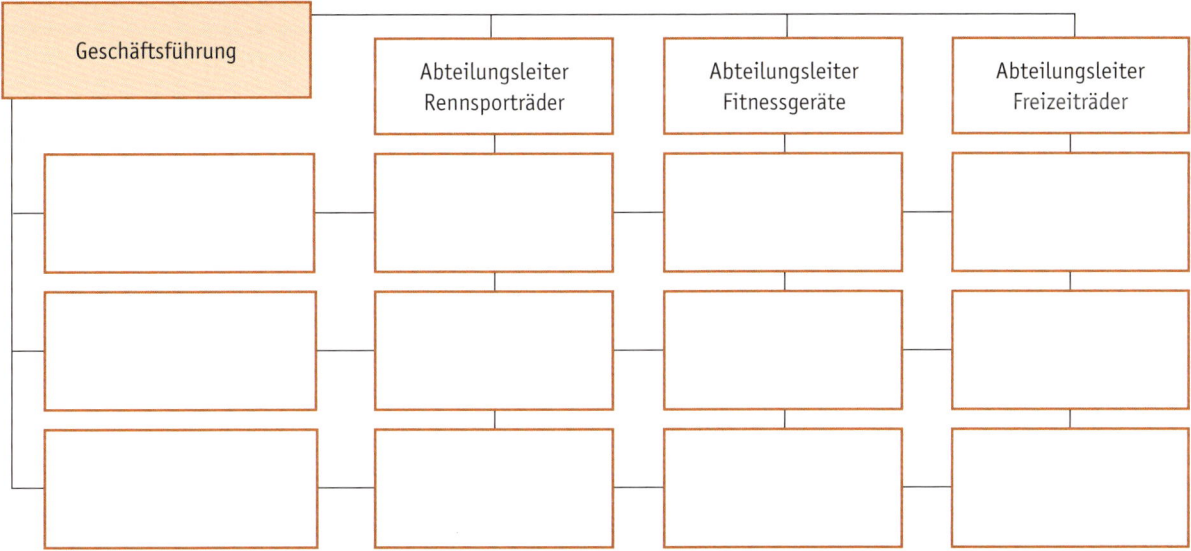

a Nach welchem Organisationsprinzip wurden die Abteilungen gebildet?
b Nach welchem Weisungssystem soll das Unternehmen zukünftig organisiert sein?
c Machen Sie drei Vorschläge für mögliche „Querfunktionen" (2. Zuordnungsprinzip).
d Bewerten Sie mögliche Vor- und Nachteile der neuen Organisation im Vergleich zum bisherigen Organisationsaufbau.

Aufgabe 2

Durch die nachstehende Beschreibung soll der organisatorische Aufbau eines Unternehmens zum Ausdruck kommen:
– Verkaufsleiter ist *Herr Brandt*, die zwei anderen Bereiche werden von *Herrn Fritz* und *Herrn Lehmann* geleitet.
– Der Verwaltungsbereich gliedert sich in die Abteilungen Rechnungswesen, Personalwesen und Anlagenverwaltung.
– *Herr Dr. Schneider* ist der Syndicus (Rechtsanwalt im Angestelltenverhältnis).
– *Meister Lange* verwaltet das Lager, er untersteht dem Einkaufsleiter.
– Der Verkaufsbereich gliedert sich in die Abteilungen Inland und Ausland.
– Am 1. Januar nächsten Jahres tritt *Herr Ed Vaupel* in das Unternehmen ein. Er soll als Berater der Geschäftsleitung eine Organisationsabteilung aufbauen.
– Der Einkauf gliedert sich in die Gruppe Textil und Hartwaren.
– *Herr Krause* und *Herr Schultze* sind die beiden Gruppenleiter im Textileinkauf (*Herr Krause*: Meterware; *Herr Schultze*: Konfektion).
– *Herr Bossert* ist Geschäftsführer.

Entwerfen Sie ein Schaubild, aus dem die Leitungszusammenhänge und der Aufbau des Unternehmens hervorgehen. Nur bei Stabsstellen und Bereichsleitern sind die Namen der leitenden Personen einzusetzen.

Aufgabe 3

Sie sollen für das Organisationshandbuch den Ablauf der Prüfung einer Eingangsrechnung beschreiben.
a Bitte füllen Sie dazu die auf der nächsten Seite folgende Arbeitsablaufkarte (Muster siehe Schülerbuch Industrielle Geschäftsprozesse, S. 67) aus. Gehen Sie dabei in Einzelschritten vor:
– Beschreiben Sie zunächst die einzelnen Tätigkeiten des Arbeitsablaufes und tragen Sie diese als „Arbeitsschritte" in der richtigen Reihenfolge ein.
– Entscheiden Sie danach, um welche Art von Tätigkeit es sich handelt. Malen Sie die Fläche des entsprechenden Symbols aus.
– Schätzen Sie den Zeitaufwand des Arbeitsschrittes und tragen Sie ihn auf der Arbeitsablaufkarte ein (auf die Angabe der Wegstrecke wurde hier verzichtet).
– Verbinden Sie nach Fertigstellung aller Arbeitsschritte die markierten Symbole mit Linien.

b Untersuchen Sie abschließend den von Ihnen gestalteten Arbeitsablauf daraufhin, welche Art von Tätigkeit überwiegt. Versuchen Sie, durch Wegfall von Transport-, Kontroll- und Verzögerungszeiten eine Beschleunigung zu erreichen.

Arbeitsablaufkarte				Blatt:
Arbeitsablauf: Rechnungsprüfung		Abteilung: Beschaffung		
Lfd. Nr.	Arbeitsschritte		Symbole	Zeit (Min.)
1.			○ ⇨ □ D ▽	
2.			○ ⇨ □ D ▽	
3.			○ ⇨ □ D ▽	
4.			○ ⇨ □ D ▽	
5.			○ ⇨ □ D ▽	
6.			○ ⇨ □ D ▽	
7.			○ ⇨ □ D ▽	
8.			○ ⇨ □ D ▽	
9.			○ ⇨ □ D ▽	
10.			○ ⇨ □ D ▽	
11.			○ ⇨ □ D ▽	
12.			○ ⇨ □ D ▽	
13.			○ ⇨ □ D ▽	
14.			○ ⇨ □ D ▽	
	Summen:			

● Bearbeitung, Tätigkeit   ⇨ Transport, Weiterleitung   ■ Kontrolle, Prüfung   D Verzögerung   ▼ Lagerung, Ablage

Vorgangsbeschreibung zu Aufgabe 3:

Geht die Rechnung ein, wird sie zunächst als Eingang erfasst, ggf. eingescannt und dann an die zuständige Rechnungsprüfungsstelle weitergeleitet. Hier folgt zunächst anhand von Bestellung und Lieferschein eine Prüfung auf sachliche Korrektheit, danach wird die Faktura rechnerisch überprüft. Enthält sie rechnerische Fehler zum Nachteil des Rechnungsempfängers, wird der Rechnungsbetrag entsprechend korrigiert. Die Bestellung wird dann als „erledigt" aus der Bestellliste gelöscht. Die Rechnung selbst wird mit einem Prüfstempel versehen („Sachlich und rechnerisch geprüft") und abgelegt. Der Rechnungsprüfer erstellt ein Zahlungsfreigabeformular mit Angabe des korrekten Zahlungsbeitrags. Dieses muss allerdings noch vor seiner Versendung an die Lieferantenbuchhaltung vom Abteilungsleiter gegengezeichnet werden. Die Freigabeformulare werden gesammelt und zweimal wöchentlich vom Abteilungsleiter weitergegeben.

Aufgabe 4

Im Folgenden finden Sie ein Organigramm des Konzerns „Deutsche Lufthansa AG".

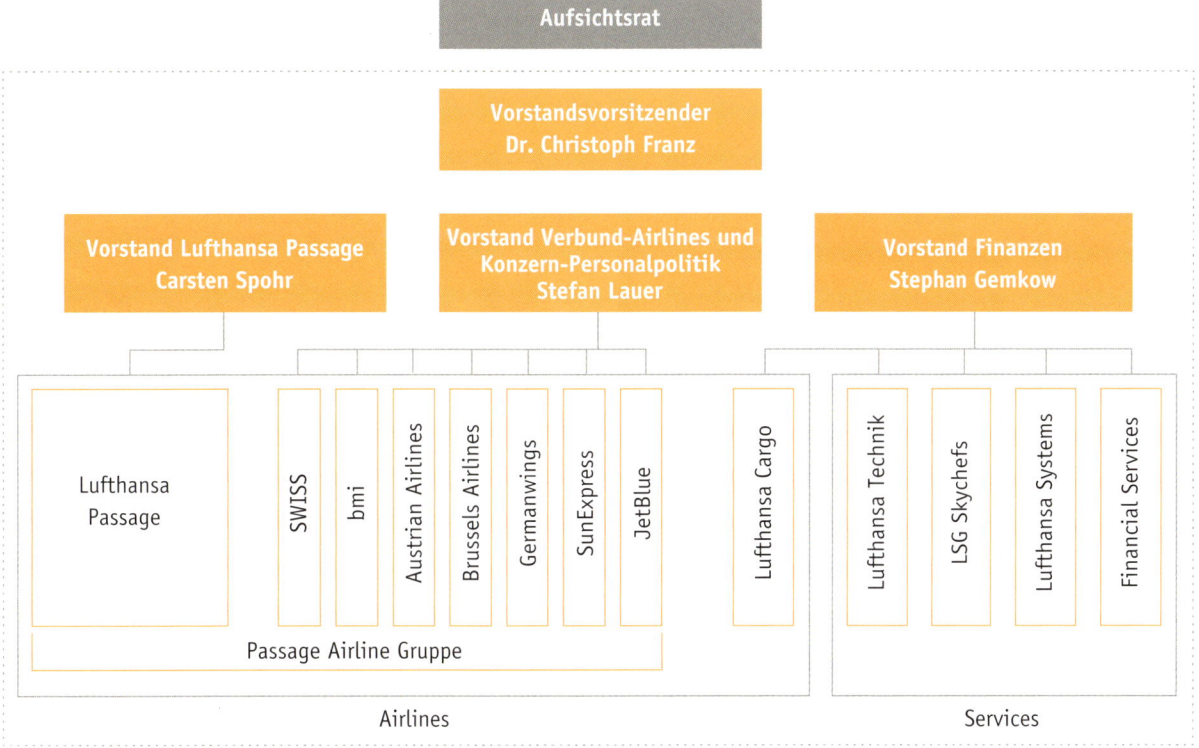

Quelle: http://investor-relations.lufthansa.com/de/fakten-zum-unternehmen/konzernstruktur.html

Hinweise:

– Das Kerngeschäft der „Deutsche Lufthansa AG" ist die Personenbeförderung. Sie wird als strategisches Geschäftsfeld unter der Bezeichnung „Passage" betrieben.

– Ansonsten finden Sie unterhalb der Vorstandsebene der „Deutsche Lufthansa AG" in der Regel selbstständige Tochtergesellschaften (z. B. ist die Fluggesellschaft Germanwings eine GmbH). Dies sind zum einen Fluggesellschaften (Airlines), die zum größeren Teil im Ausland angesiedelt sind, oder meist selbstständige Servicebereiche, die Dienstleistungen für den Konzern und seine Airlines (interne Kunden), aber auch für externe Kunden erbringen.

a Beschreiben Sie das Organigramm der „Deutsche Lufthansa AG". Gehen Sie dabei auch auf die spezifische Regelung der Zuständigkeiten der vier AG-Vorstände ein.

b Welche Art der aufbauorganisatorischen Gliederung liegt unterhalb der Vorstandsebene vor?

c Was meinen Sie, in welchen Bereichen die Tochtergesellschaften selbstständig entscheiden können? Versuchen Sie, diese Bereiche abstrakt zu beschreiben, aber nennen Sie auch einige Beispiele.

Produktionsprogrammplanung

Unter Leitung des Geschäftsführers, Herrn Peters, haben sich die Gesellschafter der Fly Bike Werke GmbH, Herr Ullmann und Herr Ries, mit weiteren Führungskräften des Unternehmens zu ihrer monatlichen Strategiesitzung zusammengefunden. Auf dieser sollen auch Fragen der langfristigen Programmplanung erörtert werden. Herr Peters ergreift das Wort: „Meine geschätzten Damen und Herren! Auf unserer Sitzung Anfang des Jahres hatten wir unsere Vertriebsabteilung damit beauftragt, eine Analyse des Geschäftsfeldes ‚Markenfahrräder' vorzunehmen. Ich darf unsere Kundenbetreuerin für den Fachhandel, Frau Ganser, um ihre Ergebnisse bitten!"

Frau Ganser führt aus: „Ich danke Ihnen, Herr Peters! Ich möchte meinem Vortrag zunächst folgenden grundsätzlichen Gedanken vorausschicken: Um unser Absatz- sowie unser Produktionsprogramm langfristig an den Bedürfnissen des Marktes auszurichten und unsere Wettbewerbsposition zu sichern, müssen wir eine Vielzahl von Einflussfaktoren beachten. Neben unserem eigenen sowie den relativen Marktanteilen unserer Mitbewerber spielt die Wahrnehmung unserer Produkte durch die Kunden im Vergleich zu den Produkten unserer Konkurrenz eine entscheidende Rolle. Die folgende Grafik soll Ihnen das Ergebnis unserer Marktanalyse verdeutlichen."

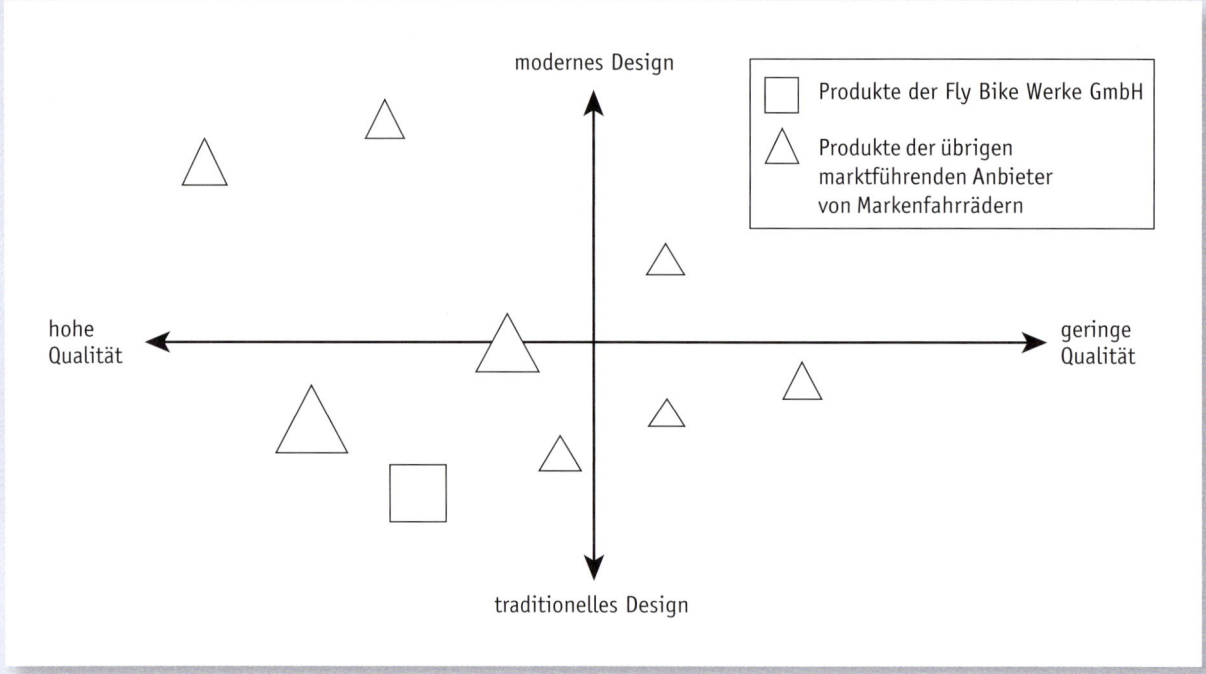

Geschäftsfeld „Markenfahrräder" in Deutschland (Die Größe der Symbole entspricht dem relativen Marktanteil des jeweiligen Anbieters.)

Qualitative Programmplanung

Als Mitarbeiter/-in der Vertriebsabteilung war es Ihre Aufgabe, die Ergebnisse der Marktanalyse zu interpretieren und der Geschäftsleitung entsprechende Handlungsalternativen vorzuschlagen.

1 Beschreiben Sie anhand der vorstehenden Grafik die derzeitige Marktposition der Fly Bike Werke GmbH mit Ihren eigenen Worten.
2 Beurteilen Sie diese Marktposition. Welche Stärken und welche Schwächen birgt die derzeitige Marktposition?
3 Unterbreiten Sie der Geschäftsleitung der Fly Bike Werke GmbH einen Vorschlag für eine mögliche Neupositionierung im Geschäftsfeld „Markenfahrräder". Welche Chancen, aber auch welche Risiken beinhaltet Ihr Vorschlag?

Quantitative Programmplanung

Neben der Beantwortung von Fragen der langfristigen qualitativen Programmplanung gehört es auch zu den Aufgaben der Geschäftsleitung, grundsätzliche Vorgaben für die quantitative, also die mengenmäßige Programmplanung zu machen.

Die Fly Bike Werke GmbH ist dabei mit dem besonderen Problem konfrontiert, dass ihre Absatzzahlen im Jahresverlauf relativ stark schwanken. Schönes Wetter im Frühling lockt regelmäßig zahlreiche Fahrradkunden in die Fachgeschäfte, sodass die Verkaufszahlen nach den relativ umsatzschwachen Wintermonaten ab dem März eines Jahres stark ansteigen. Dies gilt ganz besonders für Fahrräder mit einer betont sportlichen Note, also Rennräder und hochwertige Mountain-Bikes. Die Kinderräder weisen zudem noch einmal eine deutliche Absatzspitze im Weihnachtsgeschäft auf.

Die Großkunden der Fly Bike Werke GmbH – Großhändler und Einzelhandels-Filialisten – schließen mit ihren Lieferanten meist Rahmenverträge ab, in denen sie ihre Abnahmemengen für ein Jahr im Vorhinein festlegen. Mit jeweils vier bis sechs Wochen Vorlauf zum tatsächlichen Verkauf an die Endabnehmer rufen diese Großkunden dann ihre konkreten Abnahmemengen für einen Monat ab. Der Vertriebsleiter, Herr Gerland, legt hierzu die folgenden Auszüge aus der Absatzstatistik der Fly Bike Werke GmbH vor:

	Jan.	Febr.	März	April	Mai	Juni	Juli	Aug.	Sept.	Okt.	Nov.	Dez.
Gesamtabsatz in Stück (Durchschnitt der letzten 5 Jahre)	920	1070	1380	1640	1610	1510	1290	1140	1090	970	910	850
Davon: Rennräder in Stück	84	185	235	245	205	163	123	94	62	55	48	35
Davon: Kinderräder in Stück	98	145	265	305	236	201	128	143	245	349	326	80

Die Produktionskapazitäten der Fly Bike Werke GmbH sind so ausgelegt, dass pro Monat bis zu 1350 Fahrradrahmen geschweißt und mit den zugekauften Komponenten zu versandfertigen Fahrrädern montiert werden können.

Produktionsprogrammplanung

4 Zeichnen Sie die Absatzmengen der Fahrräder insgesamt sowie der Renn- und Kinderfahrräder in das folgende Diagramm ein. (Alternative: Stellen Sie die Absatzdaten mithilfe eines Tabellenkalkulationsprogramms grafisch dar.)

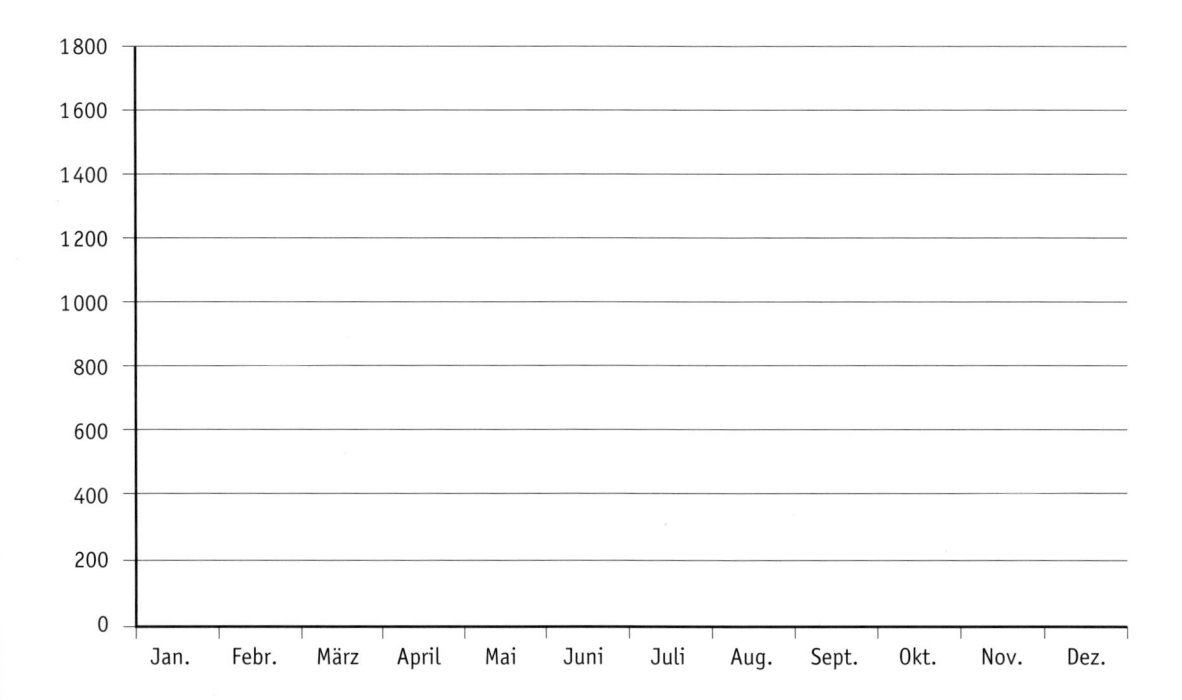

5 Zeichnen Sie nun die monatliche maximale Produktionsmenge (die sogenannte Kapazitätslinie) in das zweite Diagramm ein.

6 Überlegen Sie sich weiterhin, wie hoch die tatsächlichen monatlichen Produktionsmengen der Fly Bike Werke GmbH sein sollten, und zeichnen Sie diese in das zweite Diagramm ein.

7 Legen Sie ebenfalls fest, in welchen Monaten wie viele Renn- und Kinderfahrräder produziert werden sollten. Zeichnen Sie auch diese ein.

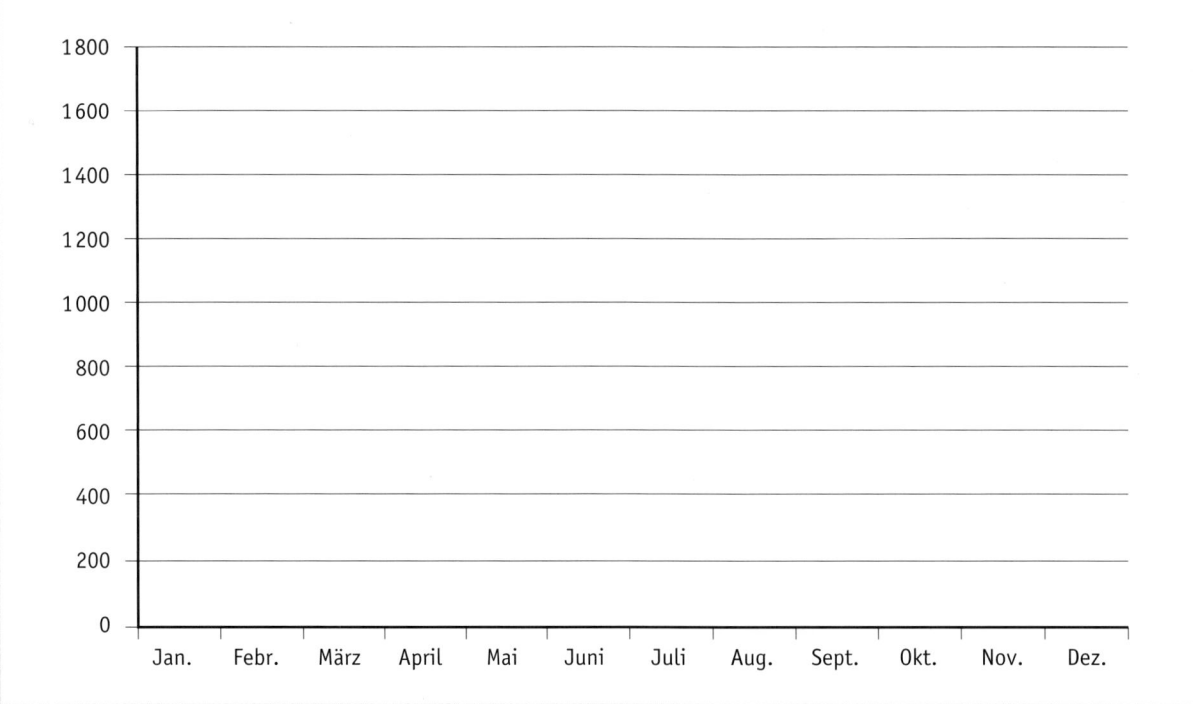

8 Bewerten Sie die von Ihnen vorgeschlagene Planungsalternative. Vergleichen Sie dazu Ihren Vorschlag mit denen Ihrer Mitschüler und diskutieren Sie die jeweiligen Vor- und Nachteile.

Aufgaben

Aufgabe 1

a Wie unterscheiden sich das Absatzprogramm und das Produktionsprogramm der Fly Bike Werke GmbH?

b Unterscheiden Sie an Beispielen aus Ihrem Ausbildungsbetrieb die Begriffe Programmbreite und Programmtiefe.

c Nennen Sie je zwei Argumente für und gegen ein tiefes Produktionsprogramm und wägen Sie diese gegeneinander ab.

Aufgabe 2

Welche Marktentwicklungen lassen sich aus der folgenden Zeitungsmeldung vom Sommer 2010 herauslesen?

Kleinwagen von Ford kommt aus Rumänien

Köln. Ende 2010 soll er auf den Markt kommen – der neue Kleinwagen von Ford. Dazu wurde eigens ein Werk im rumänischen Craiova errichtet. Für Ford handelt es sich dabei um ein „white space vehicle", also um eine Fahrzeugkategorie, die so bisher noch nicht angeboten wurde. Branchenkenner vermuten dahinter eine Reaktion auf den großen Erfolg des Dacia Logan, der für gerade einmal 7.500,00 € angeboten wurde. Zwar wird der Dacia Logan in der Stufenheck-Variante zukünftig in Europa nicht mehr angeboten werden, doch der golfklassengroße Sandero (ab 6.900,00 €) und der Kombi Logan MCV (ab 9.900,00 €) verkaufen sich prächtig.

Quelle: Autorentext

Aufgabe 3

Die Geschäftsleitung eines Werkzeugherstellers hat die Entwicklung der Fertigungs- und Absatzmengen im Zeitablauf untersuchen und darstellen lassen. Die nachfolgende Grafik zeigt das Ergebnis dieser Untersuchungen:

- - - - - Kapazitätsgrenze

——— Fertigungsmenge

·············· Auftragseingang

a Erläutern Sie jeweils zwei Vor- und Nachteile des dargestellten Zusammenhangs zwischen Auftragseingang und Fertigungsmenge.

b Machen Sie zwei Vorschläge, wie die von Ihnen genannten Nachteile ausgeglichen werden können.

Aufgabe 4

Ein Maschinenbaubetrieb fertigt seine Produkte vorwiegend auftragsorientiert. Der anfallende Arbeitsaufwand kann dabei – je nach Auftragslage – stark schwanken.

a Unterbreiten Sie jeweils drei Vorschläge, wie der Betrieb kurzfristig steigenden oder sinkenden Arbeitsaufwand bewältigen kann.

b Welchem Ihrer Vorschläge geben Sie den Vorzug?

Aufgabe 5

Die Merkur AG in Hamburg hat sich darauf spezialisiert, die deutschen Discount-Handelsketten ALDI (Nord), Lidl und Penny mit Obstkonserven, z. B. Kirschen, Pfirsichen, Aprikosen und Birnen in Dosen und Gläsern, zu beliefern. Auch wenn die Geschäftsentwicklung der letzten Jahre durch die ständige Expansion der Discountmärkte durchaus positiv war, bereiten dem Vorstand der Merkur AG Zeitungsmeldungen wie die folgende große Sorgen:

Preiskrieg im Lebensmitteleinzelhandel

Hamburg. Schon zum dritten Mal haben die Einzelhandelskonzerne in diesem Jahr eine Preissenkungsrunde durchgeführt. Allen voran die Lebensmitteldiscounter ALDI und Lidl: Hier sanken die Preise für einfache Lebensmittel wie Frischmilch, Mehl, Zucker und Konserven um bis zu 20 %. Wo soll das noch hinführen, fragen sich viele. Allein die sogenannten „Convenience"-Produkte, also hochwertige Fertigprodukte, die dem Käufer ein besonderes Konsumerlebnis versprechen, konnten ihre Preise stabil halten oder sogar erhöhen.

Quelle: Autorentext

Als Mitglied des Marketingteams werden Sie gebeten, im Rahmen eines Meetings mit der Geschäftsleitung zu folgenden Fragen Stellung zu nehmen:

a Wie stellt sich die derzeitige Marktposition der Merkur AG dar?

b Wie ist diese vor dem Hintergrund der Entwicklungen im deutschen Lebensmitteleinzelhandel (siehe Zeitungsartikel) zu beurteilen?

c Welche Vorschläge für eine Neupositionierung der Merkur AG können Sie unterbreiten? Welche Chancen, aber auch welche Risiken sehen Sie dabei?

d Das bisherige Produktionsprogramm der Merkur AG lässt sich so beschreiben:
  - eher schmal: Es werden ausschließlich Obstkonserven in Dosen und Gläsern produziert.
  - eher flach: Die relativ wenigen verschiedenen Obstsorten werden meist nur in einer oder zwei unterschiedlichen Verpackungsgrößen angeboten.

  Welche Vorteile und welche Nachteile bietet ein relativ schmales und flaches Produktionsprogramm?

e Machen Sie begründete Vorschläge für eine Erhöhung der Programmbreite bzw. -tiefe der Merkur AG.

SB → S. 85 ff. | Lernfeld 5, Kapitel 4

Produktentstehungs- und -entwicklungsprozess

Der Geschäftsführer der Fly Bike Werke GmbH, Herr Peters, ist völlig begeistert von der INTERMOT, der in Köln stattfindenden internationalen Motorrad-, Roller- und Fahrradmesse, zurückgekehrt. Auf der INTERMOT präsentieren sich alle zwei Jahre die führenden Anbieter von Produkten rund um Zweiräder mit ihren neuesten Trends und Produktinnovationen.

Hybrid-Fahrräder sind der absolute Verkaufsschlager auf dem Markt der E-Bikes. Bei einem E-Bike – auch „Pedelec" genannt – wird der Antrieb durch Muskelkraft mit einem Antrieb durch einen Elektromotor kombiniert. Geht die Fahrt bergab, nutzt ein Hybrid-Fahrrad die Rollenergie, um den Akku des E-Bikes wieder aufzuladen. Der Akku ist dezent im oder am Unterrohr versteckt und kann zum Laden herausgenommen werden, wenn er stark beansprucht wurde. Zielgruppe der E-Bikes sind Genussradler und Alltagsfahrer, die sich das Leben ein wenig leichter machen möchten.

Die Spitzenmodelle können leicht Geschwindigkeiten von 45 km/h und mehr erreichen. Fahren darf man sie mit einem Auto- oder Mofaführerschein. Die Marktpreise dieser Hybrid-Fahrräder liegen zwischen 1.000,00 € und 4.000,00 €.

Nun möchte Herr Peters umgehend prüfen lassen, ob die Fly Bike Werke GmbH auch so ein Hybrid-Fahrrad anbieten kann.

Produktplanung

Den ersten Teilprozess einer jeden industriellen Produktentstehung bildet die Produktplanung. Hierbei ist zunächst die entscheidende Frage zu klären, was genau der Kunde von einem neuen Produkt erwartet. Durch Befragungen, Beobachtungen und Tests liefert die Marktforschung hierzu wichtige Erkenntnisse. Der Vertriebsleiter der Fly Bike Werke GmbH ist in diesem Zusammenhang auf einen interessanten Erfahrungsbericht eines Messebesuchers gestoßen:

Hybrid-Fahrrad mit Generator auf der Radmesse

Elektro-Hybrid-Fahrräder sind nicht mehr neu, es gibt sie seit einigen Jahren. Auf der Fahrradmesse IFMA *[= Vorgänger der INTERMOT; Anm. d. Autors]* habe ich mich breitschlagen lassen, eins Probe zu fahren. Das Elektro-Hybrid-Fahrrad von Flying-Cranes aus der Schweiz überzeugt mit einer Verbesserung: wird der Elektromotor nicht benutzt, dann lädt er wieder. Dieses Konzept nutzen alle Hybrid-Autos (Stichwort: Bremsenergie), bei Fahrrädern wurde es meines Wissens nach jedoch bisher nicht eingesetzt.

Ich nahm also mit etwas Zurückhaltung das Elektro-Fahrrad und fuhr über den Ausprobier-Parcours, der die halbe Halle füllte: Es hat auf Anhieb solchen Spaß gemacht, damit zu fahren, dass ich mir nun vorstellen kann, so ein Fahrrad zu besitzen und zu benutzen.

Das Elektro-Fahrrad fährt sich wundervoll leicht. Man merkt nicht (hört und fühlt nicht), dass ein Elektromotor helfend eingreift, man merkt nur, dass man sehr schnell auf ein angenehmes Reisetempo kommt und dass man am Berg (es war ein kleiner aufgebaut) mit der gleichen Kraft weitertreten kann. Um das Aufladen des Generators zu bemerken, sollte ich auf der Bergabseite nicht trampeln, der anspringende Generator macht sich durch leichtes Bremsen bemerkbar. Offensichtlich lädt der Generator auch,   wenn man rollt, denn nach

einigen Runden (konnte mich nicht von dem Rad trennen) habe ich das Rad mit höherem Batteriestand zurückgegeben, als ich es erhalten habe. (...)

Wenn man so ein Elektro-Fahrrad hat, dann hat man keine Entschuldigung mehr: „der Berg zur Arbeit ist zu steil", „ich werde verschwitzt ankommen" und „das Rad sieht aus wie ein Oma-Fahrrad". Das Letzte stimmt zwar, wird aber niemanden interessieren, am wenigsten diejenigen Mountain-Biker, die man gerade überholt hat.

Übrigens wird der Energieverbrauch des Elektro-Fahrrads von genau den gleichen Faktoren beeinflusst wie der Benzinverbrauch beim Auto: Fahrverhalten, Reifenluftdruck, Terrain und Gewicht des Fahrers/Gepäcks.

Bergab kann man laut dem Mitarbeiter am Parcours bis zu 30 % der Energie zurückgewinnen, die man beim Aufstieg hereingesteckt hat. Besitzer scheinen einen internen Wettbewerb zu haben, wer wie weit mit einer „Ladung" der Batterie kommt, der aktuelle Rekord liegt bei 120 km.

Quelle: http://www.energiespar-rechner.de/2008/11/03/energie/hybrid-fahrrad-mit-generator-auf-der-radmesse, Stand: 15.01.2011

1 Studieren Sie den Artikel und sammeln Sie Erwartungen und Wünsche von Konsumenten in Bezug auf Hybrid-Fahrräder (E-Bikes).

2 Ergänzen Sie Ihre Auflistung um selbst recherchierte Informationen, z. B. durch Interviews mit Freunden und Verwandten.

3 Industrielle Hersteller von Konsumprodukten müssen sich bei jeder Produktentwicklung genau überlegen, ob sie die Wünsche der (End-)Kunden tatsächlich in jedem einzelnen Punkt realisieren können und wollen. Von welchen Überlegungen werden sich industrielle Anbieter dabei leiten lassen?

Produktentwicklung

An die Produktplanung schließt sich in einem zweiten Teilprozess die Produktentwicklung des gewünschten Hybrid-Fahrrades an.

4 Die Fly Bike Werke GmbH verfügt selbst nicht über die technischen und finanziellen Voraussetzungen, eine eigene Forschungsabteilung zu betreiben. Nennen Sie externe Einrichtungen, die Forschungserkenntnisse für die Fly Bike Werke GmbH liefern könnten. Unterscheiden Sie dabei zwischen Erkenntnissen in Bezug auf Materialien und Fertigungstechnologien, auf Produkte sowie auf Kunden und Mitbewerber.

5 Produkte werden häufig nicht vollständig neu, sondern aus bereits bestehenden Produkten weiterentwickelt. Welche generellen Argumente sprechen für eine komplette Neuentwicklung des Hybrid-Fahrrades, welche Argumente für eine Weiterentwicklung auf Basis bereits bestehender Fahrradmodelle?

Der Vertriebschef der Fly Bike Werke GmbH und sein Planungsteam denken über das zukünftige Design, also die Form- und Farbgebung, des Hybrid-Fahrrades nach. Ein Mitarbeiter des Entwicklungsteams legt die folgenden Beispiele von Produkten anderer Anbieter vor:

Bei der Betrachtung der Bilder schwirren dem Vertriebschef Sätze wie „Form follows function." – bzw. auf Deutsch: „Die Formgebung soll der beabsichtigten Funktion entsprechen." oder „Design muss verführen." im Kopf herum.

6 Erläutern Sie die Bedeutung des Designs industrieller Produkte für deren Markterfolg.

7 Würden Sie der Fly Bike Werke GmbH eines der beiden abgebildeten E-Bikes als Designvorlage empfehlen? Begründen Sie Ihre Entscheidungen.

Umweltverträgliche Produktgestaltung

Konstrukteure und Designer müssen bei ihrer Arbeit umfangreiche ökologische Bedürfnisse berücksichtigen. Sowohl staatliche Auflagen – z. B. das Kreislaufwirtschaftsgesetz oder das Elektrogesetz – als auch ökologische Marktbedürfnisse sind bei der Gestaltung von Produkten zu erfüllen.

Als ökoeffizient gelten Produkte nur dann, wenn sie während ihres gesamten Produktlebens, also der Produktion, der späteren Verwendung durch den Nutzer sowie der anschließenden Entsorgung, mit einem minimalen Verbrauch natürlicher Ressourcen auskommen. Man spricht in diesem Zusammenhang auch von „Life-Cycle-Engineering".

Demontiert, aber nicht wertlos: Ausgediente Fahrzeuge liefern wertvolle Rohstoffe.

8   Unterbreiten Sie konkrete Vorschläge, wie der Verbrauch von Ressourcen und der Ausstoß von Schadstoffen während
- der Produktion der Hybrid-Räder,
- der Benutzung durch die Fahrradkunden sowie
- der späteren Entsorgung der Räder reduziert werden kann.

Zu Ihrer Information:

Gebrauchte Elektrogeräte dürfen gemäß europäischen Vorgaben (1) nicht zum unsortierten Hausmüll gegeben werden.

Das Symbol der Abfalltonne auf Rädern weist auf die Notwendig keit der getrennten Sammlung hin. Bitte geben Sie dieses Gerät, wenn es nicht mehr genutzt wird, in diehier für vorgesehenen Systeme der Getrenntsammlung.

In Deutschland sind Sie gesetzlich (2) verpflichtet, ein Altgerät einer vom unsortierten Hausmüll getrennten Erfassung zuzuführen. Die Kommunen haben hierzu Sammelstellen eingerichtet, an denen Altgeräte aus privaten Haushalten Ihres Gebietes für Sie kostenfrei entgegengenommen werden.

Bitte informieren Sie sich über Ihren lokalen Abfallkalender oder die in Ihrem Gebiet zur Verfügung stehenden Möglichkeiten der Rückgabe oder Sammlung von Altgeräten.

(1)   Richtlinie 2002/96/EG des Europäischen Parlaments und des Rates über Elektro- und Elektronik-Altgeräte
(2)   Gesetz über das Inverkehrbringen, die Rücknahme und die umweltverträgliche Entsorgung von Elektro- und Elektronikgeräten (Elektro- und Elektronikgerätegesetz – ElektroG)

„Beipackzettel" eines Elektrogerätes

Stücklistenerstellung

Die Geschäftsleitung der Fly Bike Werke GmbH hat sich entschieden, einen Prototypen für das neue E-Bike auf Basis des bereits bestehenden Mountain-Bike-Modells *Unlimited* entwerfen und bauen zu lassen.

Die – hier verkürzt wiedergegebene – Erzeugnisstruktur des Fahrrades ist somit wie folgt zu ergänzen:

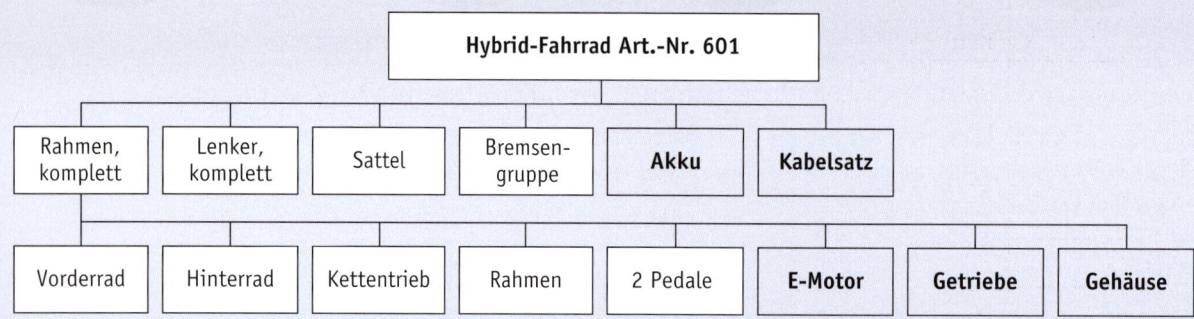

Neben den technischen Zeichnungen bilden die Stücklisten eines Produktes eine für die spätere Fertigung wichtige Planungsunterlage. Diese Stücklisten müssen aber nicht komplett neu erstellt werden. Vielmehr können die bereits vorliegenden Stücklisten des Mountain-Bikes entsprechend der neuen Erzeugnisstruktur angepasst werden.

9   Studieren Sie die abgebildeten Baukasten-, Struktur- und Mengenübersichtsstücklisten und erläutern Sie, wie sich diese voneinander unterscheiden.

10 Ergänzen Sie die noch unvollständigen Stücklisten um die neuen Bauteile des Hybrid-Fahrrades.

Baukastenstückliste

Erzeugnis: Hybrid-Fahrrad

Position	Baugruppe/Teile	Menge
1	Rahmen, komplett	1
2	Lenker, komplett	1
3	Sattel	1
4	Bremsengruppe	1

Strukturstückliste (verkürzte Darstellung)

Erzeugnis: Hybrid-Fahrrad

Fertigungsstufe	Baugruppe/Teile	Menge
1	Rahmen, komplett	1
2	Vorderrad	1
3	Felge	1
3	Speiche	36
3	Schlauch	1
3	Mantel	1
2	Hinterrad	1
3	Felge	1
3	Speiche	36
3	Schlauch	1
3	Mantel	1
2	Kettentrieb	1
3	Zahnkranz	1
3	Kette	1
2	Rahmen	1
2	Pedal	2
1	Lenker, komplett	1
2	Lenker	1
2	Bremsgriff	2
1	Sattel	1
1	Bremsengruppe	1

Baukastenstückliste

Baugruppe: Rahmen, komplett

Position	Baugruppe/Teile	Menge
1	Vorderrad	1
2	Hinterrad	1
3	Kettentrieb	1
4	Rahmen	1
5	Pedale	2

Mengenübersichtsstückliste (verkürzte Darstellung)

Erzeugnis: Hybrid-Fahrrad

Position	Baugruppe/Teile	Menge
1	Rahmen, komplett	1
2	Lenker, komplett	1
3	Vorderrad	1
4	Hinterrad	1
5	Kettentrieb	1
6	Sattel	1
7	Bremsengruppe	1
8	Rahmen	1
9	Pedal	2
10	Lenker	1
11	Bremsengriff	2
12	Felge	2
13	Speiche	72
14	Schlauch	2
15	Mantel	2
16	Zahnkranz	1
17	Kette	1

Rechtsschutz von Erzeugnissen und Fertigungsverfahren

Immer häufiger sehen sich Industrieunternehmen mit dem Problem konfrontiert, dass ihre Ergebnisse aus Forschung und Entwicklung von Nachahmern („Produktpiraten") skrupellos kopiert und vermarktet werden. Die Fly Bike Werke GmbH möchte ihr neues Hybrid-Fahrrad natürlich vor allzu dreister Nachahmung schützen. Da es aber verschiedene Rechtsquellen für den Schutz von Erzeugnissen und Fertigungsverfahren gibt, muss man genau prüfen, was wie zu schützen ist.

Patentgesetz (Auszüge)

§ 1 Patente werden für Erfindungen auf allen Gebieten der Technik erteilt, sofern sie neu sind, auf einer erfinderischen Tätigkeit beruhen und gewerblich anwendbar sind.

§ 3 Eine Erfindung gilt als neu, wenn sie nicht zum Stand der Technik gehört.

§ 5 Eine Erfindung gilt als gewerblich anwendbar, wenn ihr Gegenstand auf irgendeinem gewerblichen Gebiet einschließlich der Landwirtschaft hergestellt oder benutzt werden kann.

§ 16 Das Patent dauert zwanzig Jahre, die mit dem Tag beginnen, der auf die Anmeldung der Erfindung folgt.

Gesetz über den Schutz von Marken und sonstigen Kennzeichen („Markengesetz" – Auszüge)

§ 1 Nach diesem Gesetz werden geschützt: 1. Marken, 2. geschäftliche Bezeichnungen, 3. geographische Herkunftsangaben.

§ 3 Als Marke können alle Zeichen, insbesondere Wörter einschließlich Personennamen, Abbildungen, Buchstaben, Zahlen, Hörzeichen, dreidimensionale Gestaltungen einschließlich der Form einer Ware oder ihrer Verpackung sowie sonstige Aufmachungen einschließlich Farben und Farbzusammenstellungen geschützt werden, die geeignet sind, Waren oder Dienstleistungen eines Unternehmens von denjenigen anderer Unternehmen zu unterscheiden.

§ 5 Als geschäftliche Bezeichnungen werden Unternehmenskennzeichen und Werktitel geschützt.

Gesetz über den rechtlichen Schutz von Mustern und Modellen („Geschmacksmustergesetz" – Auszüge)

§ 1 Im Sinne dieses Gesetzes
1. ist ein Muster die zwei- oder dreidimensionale Erscheinungsform eines ganzen Erzeugnisses oder eines Teils davon, die sich insbesondere aus den Merkmalen der Linien, Konturen, Farben, der Gestalt, Oberflächenstruktur oder der Werkstoffe des Erzeugnisses selbst oder seiner Verzierung ergibt;
2. ist ein Erzeugnis jeder industrielle oder handwerkliche Gegenstand, einschließlich Verpackung, Ausstattung, grafischer Symbole und typografischer Schriftzeichen sowie von Einzelteilen, die zu einem komplexen Erzeugnis zusammengebaut werden sollen; ein Computerprogramm gilt nicht als Erzeugnis.

§ 2
(1) Als Geschmacksmuster wird ein Muster geschützt, das neu ist und Eigenart hat.
(2) Ein Muster gilt als neu, wenn vor dem Anmeldetag kein identisches Muster offenbart worden ist. Muster gelten als identisch, wenn sich ihre Merkmale nur in unwesentlichen Einzelheiten unterscheiden.

§ 27
(1) Der Schutz entsteht mit der Eintragung in das Register.
(2) Die Schutzdauer des Geschmacksmusters beträgt 25 Jahre, gerechnet ab dem Anmeldetag.

11 Studieren Sie die Gesetzestexte sorgfältig und prüfen Sie, inwieweit sie geeignet sind, das neue Produkt der Fly Bike Werke GmbH zu schützen. Unterscheiden Sie dabei, was genau die jeweilige Rechtsquelle schützt und welche Voraussetzungen für den Schutz erfüllt sein müssen.

Aufgaben

Aufgabe 1

Die Fränkische Glashütte GmbH (kurz: FGH) hat sich dazu entschlossen, ihr Produktionsprogramm um eine Glastasse mit Kunststoffgriff, aus der man sowohl Kaffee als auch Tee trinken kann, zu erweitern.

Die Produktidee der Designerin (Handzeichnung) hat ein Konstrukteur der FGH mithilfe eines CAD-Programms (CAD = Computer Aided Design) in eine maßstabgerechte Konstruktionszeichnung (CAD-Zeichnung) umgesetzt.

Je zwei Tassen sollen zusammen mit zwei Untersetzern aus Kork in einem Pappkarton verpackt als Tassen-Set „Java" verkauft werden.

Die Herstellung der Kaffee-/Teetasse wird in einem drei-stufigen Fertigungsprozess nach dem unten stehenden Aufbau erfolgen.

a Welche der Teile 010 bis 019 sind Baugruppen, Einzelteile oder Rohstoffe?

b Erstellen Sie eine Mengenstückliste, eine Strukturstückliste und eine Baukastenstückliste für eine Baugruppe Ihrer Wahl für das Enderzeugnis 010 Tassenset „Java". Verwenden Sie hierzu die Tabellen auf der nächsten Seite.

c Nennen Sie zu jeder der drei Stücklistenarten einen betrieblichen Verwendungszweck.

d Designer entwerfen noch heute am liebsten mit Tuschestift und Papier. Technische Zeichnungen, also maßstab- und normgerechte grafische Darstellungen, werden heute aber meist mithilfe entsprechender CAD-Programme erstellt. Welche Vorteile bietet der Einsatz von CAD-Programmen bei der Konstruktion industrieller Produkte?

Handzeichnung („scribble")

CAD-Zeichnung

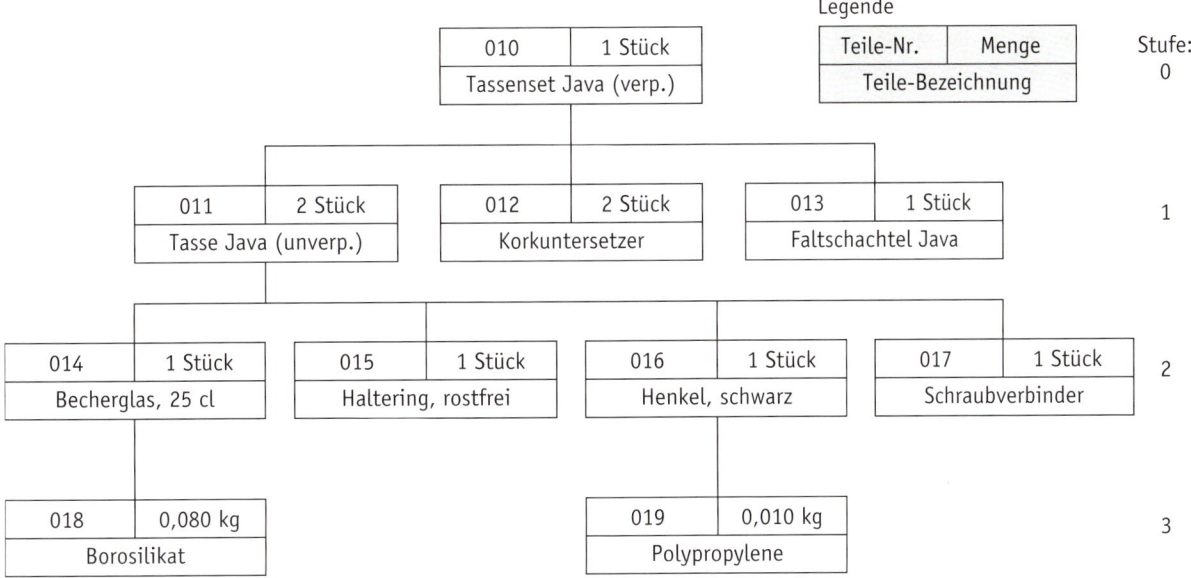

Erzeugnisstruktur Kaffee-/Teetasse „Java", 2 Stück in Faltschachtel

Mengenübersichtsstückliste Art.-Nr. 010 Tassenset „Java"

Teile-Nr.	Teile-Bezeichnung	Menge	Mengeneinheit

Strukturstückliste Art.-Nr. 010 Tassenset „Java"

Stufe	Teile-Nr.	Teile-Bezeichnung	Menge	Mengeneinheit

Baukastenstückliste Art.-Nr. _____

Teile-Nr.	Teile-Bezeichnung	Menge	Mengeneinheit

Aufgabe 2

Gelungenes Design zeichnet sich dadurch aus, dass es sowohl technisch zweckmäßig als auch geschmacklich und künstlerisch vollendet gestaltet ist. Der zentrale Lehrsatz des Produktdesigns lautet: „Form follows function". Nur ein Produkt, das den Geschmack der Käufer trifft, wird einen Markt finden können. Gutes Aussehen allein reicht jedoch nicht aus, vor allem muss das Produkt seinen eigentlichen Zweck erfüllen.

Wählen Sie von den industriell gefertigten Produkten, die Sie heute mit sich führen (Bekleidung, Schuhe, Armbanduhr, Schmuck, Elektronikgeräte o.Ä.), eines aus, das Ihnen besonders am Herzen liegt – quasi Ihr Lieblingsprodukt. Analysieren Sie dieses Produkt in Bezug auf die soeben beschriebenen Ansprüche an industrielles Design. Folgt hier die Form der Funktion? Berichten Sie von Ihren Forschungsergebnissen.

Aufgabe 3

Überprüfen Sie die folgenden (Produkt-)Innovationen im Hinblick auf ihre Patentfähigkeit. Begründen Sie jeweils Ihre Entscheidung.

a das neue Egoshooter-Programm „Kill Billy 5"

b ein Impfstoff gegen den aktuellen Grippeerreger

c eine Konzeptstudie für die nächste Modellreihe des BMW 3er Coupé

d ein Kapuzenpulli in den aktuellen Trendfarben mit drei weißen Streifen auf dem Ärmel

e ein neuartiges lasergestütztes Verfahren zur Herstellung von Maschinenbauteilen (das sogenannte „*rapid tooling*")

f ein hoch schlagfester transparenter Glasfaserwerkstoff, der Kristallglas ersetzen kann

Sofern Sie zu einem negativen Urteil gekommen sind: Gibt es ein anderes Schutzrecht, das hier greifen könnte?

Aufgabe 4

Stücklisten stellen dar, aus welchen Teilen – Rohstoffen, Einzelteilen und Baugruppen – ein bestimmtes Erzeugnis besteht. Im Gegensatz dazu beantwortet ein Teileverwendungsnachweis die Frage, in welchen Baugruppen und Enderzeugnissen ein ganz bestimmtes Teil vorkommt – also wozu es verwendet wird.

a Studieren Sie das unten abgebildete Produktionsprogramm der Fly Bike Werke GmbH und erstellen Sie einen Teileverwendungsnachweis für das Einzelteil „Stollenreifen, 28 Zoll".

b Wozu benötigt ein Industriebetrieb Teileverwendungsnachweise? Machen Sie drei Vorschläge.

Modell	Artikel-Nr.	Modell-Name	Unverbindl. Preis
City-Räder	101	City *Glide*	245,00 €
	102	City *Surf*	274,40 €
Trekking–räder	201	Trekking *Light*	299,25 €
	202	Trekking *Free*	350,00 €
	203	Trekking *Nature*	437,50 €
Mountain-Bikes	301	Mountain *Dispo*	393,75 €
	302	Mountain *Constitution*	598,50 €
	303	Mountain *Unlimited*	997,50 €
Rennräder	401	Renn *Fast*	1.260,00 €
	402	Renn *Superfast*	2.205,00 €
Kinderräder	501	Kinder *Twist*	196,88 €
	502	Kinder *Cool*	262,50 €

Produktionsprogramm

Aufgabe 5

Ein industriell gefertigtes Erzeugnis weist die nachfolgende Struktur auf. Erstellen Sie mithilfe der Vordrucke auf der nächsten Seite eine Mengenübersichts-, eine Struktur- und eine Baukastenstückliste für eine beliebige Baugruppe.

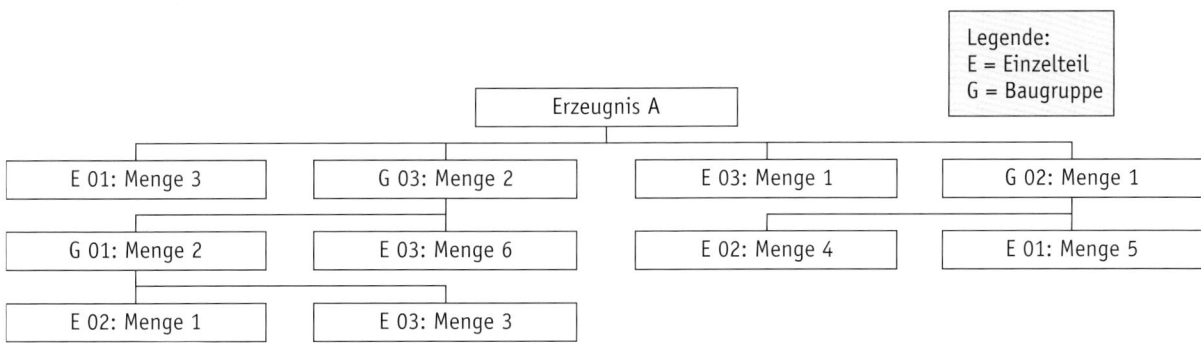

Mengenübersichtsstückliste Erzeugnis A			
Pos.	**Teile-Bezeichnung**	**Menge**	**Mengeneinheit**

Strukturstückliste Erzeugnis A				
Stufe	**Nr.**	**Teile-Bezeichnung**	**Menge**	**Mengeneinheit**

Baukastenstückliste _____			
Teile-Nr.	**Teile-Bezeichnung**	**Menge**	**Mengeneinheit**

SB → S. 95 ff. | Lernfeld 5, Kapitel 5.2, 5.3

Bedarfsplanung

Das Weihnachtsgeschäft ist für die Produktgruppe Kinderräder der Fly Bike Werke GmbH stets von besonderer Bedeutung. Die Verkäufe in den Monaten September bis November machen hier mehr als ein Drittel des Jahresabsatzes aus (vgl. Lernsituation 5).

Der für die Disposition der zu beschaffenden Materialien zuständige Mitarbeiter der Arbeitsvorbereitung hat sich daher die geplanten Produktionszahlen, also den (Netto-)**Primärbedarf** an Fahrrädern, für den kommenden Herbst zeigen lassen:

Forecast Endmontage					Datum: 20.07.20XX	
Art.-Nr.	Art.-Bez.	KW 33	KW 34	KW 35	KW 36	KW 37
501	Kinder Twist	150	150	200	200	
502	Kinder Cool	-	100	100	100	100

Die Laufräder, Kettenantriebe, Lenker und Sättel sowie die sonstigen Bauteile der Kinderräder werden von verschiedenen Lieferanten überwiegend aus dem Ausland fremdbezogen und mit den selbst gefertigten Rahmen endmontiert. Die Bedarfsmengen sind also hinreichend früh zu planen und an den Lieferanten zu melden. Unnötige Lagerbestände sollen andererseits zwecks Minimierung der Lagerkosten vermieden werden. Die benötigten Bauteile werden daher **programmorientiert** disponiert.

Ermittlung der Brutto-Sekundärbedarfe

Auf Grundlage der Primärbedarfe, also der geplanten Produktionsmengen an Kinderfahrrädern, sind zunächst mithilfe der zugehörigen **Mengenübersichtsstücklisten** die Brutto-Sekundärbedarfe, also die benötigten Rohstoffe, Einzelteile und Baugruppen, zu kalkulieren. Der Disponent der Fly Bike Werke GmbH möchte Ihnen die Planung der Sekundärbedarfe an Reifen für die Kinderräder übertragen und gibt Ihnen dazu die nachfolgende Kalkulationshilfe. (Da die Kinderräder Art.-Nr. 501 *Twist* und Art.-Nr. 502 *Cool* mit der gleichen Bereifung ausgestattet sind, können die Bedarfe an Reifen für diese zusammen kalkuliert werden.)

Terminierte Brutto-Sekundärbedarfsrechnung					
Bedarf/Kalenderwoche	KW 33	KW 34	KW 35	KW 36	KW 37
Primärbedarf Kinderfahrräder Art. 501/502	150				
Sicherheitszuschlag: 2 % des doppelten Primärtarifs (für **zwei** Reifen)	6				
Brutto-Sekundärbedarf Reifen für Art. 501/502	306				

1 Vervollständigen Sie die oben stehende Brutto-Sekundärbedarfsrechnung. Berücksichtigen Sie dabei, dass die Brutto-Sekundärbedarfe nach den Erfahrungen der Arbeitsvorbereitung einen Sicherheitszuschlag von 2 % v. H. enthalten sollen.
2 Begründen Sie die Notwendigkeit eines solchen Sicherheitszuschlages, der auch als „Zusatzbedarf" bezeichnet wird.

Ermittlung der disponierbaren Bestände

Bevor die ermittelten Materialbedarfe an den Lieferanten gemeldet werden können, sind aber zunächst noch vorhandene Bestände an nicht verbrauchten Materialien zu verplanen. Dabei ist allerdings zu bedenken, dass die tatsächlich vorhandenen („effektiven") Materialbestände möglicherweise bereits für andere Aufträge reserviert sind oder als Sicherheitsreserve vorgehalten werden sollen. Andererseits können bereits bestellte, aber noch nicht gelieferte Materialien (sogenannte „Bestellbestände") verplant werden. So hatte der Disponent der Fly Bike Werke GmbH

- im Hinblick auf das Weihnachtsgeschäft bereits 1 000 Reifen zur Lieferung in der 34. Kalenderwoche beim Hersteller bestellt und
- für die 35. Kalenderwoche eine Ersatzteile-Lieferung von 100 Reifen an einen Großkunden mit eigenem Werkstattservice eingeplant;
- außerdem sollen stets 100 Reifen als Sicherheitsbestand vorgehalten werden.

Zu Beginn des Planungszeitraumes weist die Lagerbestandsdatei einen tatsächlichen Lagerbestand von 410 Reifen aus. Die Ermittlung der „disponierbaren" (verplanbaren) Bestände für die kommenden Wochen soll mithilfe des folgenden Formulars erfolgen:

Disponierbare Bestände (terminiert)					
Bedarf/Kalenderwoche	KW 33	KW 34	KW 35	KW 36	KW 37
Tatsächlicher Lagerbestand (= Effektivbestand) Reifen für Art. 501/502	410	104			
+ Bestellbestand Reifen für Art. 501/502	0	1 000	0	0	0
– Reservierungen Reifen für Art. 501/502	0	0	100	0	0
– Sicherheitsbestand Reifen für Art. 501/502	100	100	100	100	100
= **Dispobestand** Reifen für Art. 501/502	310				
Geplanter Lagerabgang Reifen für Art. 501/502	306[1]				

[1] Vgl. bereits erstellte Brutto-Sekundärbedarfsberechnung.

3 Führen Sie die Berechnung der Bestände und geplanten Lagerabgänge an Reifen entsprechend fort.

4 Ergänzen Sie die folgenden Formeln:

Effektivbestand (Vorwoche)
+ Bestellbestand (Vorwoche)

– _____ (Vorwoche)
= Effektivbestand (zu Beginn dieser Woche)

Effektivbestand

+ _____
– Reservierungen

– _____
= Disponierbarer Bestand

Ermittlung der Netto-Sekundärbedarfe

Nachdem die disponierbaren Bestände an Reifen feststehen, können nun die tatsächlich noch zu beschaffenden Netto-Sekundärbedarfe ermittelt werden. Hierzu sind die Brutto-Sekundärbedarfe um die disponierbaren Bestände zu vermindern. (Ein rechnerisch negativer Bedarf wird dabei i.d.R. mit Null ausgewiesen, da man nicht weniger als Nichts benötigen kann; vgl. nachstehende Tabelle.)

Terminierte Brutto-Netto-Bedarfsrechnung					
Bedarf/Kalenderwoche	KW 33	KW 34	KW 35	KW 36	KW 37
Primärbedarf Kinderräder Art. 501/502	150				
Brutto-Sekundärbedarf Reifen für Art. 501/502	306				
Effektivbestand Reifen für Art. 501/502	410				
+ Bestellbestand Reifen für Art. 501/502	0	1 000	0	0	0
− Reservierungen Reifen für Art. 501/502	0	0	100	0	0
− Sicherheitsbestand Reifen für Art. 501/502	100	100	100	100	100
= Dispobestand Reifen für Art. 501/502	310				
Geplante Lagerentnahme Reifen für Art. 501/502	306				
= **Netto-Sekundärbedarf Reifen für Art. 501/502**	0				

5 Kalkulieren Sie die Netto-Sekundärbedarfe an Reifen für die Kinderräder.

6 Bestimmen Sie den Gesamt-Nettosekundärbedarf an Reifen für den Planungszeitraum und bilden Sie eine sinnvolle Bestellmenge.

7 Um einen zeitlichen Sicherheitspuffer und genügend Zeit für die Wareneingangskontrolle zu haben, sollen die Reifen jeweils eine Woche vor dem tatsächlichen Bedarfszeitpunkt bereitgestellt werden. Tragen Sie die von Ihnen bestimmten Netto-Sekundärbedarfe unter Berücksichtigung dieser Vorlaufverschiebung in die nachstehende Tabelle ein.

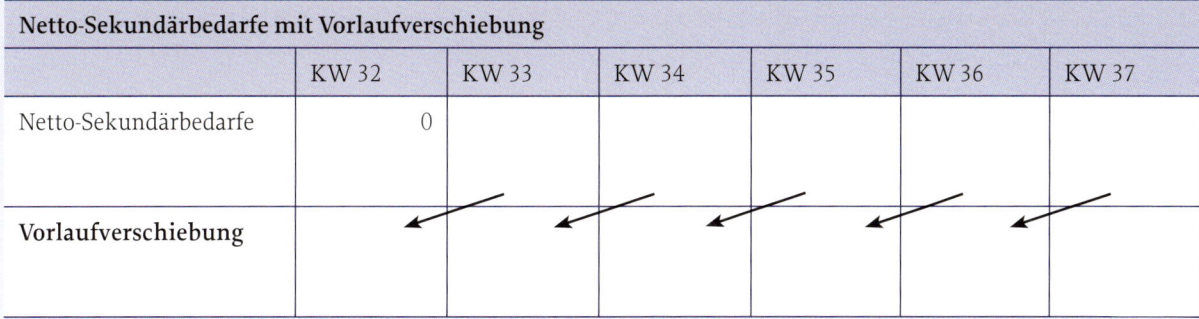

Netto-Sekundärbedarfe mit Vorlaufverschiebung						
	KW 32	KW 33	KW 34	KW 35	KW 36	KW 37
Netto-Sekundärbedarfe	0					
Vorlaufverschiebung						

Verbrauchsgesteuerte Bedarfsplanung

Die Befestigungselemente zur Montage der Gepäckträger (Schrauben, Unterlegscheiben und Muttern) sowie sonstige Hilfs- und Betriebsstoffe für die Montage von Fahrrädern werden bei der Fly Bike Werke GmbH nicht anhand konkreter Kunden- und Fertigungsaufträge, sondern grob auf Basis der Verbräuche vergangener Jahre geplant.

Um einen plötzlichen Materialmangel durch eine zu knappe Disposition zu vermeiden, werden für diese Materialien hinreichende Lagerbestände vorgehalten.

8 Überlegen Sie, welche Hilfs- und Betriebsstoffe bei der Fertigung von Fahrradrahmen und der Endmontage der Fahrräder benötigt werden. Warum finden diese in den Stücklisten der Produkte meist keine Erwähnung?

9 Begründen Sie, warum für die genannten Hilfs- und Betriebsstoffe eine verbrauchsorientierte Bedarfsplanung mit entsprechender Lagerhaltung sinnvoller ist als eine programmorientierte.

Die Fly Bike Werke GmbH beschafft Kleinteile stets auf Vorrat, d.h., man bestellt eine gewisse Menge und legt diese auf Lager. Dabei kommt das Bestellpunktverfahren zur Anwendung. Dies bedeutet, dass nach jeder Materialentnahme der Lagerbestand überprüft wird. Erreicht der Lagerbestand einen bestimmten Wert, den sogenannten Meldebestand, erhält der Disponent eine Mitteilung und veranlasst daraufhin die nächste Bestellung. Der Meldebestand muss so kalkuliert sein, dass er ausreicht, den voraussichtlichen Verbrauch während der Lieferzeit zu decken.

Wie die nebenstehende Abbildung zeigt, ist der Bestand eines Hilfsstoffes in den letzten fünf Tagen durch Verbrauch von 50 000 Stück (planmäßiger Höchstbestand) kontinuierlich auf 40 000 Stück zurückgegangen.

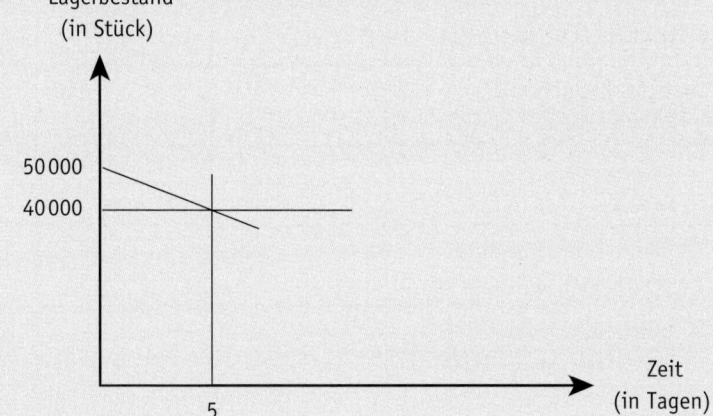

Eine Anweisung der Geschäftsleitung besagt, dass von allen wichtigen Werkstoffen stets ein Sicherheits- oder Mindestlagerbestand gehalten werden soll, der nur in Notfällen angegriffen werden darf und Produktionsausfälle verhindern soll. Dieser „eiserne" Bestand hat hier dem Verbrauch von sechs Tagen zu entsprechen.

10 Bestimmen Sie zunächst den durchschnittlichen Tagesverbrauch an diesem Material. Errechnen Sie dann den Sicherheitsbestand und zeichnen Sie diesen ein.

11 Ermitteln Sie zeichnerisch, zu welchem Zeitpunkt die nächste Lieferung spätestens eintreffen muss. Denken Sie daran, dass der Sicherheitsbestand nicht unterschritten werden darf.

12 Ermitteln Sie zeichnerisch den Meldebestand, also den Bestand, bei dessen Unterschreiten spätestens bestellt werden muss. Es ist mit einer Lieferzeit von acht Tagen zu rechnen.

13 Ermitteln Sie nun auch rechnerisch den Meldebestand. Welche Menge sollte zu diesem Zeitpunkt bestellt werden?

Eine alternative Methode der Zeitplanung ist das Bestellrhythmusverfahren. Dabei wird der Lagerbestand nicht laufend, sondern nur zu bestimmten Terminen kontrolliert, z.B. zweimal monatlich. Zu diesen Terminen wird jene Menge bestellt, die notwendig ist, um das Lager am Tag der Lieferung wieder aufzufüllen. Bei der Planung der Bestellmenge ist der voraussichtliche Verbrauch während der Lieferzeit zu berücksichtigen.

14 Ermitteln Sie zuerst grafisch und dann rechnerisch, welche Menge in dem oben beschriebenen Beispiel nach dem Bestellrhythmusverfahren am 10. Tag zu bestellen wäre.

15 Welche Voraussetzung muss gegeben sein, damit das Bestellrhythmusverfahren sinnvoll zum Einsatz kommen kann?

Aufgaben

Aufgabe 1

Ein Pumpenhersteller produziert u. a. pneumatische Probeentnahmeventile nach der folgenden Erzeugnisstruktur:

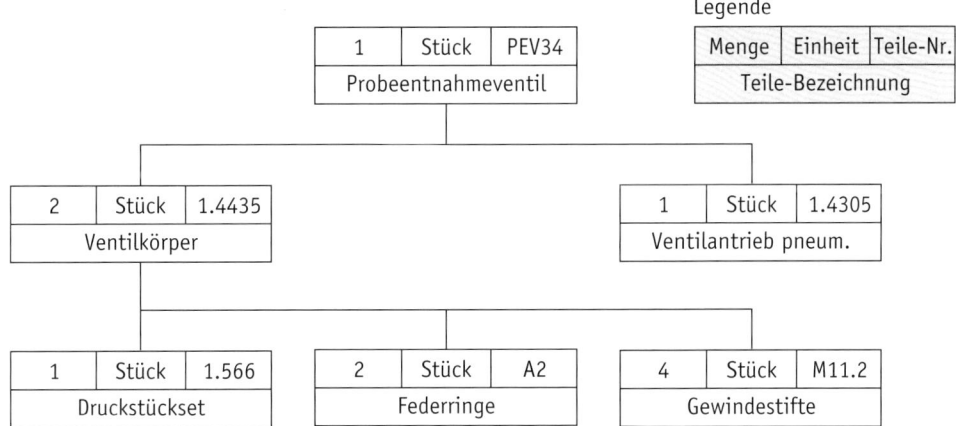

a Erstellen Sie eine entsprechende Mengenübersichtsstückliste für das Produkt PEV34.

Mengenübersichtsstückliste PEV34			
Nr.	**Teile-Bezeichnung**	**Menge**	**Mengeneinheit**

b Ein Kunde bestellt 1200 Stück PEV34. Weil die Lieferung grundsätzlich auftragsbezogen erfolgt, liegen keine Lagerbestände an Produkt PEV34 vor. Kalkulieren Sie den Bruttobedarf der Fremdbezugsteile Nr. A2 Federringe und Nr. M11.2 Gewindestifte. Berücksichtigen Sie dabei einen Zusatzbedarf von 2 %.

c Für die genannten Teile meldet das Lager die folgenden Bestände. Bestimmen Sie die disponierbaren Bestände und tragen Sie diese in die Tabelle ein.

Teile-Bezeichnung	Effektiver Bestand	Reservierungen	Bestellbestand	Dispobestand
A2	1500	2750	5000	
M11.2	370000	35800	0	

d Berechnen Sie die Nettobedarfe der Teile A2 und M11.2 unter Berücksichtigung der von Ihnen in Aufgabe c bestimmten Bestände.

Aufgabe 2

Der tägliche Bedarf an einem Material liegt bei 150 kg. Für die Wiederbeschaffung ist mit einer internen Bearbeitungszeit von 2 Tagen und einer Lieferzeit von 7 Tagen zu rechnen. Es soll ein Sicherheitsbestand für 3 Tage vorgehalten werden. Berechnen Sie den Sicherheits- und den Meldebestand.

Aufgabe 3

Ein Industrieunternehmen möchte seine Netto-Sekundärbedarfe der nächsten drei Wochen für die Baugruppe WQ44 nach dem Programmverfahren berechnen. Aus offenen Bestellungen ist in der 1. Woche mit einem Zugang von 2000 Stück und in der 3. Woche mit einem Zugang von 1000 Stück zu rechnen. Berechnen Sie für alle drei Wochen die Bedarfe und Bestände an der Baugruppe WQ44. Als Hilfsmittel sollen folgende Tabellen dienen:

Netto-Bedarfsrechnung Baugruppe WQ44	1. Woche	2. Woche	3. Woche
	Stück	Stück	Stück
Brutto-Sekundärbedarf	2500	3000	4000
Disponierbarer Bestand			
Netto-Sekundärbedarf			

Bestandsrechnung Baugruppe WQ44	1. Woche	2. Woche	3. Woche
	Stück	Stück	Stück
Ist-Lagerbestand am Anfang der Woche	5000		
Sicherheitsbestand	250	250	250
Zugänge			
Disponierbarer Bestand			
Lagerentnahme der Woche			
Ist-Lagerbestand am Ende der Woche			

Aufgabe 4

Ein Industriebetrieb erhält von einem Kunden kurzfristig einen Auftrag über 2000 Stück des Produktes XY321 (= Brutto-Primärbedarf). Ermitteln Sie anhand der nachstehenden Mengenübersichtsstückliste und der Inventurdaten

- den (Netto-)Primärbedarf an Produkt XY321,
- den Brutto-Sekundärbedarf,
- den verfügbaren (disponierbaren) Bestand und
- den Netto-Sekundärbedarf der Teile 1010 bis 1014.

Der Zusatzbedarf ist mit 5 % anzusetzen.

Stückliste Produkt XY321	
Teile-Nr.	Menge
1010	3
1011	1
1012	3
1013	4
1014	2

Inventurdaten			
Teile-Nr.	Istbestand	Reservierter Bestand	Offene Bestellungen
XY321	220	120	–
1010	600	550	200
1011	1550	380	1000
1012	1700	700	1500
1013	400	220	1200
1014	3680	290	0

Aufgabe 5
Die folgenden Abbildungen zeigen die Verläufe der Lagerbestände zweier Materialien.

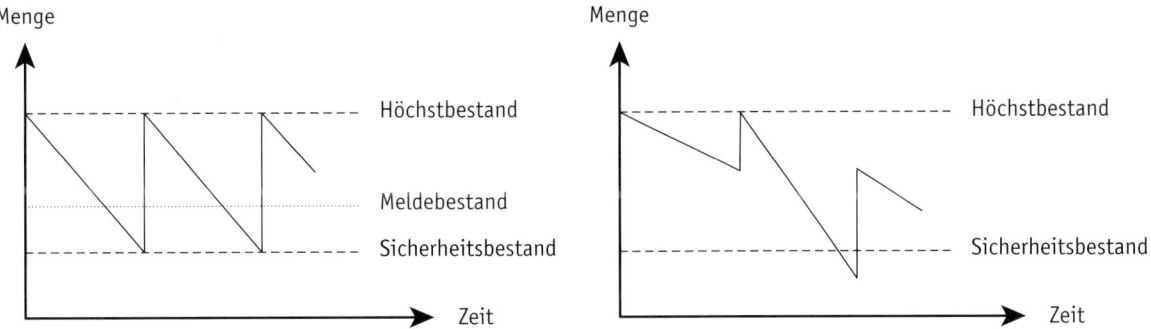

a Welche Verfahren der Bestellorganisation sind hier zur Anwendung gekommen?
b Welche Vor- und Nachteile weisen diese Verfahren im Vergleich zueinander auf?

Aufgabe 6
Ordnen Sie die nachfolgenden Begriffe den unten stehenden Beschreibungen zu.

Begriffe:
- Primärbedarf
- Bruttosekundärbedarf
- Nettosekundärbedarf
- Zusatzbedarf
- Effektiver Lagerbestand
- Bestellbestand
- Sicherheitsbestand
- Disponierbarer Bestand

Beschreibungen:
a zum Ausgleich von Ausschuss oder Fehlmengen benötigte Teile
b Teile, die beim Lieferanten bereits verbindlich bestellt sind
c tatsächlich für die Fertigung in einem bestimmten Zeitraum bereitzustellende Teile
d durch Inventur zu ermittelnder Lagerbestand
e zur Bedarfsdeckung frei zur Verfügung stehende Teile
f unmittelbar aus dem Primärbedarf abgeleitete Menge an bereitzustellenden Teilen
g Lagerbestand, der nur im Notfall verbraucht werden soll
h Anzahl an Produkten, die in einem bestimmten Zeitraum hergestellt werden sollen

Eindeutige Rückmeldungen des Außendienstes haben die Geschäftsleitung der Fly Bike Werke GmbH veranlasst, die angebotenen Trekkingräder zukünftig serienmäßig mit Trinkflaschen in einer entsprechenden Halterung auszustatten. Die Trinkflaschen sollen aus recyclingfähigem PE-Kunststoff gefertigt und mit dem Schriftzug „Fly Bikes" versehen werden.

Der mit der Beschaffung beauftragte Einkäufer der Fly Bike Werke GmbH hat dieses Fremdbezugsteil bei verschiedenen Anbietern, u. a. den Kunststoffwerke AG in Bremen (kurz: KWK), angefragt:

```
Von: mail@flybike-werke.de
An: info@kwk-bremen.com
Betreff: Anfrage
Anhang: Teilezeichnungen, AGB
Datum: 01.07.20XX
_____

Sehr geehrte Damen und Herren,

bitte unterbreiten Sie uns kurzfristig Ihr verbindliches Angebot über:
5 000 Stück PE-Trinkflaschen mit Fahrrad-Flaschenhalterung und Aufdruck gemäß
Teilezeichnungen.

Da wir den genannten Artikel umgehend anbieten möchten, bitten wir um Nennung
Ihres frühesten Liefertermins. Unsere Lieferungs- und Zahlungsbedingungen
entnehmen Sie bitte unseren AGB.

Mit freundlichen Grüßen
Fly Bike Werke GmbH
i.A. Peter Müller
```

Dem in der Arbeitsvorbereitung der KWK für die Terminplanung verantwortlichen Mitarbeiter liegt folgende vierstufige Erzeugnisstruktur für den Artikel Nr. 2.112 Trinkflasche mit Halterung Motiv „Fly Bikes" vor:

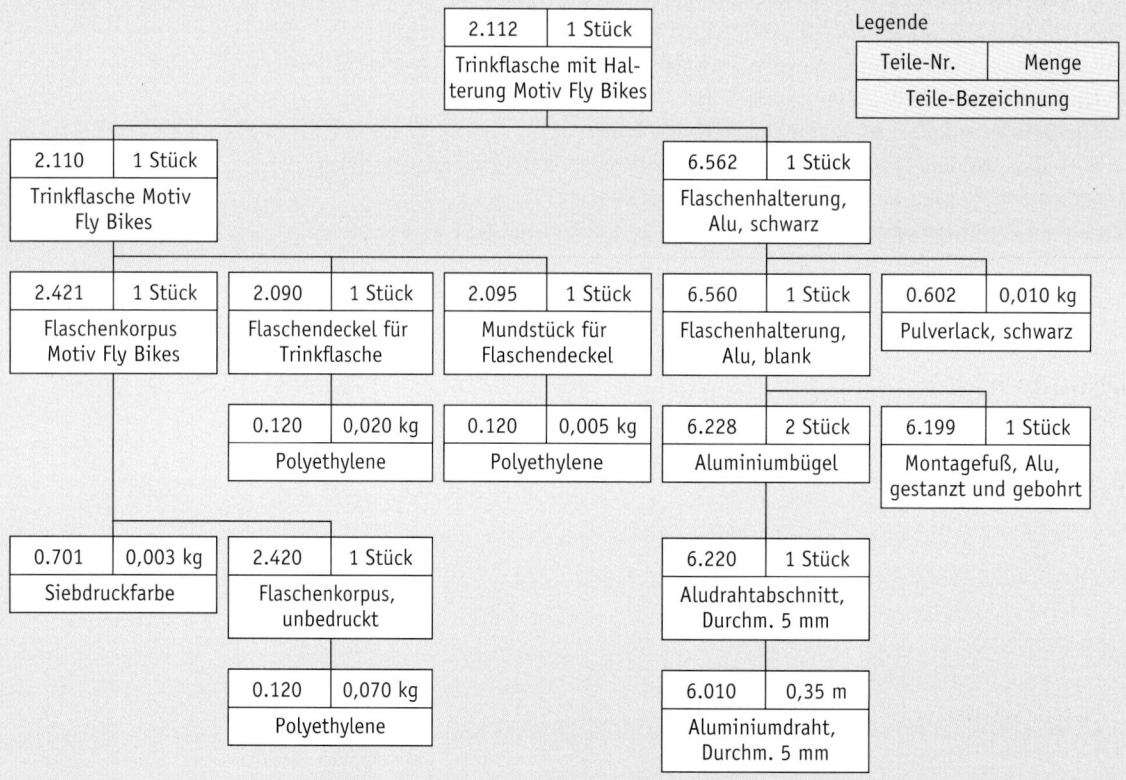

Stücklistenerstellung

Zur Planung des Fertigungsablaufes ist es zweckmäßig, zunächst eine Fertigungsstückliste zu erstellen. Diese soll die selbst gefertigten Einzelteile und Baugruppen ausweisen. (Das Kürzel „EF" steht für Eigenfertigung, das Kürzel „ME" für Mengeneinheiten.)

Fertigungsstückliste	KWK AG			
Teile-Nr. 2.112 Trinkflasche mit Halterung Motiv „Fly Bikes"	Datum: 15.02.20XX	Ersteller:		Blatt: 1

Teile-Nr.	Teile-Bezeichnung	Material	Teileart	Menge/ME	Bezugsart
					EF
					EF
					EF
					EF
					EF
					EF
					EF
					EF
					EF

1 Vervollständigen Sie die oben stehende Fertigungsstückliste.

2 Die Arbeitsvorbereitung der KWK erfasst bei Produkten üblicherweise nur die Baukastenstücklisten als Stammdaten im PPS-System. Vervollständigen Sie die beiden folgenden Baukastenstücklisten für die Baugruppen 2.110 Trinkflasche und 6.562 Flaschenhalterung.

Baukastenstückliste Teile-Nr. 2.110 Trinkflasche Motiv Fly Bikes			
Lfd. Nr.	Teile-Nr.	Teile-Bezeichnung	Menge
1			
2			
3			

Baukastenstückliste Teile-Nr. 6.562 Flaschenhalterung, Alu, schwarz			
Lfd. Nr.	Teile-Nr.	Teile-Bezeichnung	Menge
1			
2			

3 Erläutern Sie, warum gewöhnlich nur die Baukastenstücklisten eines Produktes als Stammdaten in der PPS-Datenbank hinterlegt werden.

Arbeitsplanerstellung

Bei dem Artikel 6.562 Flaschenhalterung handelt es sich um einen Standardartikel aus dem Sortiment der KWK, sodass hierzu bereits ein Arbeitsplan vorliegt:

Arbeitsplan A 470					KWK AG		
Teil-Nr. 6.562 Flaschenhalterung, Alu, schwarz					Ersteller: WL	Losgröße:	
AVG	Arbeitsvorgangstext	Arbeitsplatz	Rüstzeit (Min.)	Stückzeit (Min.)	Bearbeitungszeit (Min.)		Lohngruppe
010	Aludraht auf 0,35 m ablängen und entgraten	Trennbank	100	0,05			IV
020	Aludraht gem. Teilezeichnung in Bügelform biegen	Formen	100	0,05			III
030	Nähte schweißen und zwei Bügel mit Montagefuß verschweißen	Schweißautomat	100	0,16			IV
040	Flaschenhalterung pulverbeschichten	Pulverbeschichtung	50	0,08			III

4 Berechnen Sie die Bearbeitungszeiten der einzelnen Arbeitsgänge sowie die gesamte Auftragszeit, also die Gesamtzeit in Stunden, die benötigt wird, um die geplante Menge des Teiles Nr. 6.562 Flaschenhalterung zu produzieren.

5 Da es sich bei den Trinkflaschen mit Motiv um eine Sonderanfertigung handelt, ist hier noch ein Arbeitsplan zu erstellen. Folgende noch nicht geordnete Arbeitsgänge sind auszuführen:

Arbeitsvorgangsliste	Teile-Nr. 2.110 Trinkflasche Motiv Fly Bikes		
Arbeitsgang		Rüstzeit	Stückzeit
Mundstück für Flaschendeckel spritzgießen		50	0,08
Trinkflasche Motiv Fly Bikes mit Korpus, Deckel und Mundstück montieren		50	0,11
Flaschendeckel spritzgießen		50	0,14
Flaschenkorpus mit Motiv Fly Bikes bedrucken		100	0,25
Flaschenkorpus spritzgießen		50	0,20

Erstellen Sie mithilfe des nachfolgenden Vordrucks einen Arbeitsplan für die Trinkflasche Motiv „Fly Bikes". (Alle Arbeitsgänge sollen nach Lohngruppe III entgolten werden.)

Arbeitsplan A 474					KWK AG	
Teil-Nr. 2.110 Trinkflasche Motiv „Fly Bikes"				Ersteller:	Losgröße:	
AVG	Arbeitsvorgangstext	Arbeitsplatz	Rüstzeit	Stückzeit	Bearbeitungszeit (Min.)	Lohngruppe

6 Berechnen Sie die Auftragszeit für die Fertigung der gewünschten Menge dieses Artikels.

Vorwärtsterminierung

Der für die Kundenbetreuung zuständige Produktmanager der KWK ist natürlich begierig darauf, seinem Kunden einen möglichst frühen Liefertermin ankündigen zu können. Dazu muss nun die für die Herstellung des Produktes insgesamt benötigte Durchlaufzeit bestimmt werden.

7 Berechnen Sie die Durchlaufzeit in Stunden für ein erstes Los von 5 000 Stück Teil-Nr. 2.112 Trinkflasche mit Halterung Motiv Fly Bikes. Gehen Sie dabei zunächst davon aus, dass alle Arbeitsgänge hintereinander stattfinden und für das Verpacken des Endproduktes (Trinkflasche mit Halterung) weitere fünf Stunden anzusetzen wären.

8 In wie viel Tagen könnte frühestens geliefert werden, wenn die KWK AG im Zweischichtbetrieb zu je 8 Arbeitsstunden produziert?

Ihnen wird aufgefallen sein, dass die Durchlaufzeit unter der Annahme einer hintereinander geschachtelten Produktion natürlich sehr lang wird. Dies ist in der Realität aber weder wünschenswert noch notwendig. Vielmehr besteht ja durchaus die Möglichkeit, verschiedene Arbeitsgänge auch simultan (zeitgleich) auszuführen.

9 Überlegen Sie mithilfe des vorstehenden Strukturbaumes, welche Arbeitsgänge zeitgleich und welche tatsächlich nur hintereinander ausgeführt werden können.

10 Erstellen Sie mithilfe des folgenden Balkendiagramms eine vorwärts terminierte Zeitplanung für die Fertigung eines Loses von 5 000 Stück Teil-Nr. 2.112. Um wie viele Stunden verkürzt sich die gesamte Durchlaufzeit gegenüber Ihrer ersten Planung?

Arbeitsgang-Nr.	Arbeitsgang	Belegzeit (in Stunden) 10 20 30 40 50 60
010		
020		
030		
040		
050		
060		
070		
080		
090		
100		

Start

Rückwärtsterminierung

Ergänzend zur vorwärtsterminierten soll auch eine rückwärtsterminierte Planung der Gesamtdurchlaufzeit erstellt werden.

11 Führen Sie mithilfe des nachstehenden Balkendiagramms eine rückwärtsterminierte Zeitplanung durch. Bestimmen Sie dazu für jeden Arbeitsgang den spätesten Anfangstermin, wenn die angefragten Trinkflaschen spätestens nach 55 Stunden fertiggestellt sein sollen.

12 Wie viele Pufferzeiten bestehen bei der vorwärtsterminierten Planungsmethode im Vergleich zur rückwärtsterminierten Planung?

13 Erläutern Sie Vor- und die Nachteile der rückwärtsterminierten Planungsmethode im Vergleich zur Vorwärtsterminierung.

Arbeitsgang-Nr.	Arbeitsgang	Belegzeit (in Stunden)						
			10	20	30	40	50	60
010								
020								
030								
040								
050								
060								
070								
080								
090								
100								

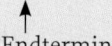
Endtermin

Aufgaben

Aufgabe 1

Für die Fertigung eines Bauteiles kalkuliert ein Industriebetrieb mit einer Stückzeit von 0,2 Minuten. Für das Auf- und Abrüsten des notwendigen Betriebsmittels sind 90 Minuten zu veranschlagen.

Ein vorliegender Kundenauftrag über 6 000 Stück dieses Bauteiles kann nur zeitversetzt in drei gleichen Teilmengen produziert werden, da das Betriebsmittel in der Zwischenzeit für andere Produkte benötigt wird.

Berechnen Sie

a die Durchlaufzeit in Minuten und Stunden für eine Teilmenge,

b die gesamten Lohnkosten für die Fertigung des Kundenauftrages bei zeitversetzter Produktion und einem einheitlichen Lohnkostensatz von 45,00 € pro Stunde,

c die durch die Teilung des Auftrages in drei Teilmengen entstehenden Mehrkosten im Vergleich zur ungeteilten Produktion.

Aufgabe 2

Entscheiden Sie, ob die nachstehenden Tätigkeiten in der Produktionsplanung und -steuerung eines Industriebetriebes

① nur in der genannten Reihenfolge

② nur in umgekehrter Reihenfolge

③ in beliebiger Reihenfolge

ausgeführt werden können. Tragen Sie die zutreffende Ziffer in die Kästchen ein.

a Vorkalkulation der Herstellkosten
 Entwicklung und Konstruktion ☐

b Stücklistenerstellung
 Materialbedarfsplanung ☐

c Abrechnung der Akkordlöhne
 Fertigmeldung des Auftrages ☐

d Bestimmung der Stückzeiten
 Materialbestellung ☐

Aufgabe 3

Ein Industriebetrieb fertigt das Endprodukt A aus den Baugruppen G 01 bis G 03 und den Einzelteilen E 01 bis E 06 gemäß der folgenden Erzeugnisstruktur:

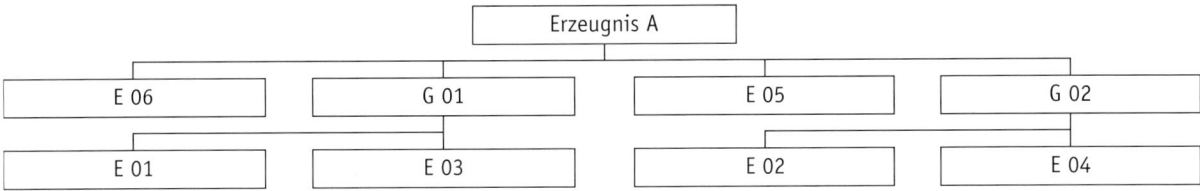

Die Ausführungszeiten für die Herstellung der Einzelteile und die Montage der Baugruppen sind wie folgt:

Teile-Bezeichnung	Ausführungszeit in Tagen
E 01	2
E 03	6
G 01	2
E 02	4
E 04	5
G 02	1
E 05	1
E 06	3
A	3

a Ermitteln Sie vorwärtsterminiert den frühesten Fertigstellungstermin für das Produkt A, wenn mit der Fertigung aller Teile so früh wie möglich begonnen werden soll.

Vorwärtsterminierte Planung																
Teile-Bez.:																
E 01																
E 03																
G 01																
E 02																
E 04																
G 02																
E 05																
E 06																
A																
Arbeitstage	1	2	3	4	5	6	7	8	9	10	11	12	13	14	15	16

b Bestimmen Sie rückwärtsterminiert den spätesten Fertigungsbeginn, wenn mit der Fertigung aller Teile so spät wie möglich begonnen werden und der Gesamtauftrag spätestens nach 15 Tagen abgeschlossen sein soll.

Rückwärtsterminierte Planung																
Teile-Bez.:																
E 01																
E 03																
G 01																
E 02																
E 04																
G 02																
E 05																
E 06																
A																
Arbeitstage	1	2	3	4	5	6	7	8	9	10	11	12	13	14	15	16

Aufgabe 4

Angenommen, das in Aufgabe 3 erwähnte Produkt A sollte noch schneller als von Ihnen kalkuliert fertiggestellt und lieferbereit sein.

Unterbreiten Sie drei konkrete Vorschläge, wie die Auftragszeit weiter verkürzt werden könnte. Nehmen Sie dabei auch zu den Nachteilen Ihrer Vorschläge Stellung.

Aufgabe 5

Ein Arbeitsplan ist die Grundlage für einen reibungslosen Fertigungsablauf. Nennen Sie
a vier Voraussetzungen für die Erstellung eines Arbeitsplanes und
b drei Fertigungsbelege, die auf Grundlage des Arbeitsplanes erstellt werden.

Aufgabe 6

Für die Herstellung eines Produktes nach besonderem Kundenwunsch hat der Arbeitsplaner eines Industriebetriebes den nachfolgenden – unvollständigen – Netzplan erstellt. Vervollständigen Sie den Netzplan und bestimmen Sie den kritischen Weg.

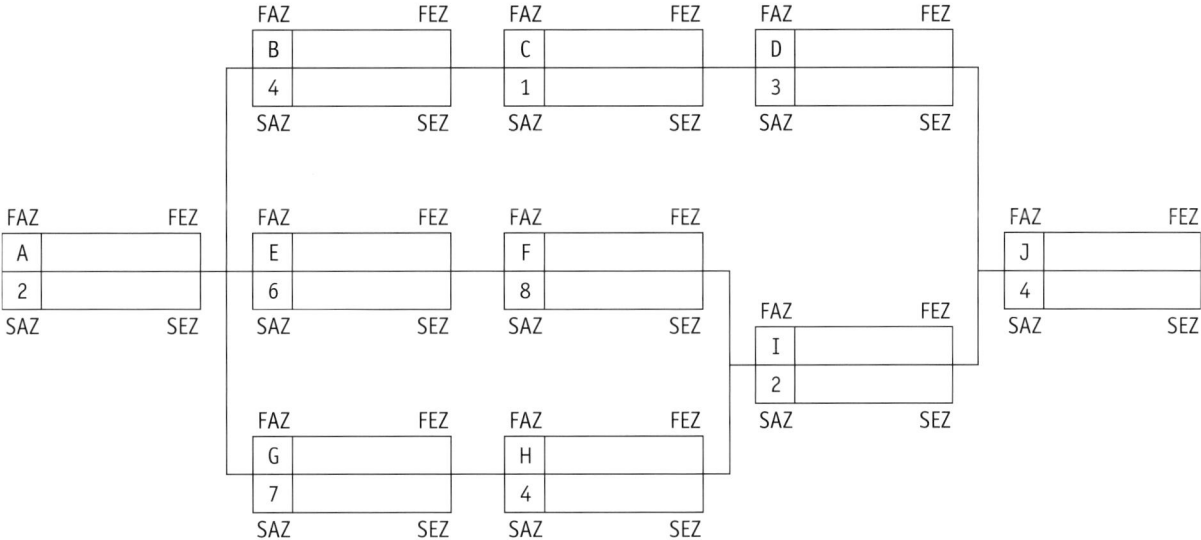

Legende

FAZ		FEZ
Vorg.-Bez.		Freier Puffer
Dauer (Tage)		Gesamtpuffer
SAZ		SEZ

FAZ: frühester Anfangszeitpunkt
FEZ: frühester Endzeitpunkt
SAZ: spätester Anfangszeitpunkt
SEZ: spätester Endzeitpunkt

Lernsituation 9

SB → S. 116 ff. | Lernfeld 5, Kapitel 5.5

Kapazitätsplanung

```
Vorkalkulation Auftragszeit                    Datum: 05.05.20XX
_____

Art.-Nr.                  Art.-Bez.
2.112                     Trinkflasche mit Halterung, Motiv

Auftragsmenge:                                 5 000 Stück

geplante Auftragszeit                          55 Stunden
geplanter Produktionsbeginn                    22. Woche
geplanter Liefertermin                         23. Woche
```

Bei der Planung der Auftragszeiten und möglichen Liefertermine für die Trinkflaschen mit Halterung (vgl. Lernsituation 8 Terminplanung) hat die Arbeitsvorbereitung der Kunststoffwerke AG bislang allerdings noch nicht berücksichtigt, dass die benötigten Betriebsmittel und Arbeitsplätze möglicherweise bereits mit anderen Fertigungsaufträgen belegt sind und nicht sofort zur Verfügung stehen.

Kapazitätsplanung

Um die vorhandenen Kapazitäten an Maschinen und Mitarbeitern mit den für die Ausführung der geplanten Aufträge notwendigen Kapazitäten abzugleichen, bedient man sich sogenannter Belastungsübersichten (Belastungsdiagramme).

Die Kapazitätsbelastungsübersicht für die als nächstes zu planende 22. Kalenderwoche weist für die zur Fertigung der Trinkflaschen notwendigen Arbeitsplätze folgende Größen aus:

Kapazitätsbelastungsübersicht 22. Betriebskalenderwoche (Ausschnitt)

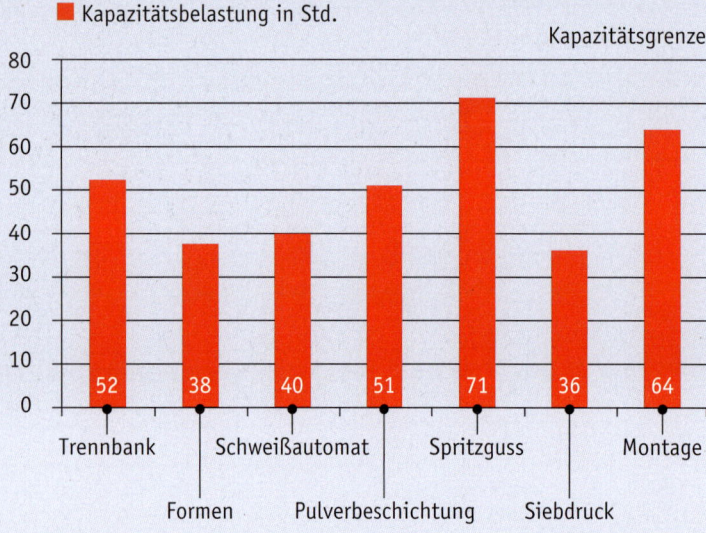

1 Prüfen Sie, ob in der 22. Planungswoche hinreichende Kapazitäten für die Fertigung der Flaschenhalterung Teil-Nr. 6.562 und Trinkflasche Motiv „Fly Bikes" Teil-Nr. 2.110 zur Verfügung stehen. (Orientieren Sie sich dabei an den in der Lernsituation 8 Terminplanung ermittelten Auftragszeiten.)

2 Angenommen, die vorhandenen Kapazitäten würden nicht für alle Arbeitsgänge ausreichen. Welche Möglichkeiten bestünden, die Trinkflaschen und -halterungen trotzdem in der kommenden Woche fertigzustellen?

Maschinenbelegung

Sofern die Kapazitätsplanung hinreichende Kapazitäten ergeben hat, kann die zeitliche Grobplanung (Planung der Auftragszeiten) durch eine terminliche Feinplanung, die **Maschinenbelegung**, ergänzt werden.

Auch dazu bedient man sich der Balkendiagrammtechnik. Man spricht in diesem Zusammenhang vom „Einlasten eines Auftrages", wenn die vorhandenen Maschinen mit neuen Fertigungsaufträgen belegt werden.

Die Fertigung der Flaschenhalterungen Teil-Nr. 6.562 soll als Fertigungsauftrag FA 470 (gem. Arbeitsplan A 470), die Fertigung der Trinkflaschen Teil-Nr. 2.110 als Fertigungsauftrag FA 474 (gem. Arbeitsplan A 474) zur Ausführung kommen.

3 Nehmen Sie eine Einlastung der Fertigungsaufträge FA 470 und FA 474 in den nachstehend abgebildeten Maschinenbelegungsplan vor. Starten Sie zum frühesten Zeitpunkt und bestimmen Sie den frühesten Liefertermin. (Anmerkung: Durch Verschieben von weniger dringlichen Aufträgen wurden hinreichende Kapazitäten im Engpass Spritzgießen geschaffen.)

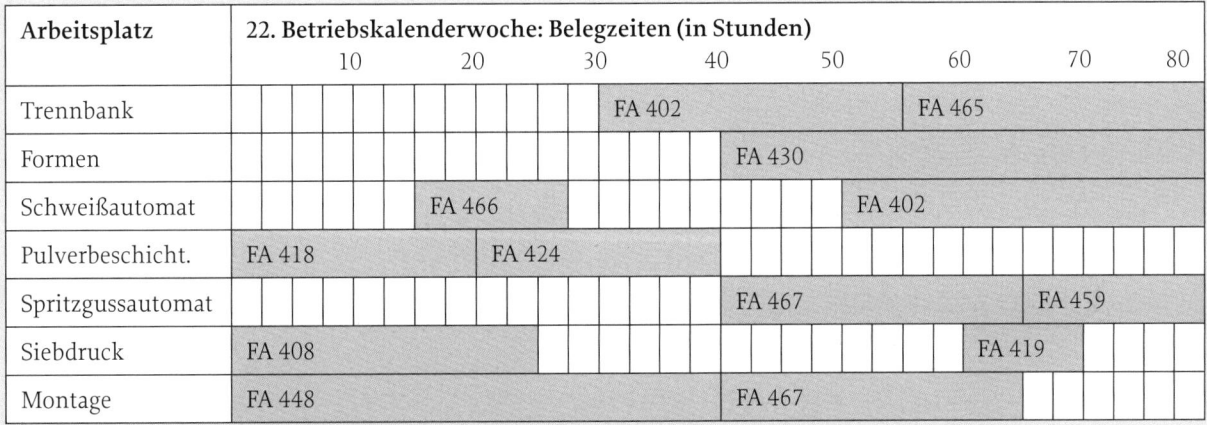

Arbeitsplatz	22. Betriebskalenderwoche: Belegzeiten (in Stunden)							
	10	20	30	40	50	60	70	80
Trennbank			FA 402			FA 465		
Formen				FA 430				
Schweißautomat		FA 466			FA 402			
Pulverbeschicht.	FA 418		FA 424					
Spritzgussautomat				FA 467			FA 459	
Siebdruck	FA 408					FA 419		
Montage	FA 448			FA 467				

FA 402 = bereits eingelasteter Fertigungsauftrag (z. B. FA 402)

4 Planen Sie nun die Fertigungsaufträge FA 470 und FA 474 rückwärtsterminiert ein. Dabei sollen alle Arbeitsgänge bis zum Ende der 22. Betriebskalenderwoche abgeschlossen sein.

Arbeitsplatz	22. Betriebskalenderwoche: Belegzeiten (in Stunden)							
	10	20	30	40	50	60	70	80
Trennbank			FA 402			FA 465		
Formen				FA 430				
Schweißautomat		FA 466			FA 402			
Pulverbeschicht.	FA 418		FA 424					
Spritzgussautomat				FA 467			FA 459	
Siebdruck	FA 408					FA 419		
Montage	FA 448			FA 467				

FA 402 = bereits eingelasteter Fertigungsauftrag (z. B. FA 402)

Auftragsumwandlung und Losgrößenoptimierung

Im Zuge der Produktionsplanung sind auch die konkreten Fertigungsmengen (Losgrößen) festzulegen. Die Planungsdaten für die Festlegung der internen Fertigungsaufträge liefern sowohl konkret vorliegende, externe Kundenaufträge als auch Schätzungen zukünftiger, am Markt noch zu realisierender Absatzmengen. Die im Rahmen der Auftragsumwandlung festgelegten Produktionsmengen können dabei sowohl größer als auch kleiner als die Summe der vorliegenden Kundenaufträge sein.

Die Arbeitsvorbereitung der KWK hatte die Losgröße für die Trinkflaschenhalterung in Höhe der konkreten Kundenbestellung festgelegt, um unnötige Lagerkosten für zu viel gefertigte Produkte zu vermeiden. Nun soll überprüft werden, ob diese Losgröße von 5 000 Stück wirtschaftlich wirklich sinnvoll gewählt worden war, denn es ist bekannt, dass neben den Lagerkosten der gefertigten Produkte auch die Kosten der Umrüstung der Maschinen eine entscheidende Rolle spielen.

Die Marketingabteilung geht davon aus, dass in den nächsten 12 Monaten (mittelfristiger Planungshorizont) insgesamt 80 000 Stück der Trinkflaschenhalterungen an verschiedene Kunden verkauft werden können. Bis zu ihrer Auslieferung an die Abnehmer lagern die Flaschenhalterungen bei der KWK. Der Einfachheit halber soll ein gleichmäßiger Lagerabgang unterstellt werden. Die kalkulatorischen Lagerkosten werden mit 0,05 € je Stück des durchschnittlichen Lagerbestandes angesetzt.

Für das Umrüsten der Maschinen sind kalkulatorische Kosten von insgesamt 500,00 € je Los zu veranschlagen.

5   Überlegen Sie zunächst, wie der durchschnittliche Lagerbestand und die Anzahl der Umrüstungen von der gewählten Losgröße abhängen.

6   Berechnen Sie mithilfe der nachstehenden Tabelle die Lagerkosten, die Umrüstkosten und die Gesamtkosten der verschiedenen Planungsalternativen. Welche Losgröße ist unter Kostengesichtspunkten optimal?

Variante: Lösen Sie den gestellten Arbeitsauftrag mithilfe eines Tabellenkalkulationsprogramms (z. B. MS Excel). Übertragen Sie dazu die nachstehende Tabellenstruktur auf ein leeres Tabellenblatt und definieren Sie geeignete Formeln zur Berechnung der gesuchten Ergebnisse.

Bestimmung der optimalen Losgröße					
Anzahl der Fertigungslose	Losgröße	Durchschn. Lagerbestand	Lagerkosten gesamt	Rüstkosten gesamt	Gesamtkosten
1					
2					
3					
4					
5					

7   Stellen Sie die Entwicklung der Lagerkosten, der Rüstkosten und der Gesamtkosten in Abhängigkeit von der Losgröße in einer Grafik dar. Wo lässt sich die optimale Losgröße in Ihrer Grafik ablesen?

8   Beschreiben Sie mit Ihren Worten den grundsätzlichen Zusammenhang der Lagerkosten, der Umrüstkosten und der Gesamtkosten in Abhängigkeit von der Losgröße.

9   Erläutern Sie denkbare betriebliche Gründe, bewusst von der kostenminimalen Losgröße abzuweichen.

Auftragssteuerung

Mit der Freigabe eines Fertigungsauftrages zur Produktion (Auftragsveranlassung) beginnt die Phase der Produktions-steuerung. Entsprechende Fertigungsdokumente (Lauf- und Terminkarten, Auftragsarbeitspläne, Zeichnungen u. a.) begleiten die Fertigungsaufträge von Arbeitsplatz zu Arbeitsplatz.

Während die auftragsbezogene Terminüberwachung vorwiegend dem Vermeiden von Liegezeiten bei den Werkstoffen und den unfertigen Erzeugnissen dient, bezweckt die kapazitätsbezogene Auslastungsüberwachung (Kapazitätsüberwachung) das Ziel einer weitgehenden Erforschung der Ursachen, die zu Stillständen der Betriebsmittel und damit zu Leerkosten geführt haben.

Nur eine ständige Erfassung der Betriebsdaten (Auftragsüberwachung), z. B. des Arbeitsfortschrittes, gewährleistet die termingerechte Fertigstellung des Auftrages. Wird der Arbeitsfortschritt unplanmäßig unterbrochen, müssen umgehend geeignete Maßnahmen zur Behebung der Störung ergriffen werden.

10 Die Ursachen für Störungen des Produktionsprozesses können im Bereich der Konstruktion des Produktes oder der Beschaffung der benötigten Materialien sowie des Fertigungsprozesses selbst liegen. Nennen Sie unter Bezugnahme auf den Produktionsprozess Ihres Ausbildungsbetriebes konkrete Beispiele für konstruktions-, material- und fertigungsbedingte Störungen.

11 Skizzieren Sie jeweils eine betriebliche Maßnahme zur Vermeidung oder Behebung der von Ihnen genannten Störungen.

Aufgaben

Aufgabe 1

Einem Hersteller von Kunststoffrohren liegen für das erste Quartal eines Jahres folgende Kundenaufträge vor:

Kunde	Rohrdurchmesser (mm)	Menge (lfd. Meter)	Liefertermin
A	220	50 000	01.03. d.J.
B	300	10 500	15.03. d.J.
C	280	28 000	15.02. d.J.
D	220	10 000	20.02. d.J.
E	300	25 500	01.04. d.J.
F	280	47 000	01.02. d.J.

a Fassen Sie diese externen Kundenaufträge zu drei internen Fertigungsaufträgen (FA 01 bis 03) zusammen. Berücksichtigen Sie dabei die nachstehenden Fertigungszeiten je lfd. Meter. (Rüstzeiten bleiben unberücksichtigt.)

Fertigungsaufträge

Auftrags-Nr.	Rohrdurchmesser (mm)	Menge (lfd. Meter)	Auftragszeit (Stunden)
FA 01			
FA 02			
FA 03			

Fertigungszeiten

Rohrdurchmesser (mm)	Minuten pro lfd. Meter
220–230	0,2
240–250	0,25
260–270	0,3
280–290	0,4
300–320	0,5

b Aus welchen Gründen werden externe Kundenaufträge zu internen Fertigungsaufträgen zusammengefasst?

c Auf der für die Ausführung der drei Fertigungsaufträge vorgesehenen Extrudiermaschine EM8 stehen pro Monat 500 Stunden zur Verfügung. Belegen Sie vorwärtsterminiert die Maschine EM8. Beachten Sie dabei die gewünschten Liefertermine.

Monat	Januar					Februar					März				
Maschinenstunden	100	200	300	400	500	100	200	300	400	500	100	200	300	400	500
FA 01															
FA 02															
FA 03															

Aufgabe 2

In einem Industriebetrieb ist für die nachfolgenden Aufträge FA 01 bis FA 04 eine Maschinenbelegung auf den Maschinen M 01 bis M 03 durchzuführen. Die Reihenfolge der Bearbeitung auf den einzelnen Maschinen und die einzelnen Ausführungszeiten sind wie folgt:

Aufträge	Arbeitsgangfolge auf den Maschinen und Ausführungszeiten (in Std.)		
FA 01	M 01 25 Std.	M 03 5 Std.	M 02 15 Std.
FA 02	M 02 30 Std.	M 01 15 Std.	M 03 10 Std.
FA 03	M 03 25 Std.	M 02 20 Std.	M 01 10 Std.
FA 04	M 03 10 Std.	M 01 25 Std.	M 02 5 Std.

In der betreffenden Planungswoche stehen pro Maschine jeweils 80 Maschinenstunden zur Verfügung.

Führen Sie sowohl vorwärts- als auch rückwärtsterminiert eine optimale – d. h. Leerzeiten nach Möglichkeit vermeidende und die Durchlaufzeiten minimierende – Maschinenbelegung durch. (Überlappungen der zu einem Auftrag gehörenden Arbeitsgänge sollen vermieden werden.)

a Vorwärtsterminierte Maschinenbelegung:

Maschine/Stunde	5	10	15	20	25	30	35	40	45	50	55	60	65	70	75	80
M 01																
M 02																
M 03																

b Rückwärtsterminierte Maschinenbelegung:

Maschine/Stunde	5	10	15	20	25	30	35	40	45	50	55	60	65	70	75	80
M 01																
M 02																
M 03																

c Beurteilen Sie die von Ihnen gefundenen Lösungen im Hinblick auf die Ausnutzung der vorhandenen Kapazitäten.

Aufgabe 3

Häufig reichen die vorhandenen Kapazitäten nicht aus, um alle vorliegenden Aufträge in der zur Verfügung stehenden Zeit auszuführen. Bestimmte Aufträge müssen demzufolge anderen Aufträgen vorgezogen werden.

Erläutern Sie drei mögliche Kriterien, nach denen die Reihenfolge der auszuführenden Aufträge festgelegt werden kann (sogenannte „Prioritätsregeln").

Aufgabe 4

In der betrieblichen Realität wird es praktisch niemals gelingen, die vorhandenen Kapazitäten zu 100 % auszulasten. Vielmehr gilt ein realer Beschäftigungsgrad von über 90 % bereits als sehr guter Wert. Erläutern Sie drei mögliche Gründe für diese Einschätzung.

Aufgabe 5

Ein Industriebetrieb benötigt für die Fertigung seines Produktes P die zugekauften Bauteile A, B und C. Beurteilen Sie, wie sich die Bestände des Produktes P und die Bestände der Zukaufteile A bis C verändern, wenn

a ein Kundenauftrag in einen Fertigungsauftrag für Produkt P umgewandelt wird,

b der Fertigungsauftrag zur Ausführung freigegeben wird,

c der Fertigungsauftrag abgeschlossen und fertiggemeldet wird.

Tragen Sie Ihre Überlegungen in die nachstehende Tabelle ein.

Teilschritte	Verfügbare Bestände A–C	Effektive Bestände A–C	Verfügbare Bestände P	Effektive Bestände P
Auftragsumwandlung				
Auftragsfreigabe zur Durchführung				
Auftragsabschluss/ Fertigmeldung				

Aufgabe 6

Jeder Industriebetrieb stellt Produkte aus den drei Elementarfaktoren Material, Personal und Betriebsmittel her. Aufgabe der industriellen Produktionsplanung und -steuerung (kurz: PPS) ist es, diesen Prozess der Produkterstellung mengen-, termin- und kapazitätsmäßig zu planen und zu steuern. Kurze Lieferzeiten und die Einhaltung zugesagter Termine sind dabei neben dem Preis und der Qualität der Produkte wichtige Faktoren zur Sicherung der Wettbewerbsfähigkeit der Unternehmung. Gleichzeitig sollen zudem die Lagerbestände minimiert und die Betriebsmittel optimal ausgelastet werden.

Begründen Sie an drei konkreten Beispielen, dass die vorrangige Verfolgung eines der genannten Ziele der PPS die Erfüllung der anderen Ziele behindern kann.

SB → S. 126 ff. | Lernfeld 5, Kapitel 6

Industrielle Fertigungsverfahren

Der Betriebsleiter der Fly Bike Werke GmbH, Dipl.-Ing. Rother, nutzt einen arbeitsfreien Feiertag, um einmal grundsätzlich Überlegungen in Bezug auf die Fertigungsorganisation der von ihm geleiteten Produktion anzustellen.

Der größte Teil der Produktionsanlagen ist bei der Fly Bike Werke GmbH räumlich nach dem Prinzip der **Fließfertigung** organisiert. Auf den hintereinander – dem Ablauf der Fertigungsschritte folgend – angeordneten Betriebsmitteln werden die City-, Trekking- und Kinderräder sowie die Mountain-Bikes in **Serien** mittlerer Größe hergestellt:

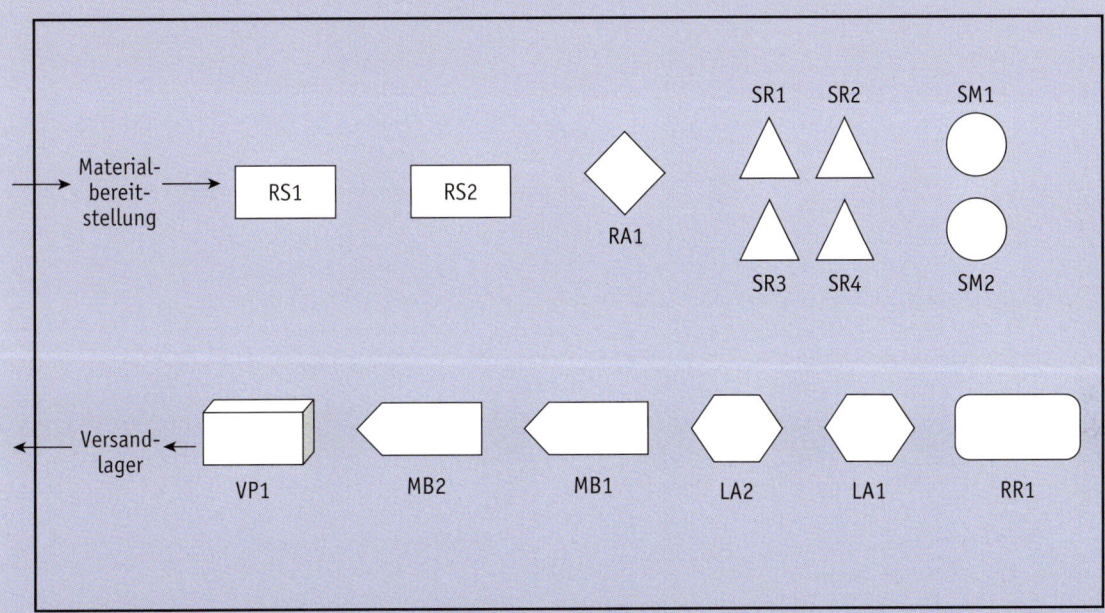

Fließfertigung der Fly Bike Werke GmbH (schematische Darstellung)

Eingesetzte Betriebsmittel:

Rohrschneideanlagen RS1 und RS2

Rohrabbiegemaschine RA1

Schweißroboter SR1 bis SR4

Schleifmaschinen SM1 und SM2

Rahmenrichtmaschine RR1

Lackierautomaten LA1 und LA2

Montagebänder MB1 und MB2

Endkontrolle und Verpackung VP1

Die Mitarbeiter fertigen dabei die Rahmen und Radgabeln selbst und komplettieren sie mit den fremdbezogenen Komponentengruppen (Schaltung, Bremsen, Antrieb usw.) zu versandfertigen Fahrrädern.

Für die Produktion von hochpreisigen Profi-Rennrädern, die auf die sehr individuellen Bedürfnisse der Käufer abgestimmt sind und die nur auf Bestellung angefertigt werden (**Einzelfertigung**), ist zudem ein kleinerer Bereich als **Werkstattfertigung** organisiert (siehe nächste Seite):

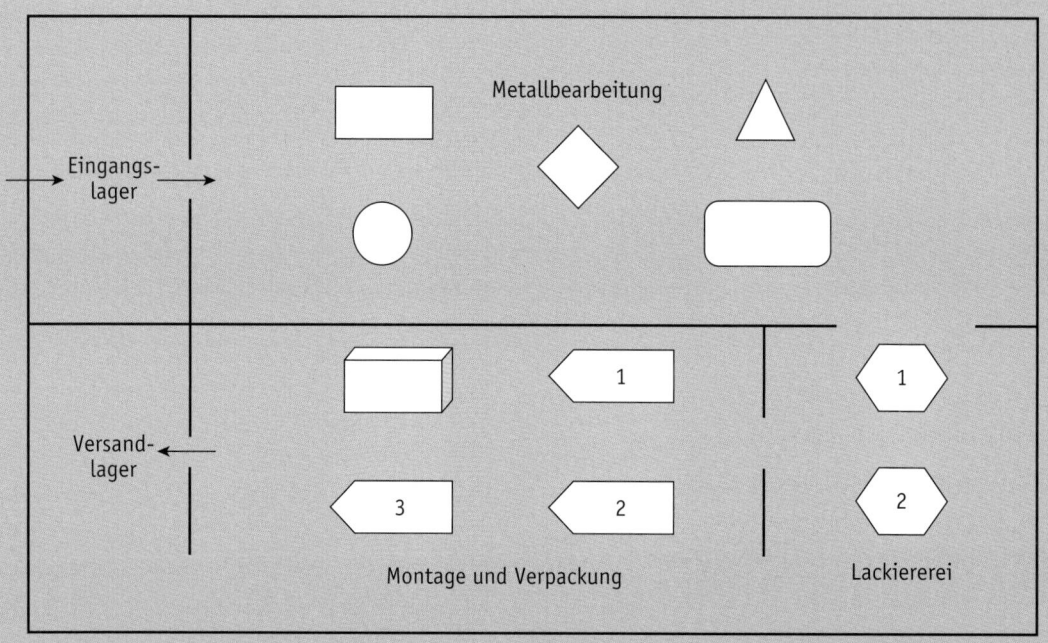

Werkstattfertigung der Fly Bike Werke GmbH (schematische Darstellung)

Eingesetzte Betriebsmittel:

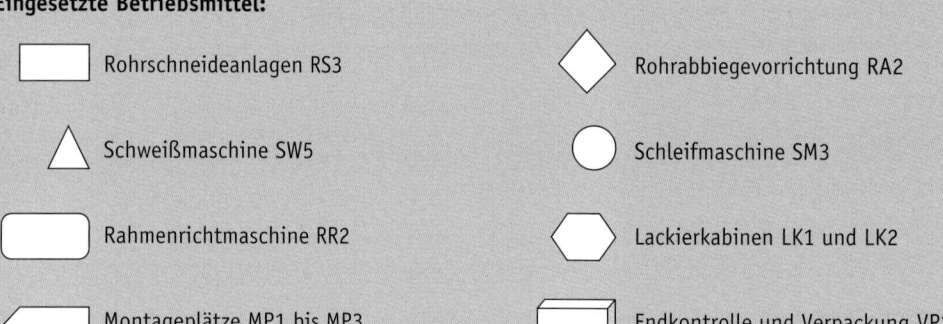

Rohrschneideanlagen RS3

Schweißmaschine SW5

Rahmenrichtmaschine RR2

Montageplätze MP1 bis MP3

Rohrabbiegevorrichtung RA2

Schleifmaschine SM3

Lackierkabinen LK1 und LK2

Endkontrolle und Verpackung VP2

Den Betriebsleiter Herrn Rother beschäftigt nun die Frage, ob es zweckmäßig ist, zwei so verschiedene Organisationsformen nebeneinander zu betreiben. Er bittet Sie daher am nächsten Arbeitstag, ihn bei der Beantwortung seiner Frage aus kaufmännischer Sicht zu unterstützen.

1 Komplettieren Sie zunächst die schematische Darstellung der Fließfertigung auf der Vorseite, indem Sie den **Materialfluss** (Weg der Werkstücke von einem Betriebsmittel zum nächsten) mit Pfeilen einzeichnen. Orientieren Sie sich dabei an der nachfolgenden Arbeitsvorgangsliste für das City-Rad Glide.
2 Vervollständigen Sie die obige Darstellung der Werkstattfertigung am Beispiel der nachstehenden Arbeitsvorgangsliste für das Rennrad Superfast.

Arbeitsvorgangsliste Art.-Nr. 101 City-Rad Glide		
Vorgangsnr.	Vorgangsbeschreibung	Betriebsmittel
10	Stahlrohr für Rahmen und Radgabel grob ablängen	RS1
20	Stahlrohr für Rahmen und Radgabel fein ablängen und entgraten	RS2
30	Stahlrohr in Form biegen	RA1
40	Rahmen schweißen	SR1, SR2
50	Radgabel schweißen	SR3, SR4
60	Schweißnähte an Rahmen glätten	SM1
70	Schweißnähte an Radgabel glätten	SM2
80	Rahmen und Gabel richten	RR1
90	Rahmen und Gabel grundlackieren	LA1
100	Rahmen und Gabel decklackieren	LA2
110	Rahmen dekorieren; Rahmen, Gabel, Antrieb, Räder, Schaltung und Lenkung montieren	MB1
120	Vormontiertes Rad mit Gepäckträger, Bremsen, Sattel und Beleuchtung komplettieren	MB2
130	Funktionsprüfung und Verpackung	VP1

Arbeitsvorgangsliste Art.-Nr. 402 Rennrad Superfast		
Vorgangsnr.	Vorgangsbeschreibung	Betriebsmittel
10	Alurohr für Rahmen ablängen	RS3
20	Alurohr für Rahmen entgraten	SM3
30	Alurohr für Rahmen in Form biegen	RA2
40	Rahmen schweißen	SW5
50	Schweißnähte an Rahmen glätten	SM3
60	Rahmen richten	RR2
70	Alurohr für Radgabel ablängen	RS3
80	Alurohr für Radgabel entgraten	SM3
90	Alurohr für Radgabel in Form biegen	RA2
100	Radgabel schweißen	SW5
110	Schweißnähte an Radgabel glätten	SM3
120	Radgabel richten	RR2
130	Rahmen und Gabel grundlackieren	LK1
140	Rahmen und Gabel decklackieren	LK2
150	Rahmen und Gabel effektlackieren	LK1
160	Rahmen dekorieren, Rahmen, Gabel, Antrieb, Räder, Schaltung und Lenkung montieren	MP1
170	Vormontiertes Rad mit Bremsen und Sattel komplettieren	MP2
180	Funktionsprüfung und Verpackung	VP2

3 Erarbeiten Sie nun die wesentlichen Kennzeichen der Werkstatt- und der Fließfertigung. Tragen Sie Ihre Arbeitsergebnisse in die folgende Tabelle ein:

Merkmale	Werkstattfertigung	Fließfertigung
Räumliche Anordnung der Maschinen und Arbeitsplätze		
Weg der Werkstücke (Materialfluss)		
Durchlaufzeiten der Produkte		
Organisationsaufwand		
Breite und Tiefe des Produktionsprogramms		
Einsatz von Facharbeitern und Angelernten/ Höhe der Lohnkosten pro Mitarbeiter		
Lagerbestände/Kapitalbindung im Umlaufvermögen		
Herstellkosten pro Stück		
Flexibilität bei Marktänderungen		
Typische Industriebranchen für diesen Organisationstyp		

4 Wie beurteilen Sie die von Herrn Rother gestellte Frage, sollte die Fly Bike Werke GmbH einen der beiden Organisationstypen ihrer Fertigung zugunsten des anderen aufgeben? Begründen Sie Ihre Einschätzung ausführlich.

5 Der Betriebsleiter Herr Rother hatte kürzlich in einer ingenieurtechnischen Fachzeitschrift einen euphorischen Artikel über die Vorzüge der Gruppenfertigung gelesen. Leider wurden betriebswirtschaftliche Aspekte in dem Artikel kaum behandelt. Er bittet Sie daher, ihm auch hier mit Ihrem kaufmännischen Sachverstand behilflich zu sein. Informieren Sie sich über das Konzept der Gruppenfertigung. Stellen Sie dann die wesentlichen Kennzeichen und betriebswirtschaftlichen Vorteile der Gruppenfertigung gegenüber der Werkstatt- und der Fließfertigung in Stichworten heraus.

6 Könnte das Konzept der Gruppenfertigung für die Fly Bike Werke GmbH ein brauchbarer Kompromiss zwischen Werkstatt- und Fließfertigung sein? Begründen Sie Ihre Einschätzung und weisen Sie dabei auch auf mögliche Risiken hin.

7 Wie könnte eine am Konzept der Gruppenfertigung orientierte Produktion bei der Fly Bike Werke GmbH aussehen? Orientieren Sie sich an den vorstehenden Skizzen und Ihrem Schülerbuch und fertigen Sie eine entsprechende Layout-Skizze an. Nutzen Sie dazu den nachfolgenden Vordruck.

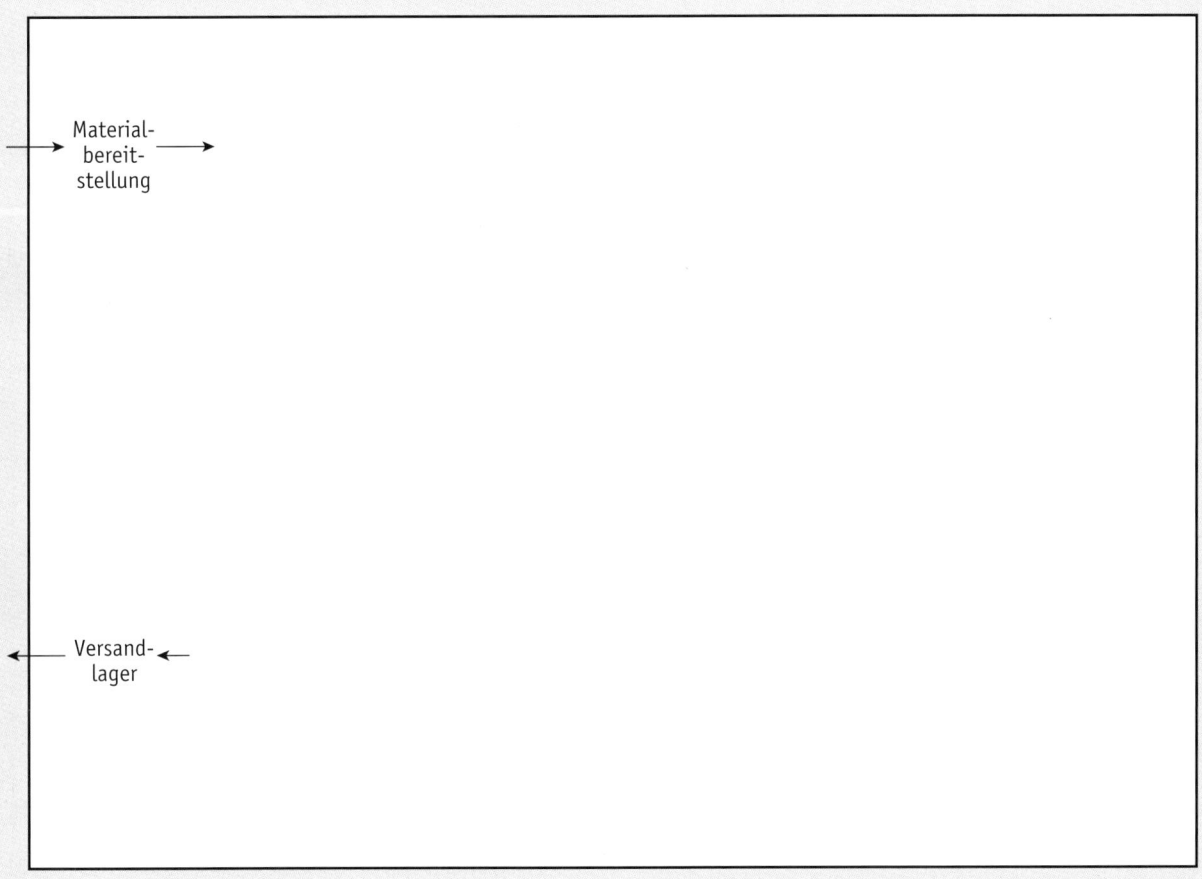

Eingesetzte Betriebsmittel:

☐ Rohrschneideanlagen RS1 und RS2 ◇ Rohrabbiegemaschine RA1

△ Schweißroboter SR1 bis SR4 ◯ Schleifmaschinen SM1 und SM2

▭ Rahmenrichtmaschine RR1 ⬡ Lackierautomaten LA1 und LA2

⬠ Montagebänder MB1 und MB2 ▱ Endkontrolle und Verpackung VP1

→ Materialfluss (Weg der Werkstücke)

Gruppenfertigung der Fly Bike Werke GmbH (schematische Darstellung)

Aufgaben

Aufgabe 1

Die Fließfertigung ist heute der weitaus häufigste Organisationstyp industrieller Fertigung. Innerhalb der Fließfertigung haben sich daher verschiedene (Unter-)Arten herausgebildet. Ergänzen Sie hierzu den nachstehenden Text. Verwenden Sie die folgenden Begriffe:

Straßen- oder Linienfertigung, sonstige Fördermittel, in dauernder Folge, Fließbandfertigung, gering, Taktzeit, „Bandabriss", Zwischenläger, Massen- oder Großserienfertigung, Zwangslauffertigung, Fluss- oder Objektprinzip, Zeitzwang, Stückkosten

Für die Fließfertigung ist charakteristisch, dass die Betriebsmittel und Arbeitsplätze nach dem _____

_____ (also dem Ablauf der einzelnen Produktionsschritte) angeordnet sind. Der Arbeitsablauf ist so

festgelegt, dass die zu bearbeitenden Werkstücke die einzelnen Maschinen und Arbeitsplätze _____

_____ durchlaufen. Daher spricht man auch von _____. Im Ge-

gensatz zur Werkstattfertigung gibt es keine Rücktransporte der Werkstücke, die Durchlaufzeiten sind dementsprechend

_____. Erfolgt der Transport der herzustellenden Produkte zwischen den straßenartig aufge-

stellten Maschinen und Arbeitsplätzen ohne _____, so liegt eine besondere Form der Fließfer-

tigung vor, die Reihenfertigung. Die Weitergabe der Werkstücke von Arbeitsplatz zu Arbeitsplatz geschieht hier von Hand

oder durch _____, z. B. Rollenbahnen oder Handwagen. An den einzelnen Arbeits-

plätzen werden häufig _____ als Vorratspuffer eingerichtet, bevor die Teile zum nachfolgen-

den Arbeitsplatz weitergereicht werden.

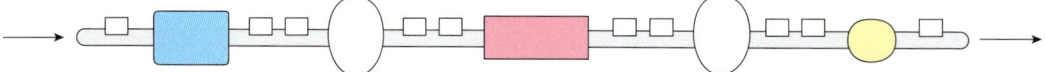

Transport der Werkstücke über Rollenbahnen

Bei der Produktion bestimmter Güter, z. B. Bier, Stahlblech oder Papier, darf der Fertigungsprozess aus technischen Grün-

den nicht unterbrochen werden und erzwingt so eine Anordnung der Betriebsmittel nach dem Flussprinzip. Hier spricht

man von _____ oder naturbedingter Fließfertigung. Der Amerikaner Henry Ford (1863–1947)

gilt als Erfinder der _____, die auch als „organisierte" Fließfertigung bezeichnet wird.

Bei diesem Organisationstyp werden die Arbeitsplätze und Betriebsmittel durch mechanische Fördermittel, z. B. Fließbän-

der, miteinander verbunden. Dazu müssen alle Arbeitsschritte zeitlich exakt aufeinander abgestimmt werden: Alle Ar-

beitsplätze erhalten eine einheitliche Zeitvorgabe, die sogenannte _____. Innerhalb dieser

vorgegebenen Zeit führen die Bandarbeiter in ständiger Folge die gleichen, auf relativ wenige Handgriffe beschränkten

Arbeitsschritte aus. Eine Zwischenlagerung der Werkstücke entfällt.

Transport mittels Fließband

Die Fließbandfertigung erlaubt durch ihren hohen Grad an Standardisierung und den Einsatz von spezialisierten Betriebsmitteln die Produktion von industriellen Gütern zu minimalen _____. Der Ausfall eines Betriebsmittels bzw. einer Arbeitsstation führt jedoch fast augenblicklich zum Stillstand der gesamten Produktion, dem gefürchteten _____. Die Fließbandfertigung eignet sie sich daher nur für Betriebe mit _____.

Aufgabe 2

Industriebetriebe lassen sich auch danach unterscheiden, wie oft ein und derselbe Fertigungsvorgang unverändert wiederholt wird, wie groß also die Menge der in einem Los hergestellten Produkte ist. Dies kann von der einmaligen Fertigung eines ganz besonderen Kundenwunsches bis zur millionenfach gefertigten Massenware reichen. Entsprechend lassen sich sogenannte Produktionstypen der Fertigung (kurz: Fertigungstypen) bilden. Man unterscheidet:

```
                          Fertigungstypen
        ┌─────────────────────┴─────────────────┐
  Einzelfertigung                          Mehrfachfertigung
                         ┌──────────────┬────────┴───────┬──────────────┐
                  Massenfertigung  Serienfertigung  Sortenfertigung  Chargenfertigung
```

Ordnen Sie die folgenden Beispiele zu.

a Automobilbau
b Schokoladenherstellung
c Spezialmaschinenbau
d PC-Herstellung
e Brückenbau
f Kaffeerösterei
g Stahlerzeugung
h Kupferbergwerk
i Raumfahrttechnik (Satelliten)

j Sektkellerei
k Arzneimittelindustrie
l Schiffsbau (Luxusliner)
m Unterhaltungselektronik
n Oberbekleidungsfabriken
o Gas- und Wasserwerke
p Schafswollweberei
q Kraftwerksbau
r Ihr Ausbildungsbetrieb

Aufgabe 3

Welche Aussagen treffen auf die Fließfertigung zu? Tragen Sie in die Kästchen eine

1 ein, wenn die Aussage zutrifft,
9 ein, wenn die Aussage nicht zutrifft.

☐ Der Anteil der Abschreibungen an den Produktionskosten ist relativ hoch.
☐ Die Fließfertigung eignet sich insbesondere für die Fertigung kleiner Losgrößen.
☐ Die Herstellkosten pro Stück nehmen bei rückläufiger Kapazitätsauslastung stark zu.
☐ Der Fertigungsprozess ist unübersichtlich und schwierig zu kontrollieren.
☐ Es werden überwiegend Facharbeiter eingesetzt.
☐ Die eingesetzten Betriebsmittel sind meist für spezielle Arbeitsvorgänge konstruiert.

Aufgabe 4

Im Folgenden sind Organisationstypen und Produktionstypen der Fertigung (Fertigungstypen) genannt. Tragen Sie in die Kästchen eine

1 für Organisationstypen,
9 für Produktionstypen (Fertigungstypen) ein.

☐ Einzelfertigung
☐ Gruppenfertigung
☐ Massenfertigung
☐ Serienfertigung
☐ Reihenfertigung

☐ Fließbandfertigung
☐ Sortenfertigung
☐ Werkstattfertigung
☐ Linienfertigung
☐ Chargenfertigung

Aufgabe 5

Flexible Fertigungssysteme sind eine weitere Variante der Fließfertigung. Die nachfolgende Grafik zeigt schematisch den Aufbau eines solchen flexiblen Fertigungssystems:

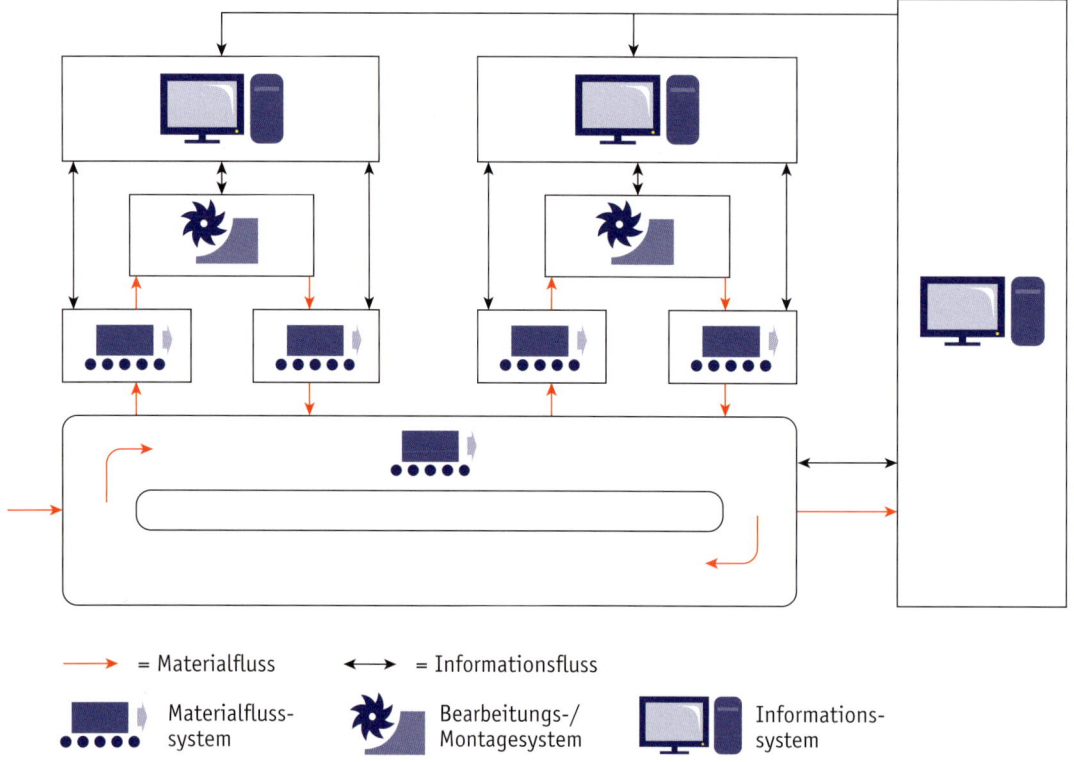

→ = Materialfluss   ↔ = Informationsfluss

Materialfluss-system   Bearbeitungs-/Montagesystem   Informations-system

Studieren Sie diese Darstellung und beschreiben Sie, wie sich ein flexibles Fertigungssystem von einer klassischen Fließbandfertigung unterscheidet.

Aufgabe 6

a Je nach Fertigungstyp müssen Industriebetriebe spezifische Probleme lösen. Erläutern Sie zu jedem der fünf Produktionstypen industrieller Fertigung jeweils eine besondere Problemstellung.

b Schlagen Sie zu jeder von Ihnen genannten Problemstellung einen Lösungsansatz vor.

Aufgabe 7

Die Wenzel GmbH, Werkstattfertiger von Sondermaschinen für die spanabhebende Metallbearbeitung (Fräsen, Drehen, Bohren), will ihr Produktionsprogramm um einen neu entwickelten Multifunktionsautomaten erweitern. Diese NC-gesteuerte Maschine soll in verschiedenen Varianten in Kleinserien hergestellt werden.

a Beschreiben Sie den genannten Organisationstyp und nennen Sie jeweils zwei Vor- und Nachteile dieses Typs.

b Erläutern Sie, was man unter Serienfertigung versteht und wie sich diese von der Sortenfertigung unterscheidet.

c Die Geschäftsleitung der Wenzel GmbH überlegt, ob eine Umstellung der Fertigungsorganisation auf Gruppenfertigung sinnvoll sein könnte. Wägen Sie jeweils zwei Pro- und Kontraargumente sowohl aus Sicht der Geschäftsleitung wie auch aus Sicht der Belegschaft gegeneinander ab.

d Welche Zielkonflikte könnten sich aus den unterschiedlichen Interessenlagen von Geschäftsleitung und Belegschaft ergeben?

SB → S. 140 ff. | Lernfeld 5, Kapitel 7

Teilkostenrechnung

Krisensitzung bei der Fly Bike Werke GmbH: Der Geschäftsführer, Herr Peters, hat Frau Taubert aus dem Rechnungswesen, den Vertriebschef, Herrn Gerland, und den Betriebsleiter, Herrn Rother, zusammengerufen:

Frau Taubert: „Die Lage, meine Herren, ist bedrohlich. Unsere Gewinnspannen sind drastisch eingebrochen. Wenn es uns nicht gelingt, kurzfristig die Profite unseres Hauses zu steigern, sehe ich uns in ernster Gefahr."

Herr Gerland: „Ich weiß. Aber was soll ich denn machen? Der Wettbewerb auf unseren angestammten Märkten hat sich durch die Konkurrenz aus Osteuropa und Asien derart verschärft, dass an eine Erhöhung unserer Preise nicht zu denken ist."

Frau Taubert: „Dann hilft nur eines, Kosten runter. Herr Rother, welche konkreten Möglichkeiten sehen Sie, unsere Fertigungskosten kurzfristig zu senken?"

Herr Rother: „Nun, Frau Taubert, das ist nicht ganz so einfach. Als metall- und kunststoffverarbeitender Betrieb ist unsere Fertigung natürlich sehr stark auf den Einsatz maschineller Anlagen ausgerichtet. Die so verursachten Kosten lassen sich kurzfristig nicht so leicht beeinflussen."

Herr Peters: „Dann schlage ich vor, dass Sie und Frau Taubert umgehend einen Planungsstab bilden, um sich mit dem Problem zu befassen. Morgen um diese Zeit erwarte ich Ihre Vorschläge."

Kostenarten

Sie sind Mitglied im Planungsstab von Frau Taubert. Wie auf der Krisensitzung mit der Unternehmensleitung besprochen, sollen Sie Vorschläge zur kurzfristigen Senkung der Fertigungskosten erarbeiten.

1 Überlegen Sie dazu zunächst, welche konkreten Kosten bei der Produktion in einem Industriebetrieb typischerweise verursacht werden. Tragen Sie diese in die unten stehende Tabelle ein.
2 Entscheiden Sie dann in einem zweiten Schritt, welche der von Ihnen genannten Kostenarten kurzfristig zu beeinflussen, also **variabel**, sind und welche nicht. Kreuzen Sie die Kostenarten in der Tabelle entsprechend an.

Kostenart	kurzfristig	
	variabel	fix

3 Definieren Sie (ggf. mithilfe Ihres Schülerbuches) die folgenden Begriffe und tragen Sie diese Definitionen ebenfalls in die nachstehende Tabelle ein.
- Kosten (K)
- Erlöse (E)
- Gesamtkosten (K_g)
- Stückkosten (k)
- Beschäftigungsgrad (BG)
- Kapazität (Kap)
- Fixe Kosten (K_f, k_f)
- Variable Kosten (K_v, k_v)

(Kosten-)Begriffe	Definitionen
Kosten (K)	
(Verkaufs-)Erlöse (E)	
Gesamtkosten (K_g)	
Stückkosten (k)	
Beschäftigungsgrad (BG)	
Kapazität (Kap)	
Fixe Kosten (K_f, k_f)	
Variable Kosten (K_v, k_v)	

Das Verhalten von fixen und variablen Kosten

Die maximale Kapazität der Fly Bike Werke GmbH liegt bei 1350 Fahrrädern pro Monat. Im Januar dieses Jahres wurden 1013, im Februar 1080 und im März 1215 Fahrräder gefertigt.

Für den Monat Januar hat das Betriebscontrolling zudem die durchschnittlichen variablen Kosten pro Fahrrad mit 300,00 € ermittelt. Hinzu kamen für diesen Monat anteilige Fixkosten in Höhe von 97.160,00 €.

4 Berechnen Sie für das erste Quartal dieses Jahres
  - die jeweiligen Beschäftigungsgrade in Prozent,
  - die monatlichen fixen und variablen Kosten insgesamt und pro Fahrrad sowie
  - die Gesamtkosten der drei Monate des Quartals jeweils insgesamt und pro Fahrrad. Unterstellen Sie dabei, dass die variablen Kosten pro Stück unabhängig von der Fertigungsmenge, also konstant, sind.

Tragen Sie Ihre Ergebnisse in die nachstehende Tabelle ein.

(Alternative: Nutzen Sie ein Tabellenkalkulationsprogramm.)

Monat	Beschäf-tigungsgrad (%)	Fixe Kosten (€)		Variable Kosten (€)		Gesamtkosten (€)	
		gesamt	pro Stück	gesamt	pro Stück	gesamt	pro Stück
Januar							
Februar							
März							

5 Stellen Sie den Verlauf der fixen Kosten gesamt, der variablen Kosten gesamt und der Gesamtkosten in Abhängigkeit vom Beschäftigungsgrad in einem Diagramm grafisch dar.

6 Stellen Sie den Verlauf der fixen Kosten pro Stück, der variablen Kosten pro Stück und der Gesamtkosten pro Stück in Abhängigkeit vom Beschäftigungsgrad dar.

7 Beschreiben Sie mit Ihren Worten, wie sich die fixen, die variablen und die Gesamtkosten in Abhängigkeit vom Beschäftigungsgrad verändern.

8 Wie lässt sich die von Ihnen beobachtete Veränderung begründen?

Die Gewinnschwelle bestimmen

Um die Marktchancen des neu entwickelten E-Bikes (vgl. Lernsituation 6 Produktentstehungs- und -entwicklungsprozess) beurteilen zu können, möchte die Geschäftsleitung der Fly Bike Werke GmbH bestimmen lassen, wie viele Fahrräder dieses Typs pro Jahr mindestens abgesetzt werden müssen, damit sich die Produktion langfristig lohnt.

Die Controlling-Abteilung veranschlagt die variablen Kosten eines E-Bikes mit 535,00 € pro Stück. Weiterhin ist mit zusätzlichen Fixkosten in Höhe von 116.000,00 € pro Jahr zu rechnen. Geplant ist, das E-Bike zu einem durchschnittlichen Nettopreis von 850,00 € pro Stück zu verkaufen.

9 Bestimmen Sie die Lösung des gestellten Arbeitsauftrags mithilfe der folgenden Tabelle. (Alternativ: Nutzen Sie ein Tabellenkalkulationsprogramm.)

Fertigungs-menge (Stück)	Fixkosten gesamt (€)	Variable Kosten gesamt (€)	Gesamtkosten (€)	Verkaufserlös gesamt (€)	Gewinn/ Verlust (€)
100					
200					
300					
400					
600					
800					
1 000					

10 Überprüfen Sie die so gefundene Lösung, indem Sie zunächst die errechneten Gesamterlöse und Gesamtkosten in das nachstehende Koordinatensystem eintragen.

11 Tragen Sie dann die „kritische Menge" in Ihr Diagramm ein. Dies ist jene Produktionsmenge, ab der sich die Herstellung der E-Bikes lohnt. (Bei Erreichen der kritischen Menge wird die Schwelle zum Gewinn, die sogenannte „Gewinnschwelle", erstmals überschritten.)

12 Nach welcher Formel lässt sich die gesuchte kritische Menge errechnen? Überprüfen Sie mithilfe dieser Formel Ihr vorheriges Ergebnis.

13 Wäre die Markteinführung des neuen E-Bikes auch dann sinnvoll, wenn die voraussichtlichen Absatzzahlen die kritische Menge zunächst nicht erreichen können?

14 Die Differenz zwischen dem (Netto-)Verkaufspreis und den variablen Stückkosten eines Erzeugnisses bezeichnet man als den Deckungsbeitrag des Produktes. Berechnen Sie den geplanten Deckungsbeitrag eines E-Bikes. Welche inhaltliche Bedeutung hat dieser Deckungsbeitrag?

15 Wie lässt sich mithilfe des Deckungsbeitrages eines Produktes die kritische Menge vereinfacht berechnen?

Aufgaben

Aufgabe 1

Die Lübecker Marzipan-Manufaktur GmbH (LMM) stellt verschiedene marzipanhaltige Süßwaren her. Zwecks Optimierung des Produktionsprogramms hat der betriebseigene Controller Erlös- und Kostendaten aus der letztjährigen Weihnachts-kampagne zusammengetragen. Für drei typische Weihnachtsprodukte des Betriebes sind dies:

	Marzipanriegel mit Schokoüberzug, 200 g	Marzipankartoffeln, 175-g-Tüte	Weihnachtsfiguren aus Marzipan, 4 Stück, sortiert
Absatzmenge (Stück)	172 400	245 700	28 900
Verkaufspreis netto je ME (€)	1,15	0,80	2,75
Materialkosten je ME (€)	0,42	0,25	0,65
Lohnkosten je ME (€)	0,15	0,12	1,30
Sonstige Kosten je ME (€) (Hilfsstoffe, Energie, Zinsen, Abschreibungen usw.)	0,38	0,25	0,85
Selbstkosten je ME (€)			
Gewinn je ME (€)			

a Berechnen Sie die Selbstkosten und den Gewinn je ME und treffen Sie für die LMM eine sortimentspolitische Ent-scheidung. Begründen Sie diese.

b Zusätzlich zu diesen Daten hat der Controller die Kosten nach ihrem variablen und fixen Bestandteil aufgeschlüsselt:

	Marzipanriegel mit Schokoüberzug, 200 g	Marzipankartoffeln, 175-g-Tüte	Weihnachtsfiguren aus Marzipan, 4 Stück, sortiert
Absatzmenge (Stück)	172 400	245 700	28 900
Verkaufspreis netto je ME (€)	1,15	0,80	2,75
Variable Kosten je ME (€)	0,68	0,45	2,35
Deckungsbeitrag je ME (€)			

Während der Weihnachtskampagne fielen für die drei Produktgruppen insgesamt fixe Kosten in Höhe von 101.322,00 € an. Berechnen Sie, mit wie viel Euro je ME sich die einzelnen Produktarten an der Deckung der auf sie entfallenden fixen Kosten beteiligen und tragen Sie diese in die Tabelle ein.

c Berechnen Sie, wie hoch der Gesamtgewinn der LMM für die drei Produktarten ist.

d Stellen Sie diesem Ergebnis den Gesamtgewinn gegenüber, der verbliebe, wenn eine Produktart aus dem Sortiment gestrichen würde. (Bedenken Sie, dass die fixen Kosten zunächst unberührt blieben.)

e Ziehen Sie Rückschlüsse auf die Aussagekraft des Deckungsbeitrages für produktpolitische Entscheidungen eines Industriebetriebes.

Aufgabe 2

Die maximale monatliche Kapazität eines Industriebetriebes für ein bestimmtes Produkt liegt bei 20 000 Stück. Um das Verhältnis von fixen und variablen Kosten zu ermitteln, wurde eine Kostenanalyse bei einer Auslastung von 70 % durch-geführt. Dabei betrugen die Gesamtkosten 1.500.000,00 €.

Bei einer Kapazitätsauslastung von 90 % betrugen die Gesamtkosten dagegen 1.750.000,00 €.

Ermitteln Sie unter Angabe des Rechenweges

a die variablen Stückkosten und

b die fixen Gesamtkosten.

c Der Verkaufspreis des Produktes beträgt 135,00 € pro Stück. Ermitteln Sie die Gewinnschwelle.

Aufgabe 3

Das Management der Lübecker Marzipan-Manufaktur GmbH (LMM) hat sich von Ihrer Kalkulation des Stück-Deckungsbeitrages überzeugt gezeigt und entschieden, das defizitäre Produkt „Weihnachtsfiguren" einstweilen im Programm zu belassen. In der aktuellen Weihnachtskampagne stellt sich nun aber ein weiteres Problem: Die Auftragseingänge sind so gut, dass die vorhandenen Fertigungskapazitäten nicht ausreichen, um die gesamte Marktnachfrage zu befriedigen. Marketing- und Produktionsleitung haben hierzu die nachfolgenden Zahlen bereitgestellt:

	Marzipanriegel mit Schokoüberzug, 200 g	Marzipankartoffeln, 175-g-Tüte	Weihnachtsfiguren aus Marzipan, 4 Stück, sortiert
Aktuelle Kundenbestellungen (Stück)	190 000	255 000	34 800
Deckungsbeitrag pro Stück (€)	0,47	0,35	0,40
Fertigungszeit pro Stück (Min.)	0,5	0,3	0,7
Deckungsbeitrag pro Min. Fertigungszeit (€/Min.)			

Für die Fertigung der drei genannten Artikel kann die Arbeitsvorbereitung im Rahmen der Weihnachtskampagne eine Fertigungskapazität von insgesamt 2 500 Stunden zur Verfügung stellen. Außerdem können für die drei Produktgruppen weiterhin fixe Kosten in Höhe von insgesamt 101.322,00 € angesetzt werden.

Planen Sie ein optimales Produktionsprogramm. Die von Ihnen ausgewählten Produktarten und Fertigungsmengen sollten dabei – unter Beachtung der zur Verfügung stehenden Fertigungszeit – den Gesamtgewinn maximieren. Wie hoch würde dieser ausfallen?

Zu planende Produktionsmengen (Stück)			
Benötigte Fertigungszeit (Min.)			
Verbleibende Restkapazität (Min.)			
Gesamtdeckungsbeitrag (€)			

Aufgabe 4

Aus der Kostenrechnung eines Industrieunternehmens liegen folgende Daten vor:

Maximalkapazität: 2 500 Einheiten/Monat, Fixkosten: 1.200.000,00 €/Monat, Variable Kosten: 400,00 €/Einheit, Barverkaufspreis: 900,00 €/Einheit

a Erläutern Sie in diesem Zusammenhang die Begriffe Maximalkapazität und Optimalkapazität.
b Ein Auftragsrückgang führte dazu, dass im letzten Monat nur noch 1 550 Einheiten hergestellt wurden. Ermitteln Sie
  ba den entsprechenden Beschäftigungsgrad und
  bb die entsprechenden Selbstkosten je Einheit.
c Ermitteln Sie unter Angabe des Rechenweges, ob ein monatlicher Gewinn von 100.000,00 € im Rahmen der vorhandenen Kapazitäten zu realisieren ist (Lagerbestände sind nicht vorhanden).

Aufgabe 5

Prüfen Sie, wie sich eine Erhöhung der Maschinenauslastung auf die Kosten eines Betriebes auswirkt. Tragen Sie dazu in die nachstehenden Kästchen eine

1 ein, wenn Sie der Antwort zustimmen,
9 ein, wenn Sie der Antwort nicht zustimmen.

☐ Die Fixkosten des Betriebes sinken.   ☐ Die Gesamtkosten pro Erzeugnis steigen.
☐ Die Fixkosten pro Erzeugnis sinken.   ☐ Die Gesamtkosten pro Erzeugnis sinken.
☐ Die Fixkosten des Betriebes steigen.   ☐ Die Gesamtkosten pro Erzeugnis bleiben gleich.

Ihr derzeitiges Einsatzgebiet bei der Fly Bike Werke GmbH ist die von Herrn Gerland geleitete Vertriebsabteilung. An diesem Morgen zeigt Ihnen der Abteilungsleiter die folgende E-Mail, die er vom Qualitätsbeauftragten, Herrn Schimanski, erhalten hat:

Von: k.schimanski@flybike-werke.de
An: r.gerland@flybike-werke.de
Betreff: Qualitätssicherung
Anhang: Testbericht.docx

Hallo Ralf,

ich brauche dringend deine Hilfe bei der Vorbereitung einer Besprechung mit unserem Geschäftsführer Herrn Peters. Anlass ist die Meldung im Anhang zu dieser E-Mail, die Herr Peters auf der Homepage der Stiftung Warentest gefunden hat und die ihn in ziemliche Aufregung versetzt hat.

Für mich als Techniker ist Qualität ja immer die Erfüllung technischer Normen. Aber wie seht ihr das als Kaufleute? Und welche Ansprüche haben unsere Kunden an die Qualität unserer Fahrräder?

Bitte schicke mir doch möglichst schnell deine Stellungnahme!

Besten Dank

Kai

Rückruf für Pegasus- und ZEG-Elektrofahrräder: Risiko Rahmenbruch

Die Zweirad Einkaufs-Genossenschaft eG (ZEG) ruft knapp 11 000 Elektrofahrräder („Pedelecs") zurück, nachdem an zwei Fahrrädern der nur aus einem Rohr bestehende Rahmen brach. test.de informiert:

Betroffene bekommen Post vom Händler

Betroffen sind folgende Modelle: Electra 1 und 2; E-Bike Li-Tec 1, E-Swing und E-Bike 1 und 2. Besitzer solcher Fahrräder sollen ihren Händler aufsuchen. Dieser montiert alle Komponenten an einen neuen Rahmen. Nach ZEG-Darstellung haben die meisten Händler die Adressen der Käufer und werden sich unverzüglich auch direkt an sie wenden. Unklar bleibt, wie hoch das Risiko ist. Laut ZEG sind bisher zwei Fälle bekannt. Beide Rahmen brachen an unterschiedlichen Stellen. Zum Glück kam in beiden Fällen niemand zu Schaden. Bilder der vom Rückruf betroffenen Räder wollte die ZEG nicht zur Verfügung stellen. test.de hat sich das Beispielbild selbst beschafft. Auch eine Hotline hat die ZEG nicht geschaltet.

Höheres Risiko durch höheres Gewicht

Experten wie der Fahrradsachverständige Ernst Brust haben von Anfang an darauf hingewiesen: Durch das höhere Tempo, das Zusatzgewicht von Motor und Akku sowie die entsprechend exponentiell höheren Kräfte beim Bremsen unterliegen Elektrofahrräder sehr viel größeren Belastungen als herkömmliche Fahrräder und müssen entsprechend stabil konstruiert sein. Sachverständige hatten bei den Herstellern gründliche Stabilitätsprüfungen angemahnt.

Schadenersatz und Schmerzensgeld

Wer wegen des Rahmenbruchs an einem nicht ausreichend stabilen Elektrofahrrad stürzt und sich verletzt, kann vom Hersteller Schadenersatz und ein angemessenes Schmerzensgeld verlangen. Ein Verschulden muss er ihm nicht nachweisen. Feststehen muss nur, dass ein Produktfehler Ursache für die Verletzung war. Schäden am Fahrrad selbst fallen nicht unter diese Produkthaftung. Im Rahmen der gesetzlichen Gewährleistung hat der Händler ab Kauf zwei Jahre lang für die Lieferung einwandfreier Ware einzustehen.

Quelle: https://www.test.de/themen/freizeit-reise/meldung/Rueckruf-fuer-Pegasus-und-ZEG-Elektrofahrraeder-Risiko-Rahmenbruch-4116262-4116267/, veröffentlicht: 16.07.2010

1 Lesen Sie zunächst auch die auf der Vorseite wiedergegebene Internetmeldung.
2 Verfassen Sie sodann für Herrn Gerland eine Stellungnahme zu den von Herrn Schimanski gestellten Fragen. Wie unterscheidet sich ein technisches Qualitätsverständnis von einem kaufmännischen? Welche Anforderungen stellen Endverbraucher und Händler an die Qualität langlebiger Gebrauchsgüter wie z. B. Fahrräder?
3 Welche Risiken gehen industrielle Hersteller ein, wenn sie Produkte mit Qualitätsmängeln ausliefern?

Qualitätssicherung

Herr Schimanski und Herr Gerland waren sehr zufrieden mit Ihren bisherigen Ausführungen. Um Katastrophen wie die im Text beschriebene Rückrufaktion zu vermeiden, soll die Qualitätssicherung der Fly Bike Werke GmbH optimiert werden. Man bittet Sie daher um Beantwortung der folgenden Fragen:

4 Welche Ursachen können Qualitätsmängel bei industriell gefertigten Produkten haben? Sortieren Sie die Ursachen nach solchen, die bei den eingesetzten Produktionsfaktoren (Personal, Betriebsmittel, Werkstoffe) zu suchen sind, und nach Mängeln, die prozessbezogene Ursachen haben.
5 Schlagen Sie zu jeder der von Ihnen genannten Ursache eine konkrete Maßnahme zu deren Vermeidung vor.
6 Analysieren Sie die nachfolgenden Grafiken, die in der Automobilindustrie gewonnene Erkenntnisse zur Qualitätssicherung darstellen. Welche Schlüsse für die Qualitätssicherung in Industriebetrieben lassen sich aus diesen Erkenntnissen ziehen?

Fehlerentstehung und -behebung im Produktlebenslauf

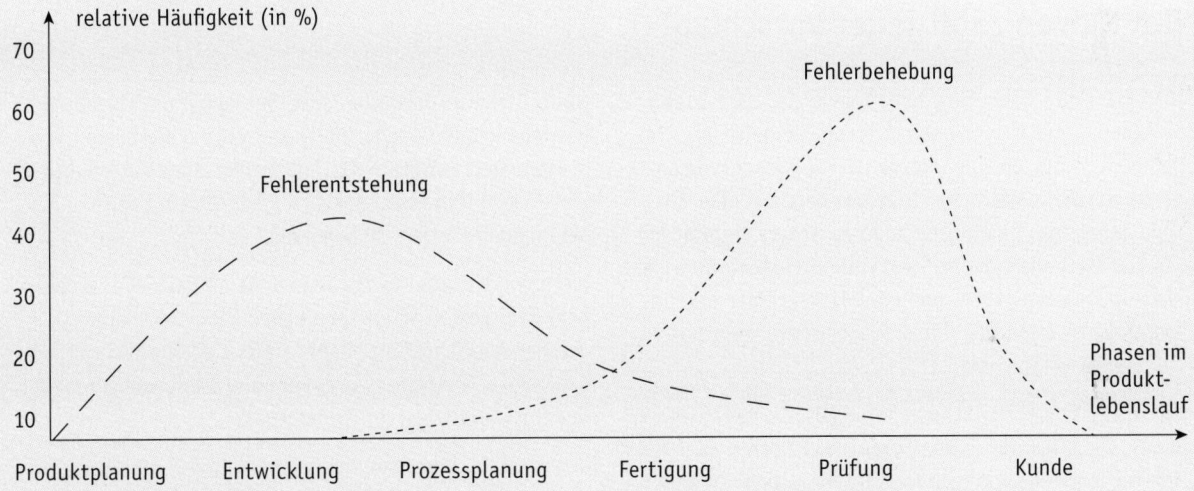

„Zehnerregel der Fehlerkosten"

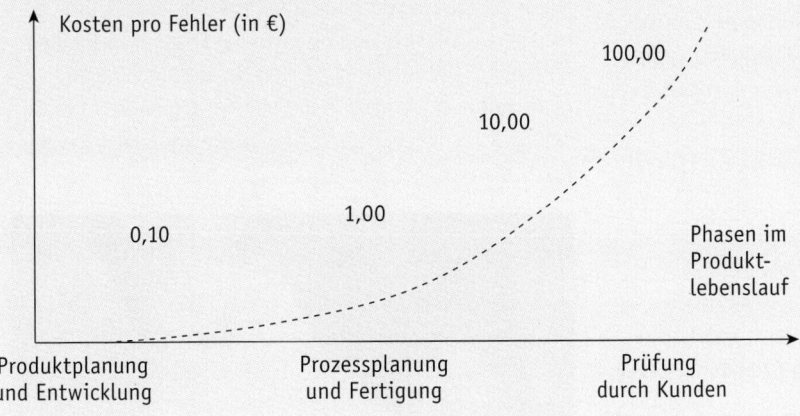

Unternehmensweites Qualitätsmanagement

Unter dem Eindruck der von Ihnen beschriebenen Ursachen und Risiken für mangelnde Qualität diskutieren Herr Peters, Herr Gerland und Herr Schimanski die Einführung eines unternehmensweiten Qualitätsmanagements bei der Fly Bike Werke GmbH. Dabei fallen Begriffe wie „Toyota-Methode", TQM oder DIN/ISO. Herr Gerland meint, er „verstehe nur Chinesisch" und beauftragt Sie, für ihn Informationen zu beschaffen und aufzubereiten.

7   Wählen Sie **einen** der beiden nachfolgenden Texte (Text 1 **oder** Text 2) aus und informieren Sie sich mit dessen Hilfe über das dort dargestellte Qualitätsmanagementkonzept. Ergänzen Sie die so gewonnenen Informationen durch selbst recherchierte Texte – z. B. aus Online-Datenbanken.

8   Fassen Sie die Kerngedanken des von Ihnen bearbeiteten Qualitätsmanagementkonzepts in Stichworten zusammen.

9   Beschreiben Sie sowohl die Chancen als auch die Schwierigkeiten/Risiken, die bei der Einführung dieses Konzeptes in einem deutschen Unternehmen – z. B. in der Fly Bike Werke GmbH – auftreten könnten.

10   Kommen Sie mit Mitschülern, die das **gleiche** Qualitätsmanagementkonzept wie Sie bearbeitet haben, zusammen und vergleichen Sie Ihre Arbeitsergebnisse.

11   Stellen Sie Ihre Arbeitsergebnisse Ihren Mitschülern, die ein **anderes** Qualitätsmanagementkonzept analysiert haben, vor – z. B. in Form einer Wandzeitung. Diskutieren Sie im Plenum Gemeinsamkeiten und Unterschiede der beiden Konzepte.

Text 1

Bei Kaizen zählt jeder Vorschlag!

Ihre weltweite Bedeutung haben deutsche Industrieunternehmen immer schon gern am Forschergeist ihrer Ingenieure gemessen. Die internen Verbesserungsvorschläge der eigenen Mitarbeiter fristeten dagegen eher ein Schattendasein. Einen ganz anderen Ansatz verfolgt die „Toyota Methode", die maßgeblich auf Firmengründer Sakichi Toyoda zurückgeht und von Masaaki Imai zum unternehmensweiten Qualitätsmanagementkonzept Kaizen weiterentwickelt wurde.

Der Unternehmer Toyoda und seine Mitarbeiter hatten erkannt, dass Qualität in den Köpfen und Herzen aller Mitarbeiter entsteht und nicht durch Prüfautomaten am Ende des Fließbandes. Daher müssen alle Mitarbeiter des Unternehmens motiviert werden, ihre Arbeit jeden Tag ein wenig besser zu machen. So können Produktionsabläufe kontinuierlich optimiert und die Qualität der Produkte immer weiter erhöht werden. Unnötiger Materialverbrauch wird ebenso vermieden wie überhöhte Lagerbestände. Hierzu sieht Kaizen eine Reihe organisatorischer Maßnahmen vor:

Durch Ziehen an einer gelben Reißleine, die von jedem Arbeitsplatz aus leicht zu erreichen ist, kann und soll jeder Mitarbeiter den Produktionsprozess sofort unterbrechen, wenn er einen Qualitätsmangel erkannt hat. Binnen Sekunden erhält er Hilfe durch einen Vorarbeiter, der mit ihm gemeinsam das Qualitätsproblem vor Ort löst. Erst dann darf sich das Band wieder in Bewegung setzen.

Verbesserungsvorschläge zusammen mit ihren „Erfindern" als Ansporn für die Kollegen unternehmensweit durch Aushänge in den Werkshallen, in Broschüren und im Intranet publiziert. Innerhalb des Konzerns finden landesweite Ideenwettbewerbe statt, bei denen die einzelnen Betriebe gegeneinander im Wettstreit um die besten Verbesserungen antreten. Als Teil der Personalbeurteilung wirken sich Verbesserungsvorschläge zudem positiv auf die eigenen Karrierechancen aus.

Um jeden Mitarbeiter zur Teilnahme an Kaizen zu befähigen, wird gezielt in entsprechende Personalschulungsmaßnahmen investiert. Dabei steht die Vermittlung standardisierter Methoden zur Erkennung und Lösung von Qualitätsproblemen im Vordergrund.

Regelmäßige Besprechungen innerhalb der Arbeitsgruppe, die sogenannten Qualitätszirkel, dienen dazu, die Kommunikation der Mitarbeiter untereinander zu verbessern und den gegenseitigen Lernprozess zu fördern. So werden z. B. auf einem Morgenmarkt alle Qualitätsprobleme des Vortages von Bandarbeitern und Ingenieuren gemeinsam diskutiert und unmittelbar Lösungsvorschläge erarbeitet. Die Teilnahme an diesen Besprechungen, nicht selten auch nach dem Ende der regulären Arbeitszeit, gilt für jeden Mitarbeiter, ob Werker oder Führungskraft, als „heilige" Pflicht.

Das japanische Kaizen-Konzept war derart erfolgreich, dass es zunächst von sämtlichen europäischen Automobilbauern, später dann auch von vielen anderen Industriebranchen kopiert und weiterentwickelt wurde.

Nicht vernachlässigen darf man dabei aber, dass Kaizen sehr stark mit der japanischen Mentalität und Kultur verbunden ist. Die traditionell sehr enge, häufig lebenslange Verbundenheit eines japanischen Arbeitnehmers mit seinem Arbeitgeber sowie die dem Konfuzianismus entstammende Betonung des Kollektivs gegenüber den Interessen des Individuums erleichtern die Umsetzung von Kaizen-Konzepten erheblich. Die strenge Hierarchie in japanischen Unternehmen entspricht sehr häufig der Rangfolge in der traditionellen japanischen Familie: Der Unternehmenschef nimmt die Rolle des Familienoberhauptes ein, der Rat, Schutz und Hilfe in allen Lebenslagen bietet. Den übrigen Führungskräften und Mitarbeitern kommt die Rolle des Kindes zu, das sich für

die elterliche Fürsorge ein Leben lang durch bedingungslose Treue und Tatkraft zu bedanken hat. Das auf den kurzfristigen Erfolg ausgerichtete Karrierestreben vieler westlicher Manager steht den traditionellen japanischen Werten von Loyalität und Ritterlichkeit („bushido") jedenfalls diametral entgegen.

Für die Umsetzung des Kaizen-Konzeptes in einem Betrieb ist mit durchschnittlich fünf Jahren zu rechnen, da Kaizen im Sinne einer Unternehmenskultur alle Bereiche des Betriebes durchdringen soll. Langgediente Mitarbeiter zu ermuntern, über ihre Arbeit nachzudenken und eingefahrene Wege zu verlassen, ist eine besonders anspruchsvolle Führungsaufgabe, die meist der externen – und sehr kostspieligen – Unterstützung durch eine Kaizen-Unternehmensberatung bedarf.

Quelle: Autorentext

Text 2

ISO 9000 – ein Qualitätszertifikat, das auch dem Image dient

Eine Zertifizierung nach den Normen DIN EN ISO 9000 ff. ist für viele Unternehmen in Europa und den USA längst zur Selbstverständlichkeit geworden. Automobil- und Maschinenbauer, Elektronikkonzerne, Software-Entwickler oder andere Dienstleister haben ihre Geschäftsprozesse nach den ISO-Normen 9000 bis 9004 gestaltet und sich die Erfüllung dieser Normen durch eine unabhängige Zertifizierungsgesellschaft bestätigen lassen. So dokumentieren sie die Verlässlichkeit ihres eigenen Qualitätsmanagements – und verschaffen sich gleichzeitig einen

häufig entscheidenden Wettbewerbsvorteil gegenüber nicht zertifizierten Konkurrenten. Grundlage einer Zertifizierung sind die von der Internationalen Standardisierungs-Organisation (ISO) im Jahr 1987 veröffentlichten Normen 9000 bis 9004, die konkrete Schritte für die Qualitätssicherung festlegen. Später wurden sie auch von der Europäischen Union (Europäische Norm (EN)) und dem Deutschen Institut für Normung e. V. (DIN) übernommen. Die ISO-„Normenfamilie" hat in ihrer derzeit gültigen Fassung drei **Kernnormen**:

Kernnorm	Inhalt
DIN EN ISO 9000	Allgemeine Zielsetzungen und Begriffe für Qualitätsmanagementsysteme sowie Anleitungen zu deren Darstellung
DIN EN ISO 9001	Der Umfang der Qualitätssicherung und deren Nachweis bezieht sich auf alle Leistungsprozesse: Entwicklung, Konstruktion, Teilefertigung, Montage, Instandhaltung und Service
DIN EN ISO 9002	Diese Normen werden seit dem Jahr 2003 nicht mehr angewendet. (Ausnahme: DIN EN ISO 9003 wird in der Medizintechnik noch gelegentlich verwendet.)
DIN EN ISO 9003	
DIN EN ISO 9004	Weitergehende unverbindliche Empfehlungen zur Einrichtung eines Qualitätssicherungssystems

Text 2 (Fortsetzung)

Die ISO-Regelungen sind Ausdruck des Wunsches, zu international vergleichbaren Qualitätsmaßstäben zu gelangen. Denn die stetig wachsende Bedeutung von Outsourcing-Strategien, also die Abgabe von Wertschöpfungsstufen an Fremdlieferanten, erfordert die immer stärkere Einbindung der Zulieferer in den Betriebsablauf, speziell in die Qualitätssicherung. Nur wenn der Lieferant in der Lage ist, nachprüfbare Qualitätsgarantien abzugeben, kann die Qualität der eigenen Produkte gewährleistet werden. Die zunehmende technische Komplexität der Produkte und Produktionsprozesse und die sich verschärfende Produkthaftung verlangen nach einer immer größeren Transparenz des Fertigungsablaufes, um Qualitätsmängel frühzeitig erkennen und beheben zu können.

Im Gegensatz zu anderen Qualitätsmanagementkonzepten – wie z. B. dem japanischen Kaizen-Konzept – zielen die ISO-Normen 9000 ff. nicht unmittelbar auf die Produkte sondern auf die **Prozesse** eines Betriebes ab. Es geht also um die betrieblichen Strukturen und Abläufe sowie um die Methoden und Instrumente, mit denen die Qualität gesichert werden kann. Bei der weitestgehenden Norm 9001 werden sämtliche Leistungsprozesse – vom Produktdesign bis zum Kundendienst – dokumentiert und auf ihre Übereinstimmung mit den Vorgaben der Norm überprüft. So sollen Fehler in sämtlichen Phasen der Leistungsentstehung und -erbringung verhütet werden.

Kernstück eines Qualitätsmanagements nach DIN ISO 9000 ff. ist die Erstellung eines **Handbuches**, in dem die Qualitätsziele des Betriebes und sämtliche Schritte zur Erreichung dieser Ziele dokumentiert werden. Dabei sind sämtliche Arbeitsabläufe exakt nach den DIN-ISO-Normen zu gestalten und entsprechende Verantwortlichkeiten der Mitarbeiter festzulegen. Die Standardisierung der Arbeitsabläufe soll gewährleisten, dass alle Mitarbeiter nach einem einheitlichen und transparenten Schema handeln, um so ineffiziente Abläufe und Fehler zu vermeiden und schließlich die Kosten zu senken. Das Qualitätshandbuch muss eng mit einer entsprechenden, auf unternehmensweite Qualitätssicherung ausgerichteten Unternehmensphilosophie verzahnt sein.

Die größte Schwierigkeit besteht dann allerdings meist darin, die Theorie – Qualitätshandbuch und Unternehmensphilosophie – in die Praxis, also das tatsächliche Tun der Mitarbeiter umzusetzen. Nicht selten verschwindet das Qualitätshandbuch ungelesen in den Schreibtischen und Regalen und wird erst dann hervorgeholt, wenn die Auditoren der Zertifizierungsgesellschaft danach fragen.

Denn ein Qualitätsmanagement nach DIN ISO 9000 ff. gewinnt erst dann seinen wahren Wert, wenn dem Betrieb die Erfüllung der Normen durch eine unabhängige Zertifizierungsgesellschaft, z. B. TÜV CERT, bestätigt wurde. Die Prüfer der Zertifizierungsgesellschaft gleichen zunächst die dem Qualitätssicherungssystem zugrundeliegenden Unterlagen mit den DIN ISO Normen ab und inspizieren das Konzept dann an Ort und Stelle in einem sogenannten **Audit**. Wurden die Normen zur Zufriedenheit der Prüfer erfüllt, erhält das Unternehmen das begehrte Zertifikat.

Dabei dauert die Erarbeitung und Prüfung eines Qualitätsmanagements nach DIN ISO 9000 ff. schon bei einem mittelständischen Betrieb mindestens ein bis zwei Jahre. Die Kosten der Zertifizierung durchbrechen leicht die Marke von 100.000,00 € – ohne Beraterhonorare und interne Aufwendungen. Kein Wunder, dass sich auf dem Markt der DIN-ISO-Audits mittlerweile über 20 akkreditierte Zertifizierungsgesellschaften tummeln. Zudem muss sich der Betrieb das Zertifikat durch eine jährlich Teilprüfung und alle drei Jahre durch eine Vollprüfung bestätigen lassen.

In vielen Branchen ist das DIN-ISO-Zertifikat aber längst zum selbstverständlichen Qualitätssiegel und zur Eintrittskarte in den Markt geworden. Auch öffentliche Aufträge, z. B. im Rahmen EU-weiter Ausschreibungen, können häufig nur zertifizierte Unternehmen erhalten.

Quelle: Autorentext

Aufgaben

Aufgabe 1

Die YOCKO GmbH stellt Nieten, Knöpfe und Reißverschlüsse für die Bekleidungsindustrie her. Um die Qualität der Produkte zu gewährleisten, werden den einzelnen Losen während des Produktionsprozesses fortlaufend Stichproben entnommen und geprüft. Dazu hat man folgendes Entscheidungsschema erstellt:

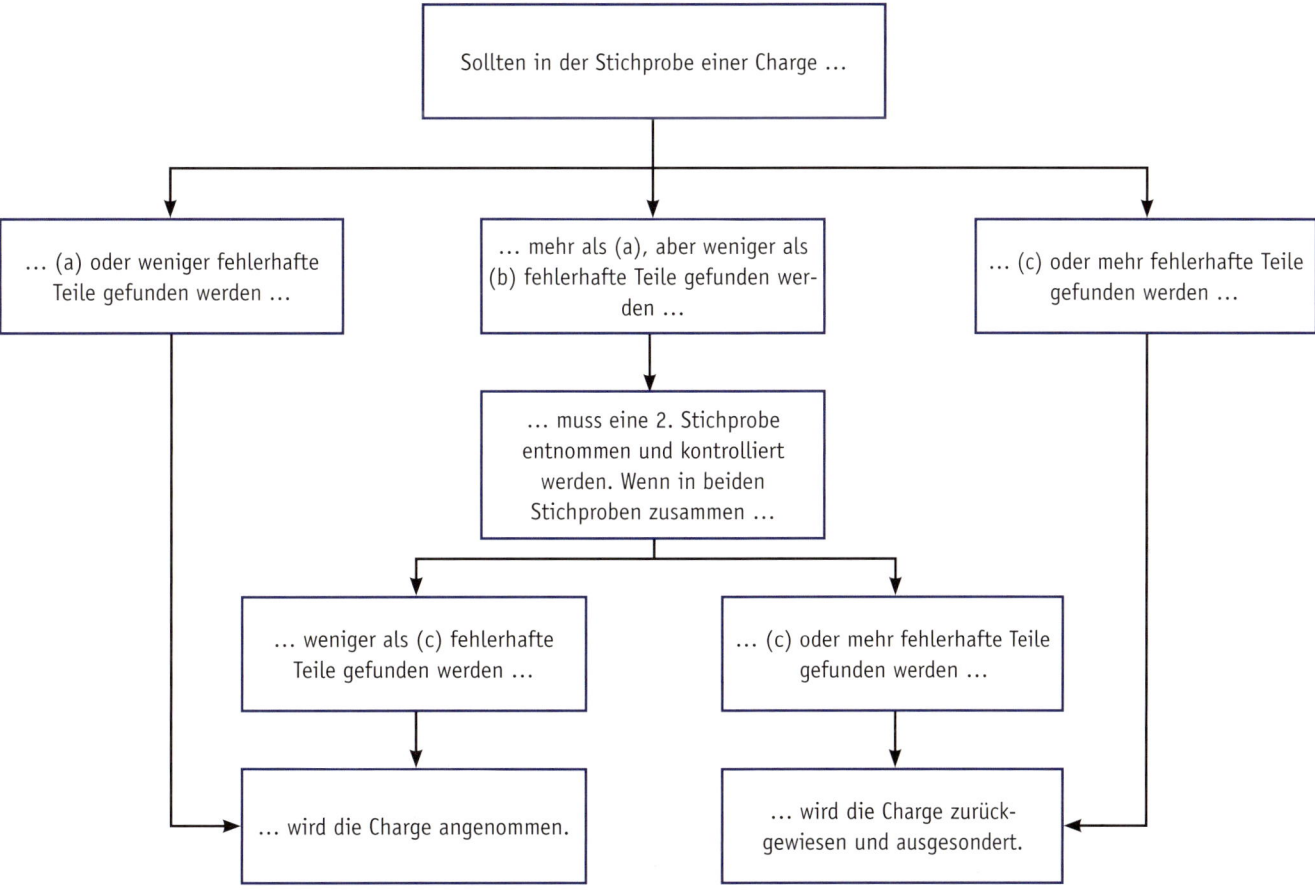

Für die Produktgruppe Jeansknöpfe gilt dabei der nachstehende Stichprobenplan:

Stichprobenplan				
Chargengrößen	Stichprobenumfang (Stück)	Fehlerhafte Teile		
		(a)	(b)	(c)
0 bis 1 500	13	0	2	2
1 501 bis 12 000	50	0	3	4
12 001 bis 32.000	80	1	4	5
32 001 bis 100 000	125	2	5	7
100 001 bis 350 000	200	3	7	9
350 001 bis 1 500 000	315	5	9	13

a Begründen Sie, warum man sich bei der YOCKO GmbH mit einer stichprobenhaften Qualitätskontrolle begnügt. Nennen Sie außerdem drei Beispiele für Produkte, bei denen eine Vollkontrolle (100 %-Kontrolle) notwendig erscheint.

b Die Zwischenkontrolle von drei verschiedenen Chargen Jeansknöpfe wurde nach dem nachstehenden Stichprobenplan durchgeführt und erbrachte folgendes Ergebnis:

Charge	Chargengröße	Fehlerhafte Teile in der 1. Stichprobe	Fehlerhafte Teile in der 2. Stichprobe
1	200 000	2	–
2	60 000	10	–
3	750 000	8	3

Bestimmen Sie den Stichprobenumfang für Charge 1 nach dem obigen Stichprobenplan.

c   Konnte die 2. Charge angenommen werden oder musste sie zurückgewiesen und ausgesondert werden? Begründen Sie Ihre Antwort mithilfe des Entscheidungsschemas.

d   Wie viele weitere fehlerhafte Teile hätten in der zweiten Stichprobe von Charge 3 höchstens noch vorkommen dürfen, um die Charge annehmen zu können?

e   Welche Verwendungsmöglichkeiten ergeben sich für eine Charge Knöpfe, die wegen Qualitätsmängeln nicht angenommen werden konnte?

Aufgabe 2

Die Mitarbeiter der Qualitätssicherung der YOCKO GmbH bestimmen bei ihrer Qualitätskontrolle der Jeansknöpfe u. a. die Abweichung vom Soll-Durchmesser. Dabei gilt eine Abweichung von bis zu 50 Mikrometern (µm) als hinnehmbar. (Anm.: 1 µm = 1/1000 mm)

Die Qualitätskontrolle während der Frühschicht am vergangenen Montag ergab folgende Messwerte:

QS-Messprotokoll
Teil-Nr.: 0979.987   Datum: 22.08.20XX
Soll-Durchmesser: 16,00 mm   Toleranzgrenze: 50 µm

Uhrzeit	07:30	08:00	08:30	09:00	09:30	10:00	10:30	11:00	11:30	12:00
Stichproben-Nr.	1	2	3	4	5	6	7	8	9	10
Durchschn. Abweichung (in µm)	58	51	47	42	39	38	39	43	47	53

a   Stellen Sie die Ergebnisse der Qualitätsprüfung in einem Koordinatensystem grafisch dar.

b   Formulieren Sie Mutmaßungen über die Gründe für diesen Verlauf der Messwerte.

c   Bei welchem Messwert hätte man spätestens in den Produktionsprozess eingreifen müssen, wenn man 20 % unterhalb der Toleranzgrenze eine zusätzliche Warngrenze definiert hätte?

Aufgabe 3

Die Controlling-Abteilung der YOCKO GmbH hat in einer umfangreichen Untersuchung den Zusammenhang einer relativen Fehlerhäufigkeit in einer Charge (= Fehlerquote in %) mit den jeweils aufgewendeten Prüfkosten und den möglicherweise entstehenden Fehlerfolgekosten analysiert. Hier das Ergebnis:

Fehlerquote in %	Prüfkosten	Fehlerfolgekosten
0,50	20.000,00 €	1.550,00 €
1,00	10.000,00 €	3.100,00 €
1,50	6.670,00 €	4.650,00 €
2,00	5.000,00 €	6.200,00 €
2,50	4.000,00 €	7.750,00 €
3,00	3.300,00 €	9.300,00 €
3,50	2.860,00 €	10.850,00 €
4,00	2.500,00 €	12.400,00 €
4,50	2.200,00 €	13.950,00 €
5,00	2.000,00 €	15.500,00 €

a Stellen Sie in einer Grafik den Verlauf der Prüf- und Fehlerfolgekosten in Abhängigkeit von der Fehlerquote dar. Warum verlaufen die Prüf- und Fehlerfolgekosten wie von Ihnen dargestellt?

b Ermitteln Sie die Gesamtkosten in Abhängigkeit von der Fehlerquote und stellen Sie auch diese grafisch dar.

c Ermitteln Sie die kostenoptimale Fehlerquote.

d Formulieren Sie zwei Argumente dafür, trotz höherer Gesamtkosten eine Null-Fehler-Qualität anzustreben.

Aufgabe 4

Die Qualitätsprüfung der Erzeugnisse kann erfolgen

a direkt am Arbeitsplatz oder an einem separaten Prüfplatz,

b durch den die Arbeitsschritte ausführenden Mitarbeiter (Eigen- oder Werkerselbstkontrolle) oder durch einen externen Prüfer (Fremdkontrolle).

Welche Vorteile hat dies jeweils im Vergleich zueinander?

Aufgabe 5

Moderne Systeme des Total Quality Management (TQM) haben für Industriebetriebe eine herausragende Bedeutung gewonnen.

a Erklären Sie, wie sich TQM-Systeme (z. B. das japanische Kaizen) von herkömmlichen Verfahren der Qualitätsprüfung unterscheiden.

b Erläutern Sie an drei Beispielen, wie durch TQM-Systeme die betrieblichen Kosten beeinflusst werden.

Aufgabe 6

Bringen Sie die folgende Teilschritte bei der Einführung eines Qualitätsmanagementsystems nach DIN EN ISO 9001 in eine sinnvolle Reihenfolge.

☐ Es werden nur solche Lieferanten zugelassen, die die unternehmenseigenen Qualitätsanforderungen erfüllen.

☐ Es wird ein Qualitätshandbuch erstellt, das die Erfüllung aller Qualitätsanforderungen gewährleisten soll.

☐ Alle Erzeugnisse werden so gekennzeichnet, dass ihre spätere Rückverfolgung jederzeit möglich ist.

☐ Der Prüfzustand der Produkte wird durch entsprechende Kennzeichnungen (z. B. Sperr- oder Freigabezettel) dokumentiert.

☐ Alle Produktions- und Montageschritte werden nach den anzuwendenden Normen geplant.

☐ Die Unternehmensleitung definiert ihre Qualitätsziele und stellt sicher, dass dieses Qualitätsverständnis von allen Mitarbeitern verstanden wird.

☐ Eingangs-, Zwischen und Endprüfungen belegen die Erfüllung der gesetzten Qualitätsanforderungen.

☐ Das Erreichen der gesetzten Qualitätsziele wird regelmäßig erfasst und dokumentiert.

☐ Alle eingehenden Materialien sind eindeutig und nach einem einheitlichen Standard zu kennzeichnen.

☐ Die Unternehmensleitung benennt einen Qualitätsbeauftragten, der die Umsetzung aller Normen sicherstellt.

☐ Es werden Anweisungen für das Archivieren und die Pflege von Qualitätsaufzeichnungen definiert.

☐ Fehlerhafte Produkte werden unverzüglich ausgesondert und deren versehentliche Weiterverarbeitung wird ausgeschlossen.

☐ Die Ursachen unzureichender Qualität werden dokumentiert und Maßnahmen zu ihrer Vermeidung werden ergriffen.

☐ Auch für die Lagerung, Verpackung und den Versand der Produkte werden standardisierte Regelungen festgelegt (z. B. Packvorschriften).

Aufgaben des Einkaufs

Der Leiter der Einkaufabteilung Herr Thüne berichtet dem Geschäftsführer der Fly Bike Werke GmbH Herrn Peters voller Begeisterung von seinem Besuch der bekannten Fahrradmesse „Rundlauf" in Berlin. Dort stellten einige neu auf den Markt gekommene Zulieferer sehr ansprechende Bauteile für Fahrradkollektionen aus, die auch höchsten Recyclingansprüchen gerecht werden. Mit zwei dieser Lieferanten, die zudem mit besonderen Messerabatten warben, hat Herr Thüne spontan Lieferverträge direkt auf der Messe abgeschlossen. „Und genau so etwas", sagt Herr Peters daraufhin, „möchte ich zukünftig nicht mehr!"

Herr Thüne ist verwirrt und enttäuscht: „Aber bedenken Sie den Messerabatt von bis zu 20%, den ich erzielen konnte. Zwar werden wir die von mir bestellten Teile zunächst einlagern müssen, aber die werden sich schon im Laufe des Jahres verbrauchen. Und Platz genug dürfte im Lager ja sein", wendet Herr Thüne ein. „Schauen Sie", hält Herr Peters dagegen, „ich will Ihnen meine grundsätzlichen Bedenken darlegen. Die Fly Bike Werke GmbH wurde vor rund 30 Jahren als damals eher handwerksähnlicher Kleinbetrieb gegründet. Seitdem sind wir kontinuierlich zu einem mittelständischen Industriebetrieb herangewachsen. Getragen wurde dieser Erfolg von der hohen Qualität unserer Produkte und den erfolgreichen Anstrengungen unseres Vertriebs. In der Materialbeschaffung wird mir aber noch viel zu häufig aus dem Bauch heraus gehandelt. Es mag ja sein, dass Ihre Entscheidung in diesem Einzelfall richtig war. Insgesamt möchte ich aber, dass zukünftig auch im Einkauf systematischer und effizienter gearbeitet wird. Auch sollte die Abstimmung mit den anderen Funktionsbereichen unseres Betriebes verbessert werden. Ich glaube, dass gerade in unserer Materialbeschaffung noch eine Menge ungenutzter Ertragspotenziale schlummern!"

Herr Peters erteilt Herrn Thüne den Auftrag, gemeinsam mit den übrigen Mitarbeitern des Einkaufs ein Konzept zur Verbesserung der Materialbeschaffungsprozesse im Unternehmen zu erarbeiten.

Unterstützen Sie Herrn Thüne bei der Bewältigung dieser Aufgabe.

1 Legen Sie zunächst eine Check-Liste mit typischen Tätigkeiten bei der Planung, der Durchführung und der Kontrolle der Materialbeschaffung in einem Industriebetrieb an. Benutzen Sie dazu Arbeitsblatt 13.1.

2 Definieren Sie als Nächstes vier grundsätzliche Zielvorgaben, die bei den von Ihnen genannten Tätigkeiten zu beachten sind (Arbeitsblatt 13.2).

3 Welchem der von Ihnen genannten Ziele hat Herr Thüne mit seinem spontanen Messeeinkauf entsprochen, welchem hat er zuwidergehandelt? Teilen Sie demnach die Kritik von Herrn Peters oder würden Sie ihm widersprechen?

4 Ziele können einander unterstützen, neutral zueinander stehen oder einander sogar zuwiderlaufen. Analysieren Sie die von Ihnen auf Arbeitsblatt 13.2 beschriebenen Ziele im Hinblick auf diese Zielbeziehungen. Zeichnen Sie Zielharmonien in grüner Farbe und Zielkonkurrenzen in roter Farbe ein.

5 Wie alle anderen Geschäftsprozesse ist auch die Materialbeschaffung in die betrieblichen Prozessabläufe eingebettet. Beschreiben Sie Schnittstellen der Materialwirtschaft zu weiteren Geschäftsprozessen im Unternehmen. Finden Sie entsprechende Beispiele aus Ihrem Ausbildungsbetrieb (vgl. Arbeitsblatt 13.3).

Arbeitsblatt 13.1: Aufgaben der Materialwirtschaft

Aufgaben der Material-wirtschaft	Typische Tätigkeiten zur Erfüllung dieser Aufgaben in einem Industrie-betrieb
Planungsaufgaben	
Durchführungsaufgaben	
Kontrollaufgaben	

Arbeitsblatt 13.2: Zielbeziehungen der Materialwirtschaft

Ziele der Materialwirtschaft

Arbeitsblatt 13.3: Schnittstellen der Materialwirtschaft mit anderen Geschäftsprozessen

Material-
wirtschaft

Beispiele für Schnittstellen der Materialbeschaffung mit anderen Geschäftsprozessen in Ihrem Ausbildungsbetrieb

Schnittstellen	Schnittstelle der Material-beschaffung mit folgendem Geschäftsprozess	Beschreibung der Schnittstelle
Schnittstelle 1		
Schnittstelle 2		
Schnittstelle 3		
Schnittstelle 4		
Schnittstelle 5		
Schnittstelle 6		

SB → S. 167 ff. | Lernfeld 6, Kapitel 1.3.2–1.4

ABC-Analyse, optimale Bestellmenge

ABC-Analyse

Herr Thüne und die übrigen Mitarbeiter der Abteilung Einkauf/Logistik möchten nun möglichst schnell die vereinbarten Zielvorgaben für die Materialbeschaffung der Fly Bike Werke GmbH umsetzen (vgl. Lernsituation 13). Dabei sehen sie sich aber mit einem für Industriebetriebe typischen Problem konfrontiert: Die Einkäufer eines Industrieunternehmens sind in der Regel für die Beschaffung einer großen Anzahl verschiedenster Materialien für die Produktion zuständig. Hinzu kommt, was im Betrieb noch so alles verbraucht wird: von der Schreibtischleuchte bis zur Büroklammer. Herrn Thüne und seinen Kollegen ist daher klar, dass sie nicht in der Lage sein werden, die Beschaffung aller Materialien gleich sorgfältig zu planen.

Kostenminimierung in der Materialwirtschaft

Inwieweit sich Beschaffungsmühe und -aufwand „lohnen", hängt nicht zuletzt vom möglichen Erfolg ab:

– Die Konzentration gilt im Materialeinkauf den Gütern, die den Hauptteil des gesamten Einkaufswertes ausmachen. Bei diesen als A-Güter bezeichneten Materialien ist ein hoher Beschaffungsaufwand durch die Höhe der erzielbaren Einsparungen gerechtfertigt.

– Bei den B-Gütern mit einem mittleren Anteil am gesamten Einkaufswert reicht eine sorgfältige, aber nicht zu aufwendige Planung aus.

– Dagegen ist bei den C-Gütern mit einem geringen Einkaufswert auch der Beschaffungsaufwand zu minimieren.

Die Disponentin der Fly Bike Werke GmbH, Frau Nemitz-Müller, hat alle für die Produktion benötigten Materialien in möglichst gleichartige Gruppen (z.B. Metallteile, Kunststoffteile, Verpackungsmaterial usw.) eingeteilt und die für eine ABC-Analyse notwendigen Daten zusammengetragen. Für die Materialgruppe Nr. 1000 Metall legt Frau Nemitz-Müller die nachfolgende Übersicht vor:

Verbrauchsdaten Materialgruppe Nr. 1000 Metall:

Material-/ Komponentengruppen Metall	Material-/ Komponentengruppenbezeichnung	Bestandteile der Material-/ Komponentengruppe	durchschnittl. Verbrauchsmengen pro Jahr	durchschnittl. Bezugspreis in €/ Mengeneinheit
MG 1001	Stahlrohr, groß	Stahlrohr, Durchmesser 30 bis 40 mm	21 570 lfd. Meter	8,82 €/lfd. Meter
MG 1002	Stahlrohr, klein	Stahlrohr, Durchmesser 15 bis 20 mm	25 880 lfd. Meter	3,14 €/lfd. Meter
MG 1010	Räder und Schaltungen	VR/HR 24 bis 28 Zoll; Naben-/ Kettenschaltung; Kette, Bowdenzüge	14 380 Stück	57,48 €/Stück
MG 1020	Antrieb	Tretlager, Innenlager, Kurbelgarnitur, Pedale	14 380 Stück	13,75 €/Stück
MG 1030	Bremsen	Bremssystem mit Bremsgriffen und Bowdenzügen	14 380 Stück	9,65 €/Stück
MG 1040	Lenkung	Lenker, Vorbau, Steuersatz	14 380 Stück	8,96 €/Stück
MG 1050	Ausstattung 1	Gepäckträger, Ständer, Glocke, Trinkflaschenhalter	6 620 Stück[1]	5,70 €/Stück
MG 1060	Kleinteileset	Muttern, Unterlegscheiben, Schrauben	14 380 Stück	0,77 €/Stück
MG 1070	Schweißelektroden	div. Schweißelektroden 2,5 bis 3,5 mm	1 250 kg	2,75 €/kg
MG 1080	Betriebsstoffe Metall	Schmierstoffe, Poliermittel usw.	2 876 kg	1,65 €/kg

[1] Anmerkung: Die Modelltypen Mountain und Rennrad werden i.d.R. ohne das Ausstattungspaket 1 (MG 1050) geliefert.

ABC-Analyse, optimale Bestellmenge

1 Unterstützen Sie Frau Nemitz-Müller bei der Erstellung und Auswertung einer ABC-Analyse für die Material-/Komponentengruppe Metall. Benutzen Sie dazu die beiden nachfolgenden Tabellen sowie die Informationen in Ihrem Schülerbuch.

Material-untergruppen Nr. 10xx Metall	durchschnittl. Verbrauchsmenge (in Mengeneinheiten)	durchschnittl. Bezugspreis in €/Mengeneinheit	absoluter Verbrauchswert (in €)	Relativer Wertanteil (in %)	Rangplatz (gemäß Wert-anteil)
MG 1001	21 570 lfd. Meter	8,82 €/lfd. Meter			
MG 1002	25 880 lfd. Meter	3,14 €/lfd. Meter			
MG 1010	14 380 Stück	57,48 €/Stück			
MG 1020	14 380 Stück	13,75 €/Stück			
MG 1030	14 380 Stück	9,65 €/Stück			
MG 1040	14 380 Stück	8,96 €/Stück			
MG 1050	6 620 Stück	5,70 €/Stück			
MG 1060	14 380 Stück	0,77 €/Stück			
MG 1070	1 250 kg	2,75 €/kg			
MG 1080	2 876 kg	1,65 €/kg			
Summe					

Rangplatz	Materialuntergruppen Nr. 10xx Metall	Relativer Wertanteil (in %)	Summierter Wertanteil (in %)	Kategorie (A-, B- oder C-Gut)
1				
2				
3				
4				
5				
6				
7				
8				
9				
10				

2 Analysieren Sie mithilfe der folgenden Tabelle auch die relativen Mengenanteile der einzelnen Materialgruppen und stellen Sie diese grafisch in Form einer Summenkurve dar. Was fällt beim Vergleich der jeweiligen Mengen- und Wertanteile auf?

Rangplatz	Materialuntergruppen Nr. 10xx Metall	Relativer Mengenanteil (in %)	Summierter Mengenanteil (in %)	Kategorie gemäß Wertanteil (A-, B- oder C-Gut)
1				
2				
3				
4				
5				
6				
7				
8				
9				
10				

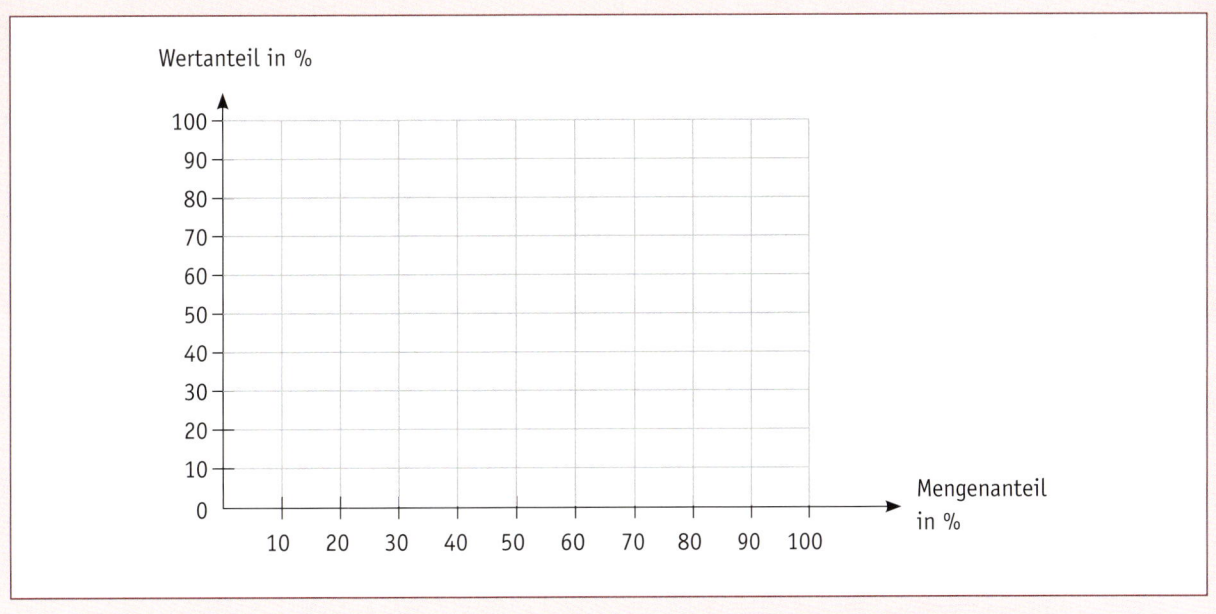

3 Formulieren Sie drei konkrete Vorschläge, wie man die für die Abteilung Einkauf formulierten Ziele der Materialbeschaffung (vgl. Lernsituation 13) in Bezug auf die Materialgruppen der A-Kategorie erreichen könnte.

Frau Nemitz-Müller möchte die Optimierung der Bestellmenge für das Verbrauchsmaterial MG 1070 Schweißelektroden im Näherungsverfahren durchführen. Zur Ermittlung der optimalen Bestellmenge liegen folgende Daten vor:

Jahresgesamtbedarf:	1 250 kg
durchschnittlicher Listenpreis:	3,00 € pro kg
Rabattstaffel:	ab 250 kg je Bestellung 5 %
	ab 500 kg je Bestellung 7,5 %
	ab 1 000 kg je Bestellung 10 %
Verpackungseinheit:	jeweils 5 kg
Bestellkosten:	50,00 € je Bestellung
Lagerkostensatz:	50 % vom durchschnittlichen Lagerwert

Es wird ein kontinuierlicher Lagerabgang unterstellt. Eine eiserne Reserve ist nicht vorhanden.

4 Vervollständigen Sie die folgende Tabelle und kennzeichnen Sie die optimale Bestellmenge.

Bestellungen (Anzahl)	Menge je Bestellung (kg)	Einstands-preis des Gesamt-bedarfs (€)	Bestell-kosten (€)	Durch-schnittli-cher Lager-bestand (kg)	Durch-schnittli-cher Lager-wert (€)	Lager-haltungs-kosten (€)	Gesamt-kosten (€)
25							
10							
5							
2							
1							

5 Stellen Sie die optimale Bestellmenge grafisch dar.

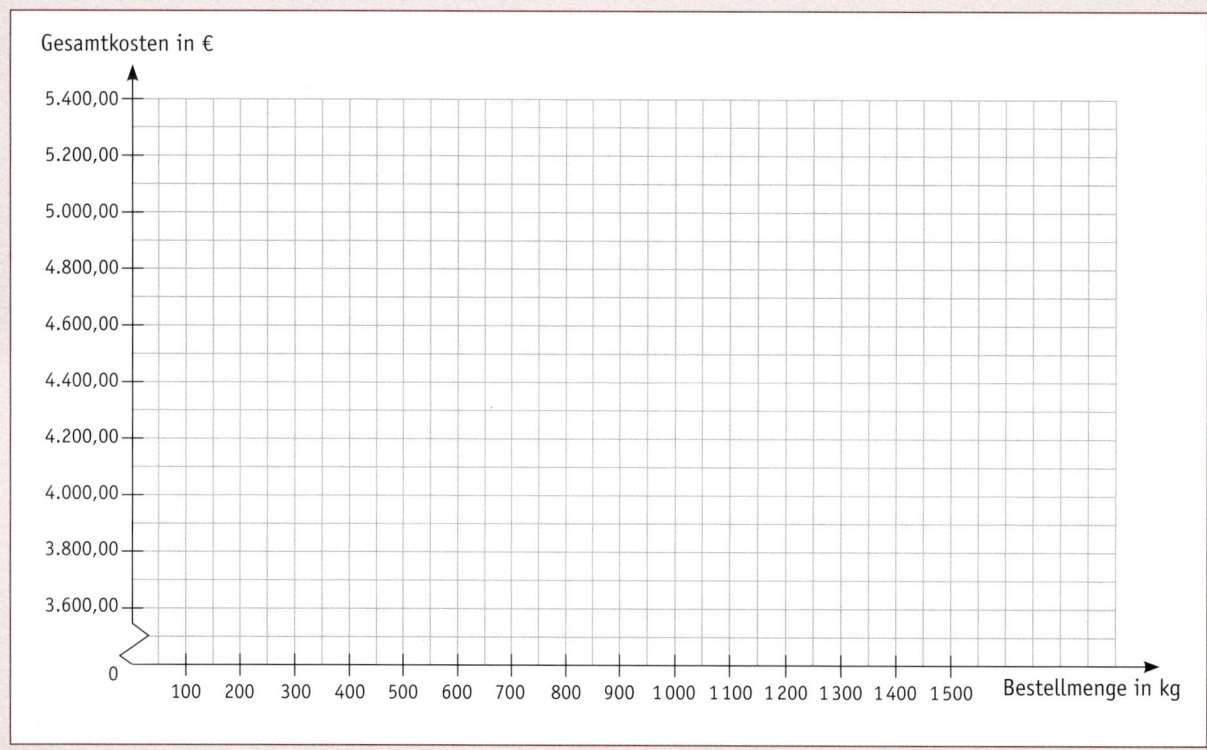

6 Erläutern Sie zwei Gründe, die Frau Nemitz-Müller veranlassen könnten, von der optimalen Bestellmenge bewusst abzuweichen.

Aufgaben

Aufgabe 1

Jedem erfahrenen Einkäufer ist bewusst, dass die Wichtigkeit eines Materials nicht nur durch dessen relativen Anteil am gesamten Einkaufsvolumen bestimmt wird. So kann auch ein weniger wertvolles Material sehr wichtig sein, wenn dieses für den Produktionsprozess von maßgeblicher Bedeutung ist und seine Verfügbarkeit nicht immer gewährleistet ist. Man spricht hier von einem Material mit einem erhöhten Versorgungsrisiko.

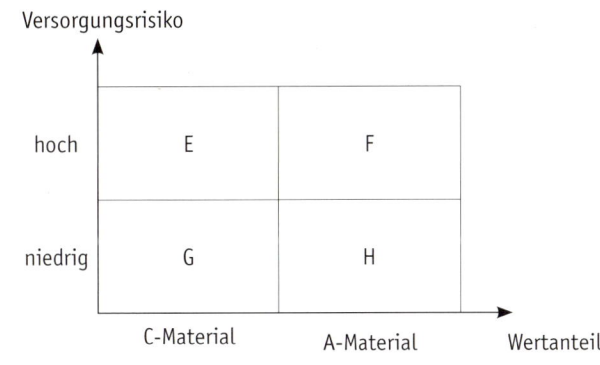

In der nebenstehenden Übersicht wurde das Versorgungsrisiko, also die Abhängigkeit der Produktion von dem Beschaffungsmaterial, mit der relativen Wertigkeit des betreffenden Materials kombiniert:

a Nennen Sie für jede der vier genannten Kombinationen E bis H ein Beispiel aus Ihrem Ausbildungsbetrieb.

b Geben Sie jeweils eine konkrete Empfehlung zur Beschaffung der jeweiligen Materialien E bis H ab.

Aufgabe 2

In einem Industrieunternehmen liegen folgende Kostenwerte für einen Artikel vor:

Bestell-menge	Lagerhaltungskosten in €	Bestellkosten in €
50	60,00	300,00
100	120,00	150,00
150	180,00	75,00
200	240,00	37,50

a Errechnen Sie die optimale Bestellmenge.

b Stellen Sie die optimale Bestellmenge grafisch dar.

Aufgabe 3

In einem Industrieunternehmen ist die unten stehende, noch nicht vollständige ABC-Analyse erstellt worden. Der Gesamteinkaufswert aller Materialien beträgt 1.500.000,00 €.

a Tragen Sie die Buchstaben A, B und C zutreffend in die Grafik ein.

b Ermitteln Sie für jede der drei Materialgruppen den mengenmäßigen Anteil in % sowie den absoluten Einkaufswert in €.

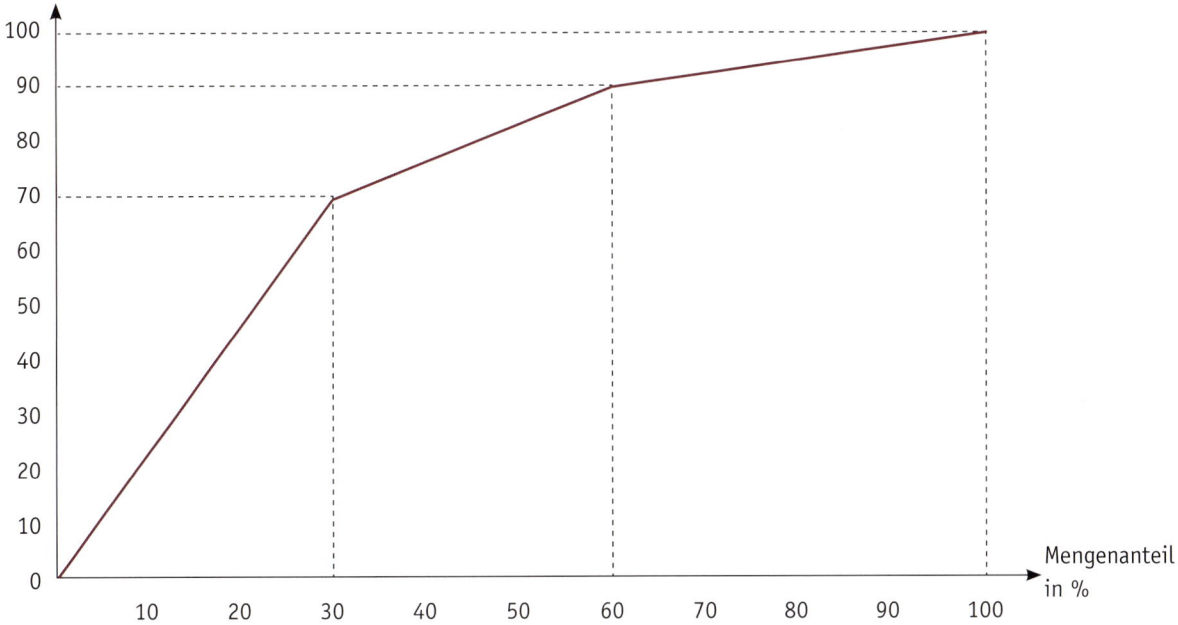

Hausmitteilung

Fly Bike Werke GmbH

Absender	Empfänger	mit der Bitte um
☐ Geschäftsführung	☐ Geschäftsführung	☐ Kenntnisnahme
☐ Zentralsekretariat	☐ Zentralsekretariat	☒ Erledigung
☐ Controlling	☐ Controlling	☐ Stellungnahme
☒ Einkauf/Logistik	☒ Einkauf/Logistik	
☐ Produktion	☐ Produktion	
☐ Verwaltung	☐ Verwaltung	
☐ Vertrieb	☐ Vertrieb	
☒ Frau/Herr Thüne	☒ Frau/Herr Nemitz-Müller	

Liebe Frau Nemitz-Müller,

die DAX AG teilt uns heute Preiserhöhungen für Kettenschaltungen mit (siehe beiliegendes Schreiben). Die neuen Preise entsprechen bei weitem nicht mehr unseren geplanten Einstandspreisen. Bitte holen Sie für eine vorgesehene Bestellung bei anderen in Frage kommenden Lieferanten Angebote ein.

Viele Grüße

Oliver Thüne

DAX AG
Düsseldorf

DAX AG ▪ Rudolf-Diesel-Str. 25 ▪ 47424 Düsseldorf

Fly Bike Werke GmbH
Rostocker Str. 334
26121 Oldenburg

Ihr Zeichen, Ihre Nachricht vom	Unser Zeichen, unsere Nachricht vom	Telefon, Name	Datum
	sas	0211 8017326 Herr Sachse	11.09.20XX

Preisänderung

Sehr geehrte Damen und Herren,

aufgrund der gestiegenen Metallpreise auf dem Weltmarkt müssen wir ab sofort die Preise für unsere Erzeugnisse erhöhen:

Artikel-Nr.	Artikelbezeichnung	neuer Preis pro Einheit
10110	Trekking-TR-Antrieb Kettenschaltung	40,00 €

Unsere Liefer- und Zahlungsbedingungen sind unverändert geblieben. Wir bitten um Ihr Verständnis und hoffen auf weitere gute Zusammenarbeit.

Mit freundlichen Grüßen

DAX AG

i.A. P. Sachse

Sachse

1 Ermitteln Sie mithilfe des Lieferantenverzeichnisses (Seite 14 dieses Arbeitsbuchs) Lieferanten, die für die benötigten Kettenschaltungen infrage kommen.

2 Beschreiben Sie weitere Möglichkeiten, potenzielle Lieferanten zu ermitteln, und nennen Sie Vor- und Nachteile der möglichen Informationsquellen. Verwenden Sie hierfür Arbeitsblatt 15.1 auf der folgenden Seite.

3 Schreiben Sie eine Anfrage über 500 Kettenschaltungen an einen Lieferanten Ihrer Wahl. Verwenden Sie ein Textverarbeitungsprogramm und beachten Sie die DIN 5008.

Arbeitsblatt 15.1: Bezugsquellen: Beschreibung, Vorteile und Nachteile

	Bezugsquelle	Beschreibung	Vorteile	Nachteile
Betriebsinterne Informationsquellen	Lieferantendatei	Überblick über bestehenden Lieferantenstamm	vorhandene Informationen sind schnell verfügbar, Dokumentation der Zuverlässigkeit des Lieferanten ist möglich	keine neuen Informationen
Betriebsexterne Informationsquellen				

Aufgaben

Aufgabe 1
Begründen Sie, warum Fachmessen – wie z. B. die HANNOVER MESSE – auch im Internetzeitalter eine unverzichtbare Informationsquelle für die Einkäufer von Industriebetrieben sind.

Aufgabe 2
Angenommen, Sie sollen eine Anfrage an einen möglichen Lieferanten für ein Material schreiben, das Ihr Ausbildungsbetrieb typischerweise verbraucht.

a Nennen Sie die Angaben, die Ihre Anfrage enthalten sollte.

b Welche rechtliche Bindung gehen Sie mit Ihrer Anfrage ein?

Aufgabe 3
Auf der einen Seite bietet das Internet eine schier unerschöpfliche Informationsfülle auch im Hinblick auf mögliche Lieferanten für benötigte Leistungen. Andererseits kann genau diese Informationsfülle den Prozess der Lieferantensuche zu einem „Zeiträuber" machen. Beschreiben Sie ein sinnvolles systematisches Vorgehen bei der Suche nach Lieferanten im Internet.

Für das geplante Sommer-Sondermodell „Surf Summer" hatte Frau Nemitz-Müller je eine Anfrage über 500 Sättel bei drei potenziellen Bezugsquellen gestellt:

- dem neuen Lieferanten Königsman GmbH, dessen Angebote sie auf der letzten Fahrradmesse in Hannover entdeckt hatte, mit dem also bisher keine Geschäftsbeziehungen bestanden
- dem langjährigen Hauptlieferanten Sella SA
- der von früheren Einzelkäufen bekannten Echt Leder Sattel GmbH

Daraufhin erhielt sie die folgenden Angebote (Belege 1, 3, 6), zu denen sie sich weitere Hintergrundinformationen besorgte (Belege 2, 4, 5, 7).

Königsman GmbH

Königsman GmbH • Gubener Str. 10 • 17291 Prenzlau

Fly Bike Werke GmbH
Rostocker Str. 334
26121 Oldenburg

Ihr Zeichen	Unser Zeichen	Telefon	Datum
NM02-16.01.20XX	SG/H23/BK	030 309-38	19.01.20XX

Angebot Nr. 484020.2

Sehr geehrte Frau Nemitz-Müller,

wir danken für Ihre Anfrage und unterbreiten Ihnen folgendes Angebot:

Artikelbezeichnung	Preis pro 100 Stück
Sättel „Sitzrausch Summer", Qualität 1A	960,00 €

Bei Abnahme von mind. 500 Stück erhalten Sie einen Einführungsrabatt in Höhe von 25 %!

Lieferbedingungen:	netto frei Haus
Zahlungsziel:	innerhalb von 21 Tagen
Lieferzeit:	7 Tage
Verpackungskosten:	10,25 € je 10 Stück
Verpackungsmaterial:	Altpapier, Papierstärke 450 g/m²

Gern stellen wir Ihnen einen Sattel „Sitzrausch" kostenlos für Testzwecke zur Verfügung.

Mit freundlichen Grüßen

Königsman GmbH

i. A. *Branda Key*

Branda Key

▲
Beleg 1:
Angebot Königsman GmbH

wir beraten Sie gerne!

Zur Messe **„Fahrrad Art"** 20XX in Hannover wurde unsere

neue Produktlinie „Sitzrausch"

entwickelt. Diese Sattelkollektion wurde aus hochwertigen Rohstoffen gefertigt. Sie wird höchsten Ansprüchen gerecht und zeichnet sich durch extreme Langlebigkeit aus. Eine revolutionäre Herstellungstechnik ermöglicht uns, Ihnen diese Qualität der besonderen Klasse anbieten zu können. Rückengerecht und gelenkschonend.

Besuchen Sie unseren Messestand in der Halle 10 vom 18.10. bis 29.10.20XX, täglich vo 10 bis 18 Uhr

Königsman GmbH

▶
Beleg 2:
Messeflyer Hannover 20XX

Von: g.maletti@sella-torino.it
An: a.nemitz-mueller@flybike-werke.de
Betreff: Angebot Nr. 434-577 (Ihr Zeichen: NM03-16.01.20XX)
Datum: 17.01.20XX   15:51 Uhr

Sehr geehrte Frau Nemitz-Müller,

gemäß Ihrer Anfrage vom 16.01.20XX können wir Ihnen anbieten:
500 Sättel Gel Royal „Sommertraum de Luxe", sommerlicher Buntdruck,
passend für alle Fahrradmodelle

Preis pro 100 Stück: 895,00 € netto

Als langjährigem Kunden gewähren wir Ihnen 20 % Treuerabatt.

Verpackungskosten: 125,00 € pro 100 Stück

Die Lieferung erfolgt sofort nach Auftragseingang frei Empfangsstation
„Güterbahnhof Oldenburg".

Der Rechnungsbetrag ist zahlbar innerhalb einer Woche gemäß Rechnungsdatum mit
2 % Skonto oder innerhalb von 30 Tagen netto.

Wir freuen uns auf Ihren Auftrag.

Mit freundlichen Grüßen

Sella SA, Torino
Giacomo Maletti

Beleg 3:
Angebot Sella SA

Sella SA, Torino

Produkte:	Sattel
Serviceleistungen:	freundliche und sachkundige Beratung vor dem Kauf, zügige Reklamationsabwicklung
Lieferfrist:	schleppende Lieferung trotz kürzerer Lieferzeitangaben
Besondere Bemerkungen:	Qualität der Produkte ist nicht immer einwandfrei, in letzter Zeit häufen sich die Reklamationen; Sondermüll bei Entsorgung der Kunststoffe

Beleg 4:
Auszug aus der Lieferantenkartei
zur Sella SA

Gesprächs-/Telefonnotiz

Fly Bike Werke GmbH

Datum und Uhrzeit:	18.01.20XX, 11:45 Uhr
Gesprächsthema:	Transportkosten (Güterbahnhof Oldenburg – FBW GmbH)
Gesprächsteilnehmer:	Frau Hartwig
Institution/Unternehmen:	Spedition LOG Worldwide, Oldenburg
Telefonnummer:	0441 9887-205

Die Ent- und Verladung sowie der Transport von 500 Sätteln
(5 Euro-Paletten à 4 Kartons à 25 Sättel) vom Güterbahnhof Oldenburg zur
Fly Bike Werke GmbH kosten 100,00 €.

B. Lotto   77   18.01.20XX
(Unterschrift)   (Durchwahl)   (Datum)

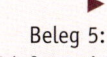

Beleg 5:
Telefonnotiz

Echt Leder Sattel GmbH

Echt Leder Sattel GmbH · Berliner Straße 128 · 58125 Hagen

Fly Bike Werke GmbH
Rostocker Str. 334
26121 Oldenburg

Ihr Zeichen	Unser Zeichen	Telefon	Datum
NM04-16.01.20XX	VK/333-4545/MB	02331 998-221	19.01.20XX

Angebot 333-4545: Ledersattel Sommer Spezial

Sehr geehrte Frau Nemitz-Müller,

vielen Dank für Ihre Anfrage! Hier ist unser Angebot:

„Ledersattel Sommer Spezial", in verschiedenen Sommerfarben
komfortabel und widerstandsfähig durch Double Density-
Polsterung und Decke aus umweltzertifiziertem Leder mit
integrierten Kevlarecken

Preis:	115,00 € pro 10 Stück
Unsere Treuerabattstaffel:	1000 Stück 30 %
	500 Stück 25 %
	100 Stück 15 %

Lieferbedingungen:	netto frei Haus
Zahlungsziel:	2 % Skonto innerhalb von 8 Tagen, 30 Tage Ziel
Lieferzeit:	10 Tage
Verpackungskosten:	9,90 € je 10 Stück
Verpackungsmaterial:	Recyclingkarton, Stärke 400 g/m²

Zu Testzwecken schicken wir Ihnen gern einen „Ledersattel Sommer Spezial" kostenlos zu.

Mit freundlichen Grüßen

Echt Leder Sattel GmbH

i. A. *Miroslaw Braun*

Miroslaw Braun

Beleg 6: Angebot Echt Leder Sattel GmbH

Echt Leder Sattel GmbH, Hagen

Produkte:	Sattel
Serviceleistungen:	kompetente Beratung, sehr freundlicher Service, bei bisher einer fehlerhaften Lieferung großzügige und schnelle Reklamationsabwicklung
Lieferfrist:	akzeptable Lieferzeiten, immer pünktliche Lieferung
Besondere Bemerkungen:	– i. d. R. mindestens geforderte Qualität der Produkte
	– Qualitätsmanagementsystem, das die Anforderungen der DIN 9000:2008 erfüllt (zertifizierter Betrieb)

Beleg 7:
Auszug aus der Lieferantenkartei zur
Echt Leder Sattel GmbH

1 Führen Sie zunächst einen quantitativen Angebotsvergleich durch, d. h. berechnen Sie in der folgenden Tabelle für jedes der drei Angebote die **Einstandspreise** für die Bestellmenge von 500 Stück und je Stück. Welches ist das beste Angebot?

Quantitativer Angebotsvergleich				
Kalkulations-schema	Königsmann, Prenzlau	Sella SA, Turin	Echt Ledersattel GmbH, Hagen	Anmerkungen
Listeneinkaufspreis				
– Liefererrabatt				
= Zieleinkaufspreis				
– Skonto				
= Bareinkaufspreis				
+ Verpackungs-kosten				
+ Transportkosten				
= Einstandspreis/ gesamt				
= Einstandspreis/ Stück (Bezugs-preis)				

2 Führen Sie nun in der folgenden Tabelle einen qualitativen Angebotsvergleich mithilfe einer Nutzwertanalyse durch. Um für Herrn Thüne die Entscheidung über die Lieferantenauswahl bestens vorzubereiten, berücksichtigen Sie bitte alle verfügbaren Informationen. Herr Thüne legt besonderen Wert auf Preis, Qualität der Sättel und deren Verpackung, auch im Hinblick auf Umweltschutzaspekte, sowie Zuverlässigkeit des Lieferanten.

Qualitativer Angebotsvergleich mit einer Nutzwertanalyse

Beurteilungskriterien	Gewichtungsfaktor	Leistung Lieferant 1 (Name):		Leistung Lieferant 2 (Name):		Leistung Lieferant 3 (Name):	
		Punkte	Punkte · Faktor	Punkte	Punkte · Faktor	Punkte	Punkte · Faktor
Preis							
Qualität der Ware							
Service							
Lieferzeit							
Termintreue							
Zahlungsbedingungen							
Ökologische Aspekte							
Gesamtwert							

Punktbewertungsschlüssel:
Ausgangspunkt für die Punktbewertung ist die Normalpunktzahl (5). Sie ist immer dann zu vergeben, wenn keine Informationen vorliegen bzw. sich im Rahmen der Geschäftsbeziehungen keine Besonderheiten ergaben. Bei positiven Beobachtungen erfolgt eine Aufwertung bis zur maximalen Punktzahl 9, bei negativen Beobachtungen erfolgt eine Abwertung bis zur minimalen Punktzahl 1.

Das beste Angebot stammt von: _____

Begründung: _____

Aufgaben

Aufgabe 1
Ordnen Sie die Begriffe des Kalkulationsschemas den
nachfolgenden Beschreibungen zu.

	Preisnachlass für den Rechnungsausgleich innerhalb einer vorgegebenen Frist
	Kosten des Materials (der Ware) bis zum Eingang im Betrieb
	Preis des Lieferers laut Katalog
	Preis, der bei Ausnutzung der Zahlungsfrist für das Material/die Ware an den Lieferer gezahlt werden muss, wenn kein Einkaufsmittler beauftragt wurde
	Kosten der Lieferung, die der Käufer zu tragen hat (z.B. Verpackungskosten, Transportkosten, Zölle, Versicherungen usw.). Dabei ist es ohne Bedeutung, wer diese Kosten in Rechnung stellt.
	Preis, der bei Zahlung innerhalb der Skontofrist für das Material (die Ware) an den Lieferer gezahlt werden muss, wenn kein Einkaufsmittler beauftragt wurde
	Preisnachlass aus besonderem Anlass oder im Rahmen üblicher Vertragsvereinbarungen

1 = Listeneinkaufspreis, 2 = Liefererrabatt, 3 = Zieleinkaufspreis, 4 = Liefererskonto, 5 = Bareinkaufspreis,
6 = Bezugskosten, 7 = Einstandspreis/Bezugspreis

Aufgabe 2
Führen Sie einen quantitativen Angebotsvergleich für
2 000 m Stahlrohr durch.

Lieferant	Frankenstahl GmbH & Co. KG		Metallwerke GmbH		Mannes AG		Stahlwerke Tissen AG	
	in %	in €	in %	in €	in %	in €	in %	in €
Listeneinkaufspreis pro m		3,50		3,00		2,89		2,80
Einkaufsmenge		2 000 m		2 000 m		2 000 m		2 000 m
Listeneinkaufspreis der Einkaufsmenge								
Lieferantenrabatt	20,0		15,0		12,5		10,0	
Zieleinkaufspreis (Warennettowert)								
Lieferantenskonto	5,0		2,0		2,5		3,0	
Bareinkaufspreis								
Bezugskosten (in % des Zieleinkaufspreises)	7,0		0,0		4,0		2,0	
Bezugspreis der Einkaufsmenge								
Bezugspreis pro m								

Aufgabe 3

Herr Köhler, Einkäufer der Technologies GmbH, benötigt kurzfristig 120 elektronische Bauteile zum 03.01. Ihm liegen folgende Angebote vor:

Angebot 1
Electronics KG
Stückpreis 12,20 €,
3 % Rabatt ab 100 Stück,
2 % Skonto

Angebot 2
Unix GmbH
Stückpreis 12,00 €,
2 % Rabatt ab 150 Stück,
2 % Skonto

Angebot 3
Schneider & Co. KG
Stückpreis 11,80 €,
2 % Rabatt,
1 % Skonto

Angebot 4
Kinsel OHG
Stückpreis 11,50 €,
2 % Rabatt ab 200 Stück,
1 % Skonto,
Lieferung frühestens am 07.03.

Zusatzinformationen

Die Zahlungsbedingungen der einzelnen Lieferer lauten:

Electronics KG	2 %, 10 Tage	30 Tage netto
UNIX GmbH	2 %, 20 Tage	30 Tage netto
Schneider & Co. KG	1 %, 7 Tage	20 Tage netto
Kinsel OHG	1 %, 10 Tage	30 Tage netto

Bei allen Lieferern entstehen Frachtkosten in Höhe von 30,00 €, die Schneider & Co. KG berechnet zusätzlich 45,00 € für die Verpackung. Mit der Kinsel OHG könnte ein Fixgeschäft abgeschlossen werden. Alle anderen drei Anbieter behalten sich einen Spielraum beim Liefertermin von bis zu 10 Tagen vor.

Mit der Electronics KG werden schon seit Jahren Geschäfte abgeschlossen. Bei der UNIX GmbH gab es schon dreimal Lieferungsverzüge und zweimal Beanstandungen bei der Qualität der gelieferten Ware. Mit der Schneider & Co. KG und der Kinsel OHG gab es bisher noch keine Geschäftsbeziehungen.

a Für welches Angebot würden Sie sich unter rein preislichen Aspekten entscheiden?

b Welche weiteren Aspekte müssen bei einer Entscheidung für oder gegen ein Angebot noch berücksichtigt werden?

Aufgabe 4

Für das Modell Trekking *Light* werden in der Fly Bike Werke GmbH für einen Großauftrag Bremsen benötigt. Herr Thüne will im Rahmen einer Nutzwertanalyse eine Lieferantenauswahl vornehmen, um zwischen fünf möglichen Lieferanten den für die Fly Bike Werke GmbH günstigsten auszuwählen.

a Geben Sie eine Definition für die Nutzwertanalyse an.
b Entscheiden Sie sich für vier Kriterien, nach denen die Nutzwertanalyse durchgeführt werden soll.
c Welche der von Ihnen ausgewählten Kriterien lassen sich zahlenmäßig ausdrücken, welche nicht?
d Nehmen Sie eine Gewichtung der Kriterien vor.
e Erläutern Sie, was im Rahmen einer Teilnutzenbestimmung festgelegt werden soll.
f Wie wird der für die Fly Bike Werke GmbH günstigste Lieferant gefunden?
g Erläutern Sie zwei Vorteile, die mit der Durchführung einer Nutzwertanalyse verbunden sind.

Die Disponentin der Fly Bike Werke GmbH Frau Nemitz-Müller ist für drei Wochen in den Urlaub gefahren, sodass sie von der seit zwei Monaten im Einkauf eingesetzten Auszubildenden Bettina Lotto vertreten werden muss. Zu Bettinas Aufgaben gehört es auch, die Korrespondenz zu führen. Als sie heute Morgen in das E-Mail-Postfach von Frau Nemitz-Müller schaut, entdeckt sie im Posteingang die beiden folgenden E-Mails aus der vorletzten Woche:

Von: klaus.burger@beyer-farbenfabriken.org
An: a.nemitz-mueller@flybike-werke.de
Betreff: Ihre Bestellung vom 04.06.20XX
Datum: 05.06.20XX   08:23 Uhr

Sehr geehrte Frau Nemitz-Müller,

vielen Dank für Ihre o. g. Bestellung. Leider müssen wir Ihnen mitteilen, dass der von Ihnen bestellte Typ 234-345 derzeit nicht lieferbar ist.

Ersatzweise können wir Ihnen jedoch den hochwertigeren Typ 234-348 zum Preis von Euro 5,15 pro Liter umgehend liefern.

Wegen unserer langjährigen und regelmäßigen Geschäftsbeziehungen gehen wir davon aus, dass auch dieses Produkt für Sie infrage kommt, und werden die bestellte Menge von 250 Litern wie von Ihnen gewünscht zum 11.06.20XX ausliefern.

Mit freundlichen Grüßen

Beyer Farbenfabriken AG

i. A. Klaus Burger

------Ursprüngliche Nachricht-----------
Von: a.nemitz-mueller@flybike-werke.de
An: klaus.burger@beyer-farbenfabriken.org
Betreff: Bestellung
Datum: 04.06.20XX   17:05 Uhr

Sehr geehrter Herr Burger,

hiermit bestellen wir auf Grundlage Ihres Angebotes vom 10.01.20XX und Ihrer aktuellen Preisliste:

250 Liter Klarlack, hochglänzend, Typ 234-345 im 5-Liter-Gebinde, Euro 4,88 pro Liter

Liefertermin: Montag, 11.06.20XX eintreffend
Lieferung: frei Haus
Zahlung: 10 Tage 3%, 30 Tage netto

Mit freundlichen Grüßen

Fly Bike Werke GmbH

i. A. Ann-Katrin Nemitz-Müller

Die Auszubildende Bettina Lotto ist verunsichert, wie sie die Rechtslage beurteilen soll, und bittet Sie um Rat.

1 Prüfen Sie, ob auf Grundlage der E-Mail-Korrespondenz ein Kaufvertrag zustande gekommen ist, und begründen Sie Ihre Antwort.

2 Wie beurteilen Sie die Rechtslage, wenn Frau Nemitz-Müller auf die vorliegende E-Mail der Beyer Farbenfabriken AG nicht reagiert hatte und die 250 Liter Klarlack Typ 234-348 zwischenzeitlich ausgeliefert sowie im Wareneingang der Fly Bike Werke GmbH angenommen wurden?

Arbeitsblatt 17.1: Das Wirksamwerden von Willenserklärungen

Am nächsten Tag nutzt Bettina Lotto die Möglichkeit, sich mit dem Leiter der Einkaufsabteilung Herrn Thüne über die Wirksamkeit von Willenserklärungen und das Zustandekommen von Verträgen zu unterhalten. Zur Übung und zum besseren Verständnis nennt Herr Thüne ihr einige Beispiele und bittet sie um ihre Meinung. Prüfen Sie, ob und zu welchem Zeitpunkt die Willenserklärungen von Herrn Thüne in den vorliegenden Fällen wirksam geworden sind.

Fall	Wirksamwerden
Herr Thüne schickt am Samstagmorgen eine E-Mail.	
Herr Thüne legt einen Brief in den Postausgangskorb seines Büros, der am Montagnachmittag geleert und der Post übergeben wird.	
Herr Thüne wirft einen Brief am Dienstagmorgen um 07:00 Uhr in den Geschäftsbriefkasten des Geschäftspartners.	
Herr Thüne wirft einen Brief am Samstagnachmittag in den Geschäftsbriefkasten des Geschäftspartners.	
Herr Thüne wirft einen Brief während der Betriebsferien in den Geschäftsbriefkasten.	
Herr Thüne übergibt einen Brief einem Boten; der Geschäftspartner verweigert die Annahme.	
Herr Thüne sendet einen Brief am Montag per Einschreiben; der Postbote hinterlässt eine Benachrichtigung im Geschäftsbriefkasten des Geschäftspartners. Dieser holt das Einschreiben zwei Tage später bei der Post ab.	

Arbeitsblatt 17.2: Die Pflichten der Kaufvertragspartner

Ergänzen Sie folgende Übersicht mit den Rechtsnormen des BGB:

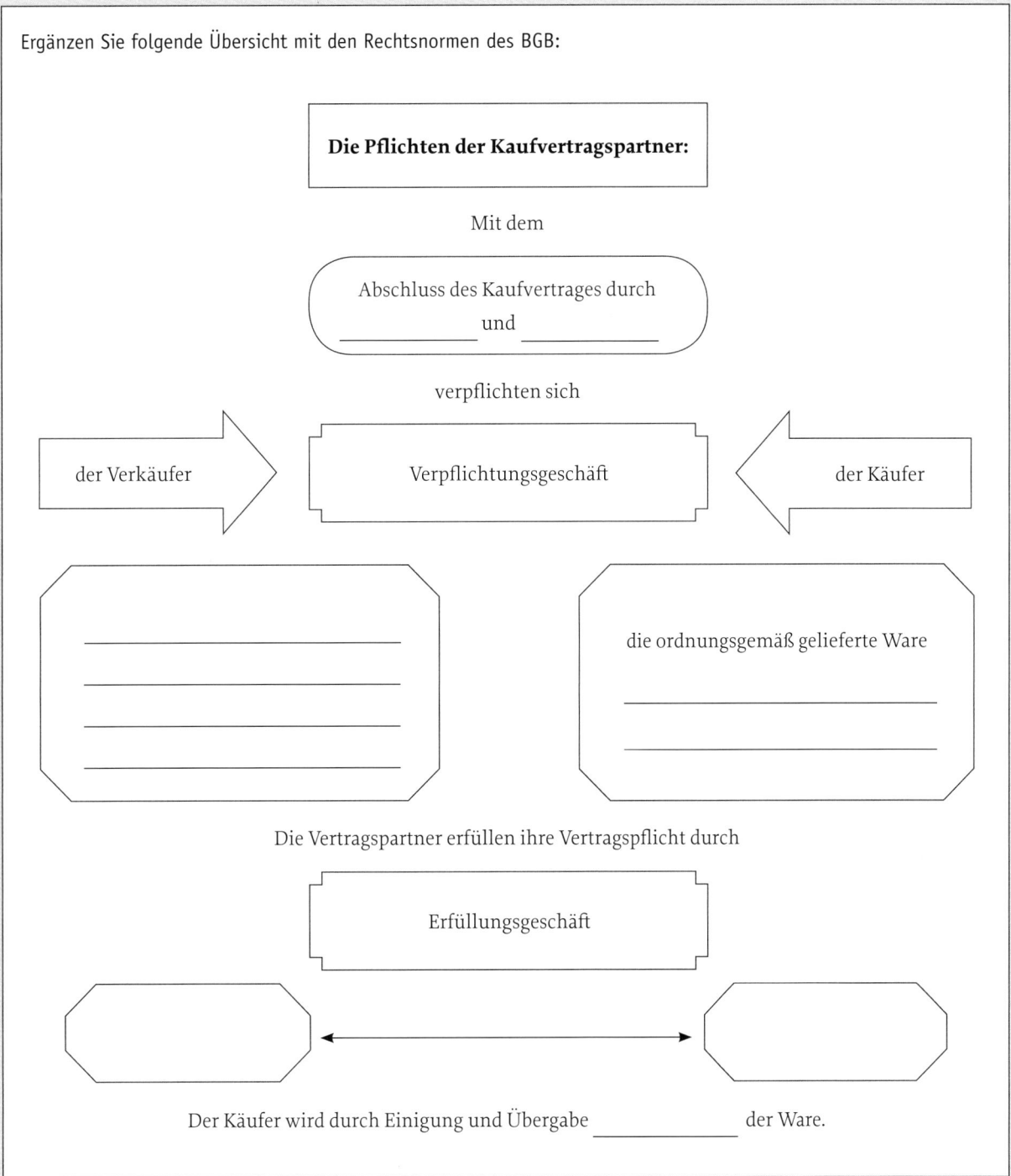

> **Die Pflichten der Kaufvertragspartner:**

Mit dem

Abschluss des Kaufvertrages durch
_____ und _____

verpflichten sich

der Verkäufer → Verpflichtungsgeschäft ← der Käufer

_____
_____
_____

die ordnungsgemäß gelieferte Ware
_____
_____

Die Vertragspartner erfüllen ihre Vertragspflicht durch

Erfüllungsgeschäft

←——————→

Der Käufer wird durch Einigung und Übergabe _____ der Ware.

Arbeitsblatt 17.3: Kaufvertragsarten, Teil 1

In juristischer und kaufmännischer Hinsicht lassen sich diverse Kaufvertragsarten unterscheiden (je nach angewendetem Unterscheidungskriterium). Da ein konkreter Kaufvertrag nach mehreren Kriterien eingestuft werden kann, kann er mehreren Kaufvertragsarten zugeordnet werden; ein Gattungskauf kann z. B. *auf* oder *nach* oder *zur* Probe getätigt werden. Recherchieren Sie die in der zweiten Spalte der Tabelle genannten Kaufvertragsarten im Internet (z. B. unter www.wirtschaftslexikon24.net), erläutern Sie sie und geben Sie jeweils ein passendes Beispiel an:

Kriterium	Begriff	Erläuterung	Beispiel
Art und Beschaffenheit der Ware	Stückkauf		
	Gattungskauf		
Verbindlichkeit des Kaufvertrags	Kauf auf Probe		
	Kauf nach Probe		
	Kauf zur Probe		

Arbeitsblatt 17.4: Kaufvertragsarten, Teil 2

Kriterium	Begriff	Erläuterung	Beispiel
Zahlungszeitpunkt	Zahlung vor Lieferung (Vorauszahlung)		
	Teilzahlung vor Lieferung (Anzahlung)		
	Zahlung bei Lieferung		
	Zahlung nach Lieferung: – Zielkauf		
	– Ratenkauf		
Lieferzeit	Tageskauf (Sofortkauf)		
	Terminkauf (Zeitkauf)		
	Fixkauf		
	Kauf auf Abruf		

Arbeitsblatt 17.5: Kaufvertragsarten nach den Beteiligten (Kaufobjekt: bewegliche Sache)

Benennen Sie in der folgenden Tabelle die möglichen Beteiligten an den verschiedenen Arten von Kaufverträgen und beschreiben Sie ein passendes Beispiel (vgl. S. 194 im Schülerbuch „Industrielle Geschäftsprozesse").

Art des Kaufs	Beteiligte			Beispiele
Bürgerlicher Kauf	Oder: Verbraucher verkauft an Unternehmer. Oder: Unternehmer verkauft an Unternehmer.			
Verbrauchsgüterkauf				
	Verbraucher verkauft an Kaufmann (= Kaufmann gemäß § 1 ff. HGB). Oder: Unternehmer verkauft an Kaufmann. Oder: Kaufmann verkauft an Verbraucher oder Unternehmer.			
				Die Fahrradhandel Schöller & Co. OHG schließt mit der Fly Bike Werke GmbH einen Kaufvertrag über die Lieferung von Ersatzteilen ab.

Arbeitsblatt 17.6: Schriftstücke rund um den Kaufvertrag

1 Welche Schriftstücke, die beim Zustandekommen und bei der Abwicklung von Kaufverträgen gebraucht werden, sind nachfolgend beschrieben? Tragen Sie die korrekten Bezeichnungen in die Tabelle ein.

Bezeichnung	Inhalt des Schriftstückes
	Mit diesem Schriftstück fordert der Verkäufer den Käufer auf, den vereinbarten Kaufpreis zu zahlen.
	Dieses Schriftstück begleitet die Ware zum Käufer; es listet unter anderem auf, welche Waren diese Lieferung beinhaltet.
	Mit diesem Schriftstück fragt der Käufer unverbindlich den Verkäufer, ob und ggf. unter welchen Bedingungen dieser eine Ware zu liefern bereit wäre.
	Dieses Schriftstück erstellt der Käufer, wenn er bereit ist, eine Ware beim Verkäufer zu kaufen.
	Der Verkäufer teilt dem Käufer mit, dass er die Waren liefern wird.
	Hiermit teilt der Verkäufer dem Käufer mit, unter welchen Bedingungen er bereit ist, eine bestimmte Ware an den Käufer zu liefern.

2 Tragen Sie die Schriftstückart in der richtigen Reihenfolge ein und kennzeichnen Sie durch einen Pfeil, wer das Schriftstück jeweils erhält.

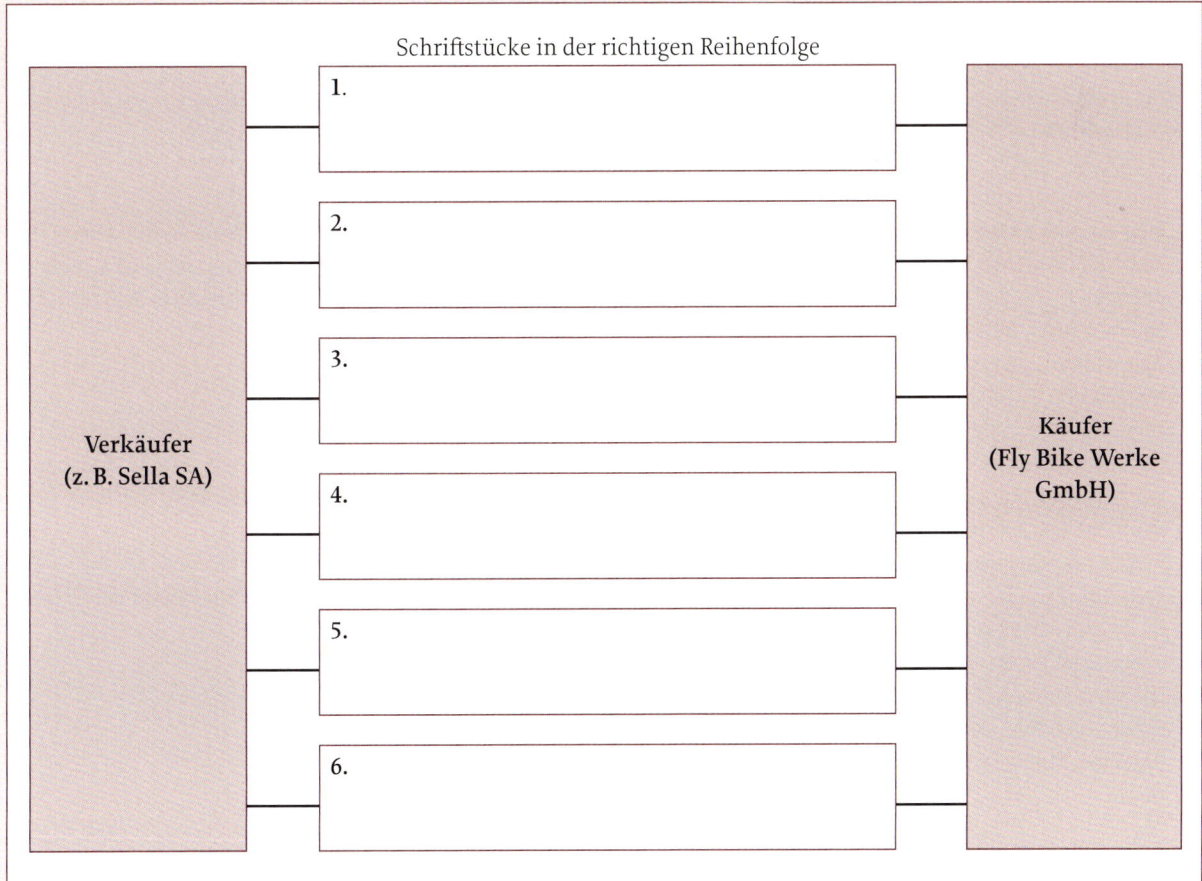

Aufgaben

Aufgabe 1

Wie kommt ein Kaufvertrag zustande? Tragen Sie die unten stehenden Begriffe im folgenden Lückentext ein:

Ein Kaufvertrag ist ein _____, bei dem zwei über-

einstimmende _____ abgegeben werden müssen. Die zuerst abgegebene

Willenserklärung bezeichnet man als _____, die Zustimmungserklärung heißt

_____. Sowohl der Antrag als auch die Annahme können vom _____

oder _____ gestellt werden.

Für den Abschluss eines Kaufvertrages sind zwei _____ bzw. Vertragspartner

notwendig. Jeder der beiden Vertragspartner kann entweder als _____, als

_____ oder als _____ handeln.

Begriffe: Kaufmann, Annahme, Unternehmer, zweiseitiges Rechtsgeschäft, Käufer, Antrag, Verkäufer, Willenserklärungen, Vertragsparteien, Verbraucher

Aufgabe 2

Erklären Sie die folgenden Begriffe mit eigenen Worten und grenzen Sie sie voneinander ab:

a   Handlungswille und Erklärungswille

b   Leistungsort, Ort des Gefahrenübergangs und Klageort

c   Unternehmer, Kaufmann und Verbraucher

Aufgabe 3

Entscheiden Sie in den vorliegenden Fällen, ob ein Kaufvertrag zustande gekommen ist. Worin bestehen jeweils die gegenseitigen Pflichten?

a   Frau Müller legt im Supermarkt „Good Buy" 1 kg kernlose Weintrauben in ihren Einkaufskorb. Außerdem lässt sie sich an der Käsetheke 300 g Schweizer Käse abwiegen. Anschließend geht sie zur Kasse und bezahlt.

b   Sabine Ganser, Vertriebsmitarbeiterin der Fly Bike Werke GmbH, bietet Herrn Baumann im Fahrradhandel Uwe Klein e. K. telefonisch einen Restposten von zehn Stück des Sondermodells City Glide Summer zum Preis von 179,00 € an. Herr Baumann erklärt, er sei mit dem Angebot einverstanden.

c   Beatrice Schmächtig entdeckt im Modehaus „Condor", in dem sie Stammkundin ist, ein Sommerkostüm zum Preis von 249,00 €. Sie probiert es an und es gefällt ihr so gut, dass sie es erwerben will. Da sie ihren Kontostand kennt, vereinbart sie mit der Inhaberin zunächst nur eine Anzahlung von 100,00 € und verspricht, den Rest zum Ersten des nächsten Monats zu bezahlen. Das Kostüm nimmt sie gleich mit nach Hause.

Aufgabe 4

Nachdem ein Hersteller eine Preisliste an Kunden verschickt hat, stellt er fest, dass es sich nicht um die aktuelle Preisliste, sondern um die des Vorjahres handelt. Bis wann muss er sein Angebot widerrufen?

Aufgabe 5

Stellen Sie fest, ob es sich in folgenden Fällen um rechtswirksame Angebote handelt:

a   Schaufensterauslage

b   zugesendete Ware ohne Aufforderung

c   Vorlage von Ware in einem Geschäft

Aufgabe 6

Ein Unternehmen bestellt auf ein bis zum 30. Juni gültiges Angebot eines Lieferers erst am 4. Juli, da sich der zuständige Sachbearbeiter im Krankenhaus befand. Ist der Lieferer an sein Angebot gebunden?

Aufgabe 7

Wie lange ist der Anbietende an seinen Antrag gebunden? Wie kann man die Gebundenheit an sein Angebot ausschließen?

Aufgabe 8

Recherchieren Sie im Internet die Bedeutung der folgenden Kaufvertragsarten:

a   Spezifikationskauf

b   Ramschkauf

c   Kauf nach Sicht

Aufgabe 9

Stellen Sie bei den folgenden Fällen fest, um welche Arten des Kaufvertrags es sich handelt. Ordnen Sie aus den Ihnen bekannten Einteilungen der Kaufvertragsarten je zwei Vertragsarten zu.

	Fälle	Kaufvertrags-art 1	Kaufvertrags-art 2
a	Malermeister Tücher bestellt beim Hersteller Wandschmuck GmbH aufgrund eines zugeschickten Musters 20 Rollen Raufasertapete.		
b	Malermeister Tücher kauft bei Autohändler Seppl März einen gebrauchten Kleintransporter mit spezieller Innenausstattung für sein Geschäft.		
c	Lio, der 18-jährige Sohn von Malermeister Tücher, kauft seinem Freund Eric einen gebrauchten MP3-Player ab.		
d	Bei der Anlieferung des für die private Nutzung vorgesehenen Farbfernsehers zahlt Herr Tücher eine geringe Summe. Den restlichen Betrag wird er in den nächsten sechs Monaten abzahlen.		
e	Malermeister Tücher bekommt Besuch von einem Außendienstmitarbeiter des Staubsaugerherstellers Clean & Fresh GmbH & Co. KG. Dieser bietet ihm einen neuen Nassstaubsauger zum Kauf an. Herr Tücher ist skeptisch, ob das Gerät die versprochenen Erwartungen auch erfüllt, und vereinbart, dieses innerhalb von 14 Tagen mit einem Rückgaberecht ausprobieren zu können.		
f	Malermeister Tücher bestellt beim Farbhersteller Schön bunt GmbH eine geringe Menge der völlig neuen Wandfarbe „Bright & Shiny", um diese zu testen.		

Aufgabe 10

In einem Schaufenster ist ein Kleid mit 198,00 € ausgezeichnet. Ist der Verkäufer an diesen Preis gebunden, wenn es sich um einen Auszeichnungsfehler handelt und das Kleid eigentlich 298,00 € kostet?

Aufgabe 11

In einem Katalog werden drei Bücher für insgesamt 19,00 € angeboten. Ein Kunde bestellt die Bücher zu 17,00 €.

a   Kommt ein Kaufvertrag zustande?

b   Wie ist die Sachlage, wenn die Bücher zu 17,00 € geliefert werden?

Aufgabe 12

Ein Käufer in Hannover erhält von dem Verkäufer die Mitteilung „Gerichtsstand und Erfüllungsort ist München". Was bedeutet dies für den Käufer?

Aufgabe 13

Nennen Sie drei Auswirkungen der Warenschuld bei folgender vertraglicher Vereinbarung: „Erfüllungsort und Gerichtsstand für beide Teile ist der Niederlassungsort des Käufers".

SB → S. 199 ff. | Lernfeld 6, Kapitel 4.3

Allgemeine Geschäftsbedingungen (AGB)

Die Fly Bike Werke GmbH beabsichtigt, vom Computerhändler DV-Profi GmbH vier neue Personalcomputer für die Abteilung Einkauf zu erwerben. Zusammen mit dem Angebot der DV-Profi GmbH liegen der zuständigen Sachbearbeiterin Frau Nemitz-Müller die Allgemeinen Geschäftsbedingungen des Computerhändlers vor:

Allgemeine Geschäftsbedingungen der DV-Profi GmbH

§ 1 Allgemeine Regelungen

(1) Alle Verkäufe, Lieferungen und sonstigen Leistungen erfolgen ausschließlich nach Maßgabe dieser Allgemeinen Geschäftsbedingungen.

(2) Individualabreden sind nur gültig, wenn sie schriftlich vereinbart wurden.

(3) Ist eine Bestimmung dieser Bedingungen ganz oder teilweise unwirksam, so bleibt die Wirksamkeit der übrigen Bestimmungen hiervon unberührt.

§ 2 Gewährleistung, Garantie und Mängelanzeige

Der Teufel steckt im Detail!

(1) Die DV-Profi GmbH gibt auf alle Artikel 24 Monate Gewährleistung gemäß den nachfolgenden Bestimmungen.

(2) Die DV-Profi GmbH übernimmt keine Gewähr für Schäden, die durch fehlerhafte Montage oder Montageanleitung oder fehlerhafte Inbetriebnahme entstehen.

(3) Offensichtliche Mängel der Ware sind unverzüglich, spätestens jedoch innerhalb von 2 Wochen nach Lieferung bzw. Erhalt der Ware schriftlich mitzuteilen. Bei Versäumnis dieser Frist sind Gewährleistungsrechte wegen eines offensichtlichen Mangels ausgeschlossen. Mängel, die auch bei sorgfältiger Prüfung innerhalb dieser Frist nicht entdeckt werden können, sind uns unverzüglich nach Entdeckung schriftlich mitzuteilen. Zur Begrenzung der allgemeinen Kreditrisiken übernimmt die DV-Profi GmbH die Mängelbeseitigung erst ab vollständig geleisteter Kaufpreiszahlung.

(4) Der Käufer hat nachzuweisen, dass die Sache bereits bei Gefahrenübergang mangelhaft war. Bei solchen berechtigten Mängelrügen übernimmt die DV-Profi GmbH die kostenlose Nachbesserung oder, ist eine solche nicht möglich, eine Neulieferung. Nur die notwendigen Transportkosten sind vom Käufer zu tragen.

(5) Schlägt die Nachbesserung an einem Fehler bzw. die Neulieferung viermal fehl, gewähren wir Ihnen eine Preisherabsetzung in angemessenem Umfang. Auch ein Rücktritt vom Vertrag gemäß § 4 AGB ist nun möglich.

§ 3 Haftung

(1) Die DV-Profi GmbH haftet nur für Schäden, die auf Vorsatz beruhen. Die Haftung ist der Höhe nach auf den bei Geschäften der fraglichen Art typischerweise entstehenden Schaden begrenzt.

(2) Der Käufer hat alle möglichen Maßnahmen zur Schadensabwehr und -minderung zu ergreifen.

§ 4 Rücktritt

(1) Die DV-Profi GmbH gewährt ihren Kunden ein Rücktrittsrecht gemäß den Regelungen dieser Allgemeinen Geschäftsbedingungen.

(2) Der Rücktritt vom Vertrag ist schriftlich per Einschreiben gegenüber der DV-Profi GmbH zu erklären.

(3) Die Ware muss sich in jedem Fall in einem wieder verkaufsfähigen Zustand befinden und ist in der Originalverpackung zurückzugeben.

§ 5 Lieferung

(1) Die DV-Profi GmbH liefert gegen Kostenerstattung auf Gefahr des Kunden alle Produkte aus.

(2) Wird die Ware nicht abgenommen, ist die DV-Profi GmbH berechtigt, eine Pauschale wegen vertragswidrigen Verhaltens in Höhe von 15 % des Kaufpreises, mindestens aber 150,00 €, zu verlangen. Eine nochmalige Lieferung der Ware kann nicht gewährleistet werden.

(3) Liefertermine und Lieferfristen sind nur verbindlich, wenn sie von der DV-Profi GmbH schriftlich bestätigt worden sind.

(4) Mit der Absendung der Ware an den Käufer geht die Gefahr auf ihn über.

§ 6 Preise und Zahlungsbedingungen

(1) Alle Preise sind als Bruttopreise in Euro ausgewiesen.

(2) DV-Profi GmbH ist berechtigt, die abzurechnenden Preise jederzeit an die allgemeine Marktpreisentwicklung anzupassen.

(3) Die Zahlung ist sofort fällig. Bei Zahlungsverzug ist die DV-Profi GmbH berechtigt, Verzugszinsen in der jeweils geltenden gesetzlichen Höhe zu verlangen. Zudem ist ein Verzugsschadensersatz in Höhe von 100,00 € fällig, der ebenfalls zu verzinsen ist.

§ 8 Eigentumsvorbehalt und Gerichtsstand

(1) Die Ware bleibt bis zur vollständigen Bezahlung Eigentum der DV-Profi GmbH.

(2) Für alle Rechtsstreitigkeiten aus den Geschäften der DV-Profi GmbH wird Erzstadt als ausschließlicher Gerichtsstand vereinbart.

---

1 Beurteilen Sie die Wirksamkeit der AGB unter dem Gesichtspunkt, dass sowohl die Fly Bike Werke GmbH als auch die DV-Profi GmbH Unternehmer sind. Finden Sie mindestens zwei Klauseln, die nach Ihrer Meinung unwirksam sind. Benutzen Sie hierzu Arbeitsblatt 18.1 und berücksichtigen Sie die Ausschnitte aus den Rechtsvorschriften des Bürgerlichen Gesetzbuchs (BGB) zu den Allgemeinen Geschäftsbedingungen (AGB) auf den folgenden Seiten.

2 Geben Sie eine Empfehlung ab, ob und wie die Fly Bike Werke GmbH auf das Angebot der DV-Profi GmbH reagieren sollte.

**Ausschnitte aus den Rechtsvorschriften des Bürgerlichen Gesetzbuchs (BGB)
zu den Allgemeinen Geschäftsbedingungen (AGB)**

§ 305 Einbeziehung Allgemeiner Geschäftsbedingungen in den Vertrag

(1) Allgemeine Geschäftsbedingungen sind alle für eine Vielzahl von Verträgen vorformulierten Vertragsbedingungen, die eine Vertragspartei (Verwender) der anderen Vertragspartei bei Abschluss eines Vertrags stellt. Gleichgültig ist, ob die Bestimmungen einen äußerlich gesonderten Bestandteil des Vertrags bilden oder in die Vertragsurkunde selbst aufgenommen werden, welchen Umfang sie haben, in welcher Schriftart sie verfasst sind und welche Form der Vertrag hat. Allgemeine Geschäftsbedingungen liegen nicht vor, soweit die Vertragsbedingungen zwischen den Vertragsparteien im Einzelnen ausgehandelt sind.

(2) Allgemeine Geschäftsbedingungen werden nur dann Bestandteil eines Vertrags, wenn der Verwender bei Vertragsschluss

1. die andere Vertragspartei ausdrücklich oder, wenn ein ausdrücklicher Hinweis wegen der Art des Vertragsschlusses nur unter unverhältnismäßigen Schwierigkeiten möglich ist, durch deutlich sichtbaren Aushang am Ort des Vertragsschlusses auf sie hinweist und

2. der anderen Vertragspartei die Möglichkeit verschafft, in zumutbarer Weise, die auch eine für den Verwender erkennbare körperliche Behinderung der anderen Vertragspartei angemessen berücksichtigt, von ihrem Inhalt Kenntnis zu nehmen, und wenn die andere Vertragspartei mit ihrer Geltung einverstanden ist.

(3) Die Vertragsparteien können für eine bestimmte Art von Rechtsgeschäften die Geltung bestimmter Allgemeiner Geschäftsbedingungen unter Beachtung der in Absatz 2 bezeichneten Erfordernisse im Voraus vereinbaren. [...]

§ 305c Überraschende und mehrdeutige Klauseln

(1) Bestimmungen in Allgemeinen Geschäftsbedingungen, die nach den Umständen, insbesondere nach dem äußeren Erscheinungsbild des Vertrags, so ungewöhnlich sind, dass der Vertragspartner des Verwenders mit ihnen nicht zu rechnen braucht, werden nicht Vertragsbestandteil.

(2) Zweifel bei der Auslegung Allgemeiner Geschäftsbedingungen gehen zu Lasten des Verwenders.

§ 306 Rechtsfolgen bei Nichteinbeziehung und Unwirksamkeit

(1) Sind Allgemeine Geschäftsbedingungen ganz oder teilweise nicht Vertragsbestandteil geworden oder unwirksam, so bleibt der Vertrag im Übrigen wirksam.

(2) Soweit die Bestimmungen nicht Vertragsbestandteil geworden oder unwirksam sind, richtet sich der Inhalt des Vertrags nach den gesetzlichen Vorschriften.

§ 307 Inhaltskontrolle

(1) Bestimmungen in Allgemeinen Geschäftsbedingungen sind unwirksam, wenn sie den Vertragspartner des Verwenders entgegen den Geboten von Treu und Glauben unangemessen benachteiligen. Eine unangemessene Benachteiligung kann sich auch daraus ergeben, dass die Bestimmung nicht klar und verständlich ist.

(2) Eine unangemessene Benachteiligung ist im Zweifel anzunehmen, wenn eine Bestimmung

1. mit wesentlichen Grundgedanken der gesetzlichen Regelung, von der abgewichen wird, nicht zu vereinbaren ist oder

2. wesentliche Rechte oder Pflichten, die sich aus der Natur des Vertrags ergeben, so einschränkt, dass die Erreichung des Vertragszwecks gefährdet ist. [...]

§ 308 Klauselverbote mit Wertungsmöglichkeit

In Allgemeinen Geschäftsbedingungen ist insbesondere unwirksam

1. (Annahme- und Leistungsfrist)

eine Bestimmung, durch die sich der Verwender unangemessen lange oder nicht hinreichend bestimmte Fristen für die Annahme oder Ablehnung eines Angebots oder die Erbringung einer Leistung vorbehält; [...]

2. (Nachfrist)

eine Bestimmung, durch die sich der Verwender für die von ihm zu bewirkende Leistung abweichend von Rechtsvorschriften eine unangemessen lange oder nicht hinreichend bestimmte Nachfrist vorbehält;

3. (Rücktrittsvorbehalt)

die Vereinbarung eines Rechts des Verwenders, sich ohne sachlich gerechtfertigten und im Vertrag angegebenen Grund von seiner Leistungspflicht zu lösen; dies gilt nicht für Dauerschuldverhältnisse;

4. (Änderungsvorbehalt)

die Vereinbarung eines Rechts des Verwenders, die versprochene Leistung zu ändern oder von ihr abzuweichen, wenn nicht die Vereinbarung der Änderung oder Abweichung unter Berücksichtigung der Interessen des Verwenders für den anderen Vertragsteil zumutbar ist; [...]

7. (Abwicklung von Verträgen)

eine Bestimmung, nach der der Verwender für den Fall, dass eine Vertragspartei vom Vertrag zurücktritt oder den Vertrag kündigt,

a) eine unangemessen hohe Vergütung für die Nutzung oder den Gebrauch einer Sache oder eines Rechts oder für erbrachte Leistungen oder

b) einen unangemessen hohen Ersatz von Aufwendungen verlangen kann; [...]

§ 309 Klauselverbote ohne Wertungsmöglichkeit

Auch soweit eine Abweichung von den gesetzlichen Vorschriften zulässig ist, ist in Allgemeinen Geschäftsbedingungen unwirksam

1. (Kurzfristige Preiserhöhungen)

eine Bestimmung, welche die Erhöhung des Entgelts für Waren oder Leistungen vorsieht, die innerhalb von vier Monaten nach Vertragsschluss geliefert oder erbracht werden sollen; dies gilt nicht bei Waren oder Leistungen, die im Rahmen von Dauerschuldverhältnissen geliefert oder erbracht werden; [...]

4. (Mahnung, Fristsetzung)

eine Bestimmung, durch die der Verwender von der gesetzlichen Obliegenheit freigestellt wird, den anderen Vertragsteil zu mahnen oder ihm eine Frist für die Leistung oder Nacherfüllung zu setzen;

5. (Pauschalierung von Schadensersatzansprüchen)

die Vereinbarung eines pauschalierten Anspruchs des Verwenders auf Schadensersatz oder Ersatz einer Wertminderung, wenn

a) die Pauschale den in den geregelten Fällen nach dem gewöhnlichen Lauf der Dinge zu erwartenden Schaden oder die gewöhnlich eintretende Wertminderung übersteigt oder

b) dem anderen Vertragsteil nicht ausdrücklich der Nachweis gestattet wird, ein Schaden oder eine Wertminderung sei überhaupt nicht entstanden oder wesentlich niedriger als die Pauschale; [...]

7. (Haftungsausschluss bei Verletzung von Leben, Körper, Gesundheit und bei grobem Verschulden)

a) (Verletzung von Leben, Körper, Gesundheit)

ein Ausschluss oder eine Begrenzung der Haftung für Schäden aus der Verletzung des Lebens, des Körpers oder der Gesundheit, die auf einer fahrlässigen Pflichtverletzung des Verwenders oder einer vorsätzlichen oder fahrlässigen Pflichtverletzung eines gesetzlichen Vertreters oder Erfüllungsgehilfen des Verwenders beruhen;

b) (Grobes Verschulden)

ein Ausschluss oder eine Begrenzung der Haftung für sonstige Schäden, die auf einer grob fahrlässigen Pflichtverletzung des Verwenders oder auf einer vorsätzlichen oder grob fahrlässigen Pflichtverletzung eines gesetzlichen Vertreters oder Erfüllungsgehilfen des Verwenders beruhen; [...]

8. (Sonstige Haftungsausschlüsse bei Pflichtverletzung)

a) (Ausschluss des Rechts, sich vom Vertrag zu lösen)

eine Bestimmung, die bei einer vom Verwender zu vertretenden, nicht in einem Mangel der Kaufsache oder des Werkes bestehenden Pflichtverletzung das Recht des anderen Vertragsteils, sich vom Vertrag zu lösen, ausschließt oder einschränkt; [...]

b) (Mängel)

eine Bestimmung, durch die bei Verträgen über Lieferungen neu hergestellter Sachen und über Werkleistungen

[...]

bb) (Beschränkung auf Nacherfüllung)

die Ansprüche gegen den Verwender insgesamt oder bezüglich einzelner Teile auf ein Recht auf Nacherfüllung beschränkt werden, sofern dem anderen Vertragsteil nicht ausdrücklich das Recht vorbehalten wird, bei Fehlschlagen der Nacherfüllung zu mindern oder, wenn nicht eine Bauleistung Gegenstand der Mängelhaftung ist, nach seiner Wahl vom Vertrag zurückzutreten;

cc) (Aufwendungen bei Nacherfüllung)

die Verpflichtung des Verwenders ausgeschlossen oder beschränkt wird, die zum Zwecke der Nacherfüllung erforderlichen Aufwendungen, insbesondere Transport-, Wege-, Arbeits- und Materialkosten, zu tragen;

dd) (Vorenthalten der Nacherfüllung)

der Verwender die Nacherfüllung von der vorherigen Zahlung des vollständigen Entgelts oder eines unter Berücksichtigung des Mangels unverhältnismäßig hohen Teils des Entgelts abhängig macht;

ee) (Ausschlussfrist für Mängelanzeige)

der Verwender dem anderen Vertragsteil für die Anzeige nicht offensichtlicher Mängel eine Ausschlussfrist setzt, die kürzer ist als die nach dem Doppelbuchstaben ff zulässige Frist;

ff) (Erleichterung der Verjährung)

die Verjährung von Ansprüchen gegen den Verwender wegen eines Mangels in den Fällen des § 438 Abs. 1 Nr. 2 und des § 634a Abs. 1 Nr. 2 erleichtert oder in den sonstigen Fällen eine weniger als ein Jahr betragende Verjährungsfrist ab dem gesetzlichen Verjährungsbeginn erreicht wird; [...]

12. (Beweislast)

eine Bestimmung, durch die der Verwender die Beweislast zum Nachteil des anderen Vertragsteils ändert, insbesondere indem er

a) diesem die Beweislast für Umstände auferlegt, die im Verantwortungsbereich des Verwenders liegen, oder

b) den anderen Vertragsteil bestimmte Tatsachen bestätigen lässt;

Buchstabe b gilt nicht für Empfangsbekenntnisse, die gesondert unterschrieben oder mit einer gesonderten qualifizierten elektronischen Signatur versehen sind;

13. (Form von Anzeigen und Erklärungen)

eine Bestimmung, durch die Anzeigen oder Erklärungen, die dem Verwender oder einem Dritten gegenüber abzugeben sind, an eine strengere Form als die Schriftform oder an besondere Zugangserfordernisse gebunden werden.

§ 310 Anwendungsbereich

(1) § 305 Abs. 2 und 3 und die §§ 308 und 309 finden keine Anwendung auf Allgemeine Geschäftsbedingungen, die gegenüber einem Unternehmer, einer juristischen Person des öffentlichen Rechts oder einem öffentlich-rechtlichen Sondervermögen verwendet werden. [...]

Arbeitsblatt 18.1: Vergleich der AGB der DV-Profi GmbH mit den relevanten BGB-Bestimmungen bei AGB gegenüber einem Unternehmer oder Kaufmann

§ ... der AGB	widerspricht in Verträgen gegenüber einem Unternehmer (oder Kaufmann) § ... BGB,	denn ...
§ 2 (2) AGB	§ 307 BGB	... fehlerhafte Montageanleitung darf nicht dem Kunden angelastet werden (dies widerspräche Treu und Glauben).

Nachfolgesituation

3   Nehmen Sie nun an, Frau Nemitz-Müller hätte für Ihren Privatgebrauch einen Computer bei der DV-Profi GmbH gekauft. Zu Hause muss sie feststellen, dass der USB-Anschluss nicht funktioniert. Der Verkäufer hat sie ausdrücklich auf die AGB hingewiesen und ihr ein Exemplar mit dem Kaufvertrag ausgehändigt. Klären Sie, ob und wie sich in diesem Fall die Rechtslage verändert.

4   Überprüfen Sie die Bestimmungen der DV-Profi GmbH mithilfe des BGB für den unter 3 genannten Tatbestand; finden Sie mindestens sechs **weitere** unwirksame Klauseln; benutzen Sie hierzu Arbeitsblatt 18.2. Berücksichtigen Sie auch hierbei die Ausschnitte aus den Rechtsvorschriften des Bürgerlichen Gesetzbuchs (BGB) zu den Allgemeinen Geschäftsbedingungen (AGB) auf den vorangehenden Seiten.

Arbeitsblatt 18.2: Vergleich der AGB der DV-Profi GmbH mit den relevanten BGB-Bestimmungen bei AGB gegenüber einem Verbraucher

Welche weiteren Paragraphen der AGB (über die schon in Arbeitsblatt 18.1 genannten hinaus) sind unwirksam?

Auch § ... der AGB	widerspricht in Verträgen gegenüber einem Verbraucher § ... BGB,	denn ...

Arbeitsblatt 18.3: Wissenswertes zu den AGB

Definition: Was sind AGB?	
Inhalt: Worüber enthalten sie Regeln?	
Welche Bedeutung haben sie im Wirtschaftsleben?	
Oberster Grundsatz des BGB zum Schutz der Kunden vor unzulässigen AGB (Nr. und Inhalt)	

Aufgaben

Aufgabe 1
Unter welchen Voraussetzungen werden Allgemeine Geschäftsbedingungen Bestandteil eines Kaufvertrages?

Aufgabe 2
Welchen Zweck verfolgt ein Unternehmen mit seinen Allgemeinen Geschäftsbedingungen?

Aufgabe 3
Welche Möglichkeiten hat ein Käufer, wenn er mit den Allgemeinen Geschäftsbedingungen des Verkäufers nicht einverstanden ist?

Aufgabe 4
Das Bürgerliche Gesetzbuch (BGB) regelt die Wirksamkeit von Allgemeinen Geschäftsbedingungen. Welche Regelungen gelten
a   bei individuellen Absprachen?
b   bei mehrdeutigen Klauseln?
c   bei unwirksamen Klauseln?

Aufgabe 5
Beim Vertragsabschluss über den Kauf einer neuen Waschmaschine war schriftlich eine Lieferzeit von zwei Wochen vereinbart worden. Jetzt beruft sich der Elektroeinzelhändler gegenüber dem Privatkäufer auf seine AGB, nach denen eine Lieferzeit von vier Wochen vorgesehen ist. Beurteilen Sie die Rechtslage.

Barzahlung

Bettina Lotto, Auszubildende der Fly Bike Werke GmbH, hat sich sehr gut im Bereich Rechnungswesen eingearbeitet. Als Frau Taubert, eine Mitarbeiterin im Rechnungswesen, plötzlich länger erkrankt, soll sie einige Vorgänge des Zahlungsverkehrs selbstständig bearbeiten.

Die Blumenhändlerin Kerstin Flora liefert zum zehnjährigen Firmenjubiläum von Björn Ries, einem der Gesellschafter der Fly Bike Werke GmbH, zehn Tischgestecke, die Bettina Lotto entgegennimmt. Das Firmenjubiläum wird mit der Belegschaft in der Betriebskantine gefeiert. Frau Flora erkundigt sich, wo die Tischgestecke deponiert werden sollen, und möchte gleich abkassieren; so sei es mit Frau Taubert vereinbart. Bettina Lotto hält Rücksprache mit dem zweiten Mitarbeiter im Rechnungswesen, Hans-Christian Müller, um sich nach dem vereinbarten Preis und der abgesprochenen Zahlungsmethode für die Gestecke zu erkundigen. Herr Müller hat die Tischgestecke im Wert von 210,00 € (inkl. 7 % Umsatzsteuer) in der letzten Woche bei Frau Flora bestellt und Barzahlung vereinbart.

1   Frau Flora übergibt Bettina Lotto die folgende Quittung und bittet sie, ihr im Gegenzug den vereinbarten Rechnungsbetrag auszuzahlen. Prüfen Sie diese Quittung und korrigieren Sie etwaige Fehler.

Quittung	
Netto EUR	170,10
+ 19 % MwSt./EUR	39,90
Gesamt EUR	210,00

Nr.

EUR in Worten   – – – zweihundertzehn – – –   Cent wie oben

von

für   Fly Bike Werke GmbH

dankend erhalten.

Ort/Datum   Oldenburg   Kerstin Flora e. K.

Buchungsvermerke   Stempel/Unterschrift des Empfängers

Korrekturen:

2   Was muss Bettina Lotto nach Erhalt einer ordnungsgemäßen Quittung mit dem Beleg tun?

> Liebe Bettina,
> pass bitte bei Frau Floras Quittung auf:
> "Blumen und Blüten sowie deren Knospen, geschnitten, zu Binde- oder Zierzwecken, frisch" unterliegen nämlich dem ermäßigten Steuersatz ☺
> (gemäß lfd. Nr. 8 des Anhangs 2 zum UStG).
>
> LG Hans-Christian

Halbbare Zahlung

Bettina Lotto freut sich schon auf die Feier zum zehnjährigen Firmenjubiläum des Gesellschafters Björn Ries. Beim Catering Service Schlemmerland wurde ein Buffet für diesen Anlass bestellt. Sie empfängt im Eingangsbereich der Fly Bike Werke GmbH den Schlemmerland-Inhaber Werner Schlemmer und begleitet ihn in die Betriebskantine. Nachdem Herr Schlemmer dort das Buffet aufgebaut hat, möchte er den Betrag in Höhe von 875,00 € (inkl. 19 % Umsatzsteuer) für das Buffet gleich kassieren, so sei es mit Frau Taubert vereinbart. Bettina Lotto möchte sich angesichts der hohen Rechnungssumme absichern und geht zu ihrem Kollegen Hans-Christian Müller, um den Sachverhalt zu klären. Herr Müller erklärt ihr, mit Herrn Schlemmer sei ausnahmsweise eine Zahlung per Barscheck vereinbart worden. Bettina solle den Scheck vorbereiten und ihm dann zur Unterschrift vorlegen.

3 Stellen Sie den Barscheck für Herrn Schlemmer nach allen gesetzlichen und kaufmännischen Kriterien aus. Herr Müller hat Frau Lotto angewiesen, die Kosten für das Buffet von dem Firmenkonto bei der Landessparkasse zu Oldenburg zu begleichen.

4 Frau Lotto trifft im Flur auf Herrn Müller. Er sagt ihr, es sei gar nicht mehr üblich, Barschecks auszustellen. In der Praxis stelle man heute eher einen Verrechnungsscheck aus.

a Aus welchen Gründen hat sich Herr Müller für einen Barscheck entschieden?

b Was muss er beim Präsentieren des Schecks nun beachten und warum wird in der Praxis häufiger ein Verrechnungsscheck benutzt als ein Barscheck?

c Wodurch wird ein Scheck zum Verrechnungsscheck?

d Handelt es sich bei einem Verrechnungsscheck noch um eine halbbare Zahlung?

Überweisung

Im Rechnungswesen der Fly Bike Werke GmbH ging vor über einem Monat unten stehende Rechnung der Color GmbH Ludwigshafen ein. Auf eine frühzeitige Zahlung bei Inanspruchnahme des Skontos wurde verzichtet. Herr Müller überweist daher heute termingerecht (10.02.20XX) den Rechnungsbetrag vom Konto bei der Landessparkasse zu Oldenburg auf das Konto der Color GmbH bei der Commerzbank.

Color GmbH
Ludwigshafen

Posteingang: *15.01.20XX*

Color GmbH, Hafenstr. 125, 67061 Ludwigshafen

Fly Bike Werke GmbH
Rostocker Straße 334
26121 Oldenburg

Kunden-Nr.: 424
Ansprechpartner: Frau Reineke
Telefon: 0621 582664
Lieferschein-Nr.: 4292
Lieferdatum: 10.01.20XX
Rechnungsdatum: 12.01.20XX

	Rechnungsprüfung	
	Sachlich richtig	Rechnerisch richtig
	Datum *15.01.20XX*	Datum *15.01.20XX*
	Nz. *Ta*	Nz. *Ta*

Rechnung Nr.: 4292

Pos.	Artikel-Nr.	Artikelbezeichnung	Menge	Preis je Einheit	Gesamtpreis
1	900100	Klarlack	200 Liter	3,45 €	690,00 €
2	800200	Spezialgrundierung für Edelstähle	200 Liter	2,45 €	490,00 €
3	700100	Standardfarbe „gelb"	20 Liter	4,30 €	86,00 €
4	700821	Sonderfarbe „mirror-polish"	120 Liter	6,00 €	720,00 €
5	702400	Sonderfarbe „lemon squash"	120 Liter	6,00 €	720,00 €

Warenwert	Verpackungs-kosten	Transport-kosten	Nettorechnungs-betrag	Umsatzsteuer 19 %	Bruttorechnungs-betrag
2.706,00 €	–	–	2.706,00 €	514,14 €	3.220,14 €

Zahlungsziel 30 Tage, bei Zahlung innerhalb von 8 Tagen 2 % Skonto.

Bitte überweisen Sie den entsprechenden Betrag unter Angabe der Rechnungsnummer auf das Konto IBAN DE29 5454 0033 0099 7632 98 bei der Commerzbank, BIC COBADEFFXXX.

5 Füllen Sie das Überweisungsformular gemäß den gesetzlichen und kaufmännischen Anforderungen aus.

6 Erklären Sie, welche Sonderformen der Überweisung unterschieden werden können.

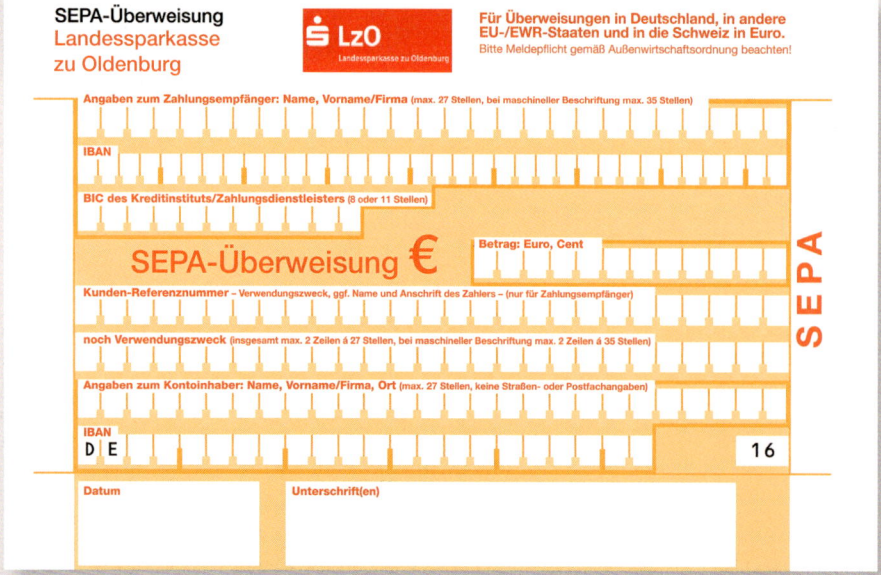

Dauerauftrag

Die Fly Bike Werke GmbH muss zusätzliche Lagerräume anmieten. Der Vertrag mit dem Vermieter Herrn Knauser ist bereits unterzeichnet, zunächst für zwei Jahre. Nun möchte die Buchhalterin Frau Taubert zur Begleichung der Miete bei der Landessparkasse zu Oldenburg per Online-Banking einen Dauerauftrag einrichten. Herr Knauser erhält monatlich einen Betrag in Höhe von 1.050,00 € auf sein Konto IBAN DE80 2802 2299 0789 5550 39 bei der Oldenburgischen Vereinsbank, BIC VEBAOLDEXXX. Da der Mietvertrag ab Februar 20XX läuft, soll der Dauerauftrag ab dem 01.02.20XX eingerichtet werden.

7 Ergänzen Sie das Online-Formular mit allen notwendigen Daten.

Empfänger:		
		🔍 Aus Empfängerliste
IBAN des Empfängers:	**BIC:**	
		🔍 IBAN suchen
Bei Kreditinstitut:		
`wird automatisch ausgefüllt.`		
	Betrag:	
	_____ , ____ €	
Verwendungszweck 1:		
Verwendungszweck 2:		

	Tag	Monat	Jahr	Turnus
Ausführung:				
Erstmals am:	▼	▼	▼	▼
Letztmalig:		▼	`unbefristet` ▼	

◉ **Mit Sm@rt-TAN plus bestätigen**   ○ **mobile TAN anfordern**

Eingaben prüfen   Eingaben löschen   Zurück

8 Beschreiben Sie, welche Vorteile die Einrichtung von Daueraufträgen für den Zahlungspflichtigen und den Zahlungsempfänger haben kann. Diskutieren Sie eventuelle Nachteile.

9 Was ist eine TAN und wozu dient sie?

Lastschriftverfahren: Einzugsermächtigung

Die Fly Bike Werke GmbH hat den Telefonanbieter gewechselt. Der Mitarbeiter im Rechnungswesen Hans-Christian Müller hat nun im Auftrag der Fly Bike Werke GmbH für Telefonrechnungen des neuen Anbieters Telekom AG eine Einzugsermächtigung zulasten des Firmenkontos bei der Deutschen Bank AG ab dem 01.05.20XX erteilt. Das Konto der Telekom AG befindet sich bei der Postbank in Oldenburg.

10 Vervollständigen Sie das Schaubild unter Berücksichtigung der Reihenfolge der Handlungen. Beschriften Sie also zunächst in der Abbildung die grau hinterlegten Rechtecke mit den Namen der Beteiligten und ordnen Sie anschließend den Pfeilen die unten aufgeführten Kurztexte zu. Bringen Sie dann die Schritte in die richtige Reihenfolge (verwenden Sie hierfür bitte die Ziffern 1 bis 8).

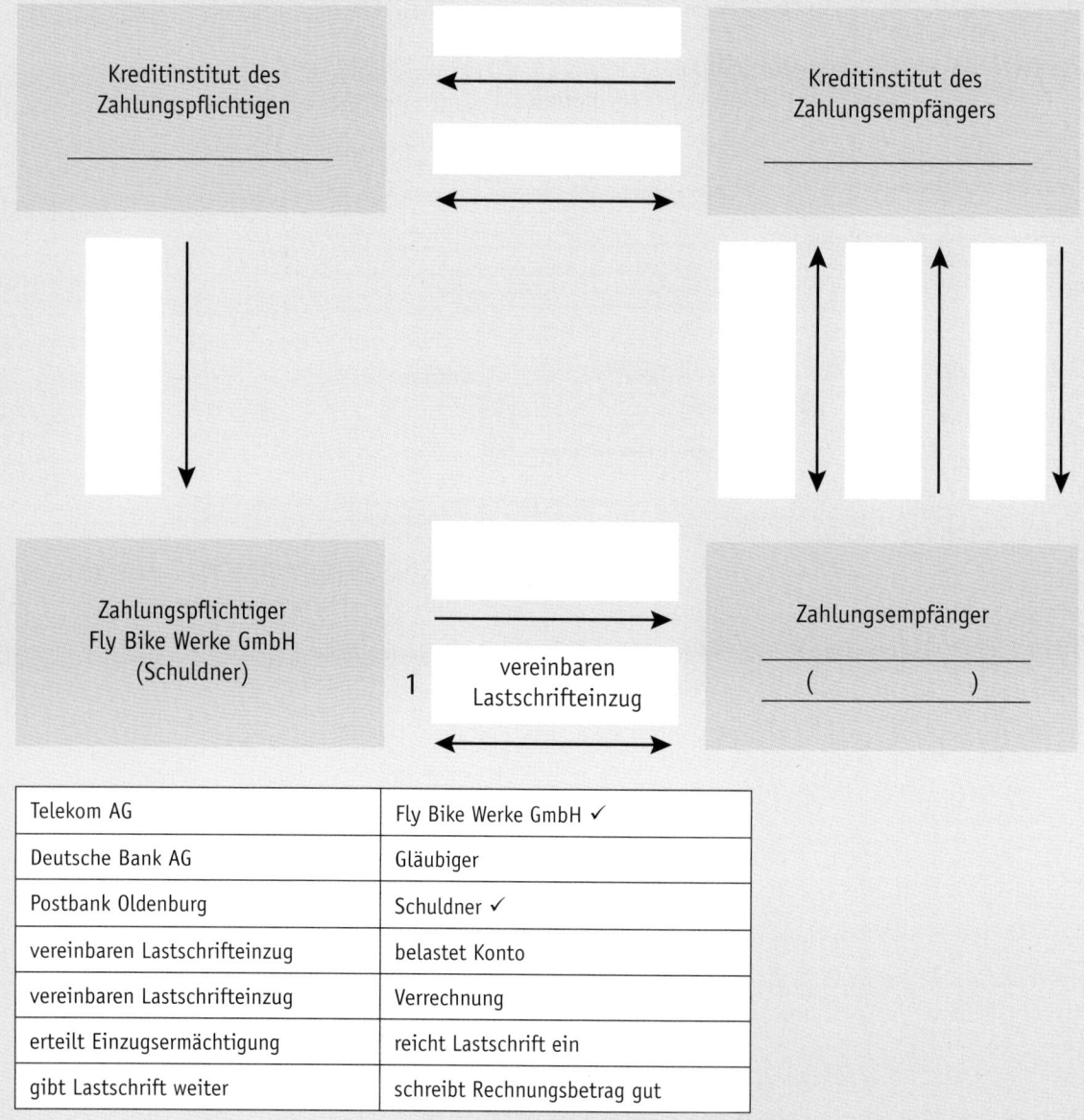

Telekom AG	Fly Bike Werke GmbH ✓
Deutsche Bank AG	Gläubiger
Postbank Oldenburg	Schuldner ✓
vereinbaren Lastschrifteinzug	belastet Konto
vereinbaren Lastschrifteinzug	Verrechnung
erteilt Einzugsermächtigung	reicht Lastschrift ein
gibt Lastschrift weiter	schreibt Rechnungsbetrag gut

Lastschriftverfahren: Abbuchungsauftrag

Aufgrund einer zusätzlichen Lagerhalle vergrößert sich der Stromverbrauch der Fly Bike Werke GmbH aus Oldenburg. Daher verhandelt Oliver Thüne, der Abteilungsleiter für Einkauf und Logistik der Fly Bike Werke GmbH, über einen neuen Vertrag mit dem aktuellen Stromanbieter, den Stadtwerken Oldenburg, um den Mehrbedarf als Verhandlungsargument für einen günstigeren Bezugspreis einzusetzen. Die Verhandlungen verlaufen positiv. Herr Thüne kann vereinbaren, dass sich der Preis ab dem 01.02.20XX je verbrauchte Kilowattstunde um 0,5 Cent verringert. Im Gegenzug wird für die Bezahlung der regelmäßig anfallenden Rechnungsbeträge das Lastschriftverfahren durch Abbuchungsauftrag vereinbart. Zum 01.02.20XX wird der Abbuchungsauftrag vom Konto bei der Landessparkasse zu Oldenburg eingerichtet. Die Stadtwerke Oldenburg verfügen über ein Konto bei der gleichen Bank.

11 Vervollständigen Sie das Schaubild unter Berücksichtigung der Reihenfolge der stattfindenden Handlungen. Beschriften Sie also zunächst in der Abbildung die grau hinterlegten Rechtecke mit den Namen der Beteiligten und ordnen Sie anschließend den Pfeilen die unten aufgeführten Kurztexte zu. Bringen Sie dann die Schritte in die richtige Reihenfolge (verwenden Sie hierfür bitte die Ziffern 1 bis 8).

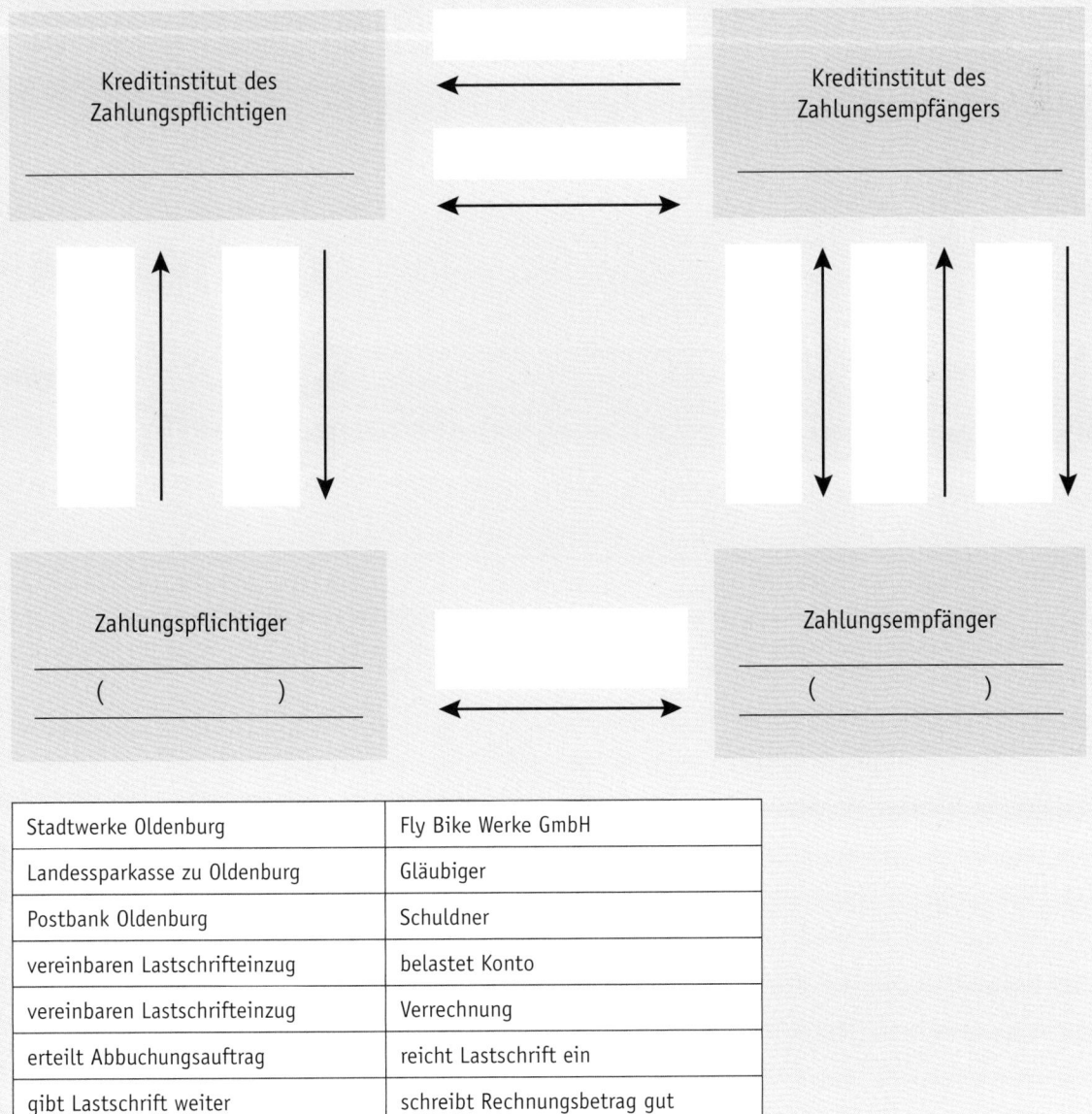

Stadtwerke Oldenburg	Fly Bike Werke GmbH
Landessparkasse zu Oldenburg	Gläubiger
Postbank Oldenburg	Schuldner
vereinbaren Lastschrifteinzug	belastet Konto
vereinbaren Lastschrifteinzug	Verrechnung
erteilt Abbuchungsauftrag	reicht Lastschrift ein
gibt Lastschrift weiter	schreibt Rechnungsbetrag gut

Zahlung mit Kreditkarte

Der Geschäftsführer der Fly Bike Werke GmbH Hans Peters zahlt auf einer Dienstreise seine Hotelrechnung mit der Firmenkreditkarte.

12 Ordnen Sie die unten stehenden Schritte den Pfeilen der Grafik zu, indem Sie zunächst die Schritte entsprechend der zeitlichen Abfolge nummerieren und dann die Pfeile mit der jeweils richtigen Nummer beschriften.

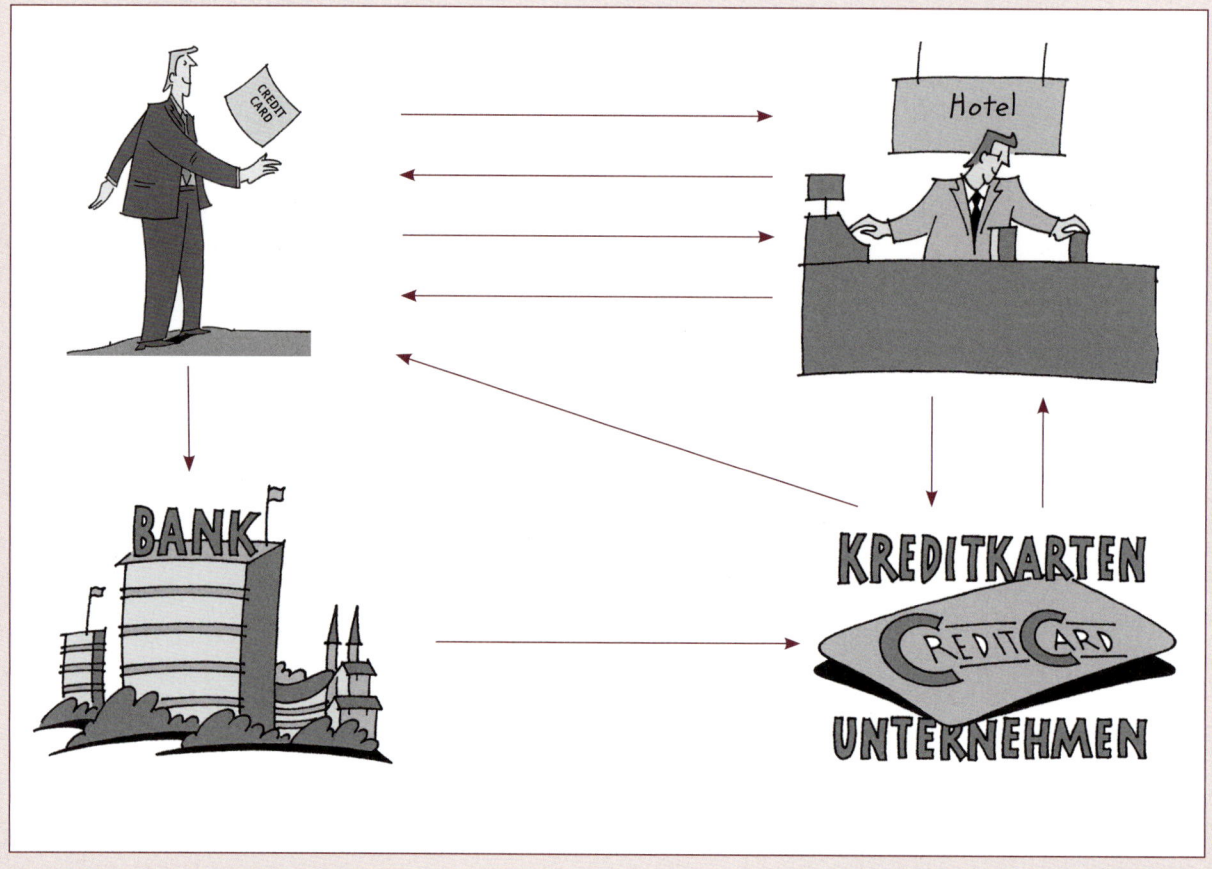

- [ ] Das Kreditkartenunternehmen erhält einmal im Monat vom Kundenkonto eine Überweisung in Höhe des monatlichen Abrechnungsbetrages. Meistens hat das Kreditkartenunternehmen hierfür eine Einzugsermächtigung für das Kundenkonto.

- [ ] Das Kreditkartenunternehmen erstellt monatlich eine Abrechnung für die Fly Bike Werke GmbH über die mit der Firmenkreditkarte getätigten Zahlungen.

- [ ] Der Hotelier überreicht Herrn Peters eine Kopie des Leistungsbeleges.

- [ ] Das Kreditkartenunternehmen überweist für die Fly Bike Werke GmbH den Rechnungsbetrag, abzüglich einer Provision, an das Hotel.

- [ ] Herr Peters übergibt die Kreditkarte, der Hotelier prüft die Karte und druckt einen Leistungsbeleg.

- [ ] Herr Peters leistet die Unterschrift auf dem Leistungsbeleg und übergibt diesen an den Hotelier.

- [ ] Die Buchhaltung der Fly Bike Werke GmbH sorgt für einen ausreichenden Kontostand bei der Hausbank.

- [ ] Der Hotelier überreicht Herrn Peters den Leistungsbeleg zur Prüfung und zur Unterschrift.

- [ ] Der Hotelier reicht den Leistungsbeleg beim Kreditkartenunternehmen ein. Dies ist eine Aufforderung zur Zahlung des Rechnungsbetrags.

Aufgaben

Aufgabe 1

a Erstellen Sie eine Übersicht über die möglichen Zahlungsarten, deren Merkmale und die jeweiligen Vor- und Nachteile für die Fly Bike Werke GmbH. Nutzen Sie dazu das folgende Schema.

Zahlungsart	Merkmale	Vorteile für die Fly Bike Werke GmbH	Nachteile für die Fly Bike Werke GmbH

b Entscheiden Sie anschließend begründet, welche dieser Zahlungsarten für die Fly Bike Werke GmbH grundsätzlich geeignet sind.

c Welche Zahlungsarten werden in Ihrem Unternehmen genutzt? Erklären Sie etwaige Unterschiede zu Ihren Ergebnissen aus Aufgabe b.

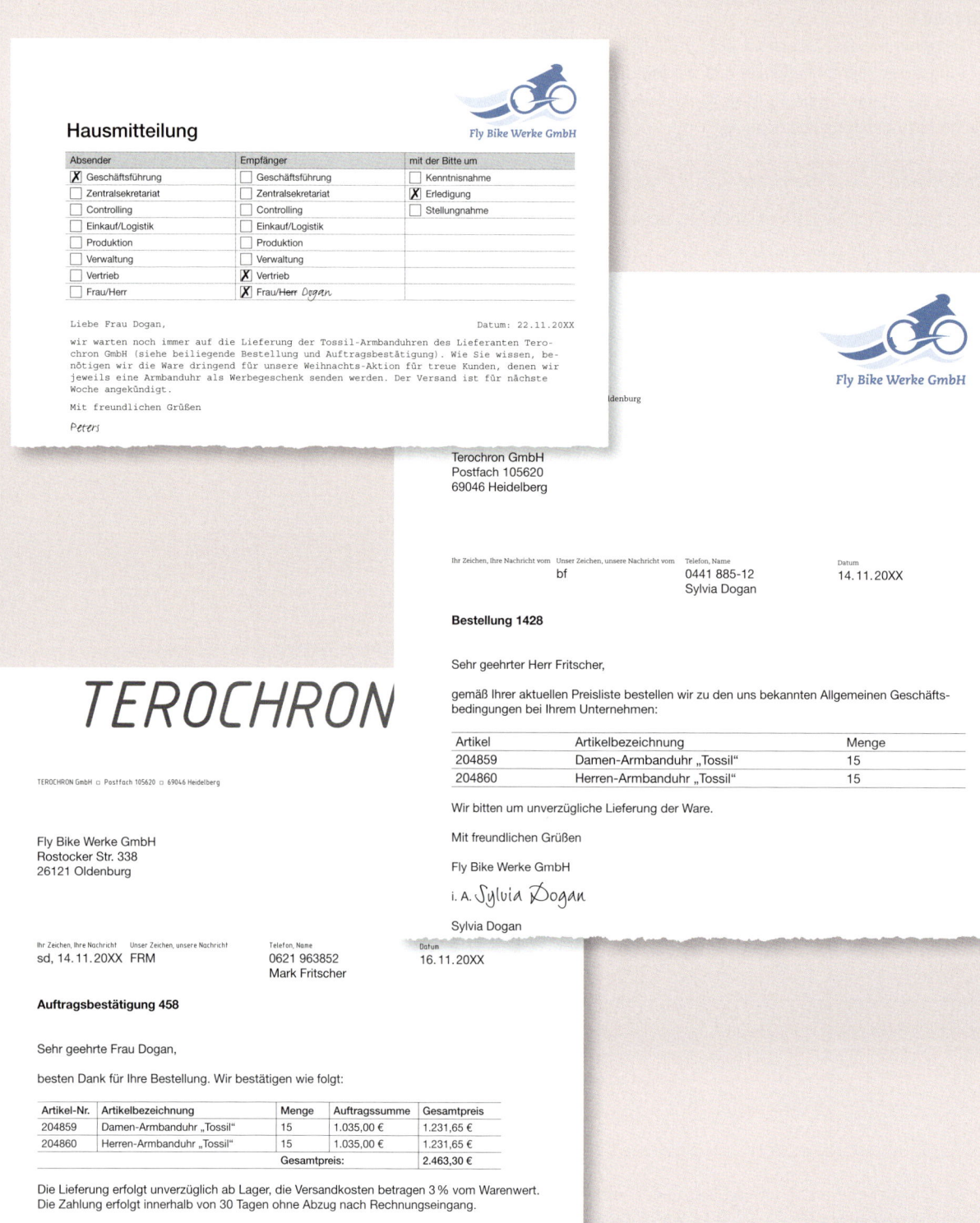

Hausmitteilung

Fly Bike Werke GmbH

Absender	Empfänger	mit der Bitte um
☒ Geschäftsführung	☐ Geschäftsführung	☐ Kenntnisnahme
☐ Zentralsekretariat	☐ Zentralsekretariat	☒ Erledigung
☐ Controlling	☐ Controlling	☐ Stellungnahme
☐ Einkauf/Logistik	☐ Einkauf/Logistik	
☐ Produktion	☐ Produktion	
☐ Verwaltung	☐ Verwaltung	
☐ Vertrieb	☒ Vertrieb	
☐ Frau/Herr	☒ Frau/~~Herr~~ Dogan	

Liebe Frau Dogan,

Datum: 22.11.20XX

wir warten noch immer auf die Lieferung der Tossil-Armbanduhren des Lieferanten Terochron GmbH (siehe beiliegende Bestellung und Auftragsbestätigung). Wie Sie wissen, benötigen wir die Ware dringend für unsere Weihnachts-Aktion für treue Kunden, denen wir jeweils eine Armbanduhr als Werbegeschenk senden werden. Der Versand ist für nächste Woche angekündigt.

Mit freundlichen Grüßen

Peters

Fly Bike Werke GmbH

...oldenburg

Terochron GmbH
Postfach 105620
69046 Heidelberg

Ihr Zeichen, Ihre Nachricht vom	Unser Zeichen, unsere Nachricht vom	Telefon, Name	Datum
	bf	0441 885-12 Sylvia Dogan	14.11.20XX

Bestellung 1428

Sehr geehrter Herr Fritscher,

gemäß Ihrer aktuellen Preisliste bestellen wir zu den uns bekannten Allgemeinen Geschäftsbedingungen bei Ihrem Unternehmen:

Artikel	Artikelbezeichnung	Menge
204859	Damen-Armbanduhr „Tossil"	15
204860	Herren-Armbanduhr „Tossil"	15

Wir bitten um unverzügliche Lieferung der Ware.

Mit freundlichen Grüßen

Fly Bike Werke GmbH

i. A. Sylvia Dogan

Sylvia Dogan

TEROCHRON

TEROCHRON GmbH □ Postfach 105620 □ 69046 Heidelberg

Fly Bike Werke GmbH
Rostocker Str. 338
26121 Oldenburg

Ihr Zeichen, Ihre Nachricht	Unser Zeichen, unsere Nachricht	Telefon, Name	Datum
sd, 14.11.20XX	FRM	0621 963852 Mark Fritscher	16.11.20XX

Auftragsbestätigung 458

Sehr geehrte Frau Dogan,

besten Dank für Ihre Bestellung. Wir bestätigen wie folgt:

Artikel-Nr.	Artikelbezeichnung	Menge	Auftragssumme	Gesamtpreis
204859	Damen-Armbanduhr „Tossil"	15	1.035,00 €	1.231,65 €
204860	Herren-Armbanduhr „Tossil"	15	1.035,00 €	1.231,65 €
			Gesamtpreis:	2.463,30 €

Die Lieferung erfolgt unverzüglich ab Lager, die Versandkosten betragen 3 % vom Warenwert. Die Zahlung erfolgt innerhalb von 30 Tagen ohne Abzug nach Rechnungseingang.

Mit freundlichen Grüßen

Terochron GmbH

i. A. Fritscher

Fritscher

---

1 Prüfen Sie, ob in dem vorliegenden Fall ein Lieferungsverzug vorliegt. Begründen Sie Ihre Entscheidung.

2 Schlagen Sie die weitere Vorgehensweise vor.

3 Schreiben Sie einen Brief an den Lieferanten, die Terochron GmbH, in dem Sie die Rechte der Fly Bike Werke GmbH in Anspruch nehmen.

Arbeitsblatt 20.1: Lieferungsverzug

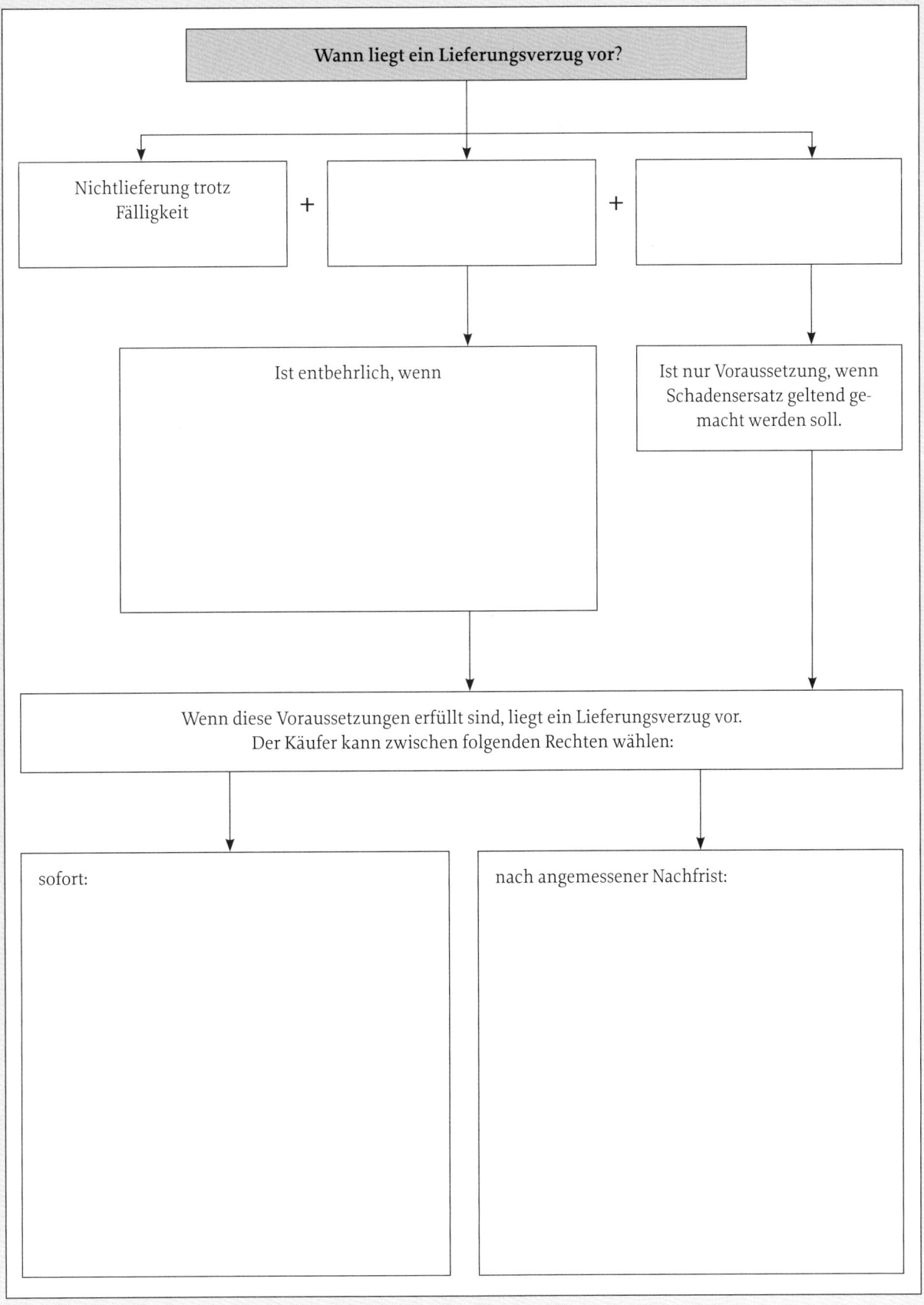

Wann liegt ein Lieferungsverzug vor?

Nichtlieferung trotz Fälligkeit + +

Ist entbehrlich, wenn

Ist nur Voraussetzung, wenn Schadensersatz geltend gemacht werden soll.

Wenn diese Voraussetzungen erfüllt sind, liegt ein Lieferungsverzug vor.
Der Käufer kann zwischen folgenden Rechten wählen:

sofort:

nach angemessener Nachfrist:

Aufgaben

Aufgabe 1

Zählen Sie die Gründe dafür auf, wann bei einem Lieferungsverzug auf eine Mahnung verzichtet werden kann.

Aufgabe 2

Prüfen Sie in den unten aufgeführten Fällen, ob der Käufer eine Mahnung schreiben muss. Gehen Sie davon aus, dass die Lieferung zum vereinbarten Zeitpunkt nicht stattgefunden hat.

Fall	Mahnung ja/nein	Begründung
a Der Lieferant Werdie benachrichtigt seinen Käufer, dass er nicht liefern kann.		
b „Die Lieferung der Stahlrohre erfolgt frühestens Mitte Februar." (vertraglich vereinbart)		
c „Die Lieferung erfolgt am 17. Dezember." (vertraglich vereinbart)		
d Die Fly Bike Werke GmbH bestellt für die Weihnachtsfeier Schokoladenweihnachtsmänner und erwartet diese etwa eine Woche vor dem 6. Dezember. Die Ware wird nicht geliefert.		
e „Die Lieferung erfolgt am 02. April 20XX fix." (vertraglich vereinbart)		
f Die Fly Bike Werke GmbH erwartet die Lieferung von Beleuchtungssystemen Anfang März.		
g Sie bestellen eine Wasserpumpe, denn ein nahe gelegener Fluss führt Hochwasser. Der Installateur verspricht sofortige Lieferung, aber die Wasserpumpe wird nicht geliefert.		

Aufgabe 3

Laut Kaufvertrag vom 21. August 20XX soll der Verkäufer Schwalle KG an den Käufer Fly Bike Werke GmbH 400 Spezialreifen liefern. Lieferungsbedingung: schnellstmöglich. Am 16. September 20XX ist die Lieferung noch immer nicht eingetroffen. Die Fly Bike Werke GmbH benötigt die Reifen dringend, möchte allerdings nicht auf einen anderen Lieferanten ausweichen. Welche Rechte kann sie geltend machen und welche Voraussetzungen muss sie dabei beachten?

Aufgabe 4

Der Kunde Fly Bike Werke GmbH vereinbarte im Kaufvertrag mit dem Verkäufer Marcus Mayer die Lieferung von 15 Druckern. Im Kaufvertrag wurde kein Liefertermin angegeben. Marcus Mayer vereinbarte mit einem anderen Käufer einen viel höheren Preis und weigert sich nun, die Drucker an die Fly Bike Werke GmbH auszuhändigen.

Prüfen Sie, ob

a Fälligkeit und Verschulden vorliegen,

b eine Nachfrist gesetzt werden muss und

c welche Rechte der Kunde in Anspruch nehmen kann.

Aufgabe 5

Laut Kaufvertrag sollte der Verkäufer Max Recht an die Kundin Islah Yamel 15 PCs liefern. Lieferungsbedingung: spätestens bis zum 05. März 20XX. Nachdem die Lieferung am 15. März 20XX noch immer nicht eingetroffen ist, teilt Islah Yamel mit, dass sie ohne Nachfristsetzung sofort vom Kaufvertrag zurücktreten möchte. Max Recht lehnt dies ab: „In meinem Betrieb wird gestreikt. Ich verspreche Ihnen, ich werde in den nächsten drei Tagen liefern."

Prüfen Sie, ob

a Fälligkeit und Verschulden vorliegen,

b eine Nachfrist gesetzt werden muss und

c welche Rechte die Kundin in Anspruch nehmen kann.

Aufgabe 6

Überprüfen Sie in den folgenden Fällen, ob ein Lieferungsverzug vorliegt, und begründen Sie Ihre Entscheidung.

a Die Lieferbedingungen eines Stammlieferanten sind seit Jahren immer drei Wochen; plötzlich liefert er erst nach fünf Wochen (feste Liefertermine waren nie vereinbart).

b Der Verkäufer Bart kann eine bei ihm speziell hergestellte Maschine nicht liefern, weil die Lagerhalle abgebrannt ist.

c Durch einen nicht verschuldeten Verkehrsunfall eines Mitarbeiters kann der Verkäufer die bestellte Ware nicht pünktlich ausliefern.

d Durch einen verschuldeten Verkehrsunfall eines Mitarbeiters kann der Verkäufer die bestellte Ware (Originalbild eines Künstlers für das Büro des Geschäftsführers) nicht pünktlich ausliefern.

Aufgabe 7

Sabine Pilz feiert am 27. August 20XX ihren 40. Geburtstag. Sie lädt viele Freunde ein und bestellt 15 Kisten Prosecco. Der Verkäufer Kretz hat noch nicht geliefert. Unterdessen sind die Proseccopreise massiv gestiegen. Sabine Pilz bangt um die Kosten für ihre Feier und kauft bei einem anderen Händler ein, der den Prosecco billiger anbietet. Sie informiert darüber den Verkäufer Kretz. Dieser ist ziemlich erbost und verlangt die Abnahme der bestellten 15 Kisten mit der Begründung, dass Frau Pilz keine Nachfrist gesetzt hat.

Analysieren Sie die Rechtslage und begründen Sie Ihre Entscheidung.

Aufgabe 8

Auszug aus einem Kaufvertrag zwischen der Hopfen GmbH und der Brauerei Umtrunk OHG: „Wenn der vereinbarte Liefertermin nicht eingehalten wird, so zahlt die Hopfen GmbH an die Umtrunk OHG für jede Woche Lieferungsverzug Verzugszinsen in Höhe von 0,7 % der Rechnungssumme …"

Klären Sie die Vorteile dieser vertraglichen Vereinbarung gegenüber der gesetzlichen Vereinbarung beim Lieferungsverzug.

Aufgabe 9

Die Möbelbau KG bestellt fix 1000 „Spanplatten Extrabreit" bei ihrem Stammlieferanten für den 10. Dezember 20XX zum Preis von 6.100,00 €. Am 13. Dezember ist die Lieferung noch immer nicht eingetroffen. Die Möbelbau KG hat zwischenzeitlich bei einem preisgünstigeren Lieferanten bestellt.

Prüfen Sie, ob

a Fälligkeit und Verschulden vorliegen,

b eine Nachfrist gesetzt werden muss und

c welche Rechte der Kunde in Anspruch nehmen kann.

d Formulieren Sie einen Brief an den nachlässigen Lieferanten.

Sie arbeiten zurzeit in der Abteilung Einkauf der Fly Bike Werke GmbH und erhalten mit Beginn des heutigen Arbeitstages folgende Belege zur Bearbeitung.

UNION ELEKTRO AG

Fly Bike Werke GmbH
Rostocker Str. 334
26121 Oldenburg

Lieferschein Nr. 2398

Kunden-Nr.	Bestellung	Bestelldatum	Auftragsbestätigung	Lieferdatum	
2-012	70	22.03.20XX	2398	27.03.20XX	
Pos.-Nr.	**Artikel-Nr.**	**Artikelbezeichnung**		**Menge**	**Einheit**
1	55-00	Komponentenset Beleuchtung		1000	Stück
Vesandart:	**Wir bestätigen die ordnungsgemäße Lieferung/Datum**			**Name**	
Selbstabholer	*siehe Prüfbericht*	27. 03. 20XX			

Fly Bike Werke GmbH

Prüfbericht

Lieferant: **Union Elektro AG**

Prüfbericht	Prüfdatum	Lieferdatum
75	27.03.20XX	27.03.20XX
Artikel Nr.	Artikelbezeichnung	Liefermenge
55-00	Komponentenset Beleuchtung	1 000 Stück
Bestell-Nr.		Verpackungseinheiten
70		20 Kartons

Prüfergebnis:
Es wurden 10 Kartons geöffnet und überprüft. Sämtliche geprüften Rücklichter weisen Risse im Gehäuse auf. Es ist zu vermuten, dass die gesamte Lieferung für die Produktion nicht geeignet ist.

Datum	Unterschrift	
27.03.20XX	*Wolf*	

1 Welches Recht bzw. welche Rechte sollte die Fly Bike Werke GmbH nach Ihrer Meinung in dem vorliegenden Fall geltend machen? Begründen Sie Ihre Entscheidung.

2 Schreiben Sie einen Brief an den Lieferanten, in dem Sie die Rechte der Fly Bike Werke GmbH in Anspruch nehmen. Nutzen Sie dazu auch die Lieferantenliste auf Seite 14.

Vorlage: Geschäftsbrief der Fly Bike Werke GmbH

Fly Bike Werke GmbH

FBW GmbH • Rostocker Str. 334 • 26121 Oldenburg

Ihr Zeichen, Ihre Nachricht vom	Unser Zeichen, unsere Nachricht vom	Telefon, Name	Datum

---

Fly Bike Werke GmbH
Rostocker Str. 334
26121 Oldenburg

www.flybike-werke.de
mail@flybike-werke.de

Geschäftsführer
Hans Peters

Tel. 0441 88592-0
Fax 0441 88592-11

Bankverbindung
Landessparkasse zu Oldenburg
BLZ 280 501 00
Kto.-Nr. 112 326 444
IBAN DE86 2805 0100 0112 3264 44
BIC BRLADE21LZO

Handelsregister
Amtsgericht Oldenburg
HR Oldenburg B 2134

Steuer Nr. 112/8870/0057
USt-Id.-Nr. DE236667691

Arbeitsblatt 21.1: Mängelarten nach ihrer Beschaffenheit

Untersuchen Sie mithilfe des BGB (§§ 434 und 435) folgende Sachverhalte aus dem betrieblichen Alltag der Fly Bike Werke GmbH. Ordnen Sie die entsprechende Mängelart zu, erläutern Sie diese kurz und beschreiben Sie, welche Rechte geltend gemacht werden können.

Sachverhalt	Mängelart	Erläuterung lt. BGB	Rechte des Anspruchnehmers
Statt der 50 Shirts STEFF superfast hat die Cycle-Tools-Import GmbH 50 Jacketts STEFF superfest geliefert.			
Die Tamino Deutschland GmbH lieferte statt der vereinbarten 150 Bremsen für das Mountain-Bike „Mountain *Dispo*" nur 100 Stück.			
Die von der Fly Bike Werke GmbH bezogenen Fahrradanhänger des Modells Sven sind nicht geländetauglich.			
Ein für den Verwaltungsbereich der Fly Bike Werke GmbH beschaffter neuer Drucker weist statt der vereinbarten Druckgeschwindigkeit von 30 Blatt pro Minute eine tatsächliche Geschwindigkeit von 10 Blatt pro Minute auf.			
Der neue Chefsessel im Büro von Hans Peters lässt sich trotz Montage durch die Spezialfirma Office Wonder in der Höhe nicht verstellen.			
Der Lieferant Color GmbH bietet in seinem Verkaufsprospekt seine Lacke mit Metallic-Effekt an. Diese Aussage bestätigte sich bei der Anwendung dieser Lacke nicht.			
Im Einkaufsbereich der Fly Bike Werke GmbH sollte eine kleine Teeküche eingerichtet werden. Um Kosten zu sparen, kaufte man diese bei der Firma CHEF- Möbel zur Selbstmontage. Die Montageanleitung war in 10 Sprachen vorhanden, leider nicht in deutscher Sprache.			
Die Fly Bike Werke GmbH kauften vom PKW- Händler Hein Listig einen gebrauchten Geschäftswagen. Im Nachhinein stellte sich heraus, dass gegen Herrn Listig bereits ein Insolvenzverfahren lief und er zum Verkauf des PKW nicht mehr berechtigt war.			

Arbeitsblatt 21.2: Mängelarten nach Erkennbarkeit und Umfang

	Mängelart	Definition	Beispiel
nach Erkennbarkeit	offener Mangel		Bei einem vor wenigen Wochen gekauften Fahrrad blättert der Lack vom Gestell.
		Dem Verkäufer ist ein Mangel an der Sache bekannt und er verheimlicht ihn gegenüber dem Käufer.	
nach Umfang	erheblicher Mangel		
		Der vorliegende Mangel hat auf die Verwendung der Sache keinen großen Einfluss.	

Arbeitsblatt 21.3: Mangelhafte Lieferung – Rechte des Käufers

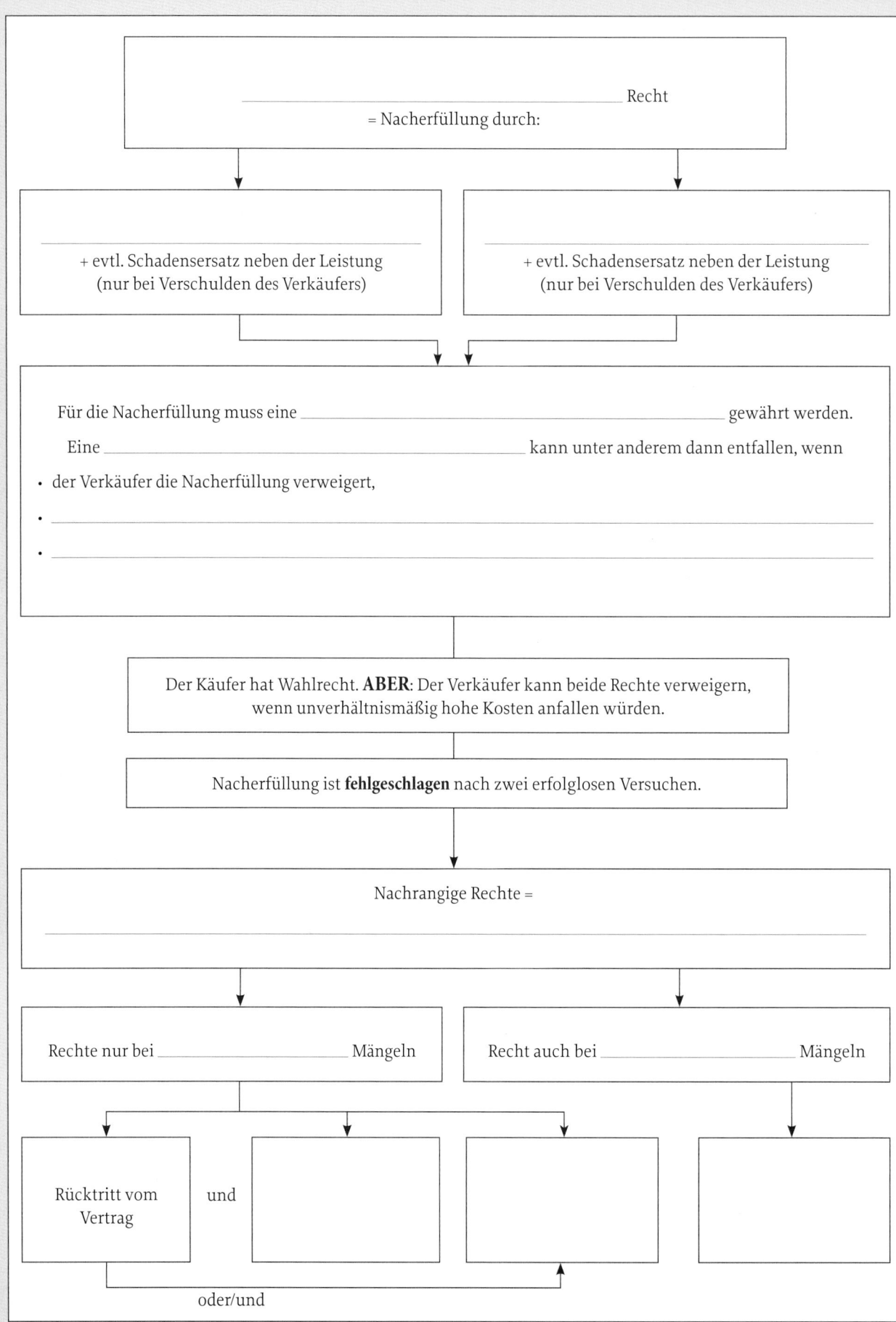

_____ Recht
= Nacherfüllung durch:

+ evtl. Schadensersatz neben der Leistung
(nur bei Verschulden des Verkäufers)

+ evtl. Schadensersatz neben der Leistung
(nur bei Verschulden des Verkäufers)

Für die Nacherfüllung muss eine _____ gewährt werden.

Eine _____ kann unter anderem dann entfallen, wenn

• der Verkäufer die Nacherfüllung verweigert,

• _____

• _____

Der Käufer hat Wahlrecht. **ABER**: Der Verkäufer kann beide Rechte verweigern,
wenn unverhältnismäßig hohe Kosten anfallen würden.

Nacherfüllung ist **fehlgeschlagen** nach zwei erfolglosen Versuchen.

Nachrangige Rechte =

_____

Rechte nur bei _____ Mängeln

Recht auch bei _____ Mängeln

Rücktritt vom
Vertrag

und

oder/und

Arbeitsblatt 21.4: Mangelhafte Lieferung – zu beachtende Fristen

Gewährleistungsfristen bei mangelhafter Lieferung			
Gewährleistungsfrist	tritt ein ...	Fristbeginn	Beispiel
		mit Ablieferung/Aushändigung der Ware	
	wenn ein Mangel arglistig verschwiegen wurde		
			Zwei Monate nach Bezug des Eigenheims entdeckt Familie Kayser, dass sich große Schimmelflecken an den Kellerwänden gebildet haben.
30 Jahre			

Pflichten des Käufers bei Verbrauchsgüterkauf und zweiseitigem Handelskauf		
Pflicht des Käufers	Verbrauchsgüterkauf	zweiseitiger Handelskauf
Prüfpflicht		
Rügepflicht a) offener Mangel		
b) versteckter Mangel		
c) arglistig verschwiegener Mangel	innerhalb von 3 Jahren	unverzüglich nach Entdeckung; innerhalb von 3 Jahren

Aufgaben

Aufgabe 1
Erläutern Sie, welche Gewährleistungsansprüche das BGB dem Käufer beim Verbrauchsgüterkauf einräumt.

Aufgabe 2
Grenzen Sie Garantie und gesetzliche Gewährleistungspflicht ab.

Aufgabe 3
Was versteht man unter der „IKEA-Klausel"?

Aufgabe 4
Die Fly Bike Werke GmbH kauft vom Computerhändler „Super-DV" ein Multifunktionsgerät zum Drucken, Scannen und Kopieren. Beim Auspacken bemerkt die zuständige Lagerarbeiterin Kratzer an der Seitenfläche des Multifunktionsgeräts. Klären Sie, ob die Fly Bike Werke GmbH Nachbesserung und/oder Neulieferung verlangen kann.

Aufgabe 5
Hausfrau Marga Sorglos kauft sich im Schlussverkauf ein Paar Winterstiefel. Zu Hause stellt sie Farbflecken auf dem Leder fest, die ihr aufgrund der Lichtverhältnisse im Geschäft nicht aufgefallen waren. Klären Sie die Rechtslage.

Aufgabe 6
Die Fly Bike Werke GmbH erwirbt Ende Juni 20XX vom Autohändler Mario Flauti einen neuen Geschäftswagen. Anfang Juli 20XX ist der Abteilungsleiter Einkauf Oliver Thüne damit auf einer Dienstreise. Da eine Hitzeperiode die Temperaturen auf 30° Celsius hat steigen lassen, schaltet Herr Thüne in der Hoffnung auf baldige Abkühlung die Klimaanlage ein. Vergeblich – denn diese funktioniert nicht.
a Stellen Sie fest, ob ein Mangel vorliegt und, wenn ja, welcher Art dieser Mangel ist.
b Entscheiden Sie, ob der Mangel behebbar ist.
c Welche vorrangigen Rechte hat damit die Fly Bike Werke GmbH? Für welche Option würden Sie sich als Vertreter der Fly Bike Werke GmbH entscheiden? Begründen Sie Ihre Entscheidung kurz.
d In welchem Fall kann die Fly Bike Werke GmbH welche nachrangigen Rechte in Anspruch nehmen? Für welche Option würden Sie sich als Vertreter der Fly Bike Werke GmbH entscheiden? Begründen Sie Ihre Entscheidung kurz.

Aufgabe 7
Hobbygärtner Gerd Fröhlich kauft im Baumarkt „Selfmademan" am 10.10.20X1 einen Laubsauger. Infolge eines Produktionsfehlers versagt der Motor am 19.11.20X2. Herr Fröhlich verlangt einen neuen Laubsauger, der Baumarkt beruft sich auf Verjährung. Klären Sie die Rechtslage.

Aufgabe 8
Privatmann Julius Krause kauft sich beim Fahrradhändler „City-Bike" ein neues Fahrrad. Zwei Monate nach Erhalt des Fahrrads streikt die Schaltung. Es ist nicht feststellbar, ob der Mangel aufgrund eines Materialfehlers bereits bei Übergabe vorhanden war oder auf fehlerhaftes Fahrverhalten von Herrn Krause zurückzuführen ist. Begründen Sie, ob Herr Krause Gewährleistungsrechte geltend machen kann.

Aufgabe 9
Herr Bärlauch kauft am 16. Juni 20X5 eine Stichsäge. Am 21. Juni 20X8 reklamiert Herr Bärlauch beim Händler einen erheblichen Mangel an der Stichsäge, der erwiesenermaßen bereits bei der Übergabe bestand, allerdings von Herrn Bärlauch erst am 21. Juni 20X8 erkannt wurde. Klären Sie
a die regelmäßige kaufrechtliche Gewährleistungsfrist,
b das Verjährungsdatum für die Gewährleistungsansprüche von Herrn Bärlauch,
c das Ergebnis für Herrn Bärlauch.

Aufgabe 10
Die Firma „PeopleCar" bewirbt ihren neuen Kleinwagen „Chicolino" mit der Werbeaussage: „Fahren Sie mit Komfort und durchschnittlich nur 4 Litern pro 100 Kilometer." Erna Schick kauft sich daraufhin den Wagen. Nach Aussagen ihres Bordcomputers und Kontrolle ihrer Tankhäufigkeit muss sie feststellen, dass der tatsächliche Verbrauch bei 7,5 Litern liegt. Klären Sie, welche Rechte Frau Schick zustehen.

Aufgabe 11
Am 20. Juli 20X1 lässt die Möbelbau-GmbH eine umfassende Sanierung des Lagerdachs durchführen. Am 30. Juli 20X6 stellt sie erhebliche Mängel fest, die durch fehlerhafte Sanierungsarbeiten bedingt sind. Klären Sie, ob die Mängelansprüche der Möbelbau-GmbH verjährt sind.

Aufgabe 12
Die Kundin Miriam Fuchs kauft am 20. Oktober 20X3 eine Waschmaschine, die am gleichen Tag angeliefert wird. Der Verkäufer Bau verschweigt arglistig einen Mangel an dieser Maschine. Miriam Fuchs entdeckt den Mangel am 20. Dezember 20X6 und macht selbstverständlich Gewährleistungsansprüche geltend. Wie ist die Rechtslage für Frau Fuchs?

Die Fly Bike Werke GmbH gewinnt immer mehr Kunden in den südlichen Bundesländern Baden-Württemberg und Bayern, die das Sortiment und das Preis-Leistungs-Verhältnis sehr schätzen. Diese Kunden legen jedoch besonderen Wert auf eine schnelle Lieferung, um den eigenen Lagerbestand möglichst gering zu halten. Diesen Anforderungen konnte die Fly Bike Werke GmbH in den letzten Monaten nicht immer gerecht werden, weil der Lkw auf den Autobahnen zu oft im Stau stand. Herr Peters, der Geschäftsführer der Fly Bike Werke GmbH, überlegt nun, als Service für diese wichtigen Kunden ein dezentrales Lager im Raum Stuttgart/Esslingen einzurichten. In diesem Lager sollte Platz für durchschnittlich 1 000 Fahrräder sein, die in Kartons zu jeweils drei Stück auf einer Gitterboxpalette verpackt werden. Einschließlich der freizuhaltenden Wegeflächen ist bei einfacher Stapelung mit einem Platzbedarf von 1,1 m² pro Palette zu rechnen.

In diesem Zusammenhang stellt sich die Frage, ob die Fly Bike Werke GmbH ein eigenes Lager in einer gemieteten Lagerhalle im Raum Stuttgart einrichten oder das günstigste Angebot eines Lagerhalters in Esslingen annehmen sollte:

Von: m.wilker@store-go.esslingen.de
An: h.peters@flybike-werke.de
Betreff: Angebot Lagerplatz in Esslingen
Datum: 17.09.20XX

Sehr geehrter Herr Peters,

vielen Dank für Ihr Interesse! Einen für Ihre Zwecke geeigneten Lagerplatz berechnen wir mit 30,00 €/m² monatlich (inkl. Mehrwertsteuer).

Mit freundlichen Grüßen

Store & Go Esslingen

Martin Wilker

Store & Go Esslingen
Stuttgarter Str. 85
73734 Esslingen
www.store-go.de

Für eine dezentrale Eigenlagerung besonders geeignet wäre ein Objekt in einem Stuttgarter Gewerbegebiet:

Von: o.thuene@flybike.de
An: h.peters@flybike-werke.de
Betreff: Lagerhalle in Stuttgart
Datum: 18.09.20XX

Lieber Herr Peters,

im Anhang dieser Mail finden Sie das günstigste Angebot, das ich bislang ermitteln konnte. Zu beachten ist, dass die Verbrauchskosten (Materialien, Telefon, PC-Leasing usw.) bei 6,50 € pro Monat und genutztem m² liegen würden. Für den Einsatz von zwei Lagerfachkräften sollten wir jeweils 1.950,00 € Personalkosten monatlich kalkulieren. Die Versicherung würde 1.200,00 €/Jahr kosten.

Viele Grüße

Oliver Thüne

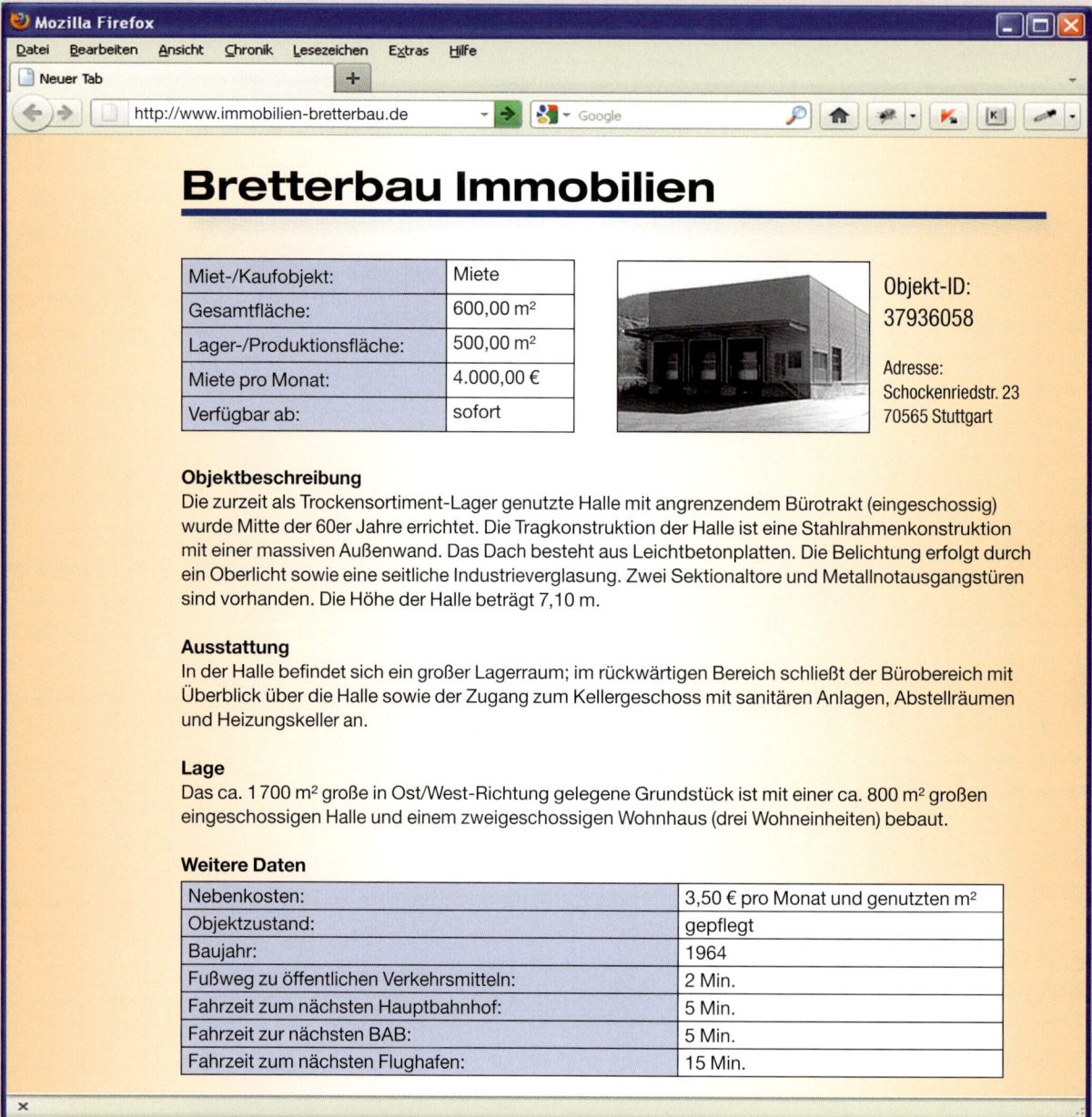

Bretterbau Immobilien

Miet-/Kaufobjekt:	Miete
Gesamtfläche:	600,00 m²
Lager-/Produktionsfläche:	500,00 m²
Miete pro Monat:	4.000,00 €
Verfügbar ab:	sofort

Objekt-ID:
37936058

Adresse:
Schockenriedstr. 23
70565 Stuttgart

Objektbeschreibung
Die zurzeit als Trockensortiment-Lager genutzte Halle mit angrenzendem Bürotrakt (eingeschossig) wurde Mitte der 60er Jahre errichtet. Die Tragkonstruktion der Halle ist eine Stahlrahmenkonstruktion mit einer massiven Außenwand. Das Dach besteht aus Leichtbetonplatten. Die Belichtung erfolgt durch ein Oberlicht sowie eine seitliche Industrieverglasung. Zwei Sektionaltore und Metallnotausgangstüren sind vorhanden. Die Höhe der Halle beträgt 7,10 m.

Ausstattung
In der Halle befindet sich ein großer Lagerraum; im rückwärtigen Bereich schließt der Bürobereich mit Überblick über die Halle sowie der Zugang zum Kellergeschoss mit sanitären Anlagen, Abstellräumen und Heizungskeller an.

Lage
Das ca. 1 700 m² große in Ost/West-Richtung gelegene Grundstück ist mit einer ca. 800 m² großen eingeschossigen Halle und einem zweigeschossigen Wohnhaus (drei Wohneinheiten) bebaut.

Weitere Daten

Nebenkosten:	3,50 € pro Monat und genutzten m²
Objektzustand:	gepflegt
Baujahr:	1964
Fußweg zu öffentlichen Verkehrsmitteln:	2 Min.
Fahrzeit zum nächsten Hauptbahnhof:	5 Min.
Fahrzeit zur nächsten BAB:	5 Min.
Fahrzeit zum nächsten Flughafen:	15 Min.

Von: h.peters@flybike-werke.de
An: o.thuene@flybike-werke.de; c.steffes@flybike-werke.de
Betreff: Eigen- oder Fremdlager?
Datum: 19.09.20XX

Lieber Herr Thüne, lieber Herr Steffes,

in der Frage des dezentralen Lagers drängt die Zeit. Sollen wir das Angebot von Store & Go annehmen oder lieber das Objekt im Stuttgarter Gewerbegebiet anmieten? Bitte machen Sie mir bis morgen einen begründeten Vorschlag.

Vielen Dank!

H. Peters

1 Erläutern Sie die Funktionen eines Lagers.
   a Welche Funktionen soll das geplante Lager in Süddeutschland für die Fly Bike Werke GmbH erfüllen?
   b Welche weiteren Funktionen kann ein Lager für einen Industriebetrieb grundsätzlich erfüllen?

2 Finden Sie heraus, welche der beiden Möglichkeiten (Eigen- oder Fremdlagerung) unter Kostengesichtspunkten die günstigere ist.

a Berechnen Sie die benötigte Lagerfläche in m².

b Bestimmen Sie die Lagerfläche, bei der die Kosten der Fremdlagerung genauso hoch sind wie die Kosten eines eigenen Lagers (= kritische Lagerfläche). Nutzen Sie zur grafischen Darstellung das Arbeitsblatt 22.1.

c Wie viele Fahrräder könnten auf dieser Fläche gelagert werden (= kritische Lagermenge)?

d Für welche der untersuchten Möglichkeiten spricht Ihr Ergebnis? Begründen Sie.

3 Führen Sie mithilfe von Arbeitsblatt 22.2 eine Nutzwertanalyse durch. Für welche der untersuchten Möglichkeiten (Eigen- oder Fremdlagerung) spricht dieses Ergebnis?

4 Für welche der untersuchten Möglichkeiten (Eigen- oder Fremdlagerung) würden Sie sich unter Berücksichtigung Ihrer Ergebnisse zu den Arbeitsaufträgen 2 und 3 entscheiden? Begründen Sie Ihre Entscheidung.

5 Auch das Lager der Fly Bike Werke GmbH in Oldenburg beschäftigt Herrn Peters, weil er zunehmende Zweifel an dessen Wirtschaftlichkeit hat. Deshalb schickt er die folgende E-Mail an Herrn Thüne, den Abteilungsleiter Logistik:

Von: h.peters@flybike-werke.de
An: o.thuene@flybike-werke.de
Betreff: Außerordentliche Abteilungsleiterkonferenz
Datum: 10.01.20XX

Lieber Herr Thüne,

wie Sie wissen, findet nächste Woche eine wichtige Abteilungsleitersitzung statt. Tagesordnungspunkt ist die Senkung der Lagerkosten. Hierzu muss auch die Wirtschaftlichkeit unseres Lagers in Oldenburg überprüft werden. Um diese richtig einzuschätzen, sind die Lagerkennzahlen für die Warengruppe „Montain-Bike" am Beispiel unseres Modells „Mountain *Dispo*" zu ermitteln und mit den Branchenwerten zu vergleichen.

Der Branchenwert für die durchschnittliche Lagerdauer ist 24 Tage, bei der Lagerreichweite beträgt er 10 Tage. Was die Lagerzinsen betrifft, liegt der aktuelle Marktzinssatz bei 7 %.

Vielen Dank

H. Peters

a Ermitteln Sie für den Artikel „Mountain *Dispo*" alle wichtigen Lagerkennzahlen. Nutzen Sie hierfür die Lagerfachkarte und die Arbeitsblätter 22.3 und 22.4.

b Vergleichen Sie Ihre Ergebnisse mit den Branchenwerten und beurteilen Sie die Werte.

c Machen Sie konkrete Vorschläge, wie die Fly Bike Werke GmbH die Lagerkennzahlen verbessern kann.

Lagerfachkarte

Artikelbezeichnung **Mountain *Dispo***		Artikelnummer **301**	Herstellungskosten **290,00 €**	
Mindestbestand **10 Stück**		Meldebestand **20 Stück**	Höchstbestand **100 Stück**	
Datum	**Beleg**	**Zugang**	**Abgang**	**Bestand**
01.01.	Übertrag	–	–	90
06.01.	ME 0067	–	35	55
12.02.	LS 20089	25	–	80
14.03.	ME 0071	–	45	35
24.04.	ME 0076	–	5	30
30.04.	ME 0082	–	15	15
01.05.	ME 0085	–	5	10
13.06.	LS 20107	50	–	60
15.06.	ME 0093	–	10	50
11.07.	ME 0094	–	30	20
25.07.	LS 20117	45	–	65
08.09.	ME 0099	–	5	60
23.09.	ME 0111	–	15	45
04.10.	ME 0120	–	25	20
27.10.	LS 20215	80	–	100
09.11.	ME 0125	–	35	65
01.12.	ME 0140	–	35	30
12.12.	ME 0152	–	15	15
31.12.	LS 20350	25	–	40

LS = Lieferschein, ME = Materialentnahme

Arbeitsblatt 22.1: Eigen- oder Fremdlagerung: Kostenvergleich

Stellen Sie die Kosten einer Eigen- und einer Fremdlagerung grafisch dar.

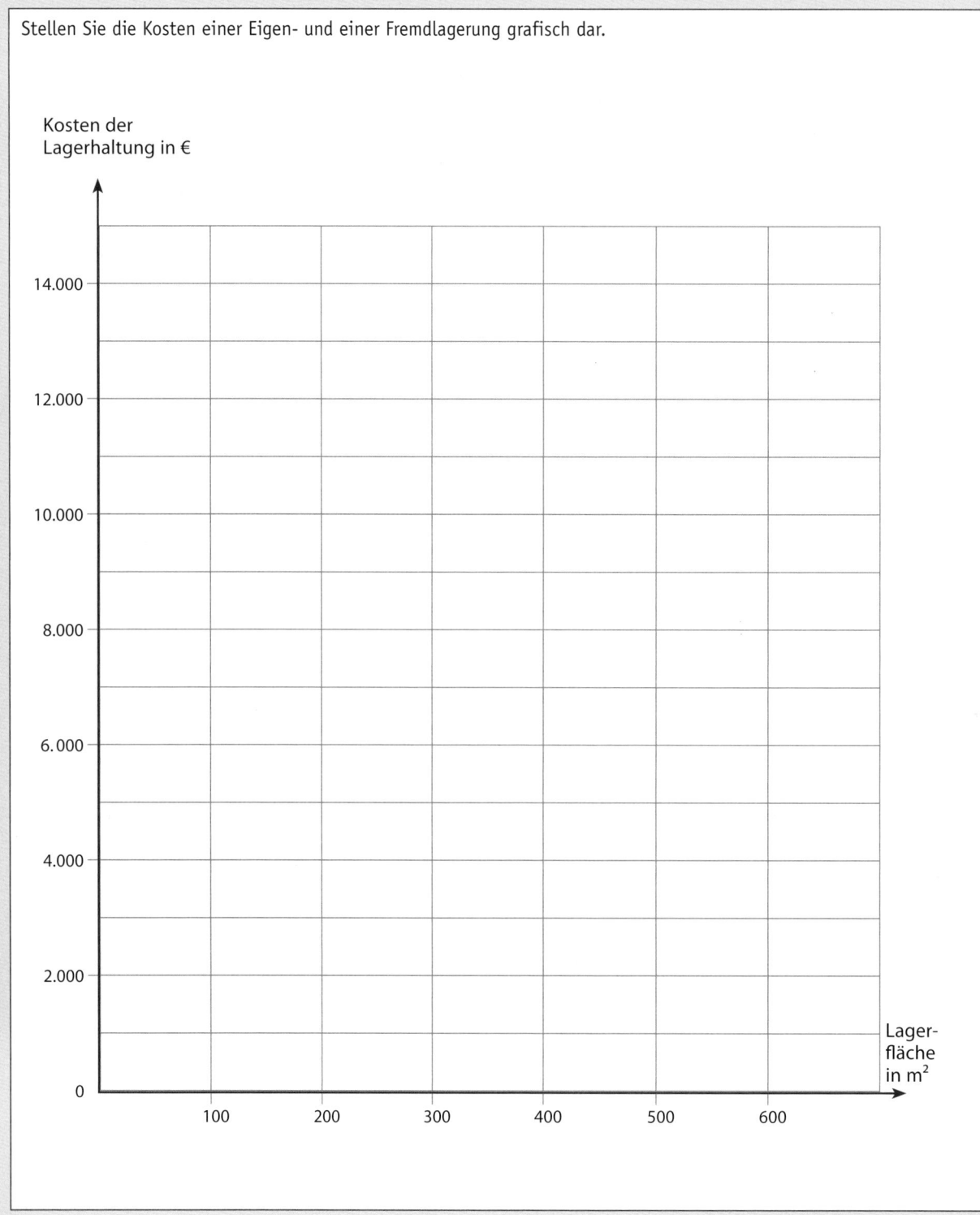

Arbeitsblatt 22.2: Eigen- oder Fremdlagerung: Nutzwertanalyse

Führen Sie in der folgenden Tabelle einen qualitativen Vergleich von Eigen- und Fremdlagerung mithilfe einer Nutzwertanalyse (vgl. Lernsituation 16) durch. Berücksichtigen Sie dabei, dass Herr Thüne besonderen Wert auf Kostengünstigkeit, einen geringen Verwaltungsaufwand, möglichst große Kundennähe, einen problemlosen Zugriff auf das Lagergut und ein hohes Maß an Flexibilität legt. Sofern es ein weiteres Beurteilungskriterium gibt, das Ihnen wichtig erscheint, können Sie es in die Tabelle einfügen.

Qualitativer Vergleich von Eigen- und Fremdlagerung

Beurteilungskriterien	Gewichtungsfaktor	Eigenlagerung: Angebot von		Fremdlagerung: Angebot von	
		Punkte	Punkte · Faktor	Punkte	Punkte · Faktor
Preis/Kosten					
Verwaltungsaufwand					
Kundennähe					
Zugriff auf das Lagergut					
Flexibilität					
Gesamtwert					

Punktbewertungsschlüssel:
Ausgangspunkt für die Punktbewertung ist die Normalpunktzahl (5). Sie ist immer dann zu vergeben, wenn keine Informationen vorliegen bzw. keine Besonderheiten zu erkennen sind. Bei positiven Einschätzungen erfolgt eine Aufwertung bis zur maximalen Punktzahl 9, bei negativen Einschätzungen erfolgt eine Abwertung bis zur minimalen Punktzahl 1

Die Entscheidung fällt auf: _____

Begründung: _____

Arbeitsblatt 22.3: Lagerkennzahlen I

Formeln Lagerkennzahlen	Erklärung	Berechnung	Beurteilung
durchschnittlicher Lagerbestand (in Stück), monatliche Berechnung:			
durchschnittlicher Lagerbestand (in €), monatliche Berechnung:			
durchschnittliche Lagerreichweite (LRW): $$\varnothing\,LRW = \frac{\varnothing\,LB}{\varnothing\,\text{Verbrauch pro Zeiteinheit}}$$ $$\varnothing\,LRW\ \text{mit}\ \text{offenen}\ \text{Bestellungen} = \frac{\varnothing\,LB + \text{offene Bestellungen}}{\text{geplanter Bedarf pro Zeiteinheit}}$$	gibt an, wie lange der vorhandene durchschnittliche Lagerbestand ausreicht	**Anmerkung:** Es wird ein Bedarf von 5 Stück pro Tag unterstellt.	

Arbeitsblatt 22.4: Lagerkennzahlen II

Formeln Lagerkennzahlen	Erklärung	Berechnung	Beurteilung
Umschlagshäufigkeit (UH):			
durchschnittliche Lagerdauer in Tagen (Ø LD):			
Lagerzinsen (LZ):			

Arbeitsblatt 22.5: Übersicht Lagerkennzahlen

Ergänzen Sie die folgende Übersicht.

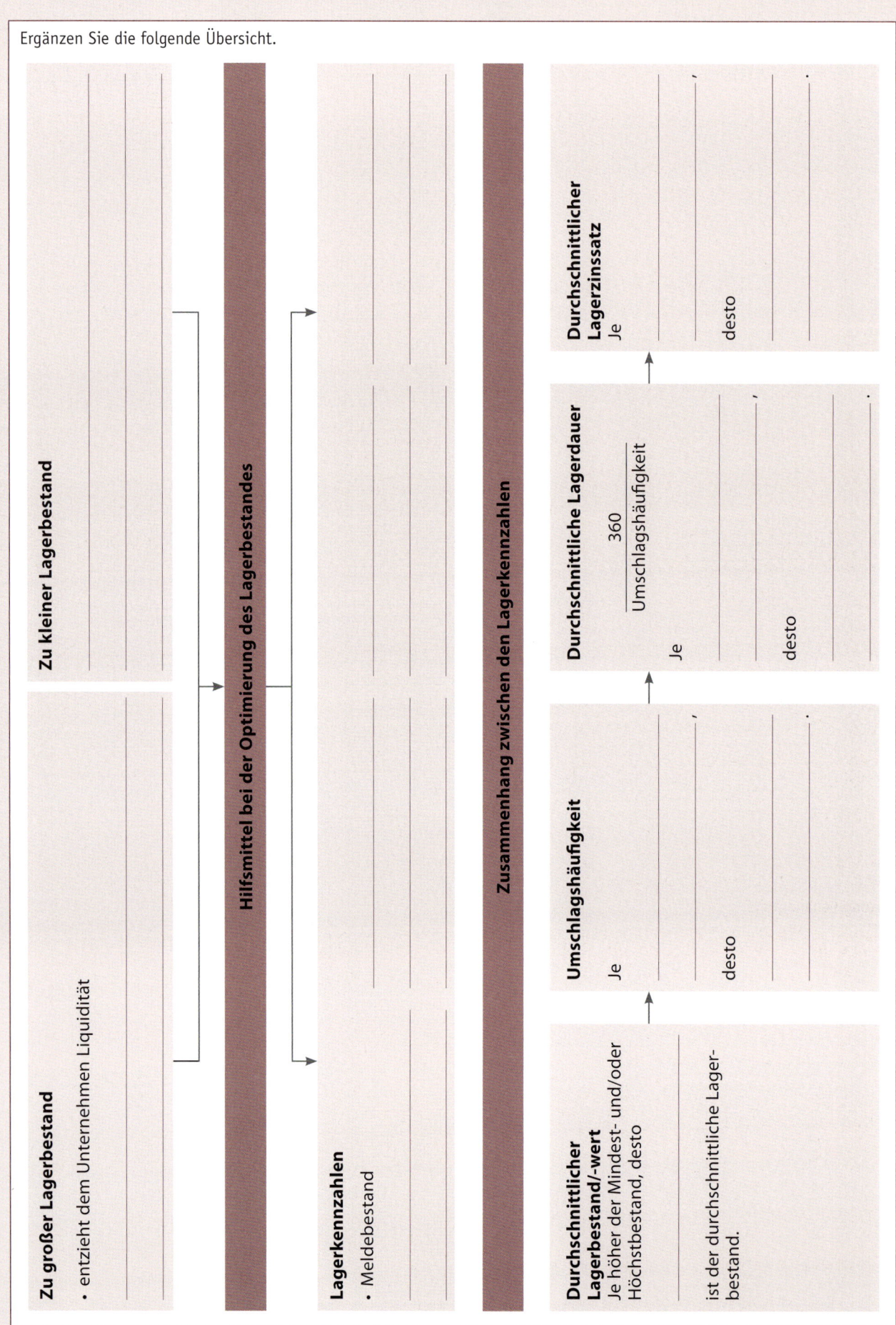

Zu großer Lagerbestand

• entzieht dem Unternehmen Liquidität

Zu kleiner Lagerbestand

Hilfsmittel bei der Optimierung des Lagerbestandes

Lagerkennzahlen

• Meldebestand

Zusammenhang zwischen den Lagerkennzahlen

Durchschnittlicher Lagerbestand/-wert

Je höher der Mindest- und/oder Höchstbestand, desto

ist der durchschnittliche Lager-bestand.

Umschlagshäufigkeit

Je   desto

Durchschnittliche Lagerdauer

$$\frac{360}{\text{Umschlagshäufigkeit}}$$

Je   desto

Durchschnittlicher Lagerzinssatz

Je   desto

Aufgaben

Aufgabe 1
Welche Lagerfunktion ist gemeint?

a Durch diese Lagerfunktion erhält die Ware ihre endgültige Qualität.

b Durch diese Lagerfunktion kann auf Lieferengpässe reagiert werden.

c Diese Lagerfunktion ist in Bezug auf die Sortierung und Präsentation der Waren wichtig.

d Diese Lagerfunktion greift immer dann, wenn zu einem besonders günstigen Preis eingekauft werden kann.

e Diese Lagerfunktion ist von Bedeutung, wenn Produktion und Lieferung zeitlich auseinanderfallen.

Aufgabe 2
Die dringend benötigten Schrauben für die Produktion der Winkler GmbH können nicht geliefert werden, da der Lieferant mit seinem Lkw einen Unfall hatte. Nun werden die Schrauben aus dem Ersatzteillager bestellt, damit die Produktion nicht stillsteht. Welche Aufgabe erfüllt das Lager in diesem Fall?

Aufgabe 3
Hinsichtlich des Standortes wird zwischen einer zentralen und einer dezentralen Lagerung unterschieden.

a Erläutern Sie die beiden Begriffe.

b Was spricht für die zentrale, was für die dezentrale Lagerung? Begründen Sie.

Aufgabe 4
In Bezug auf die Bauweise unterscheidet man zwischen offenen, halboffenen und geschlossenen Lagern.

a Erläutern Sie die drei Begriffe.

b Nennen Sie für jede Lagerart drei typische Güter.

Aufgabe 5
Es gibt verschiedene Arten von geschlossenen Lagern. Nennen Sie für die folgenden Lagerarten jeweils ein passendes Gut. Falls nötig, recherchieren Sie hierfür im Internet.

Flach-lager:		Etagen-lager:		Hoch-regallager:	
Bunker-lager:		Silolager:		Tank-lager:	
Tragluft-hallen-lager:		Gefahr-stoff-lager:		Tiefkühl-lager:	

Aufgabe 6
Kreuzen Sie an, ob mit den folgenden Aussagen ein Vorteil oder ein Nachteil der zentralen oder der dezentralen Lagerung benannt wird.

Aussage	Zentrale Lagerung		Dezentrale Lagerung	
	Vorteil	Nachteil	Vorteil	Nachteil
a Die innerbetrieblichen Transportwege (Transportzeit, Transportkosten) werden verkürzt.				
b Wird eine Ware in verschiedenen Lagern bevorratet, muss für jeden Lagerort ein Mindestbestand bereitgehalten werden.				
c Die Raum- und Verwaltungskosten sind bei dieser Lagerung minimal.				
d Die körperliche Bestandsaufnahme (Inventur) ist leichter durchzuführen.				
e Nebenlager müssen zumeist zusätzlich eingerichtet werden.				
f Sicherheitsvorschriften für die Lagerung bestimmter Waren können leichter eingehalten werden.				

Aufgabe 7

Nennen und erläutern Sie drei mögliche Vor- und Nachteile der Eigenlagerung gegenüber der Fremdlagerung.

Aufgabe 8

Ein Papierhersteller muss ein neues Lager einrichten. Es fehlt an Lagerkapazität für mindestens 130 Paletten Papier und Folien, da das Unternehmen sein Liefergebiet und sein Sortiment ausgeweitet hat. Es ist nun zu entscheiden, ob es sinnvoller ist, ein Eigenlager einzurichten oder einen Lagerhalter einzuschalten.

Folgende Daten liegen vor:

– fixe Lagerkosten bei Eigenlagerung: 30.000,00 € pro Monat

– variable Lagerkosten bei Eigenlagerung: 700,00 € pro Monat und Palette

– die Kosten für Fremdlagerung belaufen sich pauschal auf 1.000,00 € pro Palette

a Errechnen Sie, ob bei 130 Paletten die Einschaltung eines Lagerhalters günstiger ist.

b Stellen Sie rechnerisch die kritische Lagermenge fest.

c Ermitteln Sie grafisch die kritische Lagermenge.

Aufgabe 9

Das Warenlager eines Großhändlers für Tiefkühlpizzen ist fast ganzjährig ausgelastet. Aufgrund der gestiegenen Nachfrage wird ein weiterer Hersteller als Stammlieferant gelistet. Bei Eigenlagerung muss ein neues Tiefkühllagerhaus gebaut werden. Die fixen Kosten für das Lagerhaus werden auf 1,2 Mio. € im Jahr geschätzt. Die variablen Lagerkosten werden etwa 0,05 € je Stück betragen. Ein in der Nähe produzierender Speiseeishersteller bietet die Lagerung zu einem Preis von 0,08 € pro Stück an. Der neue Stammlieferant verlangt eine Abnahmemenge von 30 Mio. Pizzen im Jahr. Jede Pizza muss vor dem Versand eingelagert werden.

Ermitteln Sie

a die Lagerkosten bei Eigenlagerung,

b die Lagerkosten bei Fremdlagerung,

c die Stückzahl, bei der die Kosten der Fremdlagerung und der Eigenlagerung gleich hoch sind.

d Welche weiteren Entscheidungskriterien sind zu berücksichtigen, wenn der Pizzagroßhändler zusätzliche Absatzsteigerungen in der Zukunft nicht ausschließt?

Aufgabe 10

Im Hinblick auf die Lagerplatzzuordnung unterscheidet man zwischen einer festen und einer freien Zuordnung.

a Erläutern Sie diese beiden Begriffe.

b Nennen Sie jeweils ein Synonym.

c Was spricht für eine feste, was für eine freie Zuordnung? Begründen Sie.

Aufgabe 11

Kreuzen Sie an, ob die folgenden Maßnahmen die durchschnittliche Lagerdauer voraussichtlich verkürzen, erhöhen oder keinen Einfluss darauf haben.

Maßnahme	Durchschnittliche Lagerdauer		
	Verkürzung	Verlängerung	keine Änderung
a Das Unternehmen bietet seine Waren zu einem Sonderpreis an.			
b Der eiserne Bestand wird verdoppelt.			
c Für die Waren wird eine Werbeaktion durchgeführt.			
d Die Verkaufspreise für die Waren werden um 5 % erhöht.			
e Die Bestellmenge für Waren wird halbiert.			
f Der Marktzins für die Ermittlung der Lagerzinskosten steigt.			

Aufgabe 12

Der Geschäftsführer eines Baumarktes möchte die Wirtschaftlichkeit seines Lagers mithilfe der Lagerkennzahlen überprüfen.

a Unterstützen Sie ihn, indem Sie zunächst die unten dargestellte Lagerfachkarte für den vorliegenden Artikel vervollständigen.

b Berechnen Sie folgende Lagerkennzahlen:
- – durchschnittlicher Lagerbestand in Stück
- – durchschnittlicher Lagerbestand in €
- – Umschlagshäufigkeit
- – durchschnittliche Lagerdauer
- – Lagerzinssatz (die Hausbank verlangt derzeit für einen Kredit einen Jahreszinssatz von 7,5 %)
- – Lagerzinsen

Lagerfachkarte

Artikel: CV 25 Feuermelder, funknetzfähig			Bezugspreis je Stück: 15,73 € Bruttoverkaufspreis je Stück: 32,95 €		
Monat	**Zugänge in Stück**	**Abgänge in Stück**	**Abgänge in €**	**Monatsend-bestand in Stück**	**Monatsend-bestand in €**
Jahresanfangs-bestand	–	–	–	2	
Januar	30	8			
Februar	–	5			
März	30	10			
April	–	15			
Mai	30	24			
Juni	–	5			
Juli	30	5			
August	–	8			
September	30	10			
Oktober	–	15			
November	30	21			
Dezember	–	11			
Summe	–				

Der Umweltbeauftragte Herr Thüne plant, in der nächsten Abteilungsleiterkonferenz das Thema „Umweltschutz im Unternehmen" als Tagesordnungspunkt anzusetzen. Ihm schwebt die Teilnahme am Wettbewerb „preis umwelt unternehmen: Nordwest" im kommenden Jahr vor. Doch bevor es so weit ist, braucht Herr Thüne vier Projektvorschläge für die kommende Abteilungsleiterkonferenz. Das attraktivste Projekt soll zunächst weiter ausgearbeitet und dann beim Wettbewerb eingereicht werden.

preis umwelt unternehmen: Nordwest

Eine Initiative für die Metropolregion Bremen-Oldenburg

62.500 Euro Preisgeld für Projekte mit hoher Umwelt- und Klimaschutzwirkung

Mit 62.500 Euro Preisgeld ausgestattet, prämiert der vom Bremer Senator für Umwelt, Bau und Verkehr initiierte und von den beiden Förderbanken der Länder Bremen und Niedersachsen sowie der Metropolregion Bremen-Oldenburg getragene „preis umwelt unternehmen: Nordwest" die besten Klima- und Umweltschutzmaßnahmen im Nordwesten.

Neben dem Hauptpreis gibt es Auszeichnungen für Innovationen im Bereich der „Logistik", „Partnerschaft zwischen Wissenschaft und Wirtschaft" und in der von der Klimaschutzagentur „energiekonsens" geförderten Kategorie „Energie".

In einem mehrstufigen, anonymisierten Bewertungsverfahren beurteilen 18 Expertinnen und Experten aus unterschiedlichen Fachdisziplinen die eingereichten Projekte. Gesucht werden betriebliche Lösungen, die in den Bereichen Umweltschutz, Energieeffizienz, Ressourcenschonung und Nachhaltigkeit richtungsweisend sind.

Quelle: http://www.preis-umwelt-unternehmen.de

1 Sammeln Sie Ideen zur Umsetzung von Umweltprojekten für jede Abteilung der Fly Bike Werke GmbH (z. B. www.beschaffung-info.de). Fertigen Sie eine Mind-Map an.

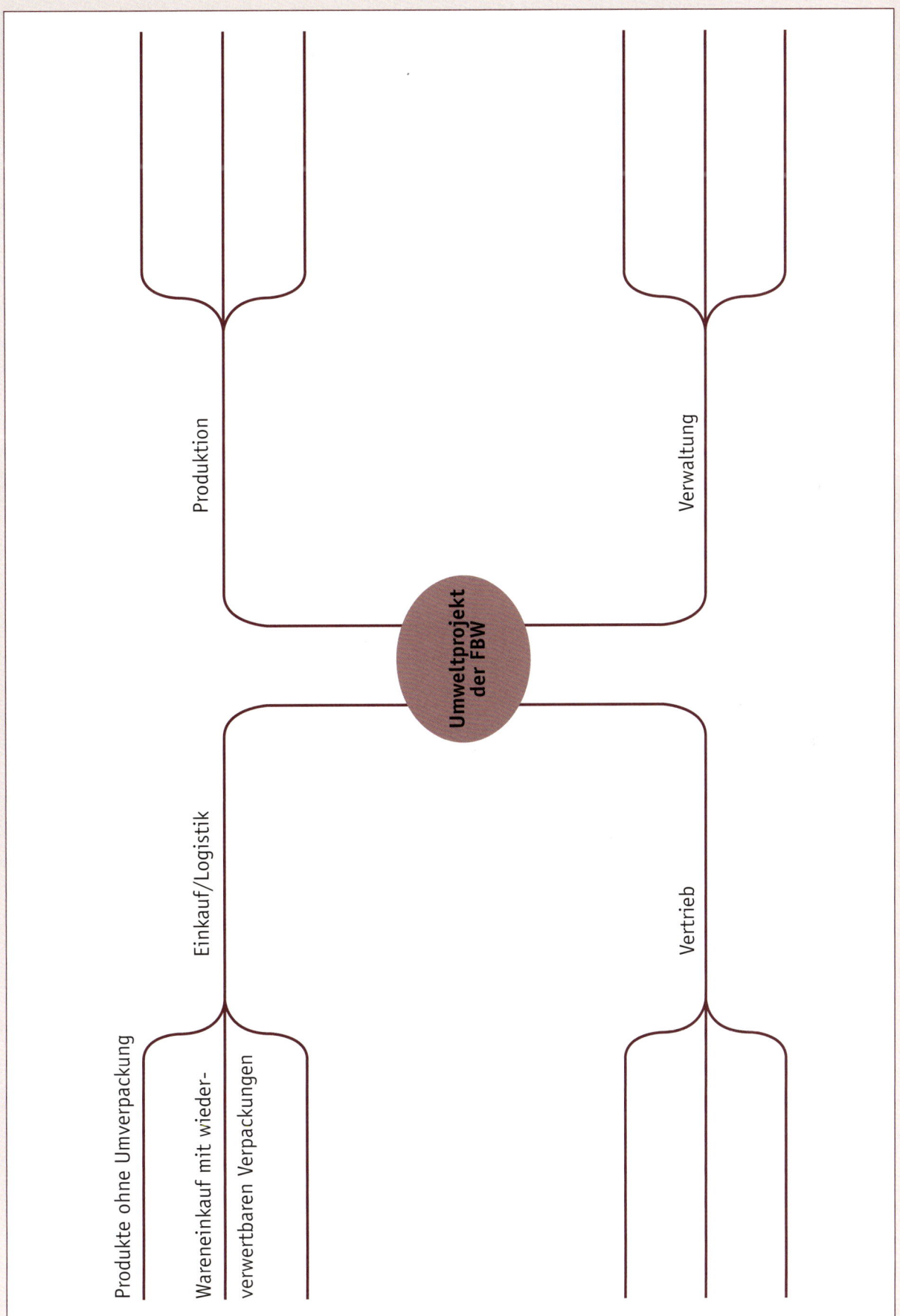

2 Aus den gesammelten Ideen skizzieren und präsentieren Sie je eine Grobplanung für ein Projekt zur Teilnahme am Wettbewerb.

a Vergeben Sie einen Arbeitstitel und formulieren Sie eine Zielsetzung für Ihr bevorzugtes Projekt.

b Erarbeiten Sie ein Grobkonzept. Nehmen Sie dabei hauptsächlich Bezug auf die zu lösende Umweltproblematik im Unternehmen, die Zielsetzung Ihres Vorhabens und dessen Durchführung.

c Zeigen Sie mögliche Probleme bzw. Hürden bei der Umsetzung auf.

Grobkonzept zur Vorlage in der Abteilungskonferenz

Projekt/Abt.	Abt. Einkauf/Logistik	Abt. Produktion	Abt.	Abt.
Arbeitstitel des Projekts	Ökoverpackungen			
Hauptziel des Projekts	– Einkauf und Einsatz umweltfreundlicher Verpackungen, – Reduktion von Verpackungen			
Begründung für das Projekt	– hohe Anschaffungs- und Entsorgungskosten für konventionelle Verpackungsmaterialien			
Ansatzpunkte	– recyclingfähige Transportverpackung – Produkte ohne Umverpackung – Papierverpackungen nur aus Holz aus nachhaltiger Holzwirtschaft			
Mögliche Nachteile	– Ökologische Sonderverpackungen sind teuer – und nicht von jedem Lieferanten zu verwenden.			

Aufgaben

Aufgabe 1

Das Leitgesetz der Entsorgungsproblematik ist das Kreislaufwirtschafts- und Abfallgesetz (KrW-/AbfG). Beschreiben Sie den Zweck und die Grundsätze dieses Gesetzes mit eigenen Worten.

Aufgabe 2

Recherchieren Sie im Internet Informationen zu den folgenden Aufgaben (z. B. http://praevention.portal.bgn. de/559/3027?wc_lkM=9514;

http://de.wikipedia.org/wiki/Sicherheitskennzeichen):

a Unterscheiden Sie Gefahrensymbole, Warnzeichen, Brandschutzzeichen, Gebotszeichen, Verbotszeichen und Rettungszeichen. Welche Farben werden diesen verschiedenen Zeichen zugeordnet?

b Die Gefahrenstoffverordnung schränkt den Umgang mit gefährlichen Stoffen am Arbeitsplatz ein. Häufig werden Gefahren durch Symbole am Arbeitsplatz oder auf den Arbeitsmaterialien signalisiert. Recherchieren Sie die Bedeutung der folgenden Gefahrensymbole:

Gefahren-symbol	Erläuterung	Umgang	Lagerung	Schutzaus-rüstung der Mitarbeiter	Beispiel aus der Fly Bike Werke GmbH
	Gasflasche: unter Druck stehende Gase	– nicht rauchen – vorsichtige Handhabung – bei Austritt Gefahren-raum verlassen	– i. d. R. speziel-le Lagerräume – Vorsicht beim Transport	je nach Gas unterschiedlich (z. B. Mund-schutz)	Gase zum Schweißen, z. B. Argon, Kohlen-dioxid (CO_2), Acety-len-Sauerstoff-Ge-misch

c Ordnen Sie die folgenden Symbole den entsprechenden Kategorien zu und erläutern Sie sie.

Symbol	Kategorie	Erläuterung
	Gebotszeichen	Schutzhelm tragen

Aufgabe 3

Eine Staatszielbestimmung der Bundesrepublik Deutschland beschreibt in Art. 20a GG den Umweltschutz. Erläutern Sie, warum der Umweltschutz als Zielbestimmung im
GG festgehalten wurde.

Artikel 20a

Der Staat schützt auch in Verantwortung für die künftigen
Generationen die natürlichen Lebensgrundlagen und die
Tiere im Rahmen der verfassungsmäßigen Ordnung durch
die Gesetzgebung und nach Maßgabe von Gesetz und
Recht durch die vollziehende Gewalt und die Rechtspre-
chung.

Aufgabe 4

Abfallvermeidung im Unternehmen basiert auf zwei
Komponenten:

a Benennen und beschreiben Sie diese Komponenten.

b Verdeutlichen Sie Ihre Erläuterungen an einem Beispiel aus Ihrem Unternehmen.

Aufgabe 5

Aus der Verwertung von Abfällen können neue Stoffe
oder Energie erzeugt werden.

a Beschreiben Sie kurz diese Verfahren.

b Benennen Sie Produkte aus dem täglichen Alltag, die
aus solchen Verwertungsprozessen resultieren.

Aufgabe 6

„Abfallvermeidung vor Abfallverwertung."

a Wie wird in Ihrem Unternehmen bereits Abfallvermeidung umgesetzt?

b Stellen Sie neue bzw. zusätzliche Abfallvermeidungs-
vorschläge für Ihr Unternehmen zusammen.

SB → S. 264 ff. | Lernfeld 6, Kapitel 8

Buchungen beim Werkstoffeinkauf mit Bezugskosten und Nachlässen

In der Buchhaltung der Fly Bike Werke GmbH liegen folgende Belege zur Bearbeitung vor.

Beleg Nr. 1

Color GmbH
Ludwigshafen

Color GmbH, Hafenstr. 125, 67061 Ludwigshafen

Fly Bike Werke GmbH
Rostocker Str. 334
26121 Oldenburg

Kunden-Nr.: 424
Ansprechpartner: Frau Reineke
Telefon: 0621-582664
Lieferschein-Nr. 4829
Lieferdatum: 24.06.20XX
Rechnungsdatum: 28.06.20XX

Rechnung Nr. 3615

Pos.	Artikel-Nr.	Artikelbezeichnung	Menge	Preis je Einheit	Gesamtpreis
1	900100	Klarlack	400 Liter	3,45 €	1.380,00 €
2	800200	Spezialgrundierung für Edeltstähle	400 Liter	2,45 €	980,00 €
3	700100	Standardfarbe „gelb"	75 Liter	4,30 €	322,50 €

Warenwert	Verpackungskosten	Transportkosten	Nettorechnungsbetrag	Umsatzsteuer 19 %	Bruttorechnungsbetrag
2.682,50 €	50,00 €	200,00 €	2.932,50 €	557,18 €	3.489,68 €

Zahlungsziel 30 Tage, bei Zahlung innerhalb von 8 Tagen 2 % Skonto auf den Bruttorechnungsbetrag

Beleg Nr. 2

Ermittlung der Nettogutschriftsbeträge	
Rücksendung	_____ €
Preisnachlass	_____ €
Kürzung Transport- und Verpackungskosten	_____ €
Summe	_____ €

Color GmbH
Ludwigshafen

Color GmbH, Hafenstr. 125, 67061 Ludwigshafen

Fly Bike Werke GmbH
Rostocker Str. 334
26121 Oldenburg

Kunden-Nr.: 424
Ansprechpartner: Frau Reineke
Telefon: 0621 582664
Lieferschein-Nr.: 4829
Lieferdatum: 24.06.20XX
Rechnungsdatum: 28.06.20XX
Gutschrifts-Datum: 01.07.20XX

Gutschrift zu Rechnung Nr. 3615

Sehr geehrter Herr Thüne,

aufgrund Ihrer Mängelrüge nehmen wir unseren Artikel 700100 Standardfarbe „gelb" vollständig zurück und werden Ihnen in den nächsten Tagen den Artikel nach Ihrem Farbmuster auf neue Rechnung zusenden. Auf unseren Artikel 900100 Klarlack gewähren wir Ihnen einen Preisnachlass in Höhe von 10 % (siehe angehängte Gutschrift). Unsere Transport- und Verpackungskosten können Sie ebenfalls um 10 % kürzen.

Beleg Nr. 3

Landessparkasse Oldenburg

IBAN DE86 2805 0100 0112 3264 44	Kontoauszug Landessparkasse Oldenburg	Auszug 67	Blatt 1

Buchungstag	Wert	Vorgang/Erläuterungen	Beträge in EUR	
		Kontostand am 12.01.20XX	32.430,00 +	
06.07.20XX	06.07.20XX	Color GmbH, Ludwigshafen Rechnung 3615 vom 28.06.20XX abzüglich Gutschrift vom 01.07.20XX und 2% Skonto	2.853,69 –	
		Kontostand am 06.07.20XX	29.576,31 +	

Fly Bike Werke GmbH, Oldenburg

1 Buchen Sie die Belege im Grund- und Hauptbuch. Verwenden Sie dafür Arbeitsblatt 26.1.
2 Ermitteln Sie den Nettowert dieser Hilfsstoffe nach Rechnungsausgleich.
3 Wie hoch ist der Vorsteuerabzug, den die Fly Bike Werke GmbH durch diesen Einkauf geltend machen kann?

Arbeitsblatt 24.1: Werkstoffeinkauf mit Bezugskosten und Nachlässen

Grundbuch:

1 Hilfsstoffeinkauf auf Ziel (aufwandsorientiert)
2 Gutschrift des Hilfsstofflieferanten
3 Banküberweisung an den Hilfsstofflieferanten unter Ausnutzung von 2 % Skonto

4 Umbuchung Bezugskosten
5 Umbuchung Nachlässe

Nr.	Soll	€	Haben	€
1.				
2.				
3.				
4.				
5.				

Hauptbuch:

S	6020 Aufwendungen für Hilfsstoffe	H	S	2600 Vorsteuer	H

S	6021 Bezugskosten für Hilfsstoffe	H	S	2800 Bankguthaben	H
			SV	32.430,00	

S	6022 Nachlässe für Hilfsstoffe	H	S	4400 Verbindlichkeiten a. L. L.	H

Berechnungen	Nettobetrag = 100 %	Umsatzsteuer = 19 %	Bruttobetrag = 119 %
Rechnungseingang			
– Gutschrift Hilfsstoffe			
= Rechnungsbetrag nach Gutschrift			
– 2 % Skonto			
= Zahlungsbetrag			

Arbeitsblatt 24.2: Bestandsorientierte Buchungstechnik

Grundbuch (bestandsorientierte Buchung) am Beispiel Rohstoffe:

	Sollbuchungen	an	Habenbuchungen
Anfangsbestand Rohstoffe			
Eingangsrechnungen:			
Einkauf von Rohstoffen auf Ziel (nach Abzug von Sofortrabatten)			
Einkauf von Rohstoffen mit Bezugskosten (Lieferant stellt Ware und Bezugskosten gleichzeitig in Rechnung)			
Bezugskosten beim Rohstoffeinkauf			
Gutschriften und Zahlungsausgänge:			
Rücksendung an den Lieferanten (Menge und Wert des Materials sinkt)			
Preisminderungen (Mängelrüge, Lieferantenboni: Menge konstant, Wert des Materials sinkt)			
Zahlung unter Abzug von Skonto an einen Rohstofflieferanten			
Umbuchungen und Abschlussbuchung:			
Umbuchung Konto 2001 Bezugskosten			
Umbuchung Konto 2002 Nachlässe			
Umbuchung Rohstoffverbrauch			
Abschlussbuchung Inventurbestand Rohstoffe			

Hauptbuch (bestandsorientierte Buchung) am Beispiel Rohstoffe:

S	2000 Rohstoffe	H	S	2001 Bezugskosten	H

S	6000 Aufwendungen für Rohstoffe	H	S	2002 Nachlässe	H

179

Arbeitsblatt 24.3: Aufwandsorientierte Buchungstechnik

Grundbuch (aufwandsorientierte Buchung) am Beispiel Rohstoffe:

	Sollbuchungen	an	Habenbuchungen
Anfangsbestand Rohstoffe			
Eingangsrechnungen:			
Einkauf von Rohstoffen auf Ziel (nach Abzug von Sofortrabatten)			
Einkauf von Rohstoffen mit Bezugskosten (Lieferant stellt Ware und Bezugskosten gleichzeitig in Rechnung)			
Bezugskosten beim Rohstoffeinkauf			
Gutschriften und Zahlungsausgänge:			
Rücksendung an den Lieferanten (Menge und Wert des Materials sinkt)			
Preisminderungen (Mängelrüge, Liefe-rantenboni: Menge konstant, Wert des Materials sinkt)			
Zahlung unter Abzug von Skonto an einen Rohstofflieferanten			
Umbuchungen und Abschlussbuchungen:			
Umbuchung Konto 6001 Bezugskosten			
Umbuchung Konto 6002 Nachlässe			
Abschlussbuchung Inventurbestand Rohstoffe			
Bestandsmehrung Rohstoffe			

Hauptbuch (aufwandsorientierte Buchung) am Beispiel Rohstoffe mit Bestandsmehrung:

S	6000 Aufwendungen für Rohstoffe	H	S	6001 Bezugskosten	H

S	2000 Rohstoffe	H	S	6002 Nachlässe	H

Aufgaben

Aufgabe 1

1 Buchen Sie nachfolgende Eingangsrechnungen für die Fly Bike Werke GmbH bestands- und aufwandsorientiert.

a Eingangsrechnung für Speziallacke von der Farbenfabrik Beyer AG, Kreditor 44007

Eingangsrechnung für Hilfstoffe

	€
Nettorechnungsbetrag	12.600,00
+ 19 % Umsatzsteuer	2.394,00
= Bruttorechnungsbetrag	14.994,00

b Eingangsrechnung für Aluminiumrohre von der AWB Aluminiumwerke AG, Kreditor 44003

Eingangsrechnung mit Sofortrabatt

	€
Listeneinkaufspreis	15.200,00
– 10 % Rabatt	1.520,00
= Nettorechnungsbetrag	13.680,00
+ 19 % Umsatzsteuer	2.599,20
= Bruttorechnungsbetrag	16.279,20

c Eingangsrechnung für Stülpkartons von der APV GmbH, Kreditor 44030

Eingangsrechnung mit Sofortrabatt und Bezugskosten

	€
Listeneinkaufspreis	5.600,00
– 5 % Rabatt	280,00
+ Transport- und Verpackungskosten	360,00
= Nettorechnungsbetrag	5.680,00
+ 19 % Umsatzsteuer	1.079,20
= Bruttorechnungsbetrag	6.759,20

Aufgabe 2

Buchen Sie die Eingangsrechnung der Stahlwerke Tissen AG, Kreditor 44001, für die Fly Bike Werke GmbH bestands- und aufwandsorientiert.

Eingangsrechnung mit Sofortrabatt und Bezugskosten

Rechnungsauszug (Rechnung Nr. 2124)

Artikel-Nr.	Artikelbezeichnung	Menge in Meter	Preis je lfm	Gesamtpreis
1034020	Stahlrohr 34 x 2 mm	1000	4,00 €	4.000,00 €
		– 15 % Rabatt		600,00 €
		+ Transportkostenanteil		300,00 €
		= Nettorechnungsbetrag		3.700,00 €
		+ 19 % Umsatzsteuer		703,00 €
		= Bruttorechnungsbetrag		4.403,00 €

Aufgabe 3

Einkauf von Hilfsstoffen, die auf Lager genommen werden, auf Ziel, Kreditor 44288, Nettowert 2.500,00 € zzgl. 19 % Umsatzsteuer. Bei der Hilfsstoffprüfung wird festgestellt, dass die Qualität der Hilfsstoffe nicht vollständig der vertraglich vereinbarten Qualität entspricht, jedoch noch innerhalb der von der Produktion geforderten Toleranzgrenzen liegt. Nach einer Mängelrüge gewährt der Hilfsstofflieferer 15 % Preisminderung und erstellt eine entsprechende Gutschrift. Der Restbetrag wird unter Abzug von 3 % Skonto per Bank überwiesen.

Hilfsstoffeinkauf mit Gutschrift nach Mängelrüge und Lieferantenskonto

Buchen Sie
a den Hilfsstoffeinkauf auf Ziel,
b die Gutschrift des Lieferers und
c den Rechnungsausgleich per Banküberweisung.

Aufgabe 4

Einkauf von Rohstoffen auf Ziel mit Anlieferung in der Produktion, Kreditor 44122, Nettowert 4.600,00 € zzgl. 19 % Umsatzsteuer. Bei der Rohstoffprüfung wird festgestellt, dass 50 % der Rohstoffe unbrauchbar sind. Der Mangel wird unverzüglich gerügt und vom Lieferer anerkannt. Der Lieferer lässt die Rohstoffe sofort abholen und erstellt eine entsprechende Gutschrift. Der Restbetrag wird unter Abzug von 2 % Skonto an den Lieferer per Bank überwiesen.

Rohstoffeinkauf mit Rücksendung und Lieferantenkonto

Buchen Sie

a den Rohstoffeinkauf auf Ziel,

b die Gutschrift des Lieferers und

c den Rechnungsausgleich per Banküberweisung.

Aufgabe 5

Buchen Sie den Bonus des Kreditors 44366 für aufwandsorientiert gebuchte Betriebsstoffeinkäufe im 1. Quartal 20XX.

Liefererbonus

Bonusabrechnung (Auszug)	
Bonus 1. Quartal 20XX	
Nettoumsätze vom 01.01.20XX bis zum 31.03.20XX	22.600,00 €
Bonussatz 1,5 %	339,00 €
+ 19 % Umsatzsteuer	64,41 €
= Gutschriftsbetrag 1. Quartal 20XX	403,41 €

Aufgabe 6

Buchen Sie die nachfolgenden Geschäftsvorfälle bestandsorientiert.
Kreditoren-Nr. des Rohstofflieferers: 44117, Kreditoren-Nr. des Hilfsstofflieferers: 44312.

Geschäftsvorfälle	Nettowert (€)	19 % USt	Bruttowert (€)
1. Rohstoffeinkauf auf Ziel	22.000,00	4.180,00	26.180,00
2. Hilfsstoffeinkauf auf Ziel Listenpreis 20.000,00 € abzüglich 10 % Rabatt	18.000,00	3.420,00	21.420,00
3. Barzahlung der Frachtkosten für Hilfsstoffeinkauf	500,00	95,00	595,00
4. Gutschrift für Rücksendung an den Rohstofflieferer (Fall 1)	11.000,00	2.090,00	13.090,00
5. Bonusgutschrift des Rohstofflieferers	1.000,00	190,00	1.190,00
6. Preisnachlass: Gutschrift wegen Qualitätsmangels des Hilfsstofflieferers (Fall 2)	2.200,00	418,00	2.618,00
7. Kontoauszug: Überweisung an den Rohstofflieferer, Rechnungsbetrag 5.950,00 €, Skonto 3 %	Überweisungsbetrag inkl. USt 5.771,50 €		

Aufgabe 7

Für den Jahresabschluss 20XX muss ein Industrieunternehmen noch den Rohstoffverbrauch ermitteln. Die dafür notwendigen Konten weisen am Jahresende die unten aufgeführten Werte auf (SV = Saldovortrag aller Buchungswerte des Geschäftsjahres). Das Industrieunternehmen bucht den Rohstoffeinkauf bestandsorientiert. Der Inventurbestand der Rohstoffe beträgt 24.000,00 €.

a Nehmen Sie die notwendigen Buchungen im Grund- und Hauptbuch vor.

b Wie hoch ist der Wert des Materialverbrauchs in €?

c Nach welcher Methode muss hier der Materialverbrauch ermittelt werden?

Grundbuch:

Nr.	Soll	€	Haben	€
1.				
2.				
3.				
4.				
5.				

S	2000 Rohstoffe	H		S	2002 Nachlässe	H
SV	420.000,00	SV 22.000,00				SV 32.000,00

S	6000 Aufw. f. Rohstoffe	H

S	2001 Bezugskosten	H		S	8010 SBK	H
SV	45.000,00	SV 1.200,00				

Aufgabe 8

Berechnen und buchen Sie den unten beschriebenen Beschaffungsvorgang der Fly Bike Werke GmbH bei aufwandsorientierter Buchungstechnik:

a Zieleinkauf von 2000 Sätteln aus deutscher Produktion

b Zahlung unter Abzug von Skonto

c Gutschrift des Lieferanten wegen Qualitätsmängeln (keine Rücksendung) in Höhe von 15 % auf den Zieleinkaufspreis

	€
Listenpreis (je Stück 24,00 €)	
– 10 % Kundenrabatt auf den Listenpreis	
= Zieleinkaufspreis (ZEP)	
+ Fracht und Transportkosten (5 % auf den ZEP)	
= Bezugspreis (Einstandspreis)	
– 3 % Skonto auf den ZEP	
= Bareinkaufspreis (BEP)	

Ziele und Aufgaben des Personalmanagements

Es ist wieder so weit! In der nächsten Woche muss Herr Steffes, Abteilungsleiter Verwaltung, den jährlichen Rechenschaftsbericht zum Personalmanagement der Fly Bike Werke GmbH abliefern. Er bittet Frau Linden, seine Mitarbeiterin in der Personalsachbearbeitung, und die Auszubildende Bettina Lotto, die wichtigsten Argumente zusammenzutragen, die die weitgehend erfolgreiche Arbeit des Personalmanagements belegen. Frau Linden und Frau Lotto vertiefen sich dazu in die Personalstatistik der Fly Bike Werke GmbH ...

Personalstatistik der Fly Bike Werke GmbH					
	20X1	20X2	20X3	20X4	20X5
Personalbestand zum Jahresende	42	43	39	34	38
Fehlzeitenquote[1]	4,70 %	4,50 %	3,95 %	3,55 %	3,70 %
Fluktuationsquote	5,50 %	8,10 %	13,50 %	12,10 %	6,90 %
Arbeitsproduktivität[2]	14,32	14,35	15,89	17,04	17,56
Anteil Fachkräfte	50,00 %	51,30 %	54,50 %	58,60 %	60,00 %
Anteil Hilfskräfte	50,00 %	48,70 %	45,50 %	41,40 %	40,00 %
Personalaufwand	2,50 Mio €	2,63 Mio €	2,29 Mio €	1,85 Mio €	2,25 Mio €
davon Schulungs-aufwand	0,2 Mio €	0,2 Mio €	0,3 Mio €	0,3 Mio €	0,5 Mio €

[1] ohne Urlaub und Fortbildungszeiten
[2] produzierte Fahrräder je produktiv Beschäftigten (rechnerischer Durchschnitt)

1 Studieren Sie die Personalstatistik und erläutern Sie für jedes Merkmal, ob die Entwicklung von Herrn Peters voraussichtlich als positiv oder negativ bewertet werden wird.

2 Leiten Sie daraus Ziele für die weitere Arbeit des Personalmanagements der Fly Bike Werke GmbH ab.

3 Beschreiben Sie die Konfliktlinie des modernen Personalmanagements hinsichtlich Kostenwirtschaftlichkeit und sozialer Verantwortung für die Belegschaft.

4 Nicht nur bei der Fly Bike Werke GmbH klagen zunehmend viele Mitarbeiter über steigenden Leistungsdruck und die immer dünnere Personaldecke. Begründen Sie, warum das Aussetzen von Rationalisierungsbemühungen für die Belegschaft langfristig noch deutlich negativere Folgen hätte.

5 Wieso zahlt sich für die meisten Betriebe ein höheres Qualifikationsniveau der Beschäftigten aus, obwohl diese gegenüber ungelernten Kräften höhere Entgeltforderungen stellen?

6 Bei dem Gespräch mit Herrn Peters sollen auch die künftigen Tätigkeitsschwerpunkte des Personalmanagements besprochen werden. Frau Linden hat dafür schon eine Übersicht über mögliche Aufgaben im Personalbereich zusammengestellt.

a Ergänzen Sie in Arbeitsblatt 25.1 die dargestellten Aufgaben um die entsprechenden Erläuterungen.

b Wo sehen Sie angesichts von Wettbewerbsdruck und technischen Innovationen den künftigen Schwerpunkt in der Arbeit des Personalmanagements der Fly Bike Werke GmbH?

Arbeitsblatt 25.1: Aufgaben der Personalwirtschaft

Aufgabe	Erläuterung
Personalbedarfsermittlung	
Personalbeschaffung	
Personalentwicklung	
Personalverwaltung	
Personaleinsatzplanung	
Arbeitsbewertung und -entlohnung	
Personalführung	
Personalcontrolling	
Personalfreisetzung	

Aufgaben

Aufgabe 1

Die nebenstehende Karikatur wendet sich gegen den Personalabbau als reflexartiges Sanierungsinstrument in Krisenzeiten.

Fest steht: Umfangreiche Stellenstreichungen können die Wettbewerbsfähigkeit des Unternehmens erhöhen, sie können aber auch seine Entwicklungsfähigkeit dramatisch einengen. Finden Sie Argumente gegen den Personalabbau.

Aufgabe 2

Ordnen Sie folgende Situationen den Aufgaben des Personalwesens zu:

a Einstellung einer neuen Sachbearbeiterin

b Erstellen einer Personalprognose

c Erarbeiten eines Modells zur Erfolgsbeteiligung der Mitarbeiter

d Unterrichtsplanung in der Berufsschule

e Jährlich unternimmt die Geschäftsleitung Ausflüge mit der Belegschaft.

f Einführung der „Stechkarte" im Industriebetrieb

g betriebsbedingte Kündigung

h Messung der täglichen, monatlichen und jährlichen Arbeitsleistung

i Analyse der jährlichen Arbeitsleistung

j Schalten von Stellenanzeigen im Internet

k Abschluss von Verträgen im Bereich Personalleasing

Aufgabe 3

Die Aufgaben des Personalmanagements sind vielfältig. Nicht immer wird die für das Unternehmen richtige Entscheidung getroffen. Beschreiben Sie die Gefahren bzw. Folgen für das Unternehmen bei

a der Ermittlung eines zu hohen/zu geringen Personalbedarfs,

b einer verfrühten/verspäteten Personalbeschaffung,

c Unterqualifizierung/Überqualifizierung der Belegschaft,

d einem zu hohen/zu geringen Entgeltniveau,

e zu straffer/zu lockerer Personalführung.

Aufgabe 4

Der demografische Wandel, d. h. das zunehmende Fehlen einheimischer Nachwuchskräfte, wird zukünftig besondere Anstrengungen auf dem Feld der Personalbeschaffung erfordern. Lesen Sie dazu zunächst den Zeitungsartikel auf der nächsten Seite und beantworten Sie dann die folgenden Fragen.

a Erläutern Sie, mit welchen Absichten der dänische Auszubildende und die Firma Meurer an dem Projekt der „internationalen Ausbildung" teilnehmen.

b Welche speziellen Anforderungen an das Personalmanagement ergeben sich bei einer wachsenden Anzahl ausländischer Fachkräfte, die in einheimischen Unternehmen auch Schlüssel- und Führungspositionen besetzen?

c Welche weiteren neuen Wege zur Rekrutierung von Nachwuchskräften sind für Sie denkbar?

Dänischer Auszubildender bei Meurer in Fürstenau

Fürstenau. Ein Schüleraustausch ist schon lange keine Seltenheit mehr. Junge Lehrlinge jedoch, die im Rahmen ihrer Ausbildung auf bestimmte Zeit in einem Betrieb im Ausland arbeiten, gibt es kaum. Dabei setzt der Arbeitsmarkt in Zeiten der Globalisierung zunehmend auf die Schlüsselqualifikation „interkulturelle Kompetenz".

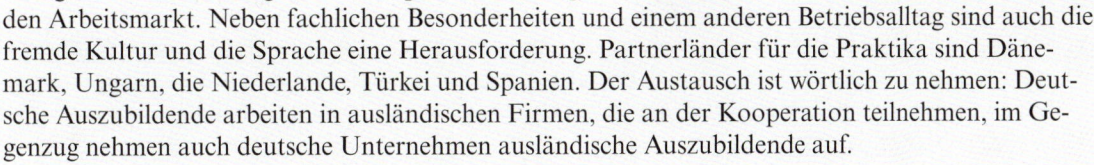

Kenneth Søllingvraa Jørgensen aus Dänemark wird es daran nicht fehlen. Er ist Auszubildender der dänischen Firma Danfoss und verbringt im Rahmen eines Austauschprogramms der Berufsbildenden Schule Osnabrück-Brinkstraße und der Berufsschule EUC-SYD in Sønderborg acht Wochen als Praktikant in der Firma Meurer Verpackungssysteme in Fürstenau.

Das Ziel der internationalen Ausbildung ist der Erwerb sehr guter Voraussetzungen für den späteren Einstieg in den Arbeitsmarkt. Neben fachlichen Besonderheiten und einem anderen Betriebsalltag sind auch die fremde Kultur und die Sprache eine Herausforderung. Partnerländer für die Praktika sind Dänemark, Ungarn, die Niederlande, Türkei und Spanien. Der Austausch ist wörtlich zu nehmen: Deutsche Auszubildende arbeiten in ausländischen Firmen, die an der Kooperation teilnehmen, im Gegenzug nehmen auch deutsche Unternehmen ausländische Auszubildende auf.

Christel Meurer, Gesellschafterin der Verpackungsfirma in Fürstenau, hält diese Art der Ausbildung für äußerst sinnvoll und steigt in die Entwicklung mit ein. Gerade Fachkräfte seien Mangel in der freien Wirtschaft und müssten entsprechend gefördert werden, so die Geschäftsführerin. Kenneth Jørgensen durchläuft deshalb in der Firma für Sekundärverpackung alle wichtigen Stationen und wird von Ausbildungsleiter Thomas Lücke intensiv betreut.

gekürzt aus: http://www.noz.de/lokales/58515084/daenischer-auszubildender-bei-meurer-in-fuerstenau, Ausgabe: Bersenbrücker Kreisblatt, veröffentlicht am: 07.11.2011

Aufgabe 5

Nicht in allen Bereichen des Personalmanagements existiert eine eigenständige Personalplanung. Ergänzen Sie im folgenden Schaubild die Aufgabengebiete der Personalplanung:

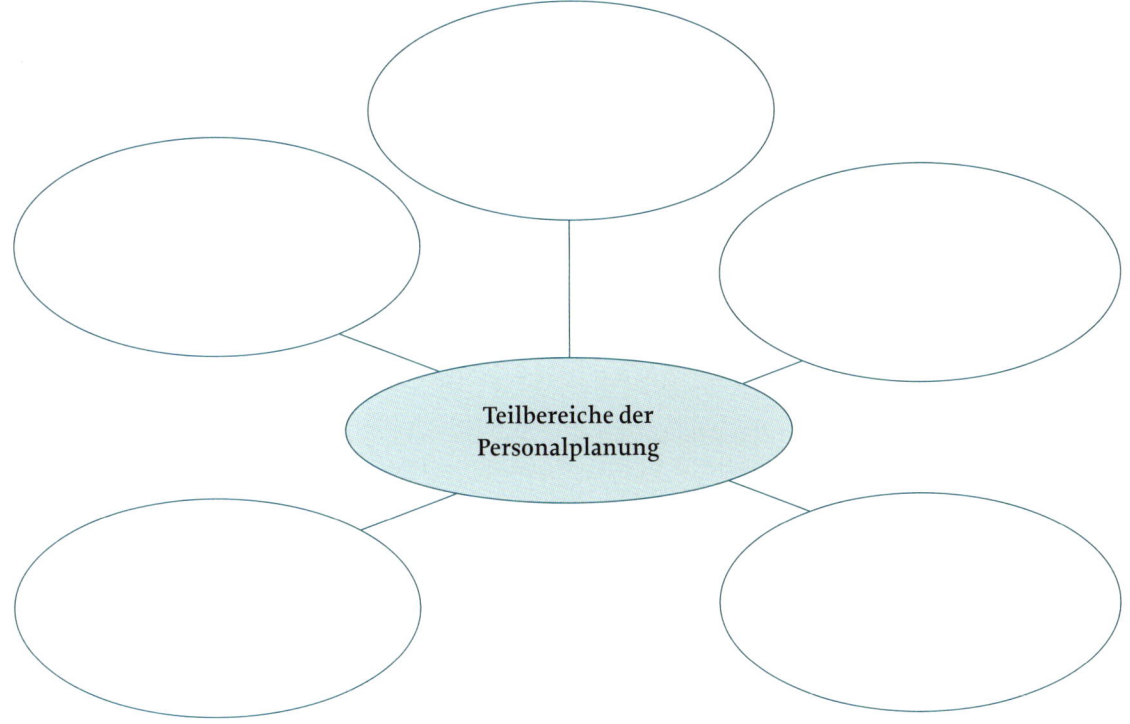

Teilbereiche der Personalplanung

```
Von: Christoph Steffes [c.steffes@flybike-werke.de]
An: Veruschka Linden [v.linden@flybike-werke.de]
Betreff: Personalbedarfsplanung
Datum: 14.07.20X1
```

Liebe Frau Linden,

um evtl. erforderliche Personalbeschaffungen oder -freisetzungen in den einzelnen Abteilungen rechtzeitig vorbereiten zu können, sollten wir schnellstmöglich die Personalbedarfsplanung für das erste Halbjahr des kommenden Jahres 20X2 erstellen.

Berücksichtigen Sie bei der Planung bitte, dass wir aufgrund der Einführung zahlreicher Neumodelle mit einer Umsatzsteigerung von 20 % rechnen, was den Personalbedarf in den Abteilungen Einkauf/Logistik, Produktion und Vertrieb in gleichem Maße erhöhen wird. Im Verwaltungsbereich hingegen können wir durch Rationalisierungsbemühungen den Personalbedarf stabil halten.

Falls sich in den einzelnen Abteilungen ein zusätzlicher Personalbedarf ergibt, bitte ich darum, Vorschläge zur Lösung bei mir einzureichen. Außerdem verweise ich auf Ihre Liste der absehbaren Personalveränderungen als Anlage und bitte darum, diese zu berücksichtigen.

Christoph Steffes

Anlage:

Allgemeine Informationen zu bekannten Personalveränderungen im Planungszeitraum:

Hinweise:
- Da einige Mitarbeiter Teilzeitverträge haben, ist die Anzahl der Mitarbeiter höher als der Stellenbestand.
- Sofern nicht anders beschrieben, handelt es sich um Vollzeit-Mitarbeiter.

Folgende Personalveränderungen sind zurzeit absehbar bzw. bekannt:

- Der Verwaltungsleiter, Herr C. Steffens, geht zum 31.12.20X1 in den Ruhestand.
- Die EDV-Sachbearbeiterin, Frau Lai stockt ihre halbe Stelle zu einer vollen Stelle auf.
- Der technische Auszubildende Herr Schumacher soll nach seiner Abschlussprüfung eine volle Stelle in der Vorfertigung erhalten. Wie alle Azubis wird er bislang mit einer halben Stelle geführt.
- Herr Beck wechselt von der Vorfertigung in die Disposition und ersetzt dort Frau Nemitz-Müller, die schwanger ist und nach der Geburt ihres Kindes in Elternzeit gehen möchte.
- Der Zeitarbeitsvertrag von Herr Polster aus dem Export läuft aus.
- Für die Arbeitsplanung wurde mit Frau Kroz bereits eine zusätzliche Mitarbeiterin gefunden, die ihre Stelle aber erst im neuen Quartal antritt.
- Herr Time aus der Zeitwirtschaft hat zum nächsten Quartal gekündigt.
- Wegen der Erkrankungen seiner Frau hat Herr Baumann aus dem Vertrieb Pflegezeit beantragt und möchte für 24 Monate anstelle einer Vollzeit- nur noch eine Halbtagsstelle ausüben.
- Im Vertrieb wurde für das kommende Quartal mit Frau Weise eine Jahrespraktikantin angenommen, die eine volle Stelle besetzen wird.
- Herr Siegel beendet seinen freiwilligen Wehrdienst und kehrt ganztags in die Vorfertigung zurück.

Personalbedarfsplan 1. Halbjahr 20X2 Fly Bike Werke GmbH				
	Einkauf/ Logistik	**Produktion**	**Verwaltung**	**Vertrieb**
Mitarbeiterbestand am 31.12.20X1	5	20	5	5
Mitarbeiter lt. Stellenplan am 01.01.20X2 (Bruttopersonalbedarf)				
Abgänge bis 30.06.20X2				
Ablauf befristeter Verträge				
Ruhestand				
Kündigungen				
Abgänge durch Versetzungen				
Reduzierung von Stellen (Teilzeit)				
Mutterschutz/Elternzeit				
sonstige Gründe				
Zugänge bis 30.06.20X2				
Zugänge durch Versetzungen				
Aufstockungen von Stellen				
Rückkehr aus Mutterschutz/ Elternzeit				
Übernahme Azubis				
bereits abgeschlossene Arbeits- verträge				
sonstige Gründe				
Nettopersonalbedarf				

189

Arbeitsblatt 26.1: Quantitative Personalbedarfsermittlung

Die **quanitative Personalbedarfsplanung** fragt danach, _____

Mitarbeiter in Zukunft im Unternehmen benötigt werden.

Einflussfaktoren auf den Personalbestand	
extern	intern

Ermittlungsverfahren	
Ermittlungsverfahren	Formel/Erläuterung

Arbeitsblatt 26.2: Qualitative Personalbedarfsplanung

Die **qualitative Personalbedarfsplanung** fragt danach, _____

Mitarbeiter benötigt werden.

Merkmale in Bezug auf die Qualifikation der Mitarbeiter	
Art des Merkmals	Beispiele

Aufgaben

Aufgabe 1
Unterteilen Sie die verschiedenen Gründe für Personalveränderungen in planbare und nicht bzw. schwer planbare Gründe. Welche Auswirkungen hat dies auf die Zuverlässigkeit der Personalbedarfsplanung?

Aufgabe 2
a Im Rahmen der Personalbedarfsplanung der Möblia AG, einem Produzenten von Büromöbeln, haben Sie die Aufgabe, den Stellenplan der Verkaufsabteilung auf Grundlage folgender Informationen zu aktualisieren:
  – Der aktuelle Ist-Bestand entspricht dem aktuellen Soll-Bestand, mit Ausnahme des Bereichs „Sachbearbeiter/-in Marketing", der aufgrund einer kurzfristigen Arbeitnehmerkündigung mit einer Vollzeitstelle unterbesetzt ist.
  – Für die Planungsperiode wird mit einem Umsatzrückgang von 8 % gerechnet, der sich direkt auf den Personalbedarf der Sachbearbeiterebene „Auftragsbearbeitung" auswirken soll. Für die weiteren Stellenarten wird davon ausgegangen, dass der Umsatzrückgang den Personalbedarf nicht beeinflusst.
  – Marlies Gosda (Sachbearbeiterin Kalkulation) kehrt aus ihrer Elternzeit zurück. Sie hat den Wunsch geäußert, zukünftig mit reduzierter Stundenzahl zu arbeiten (75 %).
  – Werner Wichers (Gruppenleiter Auftragsbearbeitung) geht zum Ende der Planungsperiode in Ruhestand.
  – Die Auszubildende Maria Lewa (im Stellenplan bisher nicht erfasst) soll als Sachbearbeiterin (Bereich Auftragsbearbeitung) übernommen werden.

Möblia AG		Stellenplan Abteilung Verkauf		
Stellenart	Soll-Bestand	Ist-Bestand	Zu-/Abgänge	Personalbedarf
Abteilungsleiter/-in		1		
Gruppenleiter/-in		4		
Sachbearbeiter/in Auftragsbearbeitung		6		
Sachbearbeiter/in Marketing		2		
Sachbearbeiter/in Reklamation		2		
Sachbearbeiter/in Kalkulation		2,5		

b Wie hoch ist der Bruttopersonalbedarf, wie hoch ist der Nettopersonalbedarf?
c Schlagen Sie auf Grundlage des von Ihnen aktualisierten Stellenplans der Abteilung Verkauf in der Möblia AG konkrete Maßnahmen vor, mit denen Lücken oder Überhänge ausgeglichen werden können.

Aufgabe 3
Für die langfristige Personalplanung, die die nächsten vier Geschäftsjahre umfasst, soll in einem Unternehmen anhand der Kennzahlenmethode eine Bedarfsfortschreibung vorgenommen werden. Zurzeit sind in diesem Betrieb 244 Produktionsmitarbeiter beschäftigt, die 405 000 Scanner herstellen. In den nächsten vier Jahren sieht die Produktionsplanung die Herstellung von 420 000, 450 000, 500 000 und 560 000 Scannern vor.
a Ermitteln Sie den gegenwärtigen Personalschlüssel und schreiben Sie den Personalbedarf entsprechend fort.
b Wie entwickelt sich der Personalbedarf, wenn jedes Jahr mit einer Produktivitätssteigerung von 2 % gerechnet werden kann?
c Wie entwickelt sich der Personalbedarf, wenn bereits ab dem nächsten Jahr die Produktivität eines Konkurrenzunternehmens erreicht wird, welches mit 673 Mitarbeitern 1 330 000 Scanner herstellt?
d Die Kennzahlenmethode hat nur eine sehr eingeschränkte Vorhersagegenauigkeit. Können Sie Gründe dafür erkennen?

Personalbeschaffung

Frau Ann-Katrin Nemitz-Müller aus der Abteilung Einkauf/Logistik war bisher für die Disposition der Fly Bike Werke GmbH verantwortlich. Aus persönlichen Gründen hat sie zum 30.06. gekündigt. Ihre Stelle muss nun neu ausgeschrieben werden. Die Geschäftsleitung hat sich für eine externe Ausschreibung dieser Stelle entschieden. Eine detaillierte Stellenbeschreibung wurde für diese Position bisher noch nicht erarbeitet. Daher hatte Herr Steffes Frau Nemitz-Müller gebeten, ein paar Notizen zu ihren bisherigen Aufgaben zu erstellen.

Aufgabenbereich Disposition:
- Organisation von Auslieferungstouren per Spedition oder werkseigenen Lkws für Teil- und Komplettladungen, Erstellen von Lieferscheinen
- Akquisition von Laderaum
- Weitergabe der Lieferscheine und geplanten Tourverläufe an die Versandabteilung
- Erfassung von Buchungsdatensätzen im Warenwirtschaftssystem, Systemanwendungen
- Bearbeitung eventueller Auftrags- und Adressänderungen
- Organisation von Expresslieferungen
- Einsatzkoordination bei Beanstandungen (Außendiensteinsatz, Reparaturteam)
- Annahme, Erfassung und Kontrolle von Wareneingängen und Lieferpapieren
- Erstellung interner Statistiken/Auswertungen
- Verantwortung für das Tagescontrolling, die Kostenstellen
- Einhaltung der gesetzlichen Vorgaben und Verordnungen
- Kommunikationsschnittstelle zwischen Vertrieb, Lager und Versand
- Ansprechpartner/-in für Logistikfragen für die Mitarbeiter aller Betriebsabteilungen
- Stellvertreter/-in von Herrn Thüne
- verantwortlich für Auszubildende innerhalb der Abteilung Einkauf/Logistik

Herr Steffes selbst notiert die Eckdaten und die Voraussetzungen, die ein geeigneter Bewerber mindestens mitbringen müsste.

Eckdaten und Voraussetzungen, die der Bewerber erfüllen sollte:
- *Einordnung siehe Organigramm der Fly Bike Werke GmbH*
- *Arbeitszeit 38 h/Woche*
- *Vergütung EG 10*
- *Tarifvertrag IG Metall*
- *Sonderzahlung (z. B. Weihnachtsvergütung, Prämien bei geringen Fehllieferungen)*
- *erfolgreiche Ausbildung zum Kaufmann/-frau für Spedition und Logistikdienstleistung*
- *Dispositionserfahrung im nationalen und internationalen Landverkehr*
- *Flexibilität und Teamfähigkeit*
- *eigenständiges und ergebnisorientiertes Arbeiten*
- *ausgeprägte Kundenorientierung*
- *PC-Erfahrung*
- *Englischkenntnisse (sehr gut in Wort und Schrift)*

Zusatzinformationen:
- *Kostenstelle 4029*
- *Gebäude 03, Raum 0312*

1. Erstellen Sie mithilfe von Arbeitsblatt 27.1 eine Stellenbeschreibung für die Position „Sachbearbeiter/in der Disposition".
2. Die Fly Bike Werke GmbH hat einen neuen Vordruck für Personalbedarfsmeldungen. Füllen Sie eine Personalbedarfsmeldung für die zu besetzende Position aus (Arbeitsblatt 27.2). Nutzen Sie hierfür auch die Informationen aus der Stellenbeschreibung.
3. Entscheiden Sie, in welchem Medium die Stellenausschreibung veröffentlicht werden soll, und begründen Sie Ihre Entscheidung.
4. Verfassen Sie eine ansprechende Stellenausschreibung.
5. Begründen Sie die Entscheidung der Geschäftsführung für eine externe Ausschreibung unter Einbeziehung von Arbeitsblatt 27.3.

Arbeitsblatt 27.1: Stellenbeschreibung

Stellenbeschreibung

Fly Bike Werke GmbH

Bezeichnung der Stelle:

Abteilung:

Aufgaben der Stelle (in Kurzform):

Vorgesetzter:

Weisungsbefugt gegenüber:

Qualifikation des Stelleninhabers:

Tätigkeitsfelder:

Der Stelleninhaber wird vertreten:

Der Stelleninhaber vertritt:

Tarifliche Einstufung:

Datum   Datum

_____   _____
Unterschrift Stelleninhaber   Unterschrift Geschäftsführer

Arbeitsblatt 27.2: Personalbedarfsmeldung

Personalbedarfsmeldung

Fly Bike Werke GmbH

Bezeichnung der Stelle	
Abteilung	
Kostenstelle	
Einsatzort (Gebäude, Raum)	
Aufgabenbeschreibung	
Ausbildung	
Berufserfahrung	
Kenntnisse	
Kompetenzen/Fähigkeiten	
Lohn-/Gehaltsgruppe/Tarif	
Sonderzahlungen	
vergleichbarer Mitarbeiter	
Zusatzbedarf ☐	Ersatzbedarf für:
Sonstiges	
Bedarfszeitpunkt	
ggf. Dauer und Grund der Befristung	
Datum, Unterschrift	

Arbeitsblatt 27.3: Personalbeschaffung

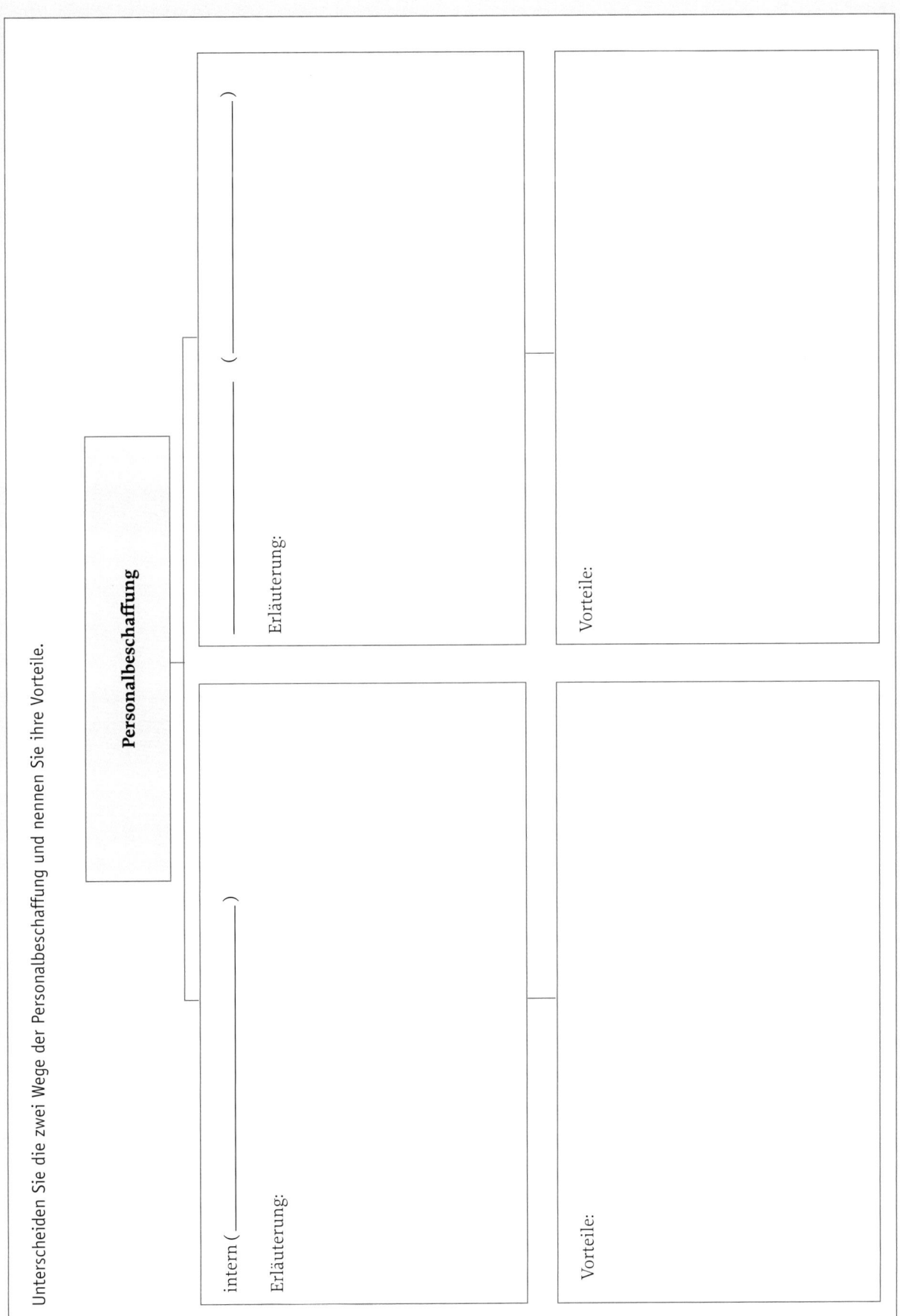

Unterscheiden Sie die zwei Wege der Personalbeschaffung und nennen Sie ihre Vorteile.

Personalbeschaffung

Erläuterung:

Vorteile:

intern (

Erläuterung:

Vorteile:

Aufgaben

Aufgabe 1

Lesen Sie den folgenden Ausschnitt eines Briefes eines Personalchefs an den Vorstand. Erarbeiten Sie die Vor-, aber auch die Nachteile von Personalleasing aus Sicht des Unternehmens.

> Sehr geehrte Vorstandsmitglieder,
>
> aufgrund der erfreulichen Umsatzsteigerungen in den letzten Monaten verzeichnen wir eine deutlich gestiegene Anzahl an Überstunden unserer Mitarbeiter. Derzeit arbeiten alle Arbeitnehmer an ihrem persönlichen Limit. Die Folgen: krankheitsbedingte Ausfälle, Aufträge werden schlecht oder nicht rechtzeitig bearbeitet. Die Ausschussquoten unserer Produktion steigen, Kunden stornieren Aufträge und unsere Stellung am Markt verschlechtert sich mit jedem Monat. Die Kosten aufgrund des hohen Krankenstandes steigen stetig an und intern können wir die fehlenden Mitarbeiter nicht ersetzen. Neueinstellungen führen zu vertraglichen Bindungen, deren Kosten nicht vertretbar wären.
>
> Ich schlage Ihnen vor, die genannten Notsituationen mit Leiharbeitnehmern zu überbrücken. Vertraglich binden wir uns nur für einen bestimmten Zeitraum an die entliehenen Arbeitskräfte und sind diesen Mitarbeitern weit weniger verpflichtet als der regulären Stammbelegschaft. Wir könnten bei Bedarf die Arbeitnehmer entleihen; fällt der Bedarf weg, entstehen für uns keine weiteren Verpflichtungen. Vorteilhaft wäre diese Variante auch in den Stoßzeiten wie z.B. der Urlaubszeit oder bei Auftragsspitzen.
>
> Gerne würde ich Sie über die vielen Vorteile der Leiharbeit informieren und bitte daher um einen Gesprächstermin.

Aufgabe 2

Die Günther Sachse KG stellt u.a. Elektromotoren her. Der Betrieb arbeitet in der Fertigung noch mit herkömmlichen Drehmaschinen, die aber durch computergesteuerte Maschinen ersetzt werden sollen. Für die Bedienung der CNC-Maschinen werden entsprechend ausgebildete Facharbeiter benötigt. Für die Personalbeschaffung stehen zwei Alternativen zur Diskussion:

– Weiterbildung von Belegschaftsmitgliedern auf speziellen Computer-Lehrgängen des Herstellers; diese Vollzeitkurse verursachen Kosten und dauern vier Wochen
– Neueinstellung von qualifizierten Facharbeitern aufgrund überregionaler Stellenanzeigen

Entscheiden Sie sich für eine der beiden Möglichkeiten und begründen Sie Ihre Wahl anhand von drei Argumenten.

Aufgabe 3

Belastungen am Arbeitsplatz sind seit Jahren in der öffentlichen Diskussion. So liefern Krankenkassen immer wieder alarmierende Zahlen, die belegen, dass die psychosozialen Belastungen am Arbeitsplatz zunehmen.

Im Rahmen der Fürsorgepflicht des Arbeitgebers muss dieser darauf achten, dass Überstunden nicht chronisch werden und die Mitarbeiter nicht permanent unter Hochdruck arbeiten. Jedoch ist nicht nur die Gesundheit der Mitarbeiter gefährdet. Auch die ökonomischen Folgen können gravierend sein. Steigende Fehlzeiten, Fluktuation bei den Mitarbeitern und verminderte Produktivität und Qualität gefährden auch das Unternehmen insgesamt.

Nennen und erläutern Sie vor diesem Hintergrund fünf Maßnahmen, die ein Arbeitgeber ergreifen kann, um gesundheitliche Gefährdungen der Mitarbeiter zu erkennen und ihnen zu begegnen.

Aufgabe 4

Die Fly Bike Werke GmbH bietet für die Bewerbung auf die neu zu besetzende Stelle „Disposition" in der Abteilung Einkauf/Logistik die Möglichkeit, eine Online-Bewerbung abzugeben, und stellt dafür auf ihrer Internetseite ein Online-Bewerbungsformular zur Verfügung.

Für Ihre Bewerbung füllen Sie das unten stehende Formular aus. Die mit * gekennzeichneten Felder sind Pflichtfelder. Bitte fügen Sie die folgenden Unterlagen im Anhang bei: Anschreiben, Lebenslauf, Zeugnisse.

Bewerbung als:	Disponent/-in – Referenznummer 2012
gewünschter Eintrittstermin *	
bevorzugte Einsatzregion *	
Anrede *	
Vorname *	
Nachname *	
Straße *	
PLZ *	
Ort *	
Land	
Telefon *	
E-Mail *	
Weitere Informationen verbleibende Zeichen: 200	
Bewerbungsunterlagen	durchsuchen

☐ Ich bin damit einverstanden, dass meine persönlichen Daten in der Datenbank für Bewerbungen gespeichert werden. Die Daten werden vertraulich und im Einklang mit dem Bundesdatenschutzgesetz (BDSG) behandelt.

Wir verwenden Ihre Daten ausschließlich zur Abwicklung Ihrer Bewerbung. Alle Daten werden unter Beachtung allgemein gültiger datenschutzrechtlicher Vorschriften von uns gespeichert und verarbeitet.

a Welche Vorteile bietet das Online-Bewerbungsverfahren für die Fly Bike Werke GmbH?
b Was ist datenschutzrechtlich zu beachten?
c Welche Vor- und Nachteile hat ein Online-Bewerbungsverfahren gegenüber dem klassischen Bewerbungsverfahren für die Bewerber?

SB → S. 288 ff. | Lernfeld 7, Kapitel 3.4

Personalauswahl

Verstärkung gesucht!

Sie sind freundlich und aufgeschlossen und haben

… eine abgeschlossene Ausbildung im Industriebetrieb?

… Verhandlungsgeschick?

… gute Englischkenntnisse?

Dann passen Sie zu uns!

Wir suchen eine(n) flexible(n), teamfähige(n) Sachbearbeiter(in)
für unsere Abteilung Einkauf.
Wir bieten leistungsgerechte Bezahlung, einen modernen,
abwechslungsreichen Arbeitsplatz und eine betriebliche Altersvorsorge.

Fly Bike Werke GmbH

Ihre vollständige Bewerbung richten Sie bitte an:
Fly Bike Werke GmbH
Frau Veruschka Linden
Rostocker Str. 334
26121 Oldenburg
Telefon: 0441 885-0
oder an v.linden@flybike-werke.de

Der Bewerbungseingang ist unerwartet rege. Nachdem die eingehenden Bewerbungen von der Geschäftsführung gesammelt und vorsortiert wurden, werden die Unterlagen der erfolgversprechendsten Bewerber mit folgender Mitteilung an die Abteilung Einkauf/Logistik weitergeleitet.

Fly Bike Werke GmbH

Hausmitteilung

Absender	Empfänger	mit der Bitte um
☒ Geschäftsführung	☐ Geschäftsführung	☐ Kenntnisnahme
☐ Zentralsekretariat	☐ Zentralsekretariat	☒ Erledigung
☐ Controlling	☐ Controlling	☐ Stellungnahme
☐ Einkauf/Logistik	☒ Einkauf/Logistik	
☐ Produktion	☐ Produktion	
☐ Verwaltung	☐ Verwaltung	
☐ Vertrieb	☐ Vertrieb	
☐ ~~Frau~~/Herr *H. Peters*	☐ Frau/Herr	

Liebe Mitarbeiter,

auf unsere Stellenannonce in der Oldenburger Zeitung von Samstag, dem 24.11.20XX, meldeten sich insgesamt 107 Bewerber. Die meisten Bewerber haben leider keine Ausbildung im Industriebetrieb absolviert oder verfügen nicht über ausreichende Englischkenntnisse, die für die ausgeschriebene Stelle aber dringend erforderlich sind. Schul- und Ausbildungszeugnisse der Bewerber waren für die Auswahl ebenfalls sehr wichtig, sodass nach intensiver Prüfung noch drei Interessenten, die für unsere Einkaufsabteilung infrage kommen, übrig bleiben. Diese drei Bewerber haben Englischkenntnisse und gute Schul- und Ausbildungszeugnisse.

Bitte finden Sie geeignete Kriterien für die Bewerberauswahl und machen Sie mir schließlich einen begründeten Vorschlag, welche Kandidatin oder welchen Kandidaten wir zu einem Vorstellungsgespräch einladen sollen.

H. Peters

1 Unterstützen Sie die Mitarbeiter der Abteilung Einkauf/Logistik bei der Bewerberauswahl.
   a Finden Sie geeignete Kriterien für die Bewerberauswahl.
   b Vergleichen Sie die drei Bewerber anhand dieser Kriterien zunächst mithilfe der Profilmethode (Arbeitsblatt 28.1).
   c Vergleichen Sie die Bewerber dann anhand derselben Kriterien mithilfe einer Entscheidungstabelle (Arbeitsblatt 28.2).
   d Machen Sie einen begründeten Vorschlag, welche Kandidatin oder welcher Kandidat zu einem Vorstellungsgespräch eingeladen werden soll.

Lebenslauf

Persönliche Daten
Swetlana Axt
geboren in Bremen,
am 28. Januar 1999
verheiratet

Berufsausbildung
2017 – 2020 Dreijährige Ausbildung zur Industriekauffrau,
in der BMB-Niederlassung Oldenburg

Schulbildung
2015 – 2017 Fachoberschulreife an der Fachoberschule Wirtschaft und
Verwaltung in Bremen
2009 – 2015 Realschule in Bremen
2005 – 2009 Grundschule in Bremen

Praktikum
2013 Schulpraktikum im Warenhaus Herstadt, Büroartikelabteilung

Aushilfstätigkeit
2016 – 2017 Aushilfe in der BMB-Niederlassung Oldenburg

Kenntnisse und Fähigkeiten
Englisch in Wort und Schrift
Russisch in Wort und Schrift (Muttersprache)
Internet-Benutzung
Pkw-Führerschein

Hobbys
Mode
Jazztanz

Bremen, 25. November 2020

Swetlana Axt

Swetlana Axt
Knesebeckstraße 17
26192 Oldenburg
Tel.: 0441 8975870

Fly Bike Werke GmbH
Frau Veruschka Linden
Rostocker Str. 334
26121 Oldenburg

25. November 2020

Bewerbung als Sachbearbeiterin Einkauf

Sehr geehrte Damen und Herren,

hiermit bewerbe ich mich um die Stelle Sachbearbeiterin im Einkauf.
In den letzten drei Jahren absolvierte ich eine Ausbildung zur Industriekauffrau
in der BMB-Niederlassung Oldenburg. Eine Übernahme nach der Ausbildung war
leider wegen „Schwierigkeiten" mit dem Abteilungsleiter nicht möglich.

Während meiner Schulzeit und in mehreren Volkshochschulkursen habe ich
Englisch in Wort und Schrift gelernt und kann auch ein Verkaufsgespräch in Englisch führen. Außerdem beherrsche ich Russisch, da es meine Muttersprache ist.

Über eine Einladung zu einem persönlichen Gespräch würde ich mich sehr freu-
en.

Mit freundlichen Grüßen

Swetlana Axt

Anlagen
Lebenslauf
Arbeitszeugnis

Charly Schmitz
Moltkestraße 78
28355 Bremen
Tel.: 0421 6534768

27. November 2020

Fly Bike Werke GmbH
Frau Veruschka Linden
Rostocker Str. 334
26121 Oldenburg

Bewerbung als Sachbearbeiter Einkauf
Ihre Annonce in der Oldenburger Zeitung

Sehr geehrte Frau Linden,

hiermit bewerbe ich mich um die von Ihnen ausgeschriebene Stelle Sachbearbeiter in der Einkaufs-Abteilung.

Diese Stelle passt genau zu meinen Qualifikationen und es würde mir sehr viel bedeuten, bei Ihnen arbeiten zu dürfen. Nach Abschluss meiner Ausbildung zum Industriekaufmann beim Elektronikhersteller Media-Quick konnte ich leider nicht übernommen werden, da das Unternehmen im Sommer dieses Jahres wegen Insolvenz schließen musste. Seitdem bin ich auf der Suche nach einer neuen Stelle im kaufmännischen Bereich.

Über eine Einladung zu einem persönlichen Gespräch würde ich mich sehr freuen.

Mit freundlichen Grüßen

Charly Schmitz

Anlagen
Lebenslauf
Arbeitszeugnis

B M B

BMB-Niederlassung
Bilker Landstr. 180
26133 Oldenburg
Telefon 0441 7583209

Frau
Swetlana Axt
Knesebeckstr. 17
26129 Oldenburg

Ausbildungszeugnis

Frau Swetlana Axt, geboren am 28. Januar 1999 in Bremen, war in der Zeit vom 1. März 2016 bis zum 31. Juli 2017 in unserer Niederlassung zunächst als Aushilfe beschäftigt. Vom 1. August 2017 bis zum 20. Juni 2020 hat sie bei uns ihre Ausbildung als Industriekauffrau absolviert.

Während ihrer Ausbildung lernte Frau Axt alle Abteilungen der BMB Dachziegelwerke kennen. Sie arbeitete stets zu unserer vollen Zufriedenheit. Ihre schnelle Auffassungsgabe und ihr selbstständiges Arbeiten sind hierbei besonders hervorzuheben.

Bei den Mitarbeitern war Frau Axt wegen ihrer großen Hilfs- und Kooperationsbereitschaft sehr beliebt; ihren Vorgesetzten gegenüber vertrat sie ihre Interessen stets engagiert.

Wir bedauern es, dass Frau Axt uns aus beruflichen Gründen verlässt, da wir ihr in unserem Haus leider keine ihren Wünschen entsprechende Perspektive bieten können. Wir wünschen ihr und ihrer Familie alles Gute.

Oldenburg, 20. Juni 2020

Michael Meier

Abteilungsleiter Personal

MEDIA-QUICK
Elektronik GmbH
Schillerstr. 102
28195 Bremen

Herrn
Charly Schmitz
Moltkestr. 78
28355 Bremen

Ausbildungszeugnis

Herr Charly Schmitz, geboren am 22. Juli 1998 in Cloppenburg, hat vom 01.09.2017 bis zum 02.07.2020 in unserem Unternehmen seine Ausbildung zum Industriekaufmann absolviert.

Herr Schmitz hat neben den üblichen Arbeiten im Zusammenhang mit seiner Ausbildung die Verkaufsstatistiken selbstständig geführt und ausgewertet und Präsentationen und Geschäftsvorlagen erstellt.

Herr Schmitz, mit dessen Leistungen wir stets voll zufrieden waren, hat die ihm übertragenen Aufgaben immer pflichtbewusst und termingerecht ausgeführt. Wegen seiner umgänglichen und zuvorkommenden Art ist Herr Schmitz bei allen Kollegen und den Kunden sehr beliebt. Sein Verhalten gegenüber Vorgesetzten war immer korrekt.

Leider ist es uns aufgrund unserer Insolvenz nicht möglich, Herrn Schmitz einen festen Arbeitsplatz anzubieten. Wir wünschen Herrn Schmitz beruflich und persönlich alles Gute und weiterhin viel Erfolg.

Bremen, 2. Juli 2020

Christian Müller
Geschäftsführer

Lebenslauf

Von:
Charly Schmitz
Moltkestraße 78
28355 Bremen
Geb. am 22. Juli 1998
in Cloppenburg

Ausbildung
2017–2020   Ausbildung zum Industriekaufmann bei Media-Quick in Bremen

Schulbildung
2014–2017   Allgemeine Hochschulreife am Fachgymnasium Wirtschaft in Bremen
2008–2014   Realschulabschluss an der Gustav-Stresemann-Realschule in Bremen
2004–2008   Grundschule in Bremen

Aushilfstätigkeit
2014–2017   Aushilfe im Elektromarkt „Elektro-Hansen"

Sonstige Fähigkeiten
Englisch in Wort und Schrift
Lkw- und Pkw-Führerschein
Computerkenntnisse

Hobbys
Mountainbike fahren
Computerspiele

Lebenslauf

Sabrina Schreiner
Goethestraße 49
26203 Wardenburg
Geb. am 14. Juni 1996
in Potsdam

Berufstätigkeit
Seit 2017 Industriekauffrau bei Meinzel Verpackungs GmbH in Wardenburg

Ausbildung
2014–2017 Ausbildung zur Industriekauffrau bei Meinzel Verpackungs GmbH

Schulbildung
2012–2014 Fachoberschulreife an der Friedrich-List-Berufsschule
2006–2012 Realschule in Wardenburg
2002–2006 Grundschule in Wardenburg

Schulpraktikum
2011 Tierheim Wardenburg
2010 Wild- und Freizeitpark Ostrittrum

Sonstiges
gute Englischkenntnisse
Besuch des VHS-Kurses „Das moderne Office-Management"
gute Computerkenntnisse

Hobbys
Lesen
Pferde

Wardenburg, 27. November 2020
Sabrina Schreiner

Sabrina Schreiner
Goethestraße 49
26203 Wardenburg

Fly Bike Werke GmbH
Frau Veruschka Linden
Rostocker Str. 334
26121 Oldenburg

27. November 2020

Bewerbung als Sachbearbeiterin Einkauf
Ihre Annonce in der Oldenburger Zeitung

Sehr geehrte Damen und Herren,

hiermit bewerbe ich mich um die von Ihnen ausgeschriebene Stelle Sachbearbeiterin in der Einkaufs-Abteilung.

Meine Qualifikationen entsprechen genau Ihren Anforderungen. Ich habe Spaß am Umgang mit Kunden, Erfahrungen im Einkauf von Werkstoffen und natürlich eine abgeschlossene Ausbildung als Industriekauffrau. Solide Englischkenntnisse bringe ich ebenso mit. Zwar wäre die Anfahrt von Wardenburg nach Oldenburg ein kleines Problem, für das ich aber eine Lösung suchen könnte.

Für ein Vorstellungsgespräch stehe ich gern zur Verfügung.

Mit freundlichen Grüßen

Sabrina Schreiner

Anlagen
Lebenslauf
Arbeitszeugnis
Teilnahmebescheinigung VHS Delmenhorst

VHS Recklinghausen
Schillerstr. 27
26203 Wardenburg

Teilnahmebescheinigung

Frau Sabrina Schreiner hat vom 12. bis zum 15. April 2015 an unserem ganztätigen Seminar „Das moderne Office-Management" erfolgreich teilgenommen.

Die Fortbildung richtete sich an Arbeitnehmer und Auszubildende in der Büroorganisation und beinhaltete folgende Themen:

Grundlagen der Kommunikation
Organisationslehre
Dokumentenmanagement
Zeit- und Terminmanagement
Datenschutz und Datensicherung

Wardenburg, 15.04.2015

Sandy Tölke
Seminarleiterin

MEINZEL
Meinzel Verpackungss GmbH
Moltkestr. 176
26203 Wardenburg

Frau
Sabrina Schreiner
Goethestr. 49
26203 Wardenburg

Arbeitszeugnis

Frau Sabrina Schreiner, geboren am 14. Juni 1996 in Wardenburg, hat vom 1. August 2014 bis zum 29. Juni 2017 in unserem Unternehmen ihre Ausbildung als Industriekauffrau absolviert. Seitdem arbeitet Frau Schreiner als Disponentin in unserer Einkaufsabteilung.

Frau Schreiner führt die ihr übertragenen Aufgaben mit Engagement und Sorgfalt aus. Sie hat die in sie gesteckten Erwartungen bislang stets zu unserer Zufriedenheit erfüllt. Ihre Aufgaben bearbeitet Frau Schreiner immer selbstständig, umsichtig und im Sinne des Unternehmens. Den Mitarbeitern ist Frau Schreiner eine umgängliche Kollegin, ihr Verhalten gegenüber den Vorgesetzten ist nicht zu beanstanden.

Es ist uns bekannt, dass Frau Schreiner nach einem neuen Betätigungsfeld sucht, das ihren Neigungen und Fähigkeiten stärker entspricht. Wir sind leider nicht in der Lage, ihr ein solches Betätigungsfeld in unserem Hause anzubieten.

Wir danken Frau Schreiner für die bislang geleistete Arbeit und wünschen ihr für ihren weiteren beruflichen und persönlichen Lebensweg alles Gute und viel Erfolg.

Warenburg, 29. Juni 2020

Nicole Schmidt
Geschäftsführerin

Arbeitsblatt 28.1: Bewerberauswahl mithilfe der Profilmethode

Anforderungsmerkmal:	Ausprägungsstufe				
	niedrig				hoch
	1	2	3	4	5
_____					
_____					
_____					
_____					
_____					
_____					
_____					
_____					

Arbeitsblatt 28.2: Bewerberauswahl mithilfe der Entscheidungstabelle*

Kriterien	Gewichtungs-faktor	Swetlana Axt		Charly Schmitz		Sabrina Schreiner	
		Punkte	Punkte · Faktor	Punkte	Punkte · Faktor	Punkte	Punkte · Faktor
Gesamtwert		—		—		—	

* Die Arbeit mit der Entscheidungstabelle wird im Schülerbuch, Lernfeld 6, Kapitel 3.2.3 Angebotsvergleich genauer beschrieben. Für die Bewertung der einzelnen Kriterien nutzen Sie bitte eine Punkteskala von 1 („sehr schlecht") bis 9 („sehr gut").

Arbeitsblatt 28.3: Instrumente der Personalauswahl

Instrument	Erläuterung
Beurteilung der Bewerbungsunterlagen	Zu den Bewerbungsunterlagen gehören:
Beurteilung des Bewerbers	Dies geschieht mithilfe von:

Arbeitsblatt 28.4: Schritte bei der Personalauswahl

Bringen Sie die folgenden Tätigkeiten bei der Personalbeschaffung in eine sinnvolle Reihenfolge.

Vorstellungsgespräch führen – Stellenanzeige schreiben – Arbeitsvertrag unterschreiben – Bewerberunterlagen sichten – Kriterien für die Bewerberauswahl festlegen – neuen Mitarbeiter vorstellen – Bewerber auswählen – neuen Mitarbeiter in der Personalabteilung anmelden

1.

2.

3.

4.

5.

6.

7.

8.

Arbeitsblatt 28.5: Vorstellungsgespräch

Erarbeiten Sie mögliche Fragen an Bewerber während eines Vorstellungsgesprächs am Beispiel der Bewerber aus der Einstiegssituation.

Swetlana Axt: _____

_____

_____

_____

_____

_____

_____

Charly Schmitz: _____

_____

_____

_____

_____

_____

_____

_____

Sabrina Schreiner: _____

_____

_____

_____

_____

_____

_____

_____

Aufgaben

Aufgabe 1
Erstellen Sie eine Übersicht über die Auswahlkriterien, die bei der Bewerberauswahl eine Rolle spielen können.

Aufgabe 2
Die Fly Bike Werke GmbH überlegt, in Zukunft einen Personalfragebogen einzuführen.
a Welche Gründe könnten Unternehmen dazu veranlassen, Personalfragebögen zur Personalauswahl einzusetzen?
b Erstellen Sie eine Liste mit mindestens 15 möglichen Fragestellungen.

Aufgabe 3
Auch Herr Aptar Shareef, Bewerber für eine Stelle als Systembetreuer der Fly Bike Werke GmbH (siehe Lebenslauf in der Fachkunde, S. 289), muss einen Personalfragebogen ausfüllen. Herr Shareef ist verunsichert, denn er weiß nicht, ob er alle Fragen beantworten muss, die ihm in dem Fragebogen gestellt werden, z.B. Fragen nach
- einer möglichen Mitgliedschaft in einer Gewerkschaft und Partei,
- seiner Religionszugehörigkeit bzw. seiner Weltanschauung,
- seinen familiären Verhältnissen, wie z.B. Familienstand, Anzahl der Kinder,
- eventuell bestehenden Vorstrafen.

a Begründen Sie, welche der Fragen zulässig und welche unzulässig sind.
b Wie ist die Rechtslage, wenn der Bewerber eine zulässige Frage nicht wahrheitsgemäß beantwortet hat?

Aufgabe 4
Die Möblia AG, ein Produzent von Büromöbeln, hat eine Position als Sachbearbeiter in der allgemeinen Verwaltung zu besetzen. Nach sorgfältiger Prüfung aller Bewerbungsunterlagen entscheidet sich die Personalverantwortliche dafür, drei der Bewerber zu Auswahlgesprächen einzuladen. Warum sind Auswahlgespräche neben den Bewerbungsunterlagen so wichtig?

Aufgabe 5
In der Frischwasser GmbH, einem Getränkeproduzenten mit 140 Mitarbeitern, soll der Posten des Abteilungsleiters Verkauf neu besetzt werden. Die infrage kommenden Bewerber werden zu einem dreitägigen Assessment-Center eingeladen.
a Was ist ein Assessment-Center?
b Was wird im Assessment-Center besonders untersucht?
c Nennen Sie die Vor- und Nachteile des Assessment-Centers.
d Für welche Stellen sind Assessment-Center in der Regel das verwendete Auswahlverfahren? Begründen Sie.

Aufgabe 6
Ergänzen Sie den Lückentext zu den Mitwirkungsrechten des Betriebsrats bei der Personalauswahl:

Der Betriebsrat kann seine Zustimmung in den folgenden Fällen verweigern:

- Die Stelle wurde nicht _____, obwohl der Betriebsrat dies verlangt hat.

- Es wurde gegen _____, eine Verordnung oder

  _____ verstoßen.

- Eine betriebliche _____ wurde nicht beachtet.

- Der neue Mitarbeiter wurde einem _____ Bewerber

  vorgezogen, ohne dass dies aus _____ oder

  _____ Gründen gerechtfertigt ist.

- Die begründete Besorgnis besteht, dass _____

  _____.

Arbeitsvertrag

Der Produktionschef Marco Rother kommt freudestrahlend ins Büro der Personalsachbearbeiterin Veruschka Linden. „Der Herr Brill, den Sie mir als Kandidaten für die Nachfolge von Herrn Work als Arbeitsplaner vorbeigeschickt haben, ist ja wirklich ein Pfundskerl. Kompetent und sympathisch. Er hat mir gleich eine Reihe wirklich bemerkenswerter Verbesserungsvorschläge gemacht. Klar, den hab ich ab sofort eingestellt – per Handschlag."

„So einfach geht das aber nicht", entgegnet Frau Linden. „Auch wenn Sie von der Geschäftsführung die Einstellungsvollmacht bekommen haben, müssen ein paar formale Regeln beachtet werden."

1 Beurteilen Sie, ob der per Handschlag abgeschlossene Arbeitsvertrag rechtsgültig ist.

2 Frau Linden weist Herrn Rother auf die Regelungen des Nachweisgesetzes von 1995 hin:

§ 2 Nachweispflicht

(1) Der Arbeitgeber hat spätestens einen Monat nach dem vereinbarten Beginn des Arbeitsverhältnisses die wesentlichen Vertragsbedingungen schriftlich niederzulegen, die Niederschrift zu unterzeichnen und dem Arbeitnehmer auszuhändigen. (…)

a Informieren Sie sich im Internet (z.B. unter http://www.gesetze-im-internet.de/bundesrecht/nachwg/gesamt.pdf) über die zehn wesentlichen Vertragsbedingungen.

b Tragen Sie diese in die folgende Übersicht ein:

Mindestinhalte des Arbeitsvertrages lt. Nachweisgesetz:

1.

2.

3.

4.

5.

6.

7.

8.

9.

10.

3 Frau Linden ist der Ansicht, dass – wenn das Nachweisgesetz sowieso eine Niederschrift fordert – auch gleich ein schriftlicher Arbeitsvertrag ausgefertigt werden kann. Erstellen Sie einen Arbeitsvertrag nach dem Muster im Schülerbuch. Ihnen liegen dazu noch folgende Detailinformationen vor:

Stellenbeschreibung

Bezeichnung der Stelle:	Arbeitsplanung
Arbeitsort:	Oldenburg, gelegentliche Geschäftsreisen zu Fortbildungen und Kongressen (auch ins nordeuropäische Ausland)
Aufgaben der Stelle in Kurzform:	Planung von Arbeitsgängen mit den dazugehörigen Werkzeugen und Betriebsmitteln und dem erforderlichen Zeitbedarf
Vorgesetzter:	Herr Rother
Stellenkurzzeichen:	APL
tarifliche Einstufung:	ab EG 8[1], nach 6. Monat zusätzliches Leistungsentgelt

[1] Tariftabelle siehe Fachkunde, S. 340.

NOTIZ

Der Geschäftsführer, Herr Peters, wünscht, dass im Arbeitsvertrag von Herrn Brill ein vertragliches Wettbewerbsverbot für die Dauer von zwei Jahren verankert wird.

Auszug aus dem Manteltarifvertrag

§ 11 Arbeitszeit, Ausgleich für schwere Arbeit
1. Regelmäßige Arbeitszeit
Für die Angestellten im Innendienst beträgt die regelmäßige Arbeitszeit 38 Stunden in der Woche. Pausen gelten nicht als Arbeitszeit.

§ 13 Erholungsurlaub
1. Urlaubsdauer, Abgeltung
Die Angestellten haben für jedes Kalenderjahr Anspruch auf Erholungsurlaub von 30 Arbeitstagen. Wird dieser nicht zusammenhängend genommen, soll er in größere Abschnitte aufgeteilt werden, von denen einer mindestens 15 Arbeitstage umfasst.

§ 20 Sondervergütung
Alle Angestellten erhalten ab dem zweiten Beschäftigungsjahr eine Weihnachtsgratifikation von 50% des Grundentgelts.

§ 23 Kündigung
1. Die Kündigungsfrist beträgt beiderseits im ersten Jahr der Unternehmenszugehörigkeit 1 Monat zum Monatsschluss, ab Beginn des zweiten Jahres der Unternehmenszugehörigkeit 6 Wochen zum Quartalsende.

Anschrift:

Herr Werner Brill
Heringstr. 4
49661 Cloppenburg

---

4 Erläutern Sie den Sinn eines vertraglichen Wettbewerbsverbots.

Arbeitsblatt 29.1: Rechte und Pflichten aus dem Arbeitsvertrag

Der Auszubildende der Fly Bike Werke GmbH Ralf Schumacher freut sich über eine willkommene Abwechslung: Heute nimmt ihn der Verwaltungsleiter Herr Steffes mit zum Arbeitsgericht. Herr Steffes ist dort am heutigen Prozesstag als von der Arbeitgeberseite berufener Laienrichter eingesetzt. Um die Gerichtsurteile zu einem späteren Zeitpunkt noch einmal in Ruhe besprechen zu können, hat Ralf Schumacher von Herrn Steffes den Auftrag erhalten, über jeden Streitfall ein Kurzprotokoll anzufertigen. Bis zum frühen Nachmittag hat sich so ein kleiner Stapel Notizen gebildet.

AZ: 23881/2012
Urteil: Kündigung rechtsgültig

Mitarbeiter hat gegen eine hohe Vergütung einem Konkurrenten die Konstruktionszeichnung für das neue Produkt ausgehändigt.

AZ: 24003/2012
Urteil: Anspruch festgestellt

Arbeitgeber weigerte sich, nach einer nur 3-monatigen Beschäftigung ein Arbeitszeugnis auszustellen.

AZ: 22446/2012
Urteil: Abmahnung rechtsgültig

Mitarbeiter ist verpflichtet, auf Anweisung des Geschäftsführers den Kunden Müller aufzusuchen, obwohl er dies für überflüssig hielt.

AZ: 23555/2012
Urteil: Versetzung ungültig

Herzkranker Mitarbeiter darf nicht für Akkordarbeiten eingesetzt werden.

AZ: 23121/2012
Urteil: Anspruch festgestellt

Auch ein Mitarbeiter, dem in der Probezeit gekündigt wurde, ist bis zum Tag des Ausscheidens zu entlohnen.

AZ: 24087/2012
Urteil: Abmahnung rechtsgültig

Mitarbeiter redete in der Öffentlichkeit immer schlecht über seinen Arbeitgeber.

AZ: 23487/2012
Urteil: Abmahnung rechtsgültig

Mitarbeiter kam über Wochen zu spät zur Arbeit.

AZ: 23412/2012
Urteil: Abmahnung rechtsgültig

Mitarbeiter machte im Geschäftszweig seines Arbeitgebers eigene Geschäfte.

AZ: 23345/2012
Urteil: Anspruch festgestellt

Sachbearbeiter darf nach Streit mit dem Abteilungsleiter nicht nur mit Ablagearbeiten beschäftigt werden.

Leiten Sie aus den Notizen mögliche Rechte und Pflichten aus dem Arbeitsverhältnis ab und tragen Sie diese in die nachstehende Übersicht ein:

Rechte des Arbeitnehmers (Pflichten des Arbeitgebers)	Pflichten des Arbeitnehmers (Rechte des Arbeitgebers)

Aufgaben

Aufgabe 1

In einem Ordner auf dem Dachboden seiner Großeltern ist der Auszubildende Ralf Schumacher auf einen alten Arbeitsvertrag seines Großvaters gestoßen. Vergleichen Sie die Regelungen des folgenden Arbeitsvertrags Punkt für Punkt mit den heute üblichen Vertragsbedingungen.

Auszug aus dem Arbeitsvertrag:

Mit Herrn/~~Frau/Fräulein~~ Willy Schumacher, Poststraße 37, Bonn

wird folgender Arbeitsvertrag geschlossen:

1.) Herr/~~Frau/Fräulein~~ Willy Schumacher

    geboren am: 29.3.1919   in: **Bonn-Endenich**
    steht ab: 1.1.1954   als: **Buchhalter**
    in einem Arbeitsverhältnis mit der VEREINIGUNG DER PAPIER-
    DRUCKEREIEN E.V., Bonn/Rhein.

2.) Eine Kündigung ist nur zum Ende des Kalender-Monats möglich
    und muss spätestens am Schluss des vorangegangenen Monats
    erfolgen.

3.) Das Arbeitsverhältnis kann von beiden Seiten ohne Einhaltung
    einer Kündigungsfrist gekündigt werden, wenn ein wichtiger
    Grund hierfür vorliegt.

4.) Die Arbeitszeit beträgt wöchentlich 48 Stunden,
    montags - freitags von 8.15 - 12.45 Uhr, 14.00 - 18.00 Uhr
    sonnabends von 8.00 - 13.30 Uhr.
    Ein Anspruch auf Vergütung von Ueberstunden besteht nicht.

5.) Die Bezüge richten sich nach freier Vereinbarung von beiden
    Seiten und sind Jahresbezüge, die in 12 gleichbleibenden monat-
    lichen Zahlungen postnumerando per ultimo eines jeden Monats
    zahlbar sind. Ein Anspruch auf besondere Urlaubs- oder Weihnachts-
    gelder besteht nicht.
    Sie haben ein Jahresgehalt von DM 4680.-- brutto
                 Monatsgehalt von DM   390.-- brutto

6.) Anspruch auf Urlaub besteht nach 6 monatiger Beschäftigung.
    Ihr Urlaub beträgt   12   Arbeitstage für 1 Jahr Arbeits-
    leistung.

7.) Sie verpflichten sich auch nach Beendigung eines Arbeitsver-
    hältnisses mit der VEREINIGUNG DER PAPIERDRUCKEREIEN E.V. zum
    strengsten Stillschweigen gegenüber dritten Personen. Dieses
    Stillschweigen umfasst alle persönlichen und geschäftlichen
    Angelegenheiten, von denen Sie im Verlauf Ihrer Tätigkeit bei
    der VEREINIGUNG DER PAPIERDRUCKEREIEN E.V. Kenntnis bekommen
    haben.

8.) Aenderung und Ergänzung dieses Vertrages bedürfen zu ihrer
    Gültigkeit der schriftlichen Bestätigung, die auch einseitig
    erfolgen kann und wirksam wird, sobald von der anderen Seite
    innerhalb einer Frist von 10 Tagen kein Einspruch erfolgt.

Arbeitgeber: Arbeitnehmer:
VEREINIGUNG DER PAPIERDRUCKEREIEN E.V.
                                      Willy Schumacher

Bonn / Rhein, den   1. Januar 1954

Aufgabe 2

Geben Sie an, in welchem Dokument sich der Arbeitnehmer eines tarifgebundenen Betriebs über folgende für ihn gültige Arbeitsbedingungen informieren kann:

a den vorgesehenen Arbeits-/Einsatzort

b das jeweils gültige Grundentgelt

c die maximal zulässige tägliche Arbeitszeit inklusive
  aller Überstunden

d allgemeine betriebliche Sonderzahlungen

e Meldeverpflichtung bei Krankheit

f besondere arbeitsplatzbezogene Pflichten

g Vorruhestandsregelung

h Beginn des Arbeitsverhältnisses

i Tätigkeitsbezeichnung/-beschreibung

j die regelmäßig übliche tägliche Arbeitszeit

k die Mindestruhezeit zwischen zwei Arbeitstagen

l die Lage der täglichen Arbeitspausen

m die bestehende Kleiderordnung

Aufgabe 3

Im Arbeitsvertrag des Vertriebsleiters der Fly Bike Werke GmbH, Ralf Gerland, ist folgender Passus aufgeführt:

```
§ 9 Wettbewerbsverbot

Dem Mitarbeiter ist es für die Dau-
er von zwölf Monaten nach seinem
Ausscheiden aus dem Unternehmen un-
tersagt, in gleicher oder ähnlicher
Position bei einem Konkurrenzunterneh-
men tätig zu werden. Dies gilt auch
für eine vertriebsbezogene, beratende
Tätigkeit.
```

a Um welche Art von Wettbewerbsverbot handelt es sich?

b Welche Absicht verbindet die Fly Bike Werke GmbH mit dieser Regelung?

c Da Ralf Gerland, 48, durch seine Ausbildung und langjährige Tätigkeit auf den Vertriebsbereich in der Fahrradbranche spezialisiert ist, fürchtet er nicht ganz zu Unrecht, in anderen Branchen und Aufgabenbereichen nur schwer Fuß fassen zu können. Es ist sogar absehbar, dass er im Falle eines Ausscheidens aus der Fly Bike Werke GmbH die „Beschäftigungssperre" von einem Jahr arbeitslos zu Hause absitzen müsste. Was kann er vom Arbeitgeber bei Vereinbarung eines Wettbewerbsverbots deshalb fordern?

d Wie lange darf das Wettbewerbsverbot noch über das Arbeitsverhältnis hinaus maximal gelten?

Aufgabe 4

Immer öfter ist im Arbeitsvertrag eine Befristung des Arbeitsverhältnisses vorgesehen. So ist der Anteil befristeter Beschäftigung an der sozialversicherungspflichtigen Beschäftigung von 4,7 % im Jahr 1996 auf 9,3 % im Jahr 2008 gestiegen (Quelle: IAB-Betriebspanel).

a Beschreiben Sie aus Arbeitgebersicht die Ursachen (Vorteile) dieser Entwicklung.

b Erkennen Sie einen Zusammenhang mit der fast simultan verlaufenden Entwicklung der Leiharbeiterzahlen (vgl. die Grafik im Schülerbuch, Kap. 3.2)?

c Gewerkschaften und Sozialverbände klassifizieren den befristeten Arbeitsvertrag heutzutage als „prekäres" Arbeitsverhältnis. Welche wirtschaftlichen, persönlichen und sozialen Folgen können für einen Arbeitnehmer entstehen, der quasi in einer Kette befristeter Verträge seinen Beruf ausübt?

d Recherchieren Sie im Internet oder im Gesetzestext, § 14 des Teilzeit- und Befristungsgesetzes (TzBfG), die gesetzlichen Grenzen von Befristungen.

Aufgabe 5

Der Konstrukteur David Düsentrieb beschäftigt einmal in der Woche einen 16-jährigen Realschüler mit leichten Gartenarbeiten (hauptsächlich Rasenmähen). Die Arbeit ist nach maximal zwei Stunden erledigt. Dies und die Vergütung wurden vor einigen Monaten mündlich abgesprochen.

a Liegt hier ein Arbeitsvertrag vor?

b Muss Herr Düsentrieb dem Schüler gemäß Nachweisgesetz nun noch einmal alle wesentlichen Vertragsbedingungen schriftlich aushändigen?

c Falls Herr Düsentrieb unzufrieden ist – darf er dem Schüler fristlos kündigen?

d Unterliegt der Schüler dem gesetzlichen Wettbewerbsverbot und darf er deshalb nur bei Herrn Düsentrieb den Rasen pflegen?

SB → S. 305 | Lernfeld 7, Kapitel 5.3.1

In den nächsten Monaten steht bei der Fly Bike Werke GmbH eine Erweiterung des Bürogebäudes an. Im neuen Gebäudeteil stehen ca. 150 m² Büroraum zur Verfügung, mindestens sechs Sachbearbeiter sollen dort untergebracht werden. Veruschka Linden hat die kaufmännische Auszubildende Bettina Lotto gebeten, sie bei der Planung und Ausstattung der neuen Räume zu unterstützen. Frau Lotto findet die folgende E-Mail in ihrem Posteingang:

Von: v.linden@flybike-werke.de
An: b.lotto@flybike-werke.de
Betreff: Planung der Büroräume
Datum: 24.08.20X1

Liebe Frau Lotto,

nun geht es an die Feinplanung der neuen Büroräume. Wichtig ist, dass die Arbeitsplätze ergonomisch gestaltet werden, denn optimale Arbeitsbedingungen sind die Voraussetzung für eine gute Arbeitsleistung. Bitte stellen Sie die Anforderungen zusammen, die die neuen Büros aus ergonomischer Sicht erfüllen sollten.

Bisher ist auch noch nicht entschieden, ob im neuen Bürogebäude ein Großraumbüro oder mehrere Einzelbüros entstehen sollen. Bitte stellen Sie die wichtigsten Vor- und Nachteile von Großraumbüros gegenüber und machen Sie einen begründeten Vorschlag für eine der beiden Alternativen. Formulieren Sie auf dieser Basis die fünf wichtigsten Ansprüche an eine ergonomische Bürogestaltung.

Beziehen Sie bitte Ihre Kenntnisse zur Ergonomie und eigene Erfahrungen in Bezug auf die Arbeitsplatzgestaltung in Ihre Betrachtungen mit ein. Beachten Sie auch das Informationsmaterial im Anhang.

1 Bearbeiten Sie die Aufträge in der E-Mail von Veruschka Linden. Nutzen Sie hierfür auch die Informationen in den folgenden zwei Texten.

Beleuchtung im Büro. So geht Ihnen das richtige Licht am Arbeitsplatz auf!

Arbeiten am Bildschirm bedeutet Schwerstarbeit für die Augen. Die richtige Beleuchtung im Büro und rund um den Arbeitsplatz bringt Erleichterung. Die Augen werden geschont, fehlerfreies Lesen am Bildschirm ist dann kein Zufall mehr.

Schlechte Beleuchtung fördert Augenbeschwerden
Extreme Helligkeit, einstrahlende Sonne oder spiegelnde Flächen erschweren die Arbeit am Bildschirm sehr. Etwa 30 bis 40 Prozent der Beschäftigten in Büros klagen über häufige oder ständige Augenbeschwerden: müde, trockene und gerötete Augen, brennende oder tränende Augen, verschwommene Sicht, Doppelt-Sehen

Folge der Bildschirmarbeit ist oft das so genannte Office-Eye-Syndrom. Durch den verringerten Lidschlag wird das Auge nur ungenügend mit Tränenfilm benetzt. Es tritt umso häufiger und stärker auf, je länger die tägliche Arbeitszeit am Bildschirm ist und je seltener Kurzpausen stattfinden. Geringe Luftfeuchtigkeit, Zugluft und unzureichend korrigierte Augen wirken zusätzlich verschlechternd.

Gute Sehbedingungen am Arbeitsplatz
Gereizte Augen beeinträchtigen nicht nur die allgemeine Leistungsfähigkeit, sie erhöhen auch die Fehlerquote beim Lesen am Bildschirm. Ergonomische Beleuchtungsbedingungen erleichtern die Seharbeit, beugen Augenbeschwer-

den vor und senken die Fehlerraten. Experten fordern deshalb, dass
» störende Blendwirkungen vermieden werden
» Reflexionen und Spiegelungen vermieden werden
» ausreichende Helligkeit gegeben ist
» der Kontrast zwischen Bildschirm und Umgebung angemessen ist.

Folgende Punkte sind bei der Beleuchtung entscheidend:

Bildschirmausrichtung
Der Blick in den Bildschirm sollte grundsätzlich parallel zum Fenster ausgerichtet sein. Deckenleuchten sollten seitlich vom Arbeitsplatz angeordnet sein.

Beleuchtungsstärke
Am Bildschirmarbeitsplatz ist eine Lichtstärke von mindestens 500 Lux erforderlich. Ältere Beschäftigte brauchen es meist etwas heller. Auch in Großraumbüros und im Lesebereich ist eine höhere Lichtstärke gefragt. Die Leuchten müssen so beschaffen sein, dass niemand geblendet wird.

Farbkontraste
Für entspanntes Sehen ist ein ausreichender Kontrast auf dem Bildschirm, aber ein nicht zu hoher Kontrast im nahen Blickfeld nötig. So muss sich das Auge nicht ständig großen Helligkeitsunterschieden anpassen. Sowohl zu heller als auch zu dunkler Hintergrund ermüden das Auge.

Gedeckte helle Farben im Sehbereich sind ideal.

Raumbeleuchtung
Licht – am meisten das Tageslicht – wirkt sowohl körperlich als auch psychisch auf den Menschen. Es beeinflusst in hohem Maße unser Wohlbefinden und unsere Gesundheit. Es ist in jedem Büro ein Muss. Auch in den Tiefen eines Großraumbüros muss ein Teilblick auf Fensterflächen bzw. ein Anteil von Tageslichteinfall gegeben sein. Zusätzlich sollte die künstliche Raumbeleuchtung ausgewogen und von neutraler Lichtfarbe sein – dem Tageslicht also möglichst ähnlich sein.

Das können Sie selbst tun
Gibt es bei Ihnen noch keines der modernen, ergonomischen Beleuchtungskonzepte, können Sie auch selbst für eine bessere Beleuchtung an Ihrem Arbeitsplatz sorgen:
» den Bildschirm richtig aufstellen
» die Beleuchtung immer wieder gut anpassen
» regelmäßige Bildschirmpausen zur Augenerholung nutzen
» passende Sehhilfen tragen, wenn es notwendig ist.

Quelle: Beleuchtung im Büro. So geht Ihnen das richtige Licht am Arbeitsplatz auf! Hrsg.: IG Metall Vorstand, FB Gesundheitsschutz und Arbeitsgestaltung, FB IT-und Elektroindustrie/Angestellte, Frankfurt/M., Text: R. Rundnagel/D. Heims, 09/2010

Damit Sie gesund und leistungsfähig bleiben!
Voraussetzungen für eine gute Büroraumgestaltung

Arbeitsalltag heute

Die Arbeit im Büro hat sich verändert. Das Arbeitsumfeld ebenso: Großraumbüros, Beschleunigung durch E-Mail und Internet, wechselnde Projektteams, ständige Erreichbarkeit per Handy, Abhängigkeit vom Bildschirm. Das ist unsere Arbeitsrealität im Büro heute.

Die Arbeit selbst ist komplexer geworden, die Verantwortung gestiegen. Flexibilität wird von jedem Beschäftigten erwartet. Eine Mischung aus Konzentration und Kommunikation prägt die Arbeitsabläufe.

Für Bürobeschäftigte gehören
» die Möglichkeit, sich zu konzentrieren
» die Möglichkeit, in Blöcken von zwei bis drei Stunden ohne Unterbrechung zu arbeiten, und
» die Möglichkeit, direkt mit Kolleginnen und Kollegen zu sprechen,
zu den ersten Anforderungen an ihren Arbeitsplatz.*

Eine optimale Gestaltung der Räume ermöglicht alles zusammen. Dafür ist eine tätigkeitsbezogene Planung notwendig, um räumliche Nachteile sowie psychische Belastungsfaktoren zu vermeiden.

Großraumbüros bergen Nachteile

Offene Bürostrukturen sind der Trend. Der große Vorteil, nämlich die kurzen Abstimmungswege, ist jedoch schnell verspielt, wenn nicht den Bedürfnissen der Menschen dort Rechnung getragen wird. Belastungsfaktoren wie
» ständige Ablenkung durch Gespräche der Nachbarn
» Unterbrechungen und Störungen durch die Vorbeilaufenden
» das Gefühl, auf dem Präsentierteller zu sitzen
» schlechte Luft
» Techniklärm
stören nicht nur die Arbeit und lassen die Ergebnisse schlechter werden, sie gefährden auch die Gesundheit.

* laut Forschungsprojekt „Office 21", Fraunhofer-Institut, Stuttgart, 2009

Je größer die Büros sind und je mehr Beschäftigte dort arbeiten, desto mehr nimmt die Unzufriedenheit der Beschäftigten zu. Immer weniger Mitarbeiter sind dann der Meinung, an ihrem Arbeitsplatz wirklich produktiv zu sein. In der Folge kommt es immer häufiger zu arbeitsbedingten Gesundheitsbeschwerden wie Müdigkeit, Kopfschmerzen, Augenreizung, Konzentrationsprobleme, Schlafstörungen. Die Krankheitstage nehmen in größeren Büros zu.

Kennzeichen guter Bürogestaltung

In Büroräumen, die sowohl ruhige Arbeitsbereiche als auch Arbeitsflächen für gemeinsame und kommunikative Tätigkeiten bieten, fühlen sich die meisten am wohlsten.*
Je nach Tätigkeitsschwerpunkt können hier verschiedene funktionsbezogene Flächen eingesetzt werden:
» Besprechungsräume
» Teamflächen
» Telefonzellen
» abgetrennte Meetingpoints für Besprechungen, um andere nicht zu stören
» Rückzugsräume wie die so genannten „think tanks" und „quiet rooms" oder Arbeitszellen für konzentriertes Arbeiten.

Große Flächen können mit lärmmindernden Elementen unterteilt werden. Drucker, Kaffeemaschine und Archive sollten räumlich ausgelagert sein. Hinzu kommt die Wohlfühlqualität eines Büros, die nachweislich die Produktivität steigert. Sie wird durch folgende Faktoren erreicht:
» Attraktivität der Einrichtung
» sorgfältige Zonenaufteilung, die den Wechsel zwischen Sichtbarkeit und Rückzug ermöglicht
» hoher Ergonomiestandard
» gute Raumklima- und Lichtverhältnisse
» weite Raumproportionen
» Möglichkeit zur individuellen Einstellung des Arbeitsplatzes.

Quelle: Damit Sie gesund und leistungsfähig bleiben. Voraussetzungen für eine gute Büroraumgestaltung, Hrsg.: IG Metall Vorstand, FB Gesundheitsschutz und Arbeitsgestaltung, FB IT- und Elektroindustrie/Angestellte, Frankfurt/M., Text: R. Rundnagel / D. Heims, 09/2010

3-D-Grafik eines Großraumbüros

Arbeitsblatt 30.1: Wichtige Aspekte einer ergonomischen Büroraumgestaltung

Aspekt	Maßnahmen (Beispiele)
Helligkeit	

Aufgaben

Aufgabe 1

Erklären Sie, was unter dem Begriff Arbeitsergonomie verstanden wird.

Aufgabe 2

Welche Folgen kann es für Mitarbeiter und Unternehmen haben, wenn die Arbeitsergonomie vom Arbeitgeber nicht ausreichend beachtet wird?

Aufgabe 3

Die Arbeitsergonomie hat für Computerarbeitsplätze eine große Bedeutung. Stellen Sie anhand eines selbst gewählten Beispiels dar, dass auch in der Produktion ergonomische Erwägungen eine wichtige Rolle spielen.

Aufgabe 4

a   Recherchieren Sie, welche gesetzlichen Vorschriften für die ergonomische Gestaltung eines Arbeitsplatzes gelten.

b   Ist es aus Ihrer Sicht ausreichend, wenn die Arbeitsplatzgestaltung den gesetzlichen Vorgaben genügt? Begründen Sie.

Aufgabe 5

Untersuchen Sie Ihren Computerarbeitsplatz in Ihrem Unternehmen nach ergonomischen Gesichtspunkten. Stellen Sie Ihre Ergebnisse und mögliche Verbesserungsvorschläge der Klasse vor.

Arbeitshumanisierung

Frau Linden fällt seit Längerem auf, dass die Fehlzeiten in der Produktion der Fly Bike Werke GmbH kontinuierlich steigen. Sie befürchtet, dass sie nicht nur krankheitsbedingt sind, sondern auch auf einer gewissen Arbeitsunzufriedenheit der Mitarbeiter beruhen.

Fly Bike Werke GmbH Fehlzeitenübersicht für 20XX zur jährlichen Erfassung von Urlaubs-, Kranken- und Fehltagen sowie Freizeitausgleich

Pers.-Nr.	Jan.	Febr.	März	April	Mai	Juni	Juli	Aug.	Sept.	Okt.	Nov.	Dez.
1105	3 UR			5 U			2 K	14 U		3 EK		11 U
1106		2 K			10 U	5 K			5 K 3 U			10 U
1107							10 U	3 K	2 K		5 K	12 U
1108		8 U					8 U			10 EK		8 U
1109							1 K 14 U		1 K	2 K		10 U

Legende:

Urlaub	Krankheit	Freizeitausgleich	Sonstige Fehlzeiten
Bezahlter Urlaub U – Erholungsurlaub UR – Resturlaub UB – Bildungsurlaub UM – Mutterschaftsurlaub Unbezahlter Urlaub UU – Unbezahlter Urlaub UE – Erziehungsurlaub	K – Krankheit/Kur EFZ – Entgeltfortzahlung BU – Betriebs-/Wegeunfall	GT – Gleittag/ Ausgleichstag	EK – Erkrankung des Kindes A – Arbeitsfreistellung

Hinweis: Alle festangestellten Mitarbeiter der Fly Bike Werke GmbH haben laut Tarifvertrag einen Urlaubsanspruch von 30 Arbeitstagen pro Jahr. Die Mitarbeiter dürfen nicht genommene Urlaubstage ins Folgejahr übernehmen.

Frau Linden trifft sich mit Herrn Rother zu einem Gespräch, um mögliche Ursachen für diese Fehlzeiten aufzudecken. Herr Rother hat bereits eine anonyme schriftliche Umfrage in seiner Abteilung veranlasst. Die Ergebnisse liegen vor.

NOTIZEN — Fly Bike Werke GmbH

– Alle Fahrradmodelle werden im Unternehmen zusammengebaut.
– Teilweise erfolgt der Zusammenbau in kleinen Arbeitsschritten.
– Meine langjährige Facharbeiterausbildung, Spezialisierung Feinmechanik, kann ich nicht einsetzen.

NOTIZEN — Fly Bike Werke GmbH

* Ich arbeite schon 10 Jahre am gleichen Arbeitsplatz.
* Zurzeit erledige ich kleine Aufgaben am Fließband, häufig nur eine Aufgabe in vielfachen Wiederholungen.
* Meine anderen Fertigkeiten sind nicht gefragt bzw. kann ich nicht einsetzen.
* Die Arbeit empfinde ich als langweilig und ich fühle mich unterfordert.

NOTIZEN — Fly Bike Werke GmbH

Ich komme mir vor wie das „Mädchen für alles"!

Im Vertretungsfall darf ich am Fließband die Räder zusammenbauen, die Qualität kontrollieren oder auch Neubestellungen von Teilen durchführen.

Im Normalfall werde ich nur zur Wartung der Maschinen eingesetzt.

Die Vertretung meines Abteilungsleiters muss ich auch übernehmen, da sich sonst kein Mitarbeiter dazu bereit erklärt hat.

1 Um welche Form der Arbeitsorganisation handelt es sich hier?
2 Erläutern Sie diesen Ansatz und benennen Sie Vor- und Nachteile.
3 Ordnen Sie die in der Mitarbeiterbefragung gesammelten Kommentare den Vor- und Nachteilen zu.
4 Überlegen Sie sich Möglichkeiten, wie der geäußerten Unzufriedenheit entgegengewirkt werden kann. Nutzen Sie hierfür auch die Arbeitsblätter 31.1 und 31.2.

Arbeitsblatt 31.1: Arbeitsunzufriedenheit verhindern

Ideen, um Arbeitsunzufriedenheit bei Mitarbeitern zu verhindern
– Vorlieben der Mitarbeiter für bestimmte Tätigkeiten berücksichtigen

Arbeitsblatt 31.2: Formen der Arbeitsorganisation

Form der Arbeits-organisation	Vorteile (+) und Nachteile (–) dieser Form der Arbeitsorganisation
Job Rotation	

Aufgaben

Aufgabe 1
Nennen Sie die Ziele der Arbeitshumanisierung.

Aufgabe 2
Bei der Arbeitshumanisierung kann in horizontaler und in vertikaler Richtung vorgegangen werden. Nennen Sie jeweils ein Beispiel.

Aufgabe 3
Die Beutler GmbH hat 45 Beschäftigte. Im Laufe der Jahrzehnte sank die Anzahl der qualifizierten Mitarbeiter stets. Freie Stellen wurden mit kostengünstigen Mitarbeitern mit zum Teil geringen Qualifikationen besetzt. Zur Sicherung der Arbeitsabläufe erhielten die neuen Mitarbeiter deutlich verengte Arbeitsfelder und Handlungsspielräume. Seitdem verzeichnet das Unternehmen einen ständig ansteigenden Krankenstand, vor allem im Bereich des gering qualifizierten Personals.

a Beschreiben Sie die Arbeitsorganisation der Beutler GmbH und deren Folgen.
b Nehmen Sie Stellung zur folgenden Aussage: „Eine bessere Beachtung der Arbeitshumanisierung hätte die negative Entwicklung verhindern können."

Aufgabe 4
Die Produktivität der Arbeit ist für Unternehmen mit entscheidend für die Produktionskosten und damit für die Wettbewerbsfähigkeit. Diskutieren Sie die Umsetzbarkeit des Taylorismus mit allen Vorzügen und Gefahren für Unternehmen und Mitarbeiter.

Aufgabe 5
Damit eine Aufgabenbereicherung der einzelnen Mitarbeiter stattfinden kann, bedarf es einer genauen Einschätzung der individuellen Kompetenzen des Beschäftigten. Machen Sie Vorschläge, wie diese Kompetenzen für ein erfolgreiches Job Enrichment festgestellt werden können.

Aufgabe 6
a Welche Branchen und unternehmerischen Bereiche eignen sich besonders für den Einsatz teilautonomer Arbeitsgruppen?
b Welche dispositiven Tätigkeiten können in die Hände der teilautonomen Arbeitsgruppe gegeben werden?
c Worauf ist bei der Teamzusammenstellung zu achten, um Gruppenkonflikte zu vermeiden?

Aufgabe 7
In Deutschland haben beschäftigte Eltern einen Rechtsanspruch auf Elternzeit. Damit auch Männer dieses Recht in Anspruch nehmen, hat die familienfreundliche Brauer OHG eine besondere Form der Arbeitszeitgestaltung eingeführt: Ausgewählte Arbeitsplätze sollen mit jeweils zwei oder mehreren geeigneten Mitarbeitern besetzt werden, die sogenannte Arbeitsteams bilden. Für die Aufgabenerfüllung des jeweiligen Arbeitsplatzes ist das Arbeitsteam gemeinsam verantwortlich. Dazu erstellen die Teammitglieder einen gemeinsamen Anwesenheitsplan für einen vorgegebenen Zeitraum. Bei der Aufteilung der Arbeitszeit soll berücksichtigt werden, dass jedem Arbeitsplatz eine wöchentliche Arbeitszeit von 35 Stunden zugrunde liegt.

a Um welches Arbeitszeitmodell handelt es sich hierbei?
b Betrachten Sie dieses Arbeitszeitmodell differenziert aus der Sicht des Unternehmens und der Mitarbeiter.

Aufgabe 8
Qualitativ hochwertige Produkte und möglichst niedrige Preise können die Nachfrage am Markt sichern. Damit diese Nachfrage gedeckt und die Produktionskosten niedrig gehalten werden, produzieren viele Unternehmen 24 Stunden am Tag. Dies setzt eine gute Personalplanung und Schichtarbeit voraus.

a Beschreiben Sie den Unterschied zwischen Fest- und Wechselschichtsystemen.
b Zeigen Sie die Folgen der Schichtsysteme für die Mitarbeiter auf.
c Welche Folgen wären für die Mitarbeiter mit der Aussetzung von Schichtsystemen und entsprechend geringerer Maschinenauslastung verbunden?

Trotz einiger beachtlicher Erfolge auf dem Gebiet der Arbeitshumanisierung sind Fehlzeiten und Fluktuation bei der Fly Bike Werke GmbH noch nicht auf das branchenübliche Niveau gesunken – Anlass, über weitere personalwirtschaftliche Maßnahmen nachzudenken. Bei einem Treffen mit Frau Linden legt der Geschäftsführer Herr Peters ihr unvermittelt einen Artikel vor, auf den er im Internet gestoßen ist.

Ich Chef, Du nix

Authentisch

Seit mehr als 20 Jahren arbeitet K+S-Vorstandschef Norbert Steiner im selben Unternehmen. Neben Ehrgeiz und Expertise hat er sich vor allem seine Authentizität bewahrt – und die verlangt er auch von seinen Führungskräften.

Cholerisch

Fachlich brillant, menschlich schwierig – das ist Hewlett-Packard-Chef Léo Apotheker. Als SAP-Boss scheiterte er auch an den Mitarbeitern und dem autoritär-cholerischen Führungsstil.

Visionär

Karl-Heinz Streibich, CEO der Software AG, gibt seinen Mitarbeitern nicht nur Ziele für das nächste Jahr. Er gibt ihnen sogar ganz vorbildlich Ziele für die kommende Dekade.

Diktatorisch

Insidern zufolge verzeiht Ulrich Marseille (Marseille-Kliniken) Fehler nur selten und führt bisweilen diktatorisch Regime – inklusive öffentlicher Demontage in Besprechungen.

Umgänglich

Uneitel, umgänglich, loyal – so wird Lufthansa-Chef Christoph Franz von seinen Mitarbeitern geschildert. Franz höre stets zu und sei offen für Kritik.

Vorsichtig

Siemens-Chef Peter Löscher nahm die Unternehmensbereiche nach seinem Amtsantritt schnell an die kürzere Leine und überraschte mit hartem Durchgreifen. Doch nicht ohne die nötige Vorsicht: „Ich muss erst einmal die Menschen kennenlernen."

Konsequent

Vom inzwischen pensionierten GE-Boss Jack Welch stammt die sogenannte 20-70-10-Regel: Die besten 20 Prozent der Mitarbeiter gehören mit Boni belohnt, die mittleren 70 Prozent gefördert, die schlechtesten zehn Prozent gefeuert. Eine extreme Form der Leistungsbewertung – aber das Prinzip ist richtig.

Handfest

Als Johannes Teyssen bei Eon aufschlug, kündigte sich schnell ein neuer Führungsstil an. Er glänzte mit dem guten Draht zur Belegschaft und dem Bemühen zum „Wir"-Gefühl. Doch im Moment hat der Eon-Chef mit Umbau und Entlassungen zu kämpfen – und mit strategischen Fehlern, die er zugibt.

Distanziert

RWE-Vorstandschef Jürgen Großmann, der 2012 das Unternehmen verlässt, musste sich nicht zuletzt mit verärgerten Mitarbeitern herumschlagen. Das lag vor allem an seinen einsamen Entscheidungen und seinem ruppigen Führungsstil. Von „Lehmschicht" spricht er, wenn er seine Kollegen in der Führungsetage meint. Zitat: „Ein Spalier von Applaudierenden, das brauche ich nicht."

Gnadenlos

Kein Firmenlenker hat die gnadenlose Logik des Herrschens so verinnerlicht wie VW-Aufsichtsratschef Ferdinand Piëch. Sein Verhältnis zu Angestellten und Mitarbeitern war immer schwierig. Er selber dazu: „Sie gewinnen keinen Überlebenskampf mit Freundlichkeit."

1 In einer Leitungssitzung möchte Herr Peters mit Frau Linden und den Abteilungsleitern ein einheitliches Führungskonzept vereinbaren. Die Führungskräfte in der Fly Bike Werke GmbH bevorzugen unterschiedliche Stile:
 – Oliver Thüne (Abteilungsleiter Einkauf/Logistik) pflegt einen informierenden Führungsstil.
 – Der Führungsstil von Marco Rother (Abteilungsleiter Produktion) ist konsultativ.
 – In Christoph Steffes' Abteilung (Verwaltung) herrscht ein demokratischer Führungsstil.
 – Ralf Gerland (Abteilungsleiter Vertrieb) führt seine Mitarbeiter mithilfe eines partizipativen Führungsstils.

 a Sie als Klasse sollen nun die Sitzung vorbereiten. Bilden Sie vier Gruppen und wählen Sie die Führungskraft aus, die Sie unterstützen möchten. Suchen Sie danach Argumente für den von Ihnen gewünschten Führungsstil bzw. Argumente gegen die anderen Prinzipien.
 b Simulieren Sie die Sitzung in Form eines Rollenspiels, zu dem jede Gruppe einen Vertreter („Abteilungsleiter") schickt. Der Lehrer („Herr Peters") moderiert das Gespräch.
 c Lassen Sie die Pro- und Kontra-Argumente durch vier unabhängige Protokollanten per Kartenabfrage sammeln.
 d Beschließen Sie in der Sitzung den gemeinsamen Führungsstil.
 e Systematisieren Sie die Ergebnisse der Kartenabfrage in Arbeitsblatt 32.1, indem Sie diese dem
  – eher autoritär geprägten Führungsstil bzw.
  – eher partizipativ geprägten Führungsstil
  zuordnen.
2 Der Artikel stellt verschiedene Möglichkeiten dar, ein Unternehmen zu führen. Herr Peters möchte seinen Abteilungsleitern Anhaltspunkte geben, wie sie ihr Führungsverhalten in Zukunft verbessern können.
 a Identifizieren Sie anhand der Aussagen des Artikels zunächst den von der jeweiligen Führungskraft bevorzugten Führungsstil.
 b Welcher Firmenchef leitet sein Unternehmen Ihrer Meinung nach besonders erfolgreich? Begründen Sie diese Ansicht.

Arbeitsblatt 32.1: Führungsstile

Erläutern Sie, was Führungsstile sind, und stellen Sie zwei Grundrichtungen gegenüber.	
Erläuterung:	
Merkmale des **autoritären** Führungsstils	Merkmale des **partizipativen** Führungsstils

Arbeitsblatt 32.2: Führungstechniken

Erläutern Sie, was Führungstechniken sind, und nennen und beschreiben Sie die klassischen Führungstechniken.

Erläuterung:

Führungstechnik	Beschreibung (stichpunktartig)
Management by Exception	

Aufgaben

Aufgabe 1

Mit welchen Führungsinstrumenten lässt sich das Verhalten von Mitarbeitern steuern? Beschreiben Sie auch kurz die Wirkungsweise der Führungsinstrumente.

Aufgabe 2

Personalführung ist wichtig, weil Mitarbeiter- und Unternehmensinteressen in der Praxis oft stark voneinander abweichen. Beschreiben Sie diesen Konflikt

a hinsichtlich der abzuliefernden Arbeitsleistung (quantitativ und qualitativ),

b hinsichtlich einer pünktlichen Arbeitsaufnahme,

c hinsichtlich der Bereitschaft zu Mehrarbeit, Nachtarbeit und Wochenenddiensten,

d hinsichtlich der Bereitschaft zum Beachten von Dienstanweisungen.

Aufgabe 3

Durch den Einsatz klassischer Führungstechniken kann der Lenkungsaufwand deutlich reduziert werden. Wieso fördern die Techniken meist auch die Arbeitszufriedenheit der Mitarbeiter?

Aufgabe 4

Viele Verhaltensweisen von Vorgesetzten lassen sich nur schwer einer Lehrbuchtechnik zuordnen. Betrachten Sie deshalb im Folgenden die humoristische Ergänzung aus der Büro-Erlebniswelt.

- **Management by Nilpferd:** Auftauchen, Maul aufreißen, wieder untertauchen!
- **Management by Känguru:** Mit leerem Beutel große Sprünge machen.
- **Management by Moses:** Volk in die Wüste schicken und auf Wunder warten.
- **Management by Dübel:** Lücke erkennen, schnell „reinquetschen" und sofort breit machen.
- **Management by Champignon:** Mitarbeiter im Dunkeln lassen, von Zeit zu Zeit mit Mist bestreuen und, wenn sich Köpfe zeigen, sofort absäbeln.
- **Management by Crocodile:** Bis zum Hals im Dreck stecken, aber das Maul groß aufreißen.
- **Management by Chromosom:** Führungsqualifikation ausschließlich durch Vererbung.
- **Management by Helicopter:** Über allem schweben, von Zeit zu Zeit auf den Boden kommen, viel Staub aufwirbeln und dann wieder ab in die Wolken.

Quelle: Verlags- und Trainingsgesellschaft mbH, Lüneburg; www.zeitzuleben.de

a Verstecken sich hinter diesen spöttischen Beschreibungen nicht doch auch Elemente klassischer Führungsstile? Zeigen Sie Gemeinsamkeiten auf.

b Welche der aufgezeigten Verhaltensweisen könnten für die Unternehmensführung durchaus auch eine positive Wirkung entfalten?

In der Fly Bike Werke GmbH findet gerade ein erster Informationsaustausch zwischen dem Geschäftsführer Herrn Peters und dem neugewählten Betriebsrat David Düsentrieb statt. Auf der Betriebsversammlung hat Herr Düsentrieb eine flammende Kandidatenrede zum Thema „Entgeltrückstand der Arbeitnehmer bei der Fly Bike Werke GmbH" gehalten und ist danach mit dem Traumergebnis von 95 % Zustimmung gewählt worden. Herr Peters möchte deshalb bei seinem neuen Verhandlungspartner sondieren, ob in dieser Frage zukünftig konfliktreiche Auseinandersetzungen zu erwarten sind.

Hans Peters:

Herr Düsentrieb, unsere Entgelte werden durch den aktuellen Tarifvertrag festgelegt.

Freiwillige Zulagen sind immer möglich – und mehr als angemessen.

David Düsentrieb:

Um für weitere Gespräche einen einheitlichen Informationsstand zu schaffen, vereinbaren Geschäftsführer und Betriebsrat, anhand zweier typischer Arbeitnehmer der Fly Bike Werke GmbH die Einkommensentwicklung näher zu beleuchten. Das Vorhaben erweist sich aber als schwierig, weil zwischenzeitlich eine Umstellung der Entlohnung auf das ERA-System erfolgte. Hier die Ergebnisse:

Heinz Glöckner
Komplettierung
angelernt
42 Jahre

heute:
- Grundentgelt EG 6: 2.132,50 €
- Leistungsentgelt: 344,30 €
- Belastungszulage: 56,74 €

vor 8 Jahren:
- Akkordlohn
- Normalleistung: 1 050 Stk./Monat
- Leistungsgrad: 120 %
- Vorgabezeit je Stk.: 7,68 Min.
- Akkordrichtsatz: 13,63 €

Kai Schimanski
Qualitätssicherung
Werkzeugmechaniker
37 Jahre

heute:
- Grundentgelt EG 9: 2.500,50 €
- Leistungsentgelt: 698,38 €

vor 8 Jahren:
- Stundenlohn
- Arbeitszeit: 184 Std. monatlich
- tarifl. Arbeitszeit: 164 Std. monatlich
- Stundenlohn: 15,50 €
- Überstundenzuschlag: 25 %

---

1 Berechnen Sie das Monatsentgelt für die beiden ausgewählten Mitarbeiter heute und vor acht Jahren. Erkennen Sie eine Lücke in der Einkommensentwicklung in der Fly Bike Werke GmbH, wenn gleichzeitig im Branchendurchschnitt die Einkommen in acht Jahren um 20 % stiegen?

2 Berechnen Sie den heutigen Reallohn im Vergleich zu den Einkommen vor acht Jahren, wenn zwischenzeitlich eine Preissteigerungsrate von 23,8 % zu verzeichnen war.

3 Das Leistungsentgelt ist immer an das Erreichen bestimmter Arbeitsergebnisse oder Erfolgskennzahlen geknüpft. Überlegen Sie zunächst am konkreten Fall, wofür den beiden Referenzmitarbeitern, Herrn Glöckner und Herrn Schimanski, eine Leistungszulage zugesprochen werden könnte.

Arbeitsblatt 33.1: Traditionelle Entgeltformen

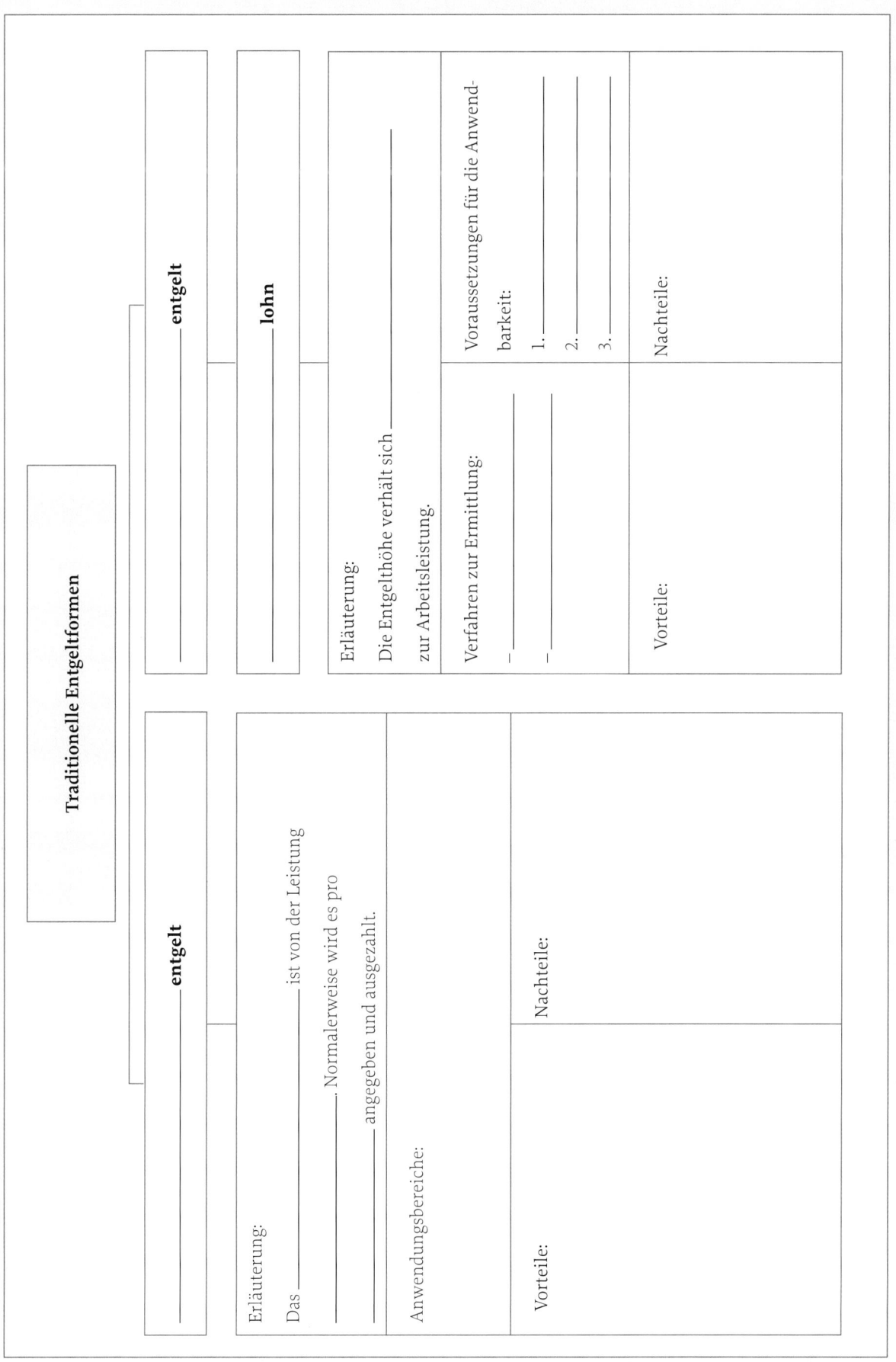

Traditionelle Entgeltformen

_____ **entgelt**

Erläuterung:

Das _____ ist von der Leistung _____ . Normalerweise wird es pro _____ angegeben und ausgezahlt.

Anwendungsbereiche:

Vorteile:

Nachteile:

_____ **entgelt**

_____ **lohn**

Erläuterung:

Die Entgelthöhe verhält sich _____ zur Arbeitsleistung.

Verfahren zur Ermittlung:

—

—

Voraussetzungen für die Anwendbarkeit:

1. _____

2. _____

3. _____

Vorteile:

Nachteile:

Aufgaben

Aufgabe 1

Die Fly Bike Werke GmbH will die Auswirkung eines neuen Leistungsentgelt-Ermittlungssystems in der Komplettierung prüfen. Die folgenden Daten (Tabelle 1) stehen zur Verfügung:

Das Leistungsentgelt soll im Durchschnitt 15 % des Grundentgelts aller Mitarbeiter betragen, es darf ferner bei keinem Mitarbeiter 30 % übersteigen. Bei der Berechnung sollen zu gleichen Teilen berücksichtigt werden:

– die geleistete Stückzahl (montierte Räder) und
– die Fehler-/Nacharbeitsquote.

Arbeitgeber und Betriebsrat haben dazu Minimalanforderungen vereinbart, bei deren Nichterfüllung keine Leistungszulage für dieses Merkmal gewährt wird: So werden für eine Leistungszulage mindestens 180 montierte Räder oder nicht mehr als 10 % Fehler-/Nachbearbeitungsquote verlangt.

Tabelle 1

Name	montierte Räder Mai in Stk.	von der QS nachgearbeitet in Stk.	Grundentgelt in €
Chris Breuer	243	65	2.786,00
Maria Cleber	187	12	2.445,00
Jean Riche	201	3	2.673,00
Kurt Einheim	178	22	2.786,00
Soerben Blaubart	226	15	2.280,00
Summe der Grundentgelte in €			
15 % der Summe der Grundentgelte in €		①	

Tabelle 2

Ermittlungsblatt Leistungsentgelt Komplettierung					
Name	Überschreitung Minimalwert montierte Räder in Stück ③	Überschreitung Minimalwert montierte Räder in % ④	Überschreitung gesamt in % ⑤	Leistungsentgelt je überschrittenem % ⑥	Leistungsentgelt I in € **(Stückzahl)** ⑦
Breuer	63	35			
Cleber	7				
Riche					
Einheim					
Blaubart					
Summe		⑤	→		②
Name	Nacharbeitsquote in %	Unterschreitung Maximalwert Nacharbeitsquote in %	Unterschreitung gesamt in %	Leistungsentgelt je unterschrittenem %	Leistungsentgelt II **(Nacharbeit)**
Breuer					
Cleber					
Riche					
Einheim					
Blaubart					
Summe		→			②

a Nutzen Sie das vorliegende Ermittlungsblatt (Tabelle 2) und gehen Sie zur Errechnung des Leistungsentgelts wie folgt vor:

① Ermitteln Sie anhand der Grundentgelte zunächst die zur Verfügung stehende Verteilungssumme für die Leistungszulage.

② Teilen Sie die Verteilungssumme in zwei gleich große Teilsummen für stückzahlbezogenes und nacharbeitsbezogenes Entgelt und tragen Sie diese in die Summenzeilen ein.

③ Ermitteln Sie dann zunächst die Überschreitung der Minimalleistung bei den montierten Rädern in Stück.

④ Anschließend ermitteln Sie die Überschreitung in % des Minimalwertes für jeden Mitarbeiter.

⑤ Addieren Sie die Überschreitungen in % und notieren Sie die Summe in das Feld „Überschreitung gesamt in %".

⑥ Teilen Sie die Verteilsumme ② für das stückzahlbezogene Merkmal durch die Überschreitungen gesamt in % ⑤. Dadurch erhalten Sie das zu zahlende Leistungsentgelt je überschrittenem Prozentpunkt ⑥.

⑦ Multiplizieren Sie ④ mit ⑥ und ermitteln Sie so das Leistungsentgelt I.

Verfahren Sie beim Leistungsmerkmal Nacharbeit analog.

b Ermitteln Sie schließlich das auf jeden Mitarbeiter entfallende gesamte Leistungsentgelt durch Übertragung der Ergebnisse in die folgende Tabelle und prüfen Sie, ob die auf der Vorseite oben genannten Vorgaben eingehalten wurden.

Tabelle 3

Name	Grundentgelt in €	Leistungsentgelt I (Stückzahl) in €	Leistungsentgelt II (Nacharbeit) in €	Gesamtentgelt in €
Breuer				
Cleber				
Riche				
Einheim				
Blaubart				
Summe				

c Halten Sie das Modell für zweckmäßig oder können Sie einen Verbesserungsvorschlag machen?

Aufgabe 2

Die Kruse GmbH produziert Armaturenbretter für einen großen Automobilhersteller. Die Armaturenbretter werden von den Mitarbeitern im Akkord zusammengesetzt. Die Kruse GmbH berechnet deshalb das Entgelt für die Produktionsmitarbeiter nach dem Zeitakkord. (Bei den folgenden Berechnungen bitte nicht runden!)

a Folgende Daten sind den Lohnunterlagen des Mitarbeiters Herrn Schreier zu entnehmen:
– Grundlohn: 14,40 €/Std.
– Vorgabezeit: 4 Armaturenbretter/Std.
– Akkordzuschlag: 6 %

Wie viel verdient Herr Schreier bei einem Einzelauftrag von 15 Armaturenbrettern, wenn er bei der Erledigung des Auftrags genau die Vorgabezeit einhält?

b Ermitteln Sie den Wochenverdienst von Herrn Schreier bei folgenden Voraussetzungen: Herr Schreier arbeitet sieben Stunden/Tag und fünf Tage/Woche mit einem Leistungsgrad von 125 %.

c Wie viel würde Herr Schreier bei einem Leistungsgrad von 125 % verdienen, wenn sein Entgelt nach dem Stückgeldakkord ermittelt würde? Begründen Sie kurz Ihre Antwort.

Aufgabe 3

Entscheiden Sie, ob für die folgenden Tätigkeiten ein zeit- oder ein mengenabhängiges Entgelt sinnvoll ist:
a Montage von Herzschrittmachern, b Qualitätsprüfung, c Montage von Besen, d Wartungsarbeiten, e Erntearbeiten, f Teamleitung, g Steuerung einer Walzstraße

Aufgabe 4

Der Facharbeiter Fritz Schulze ist in einer Maschinenfabrik damit beschäftigt, eine bestimmte Art von Drehvorgang an verschiedenen Maschinenteilen vorzunehmen. Die Arbeit erfordert eine relativ hohe Präzision, da vorgegebene Toleranzgrenzen nur geringe Abweichungen von den aus der Zeichnung abzulesenden Abmessungen zulassen.

Fritz Schulze erhält im ERA-Tarifvertrag ein Entgelt von 15,30 € pro Stunde sowie eine Leistungszulage von 10 %. Seine wöchentliche Arbeitszeit beträgt 38 Stunden. Im Durchschnitt bearbeitet Fritz Schulze 3,5 Teile pro Stunde. Er möchte gerne wie früher wieder auf reinen Leistungslohn umgestellt werden, da er sich einen erheblichen Mehrverdienst erhofft. Er erinnert sich noch, dass die Vorgabezeit für seine Tätigkeit mit 15 Min./Stk. angesetzt war und er immer einen Leistungsgrad von 125 % erreichte.

a Berechnen Sie den Mehr-/Minderverdienst pro Woche im Leistungslohn gegenüber der aktuellen Vergütung. Verwenden Sie zur Berechnung des Leistungslohns die Formel des Stückzeitakkords.

b Die Betriebsleitung will wissen, wie sich die Umstellung auf die Lohnkosten ausgewirkt hat. Berechnen Sie dazu die Lohnkosten/Stk. vor und nach der Umstellung. Die Berechnung erfolgt ohne Berücksichtigung der Lohnnebenkosten.

c Die Geschäftsleitung will wissen, ob die von Schulze auszuführende Arbeit für eine Umstellung auf den Leistungslohn geeignet ist. Nennen und beschreiben Sie drei Anwendungsvoraussetzungen, die vor der Umstellung geprüft werden sollten.

Aufgabe 5

Welche Prämienart wird gewährt?

a Herr Hoch hat sein Umsatzziel von 800.000,00 € deutlich überschritten.

b Frau Leisner ist es gelungen, durch konsequente Einhaltung der Arbeitsschutzvorschriften in ihrer Abteilung die Verletzungsgefahr drastisch zu verringern.

c Schon wieder hat der Naturverband der Fly Bike Werke GmbH das Gütesiegel für nachhaltiges Industriemanagement verliehen.

d Herr Kurt hatte die Idee, ungenutzte Produktionsanlagen quartalsweise Fremdfirmen gegen eine entsprechende Nutzungsgebühr zu überlassen.

e Dem Vertrieb ist es durch geschickte Terminplanung und die Auswahl geeigneter Transportmittel gelungen, verkehrsbedingte Auslieferungsverzögerungen zu halbieren.

f Frau Michel hatte eine Idee, mit der sich Stanzreste fast völlig vermeiden lassen.

g In einem Vergleichstest belegte ein Fahrrad der Fly Bike Werke GmbH in allen Kategorien den ersten Platz.

h Dem Team der Arbeitsplanung ist es gelungen, durch eine Umstellung der Arbeitsgänge die Bearbeitungszeit um 10 % zu reduzieren.

Aufgabe 6

Durch die Umstellung auf ERA wurden die Entlohnungsarten für alle Mitarbeiter vereinheitlicht. Ergänzen Sie die folgende Tabelle, indem Sie die Entgeltbestandteile nennen und erläutern.

Entgeltbestandteil	Erläuterung
Grundentgelt	

Fly Bike Werke GmbH

Hausmitteilung

Absender	Empfänger	mit der Bitte um
☒ Geschäftsführung	☐ Geschäftsführung	☐ Kenntnisnahme
☐ Zentralsekretariat	☐ Zentralsekretariat	☒ Erledigung
☐ Controlling	☐ Controlling	☐ Stellungnahme
☐ Einkauf/Logistik	☐ Einkauf/Logistik	
☐ Produktion	☐ Produktion	
☐ Verwaltung	☒ Verwaltung	
☐ Vertrieb	☐ Vertrieb	
☐ Frau/Herr	☐ Frau/Herr	

Liebe Mitarbeiter,

irgendetwas stimmt mit unserer Personalbuchhaltung nicht. Diverse Mitarbeiter waren
heute bei mir und haben sich über eine fehlerhafte Gehaltsabrechnung beschwert.
Es wurde überwiegend zu wenig ausbezahlt. Da muss etwas bei der Umstellung auf unser neues
EDV-System in der Personalbuchhaltung falsch gelaufen sein.

Prüfen Sie bitte die Angaben in unserer neu erstellten Personalstammdatei sowie die
Abrechnung von Herrn Baumann, er fordert 493,09 Euro nach. Die Angaben in der
Bescheinigung zur Überprüfung der elektronischen Lohnsteuerabzugsmerkmale (ELStAM)
sind von Herrn Baumann geprüft und bestätigt worden. Bitte finden Sie außerdem heraus,
welche grundsätzlichen Fehler wir im System haben. Das muss schnellstens bereinigt werden!

H. Peters

Auszug aus der neu erstellten Personalstammdatei:

Personal-Nr. 1302

Name	Baumann	Konfession	– – –
Vorname	Lars	Nationalität	deutsch
PLZ	26121	Bruttogehalt	2.430,00 €
Ort	Oldenburg	VL	26,00 €
Straße	Zur Waldesruh 4	VL-Sparbetrag	40,00 €
Telefon	0441 12679	Weihnachtsgeld	62,5 %
Bankverbindung	Landessparkasse zu Oldenburg	Urlaubsgeld	50,0 %
BIC	SLZODE22XXX	Steuerfreibetrag	0,00
IBAN	DE 75 2805 0100 0000 6648 98	Eintritt	01.10.199X
Krankenkasse	DAK Gesundheit (Zusatzbeitrag 2020 1,5 %)	Ausbildung	Industriekaufmann
Geburtsdatum	12.01.1972	Stelle	Sachbearbeiter Vertrieb
Familienstand	verheiratet	Gehaltsgruppe	G5
Kinder	keine	tägliche Arbeitszeit	7,70 Stunden
Steuerklasse	III	Urlaubstage	30 Werktage

Gehaltsabrechnung

Fly Bike Werke GmbH

Personalnummer: 1302	Abrechnung: Februar 2020

Lars Baumann
Zur Waldesruh 4
26121 Oldenburg

Lohnsteuermerkmale

Steuerklasse	Kinderfreibetrag	Konf.
III	0	rk

Sozialversicherungsmerkmale

KV [1]	PV [2]	RV	AV
14,6 %	3,05 %	18,6 %	2,4 %

[1] i. d. R. zuzügl. eines krankenkassenindividuellen Zusatzbeitrags
[2] + 0,25 Prozentpunkte für kinderlose Arbeitnehmer ab 23 Jahren

	EUR
Bruttoverdienst	2.430,00
+ Provisionen, Prämien	–
+ vermögenswirksame Leistungen	26,00
+ Sonderzahlungen (Urlaubsgeld, Weihnachtsgeld)	–
= sozialversicherungspflichtiges Bruttoentgelt	2.456,00
– Steuerfreibetrag	–
= steuerpflichtiges Bruttoentgelt	2.456,00
– Lohnsteuer	59,66
– Solidaritätszuschlag	0,00
– Kirchensteuer	5,36
Summe steuerlicher Abzüge	65,02
– Krankenversicherung	395,42
– Pflegeversicherung	81,05
– Rentenversicherung	456,82
– Arbeitslosenversicherung	58,94
Summe Sozialversicherungen	992,23
= Nettoentgelt	1.398,75
– Sparbetrag Arbeitnehmer (VL)	40,00
– Vorschuss	–
– sonstige private Abzüge	–
Summe privater Abzüge	40,00
= **Auszahlungsbetrag**	1.358,75

*Seit 2015 können die Krankenkassen einen einkommensabhängigen Zusatzbeitrag erheben, den seit 2019 Arbeitnehmer und Arbeitgeber je zur Hälfte zahlen.
Er variiert von Krankenkasse zu Krankenkasse und liegt im Durchschnitt bei 1,1 % (Stand: 2020). Herr Baumanns Krankenkasse erhebt einen Zusatzbeitrag von 1,5 % (Stand: 2020).

**Bescheinigung
zur Überprüfung der elektronischen Lohnsteuerabzugsmerkmale (ELStAM)**

– ggf. auf Wunsch des Arbeitnehmers auszustellen –

Die für den Arbeitnehmer

Name	Baumann
Vorname	Lars
Geburtsdatum	12.01.1972
Identifikationsnummer	

bisher in der Lohnabrechnung berücksichtigten Lohnsteuerabzugsmerkmale weichen von den erstmalig für den Monat Mai 20XX bereitgestellten ELStAM wie folgt ab:

	bisher in der Lohnabrechnung berücksichtigt	lt. bereitgestellten ELStAM
Steuerklasse	3	3
Faktor bei Steuerklasse vier	---	---
Kirchensteuerabzug des Arbeitnehmers	---	---
Kirchensteuerabzug des Ehegatten (nur bei konfessionsverschiedenen Ehegatten)	---	---
Zahl der Kinderfreibeträge	0	0
Jahres-Freibetrag in Euro	0	0
Jahres-Hinzurechnungsbetrag in Euro	0	0

Fly Bike Werke GmbH
Rostocker Str. 334
12.06.20XX   26121 Oldenburg   i. V. C. Steffes

Datum, Firmenstempel, Unterschrift des Arbeitgebers

Monat bis 2.474,99 €

Lohn/ Gehalt bis	Steuerklasse	Lohn- steuer	ohne Kinderfreibetrag			0,5		
			SolZ 5,5%	Kirchensteuer 8%	9%	SolZ 5,5%	Kirchensteuer 8%	9%
2.432,99	I	270,58	14,88	21,64	24,35	10,06	14,64	16,47
	II	227,16	12,49	18,17	20,44	7,82	11,38	12,80
	III	55,66	0,00	4,45	5,00	0,00	0,24	0,27
	IV	270,58	14,88	21,64	24,35	12,43	18,09	20,35
	V	538,83	29,63	43,10	48,49			
	VI	571,66	31,44	45,73	51,44			
2.435,99	I	271,33	14,92	21,70	24,41	10,10	14,70	16,53
	II	227,83	12,53	18,22	20,50	7,86	11,44	12,87
	III	56,16	0,00	4,49	5,05	0,00	0,28	0,31
	IV	271,33	14,92	21,70	24,41	12,47	18,14	20,41
	V	539,66	29,68	43,17	48,56			
	VI	572,66	31,49	45,81	51,53			
2.438,99	I	272,00	14,96	21,76	24,48	10,14	14,75	16,59
	II	228,58	12,57	18,28	20,57	7,89	11,48	12,92
	III	56,66	0,00	4,53	5,09	0,00	0,30	0,34
	IV	272,00	14,96	21,76	24,48	12,51	18,20	20,47
	V	540,66	29,73	43,25	48,65			
	VI	573,50	31,54	45,88	51,61			
2.441,99	I	272,66	14,99	21,81	24,53	10,17	14,80	16,65
	II	229,25	12,60	18,34	20,63	7,93	11,54	12,98
	III	57,16	0,00	4,57	5,14	0,00	0,33	0,37
	IV	272,66	14,99	21,81	24,53	12,54	18,25	20,53
	V	541,66	29,79	43,33	48,74			
	VI	574,50	31,59	45,96	51,70			
2.444,99	I	273,33	15,03	21,86	24,59	10,21	14,86	16,71
	II	229,91	12,64	18,39	20,69	7,97	11,59	13,04
	III	57,66	0,00	4,61	5,18	0,00	0,37	0,41
	IV	273,33	15,03	21,86	24,59	12,59	18,31	20,60
	V	542,50	29,83	43,40	48,82			
	VI	575,50	31,65	46,04	51,79			
2.447,99	I	274,08	15,07	21,92	24,66	10,25	14,91	16,77
	II	230,58	12,68	18,44	20,75	8,00	11,64	13,09
	III	58,16	0,00	4,65	5,23	0,00	0,40	0,45
	IV	274,08	15,07	21,92	24,66	12,62	18,36	20,66
	V	543,33	29,88	43,46	48,89			
	VI	576,50	31,70	46,12	51,88			
2.450,99	I	274,75	15,11	21,98	24,72	10,28	14,96	16,83
	II	231,25	12,71	18,50	20,81	8,03	11,69	13,15
	III	58,66	0,00	4,69	5,27	0,00	0,44	0,49
	IV	274,75	15,11	21,98	24,72	12,66	18,42	20,72
	V	544,50	29,94	43,56	49,00			
	VI	577,33	31,75	46,18	51,95			
2.453,99	I	275,41	15,14	22,03	24,78	10,32	15,01	16,88
	II	231,91	12,75	18,55	20,87	8,07	11,74	13,20
	III	59,16	0,00	4,73	5,32	0,00	0,46	0,52
	IV	275,41	15,14	22,03	24,78	12,70	18,47	20,78
	V	545,33	29,99	43,62	49,07			
	VI	578,33	31,80	46,26	52,04			
2.456,99	I	276,16	15,18	22,09	24,85	10,35	15,06	16,94
	II	232,58	12,79	18,60	20,93	8,10	11,79	13,26
	III	59,66	0,00	4,77	5,36	0,00	0,49	0,55
	IV	276,16	15,18	22,09	24,85	12,73	18,52	20,84
	V	546,16	30,03	43,69	49,15			
	VI	579,33	31,86	46,34	52,13			
2.459,99	I	276,83	15,22	22,14	24,91	10,39	15,12	17,01
	II	233,25	12,82	18,66	20,99	8,14	11,84	13,32
	III	60,16	0,00	4,81	5,41	0,00	0,53	0,59
	IV	276,83	15,22	22,14	24,91	12,77	18,58	20,90
	V	547,33	30,10	43,78	49,25			
	VI	580,33	31,91	46,42	52,22			
2.462,99	I	277,58	15,26	22,20	24,98	10,43	15,17	17,06
	II	233,91	12,86	18,71	21,05	8,17	11,89	13,37

Auszug: Rehm Monats-Lohnsteuertabelle, Ausgabe 2020, Verlagsgruppe Hüthig Jehle Rehm, Heidelberg

Arbeitsauftrag

Wie sieht die korrekte Abrechnung für Herrn Baumann aus? Verwenden Sie das Schema auf der nächsten Seite.

Fly Bike Werke GmbH

Gehaltsabrechnung

Personalnummer: 1302	**Abrechnung:** Februar 2020

Lars Baumann
Zur Waldesruh 4
26121 Oldenburg

Lohnsteuermerkmale

Steuerklasse	Kinderfreibetrag	Konf.

Sozialversicherungsmerkmale

KV [1]	PV [2]	RV	AV

[1] i. d. R. zuzügl. eines krankenkassenindividuellen Zusatzbeitrags für Arbeitnehmer
[2] + 0,25 Prozentpunkte für kinderlose Arbeitnehmer ab 23 Jahren

EUR

	EUR
Bruttoverdienst	
+ Provisionen, Prämien	
+ vermögenswirksame Leistungen (VL)	
+ Sonderzahlungen (Urlaubsgeld, Weihnachtsgeld)	
= sozialversicherungspflichtiges Bruttoentgelt	
– Steuerfreibetrag	
= steuerpflichtiges Bruttoentgelt	
– Lohnsteuer	
– Solidaritätszuschlag	
– Kirchensteuer	
Summe steuerlicher Abzüge	
sozialversicherungspflichtiges Bruttoentgelt	
– Krankenversicherung	
– Pflegeversicherung	
– Rentenversicherung	
– Arbeitslosenversicherung	
Summe Sozialversicherungen	
= Nettoentgelt	
– private Abzüge	
– Sparbeitrag Arbeitnehmer (VL)	
– Vorschuss	
Summe privater Abzüge	
= **Nettoauszahlungsbetrag**	

Arbeitsblatt 34.1: Schema einer Lohn- und Gehaltsabrechnung

Verbinden Sie die Begriffe der Gehaltsabrechnung mit den richtigen Erläuterungen, indem Sie rechts die jeweils richtige Zahl eintragen.

Gehaltsabrechnung		Erläuterungen	
Bruttogehalt	①	Beitragssatz 2020 3,05 % des SV-Bruttoentgelts, Arbeitgeber (AG) 50 %, Arbeitnehmer (AN) 50 % (Kinderlose ab 23 Jahren + 0,25 %-Punkte)	◯
+ Prämien, Sonderzahlungen	②	Grundlage für die Berechnung der Sozialversicherungsbeiträge des Arbeitnehmers (AN)/des Arbeitgebers (AG)	◯
+ vermögenswirksame Leistungen des Arbeitgebers	③	freiwillige oder tarifvertragliche Zahlungen des Arbeitgebers zur Vermögensbildung der Arbeitnehmer	◯
= sozialversicherungspflichtiges Bruttoentgelt	④	arbeitsvertraglich festgelegtes monatliches Entgelt	◯
– Steuerfreibetrag	⑤	Einkommensteuer abhängig Beschäftigter, die vom Arbeitgeber einbehalten wird	◯
= steuerpflichtiges Bruttoentgelt	⑥	Beitragssatz 2,4 % (2020) des SV-Bruttoentgelts, AG 50 %, AN 50 %	◯
– Lohnsteuer	⑦	vor Fälligkeit durch den AN beanspruchte Gehaltsanteile	◯
– Solidaritätszuschlag	⑧	allgemeiner Beitragssatz 14,6 %, i. d. R. zzgl. eines krankenkasseninindividuellen Zusatzbeitrags, Grundlage: sozialversicherungspflichtiges (SV) Bruttoentgelt, AG 50 % des gesamten Beitragssatzes, AN 50 % des gesamten Beitragssatzes	◯
– Kirchensteuer	⑨	Beitragssatz 18,6 % (2020) des SV-Bruttoentgelts, AG 50 %, AN 50 %	◯
– Krankenversicherung	⑩	Sparrate, die vom Arbeitgeber einbehalten und an das Sparinstitut weitergeleitet wird	◯
– Pflegeversicherung	⑪	prozentualer Zuschlag auf die Lohnsteuer für den Aufbau Ost	◯
– Rentenversicherung	⑫	Bruttoentgelt minus gesetzliche Pflichtabgaben	◯
– Arbeitslosenversicherung	⑬	Abzüge nur für Mitglieder von steuererhebenden Religionsgemeinschaften	◯
= Nettoentgelt	⑭	Grundlage für die Berechnung der steuerlichen Abzüge	◯
– vermögenswirksame Sparleistung des Arbeitnehmers	⑮	arbeits- oder tarifvertragliche Vergütungen, die über das vereinbarte Gehalt hinausgehen	◯
– Vorschuss	⑯	Überweisungsbetrag an den AN	◯
= Auszahlungsbetrag	⑰	Abzugsbeträge (nur) für das steuerpflichtige Bruttoentgelt	◯

Arbeitsblatt 34.2: Steuerklassen und steuerliche Abzüge

Eine Steuerklassen-„Liebes- und Lebensgeschichte".
Geben Sie an, welche Steuerklasse jeweils zugeordnet wird oder gewählt werden sollte.

Rosi und Klaus sind beide berufstätig und unendlich verliebt – natürlich. Sie sind noch nicht verheiratet und wollen bald eine eigene Wohnung anmieten.

Steuerklasse Rosi: _____   Steuerklasse Klaus: _____

Es ist geschafft: Die Wohnung ist gemietet, bezogen und die Hochzeitsglocken haben schon geläutet. Die Bruttoentgelte? Beide bringen in etwa gleich viel oder besser gesagt wenig „nach Hause".

Steuerklasse Rosi: _____   Steuerklasse Klaus: _____

Die Jahre vergehen. Der Kinderwunsch ist „übermächtig" geworden. Der kleine Paul wird geboren und Rosi übernimmt für die nächsten Jahre die Erziehung von Paul – ohne einer Berufstätigkeit nachzugehen.

Steuerklasse Rosi: _____   Steuerklasse Klaus: _____

Die Mietwohnung wird mit Paul und der zweitgeborenen Paula etwas zu klein. Ein eigenes Haus muss her. Rosis Mutter übernimmt täglich für einige Stunden die Aufsicht über die Kinder. Rosi geht wieder halbtags arbeiten.

Steuerklasse Rosi: _____   Steuerklasse Klaus: _____

Das Haus wird gekauft, aber das Geld reicht nicht so ganz. Klaus hat jetzt einen Zweitjob angenommen. Mehr geht nicht.

Steuerklasse von Klaus für den Zweitjob: _____

Es funktioniert auf Dauer alles nicht. Nicht die Finanzierung für das Haus und die Ehe auch nicht. Klaus zieht aus. Das Haus wird verkauft. Die Ehe wird geschieden. Die Kinder bleiben (wohnen) bei ihrer Mutter und Klaus wohnt allein. Beide gehen ganztags arbeiten.

Steuerklasse Rosi: _____   Steuerklasse Klaus: _____

Hinweis: Die Geschichte ist natürlich frei erfunden und hat mit der Lebenswirklichkeit nur in Ausnahmefällen zu tun. Es geht tatsächlich nur um die Steuerklassen!

Während der Ehe haben Rosi und Klaus erhebliche Ausgaben getätigt. Ordnen Sie zu, ob die unten genannten Beispiele zu 1 = den Werbungskosten, 2 = den Sonderausgaben (beschränkt oder unbeschränkt abzugsfähig), 3 = den außergewöhnlichen Belastungen oder 4 = den Kosten der privaten Lebensführung ohne Auswirkung auf die Steuerbelastung gehören.

Ziffer	Beschreibung der Ausgaben (Beispiele)	Ziffer	Beschreibung der Ausgaben (Beispiele)
	Ausgaben für die Mietwohnung		Aufwendungen für Arbeitsmittel
	Kirchensteuer		Spenden an gemeinnützige Einrichtungen
	Beiträge zu Berufsverbänden		Kinderbetreuungskosten
	Aufwendungen für eine Berufsfortbildung		Fahrten zwischen Wohnung und Arbeitsstätte
	Krankenversicherung (Basisversorgung)		Krankheitskosten
	Kleidung für die Kinder		Haushaltshilfe (krankheitsbedingt)
	Schulgeld für die Kinder		Unterhaltsleistungen an geschiedenen Ehegatten

Aufgaben

Aufgabe 1

Stellen Sie bei den nebenstehenden Zahlungen fest, ob sie

1 vom Arbeitgeber allein,
2 anteilig vom Arbeitgeber und vom Arbeitnehmer,
3 vom Arbeitnehmer allein

zu tragen sind.

a Lohnsteuer
b Beitrag zur gesetzlichen Pflegeversicherung
c Lebensversicherungsprämie
d Beitrag zur gesetzlichen Unfallversicherung
e Solidaritätszuschlag
f private Altersvorsorge

Aufgabe 2

a Ordnen Sie den folgenden Fällen die richtige Steuerklasse zu.
b Welche Alternativen bestehen für Ehegatten bei der Steuerklassenwahl?

Fall	Steuerklasse
allein verdienender, verheirateter Angestellter mit einem Kind	
unverheiratete Frau, 34 Jahre alt, mit einem Kind (wohnt bei der Mutter)	
berufstätiger Ehemann mit Ehefrau in Steuerklasse V	
verheirateter Angestellter mit vier Kindern und nicht berufstätiger Ehefrau für seinen genehmigten Nebenjob (kein 450-€-Job)	

Aufgabe 3

In einer einfachen Gehaltsabrechnung für Klaus Müller, einen unverheirateten, kirchensteuerpflichtigen und kinderlosen Arbeitnehmer, der 26 Jahre alt ist und in Nordrhein-Westfalen lebt und arbeitet, gelten im Januar 2016 folgende Berechnungen (Steuerklasse I, 0 Kinderfreibeträge):

[1]*Hinweis*: Nur bei Kinderlosen lassen sich der Solidaritätszuschlag mit 5,5 % und die Kirchensteuer mit 8 % bzw. 9 % direkt aus der Lohnsteuer ermitteln. Bei Personen mit Kindern werden Solidaritätszuschlag und Kirchensteuer aus der fiktiven Lohnsteuerlast ermittelt, die sich ergäbe, wenn diese Personen zur Abdeckung des Existenzminimums einen Steuerfreibetrag und kein Kindergeld beanspruchen würden.

Bruttogehalt		3.200,00 €
+ vermögenswirksame Leistungen (VL) des Arbeitgebers		13,00 €
+ Überstundenvergütung		187,00 €
= Bruttoentgelt		**3.400,00 €**
– Lohnsteuer (LSt)		511,33 €
– Solidaritätszuschlag (SolZ)	5,5 % der Lohnsteuer[1]	28,12 €
– Kirchensteuer (KiSt)	9,0 % der Lohnsteuer[1]	46,01 €
– Rentenversicherung	9,3 % des Bruttoentgelts	316,20 €
– Arbeitslosenversicherung	1,20 % des Bruttoentgelts	40,80 €
– Krankenversicherung (inkl. je 0,45 % Zusatzbeitrag für AN und AG)	7,75 % des Bruttoentgelts	263,50 €
– Pflegeversicherung	1,775 % des Bruttoentgelts	60,35 €
= Nettoentgelt		**2.133,69 €**
– vermögenswirksame Sparrate des Arbeitnehmers		40,00 €
= Auszahlungsbetrag		**2.093,69 €**

a Nennen Sie drei mögliche Bestandteile des Bruttoentgelts eines Gehaltsempfängers.
b Welche gesetzlichen Pflichtabgaben sind von Gehaltsempfängern zu leisten?
c Wie wird der Auszahlungsbetrag für einen Gehaltsempfänger ermittelt?

d Wie hoch ist das Nettoentgelt von Klaus Müller in % seines Bruttoentgelts?
e Wie hoch sind die gesetzlichen Pflichtabgaben in € und in % des Bruttoentgelts?

Aufgabe 4

Die Personalkosten für Klaus Müller auf Basis nur dieser Gehaltsabrechnung aus Aufgabe 3 setzen sich für den Arbeitgeber wie folgt zusammen:

Bruttogehalt	**3.200,00 €**
+ vermögenswirksame Leistungen (VL) des Arbeitgebers	13,00 €
+ Überstundenvergütung	187,00 €
+ Arbeitgeberanteil zur Rentenversicherung	316,20 €
+ Arbeitgeberanteil zur Arbeitslosenversicherung	40,80 €
+ Arbeitgeberanteil zur Krankenversicherung	263,50 €
+ Arbeitgeberanteil zur Pflegeversicherung	51,85 €
= gesamte Personalkosten (aus dieser Gehaltsabrechnung)	**4.072,35 €**

Berechnen Sie das Nettoentgelt in % der Personalkostensumme unter Beachtung der Gehaltsabrechnung aus Aufgabe 3.

Aufgabe 5

Frau Maria Merzig, verheiratet, evangelisch, geboren am 17.04.1970, Steuerklasse IV, 1 Kinderfreibetrag, wohnt und arbeitet in Berlin (West) und verdient im Monat 2.200,00 €. Der Arbeitgeber zahlt zusätzlich 26,00 € vermögenswirksame Leistungen. Frau Merzig hat einen Bausparvertrag abgeschlossen, die monatliche Sparrate beträgt 40,00 €.

a Erstellen Sie eine Gehaltsabrechnung für den Monat Februar 20XX für Frau Merzig.
Hinweis: LSt, KiSt und SolZ sind unter der Internetadresse www.bmf-steuerrechner.de zu ermitteln.
Die Sozialversicherungsbeiträge des aktuellen Jahres sind manuell zu berechnen. Frau Merzigs Krankenkasse erhebt einen individuellen Zusatzbeitrag zur Krankenversicherung für Arbeitgeber und Arbeitnehmer in Höhe von zusammen 0,9 %.

b Wie hoch ist das Nettoentgelt von Maria Merzig in % ihres Bruttoentgelts?

c Begründen Sie die unterschiedliche Höhe des Nettoentgelts in % bei Klaus Müller (Aufgabe 3) und Maria Merzig.

d Ermitteln Sie die Summe der Personalkosten für den Arbeitgeber aufgrund dieser Gehaltsabrechnung.

e Geben Sie das Nettoentgelt von Frau Merzig in % der Personalkosten des Arbeitgebers an.

Aufgabe 6

Herr Krause, ein verheirateter Arbeitnehmer mit zwei Kindern (Ehefrau nicht berufstätig), der im Bundesland Sachsen wohnt und arbeitet, verdient regelmäßig monatlich 7.400,00 € brutto.

a Berechnen Sie alle Sozialversicherungsbeiträge des Arbeitnehmers für den Abrechnungsmonat Februar 20XX (siehe Recherche-Hinweis in Aufgabe 5a). Auch Herrn Krauses Krankenkasse erhebt einen individuellen Zusatzbeitrag zur Krankenversicherung von 0,9 %.

b Wer erhält vom Arbeitgeber die Sozialversicherungsbeiträge?

c Was versteht man unter einer Versicherungspflichtgrenze?

Aufgabe 7

Informieren Sie sich über die Leistungen der gesetzlichen Unfallversicherung. Bei welchen Verrichtungen sind Sie durch die gesetzliche Unfallversicherung geschützt?

Aufgabe 8

Bis zu welchem Zeitpunkt sind für einen Arbeitgeber die Sozialversicherungsbeiträge eines Abrechnungsmonats für seine Arbeitnehmer fällig?

Aufgabe 9

Bis wann muss ein Arbeitgeber die von seinen Arbeitnehmern einbehaltenen Steuern aus einem Abrechnungsmonat an das Betriebsstättenfinanzamt überweisen?

Aufgabe 10

Für gut verdienende Arbeitnehmer ist die Höhe der Beitragsbemessungsgrenzen in der Sozialversicherung eine wichtige Größe. Erläutern Sie deren Bedeutung für den Arbeitnehmer.

Aufgabe 11

Beantworten Sie die folgenden Fragen zum Thema Sozialversicherungen durch Ankreuzen.

1. Welche Personengruppe ist in keiner Sozialversicherung pflichtversichert?

   a Arbeiter ☐

   b Angestellte ☐

   c Auszubildende ☐

   d Rentner ☐

   e Selbstständige ☐

2. Wodurch werden die Leistungen der Sozialversicherung finanziert?

   a Steuern ☐

   b Versicherungsbeiträge ☐

   c freiwillige Vorsorge ☐

   d allgemeine Staatsausgaben ☐

   e Aktienfonds ☐

3. Welche der genannten Ereignisse werden durch die gesetzliche Unfallversicherung abgedeckt?

   a Freizeitunfall ☐

   b Arbeitsunfähigkeit wegen Drogensucht ☐

   c Berufskrankheit ☐

   d Unfall durch Ausrutschen in der eigenen Badewanne ☐

   e allgemeine Alterserscheinungen des Arbeitnehmers ☐

4. Wer zahlt für einen Arbeitslosen die Beiträge zur gesetzlichen Krankenversicherung?

   a er selbst ☐

   b seine private Versicherung ☐

   c die Rentenversicherung ☐

   d der bisherige Arbeitgeber und der Arbeitslose 50/50 ☐

   e Arbeitsagentur ☐

5. Welche Beiträge muss der Arbeitgeber nicht vom Bruttolohn abziehen und dem Versicherungsträger überweisen?

   a gesetzliche Rentenversicherung ☐

   b Arbeitslosenversicherung ☐

   c gesetzliche Pflegeversicherung ☐

   d Lebensversicherung ☐

   e gesetzliche Krankenversicherung ☐

6. Ein Angestellter verdient 4.645,00 € brutto im Monat. In welcher Versicherungsart ist er pflichtversichert?

   a Krankenversicherung ☐

   b Lebensversicherung ☐

   c Haftpflichtversicherung ☐

   d Rentenversicherung ☐

   e private Unfallversicherung ☐

Aufgabe 12

Ergänzen Sie die fehlenden Begriffe.

Die Höhe der Sozialversicherungsabgaben ist von den familiären Verhältnissen weitgehend unabhängig.

Maßgeblich ist allein die Höhe des _____ .

Nur bei der _____ spielt es eine Rolle, ob Kinder berücksichtigt werden müssen.

Kinderlose zahlen einen Zuschlag von _____ Prozentpunkten, wenn sie älter als _____ Jahre sind.

Aufgabe 13

Kreuzen Sie nur die richtigen Aussagen an.

	Bruttoentgelt – gesetzliche Pflichtabgaben = Nettoentgelt
	Vermögenswirksame Leistungen des Arbeitgebers sind abgabenfrei.
	Nettoentgelte und Auszahlungsbeträge sind in Gehaltsabrechnungen immer identische Beträge.
	Alle gesetzlichen Pflichtabgaben müssen an das Betriebsstättenfinanzamt des Unternehmens abgeführt werden.
	Für die Höhe der Steuerlast in einer Gehaltsabrechnung sind im Normalfall nur die Steuerklasse, die Anzahl der Kinderfreibeträge und bei Kirchensteuerpflicht der Ort der regelmäßigen Arbeitsstätte entscheidend, wenn keine Steuerfreibeträge geltend gemacht werden können.
	Bruttogehalt = Bruttoentgelt
	Die Krankenkasse des Arbeitnehmers erhält alle Sozialversicherungsbeiträge des Arbeitgebers und des Arbeitnehmers, die sich aus seiner Gehaltsabrechnung ergeben.
	Vorschüsse vermindern ausschließlich den Auszahlungsbetrag in einer Gehaltsabrechnung.
	Eine Gehaltserhöhung in Höhe von 100,00 € erhöht das Nettoentgelt um mindestens 80,00 €.

SB → S. 354 ff. | Lernfeld 7, Kapitel 7.5

Entgeltabrechnung erstellen, analysieren und buchen

In der Personalabteilung der Fly Bike Werke GmbH gibt es viel zu tun: Bei der Umstellung der Personalbuchhaltung auf ein neues EDV-System sind Probleme aufgetreten, die Gehaltsabrechnungen für den Monat Oktober sind fehlerhaft. Damit allen Mitarbeitern pünktlich ihre Gehälter ausbezahlt werden und die Zahlungen an das Finanzamt und die Sozialversicherungsträger termingerecht erfolgen, müssen die Gehaltsabrechnungen für diesen Monat teilweise manuell erstellt und gebucht werden.

1 Erstellen Sie die Gehaltsabrechnungen für die Mitarbeiter Evelyn Fee, Mert Özal und Markus Beck (Schema auf der nächsten Seite). In den Personalunterlagen von Frau Linden finden sich die folgenden Informationen zu Frau Fee:

Frau Fee ist verheiratet und hat zwei Kinder. Ihre Konfession ist katholisch. Ihr Ehemann verdient in etwa gleich viel. Frau Fee ist 35 Jahre alt und verdient monatlich 2.027,50 € brutto. Im Oktober erhält sie 5 Überstunden zu je 15,20 € vergütet und 26,00 € vermögenswirksame Leistungen des Arbeitgebers. Auf ihrer Steuerkarte ist ein monatlicher Steuerfreibetrag in Höhe von 120,00 € eingetragen. Ihr Sparbeitrag für eine Bausparkasse beträgt 40,00 €. Im Rahmen eines Sonderverkaufs an das Personal hat sie Waren im Wert von 119,00 € inkl. Umsatzsteuer eingekauft, die mit dieser Gehaltsabrechnung einbehalten werden.

Monat bis 1.664,99 € — Allgemeine Tabelle

Lohn/Gehalt bis	Steuerklasse	Lohnsteuer	ohne Kinderfreibetrag SolZ 5,5%	Kirchensteuer 8%	9%	0,5 SolZ 5,5%	Kirchensteuer 8%	9%	1,0 SolZ 5,5%	Kirchensteuer 8%	9%	1,5 SolZ 5,5%	Kirchensteuer 8%	9%	2,0 SolZ 5,5%	Kirchensteuer 8%	9%	2,5 SolZ 5,5%	Kirchensteuer 8%	9%	3,0 SolZ 5,5%	Kirchensteuer 8%	9%
1.622,99	I	92,16	2,23	7,37	8,29	0,00	1,86	2,09	0,00	0,00	0,00	0,00	0,00	0,00	0,00	0,00	0,00	0,00	0,00	0,00	0,00	0,00	0,00
	II	55,50	0,00	4,44	4,99	0,00	0,00	0,00	0,00	0,00	0,00	0,00	0,00	0,00	0,00	0,00	0,00	0,00	0,00	0,00	0,00	0,00	0,00
	III	0,00	0,00	0,00	0,00	0,00	0,00	0,00	0,00	0,00	0,00	0,00	0,00	0,00	0,00	0,00	0,00	0,00	0,00	0,00	0,00	0,00	0,00
	IV	92,16	2,23	7,37	8,29	0,00	4,38	4,92	0,00	1,86	2,09	0,00	0,00	0,00	0,00	0,00	0,00	0,00	0,00	0,00	0,00	0,00	0,00
	V	273,75	15,05	21,90	24,63																		
	VI	310,00	17,05	24,80	27,90																		
1.625,99	I	92,91	2,38	7,43	8,36	0,00	1,90	2,13	0,00	0,00	0,00	0,00	0,00	0,00	0,00	0,00	0,00	0,00	0,00	0,00	0,00	0,00	0,00
	II	56,08	0,00	4,48	5,04	0,00	0,00	0,00	0,00	0,00	0,00	0,00	0,00	0,00	0,00	0,00	0,00	0,00	0,00	0,00	0,00	0,00	0,00
	III	0,00	0,00	0,00	0,00	0,00	0,00	0,00	0,00	0,00	0,00	0,00	0,00	0,00	0,00	0,00	0,00	0,00	0,00	0,00	0,00	0,00	0,00
	IV	92,91	2,38	7,43	8,36	0,00	4,42	4,97	0,00	1,90	2,13	0,00	0,00	0,00	0,00	0,00	0,00	0,00	0,00	0,00	0,00	0,00	0,00
	V	274,91	15,12	21,99	24,74																		
	VI	311,16	17,11	24,89	28,00																		
1.628,99	I	93,58	2,51	7,48	8,42	0,00	1,93	2,17	0,00	0,00	0,00	0,00	0,00	0,00	0,00	0,00	0,00	0,00	0,00	0,00	0,00	0,00	0,00
	II	56,75	0,00	4,54	5,10	0,00	0,00	0,00															
	III	0,00	0,00	0,00	0,00																		

Allgemeine Tabelle — Monat bis 1.889,99 €

Lohn/Gehalt bis	Steuerklasse	Lohnsteuer	ohne Kinderfreibetrag SolZ 5,5%	Kirchensteuer 8%	9%	0,5 SolZ 5,5%	Kirchensteuer 8%	9%	1,0 SolZ 5,5%	Kirchensteuer 8%	9%	1,5 SolZ 5,5%	Kirchensteuer 8%	9%	2,0 SolZ 5,5%	Kirchensteuer 8%	9%	2,5 SolZ 5,5%	Kirchensteuer 8%	9%	3,0 SolZ 5,5%	Kirchensteuer 8%	9%
1.859,99	I	143,91	7,91	11,51	12,95	0,00	5,18	5,82	0,00	0,36	0,40	0,00	0,00	0,00	0,00	0,00	0,00	0,00	0,00	0,00	0,00	0,00	0,00
	II	104,33	4,66	8,34	9,38	0,00	2,58	2,90	0,00	0,00	0,00	0,00	0,00	0,00	0,00	0,00	0,00	0,00	0,00	0,00	0,00	0,00	0,00
	III	0,00	0,00	0,00	0,00	0,00	0,00	0,00	0,00	0,00	0,00	0,00	0,00	0,00	0,00	0,00	0,00	0,00	0,00	0,00	0,00	0,00	0,00
	IV	143,91	7,91	11,51	12,95	4,48	8,27	9,30	0,00	5,18	5,82	0,00	2,52	2,83	0,00	0,36	0,40	0,00	0,00	0,00	0,00	0,00	0,00
	V	361,50	19,88	28,92	32,53																		
	VI	397,75	21,87	31,82	35,79																		
1.862,99	I	144,50	7,94	11,56	13,00	0,00	5,22	5,87	0,00	0,38	0,43	0,00	0,00	0,00	0,00	0,00	0,00	0,00	0,00	0,00	0,00	0,00	0,00
	II	105,00	4,80	8,40	9,45	0,00	2,61	2,93	0,00	0,00	0,00	0,00	0,00	0,00	0,00	0,00	0,00	0,00	0,00	0,00	0,00	0,00	0,00
	III	0,00	0,00	0,00	0,00	0,00	0,00	0,00	0,00	0,00	0,00	0,00	0,00	0,00	0,00	0,00	0,00	0,00	0,00	0,00	0,00	0,00	0,00
	IV	144,50	7,94	11,56	13,00	4,61	8,32	9,36	0,00	5,22	5,87	0,00	2,56	2,88	0,00	0,38	0,43	0,00	0,00	0,00	0,00	0,00	0,00
	V	362,50	19,93	29,00	32,62																		
	VI	398,75	21,93	31,90	35,88																		
1.865,99	I	145,16	7,98	11,61	13,06	0,00	5,27	5,93	0,00	0,41	0,46	0,00	0,00	0,00	0,00	0,00	0,00	0,00	0,00	0,00	0,00	0,00	0,00

Monat bis 2.024,99 € — Allgemeine Tabelle

Lohn/Gehalt bis	Steuerklasse	Lohnsteuer	ohne Kinderfreibetrag SolZ 5,5%	Kirchensteuer 8%	9%	0,5 SolZ 5,5%	Kirchensteuer 8%	9%	1,0 SolZ 5,5%	Kirchensteuer 8%	9%	1,5 SolZ 5,5%	Kirchensteuer 8%	9%	2,0 SolZ 5,5%	Kirchensteuer 8%	9%	2,5 SolZ 5,5%	Kirchensteuer 8%	9%	3,0 SolZ 5,5%	Kirchensteuer 8%	9%
2.009,99	I	175,91	9,67	14,07	15,83	2,66	7,54	8,48	0,00	1,98	2,22	0,00	0,00	0,00	0,00	0,00	0,00	0,00	0,00	0,00	0,00	0,00	0,00
	II	135,41	7,44	10,83	12,18	0,00	4,59	5,16	0,00	0,00	0,00	0,00	0,00	0,00	0,00	0,00	0,00	0,00	0,00	0,00	0,00	0,00	0,00
	III	0,00	0,00	0,00	0,00	0,00	0,00	0,00	0,00	0,00	0,00	0,00	0,00	0,00	0,00	0,00	0,00	0,00	0,00	0,00	0,00	0,00	0,00
	IV	175,91	9,67	14,07	15,83	7,39	10,75	12,09	2,66	7,54	8,48	0,00	4,52	5,09	0,00	1,98	2,22	0,00	0,00	0,00	0,00	0,00	0,00
	V	412,33	22,67	32,98	37,10																		
	VI	442,16	24,31	35,37	39,79																		
2.012,99	I	176,58	9,71	14,12	15,89	2,78	7,59	8,54	0,00	2,01	2,26	0,00	0,00	0,00	0,00	0,00	0,00	0,00	0,00	0,00	0,00	0,00	0,00
	II	136,00	7,48	10,88	12,24	0,00	4,63	5,21	0,00	0,00	0,00	0,00	0,00	0,00	0,00	0,00	0,00	0,00	0,00	0,00	0,00	0,00	0,00
	III	0,00	0,00	0,00	0,00	0,00	0,00	0,00	0,00	0,00	0,00	0,00	0,00	0,00	0,00	0,00	0,00	0,00	0,00	0,00	0,00	0,00	0,00
	IV	176,58	9,71	14,12	15,89	7,42	10,80	12,15	2,78	7,59	8,54	0,00	4,56	5,13	0,00	2,01	2,26	0,00	0,00	0,00	0,00	0,00	0,00
	V	413,16	22,72	33,05	37,18																		
	VI	442,83	24,35	35,42	39,85																		
2.015,99	I	177,25	9,74	14,18	15,95	2,90	7,64	8,59	0,00	2,05	2,30	0,00	0,00	0,00	0,00	0,00	0,00	0,00	0,00	0,00	0,00	0,00	0,00
	II	136,66	7,51	10,93	12,29	0,00	4,67	5,25	0,00	0,02	0,02												

Auszüge: Rehm Monats-Lohnsteuertabelle, Ausgabe 2020, Verlagsgruppe Hüthig Jehle Rehm, Heidelberg

weitere Arbeitsaufträge ▶ übernächste Seite

Fly Bike Werke GmbH

	Evelyn Fee	Mert Özal	Markus Beck
Familienstand/Anzahl der Kinder		verheiratet/3	ledig/0
Alter		35	24
Steuerklasse		III	I
Kinderfreibeträge		3	–
Konfession		–	katholisch
Beitragssatz Krankenkasse[1]	14,6 %	14,6 %	14,6 %
Bruttogehalt/-lohn		1.836,50	1.596,50
Provision/Prämien		–	–
VL Arbeitgeber		26,00	26,00
Zulagen/Sonderzahlungen		–	–
sozialversicherungspflichtiges Bruttoentgelt			
Steuerfreibetrag		–	–
steuerpflichtiges Bruttoentgelt			
Lohnsteuer			
Solidaritätszuschlag			
Kirchensteuer			
Summe steuerliche Abzüge			
Krankenversicherung			
Pflegeversicherung			
Rentenversicherung			
Arbeitslosenversicherung			
Summe Sozialversicherungen			
Nettoentgelt			
Sparbeitrag Arbeitnehmer		26,00	40,00
Vorschuss[2]		–	–
Summe sonstiger Abzüge			
Auszahlungsbetrag			

[1] i. d. R. zuzügl. eines krankenkassenindividuellen Zusatzbeitrags für Arbeitnehmer (hier jeweils 0,9 %)

[2] auch Personalverkauf

2 Ermitteln Sie den Arbeitnehmeranteil für die Sozialversicherungen.

	RV in €	AV in €	KV in €	PV in €
Evelyn Fee				
Mert Özal				
Markus Beck				
Summen				

3 Ermitteln Sie den Arbeitgeberanteil für die Sozialversicherungen.

	RV in €	AV in €	KV in €	PV in €
Evelyn Fee				
Mert Özal				
Markus Beck				
Summen				

4 Ermitteln Sie für die Gehaltsempfänger die buchungsrelevanten Beträge.

	Bruttoentgelt und Zulagen	Sonstige tarifliche Leistungen	Steuern	SV (AN)	SV (AG)	Sonstige Abzüge	Auszahlungsbetrag
Evelyn Fee							
Mert Özal							
Markus Beck							
Summen							

5 Ordnen Sie die Summen den nachfolgenden Buchungen zu:

a Buchung der SV-Vorauszahlung

Nr.	Soll	€	Haben	€
1.	2640 SV-Vorauszahlung		2800 Bankguthaben	

b Buchung der Gehaltsabrechnung

Nr.	Soll	€	Haben	€
1.	6300 Gehälter		4830 Verbindlichkeiten gegenüber Finanzbehörden	
	6320 Sonstige tarifliche Leistungen		2640 SV-Vorauszahlung	
			4860 Verbindlichkeiten aus VL	
			2800 Bankguthaben	
			2650 Forderungen an Mitarbeiter	

c Buchung des Arbeitgeberanteils zur Sozialversicherung

Nr.	Soll	€	Haben	€
1.	6410 AG-Anteil zur Sozialversicherung		2640 SV-Vorauszahlung	

d Buchungen der Überweisungen an die Institutionen

Nr.	Soll	€	Haben	€
1.	4830 Verbindlichkeiten gegenüber Finanzbehörden		2800 Bankguthaben	
2.	4860 Verbindlichkeiten aus VL		2800 Bankguthaben	

e Nennen Sie die spätesten Überweisungstermine für Steuern und Sozialversicherungsbeiträge je Abrechnungsmonat.

Arbeitsblatt 35.1: Eine einfache Gehaltsabrechnung erstellen und buchen

Berechnen und buchen Sie nachfolgende einfache Gehaltsabrechnung für einen unverheirateten, kirchensteuerpflichtigen und kinderlosen Arbeitnehmer, der 26 Jahre alt ist und in Nordrhein-Westfalen lebt und arbeitet (Steuerklasse I, 0 Kinderfreibeträge) im Jahr 2020:

Bruttogehalt	**2.400,00 €**
+ vermögenswirksame Leistungen (VL) des Arbeitgebers	13,00 €
+ Überstundenvergütung	200,00 €
= Bruttoentgelt	**2.613,00 €**
– Lohnsteuer (LSt)	313,50 €

– Solidaritätszuschlag (SolZ)	5,5 % der Lohnsteuer[1]
– Kirchensteuer (KiSt)	9,0 % der Lohnsteuer[1]
– Rentenversicherung	9,3 % des Bruttoentgelts
– Arbeitslosenversicherung	1,20 % des Bruttoentgelts
– Krankenversicherung	7,75 % des Bruttoentgelts
– Pflegeversicherung	1,775 % des Bruttoentgelts

= Nettoentgelt

– vermögenswirksame Sparrate des Arbeitnehmers	40,00 €

= Auszahlungsbetrag

Buchung der SV-Vorauszahlung

Nr.	Soll	€	Haben	€

Buchung der Gehaltsabrechnung

Nr.	Soll	€	Haben	€

Buchung des Arbeitgeberanteils zur Sozialversicherung

Nr.	Soll	€	Haben	€

Buchung der Überweisungen an die Institutionen

Nr.	Soll	€	Haben	€

[1]*Hinweis*: Nur bei Kinderlosen lassen sich der Solidaritätszuschlag mit 5,5 % und die Kirchensteuer mit 8 % bzw. 9 % direkt aus der Lohnsteuer ermitteln. Bei Personen mit Kindern werden Solidaritätszuschlag und Kirchensteuer aus der fiktiven Lohnsteuerlast ermittelt, die sich ergäbe, wenn diese Personen zur Abdeckung des Existenzminimums einen Steuerfreibetrag und kein Kindergeld beanspruchen würden.

Aufgaben

Aufgabe 1

Ermitteln Sie die Werte und bilden Sie die Buchungssätze für die folgenden Geschäftsvorfälle:

Nr.	Geschäftsvorfälle	€
1.	Herr Abel, der in Nordrhein-Westfalen wohnt und arbeitet, erhält einen Vorschuss in bar. Der Vorschuss wird mit der nächsten Gehaltsabrechnung einbehalten.	200,00
2.	Frau Berger, die in Nordrhein-Westfalen wohnt und arbeitet, kauft Erzeugnisse im Personalverkauf, Nettowert der Waren 200,00 € zzgl. 19 % USt. Der Rechnungsbetrag wird mit der nächsten Gehaltsabrechnung einbehalten.	238,00
3.	Die Krankenkassen von Frau Berger und Herrn Abel erheben einen krankenkassenindividuellen Zusatzbeitrag zur Krankenversicherung von jeweils 0,9 %. Buchen Sie die SV-Vorauszahlung per Banküberweisung an die zuständige Krankenkasse.	?
4.	Buchen Sie die Gehaltsabrechnungen der folgenden zwei Mitarbeiter als Sammelbuchung (Auszahlung der Beträge an die Arbeitnehmer zum Monatsabschluss).	
	Gehaltsauszahlung für Herrn Abel: Bruttogehalt _____ Steuerklasse III/2, ev., VL 26,00 €, Sparrate 40,00 €, Vorschusseinbehalt 200,00 €	1.850,00
	Gehaltsabrechnung für Frau Berger: Bruttogehalt _____ Überstundenvergütung 150,00 €, Steuerklasse I/0, rk., 28 Jahre alt, VL 26,00 €, Sparrate 26,00 €, Einbehaltung des Rechnungsbetrages aus dem Personalverkauf	2.270,00
5.	Buchen Sie als Sammelbuchung den Arbeitgeberanteil zur Sozialversicherung der Arbeitnehmer für die Gehaltsabrechnungen der Mitarbeiter.	?
6.	Buchen Sie die Überweisung der Steuern und der Sparrate als Sammelbuchung für die Gehaltsabrechnungen der Mitarbeiter.	?
7.	Der Unfallversicherungsbeitrag wird an die Berufsgenossenschaft überwiesen.	300,00

	Bruttogehalt + Zulagen	Sonstige tarifliche Leistungen	Steuern	SV (AN)	SV (AG)	Sonstige Abzüge	Auszahlungsbetrag
Herr Abel							
Frau Berger							
Summen							

Allgemeine Tabelle — Monat bis 1.889,99 €

Lohn/Gehalt bis	Steuerklasse	Lohnsteuer	ohne Kinderfreibetrag SolZ 5,5%	ohne Kinderfreibetrag Kirchensteuer 8%	ohne Kinderfreibetrag Kirchensteuer 9%	0,5 SolZ 5,5%	0,5 Kirchensteuer 8%	0,5 Kirchensteuer 9%	1,0 SolZ 5,5%	1,0 Kirchensteuer 8%	1,0 Kirchensteuer 9%	1,5 SolZ 5,5%	1,5 Kirchensteuer 8%	1,5 Kirchensteuer 9%	2,0 SolZ 5,5%	2,0 Kirchensteuer 8%	2,0 Kirchensteuer 9%	2,5 SolZ 5,5%	2,5 Kirchensteuer 8%	2,5 Kirchensteuer 9%	3,0 SolZ 5,5%	3,0 Kirchensteuer 8%	3,0 Kirchensteuer 9%
1.877,99	I	147,66	8,12	11,81	13,28	0,00	5,45	6,13	0,00	0,53	0,59	0,00	0,00	0,00	0,00	0,00	0,00	0,00	0,00	0,00	0,00	0,00	0,00
	II	108,08	5,41	8,64	9,72	0,00	2,80	3,15	0,00	0,00	0,00	0,00	0,00	0,00	0,00	0,00	0,00	0,00	0,00	0,00	0,00	0,00	0,00
	III	0,00	0,00	0,00	0,00	0,00	0,00	0,00	0,00	0,00	0,00	0,00	0,00	0,00	0,00	0,00	0,00	0,00	0,00	0,00	0,00	0,00	0,00
	IV	147,66	8,12	11,81	13,28	5,23	8,57	9,64	0,00	5,45	6,13	0,00	2,74	3,08	0,00	0,53	0,59	0,00	0,00	0,00	0,00	0,00	0,00
	V	367,83	20,23	29,42	33,10																		
	VI	404,00	22,22	32,32	36,36																		
1.880,99	I	148,33	8,15	11,86	13,34	0,00	5,50	6,18	0,00	0,56	0,63	0,00	0,00	0,00	0,00	0,00	0,00	0,00	0,00	0,00	0,00	0,00	0,00
	II	108,66	5,53	8,69	9,77	0,00	2,84	3,19	0,00	0,00	0,00	0,00	0,00	0,00	0,00	0,00	0,00	0,00	0,00	0,00	0,00	0,00	0,00

Monat bis 2.474,99 € — Allgemeine Tabelle

Lohn/Gehalt bis	Steuerklasse	Lohnsteuer	ohne Kinderfreibetrag SolZ 5,5%	ohne Kinderfreibetrag Kirchensteuer 8%	ohne Kinderfreibetrag Kirchensteuer 9%	0,5 SolZ 5,5%	0,5 Kirchensteuer 8%	0,5 Kirchensteuer 9%	1,0 SolZ 5,5%	1,0 Kirchensteuer 8%	1,0 Kirchensteuer 9%	1,5 SolZ 5,5%	1,5 Kirchensteuer 8%	1,5 Kirchensteuer 9%	2,0 SolZ 5,5%	2,0 Kirchensteuer 8%	2,0 Kirchensteuer 9%	2,5 SolZ 5,5%	2,5 Kirchensteuer 8%	2,5 Kirchensteuer 9%	3,0 SolZ 5,5%	3,0 Kirchensteuer 8%	3,0 Kirchensteuer 9%
2.447,99	I	274,08	15,07	21,92	24,66	10,25	14,91	16,77	4,61	8,32	9,36	0,00	2,56	2,88	0,00	0,00	0,00	0,00	0,00	0,00	0,00	0,00	0,00
	II	230,58	12,68	18,44	20,75	8,00	11,64	13,09	0,00	5,30	5,96	0,00	0,43	0,48	0,00	0,00	0,00	0,00	0,00	0,00	0,00	0,00	0,00
	III	58,16	0,00	4,65	5,23	0,00	0,40	0,45	0,00	0,00	0,00	0,00	0,00	0,00	0,00	0,00	0,00	0,00	0,00	0,00	0,00	0,00	0,00
	IV	274,08	15,07	21,92	24,66	12,62	18,36	20,66	10,25	14,91	16,77	7,95	11,56	13,01	4,61	8,32	9,36	0,00	5,23	5,88	0,00	2,56	2,88
	V	543,33	29,88	43,46	48,89																		
	VI	576,50	31,70	46,12	51,88																		
2.450,99	I	274,75	15,11	21,98	24,72	10,28	14,96	16,83	4,73	8,37	9,41	0,00	2,60	2,92	0,00	0,00	0,00	0,00	0,00	0,00	0,00	0,00	0,00

Auszüge: Rehm Monats-Lohnsteuertabelle, Ausgabe 2020, Verlagsgruppe Hüthig Jehle Rehm, Heidelberg

Aufgabe 2

Betrachten Sie die Grafik „Die kalte Progression". Wie viel € werden in diesem Beispiel allein durch den ansteigenden Einkommensteuertarif zusätzlich einbehalten?

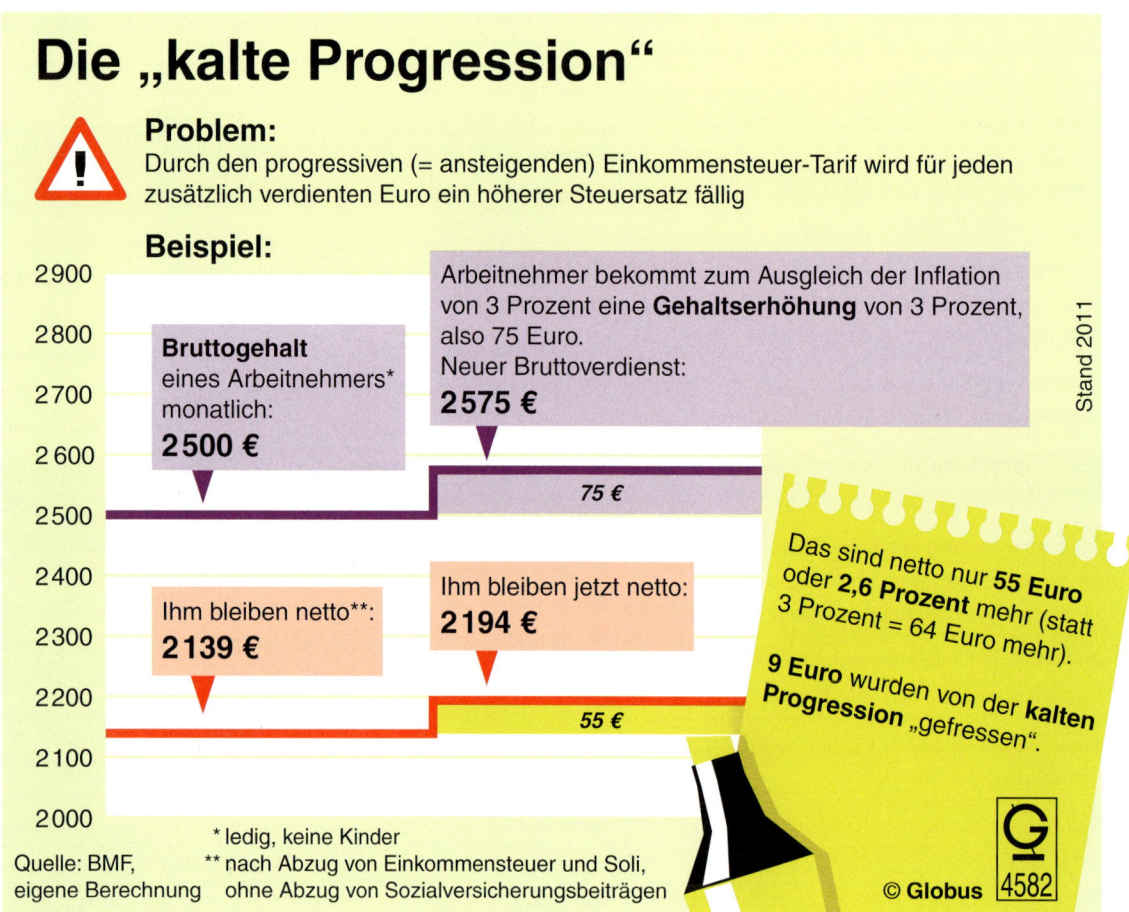

Aufgabe 3

Ein Benzin-Pkw, der für einen neuen Mitarbeiter – auch zur privaten Nutzung – angeschafft wird, hat einen Listenpreis einschließlich Sonderausstattungen und 19 % Umsatzsteuer von 35.700,00 €. Der Pkw-Händler gewährt einen Kundenrabatt in Höhe von 15 % und zusätzlich 2 % Skonto bei Zahlung innerhalb von 10 Tagen.

a Ermitteln Sie den geldwerten Vorteil für den neuen Mitarbeiter nach der 1-%-Methode je Monat.

b Um wie viel % erhöht sich sein steuer- und sozialversicherungspflichtiges Bruttoentgelt im Monat, wenn er ohne Firmenwagen 2.400,00 € brutto verdient?

Aufgabe 4

Ermitteln Sie für Herrn Werner Klausen, verheiratet, evangelisch, geboren am 17.04.1969, 2 Kinder (10 und 8 Jahre alt) alle notwendigen Daten für eine **vollständige Gehaltsabrechnung mit den entsprechenden Buchungen und Auswertungen** für den Abrechnungsmonat November des aktuellen Jahres (Erstellungsdatum = 30.11.20XX). Seine Ehefrau, römisch-katholisch, ist nicht berufstätig. Daten für die Gehaltsabrechnung für Herrn Klausen, der in Bonn wohnt und arbeitet, sind:

Bruttogehalt	3.600,00 €
Steuerfreibetrag/Monat	300,00 €
Vermögenswirksame Leistungen (VL) des Arbeitgebers	13,00 €
Zusatzbeitrag zur Krankenversicherung	0,9 %
Überstundenvergütung	200,00 €
Vermögenswirksame Sparrate des Arbeitnehmers	40,00 €
Einbehaltung Barvorschuss	400,00 €

a Ergänzen Sie die fehlenden Ergebnisse:

aa die Steuerklasse des Arbeitnehmers = _____

ab die Anzahl der Kinderfreibeträge des Arbeitnehmers = _____

ac

Begriffe zur Gehaltsabrechnung	Beträge in €
Sozialversicherungspflichtiges Bruttoentgelt	
Steuerfreibetrag	
Steuerpflichtiges Bruttoentgelt	
Lohnsteuer	
Solidaritätszuschlag	
Kirchensteuer	
Rentenversicherung	
Arbeitslosenversicherung	
Krankenversicherung	
Pflegeversicherung	
Summe gesetzlicher Pflichtabgaben	
Nettoentgelt	
sonstige Abzüge	
Auszahlungsbetrag	

Hinweis: LSt, KiSt und SolZ sind unter der Internetadresse www.bmf-steuerrechner.de zu ermitteln.
Die Sozialversicherungsbeiträge des aktuellen Jahres sind manuell zu berechnen

b Ermitteln Sie nachfolgende Werte:

Werteermittlung für die Buchungen und die Auswertung	Werte in € oder %
Sozialversicherungsvorauszahlung	
Überweisungsbetrag an die Finanzbehörde	
gesamte Personalkosten des Arbeitgebers (durch diese Gehaltszahlung)	
Nettoentgelt in % der gesamten Personalkosten für diese Gehaltszahlung	
Summe aller Abzüge des Arbeitnehmers	
Kirchensteuerbetrag für die evangelische Religionsgemeinschaft	

c Buchen Sie diese Gehaltsabrechnung.

Kontenplan für diese Aufgabe:
2640 SV-Vorauszahlung, 2650 Forderungen gegenüber Mitarbeitern, 2800 Guthaben bei Kreditinstituten (Bankguthaben), 4830 Sonstige Verbindlichkeiten gegenüber Finanzbehörden, 4860 Verbindlichkeiten aus vermögenswirksamen Leistungen, 6300 Gehälter, 6410 Arbeitgeberanteil zur Sozialversicherung

ca Sozialversicherungsvorauszahlung (Banklastschrift)
cb Gehaltsauszahlung (Banküberweisung)
cc Arbeitgeberanteil zur Sozialversicherung des Arbeitnehmers
cd Überweisung der Sparrate
ce Überweisung der Steuern an die Finanzbehörden

Dicke Luft im Zimmer des Geschäftsführers Hans Peters. Gerade ist Frau Dr. Schweif, die Firmenanwältin, eingetroffen – Herr Peters hatte sie quasi per „Notruf" schnellstmöglich einbestellt. Als sie wissen will, was denn so Dringliches vorgefallen sei, legt ihr ein immer noch aufgebrachter Herr Peters drei Schriftstücke vor:

Fly Bike Werke GmbH

Ordentliche Kündigung

Sehr geehrter Herr Sammer,   Oldenburg, 2. Oktober 20XX

hiermit kündigen wir das mit Ihnen bestehende Arbeitsverhältnis entsprechend den gesetzlichen Regelungen mit einer Frist von drei Monaten zum Monatsende. Die Kündigung wird zum 31. Januar des Folgejahres wirksam. Sie sind ab heute von der Arbeitsleistung freigestellt.

Unsere Kündigungsentscheidung basiert auf dem Umstand, dass Sie sich trotz mehrerer Abmahnungen, zuletzt am 24. August 20XX, über geltende Sicherheitsbestimmungen hinweggesetzt und z. B. die Zuschnittanlage ohne Funkenschutz betrieben haben, wobei der Funkenschlag einen Mitarbeiter leicht verletzte. Diese wiederholte Pflichtverletzung ist für uns auf Dauer untragbar.

Zur Sicherstellung Ihrer finanziellen Ansprüche melden Sie sich bitte umgehend persönlich bei der für Ihren Wohnort zuständigen Agentur für Arbeit (§ 38 SGB III).

H. Peters
Unterschrift Arbeitgeber

D. Sammer
Kenntnisnahme bestätigt

Dirk Sammer   Oldenburg, 3. Oktober 20XX
Rosenholzstr. 23
26121 Oldenburg

Fly Bike Werke GmbH
Herrn Hans Peters
Rostocker Str. 334
26121 Oldenburg

Meine Kündigung

Sehr „geehrter" Herr Peters,

mit dieser Kündigung kommen Sie nie durch, auch wenn der Betriebsrat nicht widersprochen hat. Die Gründe sind doch nur vorgeschoben, in Wirklichkeit geht es doch darum, mich als verdienten Mitarbeiter durch einen günstigeren Berufseinsteiger zu ersetzen.

Dass ich den Funkenschutz nicht benutzt habe, liegt einzig und allein daran, dass der Aufsatzmechanismus nicht funktioniert. Ich werde übermorgen vorbeikommen und Ihnen das demonstrieren.

Mit (nicht sehr) freundlichen Grüßen

Dirk Sammer

Fly Bike Werke GmbH

Außerordentliche Kündigung

Sehr geehrter Herr Sammer,   Oldenburg, 5. Oktober 20XX

hiermit kündigen wir das mit Ihnen bestehende Arbeitsverhältnis fristlos mit dem heutigen Tag. Diese Kündigung ersetzt die ordentliche Kündigung vom 2. Oktober 20XX.

Nachdem Sie gestern trotz Freistellung und ohne Erlaubnis das Betriebsgelände betreten und mich im Bereich „Zuschnitt" vor allen Mitarbeitern unter anderem als „Niete" und „dreisten Lügner" beschimpft haben, ist ein Fortbestand des Arbeitsverhältnisses, und sei es auch nur für die Zeit bis zum Auslaufen der ordentlichen Kündigungsfrist, undenkbar geworden.

Hiermit wird Ihnen gleichzeitig ein Hausverbot ausgesprochen. Das nochmalige Betreten des Betriebsgeländes werden wir als Hausfriedensbruch zur Anzeige bringen.

Zur Sicherstellung Ihrer finanziellen Ansprüche melden Sie sich bitte umgehend persönlich bei der für Ihren Wohnort zuständigen Agentur für Arbeit (§ 38 SGB III).

H. Peters   *D. Sammer*
_____   _____
Unterschrift Arbeitgeber   Kenntnisnahme bestätigt

Nachdem Frau Dr. Schweif alle Dokumente gelesen hat, fügt Herr Peters ungefragt hinzu: *„Zugegeben, es gab hundert Gründe, Herrn Sammer loszuwerden. Er arbeitete sehr langsam, kam häufig zu spät und hatte veraltete Qualifikationen, weil er nicht an Fortbildungsveranstaltungen teilnehmen wollte. Außerdem hatte er ein Sehleiden, mit dem ihm das Ablesen der Instrumente immer schwerer fiel. Aber der laxe Umgang mit Sicherheitsvorschriften ist eben auch wahr ..."* „Gut, dass Sie mich gerufen haben", entgegnet Frau Dr. Schweif. „Diese Sache geht bestimmt vors Arbeitsgericht, und da sollten Sie über den – richtigen – Kündigungsgrund besser schon mal intensiv nachdenken."

1 Es wurde sowohl eine ordentliche wie auch eine außerordentliche Kündigung an Herrn Sammer gesandt. Definieren Sie diese Kündigungsarten auf dem Arbeitsblatt 36.1.

2 Welche Kündigungsanlässe geben die beiden Kündigungsschreiben an Herrn Sammer an?

3 Welche (weiteren) Kündigungsgründe ergänzt Herr Peters noch im mündlichen Gespräch mit der Rechtsanwältin (kursiver Text)? Vervollständigen Sie Arbeitsblatt 36.1.

4 Die Angabe von Kündigungsgründen führt sehr oft zu Missverständnissen, die die Situation zusätzlich belasten.
  a Was sind Ihrer Meinung nach die häufigsten Mitarbeiterreaktionen auf den angegebenen Kündigungsgrund?
  b Wie könnte Ihrer Meinung nach die Einsicht der Betroffenen gefördert werden?
  c Eine Kündigung sollte immer das letzte Mittel sein. Welche Vorwarnaktionen (außer einer Abmahnung) wären für Sie noch denkbar?

Arbeitsblatt 36.1: Kündigungsarten und Kündigungsgründe

Arten der Kündigung

ordentliche Kündigung

Eine _____ gerechte Kündigung, d. h., das Arbeitsverhältnis endet nach Ablauf der vorgesehenen _____ Kündigungs_____ .

außerordentliche Kündigung

Eine _____ lose Kündigung, d. h., eine Fortsetzung des Arbeitsverhältnisses ist für einen der Vertragspartner auch übergangsweise nicht mehr _____ .

Kündigungsgründe

Gründe:
- _____
- Absatzschwierigkeiten, z. B. das Ausbleiben von Kunden
- _____

Gründe:
- _____
- _____
- _____
- Tätlichkeiten, z. B. wird der Arbeitgeber durch seinen Angestellten körperlich angegriffen
- _____

Gründe:
- Krankheit unter gleichzeitiger negativer Gesundheitsprognose für die Zukunft bzw. sehr häufige Kurzerkrankungen bzw. eine krankheitsbedingte Minderung der Leistungsfähigkeit
- _____
- _____

Aufgaben

Aufgabe 1

Beurteilen Sie, ob in folgenden Fällen eine Personalfreisetzung unvermeidlich ist. Gehen Sie davon aus, dass in anderen Betriebsbereichen keine freien Stellen bestehen:

a Anstelle der manuellen Verpackung wird nun ein Verpackungsautomat eingesetzt, der vollautomatisch arbeitet.

b Das Zweigwerk in Nürnberg schließt, die Produktion wird ganz in das Hauptwerk nach Berlin verlagert.

c Es erfolgt eine Umstellung von konventionellen Werkzeugmaschinen auf CNC-Maschinen, für die der Belegschaft die notwendigen Programmierkenntnisse fehlen.

d Aufgrund einer tariflichen Arbeitszeit**verlängerung** sind nun einige Mitarbeiter überzählig.

e Die Verkaufszahlen für fast alle Produkte brechen konjunkturbedingt ein.

f Ein Produktionsmitarbeiter entwickelt eine starke Allergie gegen einen Produktbestandteil, mit dem er ständig in Berührung kommt.

g Das Unternehmen meldet Insolvenz an.

Aufgabe 2

Clara Weber, 43, arbeitete in einem kleinen Betrieb, der Werbeaufdrucke für Außenflächen (Autos, Fenster usw.) herstellt, als einzige kaufmännische „Allroundkraft". Ihre wichtigste Aufgabe war die Buchhaltung. Vor ein paar Wochen erhielt sie die niederschmetternde Diagnose, an einer erblichen Nervenerkrankung zu leiden, die eine umfangreiche und langwierige Behandlung in Spezialkliniken bedingt und bei der ein Behandlungserfolg schwer absehbar ist. Als sie ihrem Chef den Sachverhalt erläuterte und die vierte AU in Folge abgab, war dieser sehr freundlich und mitfühlend, entsprechend unvorbereitet traf sie die schriftliche Kündigung, die er ihr nur kurze Zeit später zustellte, da „sie auf Dauer nicht für die Stellenaufgaben zur Verfügung" stehe.

a Welcher Kündigungsanlass ist hier formuliert?

b Besteht während einer attestierten Krankheit („AU-Bescheinigung") für einen Arbeitnehmer Kündigungsschutz? Falls ja, recherchieren Sie bitte die entsprechende Regelung.

c Argumentieren Sie aus Arbeitgebersicht, wieso ein Fortbestand des Arbeitsverhältnisses mit Clara Weber nicht möglich ist.

d Wäre die Kündigung von Clara Weber bei gleicher medizinischer Lage auch in einem Großbetrieb möglich?

Aufgabe 3

Vergleichen Sie anhand der folgenden Zeitungsartikel die unterschiedliche Rechtsprechung bei sogenannten Bagatelldiebstählen.

Noch einmal: Kündigung wegen Bagatelldiebstahls ...

Das Arbeitsgericht Radolfzell hatte dieser Tage über eine der derzeit so medienträchtigen Kündigungen wegen eines Bagatelldiebstahls zu entscheiden. Eine Altenpflegerin hatte sich in einem Seniorenheim von dem übergebliebenen Essen der Heimbewohner vier schwäbische Maultaschen genommen, um sich diese – wie sie behauptete – noch im Heim aufzuwärmen und zu essen, bevor sie abends zu einer Fortbildung musste. Dieses wurde dann entdeckt und ihr wurde wegen dieses Diebstahls fristlos gekündigt. Das Arbeitsgericht hat nun die Rechtmäßigkeit dieser Kündigung bestätigt.

Dies ist dann der Moment, in dem man mal darüber nachdenken sollte, worum es bei einer Kündigung wegen Diebstahls eigentlich geht. Es geht nämlich nicht um wirtschaftlichen Schaden, der wäre hier nämlich die eigentliche Bagatelle. Es geht vielmehr um die nur schwer zu reparierende Beschädigung des Vertrauensverhältnisses zwischen Arbeitgeber und -nehmer. Wie soll ich jemandem vertrauen, der mich bestiehlt? Dieses wird umso schlimmer, wenn man bedenkt, dass es im konkreten Fall sogar eine ausdrückliche Anweisung an das Personal gegeben hat, die Essensreste nicht selbst zu verzehren. Für das Personal war eine kostengünstige Extra-Verpflegung vorgesehen. Das heißt nichts anderes, als dass die Klägerin sich über eine ausdrückliche Anweisung hinweggesetzt hat, d. h. sich sehenden Auges in Schwierigkeiten begeben hat. Von eindeutiger Rechtslage zugunsten der Klägerin kann man also beim besten Willen nicht ausgehen.

stark gekürzt aus: http://www.rareuter.de/RA_Reuter/Blog/Einträge/2009/10/16_Noch_einmal__Kundigung_wegen_Bagatelldiebstahl_....html, Stand: 16.10.2009

Bäcker müssen weiterbeschäftigt werden

Im Fall des angeblichen Diebstahls von Brötchenaufstrich hat das Arbeitsgericht Dortmund auch die Kündigung des zweiten Bäckers für unwirksam erklärt. Die Bergkamener Bäckerei-Kette Westermann hatte dem 44-Jährigen sowie seinem 26-jährigen Kollegen Benjamin Lassek im Sommer vergangenen Jahres vorgeworfen, unerlaubt vom Kräuter-Öl-Aufstrich „Hirtenfladen" auf ihr Pausenbrötchen geschmiert zu haben. Er habe nur den Geschmack überprüfen wollen, sagte Lassak. Die Bäckerei kündigte dem Betriebsratsmitglied dennoch fristlos.

Im Fall des zweiten Beschäftigten betonte das Gericht am Dienstag zwar, dass grundsätzlich auch der Diebstahl geringwertiger Dinge eine fristlose Kündigung rechtfertige. Doch es müsse immer auch eine Interessenabwägung geben, die im vorliegenden Fall zugunsten des Klägers ausfalle. Das Gericht verwies dabei auf die mehr als 24-jährige Betriebszugehörigkeit des Mannes. Auch sei entscheidend, dass er selbst den Verzehr des belegten Brötchens zugegeben habe, obwohl sich der Verdacht nur noch gegen seinen Kollegen gerichtet habe. Dies deutete nach Auffassung der Kammer auf eine ehrliche Grundhaltung des Klägers hin …

FOCUS Online: http://www.focus.de/finanzen/karriere/arbeitsrecht/kuendigung/broetchen-prozess-baecker-muessen-weiterbeschaeftigt-werden_aid_378821.html

a   In allen vorangehend genannten Fällen ist dem Arbeitgeber kein nennenswerter Sachschaden entstanden. Wie lautet die Begründung für diese verhaltensbedingten Kündigungen?

b   In einem Fall wurde selbst das Aufladen des Privathandys im Büro als „Stromdiebstahl" abgemahnt. Wo sehen Sie die Grenze zwischen „Bagatelle" und „Arbeitgeberschädigung"? Lässt sich eine solche Grenze Ihrer Meinung nach überhaupt ziehen?

c   Welche Maßnahmen würden Sie bei „Bagatelldiebstählen" für angemessen halten? Begründen Sie.

Als Bettina Lotto das Büro von Frau Linden betritt, bemerkt sie sofort, dass etwas Bedrückendes in der Luft liegt. Frau Linden schiebt wortlos das folgende Schreiben von Herrn Peters über den Schreibtisch.

Interne Mitteilung
Veruschka Linden

Fly Bike Werke GmbH

Betriebsbedingtes Kündigungsvorhaben – Sozialauswahl　　　　Oldenburg, 25.01.20XX

Sehr geehrte Frau Linden,

Sie haben der Presse entnommen, wie es um die Auftragslage unserer Branche und die allgemeine Wirtschaftsentwicklung in Deutschland bestellt ist. Die Finanzkrise und der schwächer werdende Euro wirken sich direkt auf unser Unternehmen aus. Unsere Auftragslage hat sich im 5-Jahres-Rückblick fortlaufend verschlechtert und die Zukunftsprognose zeigt eine weiter rückläufige Umsatzentwicklung. Deshalb sind wir nun doch gezwungen, drei Mitarbeiter aus dem Bereich Produktion zu entlassen.

Bitte bereiten Sie die Kündigungsschreiben für Frau Rapsch, Herrn Riche und Herrn Einheim vor.

H. Peters
Geschäftsführer

Auf den fragenden Blick von Bettina schüttelt Frau Linden den Kopf und sagt: „Das wird sicher Ärger mit dem Betriebsrat geben!"

Liste der zur Disposition stehenden Mitarbeiter Abteilung Fertigung

Personal-Nr.	Mitar-beiter	Informationen
1122	Maria Cleber	Sie ist 46 Jahre alt, verheiratet und seit 7 Jahren im Unternehmen beschäftigt. Ihre drei Kinder sind zwischen 11 und 16 Jahren alt. Ihr Mann arbeitet in einer Führungsposition bei einem ortsansässigen mittelständischen Unternehmen. Die Familie tilgt einen Kredit für ihr neues Eigenheim.
1178	Carolin Rapsch	Sie ist seit 4 Jahren im Unternehmen tätig, 29 Jahre alt, geschieden und alleinerziehende Mutter von zwei minderjährigen Töchtern.
1179	Chris Breuer	Er ist 39 Jahre alt und seit 3 Jahren im Unternehmen. Er ist an einen Rollstuhl gefesselt und ein sehr zuverlässiger Mitarbeiter. Seine beruflichen Fähigkeiten gehen weit über das normale Maß hinaus.
1188	Jean Riche	Er ist 25 Jahre alt, ehemaliger Auszubildender und seit nunmehr 2 Jahren fest angestellt. Er kennt das Unternehmen „von der Pike auf". Als Schützling von Herrn Rother hat er nach vielen Rückschlägen die Ausbildung erfolgreich abgeschlossen.
1198	Heidemarie Bergmann	Frau Bergmann ist die dienstälteste Mitarbeiterin. Sie ist seit 21 Jahren im Unternehmen beschäftigt. Sie ist 58 Jahre alt und als sehr zuverlässig und fleißig bekannt.
1201	Kurt Einheim	Herr Einheim (35 Jahre alt) ist seit 18 Monaten im Unternehmen beschäftigt. Herr Gerland hat ihn als Verkäufer einer Obdachlosenzeitung in einer U-Bahn kennengelernt und wollte ihm eine Rückintegration in ein normales Leben ermöglichen. Nach anfänglichen Schwierigkeiten hat Herr Einheim nun wieder Vertrauen zu seiner Umwelt und nimmt am sozialen Leben teil. Sein Verhalten am Arbeitsplatz und gegenüber seinen Kollegen ist stets einwandfrei.

SOZIALAUSWAHL?

Unter Beachtung des Kündigungsschutzgesetzes (KSchG) ist eine Kündigung nur wirksam, wenn sie sozial gerechtfertigt ist.

Der Arbeitgeber muss im Falle von betriebsbedingten Kündigungen eine Auswahl unter seinen Mitarbeitern treffen. Diese Auswahl soll sozialen Gesichtspunkten entsprechen. Dabei geht man von vergleichbaren Arbeitnehmern aus, die sich gegenseitig ersetzen könnten. Arbeitnehmer sind vergleichbar, wenn sie im Unternehmen untereinander austauschbar sind. Dies bezieht sich auf personenbezogene Merkmale. Eine Einarbeitungszeit ändert nichts an der Austauschbarkeit. Dies gilt auch für Vollzeit- und Teilzeitbeschäftigung.

Anschließend erfolgt die eigentliche Auswahl. Besteht ein berechtigtes betriebliches Interesse, den Mitarbeiter weiter zu beschäftigen, wird dieser Mitarbeiter bei der Sozialauswahl ausgeschlossen.

Auszug – § 1 KSchG, Sozial ungerechtfertigte Kündigungen	Stichpunkte
(1) Die Kündigung des Arbeitsverhältnisses gegenüber einem Arbeitnehmer, dessen Arbeitsverhältnis in demselben Betrieb oder Unternehmen ohne Unterbrechung länger als sechs Monate bestanden hat, ist rechtsunwirksam, wenn sie sozial ungerechtfertigt ist.	Unwirksamkeit der Kündigung:
(2) Sozial ungerechtfertigt ist die Kündigung, wenn sie nicht durch Gründe, die in der Person oder in dem Verhalten des Arbeitnehmers liegen, oder durch dringende betriebliche Erfordernisse, die einer Weiterbeschäftigung des Arbeitnehmers in diesem Betrieb entgegenstehen, bedingt ist. [...]	Sozial ungerechtfertigte Kündigungsgründe:
(3) Ist einem Arbeitnehmer aus dringenden betrieblichen Erfordernissen im Sinne des Absatzes 2 gekündigt worden, so ist die Kündigung trotzdem sozial ungerechtfertigt, wenn der Arbeitgeber bei der Auswahl des Arbeitnehmers die Dauer der Betriebszugehörigkeit, das Lebensalter, die Unterhaltspflichten und die Schwerbehinderung des Arbeitnehmers nicht oder nicht ausreichend berücksichtigt hat; [...]	Kriterien der Sozialauswahl:
In die soziale Auswahl nach Satz 1 sind Arbeitnehmer nicht einzubeziehen, deren Weiterbeschäftigung, insbesondere wegen ihrer Kenntnisse, Fähigkeiten und Leistungen oder zur Sicherung einer ausgewogenen Personalstruktur des Betriebes, im berechtigten betrieblichen Interesse liegt. [...]	Nicht zu berücksichtigende AN:

1   Lesen Sie den oben stehenden Auszug aus dem Kündigungsschutzgesetz und fassen Sie stichwortartig zusammen, wann Kündigungen unwirksam sind.

2   Ermitteln Sie mithilfe der Entscheidungstabelle auf der Folgeseite, welche der zur Disposition stehenden Mitarbeiter aus dem Bereich Fertigung nach dem KSchG eine Kündigung erhalten sollten. Beurteilen Sie auf dieser Grundlage die Entscheidung von Herrn Peters.

Das Bundesarbeitsgericht (Urteil vom 18.01.1990) hat folgendes Punktesystem anerkannt:

- Lebensalter: für jedes vollendete Lebensjahr bis maximal zum 55. Lebensjahr – 1 Punkt/Lebensjahr
- Betriebszugehörigkeit: bis 10 Dienstjahre – 1 Punkt/Dienstjahr; ab dem 11. Dienstjahr – 2 Punkte/Dienstjahr (bis max. zum 55. Lebensjahr und max. 70 Punkte)
- Unterhaltspflicht für unterhaltsberechtigte/-n Ehegattin/Ehegatten – 8 Punkte
- Unterhaltspflicht für jedes unterhaltsberechtigte Kind – 4 Punkte
- Schwerbehinderung: 5 Punkte für Schwerbehinderung bis 50 % Grad der Behinderung (GdB); bei Schwerbehinderung über 50 % für 10 Prozentpunkte mehr je 1 Punkt zusätzlich

Zusätzliche Informationen:

- Aufgrund neuerer Rechtsprechung werden bei der Fly Bike Werke GmbH für jedes unterhaltsberechtigte Kind **4 zusätzliche Punkte** angerechnet.
- Bei der Betriebszugehörigkeit zählen nur vollendete Jahre.
- Ausbildungszeit zählt zur Betriebszugehörigkeit.
- Unterhaltsberechtigt sind Kinder über deren Volljährigkeit hinaus bis zum Abschluss einer ersten Berufsausbildung oder eines Erststudiums, maximal aber bis zum 25. Lebensjahr.
- Für Herrn Breuer soll ein GdB von 100 % angenommen werden. Wäre Herr Breuer laut Entscheidungstabelle von einer Kündigung betroffen, könnte er dennoch nur entlassen werden, wenn das Integrationsamt zustimmt.

Entscheidungstabelle

Kriterium	Maria Cleber	Carolin Rapsch	Chris Breuer	Jean Riche	Heidemarie Bergmann	Kurt Einheim
Summe						

Arbeitsblatt 37.1: Kündigungsschutz für besondere Arbeitnehmergruppen

Gruppe	Merkmale
Elternzeit	
Schwerbehinderte	
	Bei diesen Personen ist eine ordentliche Kündigung während ihrer Amtszeit und innerhalb eines Jahres nach Beendigung der Amtszeit generell unzulässig. Aus wichtigem Grund kann jedoch eine außerordentliche Kündigung ausgesprochen werden, wenn der Betriebsrat dieser zugestimmt hat.

Aufgaben

Aufgabe 1
Erläutern Sie die Bedeutung und Funktionen einer Abmahnung im Rahmen einer verhaltensbedingten Kündigung.

Aufgabe 2
Bevor der Arbeitgeber eine Kündigung ausspricht, muss er eine Interessenabwägung vornehmen.

a Erklären Sie die Bedeutung einer Interessenabwägung.

b Nennen Sie jeweils drei Überlegungen, die im Rahmen der Interessenabwägung zugunsten des Arbeitgebers und zugunsten des Arbeitnehmers berücksichtigt werden können.

Aufgabe 3

Beantworten Sie die folgenden Fragen unter Heranziehung der einschlägigen Rechtvorschriften:

a Wann ist eine Kündigung unwirksam?

b Welche Gründe berechtigen den Arbeitgeber, eine ordentliche Kündigung auszusprechen?

c Welche Möglichkeiten hat der Betriebsrat eines Unternehmens, auf eine Kündigung zu reagieren?

d Welche Möglichkeiten hat der Arbeitnehmer, auf eine Kündigung zu reagieren?

Aufgabe 4

a Recherchieren Sie im Internet die neusten Meldungen der Unternehmen zum Thema „Stellenabbau in Deutschland". Stellen Sie Unternehmen, Branche, Anzahl der abgebauten Stellen und Gründe für den Stellenabbau gegenüber.

b Beschreiben Sie Maßnahmen, die Unternehmen im Vorfeld ergreifen könnten, um einen Stellenabbau in solcher Höhe zu verhindern.

c Welche Auswirkungen hat der Stellenabbau in Deutschland bezogen auf den internationalen Wettbewerb?

Aufgabe 5

a Betrachten Sie die folgenden Bilder und notieren Sie die Kernaussagen im Hinblick auf die Lage der Arbeitnehmer und Arbeitgeber im Unternehmen.

b Welche rechtlichen, sozialen und wirtschaftlichen Folgen ergeben sich für Arbeitnehmer, Arbeitgeber und Unternehmen aus den zu a) gemachten Aussagen?

c Nehmen Sie an, nur die Arbeitsleistung oder das Arbeitsentgelt wären eine Grundlage für Kündigungen. Beschreiben Sie die langfristigen persönlichen Folgen für die Mitarbeiter anhand der folgenden Beispiele:

– Edgar Heinerbusch, Elektriker, 59 Jahre alt, 3 Kinder im Alter von 11, 17 und 21 Jahren

– Verena Fischer, Fließbandarbeiterin, 27 Jahre alt, Behinderung Grad 40 (§ 68 ff. SGB IX)

Aufgabe 6

a Folgenden Mitarbeitern eines Unternehmens mit über 50 Mitarbeitern wird Ende September des Jahres 20X1 rechtswirksam betriebsbedingt gekündigt. Bis zu welchem Termin sind die Mitarbeiter noch im Betrieb beschäftigt?

– Frau Klein, 29 Jahre, Betriebszugehörigkeit seit 6 Jahren

– Herr Marcus, 32 Jahre, Betriebszugehörigkeit seit 10 Jahren

– Herr Markolous, 55 Jahre, seit 3 Monaten auf Probe (6 Monate Probezeit) angestellt

– Frau Daishaum, 48 Jahre, seit 18 Jahren im Betrieb angestellt

b Herr Nautus, 48 Jahre alt, seit 14 Jahren im Betrieb angestellt, möchte möglichst schnell seinen Arbeitgeber wechseln. Zu welchem Zeitpunkt könnte er ein neues Beschäftigungsverhältnis beginnen, wenn er am letzten Tag im September wirksam kündigt?

Aufgabe 7

Welche Kündigungsarten liegen in folgenden Fällen vor?

a Einem Arbeitnehmer wird gekündigt, weil er mehrfach ohne Erlaubnis des Arbeitgebers seinen Urlaub eigenmächtig verlängert hat.

b Einem Arbeitnehmer wird gekündigt, weil durch Rationalisierungsmaßnahmen der Aufgabenbereich seines Arbeitsplatzes weggefallen ist.

c Einem Arbeitnehmer wird gekündigt, weil er nach Verlust seines Führerscheins seine berufliche Tätigkeit (Kraftfahrer) nicht mehr ausüben kann und keine anderweitige Beschäftigungsmöglichkeit für ihn im Betrieb besteht.

Aufgabe 8

Herr Peters führt das Kündigungsgespräch mit der langjährigen Mitarbeiterin Frau Edith Lai. Frau Lai ist seit zehn Jahren für das Unternehmen tätig. Die neue Wirtschaftslage der Fly Bike Werke GmbH macht es erforderlich, über Umstrukturierungen nachzudenken, um Kosten einzusparen. Die Geschäftsleitung hat beschlossen, die Aufgaben der Abteilung EDV einem fremden Unternehmen zu übertragen, also Outsourcing zu betreiben. Die Kosteneinsparung ist erheblich und das fremde Unternehmen verfügt stets über die neusten Informationen in der Datenverarbeitungsbranche.

Herr Peters lädt Frau Lai per Hausmitteilung zu einem persönlichen Gespräch ein.

Stellen Sie das Gespräch in einem Rollenspiel nach.

Fly Bike Werke GmbH

Hausmitteilung

Absender	Empfänger	mit der Bitte um
☒ Geschäftsführung	☐ Geschäftsführung	☐ Kenntnisnahme
☐ Zentralsekretariat	☐ Zentralsekretariat	☒ Erledigung
☐ Controlling	☐ Controlling	☐ Stellungnahme
☐ Einkauf/Logistik	☐ Einkauf/Logistik	
☐ Produktion	☐ Produktion	
☐ Verwaltung	☐ Verwaltung	
☐ Vertrieb	☐ Vertrieb	
☐ Frau/Herr	☒ Frau/~~Herr~~ *Linden*	

Frau Karin Hinsen aus der Komplettierung verlässt uns zum Ende des Monats. Sie wünscht ein qualifiziertes Arbeitszeugnis. Bitte verfassen Sie das Zeugnis und legen Sie es mir zur Unterschrift vor. Ich weiß, um diese Arbeit reißen Sie sich nicht, aber aufgrund der gesetzlichen Vorgaben (u. a. BGB § 630, GewO § 109 Abs. 2 und für Auszubildende BBiG § 16) sind wir hierzu verpflichtet.

H. Peters

1 Verfassen Sie ein Arbeitszeugnis für Karin Hinsen und nutzen Sie hierfür die nachfolgenden Informationstexte.

„ER HAT SICH BEMÜHT" BEDEUTET DAS AUS
Arbeitszeugnisse: Schlechte Formulierungen sind der sichere Weg aufs Abstellgleis

Die Bedeutung des Arbeitszeugnisses wächst in Zeiten hoher Arbeitslosigkeit. Dabei ist für den Laien die Aussage eines Arbeitszeugnisses nicht immer auf den ersten Blick klar. Ursache für die „zweideutige" Zeugnissprache ist eine Zwickmühle: Einerseits muss der Inhalt des Zeugnisses wahr sein, denn unwahre Zeugnisse können zur Haftung und damit zu Schadenersatzpflichten des Zeugnisausstellers führen. Andererseits muss das Zeugnis laut Bundesarbeitsgericht von „verständigem Wohlwollen" getragen sein und darf dem Arbeitnehmer sein weiteres Fortkommen nicht unnötig erschweren. Um diesen Konflikt zu lösen, müssen bei der Ausstellung des Arbeitszeugnisses zum Teil regelrechte Klimmzüge veranstaltet werden. Folgende allgemeine Hinweise dienen der Entschlüsselung von Arbeitszeugnissen:

- Sehr gute / gute Leistungen sind an Superlativen zu erkennen.
- „Normale Schmeicheleien" kaschieren dürftige Leistungen.
- Das Verschweigen wichtiger Eigenschaften und das Hervorheben unwichtiger Eigenschaften stehen für unzulängliche Leistungen des Arbeitnehmers.
- Im Text darf nichts unterstrichen, *kursiv* gedruckt oder **gefettet** werden. Ausrufe-, Frage- und Anführungszeichen sind ebenfalls unzulässig.
- Es ist haltbares Papier von guter Qualität zu benutzen. Das Zeugnis muss sauber und ordentlich geschrieben sein und darf keine Flecken, Radierungen, Verbesserungen, Durchstreichungen oder Ähnliches enthalten.
- Es muss mit einem ordnungsgemäßen Briefkopf ausgestattet sein, aus dem der Name und die Anschrift des Ausstellers erkennbar sind. Der Unterschrift ist ein Firmenstempel beizufügen.
- Es darf nicht geknickt sein, sondern muss als DIN-A4-Format verschickt werden.
- Fehlt ein Schlusssatz, ist dies negativ zu bewerten.

Für die Interpretation von Arbeitzeugnissen kommt erschwerend hinzu, dass größere Unternehmen die „Sprache" der Arbeitszeugnisse bewusst verwenden und dementsprechend auch beherrschen. In kleineren Unternehmen kann es dagegen durchaus vorkommen, dass Formulierungen uneinheitlich verwendet werden und der Aussagewert der „Zeugnisformulierungen" nicht bekannt ist. So kann ein durchweg positiv gemeintes Arbeitszeugnis durch die Zeugnissprache ins Gegenteil verkehrt werden.

Quelle: Autorentext

Aufbau und Inhalt eines qualifizierten Arbeitszeugnisses

1. **Überschrift:**
   „Zeugnis"

2. **Angaben zur Person des Arbeitnehmers:**
   Name, Geburtsdatum, Dauer der Beschäftigung, Berufsbezeichnung

3. **Tätigkeitsbeschreibung:**
   Werdegang, Aufgaben, Verantwortung, Kompetenzen

4. **Leistungsbeurteilung:**
   Fachwissen, Arbeitserfolg, Leistungsbereitschaft, Weiterbildung

5. **Führungsbeurteilung:**
   Verhalten gegenüber Vorgesetzten, Mitarbeitern und Kunden, ggf. Führungsverhalten in leitender Position, Charakter/Persönlichkeit

6. **Beendigung des Arbeitsverhältnisses:**
   auf Wunsch des Arbeitnehmers kann hier erwähnt werden, warum das Arbeitsverhältnis endet

7. **Schlusssatz:**
   ggf. Dank, ggf. Bedauern über Weggang, ggf. Zukunftswünsche

8. **Ausstellungsdatum, Unterschrift vom Vorgesetzten**

Informationen zu der ausscheidenden Mitarbeiterin

(Quellen: Personalakte, Rücksprache mit den Vorgesetzen)

Karin Hinsen
- Frau Karin Hinsen, geboren am 4. Februar 19XX, hat bei uns vom 1. Juni 20XX bis zum heutigen Tag in der Abteilung Produktion gearbeitet; insgesamt also drei Jahre.
- Frau Hinsen musste überdurchschnittlich lange eingearbeitet werden. Selbst nach drei Jahren kann diese Phase nicht als abgeschlossen betrachtet werden. Ihre Tätigkeiten beschränkten sich auf einfache Montagetätigkeiten wie das Eindrehen von Speichen in die Felge. Von komplexeren Montagetätigkeiten hatte sie bis zum Schluss keine Ahnung. Frau Hinsen erfasste auch die Materialbestände, allerdings kam es dabei überdurchschnittlich häufig zu Fehlern. Frau Hinsen war stets zu Mehrarbeit bereit, allerdings konnte man sie nicht allein einsetzen, da sie bereits kleinere Probleme nicht lösen konnte.
- Bei ihren Kolleginnen war sie sehr beliebt, da sie jederzeit zu einem Schichtwechsel bereit war oder kurzfristig einsprang.
- Ihr Verhalten gegenüber ihren Vorgesetzten war in Ordnung, da ist sie nicht weiter negativ aufgefallen.
- Erwähnenswert ist noch ein Ereignis: Vor einem Jahr gab es Mobbingversuche gegenüber einer neuen Auszubildenden. Frau Hinsen hat das beobachtet und frühzeitig ihren Vorgesetzten darüber informiert, sodass der die notwendigen Maßnahmen gegen das Mobbing einleiten konnte.
- Da Frau Hinsen aus privaten Gründen umzieht, verlässt sie das Unternehmen auf eigenen Wunsch.

Folgende Formulierungen stehen für die Bewertung nach Schulnoten:

Inhaltspunkt des Arbeitszeugnisses	sehr gut	gut	befriedigend	ausreichend	mangelhaft bis ungenügend
allgemeine Formulierungen	– stets – hervorragend – stets zur vollsten – außerordentlich – hohes Maß	– gut – bester Weise – stets zur vollen – zur vollsten	– vollen – jederzeit zufrieden – in jeder Hinsicht	– waren wir zufrieden – Erwartungen entsprochen	– stets bemüht – mit großem Fleiß – Eifer
Fachwissen	verfügt über ein hervorragendes und fundiertes Fachwissen auch in Randbereichen	verfügt über ein gut fundiertes Fachwissen	verfügt über solide Fachkenntnisse	verfügt über ein solides Basiswissen in seinem Arbeitsbereich	war stets bemüht, die anfallenden Aufgaben zu bewältigen
Arbeitserfolg	hat die ihm übertragenen Arbeiten stets zu unserer vollsten Zufriedenheit erledigt	hat die ihm übertragenen Arbeiten stets zu unserer vollen Zufriedenheit erledigt	hat die ihm übertragenen Arbeiten zu unserer vollen Zufriedenheit erledigt	hat die ihm übertragenen Arbeiten zu unserer Zufriedenheit erledigt	hat die ihm übertragenen Aufgaben im Großen und Ganzen zu unserer Zufriedenheit erledigt
Leistungsbereitschaft	ist stärkstem Arbeitsanfall jederzeit gewachsen	ist auch starkem Arbeitsanfall jederzeit gewachsen	ist starkem Arbeitsanfall gewachsen	ist starkem Arbeitsanfall im Wesentlichen gewachsen	ist dem üblichen Arbeitsanfall im Wesentlichen gewachsen
Verhalten	– Er/Sie ist als Vorbild anerkannt und hat positiven Einfluss auf die Kollegen. – Sein Verhalten war stets vorbildlich.	Sein Verhalten gegenüber Vorgesetzen, Kollegen und Kunden ist vorbildlich.	Sein Verhalten ist einwandfrei.	Sein Verhalten hat nie zur Kritik geführt.	– sucht immer das Gespräch – Nach Einzelanweisungen erledigt er ...
Schlusssatz	Der Arbeitnehmer scheidet auf eigenen Wunsch aus unserem Unternehmen aus. Wir bedauern diese Entscheidung sehr, da wir einen wertvollen Mitarbeiter verlieren. Wir danken ihm für seine Mitarbeit und wünschen ihm weiterhin viel Erfolg und persönlich alles Gute.	Das Arbeitsverhältnis endet aus betriebsbedingten Gründen. Wir bedauern dies sehr, bedanken uns für die langjährige und erfolgreiche Tätigkeit und wünschen ihm für die Zukunft beruflich und privat alles Gute.	Der Arbeitnehmer scheidet auf eigenen Wunsch aus unserem Unternehmen aus. Wir danken ihm für seine Arbeit und wünschen ihm für die Zukunft alles Gute.	Der Arbeitnehmer scheidet auf eigenen Wunsch aus unserem Unternehmen aus. Wir wünschen ihm für die Zukunft alles Gute.	– Der Arbeitnehmer scheidet auf eigenen Wunsch aus unserem Unternehmen aus. Wir wünschen ihm für die Zukunft viel Erfolg. – Der Arbeitnehmer scheidet auf eigenen Wunsch aus unserem Unternehmen aus.

Quelle: Susanne Weber, Den besten Mitarbeiter finden – Bewerberflut zielsicher bewältigen, Cornelsen Verlag, 2007

Arbeitsblatt 38.1: Inhalte von einfachem und qualifiziertem Arbeitszeugnis

Welche Bestandteile muss das jeweilige Zeugnis enthalten?

Inhalte	einfaches Zeugnis	qualifiziertes Zeugnis
Leistungsbeurteilung	nein	ja
Personalien des Arbeitnehmers		
Weiterbildung		
Grund der Kündigung		
Gesamtbild bzgl. Charakter und Persönlichkeit		
Verhalten gegenüber Vorgesetzten, Kollegen und Kunden		
Angaben über die Art der Beschäftigung		
Arbeitsbefähigung, Arbeitsweise, Arbeitserfolg		
Angaben über die Dauer der Beschäftigung		
Fachwissen		

Aufgaben

Aufgabe 1

Was sind die rechtlichen Grundlagen des Arbeitszeugnisses?

Aufgabe 2

Welche Grundsätze muss ein Arbeitgeber beim Verfassen eines Arbeitszeugnisses berücksichtigen?

Aufgabe 3

Warum hat sich die in Arbeitszeugnissen übliche „Zeugnissprache" entwickelt?

Aufgabe 4

Wie beurteilen Sie die Verwendung der Zeugnissprache beim Verfassen der Arbeitszeugnisse aus Sicht der Arbeitnehmer? Begründen Sie Ihre Ansicht.

Aufgabe 5

Herr Kleiber ist der neue Personalverantwortliche der Frischwasser GmbH. Da er im Schreiben von Arbeitszeugnissen noch unerfahren ist, ringt er besonders in schwierigen Fällen immer wieder um die richtige Formulierung. Was könnte er schreiben, wenn ein Mitarbeiter

a   häufig zu spät kam?

b   oft trank?

c   schnippisch gegenüber Vorgesetzten war?

Aufgabe 6

Was ist der Unterschied zwischen Schul- und Arbeitszeugnis?

Aufgabe 7

Was kann der Arbeitnehmer tun, wenn er mit dem Arbeitszeugnis unzufrieden ist?

SB → S. 399 und 405 ff. | Lernfeld 10, Kapitel 2.3 und 3

Marktforschung

Jeden Monat bekommt die Fly Bike Werke GmbH Berichte von ihren Reisenden Frau Guter und Herrn Bruns. Diese Berichte enthalten Hinweise darauf, wie zufrieden oder unzufrieden die Kunden in verschiedenen Bereichen sind.

Diesen Monat berichten Frau Guter und Herr Bruns von den folgenden Kundenreaktionen:

- Herr Grünert von der Zweirad GmbH ist unzufrieden, da die Lieferung der Mountain-Bikes Modell 302 zuletzt fast vier Wochen gedauert habe.
- Herr Huber von der Südrad e. G. erwähnt, Kunden hätten in letzter Zeit vermehrt Rennräder mit Damenlenker nachgefragt.
- Herr Kunster von der Matro AG zeigt sich darüber verärgert, dass die kürzlich gelieferten Kinderräder kleine Kratzer am Rahmen gehabt hätten.
- Frau Alpi von der Velo AG berichtet, die bei der Fly Bike Werke GmbH gelisteten Kinderräder hätten sich rasend schnell verkauft.
- Frau Adams von der Nordrad GmbH beanstandet die Preise, da es Fahrräder in vergleichbarer Qualität bei den Mitbewerbern günstiger gebe.

Die Geschäftsleitung ist von den negativen Kundenreaktionen alarmiert und möchte nun eine systematische Befragung durchführen.

---

1 Erarbeiten Sie einen Überblick über das Aufgabengebiet der Marktforschung und ergänzen Sie dazu das folgende Diagramm:

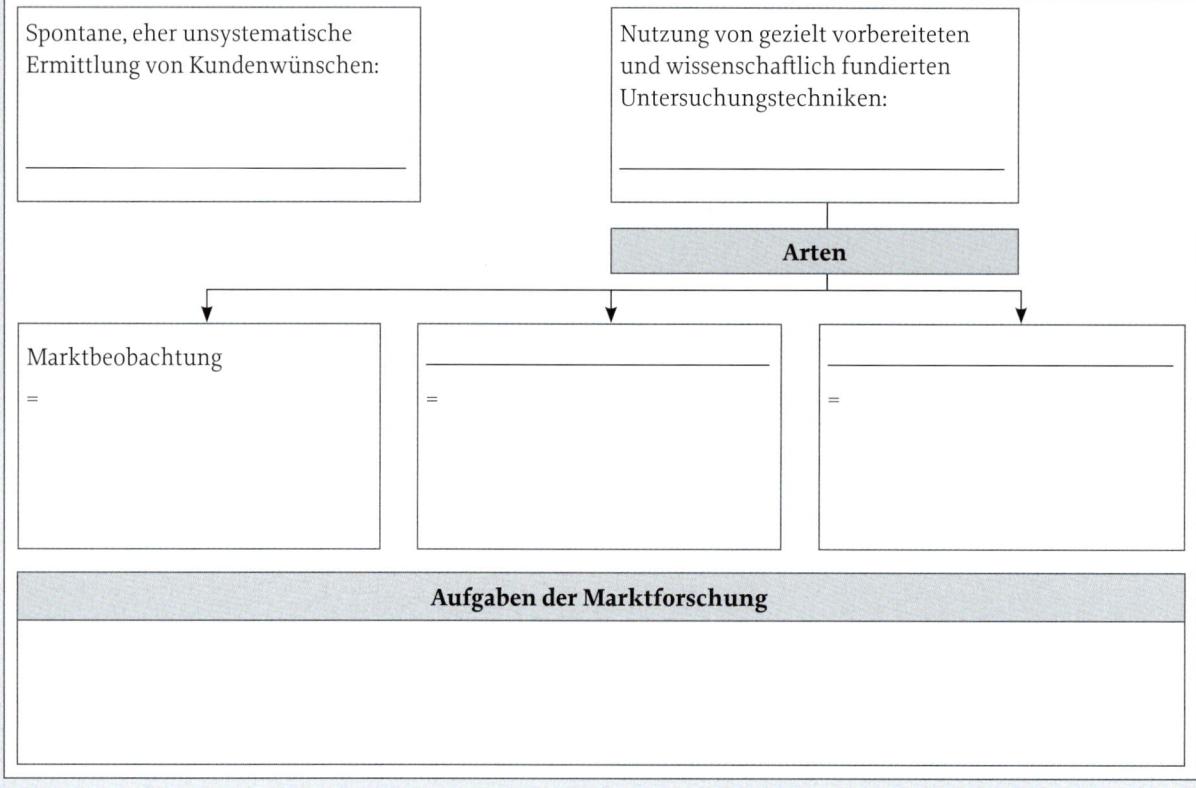

Spontane, eher unsystematische Ermittlung von Kundenwünschen:	Nutzung von gezielt vorbereiteten und wissenschaftlich fundierten Untersuchungstechniken:
_____	_____

Arten

Marktbeobachtung =	_____ =	_____ =

Aufgaben der Marktforschung

2 In der Marktforschung unterscheidet man zwischen Primär- und Sekundärforschung. Verschaffen Sie sich mithilfe von Arbeitsblatt 39.1 einen Überblick über die Methoden bzw. Informationsquellen sowie die Vor- und Nachteile von Primär- und Sekundärforschung.

3 Entwickeln Sie einen geeigneten Fragebogen und ein Begleitschreiben für die Kunden der Fly Bike Werke GmbH. Beachten Sie dabei nachfolgende Punkte:
- Die Rücklaufquote sollte hoch sein.
- Die Befragung sollte für den Kunden interessant und möglichst kurz sein.
- Die Befragung sollte sich möglichst schnell und einfach auswerten lassen.
- Alle relevanten Informationen sind abzufragen.

Bei der Entwicklung des Fragebogens berücksichtigen Sie auch Arbeitsblatt 39.3 und das folgende Merkblatt:

Merkblatt: Relevante Fragearten für die Primärforschung:

Frageart	Offene Fragen
Erklärung	Bei dieser Frageart wird die Antwort komplett der antwortenden Person überlassen.
Beispiel	Welche weiteren Artikel würden Sie gerne bei uns kaufen?
Vorteile	Der Befragte kann seine Antwort frei formulieren und es wird ein hoher Informationsgrad abgefragt.
Nachteile	Die Auswertung nimmt viel Zeit in Anspruch; evtl. geht die Antwort komplett am Ziel der Fragestellung vorbei.

Frageart	Geschlossene Fragen
Erklärung	Bei dieser Frageart ist die Anwortmöglichkeit eingeschränkt.
Beispiel 1	Es stehen zwei oder mehrere Anwortmöglichkeiten zur Verfügung, z. B. „Wie hoch ist Ihr monatliches Haushaltseinkommen?" ☐ bis 1.000 € ☐ zwischen 1.001 € und 1.500 € ☐ zwischen 1.501 € und 3.000 € ☐ über 3.000 €
Beispiel 2	Es wird der Grad der Zufriedenheit abgefragt, z. B. „Wie zufrieden sind Sie mit dem Serviceangebot unseres Unternehmens?" ☐ sehr zufrieden ☐ zufrieden ☐ weniger zufrieden ☐ unzufrieden
Beispiel 3	Es wird der Grad der Zustimmung abgefragt, z. B. „Ein niedriger Preis ist für mich ausschlaggebend für die Kaufentscheidung." ☐ stimme überhaupt nicht zu ☐ stimme nicht zu ☐ weiß nicht genau ☐ stimme zu ☐ stimme voll zu
Beispiel 4	Ein Kriterium wird gewichtet, z. B. „Guter Service ist für mich ..." ☐ sehr wichtig ☐ wichtig ☐ weniger wichtig ☐ unwichtig

Ihre Vorschläge inklusive einer schriftlichen Begründung sind bis zur nächsten Abteilungsleiterkonferenz vorzulegen, damit sinnvolle Maßnahmen eingeleitet werden können.

Arbeitsblatt 39.1: Primärforschung und Sekundärforschung

Primärforschung:	Sekundärforschung:
Definition:	Definition:
Methoden:	Informationsquellen:
Vorteile:	Vorteile:
Nachteile:	Nachteile:

Arbeitsblatt 39.1: Primärforschung und Sekundärforschung

Arbeitsblatt 39.2: Untersuchungsgegenstände der Marktforschung

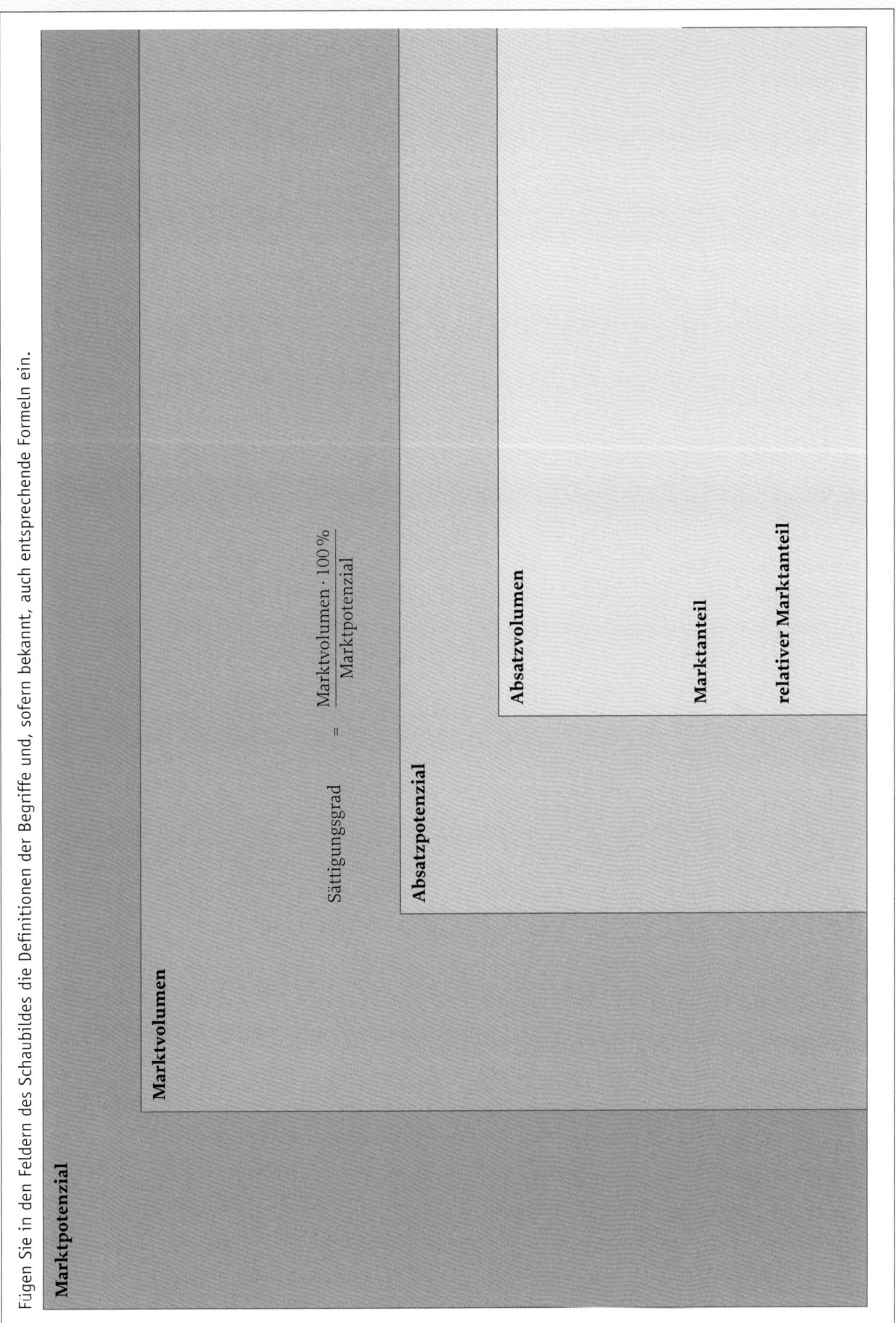

Fügen Sie in den Feldern des Schaubildes die Definitionen der Begriffe und, sofern bekannt, auch entsprechende Formeln ein.

Marktpotenzial

Marktvolumen

$$\text{Sättigungsgrad} \quad = \quad \frac{\text{Marktvolumen} \cdot 100\,\%}{\text{Marktpotenzial}}$$

Absatzpotenzial

Absatzvolumen

Marktanteil

relativer Marktanteil

Arbeitsblatt 39.3: Checkliste für die Erstellung eines Fragebogens

Prüfen Sie:	ja	nein
1. Ist die Zielsetzung der Befragung klar formuliert?		
2. Sind Hypothesen gebildet worden? (z. B. „Ein Kiosk könnte durch ein breiteres Sortiment mehr Umsatz machen.")		
3. Ist die Zielgruppe eindeutig definiert?		
4. Ist die Zielgruppe erreichbar?		
5. Passt die Zielgruppe zur Zielsetzung der Befragung?		
6. Gibt es einen Anreiz für die Respondenten (Adressaten der Befragung), an der Befragung teilzunehmen?		
7. Ist ein Begleitschreiben oder ein Einleitungstext zum Fragebogen formuliert worden?		
8. Sind die Fragen eindeutig und einfach formuliert, sodass die Befragten nicht überfordert werden?		
9. Sind die Fragen kurz?		
10. Ist die Länge des Fragebogens zumutbar für die Befragten?		
11. Sind suggestive Fragen vermieden worden?		
12. Sind zu persönliche oder „gefährliche" Fragen vermieden worden? (z. B. „Ist jemand aus Ihrer Familie kriminell?")		
13. Sind die Fragen zu Themenkomplexen gruppiert?		
14. Haben Sie sichergestellt, dass immer nur nach einem Sachverhalt gefragt wird?		
15. Sind die Antwortkategorien, die vorgegeben sind, vollständig, d. h., sind sämtliche möglichen Antworten, die auf eine geschlossene Frage kommen können, vorgesehen?		
16. Haben Sie überprüft, ob die Antwortkategorien trennscharf sind, d. h., ob die Antworten so gestellt sind, dass sie sich nicht überschneiden?		
17. Ist die Gestaltung bzw. das Layout des Fragebogens ansprechend?		
18. ...		

Verbesserungsvorschläge: _____

_____

_____

Aufgaben

Aufgabe 1

Ein Getränkefachgroßhandel plant eine schriftliche Befragung seiner Kunden (Einzelhändler und Gastwirte), um Aufschlüsse über deren Zufriedenheit zu gewinnen. Die schriftliche Befragung kann sowohl mit offenen als auch mit geschlossenen Fragen erfolgen.

a Erklären Sie den Unterschied zwischen einer offenen und einer geschlossenen Fragestellung.

b Formulieren Sie für die schriftliche Befragung zwei offene und zwei geschlossene Fragen zum Thema Kundenzufriedenheit.

c Erläutern Sie kurz die Vor- und Nachteile einer schriftlichen Befragung.

Aufgabe 2

Nennen Sie drei Träger der Marktforschung.

Aufgabe 3

Das Marktpotenzial für Trekkingräder liegt bei ca. 650 Millionen €. Der gesamte Umsatz für die Trekkingräder lag im vergangenen Jahr bei 500 Mio. €. Die Bike Union GmbH hatte im vorletzten Jahr einen Umsatz von 75 Mio. €, der im vergangenen Jahr um 10 % sank. Eine Marktforschungsstudie ergab, dass dieser Rückgang auf den Anstieg der Marktanteile von Handelsmarken dreier großer Ketten zurückzuführen war. Deren Räder wurden von ausländischen Billiganbietern hergestellt. (Realistisches) Ziel ist es, den verlorenen Umsatz zurückzuerobern.

a In der Marktforschung gibt es verschiedene Untersuchungsgegenstände. Erklären Sie kurz die Begriffe Marktpotenzial, Marktvolumen, Absatzpotenzial, Absatzvolumen und Marktanteil.

b Ermitteln Sie für das vergangene Jahr: Marktvolumen, Absatzvolumen und Marktanteil.

c Was lässt sich anhand der vorliegenden Informationen über das Absatzpotenzial sagen?

d Welche Strategie(n) empfehlen Sie der Bike Union GmbH?

e Welche Ziele könnte die Bike Union GmbH formulieren?

Aufgabe 4

Als Mitglied der Marketingabteilung erhalten Sie von der Geschäftsleitung den Auftrag, die aktuelle Position des Unternehmens in der Branche zu erforschen und Entwicklungspotenziale aufzudecken. Dazu stehen Ihnen unterschiedliche Informationen aus verschiedenen Quellen zur Verfügung. Mithilfe von Primär- und Sekundärforschung können Sie die Daten für Ihren Auftrag sammeln.

a Erklären Sie den Unterschied zwischen Primär- und Sekundärforschung und erläutern Sie diese Begriffe anhand aussagekräftiger Beispiele.

b Benennen Sie interne und externe Bezugsquellen für die Datenerhebung bei der Sekundärforschung.

c Die erhobenen Daten sind nicht ausreichend, um Entwicklungspotenziale aufzudecken. Aufschluss sollen Umfragen beim Konsumenten bringen. Welche Möglichkeiten schlagen Sie für eine erfolgreiche Befragung vor?

d Unter welchen Voraussetzungen ist der Einsatz der Paneltechnik sinnvoll?

Aufgabe 5

Sie sind Mitarbeiter im Vertriebscontrolling eines Unternehmens, dessen Umsatz im Vergleich zum Vorjahr um 200.000,00 € gesunken ist. Aufgrund der negativen Entwicklung in der Branche hatte das Unternehmen während des Geschäftsjahres den Preis seines Produkts gesenkt und die Ausgaben für Vertrieb und Werbung gesteigert.

a Ergänzen Sie die noch fehlenden Zahlen in der Tabelle:

Marktdaten					
	Absatzvolumen in Stück	Kunden	Marktvolumen in Stück	Absatz je Kunde in Stück	Marktanteil (%)
Berichtsjahr	750 000	1 045	7 600 000		
Vorjahr	710 000	1 130	8 100 000		
Veränderung (%)					

b Bewerten Sie anhand dieser Zahlen die Unternehmensentwicklung.

Aufgabe 6

Erklären Sie die Unterschiede zwischen den folgenden Begriffen:

a Markterkundung und Marktforschung

b Marktbeobachtung und Marktanalyse

Aufgabe 7

Was versteht man unter Konkurrenzforschung? Erläutern Sie den Begriff und erklären Sie an einem selbst gewählten Beispiel, warum diese Art der Marktforschung bedeutsam ist.

Aufgabe 8

Die Fly Bike Werke GmbH möchte Informationen über Kunden, Konkurrenz und wirtschaftliche Rahmenbedingungen einholen. Welche Methode der Marktforschung würden Sie in Abhängigkeit vom jeweiligen Ziel vorschlagen? Begründen Sie Ihre Entscheidung.

Die Fly Bike Werke GmbH hat Informationsbedarf in den folgenden Bereichen:	Welche Methode schlagen Sie vor?
Die Fly Bike Werke GmbH möchte wissen, welche Verbesserungsvorschläge ihre Kunden haben.	
Die Fly Bike Werke GmbH plant, in Fachzeitschriften verstärkt Werbeanzeigen zu schalten. Sie möchte wissen, inwieweit dies Einfluss auf das Kaufverhalten ihrer Kunden hat.	
Die Fly Bike Werke GmbH plant eine Sortimentserweiterung durch ein E-Bike.	
Die Fly Bike Werke GmbH möchte sich über die Insolvenzrate von Fahrradeinzelhändlern in ihrem Einzugsgebiet informieren.	
Die Fly Bike Werke GmbH möchte sich über die Schwankungen der Nachfrage nach ihren Artikeln im Winter informieren.	

SB → S. 397 ff. und 412 ff. | Lernfeld 10, Kapitel 2.2–2.4 und 4

Markt- und Positionierungsanalyse als Grundlage der Produkt- und Sortimentspolitik

Dem Abteilungsleiter Vertrieb der Fly Bike Werke GmbH, Herrn Gerland, liegen die von der Geschäftsleitung beschlossenen Ziele für das neue Geschäftsjahr sowie die mittelfristigen Ziele vor: Im neuen Geschäftsjahr soll in erster Linie der Gesamtumsatz im Vergleich zum Vorjahr um 10 % gesteigert werden. Neben diesem kurzfristigen Ziel ist es der Geschäftsleitung aber auch wichtig, dass das Unternehmen mittelfristig neue Kundengruppen erschließt und den Marktanteil im Gesamtmarkt „Fahrräder" erhöhen kann. Herr Peters, der Geschäftsführer der Fly Bike Werke GmbH, erwartet von den jeweiligen Abteilungsleitern Vorschläge, wie diese Ziele erreicht werden können. Vor diesem Hintergrund findet zwischen Herrn Gerland und Frau Dogan, der Sachbearbeiterin Marketing, das folgende Gespräch statt:

Frau Dogan: „Hm, das Ziel der Umsatzsteigerung ist auch in einer besser werdenden wirtschaftlichen Situation nicht so einfach zu erreichen. Das Gleiche gilt in meinen Augen für die mittelfristigen Ziele."

Herr Gerland: „Da haben Sie wohl recht. Ganz unmöglich ist es aber auch nicht."

Frau Dogan: „Haben Sie denn schon Ideen, die Sie Herrn Peters präsentieren können?"

Herr Gerland: „Nein, bisher noch nicht. Aber wir sollten zunächst einmal den Absatzmarkt analysieren, damit wir genau sehen können, wo wir aktuell mit unseren Produkten stehen. Mithilfe dieser Informationen können wir bestimmt schnell Absatzstrategien festlegen, die dazu führen, dass wir die Ziele erreichen können."

Zu den Absatzzahlen und Preisen liegen Herrn Gerland und Frau Dogan die folgenden Informationen vor:

Absatzzahlen der drei wichtigsten Modelle in den letzten vier Jahren:

Jahr Modell	20X1	20X2	20X3	20X4
Mountain-Bike *Dispo*	20 500 Stück	17 300 Stück	10 200 Stück	5 600 Stück
Trekkingrad *Light*	14 100 Stück	20 800 Stück	21 000 Stück	20 900 Stück
City-Rad *Glide*	800 Stück	3 400 Stück	9 200 Stück	18 400 Stück

Preise pro Stück der drei wichtigsten Modelle (keine Änderung während des Betrachtungszeitraums):

Mountain-Bike *Dispo*:   393,75 €

Trekkingrad *Light*:   299,25 €

City-Rad *Glide*:   245,00 €

Außerdem liegt eine Marktanalyse der Unternehmensberatung König Consulting GmbH für das Jahr 20X4 vor (siehe Folgeseite).

Marktanalyse des Fahrradmarktes mit dem Schwerpunkt auf Mountain-Bikes, Trekkingrädern und City-Rädern, durchgeführt und präsentiert von der Unternehmensberatung König Consulting GmbH

Marktanalyse für die Produktgruppe Mountain-Bikes
(Dispo, Constitution, Unlimited)

- Der relative Marktanteil liegt im Bereich Mountain-Bikes bei 0,7.
- Das Gesamtvolumen hat sich im Bereich Mountain-Bikes von 11,4 Mio. € im Jahr 20X3 auf 10,2 Mio. € im Jahr 20X4 verringert.

→ Beide Entwicklungen sind vorwiegend auf die sinkenden Absatzzahlen des Mountain-Bikes Dispo zurückzuführen.

König Consulting GmbH

Marktanalyse für die Produktgruppe Trekkingräder
(Light, Free und Nature)

- Der relative Marktanteil liegt im Bereich Trekkingräder bei 1,8.
- Das Marktwachstum liegt in diesem Bereich bei − 1,5 %.

König Consulting GmbH

Marktanalyse für die Produktgruppe City-Räder
(Glide und Surf)

- Im Bereich City-Räder hat die Fly Bike Werke GmbH einen Marktanteil von 39 %; der stärkste Konkurrent in diesem Bereich hat einen Marktanteil von 30 %.
- Das Marktwachstum liegt hier bei + 13,0 %.

König Consulting GmbH

1 Zeichnen Sie den idealtypischen Produktlebenszyklus inklusive Umsatz- und Gewinnverlauf und benennen Sie die einzelnen Phasen.

Produktlebenszyklus:

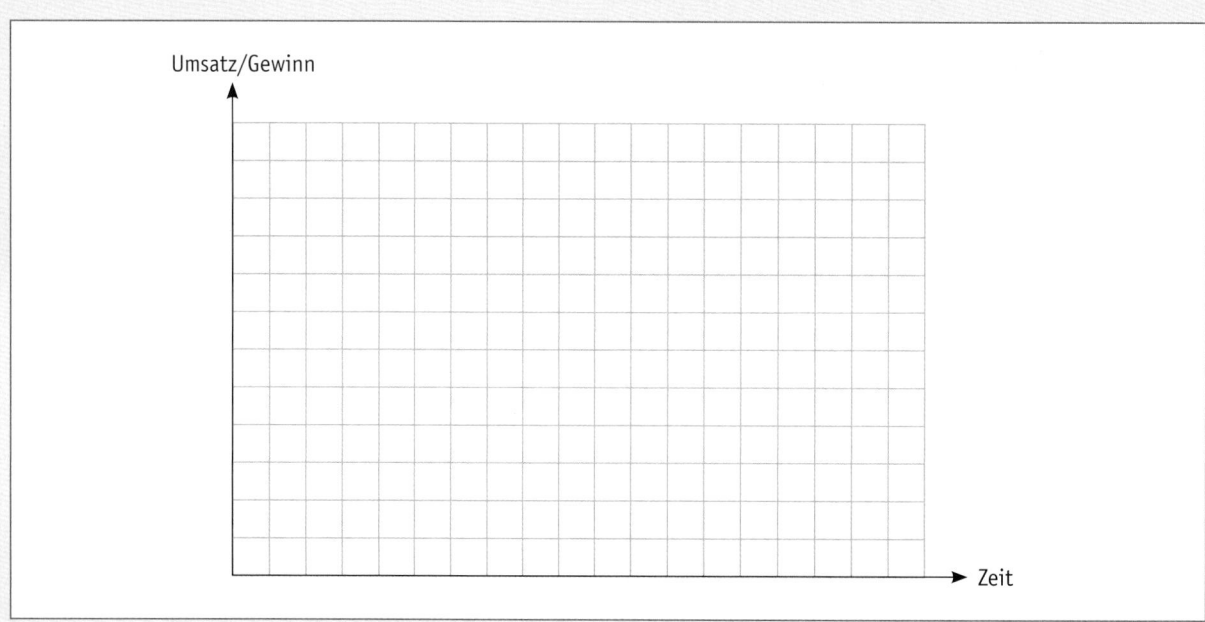

2 Zeichnen Sie die Umsatzverläufe der drei Produkte Mountain-Bike *Dispo*, Trekkingrad *Light* und City-Rad *Glide* und benennen Sie die jeweilige Phase, in der sich die drei Produkte im Jahr 20X4 befinden.

Umsatzverläufe:

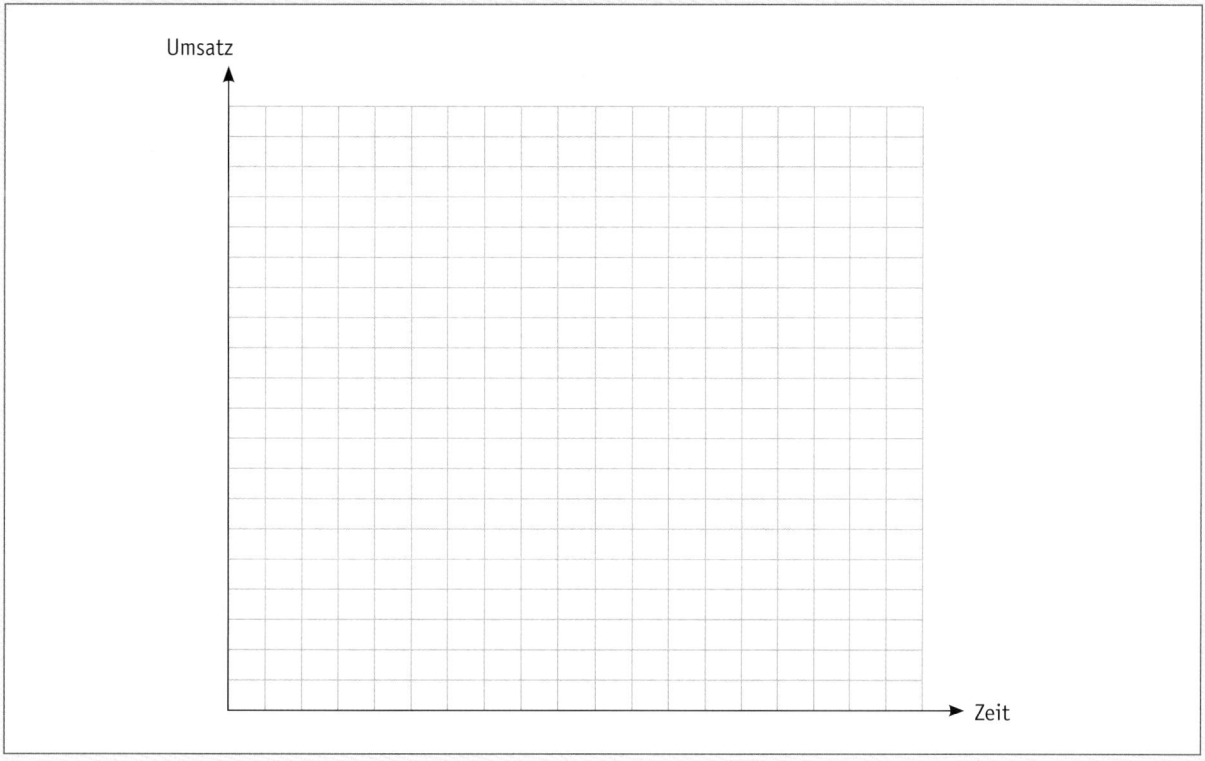

3 Beschriften Sie die unten abgebildete Portfoliomatrix inklusive Achsenbeschriftung, Einzeichnung und Benennung der Quadranten.

4 Zeichnen Sie mithilfe der Informationen der Unternehmensberatung König Consulting GmbH die drei relevanten Produktgruppen der Fly Bike Werke GmbH in die Portfoliomatrix ein. Berechnen Sie hierzu gegebenenfalls zunächst das Marktwachstum in % und den relativen Marktanteil.

Portfoliomatrix:

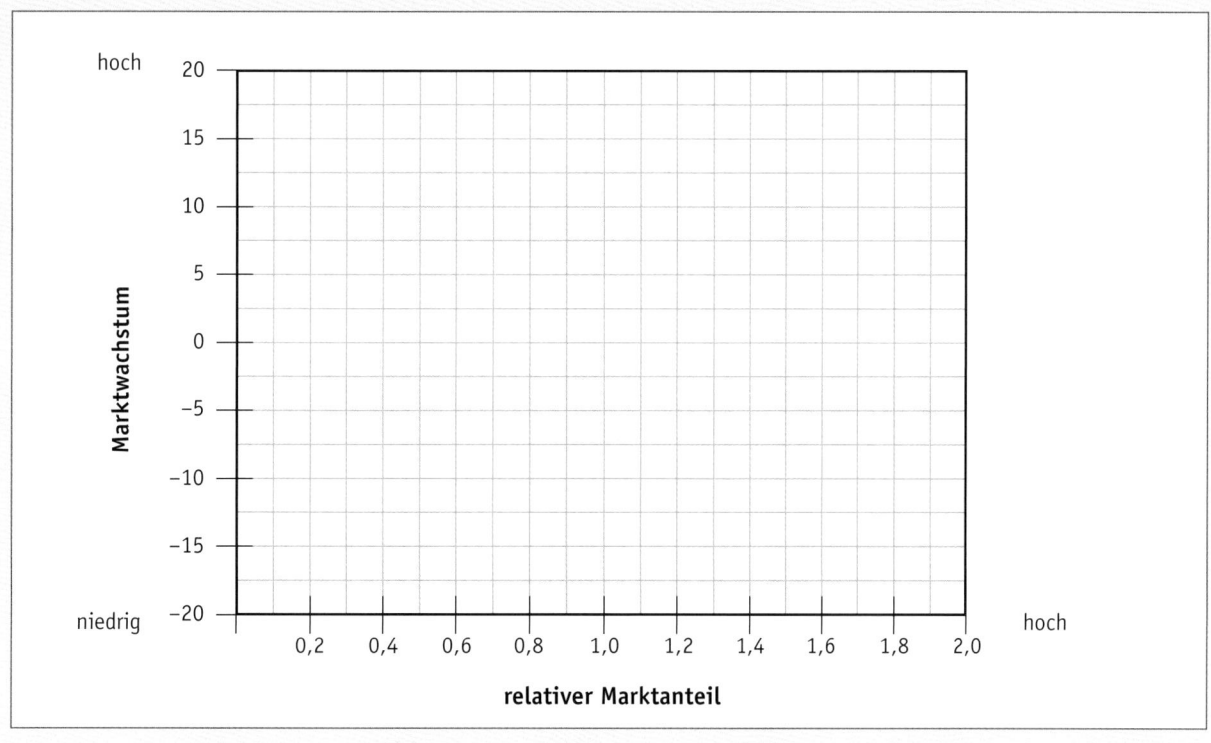

5 Frau Dogan hat vorab schon den Vorschlag gemacht, neben den bereits im Sortiment befindlichen City-Rädern *Glide* und *Surf* ein weiteres City-Rad ins Sortiment aufzunehmen, und zwar im Niedrigpreissegment mit geringerer Qualität. Analysieren Sie hierzu die abgebildete Positionierungsanalyse und überlegen Sie, ob es sinnvoll ist, ein weiteres City-Rad auf den Markt zu bringen. Begründen Sie Ihre Entscheidung mit drei Argumenten.

Positionierungsanalyse:

Die Marktposition für die City-Räder *Glide* und *Surf* der Fly Bike Werke GmbH ist im folgenden Schaubild dargestellt. F ist das City-Rad *Glide* und G ist das City-Rad *Surf*. Alle anderen stellen die Produkte der Konkurrenz dar. D ist das Produkt, dessen Eigenschaften von den Konsumenten als ideal empfunden werden.

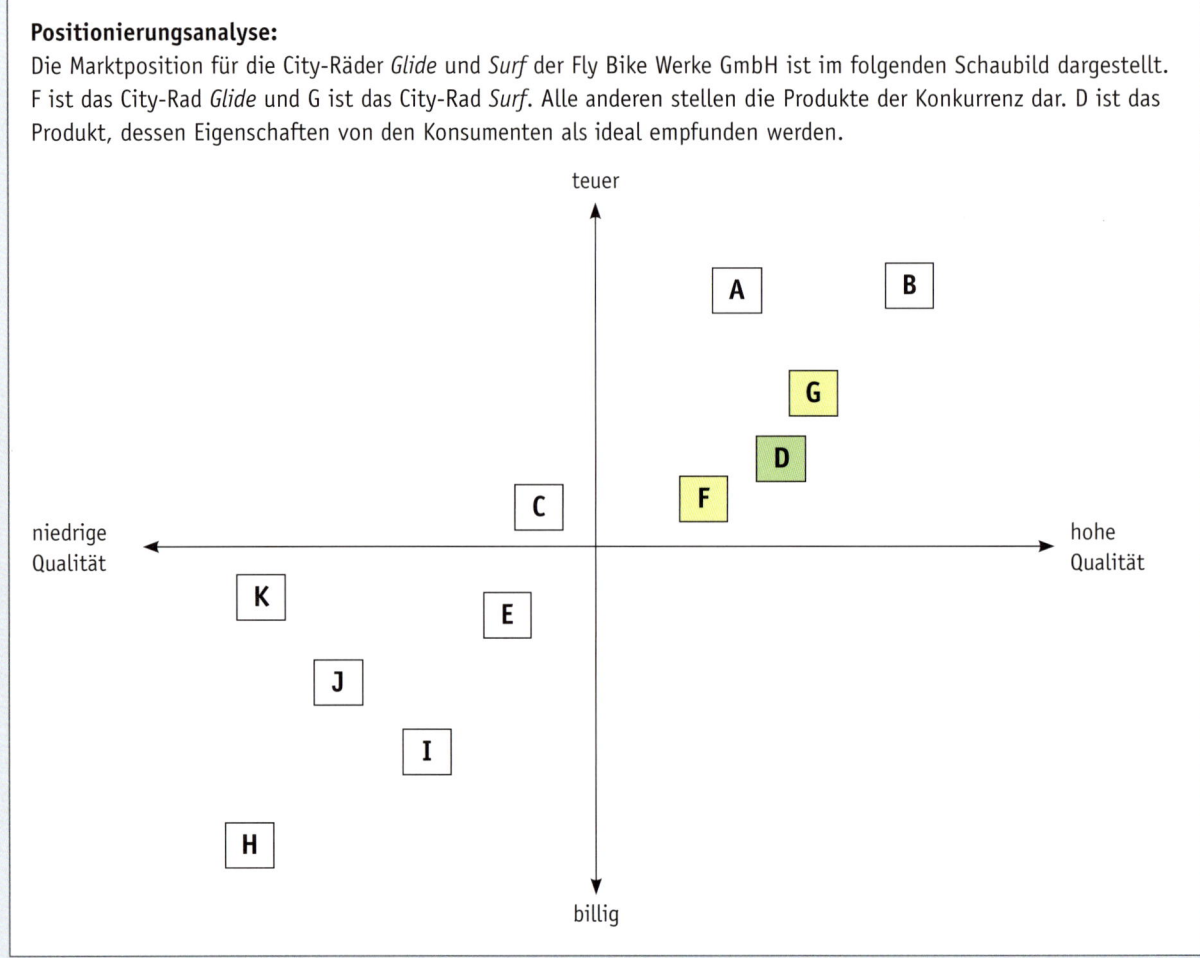

6 Fassen Sie die bisherigen Analysen des Absatzmarktes zusammen und leiten Sie daraus mögliche Absatzstrategien ab, die Sie Herrn Gerland präsentieren können.

Arbeitsblatt 40.1: Produktlebenszyklus, Portfoliomatrix und Positionierungsanalyse

1 Vergleichen Sie Produktlebenszyklus, Portfoliomatrix und Positionierungsanalyse, indem Sie die Tabelle ergänzen.

Produktlebenszyklus	Portfoliomatrix	Positionierungsanalyse
Was wird in einem Produktlebenszyklus dargestellt?	Was wird in einer Portfoliomatrix dargestellt?	Was wird in einer Positionierungsanalyse dargestellt?
Wozu dient ein Produktlebenszyklus?	Wozu dient eine Portfoliomatrix?	Wozu dient eine Positionierungsanalyse?

2 Welcher Phase des Produktlebenszyklus entspricht welcher Quadrant der Portfoliomatrix? Ergänzen Sie die Tabelle.

Produktlebenszyklus	Einführung	Wachstum	Reife	Sättigung	Rückgang
Portfoliomatrix					

3 Wie kann man diesen Zusammenhang grafisch veranschaulichen? Zeichnen Sie zunächst die Quadranten der Portfoliomatrix ein. Beschriften Sie die Quadranten und vervollständigen Sie die Beschriftung der Achsen des Koordinatensystems. Zeichnen Sie dann den idealtypischen Verlauf eines Produktlebenszyklus in diese Matrix ein.

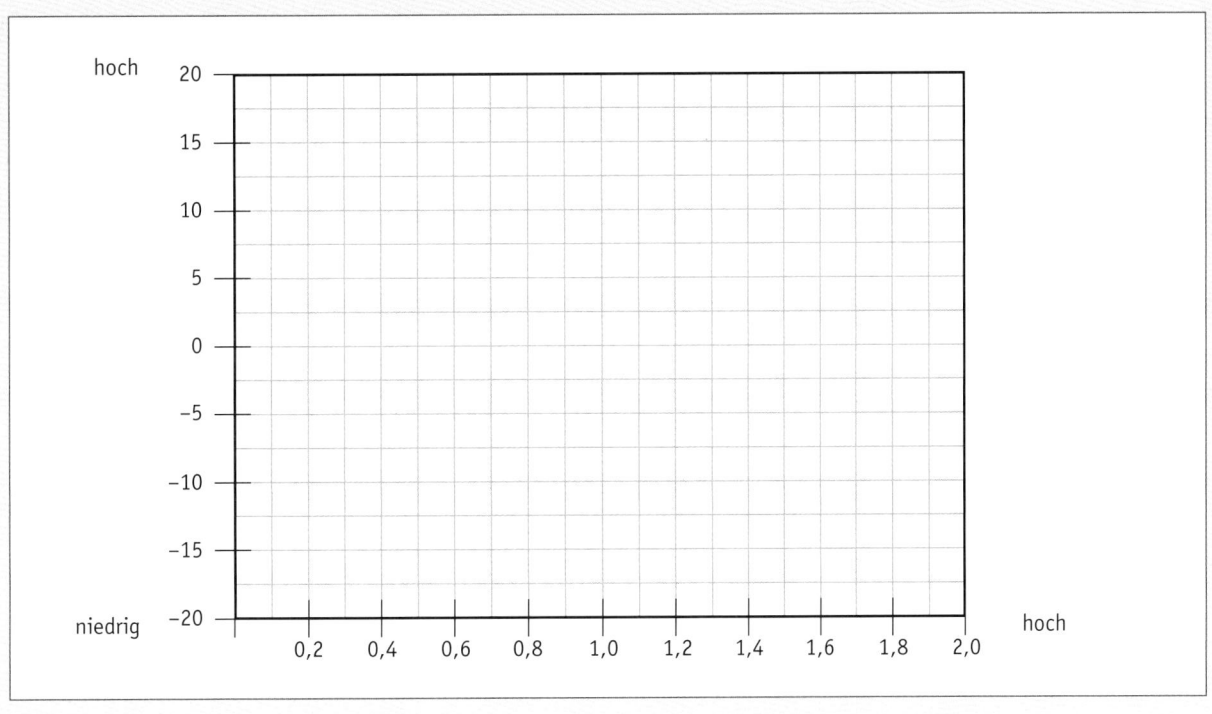

Aufgaben

Aufgabe 1

Produkte können sich auch abweichend vom idealtypischen Produktlebenszyklus entwickeln. Nachfolgend sehen Sie abweichende Produktlebenszyklen. Beschreiben Sie die Abweichung und nennen Sie jeweils Produkte, die zu den verschiedenen Verläufen passen.

a

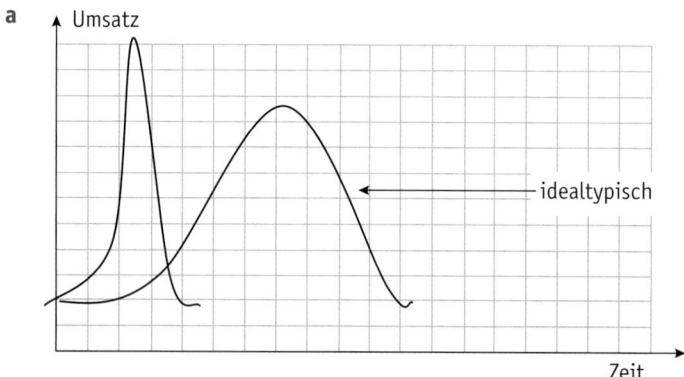

b

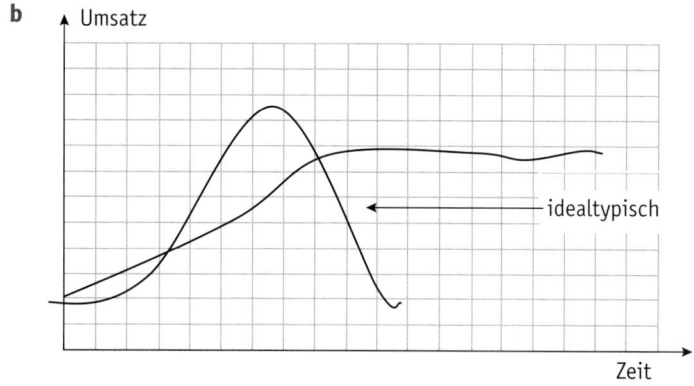

c

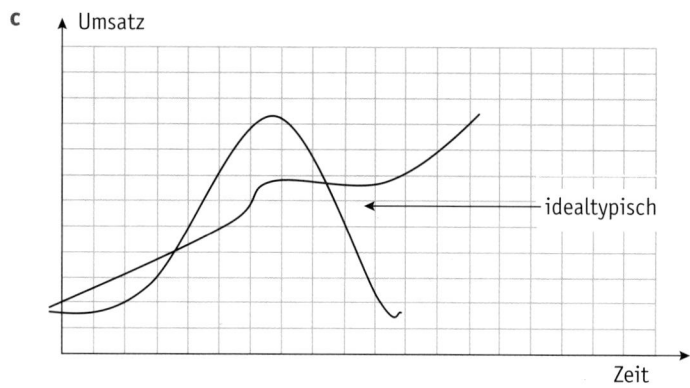

Aufgabe 2
Beurteilen Sie die folgenden Portfolios. Formulieren Sie
außerdem für das Produkt „A" jeweils eine sinnvolle
Strategie.

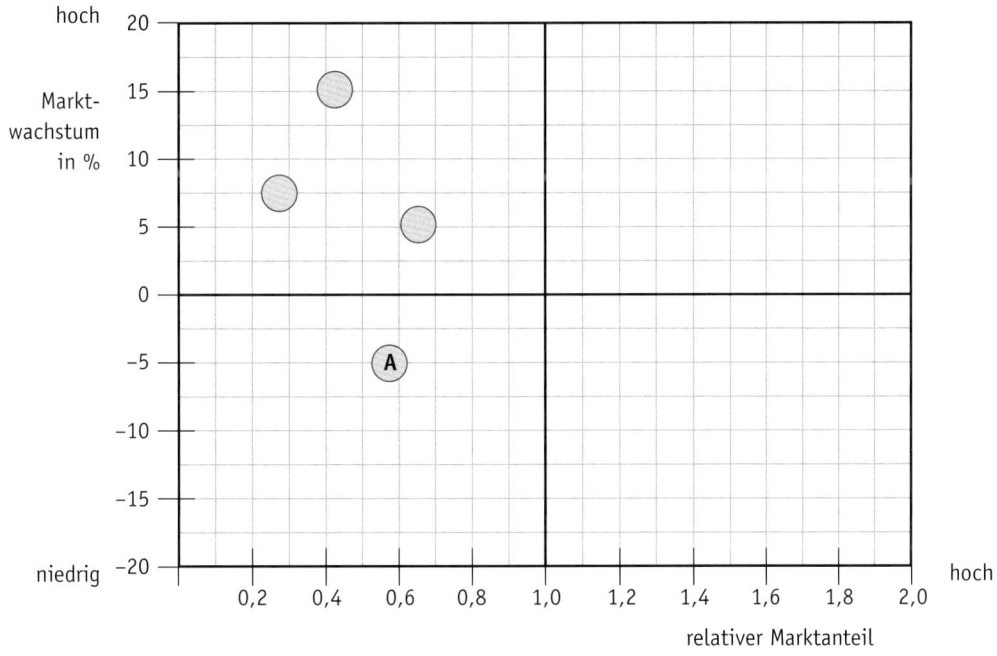

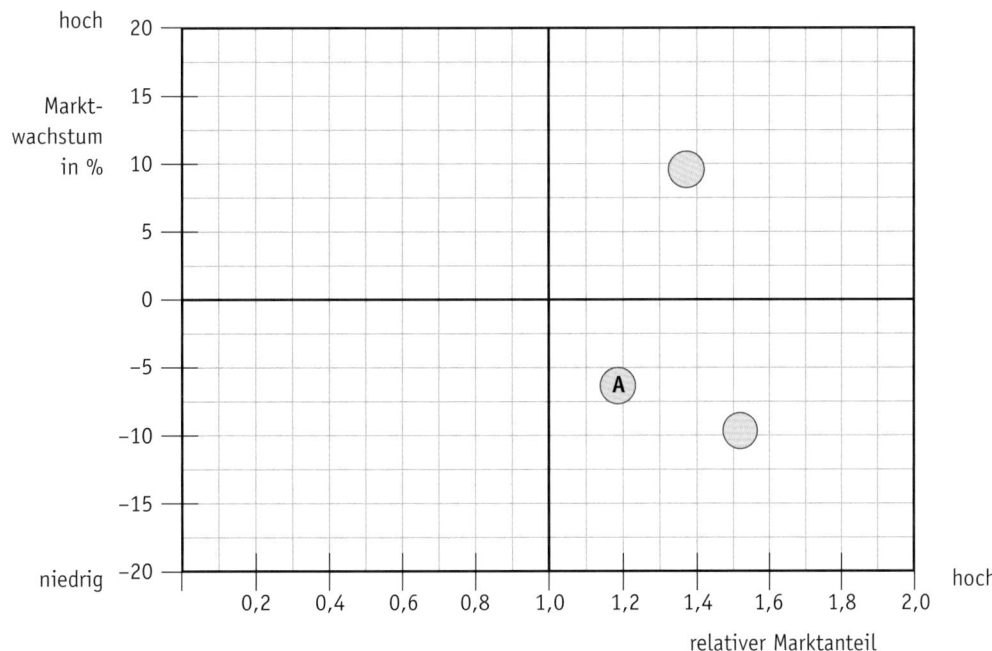

Aufgabe 3
Erklären Sie den Sinn einer Portfolio-Analyse.

Aufgabe 4
Legen Sie dar, wie die Fly Bike Werke GmbH das Prinzip
der Marktsegmentierung in ihrem Sortiment umsetzt.

SB → S. 412 ff. und 429 f. | Lernfeld 10, Kapitel 4 und 5

Maßnahmen der Produkt-, Sortiments- und Servicepolitik

Von: hans.peters@flybike-werke.de
An: ralf.gerland@flybike-werke.de
Betreff: Aufnahme eines neuen Produkts in das Sortiment
Datum: 06.04.20XX

Sehr geehrter Herr Gerland,

die Informationen im Anhang über aktuelle Trends auf dem Fahrradmarkt habe ich von der Internationalen Fahrradmesse mitgebracht. Wir überlegen, ein Produkt dieser Art in unser Sortiment aufzunehmen. Bitte steuern Sie Ideen zur Produkt- und Servicepolitik für den potenziellen neuen Artikel bei.

Vielen Dank

H. Peters

Anhang:
Trends auf dem Fahrradmarkt 20XX

Der Trend

Immer mehr Menschen sind sich bewusst, dass eine hinreichende Fitness zu den wesentlichen Merkmalen von Lebensqualität zählt. Doch der berufliche Alltag zwingt viele von uns dazu, täglich eine lange Zeit in geschlossenen Räumen und mit einem geringen Maß an körperlicher Aktivität zu verbringen. Was liegt da näher, als sich an der frischen Luft zu bewegen und gezielt etwas für die körperliche Leistungsfähigkeit zu tun? Trotzdem fahren 25 % der Deutschen in ihrer Freizeit niemals Fahrrad!

Hierzu liefert Fitness-Biking jetzt ein Konzept. Damit haben Sie nicht nur Spaß an der Bewegung im Freien und an der Steigerung der körperlichen Leistungsfähigkeit, sondern beugen auch Zivilisationskrankheiten wie der Zuckerkrankheit, der Gefäßverkalkung und der Fettleibigkeit vor.

Fitness-Biking eignet sich für alle, die gezielt ihre Fitness verbessern wollen. Die Gewichtsentlastung durch den Sattel führt dazu, dass beim Fitness-Biking die Hüft-, Knie- und Sprunggelenke wesentlich weniger als beim Joggen belastet werden. Deshalb profitieren insbesondere Übergewichtige und Menschen mit Gelenkverschleiß von dem neuen Trend.

Die Ausrüstung

Typische Merkmale des Fitness-Bikes sind eine Rahmengeometrie, die eine komfortable Oberkörperposition ermöglicht, schmale Reifen und ein gerader Lenker mit einem schwenkbaren Vorbau. Eine professionelle Schaltung sorgt dafür, dass Tretfrequenz und Herzfrequenz unabhängig von Wind und Geländeprofil in den richtigen Bereichen liegen. Das Herzstück ist aber der Fahrradcomputer, auf dem die Herzfrequenz und die Tretfrequenz gut sichtbar und kontinuierlich angezeigt werden. Da Fitness-Biking für befestigte Wald- und Feldwege wie auch für Straßen konzipiert ist, gehören eine verkehrstaugliche Beleuchtung und eine Klingel ebenfalls fest dazu. Eine Flaschenhalterung mit Trinkflasche, die auch beim Fahren leicht erreicht werden kann, ermöglicht den Flüssigkeitsersatz noch während des Trainings.

Quellen:
http://www.fahrradfreundlich.nrw.de/cipp/agfs/lib/all/lob/return_download,ticket,guest/bid,1813/~/ffmobil_10.pdf

1   Nennen Sie zwei Gefahren für die Fly Bike Werke GmbH, die mit der Entwicklung und Einführung des neuen Fitness-Bikes einhergehen.

2   Überlegen Sie sich u.a. mithilfe der Informationen aus dem E-Mail-Anhang, worin der Grundnutzen und der Zusatznutzen des Fitness-Bikes für die potenziellen Kunden besteht.

3   Überlegen Sie sich für die in der Tabelle aufgelisteten Merkmale verschiedene Details zu dem neuen Produkt und präsentieren Sie diese zusammen mit der Lösung zu Arbeitsauftrag 2 (Grund- und Zusatznutzen) in angemessener Form dem Abteilungsleiter Herrn Gerland.

Hinweis zum Lösen von Arbeitsauftrag 3: Insbesondere für das „äußere Erscheinungsbild" eines Fahrrads sowie u.a. für die „Modelle" bietet sich eine Internetrecherche an.

Zielgruppe	
Äußeres Erscheinungsbild (z.B. Farbe, Muster, besondere Merkmale, Zubehör, Rahmenform und -material)	
Modelle (welche Modelle sollte es für das Fitness-Bike geben?)	
Markenpolitik (welche Strategie soll hier verfolgt werden?)	
Servicepolitik (was für realistische und unter Kostengesichtspunkten umsetzbare Dienstleistungen sollen für das neue Modell angeboten werden?)	

Arbeitsblatt 41.1: Produktpolitische Maßnahmen

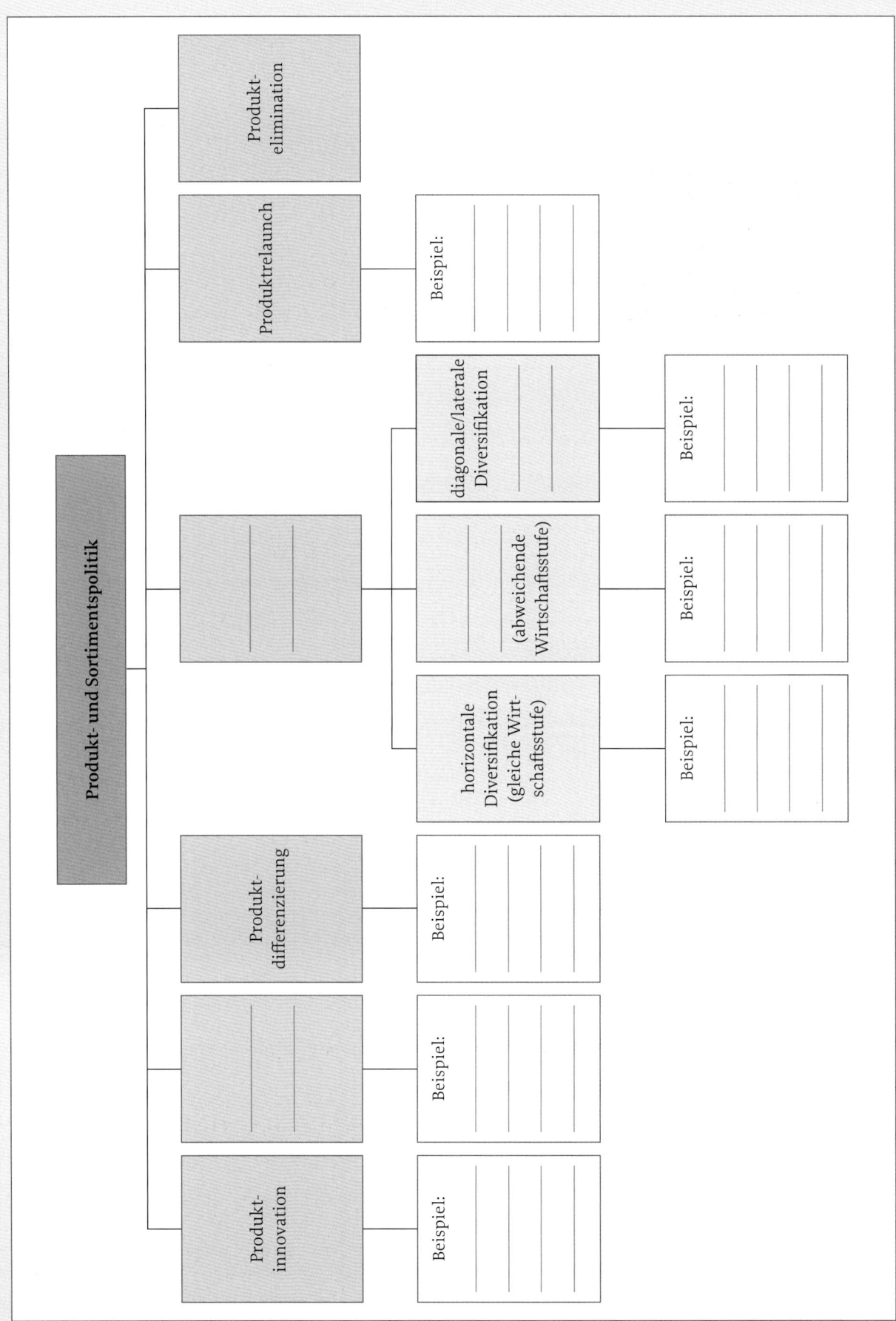

Aufgaben

Aufgabe 1

Definieren Sie kurz Sortimentsbreite und -tiefe sowie Fertigungstiefe. Stellen Sie außerdem die Sortimentsbreite und -tiefe der Fly Bike Werke GmbH dar.

Aufgabe 2

Ermitteln Sie mithilfe der folgenden Informationen, mit wie vielen Fitness-Bikes die Fly Bike Werke GmbH für das kommende Jahr 20X2 planen muss, wenn das Unternehmen zunächst einen Anteil von 6 % am Fitness-Bike-Absatz auf dem betrachteten Markt anstrebt.

Struktur des Fahrradmarktes:		
	Anzahl der abgesetzten Fahrräder insgesamt auf dem betrachteten Markt	**Anzahl der Fitness-Bikes unter den abgesetzten Fahrrädern**
Jahr 20X1	1,5 Mio. Fahrräder	112 500 Fahrräder
Jahr 20X2	Es wird von einer 6%igen Steigerung gegenüber dem Vorjahr ausgegangen.	Es wird davon ausgegangen, dass der Anteil der Fitness-Bikes an dem gesamten Fahrradabsatz gegenüber dem Vorjahr um einen Prozentpunkt steigt.

Aufgabe 3

Ordnen Sie den Aussagen a bis h die folgenden Begriffe zu. Begründen Sie Ihre Antwort.

> vertikale, horizontale und diagonale/laterale Produktdiversifikation, Produktdifferenzierung, Produktelimination und Produktvariation

a   Ein Getränkehersteller bietet seine kohlensäurehaltigen Erfrischungsgetränke nicht mehr in Glasflaschen, sondern in Plastikflaschen an.

b   Derselbe Getränkehersteller betreibt auch eine Reederei.

c   Ein anderer Getränkehersteller bietet seine kohlensäurehaltigen Erfrischungsgetränke nun auch in Light und mit Kirschgeschmack an.

d   Ein Unternehmen, das Computer produziert, bietet die Tablet-PCs im 7-Zoll-Format im neuen Jahr nicht mehr an.

e   Die Fly Bike Werke GmbH nimmt ein weiteres Modell des Fitness-Bikes ins Sortiment auf.

f   Ein Hersteller von Schreibblocks erweitert sein Sortiment um Ordner und Klebestifte.

g   Ein Autohersteller betreibt eigene Autohäuser.

h   Ein Süßwarenhersteller nimmt in seine gemischte Süßwarentüte drei weitere Weingummisorten auf.

Aufgabe 4

Finden Sie eigene Beispiele aus Ihrem Ausbildungsbetrieb zur Produktdiversifikation, -differenzierung, -elimination und -variation.

Aufgabe 5

Erläutern Sie den Prozess, der einer Produktinnovation vorausgeht.

Aufgabe 6

Überlegen Sie sich Produkte aus der Praxis, deren Gestaltung – also Produktqualität, -aufmachung, -markierung und -verpackung – Sie als ideal empfinden. Begründen Sie Ihre Meinung.

Aufgabe 7

Überlegen Sie sich, welche Serviceleistungen Sie bei den folgenden Produkten erwarten würden:

Produkt	Mögliche Serviceleistungen
Waschmaschine	
Abendkleid	
LKW	
Produktionsanlage	

Die Fly Bike Werke GmbH ist als zukunftsorientiertes Unternehmen auf der Fahrradmesse Eurobike vertreten. Auf der nächsten Sitzung der Geschäftsleitung berichtet der Abteilungsleiter Vertrieb, Herr Gerland, von der Messe. Er stellt die neuesten Trends dar und veranschaulicht sie mit einem Zeitungsbericht. Die Beteiligten diskutieren darüber und beschließen, alle Trends in das Sortiment der Fly Bike Werke GmbH aufzunehmen.

Für die Handelswaren sollen entsprechende Lieferanten gefunden werden. Beim geplanten neuen Premium-E-Bike soll auf das Know-how der Fly Bike Werke GmbH gesetzt werden. Herr Düsentrieb, der Leiter der Konstruktionsabteilung, ist im Unternehmen als vorausschauender Mitarbeiter bekannt und kann kurzfristig die Kosten für das Premium-E-Bike kalkulieren: Durch das neue Produkt entstehen voraussichtlich variable Kosten von 400,00 € pro Stück und fixe Kosten in Höhe von 750.000,00 €; zur Produkteinführung wird mit einer Absatzmenge von 2 500 Stück geplant.

Die geplante Gewinnspanne soll 20 % betragen, außerdem wird ein Zahlungsziel von 3 % Skonto innerhalb 8 Tagen, sonst 30 Tage ohne Abzug (netto Kasse) festgelegt. Den Großhändlern soll ein Wiederverkäuferrabatt von 30 % gewährt werden.

Auf eine entsprechende Anfrage gibt der wichtigste Großhändler der Fly Bike Werke GmbH seine Kalkulationsdaten für ein Premium-E-Bike bekannt:

Handlungskostenzuschlagssatz:	15 %
Gewinnzuschlagssatz:	22 %
Kundenrabatt:	10 %
Kundenskonto:	3 %

Neben einem kostenorientierten Preis möchte die Fly Bike Werke GmbH auch einen nachfrageorientierten Preis ermitteln. Ein Mitarbeiter der Marketingabteilung stößt bei seinen Recherchen auf ein aktuelles Meinungsbild der potenziellen E-Bike-Käufer. Hieraus ergibt sich ein maximal möglicher Bruttopreis von 1.799,00 €.

Tagfahrlicht, E-Bikes und gemuffte Stahlrahmen

Aus Friedrichshafen berichtet Holger Dambeck

Elektroantrieb, Ledersattel oder filigraner Rahmen? Auf der Fahrradmesse Eurobike zeigen die Hersteller, was 2011 in die Geschäfte kommt. Bunt geht es zu, ein bisschen retro und technisch immer raffinierter. SPIEGEL ONLINE zeigt einige Höhepunkte der Messe.

Bei Autos gibt es Tagfahrlicht schon länger. Jetzt gibt es das auch für Radfahrer, denn der deutsche Beleuchtungsspezialist Busch und Müller hat eigens ein Tagfahrlicht für Fahrräder entwickelt. Wie bei Pkw auch besteht es aus einer Reihe von LEDs und soll die Sicherheit der Radler erhöhen.

Die neue Vorderlampe ist nur eines von vielen neuen Produkten, die in dieser Woche auf der weltgrößten Fahrradmesse Eurobike in Friedrichshafen vorgestellt werden. Es geht um die Trends für das Jahr 2011. Denn 2010 ist aus Sicht der Hersteller und Händler schon so gut wie gelaufen. Der Verkauf von Drahteseln ist ein Saisongeschäft, das im Frühjahr und Sommer stattfindet. Und so blickt die Branche schon jetzt ins nächste Jahr.

E-Bikes nehmen auf der Messe immer mehr Raum ein. Kein Wunder: Das Geschäft mit den akkugetriebenen Zweirädern boomt. Auf der Eurobike sind jedoch nicht nur die gängigen Cityräder mit Antriebsunterstützung ausgestellt, sondern immer öfter auch sportliche Tourenflitzer oder Mountainbikes. Und selbst Lastenfahrräder fahren mittlerweile mit Strom. Da dürfte manch voll bepackter Postbote neidisch werden.

Nicht zu übersehen ist in Friedrichshafen zudem, dass die Retrowelle weiter rollt. Ledersättel, Ledergriffe, Rahmengeometrien wie vor 50 Jahren – Nostalgie geht immer – besonders bei Fahrrädern. Wobei natürlich trotzdem moderne Schaltungen, Bremsen und Lampen zum Einsatz kommen.

Auch beim Thema Sicherheit gibt es interessante Neuerungen. Etwa besonders auffällige Helme mit integriertem Rücklicht oder ein Rücklicht, das nicht punktförmig ist, sondern ein Leuchtstreifen.

Quelle: http://www.spiegel.de/auto/aktuell/0,1518,714789,00.html

Fahrrad-Trends 2011

1 Sie sind Auszubildender der Fly Bike Werke GmbH und erhalten von Herrn Gerland den Auftrag, zwei Preise zu berechnen.

a Berechnen Sie den Listenverkaufspreis (netto) der Fly Bike Werke GmbH.

b Berechnen Sie den Verkaufspreis (brutto) im Fahrradhandel unter Beachtung der Kalkulationsdaten des Großhändlers. Es ist davon auszugehen, dass der Fahrradhändler den Zielverkaufspreis aushandelt.

2 Ihr Vorgesetzter Herr Gerland möchte als Abschluss Ihres Auftrags einen Preisvorschlag für das Premium-E-Bike.

a Neben dem kalkulierten und dem nachfrageorientierten Preis bekommen Sie kurzfristig das Ergebnis einer Markterkundung über die Preise der Konkurrenz. Es ergibt sich daraus ein Durchschnittspreis von 1.900,00 € brutto. Ordnen Sie den drei möglichen Preisen die Preisbildungsmöglichkeiten zu und arbeiten Sie mithilfe von Arbeitsblatt 42.1 die Unterschiede heraus.

b Machen Sie einen Preisvorschlag und begründen Sie ihn.

c Ermitteln Sie für die Preisplanung die kurzfristige und die langfristige Preisuntergrenze.

d Erklären Sie mithilfe von Arbeitsblatt 42.1 kurz den Unterschied zwischen den beiden Preisuntergrenzen.

e Ermitteln Sie die Gewinnschwelle rechnerisch und grafisch (Break-even-Point). Gehen Sie von einem Nettoverkaufspreis von 1.749,00 € aus.

f Bezüglich der Preisgestaltung wurde noch keine Entscheidung getroffen. Informieren Sie sich mithilfe der Arbeitsblätter 42.1 und 42.2 über Möglichkeiten der preispolitischen Gestaltung, Formen der Preisdifferenzierung und Preisstellungssysteme. Erarbeiten Sie anschließend einen begründeten Vorschlag für die Preisgestaltung bei der Produkteinführung.

g Die Fly Bike Werke GmbH entscheidet sich dafür, ihren Händlern einen Preis für das Premium-E-Bike vorzugeben. Wie muss die Fly Bike Werke GmbH vorgehen, damit das Vorhaben rechtlich einwandfrei umgesetzt werden kann?

Arbeitsblatt 42.1: Was ist bei der Preisbildung zu beachten?

Preisbildung			
Kostenorientierte Preisbildung	Nachfrageorientierte Preisbildung	Konkurrenzorientierte Preisbildung	Preisuntergrenze
• Die _____ werden durch _____ ermittelt.	• Es wird durch _____ der Preis ermittelt, zu dem _____ kaufen.	• Der Bezugspunkt zur _____ ist die Konkurrenz.	• Sie stellt den Preis dar, _____
• Diese Preisbildung folgt dem Prinzip _____	• Diese Preisbildung folgt dem Prinzip _____	• Preisveränderungen der Konkurrenz führen zu _____	• Bei der _____ Preisuntergrenze ist der Deckungsbeitrag _____
• Sie dient der Ermittlung der Preise, die der Unternehmer _____ müsste.	• Die ermittelten Preise müssen zwingend _____ leisten.		• Die _____ Preisuntergrenze liegt in Höhe der _____

Preisstrategien für Produktneueinführungen	
Merkmale der Marktdurchdringungsstrategie (Penetrationsstrategie)	Merkmale der Marktabschöpfungsstrategie (Skimming-Strategie)
• _____ • _____ • _____ • _____ • _____ • _____	• _____ • _____ • _____ • _____ • _____

Arbeitsblatt 42.2: Preispolitik

Preispolitische Möglichkeiten		
Hochpreispolitik	**Niedrigpreispolitik**	**Preisdifferenzierung**
• Erläuterung: • Beispiel:	• Erläuterung: • Beispiel:	z. B. • zeitlich • • • • •

Preisstellungssysteme	
Bruttosystem	**Nettosystem**
• Erläuterung:	• Erläuterung:

Aufgaben

Aufgabe 1
Entwickeln Sie aus Unternehmersicht je zwei Beispiele für die sechs Formen der Preisdifferenzierung und geben Sie zwingend notwendige Voraussetzungen an.

Aufgabe 2
Geben Sie an, um welche Form der Preisdifferenzierung es sich in den folgenden Fällen handelt:

a Ein deutscher Pkw-Hersteller bietet seine Fahrzeuge in Dänemark zu einem um 15 % niedrigeren Verkaufspreis im Vergleich zum Inland an.

b Ein Möbelhändler wirbt mit einem Sonderpreisnachlass für alle Möbel in Höhe von 20 % für einen Sonntagsverkauf an einem bestimmten Tag.

c Für Kinder bis zu 6 Jahren ist der Eintritt in einen Erlebnispark kostenlos.

d Beim Kauf einer Palette Fliesen (50 m²) kostet der Quadratmeter statt 10,95 € nur noch 8,50 €.

e Ein China-Restaurant bietet ein Sonntagsbüfett zum Preis von 12,00 € je Person an. Personen unter 14 Jahren zahlen die Hälfte. Personen, die nach 13:45 Uhr erscheinen (Büfett bis 14:30 Uhr), zahlen ebenfalls die Hälfte. Auf alle Speisen gemäß Karte erhalten alle Kunden, die das Essen „außer Haus" mitnehmen, 10 % Rabatt auf den Kartenpreis.

f Der Bettbezug Typ A soll, nachdem er sich in den vergangenen Jahren auf dem inländischen Markt etabliert hat, im Ausland zu einem niedrigeren Preis angeboten werden, um neue Märkte zu eröffnen und die Absatzmenge zu steigern.

Aufgabe 3
Erklären Sie das Brutto- bzw. Nettosystem am Beispiel Ihres Ausbildungsbetriebs.

Aufgabe 4
Die Büromöbel GmbH hat ihr Händler-Rabattsystem neu gestaltet. Der Stammkundenrabatt und der Mengenrabatt werden um 2 Prozentpunkte gesenkt und ein neuer Rabatt für Leistungen, der 2 % beträgt, soll eingeführt werden. Leistungen wie das Initiieren einer Kundenbefragung, die Durchführung von Verkaufsförderungsmaßnahmen, die Einführung neuer Produkte und die Akquisition neuer Kunden sollen damit künftig honoriert werden.

a Nennen Sie zwei grundlegende Veränderungen in der Rabattgestaltung der Büromöbel GmbH.

b Nennen Sie zwei Ziele, die mit dieser Rabattpolitik verfolgt werden könnten.

c Nennen Sie zwei Vorteile des neuen Rabattsystems für den Hersteller.

Aufgabe 5
Die Büromöbel AG vertreibt u. a. Büroregale. Ihnen liegen die folgenden Informationen zur Preisfindung vor:

Bezugspreis:	39,00 €
Handlungskostenzuschlagssatz:	18 %
Gewinnzuschlagssatz:	10 %
Kundenrabatt:	12 %
Kundenskonto:	3 % innerhalb von 8 Tagen, netto 30 Tage

a Bestimmen Sie den Bruttoverkaufspreis und benennen Sie die Art der Preissetzung.

b Berechnen Sie den Zinssatz, den die Kunden faktisch bezahlen müssen, die den Skontoabzug nicht in Anspruch nehmen.

Aufgabe 6
Die Selbstkosten für ein Produkt betragen 385,00 €. Es sind 6 % Gewinn, 3 % Skonto und 4 % Vertreterprovision sowie 12,5 % Rabatt zu berücksichtigen. Wie hoch ist der Angebotspreis?

Aufgabe 7
In einer Sitzung schlagen Sie Ihrem Vorgesetzten vor, dem Großhandel das neuartige Energy-Getränk zu den folgenden Konditionen anzubieten:

Ladenpreis:	3,49 € inkl. 7 % Umsatzsteuer
Wiederverkäuferrabatt:	20 %
Gewinn:	19 % → 0,50 €

Die Konkurrenz bietet Energy-Getränke in einem Preissegment zwischen 2,50 und 3,00 € an.

a Welche Preisstrategie liegt Ihrem Vorschlag zugrunde? Begründen Sie diese Strategie.

b Ermitteln Sie die Selbstkosten des Getränks.

c Berechnen Sie den Gewinn in € und %, wenn Ihr Vorgesetzter Sie anweist, den Wiederverkäuferrabatt um 5 % zu erhöhen.

Aufgabe 8
Ein Industrieunternehmen bietet ein Produkt bisher für 180,00 € je Stück an. Die variablen Kosten betragen 63,00 €. Das Unternehmen setzt monatlich 250 Stück ab und erwartet nach einer Preissenkung um 20 % eine Absatzsteigerung auf 330 Stück je Monat.

Berechnen Sie die Preiselastizität der Nachfrage und interpretieren Sie die Aussage Ihres Ergebnisses.

Aufgabe 9

Ordnen Sie die Güter Mineralwasser, Betablocker (Medikament gegen Bluthochdruck) und Kinokarte einer der drei Nachfragekurven zu und begründen Sie Ihre Entscheidung.

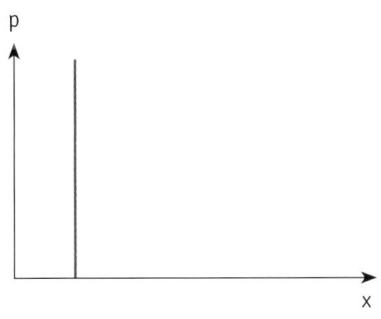

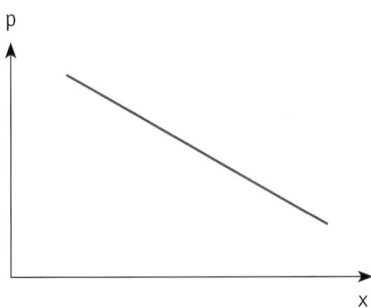

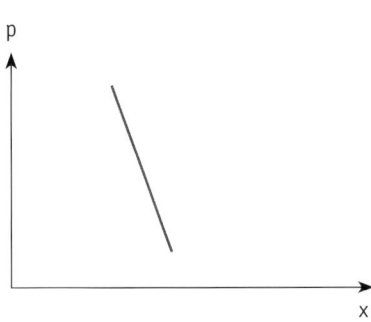

Aufgabe 11

Ein Industriebetrieb produziert die Fliesen Classic, Elegant und Modern. Alle Erzeugnisse durchlaufen den gleichen Brennofen, der eine Kapazität von 62 400 Minuten im Monat hat.

Für die Fliesen gelten die folgenden Daten:

Erzeugnis	Variable Kosten je m²	Verkaufspreis je m²	Dauer des Brennvorgangs je m² in Minuten	Aufträge (m²)	Fixkosten je Monat
C	16,00 €	49,00 €	2,0	12 000	
E	18,00 €	62,50 €	2,5	14 000	151.000,00 €
M	19,00 €	59,00 €	3,0	10 500	

Ermitteln Sie

a den absoluten Deckungsbeitrag je m² von Fliese C, E, M in €,

b den niedrigsten Preis in €, zu dem jeweils 1 m² der Fliesen C, E, M kurzfristig angeboten werden können,

c den relativen Deckungsbeitrag je m² von Fliese C, E, M in €,

d die jeweilige Quadratmeterzahl, in der die Fliesen C, E und M bei Verwirklichung des gewinnmaximalen Produktionsprogramms hergestellt werden,

e den Gewinn bei Verwirklichung des gewinnmaximalen Produktionsprogramms.

Aufgabe 10

Es wurde ein neuartiges Produkt entwickelt, mit dem ein neuer Kundenkreis angesprochen werden soll. Es liegt eine Preiskalkulation auf Vollkostenbasis vor. Der Stückgewinn soll 60,00 € bei einem Barverkaufspreis von 360,00 € betragen. Die Fixkosten betragen je Stück 130,00 €.

Berechnen Sie den Einführungspreis des neuen Produkts auf Teilkostenbasis als kurzfristige Preisuntergrenze.

Herr Gerland, der Abteilungsleiter Vertrieb der Fly Bike Werke GmbH, erhält von einem langjährigen Kunden die folgende E-Mail. Daraufhin beauftragt er Frau Ganser, unverzüglich eine neue Kalkulation durchzuführen.

```
Von: helmut_reimer@reimer.bikestore.de
An: ralf.gerland@flybike-werke.de
Betreff: Konditionen für E-Bikes
Datum: 17.10.20XX
```

Sehr geehrter Herr Gerland,

aufgrund eines sehr günstigen Angebots eines Ihrer Konkurrenten im Bereich E-Bikes möchte ich Sie bitten, Ihr bisheriges Angebot und Ihre Konditionen zu überdenken. In Ihrem bisherigen Angebot gewähren Sie einen Staffelpreis von 720,00 € für die Abnahme von 150 Stück. Neben einem Skonto von 3 % innerhalb von 8 Tagen fordere ich einen Sonderrabatt von 25 %, wenn Ihnen an einer weiteren Geschäftsbeziehung mit uns gelegen ist.

Mit freundlichen Grüßen

Helmut Reimer

Reimer Bike Store

Auszug aus der Preisliste der Fly Bike Werke GmbH:

Artikel-Nr.	Bezeichnung	Mengenstaffelpreise (€) (Preise für jeweils 1 Stück)		
		1–10 Stück	Ab 11 Stück	Ab 101 Stück
801	E-Bike eco	885	800	720

1 Überprüfen Sie, ob Frau Ganser dem langjährigen Kunden ein entsprechendes Angebot unterbreiten kann. Legen Sie bei Ihrer Berechnung die folgenden Zahlen zugrunde:

Gewinnzuschlagssatz: 20 %,
Selbstkosten: 400,00 € je Stück.

2 Wie hoch muss der Verkaufspreis (netto) sein, um eine Deckung der Selbstkosten zu gewährleisten?

3 Welcher Handlungsspielraum steht noch offen, wenn der Konkurrenzpreis bei 640,00 € (netto) liegt? Führen Sie den rechnerischen Nachweis.

4 Wie sinnvoll ist es, dem Kunden das nachgebesserte Angebot zu unterbreiten? Wägen Sie die Vor- und Nachteile ab.

5 Die Kundennachfragen häufen sich. Der Tenor der Nachfragen zeigt die Unzufriedenheit der Kunden mit Konditionen und Preisen.

a Verschaffen Sie sich mittels einer Mindmap einen Überblick über die allgemein möglichen Verkaufskonditionen.

b Arbeiten Sie wesentliche Konditionen heraus, die den Kunden der Fly Bike Werke GmbH Kaufanreize vermitteln und ihre Kaufentscheidung positiv beeinflussen können.

Mindmap:

Verkaufskonditionen

Arbeitsblatt 43.1: Berechnungen bei der Vorwärtskalkulation

Begriff	Berechnung
Bezugspreis/Einstandspreis	Wert in € wird vorgegeben.
Handlungskosten	
Selbstkosten	
Gewinnzuschlag	
Barverkaufspreis	
Kundenskonto	
Vertriebsprovision	
Zielverkaufspreis	
Kundenrabatt	
Listenverkaufspreis	Zielverkaufspreis + Kundenrabatt in €

Arbeitsblatt 43.2: Berechnungen bei der Rückwärtskalkulation

Begriff	Berechnung
Bezugspreis/Einstandspreis	
Handlungskosten	
Selbstkosten	
Gewinnzuschlag	
Barverkaufspreis	
Kundenskonto	
Vertriebsprovision	
Zielverkaufspreis	
Kundenrabatt	Listenverkaufspreis · Kundenrabatt in %
Listenverkaufspreis	Wert in € wird vorgegeben.

Arbeitsblatt 43.3: Berechnungen bei der Differenzkalkulation

Begriff	Berechnung
Bezugspreis/Einstandspreis	Wert in € wird vorgegeben.
Handlungskosten	
Selbstkosten	
Gewinn in €	
Gewinn in %	
Barverkaufspreis	
Kundenskonto	
Vertriebsprovision	
Zielverkaufspreis	
Kundenrabatt	
Listenverkaufspreis	Wert in € wird vorgegeben.

Aufgaben

Aufgabe 1

Ordnen Sie die nachfolgenden Erklärungen (a–h) den Begriffen (1–8) zu.

a Wert, der innerhalb der Skontoabzugsfrist durch den Kunden zu zahlen ist

b Wert, der bis zum Ablauf des Zahlungsziels gezahlt werden muss

c Kostenaufschlag für die sonstigen Kosten des Warenhandels (Miete, Personalkosten, Abschreibungen)

d Mengen-, Treue-, Sonderrabatte

e Aufschlag für die Gewinnerzielung (ggf. Puffer bei Preisverhandlungen)

f Zeitrabatt bei Zahlung innerhalb der Skontoabzugsfrist

g Preis, der in der Angebotsliste geführt wird

h Preis, bei dem die Kosten gedeckt sind und kein Gewinn erzielt wird

1 Handlungskostenzuschlag: ____

2 Selbstkostenpreis: ____

3 Gewinnzuschlag: ____

4 Kundenskonto (i. H.): ____

5 Kundenrabatt (i. H.): ____

6 Listenverkaufspreis (netto): ____

7 Barverkaufspreis: ____

8 Zielverkaufspreis: ____

Aufgabe 2

Erstellen Sie unter Verwendung der Begriffe aus Aufgabe 1 ein Verkaufskalkulationsschema für die Vorwärtskalkulation. Ausgangspunkt ist der Einstandspreis.

Aufgabe 3

Die Büromöbel GmbH hat auf vielfältige Kundenanfragen nach Pflegemitteln für die verkauften Erzeugnisse den Handelsartikel „Möbelpolitur HEL" in das Absatzprogramm aufgenommen und von der Farbenwerke Wilhelm Weil AG zum Bezugspreis von 8,40 € pro Liter eingekauft. Ermitteln Sie mithilfe des Kalkulationsschemas aus Aufgabe 2 den Listenverkaufspreis (netto). Berücksichtigen Sie dabei die folgenden Zuschlagssätze:

- Handlungskostenzuschlag: 20 %
- Gewinnzuschlag: 15 %
- Kundenskonto: 2 %
- Vertreterprovision: 5 %
- Kundenrabatt: 10 %

Aufgabe 4

Die Büromöbel GmbH hat eine Drehsäule für Aktenordner von der Primus GmbH in das Absatzprogramm aufgenommen und bislang mit einem Verkaufspreis von 698,00 € (netto) angeboten. Der Kalkulation liegen folgende Zuschlagssätze zugrunde:

- Handlungskostenzuschlag: 40 %
- Gewinnzuschlag: 20 %
- Kundenskonto: 2 %
- Kundenrabatt: 5 %

Der Absatz der Drehsäule war in den ersten Monaten äußerst schlecht. Nachforschungen haben ergeben, dass die Konkurrenten denselben Artikel für 598,00 € (netto) anbieten.

a Ermitteln Sie den Bezugspreis, der höchstens gezahlt werden darf, wenn die oben genannten Zuschlagssätze erhalten bleiben sollen und der Konkurrenzpreis berücksichtigt wird.

b Ermitteln Sie den verbleibenden Gewinn, wenn ein günstigerer Bezug nicht möglich ist. Kalkulieren Sie zunächst den ursprünglichen Bezugspreis der Büromöbel GmbH, ausgehend vom eigenen Verkaufspreis. Hinweis zur Lösung der Aufgabe: Die Differenzkalkulation ist auf die Berechnung des Gewinns ausgerichtet, wenn einerseits der Listenverkaufspreis und die Verkaufszuschläge (Rabatte und Skonti), andererseits der Bezugspreis und die Handlungskosten gegeben sind. Mit der Differenzkalkulation wird also letztlich die Differenz zwischen dem Barverkaufspreis und den Selbstkosten berechnet und in % der Selbstkosten ausgedrückt.

c Ermitteln Sie die Handelsspanne bei einem Verkaufspreis von 598,00 €.
Hinweis zur Lösung der Aufgabe: Die Handelsspanne ist die Differenz zwischen Listenverkaufspreis (netto) und Bezugspreis, ausgedrückt in % des Listenverkaufspreises (netto), und vereinfacht die Rückwärtskalkulation.

Aufgabe 5

Der Bezugspreis für eine Handelsware beträgt 180,00 € netto, ihr Barverkaufspreis ist mit 323,20 € netto angegeben. Die Handlungskosten betragen 22 %.

a Wie viel € betragen die Selbstkosten?

b Wie viel € beträgt der Gewinn?

c Wie viel % beträgt der Gewinn?

Von: hans.peters@flybike-werke.de
An: ralf.gerland@flybike-werke.de
Betreff: Werbung Markteinführung KIDZBIKE ALU
Datum: 19.01.20XX

Sehr geehrter Herr Gerland,

es ist Zeit, die Werbung für unser neues Kinderfahrrad zu planen. Wie Sie sicher nicht vergessen haben, war die letztjährige Werbung für die neu eingeführten Jugendfahrräder ein Flop. Das darf uns dieses Mal nicht passieren. Daher erwarte ich im Vorfeld eine vernünftige Planung! Um die Formulierung der Werbebotschaft bzw. des Slogans müssen Sie sich nicht kümmern. Das überlassen wir den Werbeagenturen.

Ihnen steht ein Werbeetat von 150.000 € zur Verfügung. Machen Sie was draus! Es ist wirklich wichtig, dass wir auch Kinderfahrräder in unserem Sortiment etablieren können. Anbei finden Sie das Produktdatenblatt der Entwicklungsabteilung.

Vielen Dank

H. Peters

Daten zur Markteinführung des Kinderfahrrads	
KIDZBIKE ALU	
Einführungsdatum	25.04.20XX
Produktbeschreibung	– extraleichtes Aluminiumrad – besonders robust (wichtig, da Kinder die Räder oft hinfallen lassen) – erhältlich in 16 Zoll (ab 3 Jahre) und 18 Zoll (ab 4 Jahre) – kindgerechte Designs (uni gelb und blau mit Powerstreifen, hellblau und rosa mit Blumen, Monsterdesign für Jungen, Schmetterlingdesign für Mädchen) – kindgerechte Konstruktion (z. B. tiefer Einstieg) – Räder mit Kugellager, Bremsen und Pedalen – besonders sicher durch Lenkerpolster etc. – umfassendes Zubehör inklusive (Lenkertasche, Sicherheitswimpel etc.)
Distributoren	Großhändler und Fahrradeinzelhändler
Preis	16 Zoll-Rad: 149,90 € 18 Zoll-Rad: 159,00 €

1 Erläutern Sie, welche Auswirkungen eine missglückte Werbung für die Fly Bike Werke GmbH haben kann.

2 Als erfahrener Vertriebsleiter weiß Herr Gerland, dass die Kosten für die verschiedenen Werbeträger und Werbemittel sich stark unterscheiden. Daher hat er schon einige Preise recherchieren lassen.
Erstellen Sie mithilfe des Produktdatenblattes, der unten stehenden Informationen und des Arbeitsblattes 44.1 einen Werbeplan für die Produkteinführung des neuen Kinderrades. Gehen Sie dabei auf die folgenden Elemente ein:
 – Werbeetat
 – Werbeziel
 – Werbeobjekt (Werbegegenstand)
 – Streukreis
 – Streugebiet
 – Streuzeit
 – Werbeträger
 – Werbemittel

Achten Sie darauf, dass die von Ihnen getroffenen Entscheidungen über die einzelnen Elemente des Werbeplans zusammenpassen. Stellen Sie Ihren Mitschülern im Anschluss Ihre Ergebnisse vor. Begründen Sie dabei die von Ihnen getroffenen Entscheidungen.

Werbeträger und Werbemittel

Hinweis: Die in den Tabellen angegebenen Preise sind rein fiktive Preisbeispiele, die in dieser Lernsituation zur Berechnung der Kosten herangezogen werden sollen.

Anzeigen in Zeitungen/Zeitschriften
Viele Menschen lesen Zeitungen oder Zeitschriften. Neben der gedruckten Version dieser Medien werden auch Online-Zeitungen und -Zeitschriften immer beliebter. Daher bieten die meisten Verlage ihre Produkte in beiden Formen an. So kann man viele Zeitungen entweder als Printversion kaufen oder kostenlos im Internet lesen. Die Kosten für Unternehmen, die in Zeitungen/ Zeitschriften werben wollen, hängen u. a. vom Bekanntheitsgrad der Zeitung/Zeitschrift und dem Einzugsgebiet ab. (Es macht z. B. einen Unterschied, ob die Zeitung nur in einer Stadt oder einem größeren Gebiet gelesen wird.)

Preisbeispiele:

Art des Printmediums	1/8 Seite	1/2 Seite
Überregionale Tageszeitung (z. B. „Frankfurter Allgemeine Zeitung")	14.000,00 €	35.000,000 €
Regionale Tageszeitung (z. B. „Oldenburger Kreiszeitung")	1.100,00 €	3.000,00 €
Wöchentliches Werbeblatt (regional)	1.000,00 €	2.000,00 €
Allgemeine Wochenzeitung (z. B. „Der Spiegel")	12.000,00 €	35.000,00 €
Sonstige Zeitschriften (z. B. „Eltern")	2.000,00 €	7.000,00 €

Beilagen in wöchentlichen Anzeigenblättern
Wöchentliche Anzeigenblätter werden jede Woche durch Zeitungs- oder Postboten kostenlos an die Haushalte verteilt. Dabei handelt es sich in der Regel um regional ausgerichtete Anzeigenblätter, die für eine bestimmte Stadt bzw. einen bestimmten Kreis erstellt wurden. So finden sich in den Oldenburger Anzeigenblättern hauptsächlich Termine und Artikel über Veranstaltungen aus dem Oldenburger Raum sowie Werbeanzeigen von Unternehmen aus der Stadt Oldenburg und Umgebung.

Preisbeispiel:

Beilagenwerbung in einem wöchentlichen Anzeigenblatt (Auflage 100 000 Stück)	
Druckkosten	5.000,00 €
Verteilkosten	7.000,00 €
Gesamtkosten	12.000,00 €

Plakatwerbung

Werbeplakate können im Innenbereich von Geschäften oder z. B. an Litfaßsäulen, Gebäuden und vielen anderen Orten angebracht werden. Der Vorteil von Plakaten liegt darin, dass Plakatwerbung im Vergleich zu Fernsehspots relativ günstig ist. Zudem kann man mit sehr großen, besonders bunten oder beleuchteten Plakaten relativ gut die Aufmerksamkeit der Menschen wecken. Plakate können genau dort angebracht werden, wo die Zielgruppe sich wahrscheinlich aufhält (z. B. vor Schulen oder Jugendtreffs). Plakatwerbung ist jedoch nicht geeignet, um detaillierte Produktinformationen zu vermitteln, da die Menschen die Werbung häufig nur „im Vorbeigehen" betrachten. Die Kosten hängen davon ab, wie das Plakat gestaltet wird und wo es hängt.

Preisbeispiele:

Plakatwerbung (Großfläche 356 x 252 cm im städtischen Gebiet)		
Herstellung	1 Stück	100,00 €
Anbringen und Entfernen des Plakats, Miete für den Plakatträger	30 Tage	13.500,00 €
Gesamtkosten		13.600,00 €

Plakatwerbung (Plakate für Fahrradgeschäfte (Point-of-Sale-Material) 119 x 252 cm)		
Herstellung	1 Stück	40,00 €

Verkehrsmittelwerbung

Viele Anbieter öffentlicher Verkehrsmittel bieten Werbung auf ihren Fahrzeugen an. Dabei werden bedruckte Folien mit der Werbebotschaft auf den Seiten-, Heck- oder Dachflächen angebracht. Der Vorteil ist, dass viele Kunden die Werbung sehen können. Jedoch nehmen viele Passanten oder Fahrgäste diese Werbung nicht bewusst wahr.

Preisbeispiel:

Verkehrsmittelwerbung städtischer ÖPNV (z. B. Heckfläche eines Busses oder halbe Bahn)		
Herstellung, Anbringen und Entfernen, Miete	1 Monat	1.000,00 €

Fernsehspots

Fernsehwerbung ist eine gute Möglichkeit, viele Menschen anzusprechen. Zudem kann man die Werbung zwischen oder innerhalb von Sendungen platzieren, die die Zielgruppe ansprechen. So werden Werbespots für Produkte, die an junge Leute verkauft werden sollen, im Verlauf von Sendungen geschaltet, die von jungen Menschen gesehen werden. Ein anderes Beispiel ist die Werbung für Luxus-Tierfutter. Diese Werbespots werden häufig im Rahmen von Tiersendungen ausgestrahlt, damit möglichst viele potenzielle Kunden erreicht werden. Ein Nachteil ist jedoch, dass viele Zuschauer zu Beginn der Werbeblöcke das Programm wechseln oder nicht mehr zuhören, da sie zu oft mit Werbung konfrontiert werden. Zudem sind die Kosten für Fernsehwerbung sehr hoch und können stark variieren.

Preisbeispiele:

TV (Preise für eine Werbezeit von 60 Sekunden)		
Produktionskosten	8.000,00 €	
Ausstrahlung durch private Hauptsender (z. B. RTL, Pro Sieben, SAT.1)	Abendprogramm ab 20:00 Uhr	45.000,00 €
	Nachmittagsprogramm	20.000,00 €
Ausstrahlung durch staatliche Hauptsender (ARD, ZDF)	Abendprogramm ab 20:00 Uhr	20.000,00 €
	Nachmittagsprogramm	8.000,00 €

Radiospots

Radiowerbung ist wesentlich günstiger als Fernsehwerbung. Dies liegt u. a. daran, dass die Radiosendungen meist nur regional, z. B. nur im Raum Oldenburg ausgestrahlt werden. Der Preis für Radiowerbung ist davon abhängig, welcher Sender gewählt und wann die Werbung gesendet wird.

Preisbeispiele:

Radio (Preise beziehen sich auf eine Werbezeit von 60 Sek.)		
Produktionskosten	1.000,00 €	
Lokalsender (z. B. Radio Oldenburg, Radio Bonn)	Hauptzeit (Berufsverkehr)	3.000,00 €
	Nebenzeiten	1.000,00 €
Überregionale Sender (z. B. SWR 3, Radio NRW)	Hauptzeit (Berufsverkehr)	6.000,00 €
	Nebenzeit	3.000,00 €

Flyer und Werbebriefe

Der große Vorteil von Flyern (Handzetteln) und Werbebriefen ist, dass sie sehr kostengünstig produziert werden können. Man muss jedoch zusätzlich noch die Portokosten bzw. die Personen bezahlen, die die Flyer verteilen.

Preisbeispiele:

Flyer (DIN A5 vierfarbig)		
Herstellung	500 Stück	100,00 €
Verteilung	500 Stück	50,00 €
Gesamtkosten	500 Stück	150,00 €

Werbebrief (DIN A4 vierfarbig)		
Herstellung	500 Stück	125,00 €
Porto	500 Stück	175,00 €
Gesamtkosten	500 Stück	300,00 €

Arbeitsblatt 44.1: Werbeplan

Werbeplan für _____

Werbeplan-element	Beschreibung	Ihre Entscheidung
Werbeetat	Wie viel Geld soll für die Werbung ausgegeben werden?	

Arbeitsblatt 44.2: Inhalt und Zweck eines Werbeplans

Fassen Sie mithilfe der folgenden Abbildung die wesentlichen Inhalte und den Zweck einer Werbeplanung zusammen.

Absatzwerbung ...

versucht,

benötigt eine gute Werbeplanung, weil

Werbeplanung ....

besteht aus den Elementen

1.

2.

3.

4.

5.

6.

7.

8.

Die einzelnen Elemente des Werbeplans müssen aufeinander abgestimmt sein, weil

Die Werbeplanung sollte auch mit der Planung der Werbeerfolgskontrolle verbunden sein, weil

Arbeitsblatt 44.3: Rätsel zum Werbeplan

Lösen Sie das Rätsel, indem Sie die folgenden Begriffe richtig in die Kästchen eintragen.

Flyer – Einzelwerbung – Anzeige – Werbeziel – Streugebiet – Werbeträger – Werbebotschaft – Fernsehspot – Kollektivwerbung – Radio – Werbeobjekt – Werbeetat – Suchmaschine – Werbemittel – Werbebrief – Streuzeit – Werbekampagne – Streukreis – Zeitschrift – Werbegeschenk – Plakat

1. Beschreibt, warum geworben werden soll.
2. Ein Werbeträger, mit dem der Adressat persönlich und individuell angesprochen werden kann.
3. Sammelbegriff für Anzeige, Spot etc.
4. Wird häufig von Werbeagenturen formuliert.
5. Umkreis, in dem die Werbung erscheinen soll.
6. Zumeist dreidimensionaler Werbeträger, der den Adressaten z. B. während eines Events übergeben werden kann.
7. Anderer Begriff für Zielgruppe.
8. Werbeträger-Werbemittel-Kombination.
9. Eine Werbeart, bei der das Unternehmen nicht für sich alleine wirbt.
10. Ein Werbeträger, der verteilt werden kann und relativ günstig zu produzieren ist.
11. Sammelbegriff für Zeitung, Zeitschrift, Radio, Litfaßsäulen, Fernsehen etc.
12. Ein Werbeträger im Internet.

13. Maßnahmenpaket, das auf Basis des Werbeplans konzipiert und umgesetzt wird.
14. Werbeträger, mit dem man die Adressaten vor allem beim Autofahren erreichen kann.
15. Werbemittel in Printmedien.
16. Summe der Finanzmittel, die für das Werbeprojekt zur Verfügung stehen.
17. Ein häufig genutzter Werbeträger.
18. Gegenstand bzw. Gegenstände, die beworben werden sollen.
19. Wird häufig für Werbung an Bushaltestellen genutzt.
20. Eine Werbeart, bei der das Unternehmen für sich allein wirbt.
21. Zeitpunkt und Zeitraum des Erscheinens von Werbung.

Lösungswort: Hiermit kann ein Unternehmen herausfinden, ob die Werbung gut geplant wurde.

Aufgaben

Aufgabe 1

Die Kultig KG stellt unterschiedliche Taschen her. Derzeit wird die Werbung für die Damentasche ITGIRL5000X geplant.

a   Ordnen Sie die folgenden Fachbegriffe den Werbeplanelementen der unten stehenden Tabelle zu.

1	Werbemittel	**6**	Werbeobjekt (Werbegegenstand)
2	Werbezeitpunkt	**7**	Werbeinhalt
3	Streuzeit	**8**	Werbeziel
4	Streugebiet	**9**	Zielgruppe
5	Werbeart	**10**	Werbeetat

Entscheidung im Werbeplan für die ITGIRL5000X	Nr.
Es wird für die neue Tasche ITGIRL5000X geworben.	
Mit der Werbung sollen vor allem junge Mädchen zwischen 15 und 20 Jahren angesprochen werden.	
Bei der Werbung sollen das besondere Design und die hohe Qualität der Tasche herausgestellt werden.	
Für die Werbung sollen Anzeigen in Jugendzeitschriften, Plakate an Bushaltestellen sowie Werbespots in Musiksendern genutzt werden.	
Da die ITGIRL5000X im März auf den Markt kommt, soll die Werbung Ende Februar beginnen und Mitte Mai beendet werden.	
Die Fernsehwerbung wird immer montags, mittwochs und freitags um 16:15 Uhr, 18:15 Uhr und 19:45 Uhr ausgestrahlt.	
Die Werbung wird in ganz Deutschland gezeigt.	
Für die Werbung können 200.000,00 € ausgegeben werden.	
Die Firma Kultig KG wirbt alleine für die ITGIRL5000X.	
Mit der Werbung will die Kultig KG erreichen, dass mindestens 150 000 Taschen im Jahr 20X1 abgesetzt werden.	

b   Nachdem der Werbeplan vollständig erstellt wurde, verringert die Kultig KG das Werbebudget auf 100.000,00 €. Können die anderen Elemente des Werbeplans so bestehen bleiben, wie sie ursprünglich geplant waren, oder müssen jetzt auch dort Änderungen vorgenommen werden? Begründen Sie Ihre Antwort.

Aufgabe 2

Um ein neues Produkt der STARCAR AUTOMOBIL AG erfolgreich in den Markt einzuführen, soll eine Werbekampagne gestartet werden. Geben Sie vier Faktoren an, die bei der Festlegung des dafür benötigten Werbeetats berücksichtigt werden müssen.

Aufgabe 3

Unterschiedliche Werbemittel haben unterschiedliche Vor- und Nachteile. Nennen Sie je zwei Vor- und Nachteile von Fernsehspots, Zeitungsinseraten und Werbebriefen.

Werbemittel	Vorteile	Nachteile
Fernsehspots		
Zeitungsinserate		
Werbebriefe		

Aufgabe 4

Das Investitionsgütermarketing unterscheidet sich bei bestimmten Produkten erheblich vom Konsumgütermarketing.

Sie sind Marketingberater und sollen ein Kommunikationskonzept für die Vermarktung einer sehr komplexen Verpackungsmaschine für elektronische Bauteile und in einem anderen Fall ein Kommunikationskonzept für die Vermarktung einer neuen Spielekonsole für den privaten Verbrauch erstellen.

Erklären Sie, wie und warum sich
a   die Auswahl der Werbeträger/Werbemittel und
b   die Werbebotschaft
in den beiden Fällen unterscheiden werden.

Aufgabe 5

Sie arbeiten in der Marketingabteilung eines Schreibwarenherstellers. Das Unternehmen möchte mit der neu gestalteten Stiftserie „Elegance" die Senioren als neue Zielgruppe ansprechen. Geplant sind silberne und goldene Stifte in ansprechend gestalteten Boxen. Die Stifte werden mit einer unverbindlichen Preisempfehlung von 24,00 € bis 39,00 € angeboten. Das Unternehmen möchte deutschlandweit werben. Das Werbebudget ist hoch, da die Zielgruppe der Senioren aufgrund der demografischen Entwicklung als sehr wichtig eingeschätzt wird. Trotzdem möchte die Unternehmensleitung die Kosten so gering wie möglich halten.

a   Schlagen Sie zwei mögliche Werbemittel mit jeweils einem passenden Werbeträger vor. Begründen Sie Ihre Entscheidung.
b   Nennen Sie zwei weitere Werbemittel-Werbeträger-Kombinationen, die für diese Zielgruppe wenig geeignet sind. Begründen Sie Ihre Aussage.

Aufgabe 6

Ein Automobilhersteller plant die Einführung von Autos mit einem sehr geringen Treibstoffverbrauch. Erläutern Sie die Vor- und Nachteile, die sich aus
a   Einzelwerbung und
b   Kollektivwerbung
für das Unternehmen ergeben können.

SB → S. 446 ff. und 459 ff. | Lernfeld 10,
Kapitel 7.1 und 7.3

Werbedurchführung

Die Fly Bike Werke GmbH hat die Werbeagentur Haffner & Friends mit der Gestaltung der Werbung sowie der Entwicklung eines Werbeslogans für die Einführung des KIDZ-BIKE ALU beauftragt. Der Auszubildende Herr Adler soll dem Abteilungsleiter Vertrieb, Herrn Gerland, und der Sachbearbeiterin Marketing, Frau Dogan, bei der Betreuung der Agentur und der späteren Auswahl des Werbekonzeptes assistieren.

Herr Adler: „Was müssen wir denn jetzt tun?"

Frau Dogan: „Zunächst muss ein sogenanntes Briefing mit der Werbeagentur stattfinden. Bei einem Briefing wird die Werbeagentur genau über die Aufgabenstellung informiert. Zudem teilt der Kunde der Werbeagentur alle Informationen mit, die für die Erstellung der Werbung benötigt werden. Nur so kann die Werbeagentur die Vorstellungen des Kunden auch umsetzen."

Herr Adler: „Und was für Informationen sind das?"

1   Welche Informationen sollte die Fly Bike Werke GmbH der Werbeagentur im Rahmen des Briefings geben, damit die Agentur die Werbung gestalten kann? Erstellen Sie eine Liste und begründen Sie Ihre Auswahl.

2   Frau Dogan ist der Meinung, dass regelmäßige Zwischenmeetings mit der Werbeagentur notwendig sind. Herr Gerland ist aufgrund des damit verbundenen Aufwands dagegen. Welcher Meinung schließen Sie sich an? Begründen Sie Ihre Aussage.

3   Nach einiger Zeit präsentiert die Werbeagentur Haffner & Friends die beiden unten abgebildeten Konzepte. Von beiden Konzepten gibt es eine Variante für Jungen und für Mädchen. Die Mitarbeiter der Fly Bike Werke GmbH müssen nun entscheiden, welches Konzept die Grundlage für alle Werbemittel-Werbeträger-Kombinationen sein soll.

a   Für eine erfolgreiche Werbung ist die AIDA-Formel wichtig. Erläutern Sie, ob und wie die AIDA-Formel in den oben dargestellten Werbeanzeigen berücksichtigt wurde.

b   Analysieren Sie die Copy-Strategie dieser beiden Konzepte und gehen Sie dabei auf das Nutzenversprechen (Consumer Benefit), die Nutzenbegründung (Reason Why) und die Grundstimmung (Tonality/Flair) ein.

c   Für welche Kampagne sollte sich die Fly Bike Werke GmbH entscheiden? Erstellen Sie hierzu einen begründeten Vorschlag.

Aufgaben

Aufgabe 1

Besonders das A der AIDA-Formel kann bei unterschiedlichen Werbemittel-Werbeträger-Kombinationen zu unterschiedlichen Werbeelementen führen. Welche Stilelemente (z. B. Töne, Farben etc.) können Sie sich

a in einem Fernsehspot,

b in einem Radiospot,

c in einem Werbebrief

vorstellen, um Aufmerksamkeit zu erregen?

Aufgabe 2

Erläutern Sie, ob und wie die AIDA-Formel in den zwei unten stehenden Werbeanzeigen umgesetzt wurde.

Bier-Werbung (Cölner Frühbräu)

Aufgabe 3

Die Werbung für Produkte der Fly Bike Werke GmbH kann als Einzel- oder Kollektivwerbung durchgeführt werden.

a Erklären Sie, was unter Einzel- und Kollektivwerbung verstanden wird.

b Erläutern Sie, welche Arten von Kollektivwerbung es gibt.

c Unter welchen Voraussetzungen würden Sie der Fly Bike Werke GmbH Einzelwerbung empfehlen und unter welchen Voraussetzungen Kollektivwerbung?

Aufgabe 4

Erläutern Sie, warum die Fly Bike Werke GmbH ihre Radio- und Fernsehwerbung im gleichen Stil gestalten sollte wie die Plakatwerbung.

Aufgabe 5

Sie arbeiten in der Marketing-Abteilung eines Outdoor-Zubehörherstellers. Das Unternehmen hat ein neues selbstaufbauendes Zelt entwickelt (automatischer Aufbau innerhalb drei Sekunden), das einen speziellen Wärmemechanismus besitzt. Hiermit kann die Temperatur im Zelt bei Bedarf um mindestens 5 Grad Celsius erhöht werden.

Das Unternehmen möchte für die Vermarktung dieses Zeltes einen Werbebrief an alle Kunden, deren Daten in der Unternehmens-Kundenkartei erfasst sind, schicken. Gestalten Sie diesen Werbebrief unter Berücksichtigung der AIDA-Formel.

Bionade-Werbung

Werbeerfolgskontrolle

Von: heinz.peters@flybike-werke.de
An: ralf.gerland@flybike-werke.de
Betreff: Erfolgskontrolle Werbemaßnahmen
Datum: 10.07.20XX

Sehr geehrter Herr Gerland,

ich benötige dringend die betriebswirtschaftliche Auswertung der Markteinführung des KIDZBIKE ALU. Bitte reichen Sie mir dazu die Angaben zum Werbeerfolg ein. Beziehen Sie bitte auch die Kosten für die Verkaufsförderung mit ein. Für die Erfolgsrechnung ist eine Trennung der beiden Posten nicht notwendig.

Da wir unser ganzes Werbebudget nur in dieses Produkt gesteckt haben und aktuell keine Werbung für andere Produkte geschaltet haben, sind die Informationen über den Erfolg der Aktion besonders wichtig.

Vielen Dank

H. Peters

Zusammengefasste Kostenaufstellung für Werbung und Verkaufsförderung bei der Markteinführung des KIDZBIKE ALU im Zeitraum April – Juni

Honorar für die Werbeagentur (Gestaltung der Kampagne)	45.000,00 €
Werbung (Zeitungen, TV, Radio)	140.000,00 €
Plakatwerbung bei Fahrradhändlern	3.500,00 €
Direktmarketing (Werbebriefe)	1.000,00 €
Kunden-Preisausschreiben	1.500,00 €
Kosten für andere Verkaufsförderungsaktionen	12.500,00 €

Umsatz-Periodenvergleich bei der Fly Bike Werke GmbH

1. Quartal	882.000,00 €
2. Quartal	1.118.000,00 €

Umsätze der Fahrradbranche insgesamt

1. Quartal	390.000.000,00 €
2. Quartal	542.000.000,00 €

1 Erklären Sie kurz, warum die Ermittlung des Werbeerfolgs für die Fly Bike Werke GmbH wichtig ist.
2 Führen Sie die Werbeerfolgskontrolle durch.
   a Berechnen Sie dazu die Werberendite und die prozentuale Veränderung des Marktanteils der Fly Bike Werke GmbH.
   b Interpretieren Sie diese Werte.
3 Warum ist aufgrund dieser Berechnungen dennoch keine genaue Aussage über den Erfolg der Werbung und Verkaufsförderung für das KIDZBIKE ALU möglich?

4 Die Fly Bike Werke GmbH hat sich mit Verkaufsförderungsaktionen am Oldenburger Kinder- und Jugendtag beteiligt. Die Kosten hierfür lagen bei 10.800,00 €, die in der obigen Kostenaufstellung im Posten „Kosten für andere Verkaufsförderungsaktionen" enthalten sind. Folgende Maßnahmen wurden durchgeführt:

– Plakatwerbung
– Handzettel mit Produktinformationen und Informationen zu sicherem Fahren
– Verkehrssicherheitsübungen
– Glücksrad für Kinder

Erstellen Sie einen Fragebogen für die Fly Bike Werke GmbH, mit dessen Hilfe auf den *außerökonomischen* Werbeerfolg der oben beschriebenen Verkaufsförderungsmaßnahmen geschlossen werden kann. Arbeiten Sie dazu in Gruppen zusammen.

a Klären Sie zunächst, an welchen Personenkreis der Fragebogen verteilt werden soll.

b Legen Sie die Größen bzw. Kennzahlen fest, die Sie mithilfe des Fragebogens ermitteln möchten.

c Erstellen Sie den Fragebogen. Wiederholen Sie dazu das Fachwissen, das im Unterricht zum Thema Marktforschung bzw. der Erstellung von Fragebögen erarbeitet wurde (vgl. Schülerbuch, Lernfeld 10, Kapitel 3, und Lernsituation 39 in diesem Arbeitsbuch).

d Überlegen Sie, mit welchen Maßnahmen Sie einen hohen Rücklauf der Fragebögen erreichen können.

e Stellen Sie Ihren Mitschülern Ihren Fragebogen vor.

Aufgaben

Aufgabe 1

Ein Modehersteller möchte eine Werbeanzeige in einer Zeitung schalten. Folgende Angebote liegen der Marketingabteilung vor:

Zeitung	Trendy Today	Style Girl
Auflage	560 000 Leser/Ausgabe	812 000 Leser/Ausgabe
Seitenpreis	18.850,00 €/Seite	21.650,00 €/Seite

a Entscheiden Sie, welche Zeitung das Unternehmen für die Werbeanzeige wählen sollte. Begründen Sie Ihre Aussage mithilfe einer Rechnung.

b Geben Sie zwei weitere Faktoren an, die neben dieser Rechnung Einfluss auf die Wahl der Zeitung haben sollten.

Aufgabe 2

Ein Unternehmen der chemischen Industrie konnte in der letzten Periode einen Auftragseingang im Umfang von 10 000 Dosen des Speziallacks 4313 XPU für den Maschinenbau verzeichnen. Eine Dose hat einen Verkaufspreis von 50,00 €. Um die Verkaufszahlen zu steigern, hat das Unternehmen nach dieser Periode eine intensive Werbeaktion durchgeführt. Die Kosten hierfür beliefen sich auf 125.000,00 €. Die Aktion führte dazu, dass in der Folgeperiode 4 000 Dosen mehr als in der vorangegangenen Periode gekauft wurden.

Berechnen Sie die Werberendite.

Aufgabe 3

Ein Möbelhersteller hat für das kommende Quartal einen Werbeetat von 45.000,00 € festgelegt. Hiermit soll in verschiedenen Zeitungen jeweils zwei Wochen hintereinander eine neue Jugendzimmerserie beworben werden. Für die relevanten Zeitungen liegen die folgenden Daten vor:

Zeitung Nr.	Preis für 1/1 Seite in €	Tausenderkontaktpreis in €	Anteil der Zielgruppe an der Leserschaft in %
1	9.000,00	72,29	85
2	12.500,00	82,55	75
3	9.500,00	49,95	45
4	13.000,00	77,98	72

a Berechnen Sie die Zahl der Leser pro Ausgabe für die einzelnen Zeitschriften. Runden Sie dabei auf ganzzahlige Werte.

b In welchen Zeitungen sollten die Anzeigen platziert werden, wenn Sie den Tausenderkontaktpreis bezogen auf die Zielgruppe als Entscheidungskriterium wählen? Begründen Sie Ihre Auswahl mithilfe geeigneter Berechnungen. Runden Sie bei der Berechnung der relevanten Tausenderkontaktpreise auf zwei Nachkommastellen.

Aufgabe 4

Nennen und erläutern Sie einen Grund, der dazu führen kann, dass die Umsätze eines Unternehmens trotz einer guten Produktwerbung und einer guten allgemeinen Wirtschaftslage sinken können.

Aufgabe 5

Grenzen Sie die Begriffe ökonomische und außerökonomische Werbeerfolgskontrolle voneinander ab.

Aufgabe 6

Herr Gross, ein neuer Mitarbeiter in der Marketing-Abteilung der Fly Bike Werke GmbH, nimmt an einem Meeting zur Werbeerfolgskontrolle teil. In dieser Besprechung werden die unten stehenden Fragen thematisiert.

a Tragen Sie in die zweite Spalte jeweils eine 1 ein, wenn es sich um eine Frage aus dem Bereich der ökonomischen Werbeerfolgskontrolle handelt, und eine 2, wenn es um außerökonomische Werbeerfolgskontrolle geht.

b Tragen Sie in die dritte Spalte eine Kennzahl ein, mit der Sie die Frage beantworten können.

Frage	Art der Werbeerfolgs-kontrolle	Kennzahl zur Beantwortung der Frage
Konnten die Kosten für die Werbung durch steigende Umsätze ausgeglichen werden?		
Wie hoch ist der Anteil der Umworbenen, die das Produkt auch gekauft haben?		
Wie hoch ist der Anteil der Umworbenen, die sich auch einen Tag nach Ausstrahlung der Werbung noch an den Inhalt der Werbung erinnern?		
Hat sich durch die Werbung unser Marktanteil verändert?		
Wie hoch ist der Anteil der Umworbenen, die sich nach Ausstrahlung der Werbung für das Produkt interessieren?		

Aufgabe 7

Ein mittelständischer Kosmetikhersteller sucht nach Möglichkeiten einer modernen Werbung für seine Produkte. Dazu hat das Unternehmen Kontakt zu einer Marketing-Agentur aufgenommen. Diese prognostiziert dem Unternehmen eine Umsatzsteigerung von 20.000,00 €, wenn es die Agentur mit einer Online- und Direktmarketingkampagne beauftragen würde, die das Unternehmen 12.000,00 € kosten würde.

a Berechnen Sie die Werberendite.

b Selbst wenn die Vertriebsabteilung des Kosmetikherstellers von einer wesentlich geringeren Umsatzsteigerung ausginge, könnte es sinnvoll sein, die Kampagne durchzuführen. Nennen und erläutern Sie zwei Gründe.

Von: hans.peters@flybike-werke.de
An: ralf.gerland@flybike-werke.de, jan.sales@flybike-werke.de,
    sylvia.dogan@flybike-werke.de
Betreff: Vorschläge für Werbemaßnahmen
Datum: 03.02.20XX

Liebe Mitarbeiter/innen des Vertriebs,

um die angestrebten Ziele einer Umsatzerhöhung, der Erschließung neuer Kundengruppen und einer Erhöhung unseres Marktanteils erreichen zu können, planen wir in den nächsten Monaten neben umfangreichen Werbemaßnahmen auch eine Reihe anderer Marketingaktivitäten.

Bitte unterbreiten Sie der Geschäftsleitung Ihre detaillierten Vorschläge für weitere Marketingaktivitäten. Diese sollten passgenau auf unser Unternehmen – einen fahrradproduzierenden Betrieb mit 40 Mitarbeitern und einem Jahresumsatz von ca. 6,9 Mio. € – zugeschnitten sein. Zum Vergleich: Unser stärkster Konkurrent CMB hat einen Jahresumsatz von ca. 20 Mio. € und somit einen viel größeren finanziellen Spielraum.

Ich bin auf Ihre Vorschläge gespannt.

H. Peters

1 Verschaffen Sie sich mithilfe von Arbeitsblatt 47.1 einen Überblick über die weiteren Instrumente der Kommunikationspolitik neben der Absatzwerbung.

2 Überlegen Sie, welche Marketingaktivitäten in der Tabelle für die Fly Bike Werke GmbH infrage kommen. Entwickeln Sie entsprechende Vorschläge für Herrn Peters und orientieren Sie sich dabei an den Informationen in seiner E-Mail.

Arbeitsblatt 47.1: Weitere Instrumente der Kommunikationspolitik

	Public Relations (PR)	Sponsoring	Eventmarketing	Direktmarketing	Salespromotion
Allgemeine Definition					
Weitere Merkmale					
Ziele					
Beispiele					
Vorschläge für die Fly Bike Werke GmbH					

Aufgaben

Aufgabe 1
Erläutern Sie den Unterschied zwischen Productplacement und Schleichwerbung.

Aufgabe 2
Nennen Sie drei Beispiele für Productplacement.

Aufgabe 3
Ordnen Sie die folgenden Kommunikationsinstrumente den Situationen a – m zu.

> Absatzwerbung – Sponsoring – Public Relations – Salespromotion – Productplacement – Eventmarketing – Direktmarketing

a   In den Filialen einer Supermarktkette findet eine Verkostung von niederländischem Schnittkäse statt.

b   Ein deutsches Telekommunikationsunternehmen engagiert sich im Radrennsport. Das Logo dieses Unternehmens ist auf den Trikots abgedruckt.

c   In der Lokalzeitung findet sich eine Pressemitteilung über das Schrauben produzierende Unternehmen „Müller & Badenhagen KG", das sich mit Spenden für die ortsansässigen Behindertenwerkstätten engagiert hat.

d   Eine inländische Versicherung verschickt an ihre Kunden per Post Werbung über eine neu im Sortiment befindliche Lebensversicherung.

e   Ein ortsansässiges Unternehmen unterstützt die jährlich stattfindenden Festspiele. An den Bühnen sind Banner des Unternehmens angebracht.

f   Das zylinderproduzierende Unternehmen „Schmoll GmbH" veranstaltet eine Jubiläumsfeier für seine Mitarbeiter mit Musik, Catering und Kleinkunst regionaler Künstler. Außerdem findet eine Präsentation zur Geschichte des Unternehmens statt.

g   Im Fernsehen wird ein Spot eines Automobilherstellers ausgestrahlt.

h   „Reese's Pieces"-Schokobonbons werden in der Spielberg-Produktion „E.T." platziert.

i   Der Stromversorger „Pink Strom AG" informiert seine Kunden telefonisch über seine neuesten Angebote.

j   Ein ortsansässiges Unternehmen veranstaltet regelmäßig Betriebsbesichtigungen für Schulklassen.

k   An Litfaßsäulen finden sich Plakate eines Baumarktes.

l   Ein baumaschinenproduzierendes Unternehmen führt regelmäßig Schulungen für seine Händler durch.

m   Bei einem Getränkehersteller können Schulmaterialien über das Thema „Marketing bei einem Getränkehersteller" angefordert werden.

Aufgabe 4
Erläutern Sie den Unterschied zwischen Kundenpromotion und Händlerpromotion.

Aufgabe 5
Welche Instrumente der Kommunikationspolitik wendet Ihr Ausbildungsbetrieb an? Machen Sie eine Liste mit Beispielen.

Aufgabe 6

Lösen Sie das folgende Kreuzworträtsel zu den Instrumenten der Kommunikationspolitik.

ä, ö, ü = ae, oe, ue

(1)
(2)
(3)
(4)
(5)
(6)
(7)
(8)
(9)
(10)
(11)
(12)
(13)
(14)

1 Ein typisches Beispiel für _____ ist eine Betriebsbesichtigung.

2 Das Ergebnis beim Direktmarketing ist _____: Die Zahl der umworbenen Personen kann mit der Zahl der reagierenden Personen verglichen werden.

3 _____ ist ein Kommunikationsinstrument, das vor allem im kulturellen und sportlichen Bereich zur Anwendung kommt.

4 _____ ist ein Kommunikationsinstrument, bei dem der Kunde gezielt angesprochen und zu einer Antwort aufgefordert wird.

5 Typische Beispiele für _____ sind Verkostungen und Informationsmaterialien.

6 Beim Sponsoring steht weniger ein Produkt als vielmehr das Unternehmen im Vordergrund. Eine direkte _____ wird nicht angestrebt.

7 Es gibt zwei Arten von Salespromotion: Kunden- und _____.

8 Public Relations ist nicht auf Produkte bezogen. Im Mittelpunkt steht das _____ als Ganzes.

9 Die Events beim Eventmarketing sind unterhaltend und/oder liefern _____.

10 Im Vergleich zur eher langfristig ausgerichteten Öffentlichkeitsarbeit ist Salespromotion eher _____.

11 Beim _____ werden ein Unternehmen, seine Produkte und Dienstleistungen im Rahmen einer Veranstaltung präsentiert.

12 Das Besondere am Sponsoring: Es muss eine _____ erbracht werden.

13 Beim Sponsoring findet die Förderung in Form von Geld- und _____ statt.

14 Durch Public Relations soll u. a. ein positives _____ geschaffen werden.

SB → S. 467 ff. | Lernfeld 10, Kapitel 7.4

Unzulässige Werbung

Von: sylvia.dogan@flybike-werke.de
An: ralf.gerland@flybike-werke.de
Betreff: Werbung unseres Konkurrenten
Datum: 09.05.20XX

Lieber Herr Gerland,

als ich eben die Zeitung las, habe ich die beigefügte Werbung gefunden. Ich glaube nicht, dass wir uns das gefallen lassen müssen. Was meinen Sie?

Liebe Grüße

Sylvia Dogan

Ihr Kind soll sicher sein!

Entscheiden Sie sich daher für unser Kinderrad Lucky Kids Bike X. Im Gegensatz zu anderen Rädern wie z. B. dem KIDZBIKE ALU oder dem Speedrider haben wir umfassende Sicherheitselemente eingebaut. Und es sieht auch noch besser aus.

> Das neue
> **Lucky Kids Bike X**
> der Schröder Fahrradbau KG –
> **die bessere Wahl!**

Erhältlich in Ihrem Fahrradfachhandel!

Aus: Aktuelles Tagesblatt, 09.05.20XX, S. 19

1 Erklären Sie, ob es sich bei der Werbeanzeige um zulässige Werbung handelt. Nutzen Sie zur Beantwortung dieser Frage die Informationstexte 1 und 2 auf der nächsten Seite.

2 Erklären Sie, welche Nachteile der Fly Bike Werke GmbH durch diese Werbung entstehen.

3 Erklären Sie, wie die Fly Bike Werke GmbH auf diese Werbung reagieren sollte.

Informationstext 1

Ergebnisse des Produkttests Kinderfahrräder des Radverbandes Deutschland West und der Zeitschrift „Fahrrad heute" unter Mitarbeit eines renommierten, unabhängigen deutschen Testinstituts

	Mittlerer Preis in €	Fahreigenschaften (Gewichtung 40 %)	Sicherheit und Haltbarkeit (Gewichtung 40 %)	Einstellen und Reparieren (Gewichtung 20 %)	Qualitätsnote
Spyder z Treaton	199,00	gut (2,1)	gut (2,4)	befriedigend (3,0)	gut (2,4)
PGX Leutner Rad	129,00	gut (2,4)	befriedigend (3,0)	gut (1,9)	gut (2,5)
KIDZBIKE ALU Fly Bike Werke GmbH	159,00	befriedigend (3,0)	gut (1,8)	befriedigend (3,1)	gut (2,5)
Speedrider S KTM	226,00	befriedigend (2,8)	befriedigend (3,3)	befriedigend (3,0)	befriedigend (3,0)
Hot Rot Choc Next Gen Bike	190,00	befriedigend (3,4)	befriedigend (2,9)	ausreichend (3,8)	befriedigend (3,3)
Lucky Kids Bike X Schröder Fahrradbau	149,00	befriedigend (3,0)	befriedigend (3,4)	befriedigend (3,4)	befriedigend (3,2)
Nitronisus 769 BTP Binn	219,00	ausreichend (3,8)	ausreichend (4,5)	befriedigend (2,7)	ausreichend (3,9)

Informationstext 2

Auszug aus dem Gesetz gegen den unlauteren Wettbewerb (UWG)

§ 1 Zweck des Gesetzes

Dieses Gesetz dient dem Schutz der Mitbewerber, der Verbraucherinnen und Verbraucher sowie der sonstigen Marktteilnehmer vor unlauteren geschäftlichen Handlungen. Es schützt zugleich das Interesse der Allgemeinheit an einem unverfälschten Wettbewerb. [...]

§ 3 Verbot unlauterer geschäftlicher Handlungen

(1) Unlautere geschäftliche Handlungen sind unzulässig, wenn sie geeignet sind, die Interessen von Mitbewerbern, Verbrauchern oder sonstigen Marktteilnehmern spürbar zu beeinträchtigen.

(2) Geschäftliche Handlungen gegenüber Verbrauchern sind jedenfalls dann unzulässig, wenn sie nicht der für den Unternehmer geltenden fachlichen Sorgfalt entsprechen und dazu geeignet sind, die Fähigkeit des Verbrauchers, sich auf Grund von Informationen zu entscheiden, spürbar zu beeinträchtigen und ihn damit zu einer geschäftlichen Entscheidung zu veranlassen, die er andernfalls nicht getroffen hätte. Dabei ist auf den durchschnittlichen Verbraucher oder, wenn sich die geschäftliche Handlung an eine bestimmte Gruppe von Verbrauchern wendet, auf ein durchschnittliches Mitglied dieser Gruppe abzustellen. [...]

§ 4 Beispiele unlauterer geschäftlicher Handlungen

Unlauter handelt insbesondere, wer

1. geschäftliche Handlungen vornimmt, die geeignet sind, die Entscheidungsfreiheit der Verbraucher oder sonstiger Marktteilnehmer durch Ausübung von Druck, in menschenverachtender Weise oder durch sonstigen unangemessenen unsachlichen Einfluss zu beeinträchtigen;

2. geschäftliche Handlungen vornimmt, die geeignet sind, geistige oder körperliche Gebrechen, das Alter, die geschäftliche Unerfahrenheit, die Leichtgläubigkeit, die Angst oder die Zwangslage von Verbrauchern auszunutzen;

3. den Werbecharakter von geschäftlichen Handlungen verschleiert;

4. bei Verkaufsförderungsmaßnahmen wie Preisnachlässen, Zugaben oder Geschenken die Bedingungen für ihre Inanspruchnahme nicht klar und eindeutig angibt;

5. bei Preisausschreiben oder Gewinnspielen mit Werbecharakter die Teilnahmebedingungen nicht klar und eindeutig angibt;

6. die Teilnahme von Verbrauchern an einem Preisausschreiben oder Gewinnspiel von dem Erwerb einer Ware oder der Inanspruchnahme einer Dienstleistung abhängig macht, es sei denn, das Preisausschreiben oder Gewinnspiel ist naturgemäß mit der Ware oder der Dienstleistung verbunden;

7. die Kennzeichen, Waren, Dienstleistungen, Tätigkeiten oder persönlichen oder geschäftlichen Verhältnisse eines Mitbewerbers herabsetzt oder verunglimpft;

8. über die Waren, Dienstleistungen oder das Unternehmen eines Mitbewerbers oder über den Unternehmer oder ein Mitglied der Unternehmensleitung Tatsachen behauptet oder verbreitet, die geeignet sind, den Betrieb des Unternehmens oder den Kredit des Unternehmers zu schädigen, sofern die Tatsachen nicht erweislich wahr sind [...]

§ 5 Irreführende geschäftliche Handlungen

(1) Unlauter handelt, wer eine irreführende geschäftliche Handlung vornimmt. Eine geschäftliche Handlung ist irreführend, wenn sie unwahre Angaben enthält oder sonstige zur Täuschung geeignete Angaben über folgende Umstände enthält:

1. die wesentlichen Merkmale der Ware oder Dienstleistung wie Verfügbarkeit, Art, Ausführung, Vorteile, Risiken, Zusammensetzung, Zubehör, Verfahren oder Zeitpunkt der Herstellung, Lieferung oder Erbringung, Zwecktauglichkeit, Verwendungsmöglichkeit, Menge, Beschaffenheit, Kundendienst und Beschwerdeverfahren, geographische oder betriebliche Herkunft, von der Verwendung zu erwartende Ergebnisse oder die Ergebnisse oder wesentlichen Bestandteile von Tests der Waren oder Dienstleistungen;

2. den Anlass des Verkaufs wie das Vorhandensein eines besonderen Preisvorteils, den Preis oder die Art und Weise, in der er berechnet wird, oder die Bedingungen, unter denen die Ware geliefert oder die Dienstleistung erbracht wird [...]

§ 6 Vergleichende Werbung

(1) Vergleichende Werbung ist jede Werbung, die unmittelbar oder mittelbar einen Mitbewerber oder die von einem Mitbewerber angebotenen Waren oder Dienstleistungen erkennbar macht.

(2) Unlauter handelt, wer vergleichend wirbt, wenn der Vergleich

1. sich nicht auf Waren oder Dienstleistungen für den gleichen Bedarf oder dieselbe Zweckbestimmung bezieht,

2. nicht objektiv auf eine oder mehrere wesentliche, relevante, nachprüfbare und typische Eigenschaften oder den Preis dieser Waren oder Dienstleistungen bezogen ist,

3. im geschäftlichen Verkehr zu einer Gefahr von Verwechslungen zwischen dem Werbenden und einem Mitbewerber oder zwischen den von diesen angebotenen Waren oder Dienstleistungen oder den von ihnen verwendeten Kennzeichen führt,

4. den Ruf des von einem Mitbewerber verwendeten Kennzeichens in unlauterer Weise ausnutzt oder beeinträchtigt,

5. die Waren, Dienstleistungen, Tätigkeiten oder persönlichen oder geschäftlichen Verhältnisse eines Mitbewerbers herabsetzt oder verunglimpft [...]

§ 7 Unzumutbare Belästigungen

(1) Eine geschäftliche Handlung, durch die ein Marktteilnehmer in unzumutbarer Weise belästigt wird, ist unzulässig. Dies gilt insbesondere für Werbung, obwohl erkennbar ist, dass der angesprochene Marktteilnehmer diese Werbung nicht wünscht.

(2) Eine unzumutbare Belästigung ist stets anzunehmen

1. bei Werbung unter Verwendung eines in den Nummern 2 und 3 nicht aufgeführten, für den Fernabsatz geeigneten Mittels der kommerziellen Kommunikation, durch die ein Verbraucher hartnäckig angesprochen wird, obwohl er dies erkennbar nicht wünscht;

2. bei Werbung mit einem Telefonanruf gegenüber einem Verbraucher ohne dessen vorherige ausdrückliche Einwilligung oder gegenüber einem sonstigen Marktteilnehmer ohne dessen zumindest mutmaßliche Einwilligung,

3. bei Werbung unter Verwendung einer automatischen Anrufmaschine, eines Faxgerätes oder elektronischer Post, ohne dass eine vorherige ausdrückliche Einwilligung des Adressaten vorliegt, oder

4. bei Werbung mit einer Nachricht, bei der die Identität des Absenders, in dessen Auftrag die Nachricht übermittelt wird, verschleiert oder verheimlicht wird oder bei der keine gültige Adresse vorhanden ist, an die der Empfänger eine Aufforderung zur Einstellung solcher Nachrichten richten kann, ohne dass hierfür andere als die Übermittlungskosten nach den Basistarifen entstehen. [...]

§ 8 Beseitigung und Unterlassung

(1) Wer eine nach § 3 oder § 7 unzulässige geschäftliche Handlung vornimmt, kann auf Beseitigung und bei Wiederholungsgefahr auf Unterlassung in Anspruch genommen werden. Der Anspruch auf Unterlassung besteht bereits dann, wenn eine derartige Zuwiderhandlung gegen § 3 oder § 7 droht.

(2) Werden die Zuwiderhandlungen in einem Unternehmen von einem Mitarbeiter oder Beauftragten begangen, so sind der Unterlassungsanspruch und der Beseitigungsanspruch auch gegen den Inhaber des Unternehmens begründet. [...]

§ 9 Schadensersatz

Wer vorsätzlich oder fahrlässig eine nach § 3 oder § 7 unzulässige geschäftliche Handlung vornimmt, ist den Mitbewerbern zum Ersatz des daraus entstehenden Schadens verpflichtet. Gegen verantwortliche Personen von periodischen Druckschriften kann der Anspruch auf Schadensersatz nur bei einer vorsätzlichen Zuwiderhandlung geltend gemacht werden.

Arbeitsblatt 48.1: Unzulässige Werbung

Füllen Sie die folgende Tabelle aus.

Unzulässige Werbung		
Es ist notwendig, dass der Gesetzgeber Regelungen zur Ausgestaltung von und zum Vorgehen bei Werbung festlegt, weil …		
Verbotene Werbemaßnahmen		
unlautere geschäftliche Handlungen, z. B.: · Ausüben von Druck, um Entscheidungsfreiheit einzuschränken	**irreführende geschäftliche Handlungen, z. B.:** · ·	
unzumutbare Belästigungen, z. B.: · · · ·	**vergleichende Werbung, wenn …** · · · · ·	
Das Gesetz sieht rechtliche Folgen für unzulässige Werbung vor. Diese sind: · · ·		

Aufgaben

Aufgabe 1

Sie sind Auszubildender in einem Industrieunternehmen, das Möbel herstellt und zudem ein eigenes Möbelhaus betreibt. Sie nehmen an einem Meeting teil, in dem die Werbestrategien für das kommende Quartal geplant werden.

a Markieren Sie in den Vorschlägen der Kollegen die Formulierungen, die für eine rechtliche Bewertung relevant sind.

Herr Steiner: „Guten Tag, meine Damen und Herren. Heute müssen wir über die kommenden Werbemaßnahmen sprechen. Unsere Umsätze sind drastisch eingebrochen, so dass ich eine aggressive Werbung für sinnvoll halte."

Frau Meier: „Die Leute mögen doch Lagerverkäufe. Die denken, da bekommen sie alles geschenkt. Ich würde vorschlagen, wir werben damit, dass eine Renovierung des Lagers ansteht und deswegen ein großer Lagerabverkauf stattfindet. Und wir werben zusätzlich damit, dass es 500 Regalsysteme Style zum halben Preis gibt.

Herr Steiner: „Aber das Lager wird doch gar nicht renoviert! Und von dem Regalsystem Style haben wir nur noch etwa 100 Stück auf Lager. Da die Produktion schon umgestellt ist, können wir auch keine weiteren herstellen."

Frau Meier: „Das ist doch völlig egal. Hauptsache, die Leute kommen. Und wenn sie erst mal da sind, kaufen die auch."

Herr Iszmir: „Meine Nachbarin hat letzte Woche eine Küche bei Möbel Reichelt-Röhm gekauft. Sie musste für das Ausmessen der Küche extra zahlen. Das steht sogar in deren AGB. Vielleicht sollten wir da ansetzen. Mir fällt da die Aussage ein: Anders als bei Reichelt-Röhm zahlen Sie bei uns nichts fürs Ausmessen der Küche. Gut und günstig gibt's bei uns."

Frau Meier: „Das finde ich irgendwie zu unspektakulär. Vielleicht könnte man den Kunden von BADMÖBEL einen 30-%-Rabatt-Gutschein geben. Und da drucken wir ganz klein drauf, dass die Kunden dann verpflichtet sind, auch noch Handtücher oder Ähnliches in einem bestimmten Wert bei uns zu kaufen. Die Bedingungen des Gutscheins lesen viele bestimmt erst nach dem Kauf."

Herr Steiner: „Nein, so etwas möchte ich nicht machen. Da kommen die Kunden ja nie wieder. Was halten Sie denn von einer Telefonaktion? Wir rufen unsere Kunden einfach an und informieren Sie über die aktuellen Rabatte."

Herr Iszmir: „Das ist eine gute Idee. Und wenn wir zu wenig Personal für so eine Telefonaktion haben, können wir doch einfach eine automatische Anrufmaschine nutzen. Dann erreichen wir mehr Personen."

Frau Meier: „So etwas finde ich nicht gut. Bei automatischen Anrufmaschinen legen die Leute doch sofort wieder auf. Bei einem persönlichen Telefonkontakt kann man dagegen Argumente anbringen, die zu der Zielgruppe passen. Stellen Sie sich vor, da gehen Rentner ans Telefon. Denen kann man am Telefon ja fast alles erzählen. Und wenn die erst mal hier sind und von unseren Verkäufern entsprechend bearbeitet wurden, werden die schon was kaufen."

Herr Steiner: „Irgendwie fühle ich mich nicht wohl mit den Vorschlägen. Vielleicht bleiben wir ja doch bei unserer klassischen Werbung. Ich schlage vor, dass wir in den nächsten Wochen noch Zusatzaktionen wie kostenlosen Sekt, Kinderschminken oder artistische Vorstellungen im Möbelhaus veranstalten und das entsprechend bekannt machen."

b Beurteilen Sie die Zulässigkeit der Vorschläge mithilfe der folgenden Tabelle.

Vorschlag	Zulässig oder unzulässig?	Begründung

Aufgabe 2

Erklären Sie mit eigenen Worten, was unter einer unlauteren geschäftlichen Handlung zu verstehen ist.

Aufgabe 3

Erklären Sie, wann Werbung rechtlich als vergleichende Werbung einzuordnen ist.

Aufgabe 4

Wenn Sie auf unzulässige Weise umworben werden, können Sie sich an einen Rechtsanwalt wenden. Es gibt jedoch auch andere Institutionen, die sich mit diesem Thema befassen.

a Recherchieren Sie im Internet, welche Aufgaben der Deutsche Werberat und die Verbraucherschutzzentralen haben.

b Recherchieren Sie die Angebote Ihrer nächstgelegenen Verbraucherschutzzentrale.

Absatzorganisation und Absatzwege

```
Von: hans.peters@flybike-werke.de
An: ralf.gerland@flybike-werke.de
Betreff: Überprüfung der Absatzorganisation
Datum: 10.08.20XX
```

Sehr geehrter Herr Gerland,

bisher vertreiben wir unsere Produkte und Handelswaren ausschließlich von unserem Hauptsitz in Oldenburg aus. Zudem ist Ihre Vertriebsabteilung – wie auch andere Abteilungen – bisher kundenorientiert aufgebaut. Aufgrund der Einführung des neuen Premium-E-Bikes und eines immer härter werdenden Wettbewerbs bitte ich Sie, zu prüfen, ob diese Art der inneren sowie äußeren Absatzorganisation noch angemessen ist, und mir gegebenenfalls entsprechende Gegenvorschläge zu präsentieren.

Vielen Dank

H. Peters

1 Erklären Sie, was unter einer kundenorientierten Organisation zu verstehen ist, und stellen Sie mithilfe von Arbeitsblatt 49.1 die aktuelle innere Absatzorganisation der Vertriebsabteilung der Fly Bike Werke GmbH grafisch dar. Berücksichtigen Sie dabei die Aufgabenbereiche „Akquisition und Kundenbetreuung", „Auftragsbearbeitung", „Verkaufsabrechnung und Auswertungen" und „Marketing".

2 Es gibt weitere Möglichkeiten der inneren Absatzorganisation. Stellen Sie mithilfe von Arbeitsblatt 49.1 jeweils eine Möglichkeit der funktionsorientierten, der produktorientierten und der gebietsorientierten Absatzorganisation innerhalb der Vertriebsabteilung dar. Berücksichtigen Sie dabei die Aufgabenbereiche aus Arbeitsauftrag 1.

3 Neben der inneren gibt es auch eine äußere Absatzorganisation. Erklären Sie mithilfe von Arbeitsblatt 49.2 kurz den Unterschied zwischen beiden.

4 Bei der äußeren Absatzorganisation wird grundsätzlich zwischen zentralem und dezentralem Absatz unterschieden. Die Entscheidung für eine der beiden Varianten muss gut abgewogen werden. Stellen Sie mithilfe von Arbeitsblatt 49.2 jeweils die Vorteile und Nachteile dar.

5 Über die Umstrukturierung der Absatzorganisation und der Absatzwege der Fly Bike Werke GmbH muss eine Entscheidung getroffen und Herrn Peters dargelegt werden. Überlegen Sie sich jeweils einen Vorschlag für die innere und äußere Absatzorganisation und begründen Sie ihn.

Arbeitsblatt 49.1: Innere Absatzorganisation

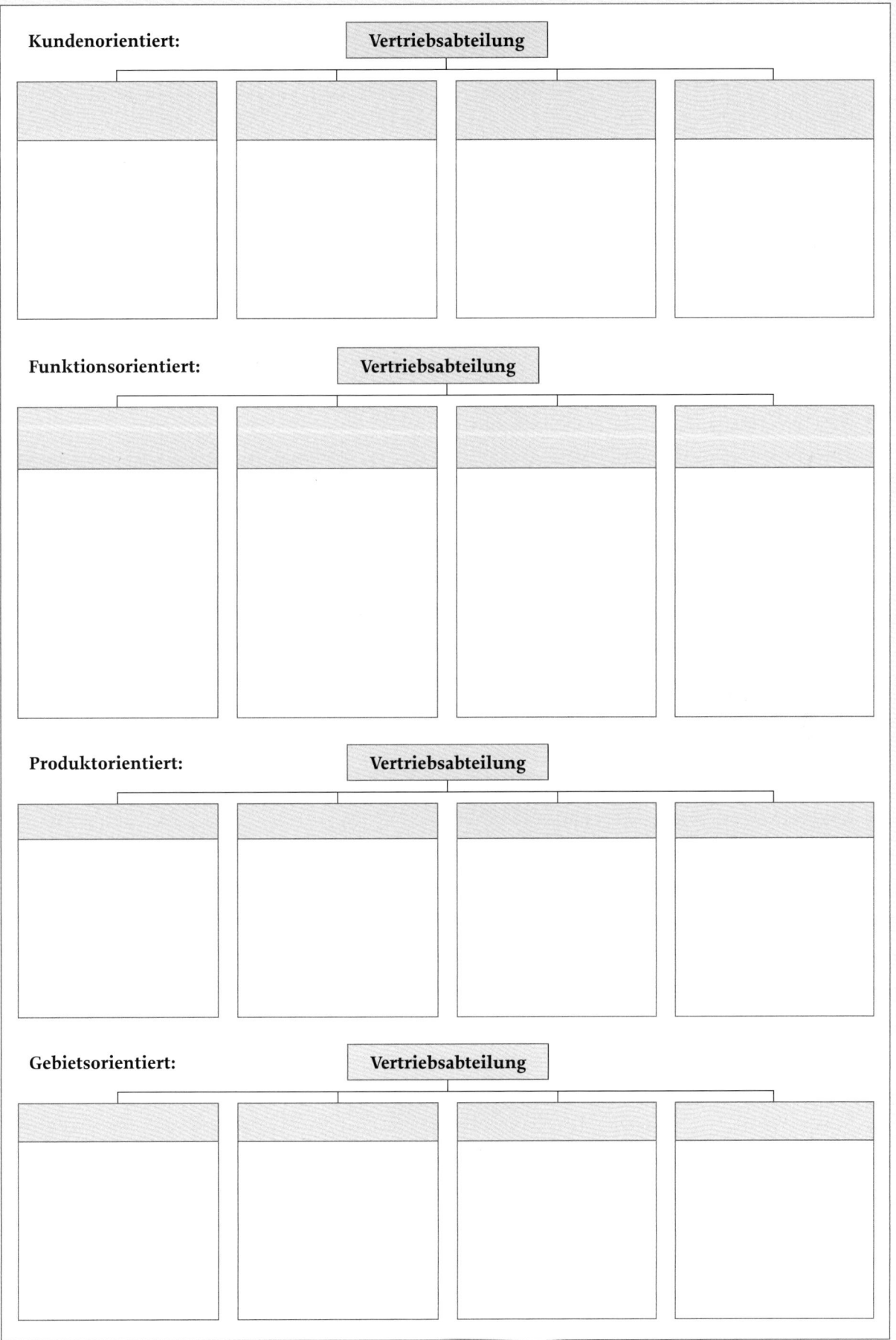

Arbeitsblatt 49.2: Absatzorganisation und Absatzwege

1 Vergleichen Sie die innere und die äußere Absatzorganisation.

	Innere Absatzorganisation	Äußere Absatzorganisation
Definition		
Formen		

2 Vergleichen Sie den zentralen und den dezentralen Absatz.

	Zentraler Absatz	Dezentraler Absatz
Vorteile		
Nachteile		

3 Vergleichen Sie den direkten und den indirekten Absatz.

	Direkter Absatz	Indirekter Absatz
Definition		
Vorteile		

Aufgaben

Aufgabe 1

Ein Lebensmittelhersteller vertreibt seine Erzeugnisse ausschließlich vom Hauptsitz des Unternehmens in Köln aus. Die Abnehmer sind durchgängig Großhändler und der Vertrieb ist wie folgt organisiert:

```
                        ┌─────────────────┐
                        │  Vertrieb Köln  │
                        └─────────────────┘
     ┌──────────────┬──────────┬──────────────┬───────────────┬──────────┐
┌──────────────┐ ┌────────┐ ┌──────────────┐ ┌───────────────┐ ┌─────────┐
│Nordrhein-    │ │ Hessen │ │Niedersachsen │ │Rheinland-Pfalz│ │ Holland │
│Westfalen     │ │        │ │              │ │               │ │         │
└──────────────┘ └────────┘ └──────────────┘ └───────────────┘ └─────────┘
```

a Welche Form der inneren und äußeren Absatzorganisation setzt das Unternehmen ein und welche Art von Absatzweg hat es gewählt?

b Nennen Sie drei Vorteile der oben dargestellten Form der inneren Organisation.

c Welche weiteren Möglichkeiten der inneren Absatzorganisation gäbe es für das Lebensmittelunternehmen?

d Entscheiden Sie, ob die folgenden Aussagen Vorteile des direkten oder des indirekten Absatzweges sind:

Aussage	Vorteil des direkten Absatzweges	Vorteil des indirekten Absatzweges	kein Vorteil
Das Unternehmen hat eine enge Kundenbindung.			
Die Lagerhaltungskosten sind niedrig.			
Die Kosten für die Vertriebsorganisation sind hoch.			
Das Unternehmen kann den Preis bis zum Konsumenten beeinflussen.			
Das Absatzrisiko ist hoch.			
Das Know-how bleibt im Unternehmen.			

Aufgabe 2

Sollten die folgenden zwei Unternehmen den direkten oder den indirekten Absatz wählen? Nennen Sie jeweils drei Gründe.

a Unternehmen für Pflegeprodukte

b Unternehmen für Maschinenbau

Aufgabe 3

Beschreiben Sie die innere und die äußere Absatzorganisation Ihres Ausbildungsbetriebs.

Mein Ausbildungsbetrieb: _____

Innere Absatzorganisation	Organisationsprinzipien:	Beispiele:
Äußere Absatzorganisation	Organisationsprinzipien:	Beispiele:

Von: hans.peters@flybike-werke.de
An: ralf.gerland@flybike-werke.de
Betreff: Geeignete Absatzwege und Absatzmittler
Datum: 17.10.20XX

Sehr geehrter Herr Gerland,

gegenwärtig setzen wir 60 % unserer Räder in Deutschland ab, den größten Teil davon im norddeutschen Raum, wo unsere Reisenden regelmäßig die Kunden besuchen. Weitere 25 % gelangen über internationale Großhändler an den Fahrradeinzelhandel in den Benelux-Ländern und Osteuropa. Die restlichen 15 % werden über Private-Label-Kunden abgesetzt.

Wie Sie wissen, sprechen die neuesten Marktforschungsergebnisse dafür, dass wir unseren Absatz in Süddeutschland und Südeuropa erheblich ausweiten sollten. Vor diesem Hintergrund sollten wir auch überlegen, welche Absatzwege und Absatzmittler für welche Gebiete und Produkte geeignet sind und ob wir stärker als bisher auf Handelsvertreter und Kommissionäre zurückgreifen sollten. Bitte prüfen Sie dies und präsentieren Sie mir entsprechende Vorschläge.

Vielen Dank

H. Peters

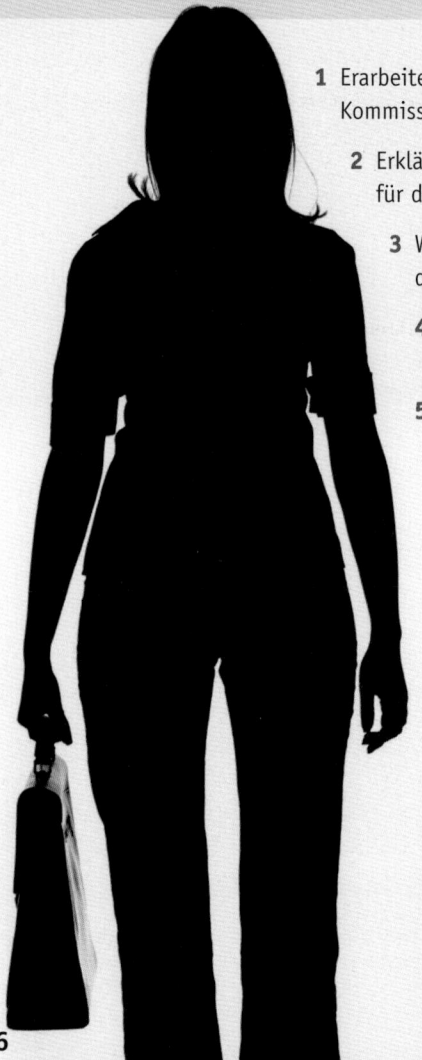

1 Erarbeiten Sie die Unterschiede zwischen einem Reisenden, einem Handelsvertreter, einem Kommissionär und einem Handelsmakler. Nutzen Sie hierfür Arbeitsblatt 50.1.

2 Erklären Sie, welche Bedeutung die Übernahme des Delkredere durch einen Kommissionär für die Fly Bike Werke GmbH hat.

3 Warum können die Reisenden der Fly Bike Werke GmbH die neuen Absatzgebiete in Süddeutschland und Südeuropa nicht bedienen?

4 Welche Art von Absatzmittler würden Sie in Süddeutschland einsetzen und welche Art in Südeuropa? Begründen Sie Ihre Entscheidung.

5 In Bezug auf den Vertrieb des neuen Fitness-Bikes erwägt die Fly Bike Werke GmbH, mit den Großhandelsgeschäften Kommissionsverträge abzuschließen. Welche Vorteile bietet diese Beziehung den Vertragspartnern?

6 Die Fly Bike Werke GmbH hat sich im Absatzgebiet Süddeutschland für einen Handelsvertreter entschieden und dies im Unternehmen bekannt gegeben. Herr Bruns, ein Handlungsreisender der Fly Bike Werke GmbH, der sich aus persönlichen Gründen nach Süddeutschland orientieren möchte, ist über diese Entwicklung hocherfreut. Nachdem die Anzeige in einer Fachzeitschrift erschienen ist, bewirbt er sich als Handelsvertreter für die Fly Bike Werke GmbH.

a Ermitteln Sie die Einkommensalternativen (Fälle 1 bis 5) von Herrn Bruns als Reisender und als Handelsvertreter. Nutzen Sie hierfür ein Tabellenkalkulationsprogramm oder die folgende Tabelle. Beachten Sie dabei, dass ein Reisender 13 Monatsgehälter (nur Fixgehalt) im Jahr bekommt.

Entlohnungsalternativen für Herrn Bruns			
Als Reisender		**Fixgehalt**	**Provision**
Fall 1	bisherige Entlohnung	2.340,00 €/Monat	0 %
Fall 2	Fixgehalt und Provision	1.500,00 €/Monat	2 %
Fall 3	Fixgehalt und Provision	1.000,00 €/Monat	3 %
Als Handelsvetreter		**Fixgehalt**	**Provision**
Fall 4	kein Fixgehalt	0,00 €/Monat	6,5 %
Fall 5	kein Fixgehalt	0,00 €/Monat	8,5 %

Jahresverdienst in €					
Jahresumsatz	**Fall 1**	**Fall 2**	**Fall 3**	**Fall 4**	**Fall 5**
100.000,00 €					
150.000,00 €					
200.000,00 €					
250.000,00 €					
300.000,00 €					
350.000,00 €					
400.000,00 €					
450.000,00 €					

b Welche Entgeltregelung wäre für die Fly Bike Werke GmbH optimal, wenn sie für das Absatzgebiet Süddeutschland von einem Umsatz von 300.000,00 € im Folgejahr ausgeht?

c Nehmen Sie die Fälle 3 und 5 als Ausgangspunkt und berechnen Sie die kritische Menge, ab der ein Reisender kostengünstiger ist als ein Handelsvertreter. Stellen Sie den Kostenvergleich zwischen den Fällen 3 und 5 auch grafisch dar.

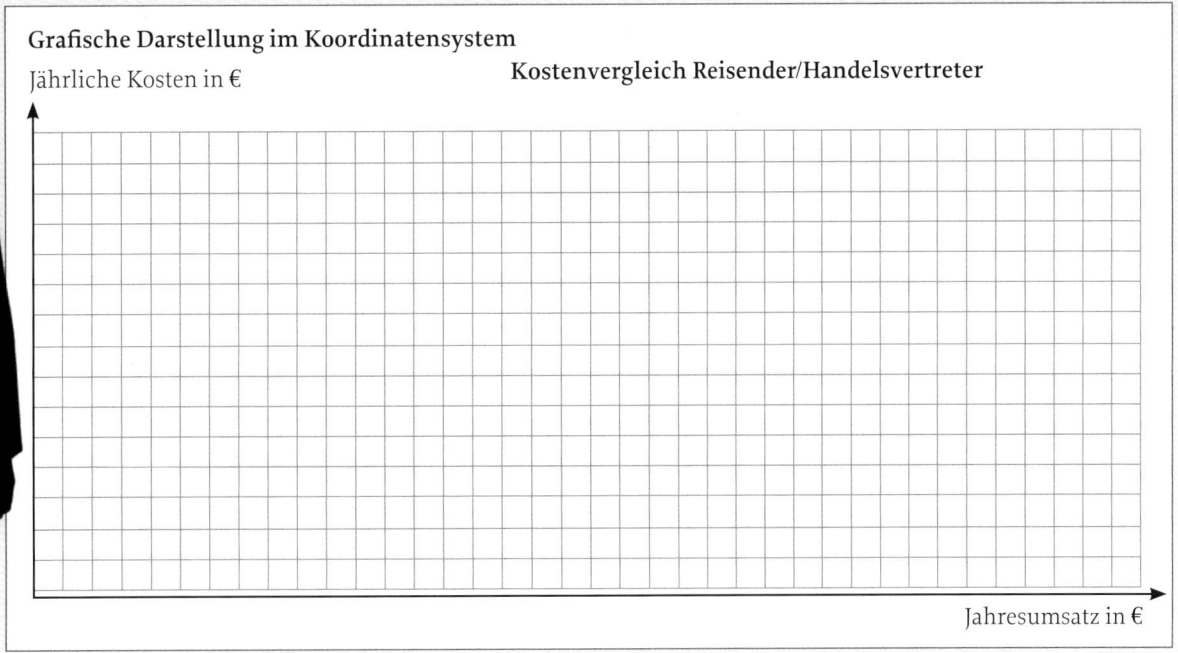

Grafische Darstellung im Koordinatensystem

Jährliche Kosten in €   Kostenvergleich Reisender/Handelsvertreter

Jahresumsatz in €

d Welche Faktoren außer den Kosten sollte die Fly Bike Werke GmbH bei der Entscheidungsfindung berücksichtigen?

Arbeitsblatt 50.1: Absatzmittler

	Reisender	Handelsvertreter	Kommissionär	Handelsmakler
Vertragsverhältnis				
Weisungs-gebundenheit				
Vertragsabschluss mit dem Kunden				
Vollmachten				
Entlohnung				
Dauer der Tätigkeit (ständig oder fall-weise)				
Vorteile aus Unter-nehmenssicht				

Arbeitsblatt 104.2: Vergleich der Kosten von Reisendem und Handelsvertreter (auf Jahresbasis)

Kostenfaktoren beim Reisendem und beim Handelsvertreter		
	Reisender	**Handelsvertreter**
Fixgehalt	13.000,00 €/a	–
Provision	3,0 % vom Umsatz	8,5 %
Personalzusatzkosten (z. B. Arbeitgeberanteil zur Sozialversicherung)	66,0 %, bezogen auf das Bruttogehalt (= Fixgehalt + Provision)	–
Spesen	durchschnittlich 800,00 € im Monat	–

Kostenvergleichstabelle							
Umsatz (pro Jahr) in €	**Reisender**						**Handelsvertreter**
Wert	Fixgehalt	Provision	Bruttoverdienst	Personalzusatzkosten	Spesen	Gesamtkosten	Provision
750.000,00							
800.000,00							
850.000,00							
900.000,00							
950.000,00							
1.000.000,00							
1.050.000,00							

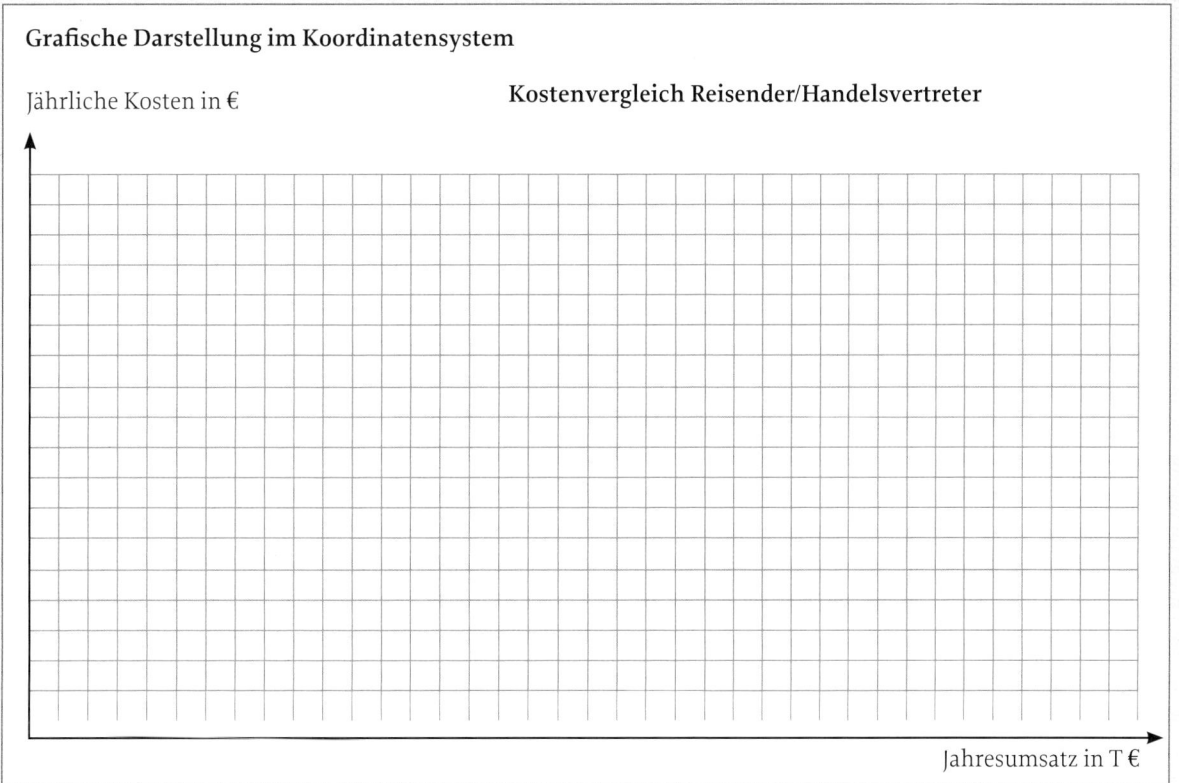

Grafische Darstellung im Koordinatensystem

Jährliche Kosten in €   Kostenvergleich Reisender/Handelsvertreter

Jahresumsatz in T €

Aufgaben

Aufgabe 1

Sie arbeiten in der Fitnessgerätebranche. Nach einer Sitzung der Geschäftsführung gibt Ihr Vorgesetzter Ihnen den Auftrag, zu prüfen, inwieweit der Einsatz eines Handlungsreisenden bzw. eines Handelsvertreters im neu zu erschließenden Absatzgebiet in Nordeuropa sinnvoll ist.

a Der Handelsvertreter würde eine Umsatzprovision von 10 % erhalten. Für den Handlungsreisenden ist ein Fixgehalt von 1.350,00 € für 13 Monate üblich, kombiniert mit einer Umsatzprovision von 4 %. Berechnen Sie, welcher Jahresumsatz mindestens erzielt werden muss, damit der Einsatz eines Handlungsreisenden sinnvoll ist.

b Nennen Sie je vier Gründe für den Einsatz eines Handlungsreisenden und eines Handelsvertreters.

c Nach Ihrer Prüfung kommt die Geschäftsführung zu keiner abschließenden Entscheidung und bittet Sie, eine weitere Möglichkeit des Vertriebs zu prüfen. Listen Sie die Vor- und Nachteile eines Vertriebs der Fitnessgeräte auf Kommissionsbasis auf. Entscheiden Sie dann, ob dies eine Alternative zum Handelsvertreter sein kann.

d Erläutern Sie, wer den Schaden trägt, wenn der Kunde beim Verkauf durch den Handelsvertreter bzw. Kommissionär seiner Zahlungspflicht nicht nachkommt.

Aufgabe 2

Ordnen Sie den Absatzorganen in der Tabelle zunächst die typischen Beispiele a – g und anschließend einige typische Produktgruppen zu.

a Kauf eines Damenanzugs von Taifun im Werk des Herstellers in Bielefeld

b Kauf einer Küchenmaschine der Firma Vorwerk

c Kauf eines Volvos in einer Filiale des Herstellers in Bonn

d Kauf einer Druckmaschine für spezielle Anforderungen bei Offset GmbH in Kassel

e Kauf einer externen Festplatte bei eBay

f Kauf eines Softgetränks am Automaten auf dem Flughafen Köln/Bonn

g Kauf einer neuartigen Maschine auf der Maschinenfachmesse in Berlin

Absatzorgan	Typisches Beispiel	Typische Produktgruppen
E-Commerce		
Handlungsreisender		
Geschäftsleitung/Verkaufsabteilung		
Verkaufsniederlassung (Filiale)		
Automaten		
Werks-/Lagerverkauf		
Marktveranstaltungen (Messen, Ausstellungen, Börsen)		

Aufgabe 3

Bei den Absatzorganen unterscheidet man zwischen betriebsfremden und betriebseigenen Organen. Nennen Sie je drei Beispiele und erklären Sie diese kurz.

Aufgabe 4

Erläutern Sie den Unterschied zwischen einer Abschlussvollmacht und einer Vermittlungsvollmacht.

Aufgabe 5

Aufgrund von Kundenbeschwerden muss Herr Gerland dringend ein Gespräch mit der Reisenden Frau Guter führen.

Frau Guter ist erst seit kurzem Reisende der Fly Bike Werke GmbH. Sie ist täglich unterwegs und besucht die Kunden. Doch erst nach Wochen informiert Frau Guter das Unternehmen über ihre Besuche, außerdem lässt sie Herrn Gerland über den Abschluss von Verträgen im Unklaren. Sie leitet die Ordersätze aus den Verkaufsgesprächen stets verspätet weiter, sodass die Kunden bereits ihre Unzufriedenheit geäußert haben.

Ein Kunde möchte Frau Guter zum Ende eines Verkaufsgesprächs eine ausstehende Forderung in bar bezahlen, Frau Guter lehnt dies jedoch ab. Ein anderer Kunde verlangt von Frau Guter eine Preisminderung und einen Aufschub des Zahlungsziels, da er bei der letzten Lieferung keine einwandfreie Ware erhalten hat. Auch diese beiden Forderungen lehnt Frau Guter ab.

Nach anstrengenden ersten Wochen rechnet Frau Guter mit der Fly Bike Werke GmbH ihre Spesen und ihr Honorar ab.

Da ihre Tätigkeit als Reisende bisher nicht besonders erfolgreich war, entschließt sie sich, für ein ähnliches Unternehmen auf 400-€-Basis zu arbeiten. Frau Guter fühlt sich sehr wohl im Konkurrenzunternehmen und legt einem Reisenden der Konkurrenz die Preisbildung der Fly Bike Werke GmbH offen.

a Welche Pflichten und Rechte eines Handlungsreisenden werden durch die Verhaltensweisen von Frau Guter berührt?

b Beurteilen Sie die Verhaltensweisen von Frau Guter.

Aufgabe 6

Der Geschäftsführer der Fly Bike Werke GmbH hat eine Vision, wie sein Unternehmen auf längere Sicht expandieren könnte. In dieser Vision sieht er die Fly Bike Werke GmbH als Franchisegeber.

a Erklären Sie das Franchise-System.

b Welche Leistungen muss die Fly Bike Werke GmbH bieten, um als Franchisegeber attraktiv zu sein?

c Welche Pflichten hat ein Franchisenehmer?

d Welche Vorteile bietet Franchise für Franchisegeber und Franchisenehmer?

e Sammeln Sie Beispiele für das Franchise-System.

SB → S. 483 | Lernfeld 10, Kapitel 8.1.5

E-Commerce

Die Fly Bike Werke GmbH hat ihre Fahrräder bislang über Fachhandelsunternehmen mit eigenen Filialen, Fahrradgroßhandelsunternehmen, die den Fahrradeinzelhandel in Deutschland beliefern, und über Großhändler in mehreren europäischen Ländern verkauft. Hinzu kommt der Verkauf an ein Kaufhaus und einen „Cash-and-Carry"-Konzern, welche die Fahrräder unter eigenem Markennamen vertreiben. Herr Peters, der Geschäftsführer der Fly Bike Werke GmbH, denkt nun über die Einführung eines Online-Shops nach.

Von: hans.peters@flybike-werke.de
An: ralf.gerland@flybike-werke.de
Betreff: Einführung eines Online-Shops
Datum: 18.02.20XX

Lieber Herr Gerland,

wie Sie wissen, eröffnet die enorme Ausbreitung des Internets neue Möglichkeiten für den Verkauf von Produkten und Dienstleistungen und ein großes Wachstumspotenzial für die Wirtschaft. Der Versandhandelsumsatz ist in den letzten Jahren stetig gestiegen. Deshalb stellt sich die Frage, ob die Einführung eines Online-Shops auch für uns eine sinnvolle Maßnahme wäre.

Bitte überprüfen Sie diese Frage und präsentieren Sie die Ergebnisse auf der nächsten Abteilungsleitersitzung.

Vielen Dank

H. Peters

1 Definieren Sie den Begriff „E-Commerce".

2 Nennen Sie die Vorteile des E-Commerce für den Verkäufer und für den Käufer.

Vorteile für den Verkäufer	Vorteile für den Käufer

3 Werten Sie die folgende Grafik aus.

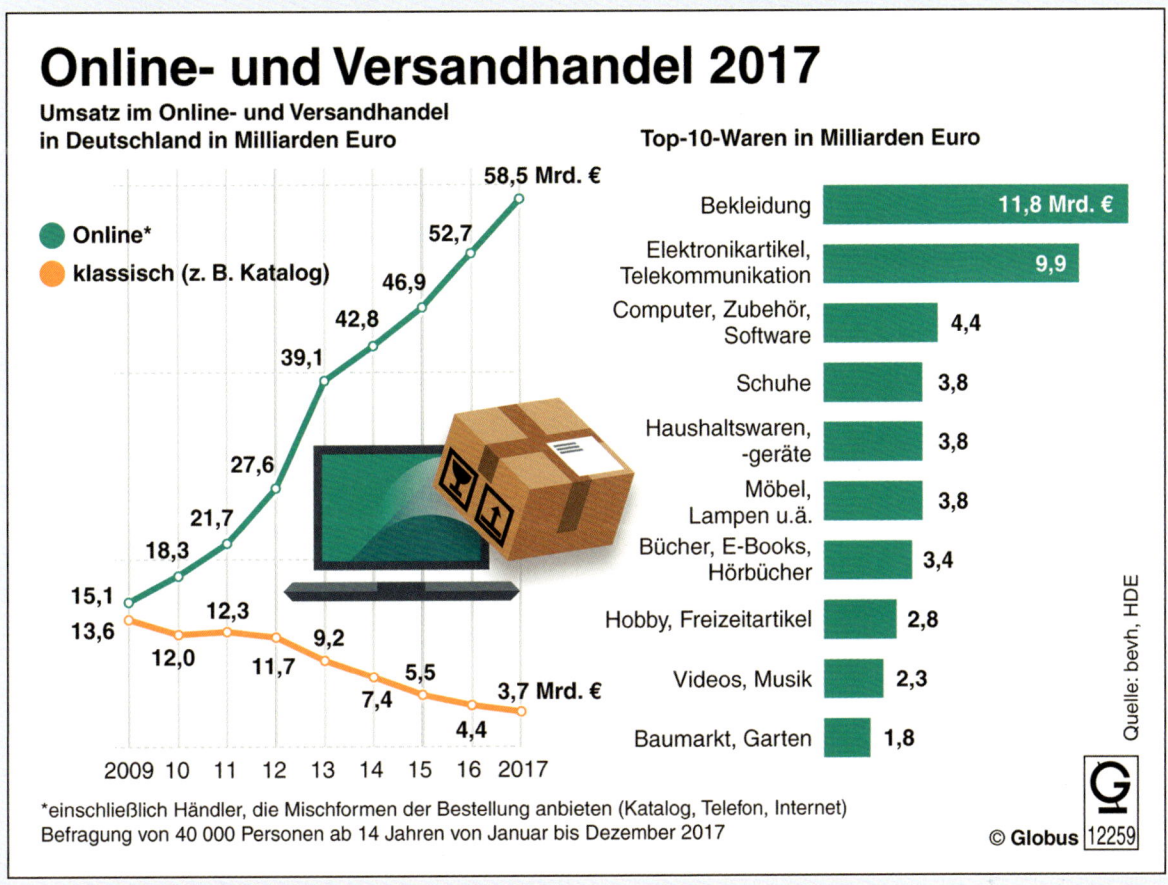

Online- und Versandhandel 2017

**Umsatz im Online- und Versandhandel
in Deutschland in Milliarden Euro**

Top-10-Waren in Milliarden Euro

- ● Online*
- ● klassisch (z. B. Katalog)

Online-Werte:
15,1 · 18,3 · 21,7 · 27,6 · 39,1 · 42,8 · 46,9 · 52,7 · 58,5 Mrd. €

klassisch-Werte:
13,6 · 12,0 · 12,3 · 11,7 · 9,2 · 7,4 · 5,5 · 4,4 · 3,7 Mrd. €

2009 10 11 12 13 14 15 16 2017

*einschließlich Händler, die Mischformen der Bestellung anbieten (Katalog, Telefon, Internet)
Befragung von 40 000 Personen ab 14 Jahren von Januar bis Dezember 2017

Top-10-Waren:

Ware	Mrd. €
Bekleidung	11,8 Mrd. €
Elektronikartikel, Telekommunikation	9,9
Computer, Zubehör, Software	4,4
Schuhe	3,8
Haushaltswaren, -geräte	3,8
Möbel, Lampen u.ä.	3,8
Bücher, E-Books, Hörbücher	3,4
Hobby, Freizeitartikel	2,8
Videos, Musik	2,3
Baumarkt, Garten	1,8

Quelle: bevh, HDE

© Globus 12259

4 Entscheiden Sie mithilfe der bisher erarbeiteten Informationen, ob für die Fly Bike Werke GmbH ein Online-Shop sinnvoll ist. Begründen Sie Ihre Entscheidung.

Aufgaben

Aufgabe 1

Definieren Sie die Abkürzungen in der folgenden Tabelle mithilfe einer Internetrecherche. Nennen Sie Beispiele aus Ihrem Unternehmen oder Ihrem privaten Umfeld.

B2B	Definition:
	Beispiele:
B2C	Definition:
	Beispiele:
C2C	Definition:
	Beispiele:

Aufgabe 2

Wenn über Online-Shops Kaufverträge abgeschlossen werden, greifen bestimmte gesetzliche Regelungen. Lösen Sie den folgenden Buchstabensalat mithilfe von §§ 312 b bis 312 d, 355 bis 357 des Bürgerlichen Gesetzbuches (BGB):

a Als _____ werden Kaufverträge zwischen Unternehmen und Verbrauchern bezeichnet, die ausschließlich unter Verwendung von Fernkommunikationsmitteln wie Internet, E-Mails, Telefon, Brief abgeschlossen werden.	**ZABFVETTERAÄNGRSER**
b Aufgrund der _____ muss der Unternehmer den Verbraucher über seinen Geschäftszweck und die Identität seines Unternehmens aufklären.	**PFMTHCONFILNAIRSOIT**
c Das _____, das in Textform oder durch Rücksendung geltend gemacht werden kann, steht dem Verbraucher in der Regel mit einer Frist von 14 Tagen – beginnend mit der Belehrung über dieses Recht und dem Erhalt der Ware – ohne Angabe von Gründen zu.	**RRTDUEWFEHISCR**
d Alternativ zu c kann der Verbraucher auch das _____ _____ geltend machen, wobei hier ebenfalls eine Frist von 14 Tagen – beginnend mit dem Erhalt der Ware – Anwendung findet.	**ÜGRHRACETCBKE**
e Wenn der Verbraucher das Recht aus c bzw. d in Anspruch nimmt, ist er auf Kosten und Gefahr des Unternehmens zur _____ _____ verpflichtet. Die daraus entstehenden Kosten können allerdings bei einem Warenwert von bis zu 40,00 € dem Verbraucher auferlegt werden, außer es wurde eine andere Ware als die bestellte geliefert.	**SDGRKNCEÜNU**

Aufgabe 3

Definieren Sie den Begriff „Social Media Marketing". Nennen Sie die angestrebten Ziele und ermitteln Sie mithilfe einer Internet-Recherche Praxisbeispiele für eine gute und eine schlechte Umsetzung.

Für die Belieferung der Fahrradgroßhandelsunternehmen und der Private-Label-Kunden in Deutschland setzt die Fly Bike Werke GmbH bisher einen eigenen Lkw ein. Damit werden pro Auslieferungstag durchschnittlich 566 Fahrräder ausgeliefert, die im Schnitt 15 kg pro Fahrrad wiegen. Die Auslieferung findet in 52 Wochen pro Jahr und an 5 Tagen pro Woche statt. Im Durchschnitt legt der Lkw 450 Kilometer pro Auslieferungstag zurück. Die Kosten für den eigenen Fuhrpark betragen jährlich:

Abschreibungen:	15.000,00 €
Versicherung und Steuern:	1.500,00 €
Personalkosten:	45.000,00 €
Benzin:	25 l/100 km zu 1,20 €/l
Öl, Reifen, Inspektion und Reparatur:	15,00 € pro 100 km

Aufgrund der stark steigenden Benzinpreise stellt Herr Peters, der Geschäftsführer der Fly Bike Werke GmbH, diese Entscheidung infrage und bittet Herrn Gerland, den Abteilungsleiter Vertrieb, sowie Herrn Steffes aus dem Controlling, einen Vergleich des Eigenverkehrs mit dem Fremdverkehr durchzuführen. Eine Mitarbeiterin von Herrn Gerland hat hierfür bereits die Angebote verschiedener Speditionen miteinander verglichen. Das beste Angebot ist das der Scherler GmbH:

Transportunternehmen Scherler GmbH
ERFOLGREICH SEIT MEHR ALS 15 JAHREN

Transportunternehmen Scherler GmbH · Kleestr. 15 · 30625 Hannover

Fly Bike Werke GmbH
Rostocker Str. 334
26121 Oldenburg

Angebot x4/1335

Sehr geehrte Damen und Herren,

für Ihre Anfrage bedanken wir uns sehr. Wir bieten Ihnen an:

0,55 € pro Tonne und pro 5 km zu unseren geltenden AGB

Wir lassen die Ware über das Schienennetz durch die Railion AG und dann durch Lkws anderer Transportunternehmen ausliefern.

Über einen Auftrag von Ihnen würden wir uns freuen.

Mit freundlichen Grüßen

Transportunternehmen Scherler GmbH

J. Schmidt

1. Wer ist in dem Angebot der Spediteur und wer ist der Frachtführer? Begründen Sie.
2. Berechnen Sie, ob es sinnvoller ist, die Fahrräder weiterhin per Werksverkehr zu versenden oder auf den Fremdverkehr umzusteigen.
3. Um wie viel Cent müsste sich der Benzinpreis verändern, damit die ungünstigere Alternative zur günstigeren wird?

Arbeitsblatt 52.1: Spediteur und Frachtführer

Benutzen Sie die folgenden Begriffe zum Lösen der Aufträge 1 und 2. Einige Begriffe kommen mehrmals vor.

Logistikberatung; Qualitätskontrollen; Spediteur; Frachtvertrag; evtl. weitere Logistikanbieter (z. B. zweiter Frachtführer, Lagerhalter); Umschlag; Versender bzw. Auftraggeber; Frachtführer; Lagerung; Speditionsvertrag; Beförderung; Frachtvertrag/Lagerhaltungsvertrag u. Ä.

1   Beschriften Sie die noch unbeschrifteten Felder in der Grafik. Zeichnen Sie dann mit Pfeilen den Weg der Ware ein.

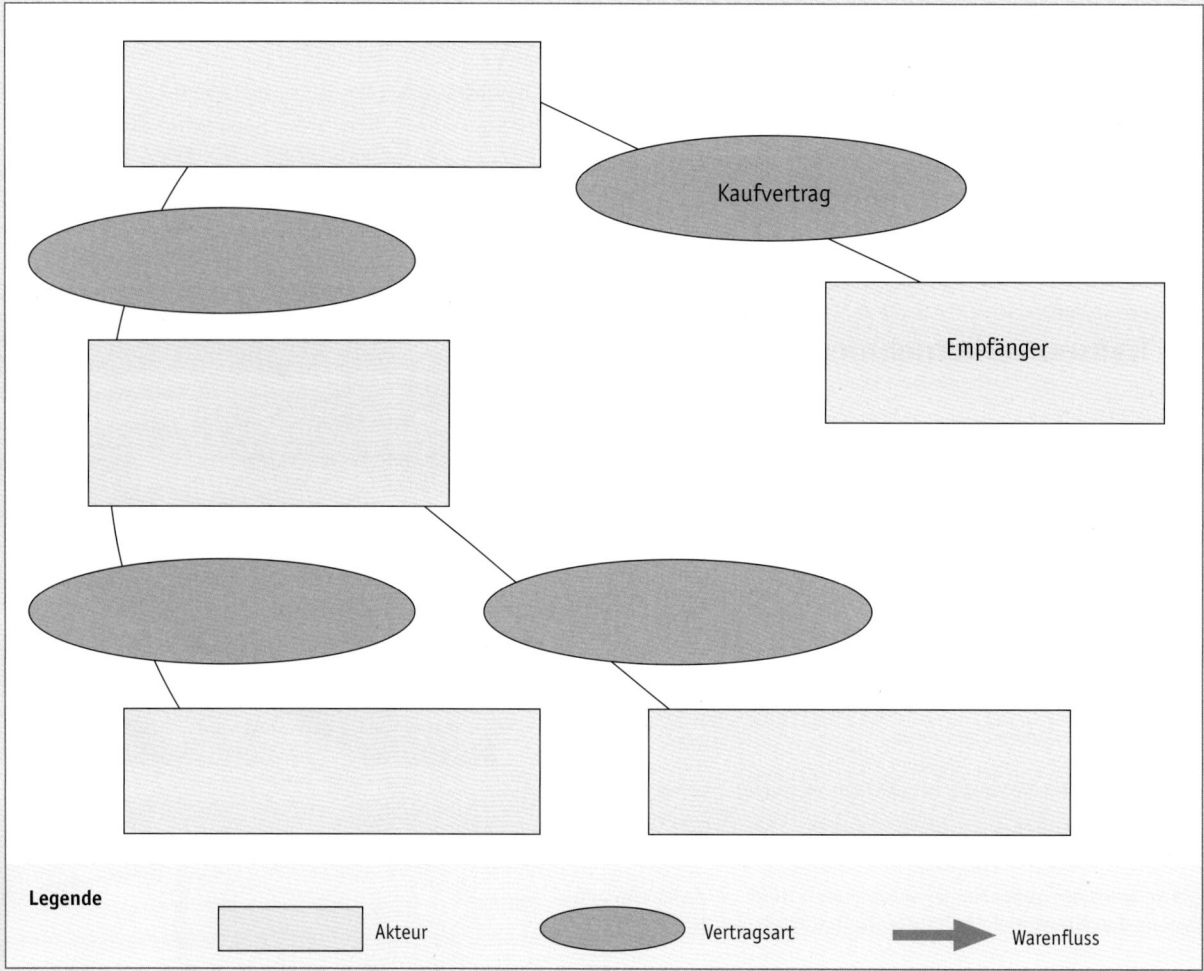

2   Füllen Sie den Lückentext aus.

Neben der Organisation der _____ durch verschiedene Frachtführer organisiert eine

Spedition oftmals auch den _____ der Ware, eine eventuelle _____

der Güter und bietet andere Zusatzleistungen wie z. B. eine _____ oder _____

_____ an.

Aufgaben

Aufgabe 1
Nennen Sie zwei Vorteile des Werksverkehrs und zwei
Vorteile des Fremdverkehrs.

Aufgabe 2
Nennen Sie neben Eisenbahngüterverkehr und Lkw-Trans-
portunternehmen vier weitere Verkehrsträger, die als
Frachtführer auftreten können.

Aufgabe 3
Ein Unternehmen hat folgende monatliche Kosten für den
Eigenverkehr: 14.840,00 € für Abschreibungen, Zinsen,
Steuern, Versicherung und Personalkosten sowie 1,30 €
pro Kilometer für Treibstoff, Öl, Reifen, Inspektion und
Reparatur. Eine Spedition bietet die Leistung für 7,00 €
pro Kilometer an.

a Berechnen Sie den Kostenschnittpunkt des Eigen-
und Fremdverkehrs.

b Interpretieren Sie den Wert und stellen Sie das Ergebnis zeichnerisch dar.

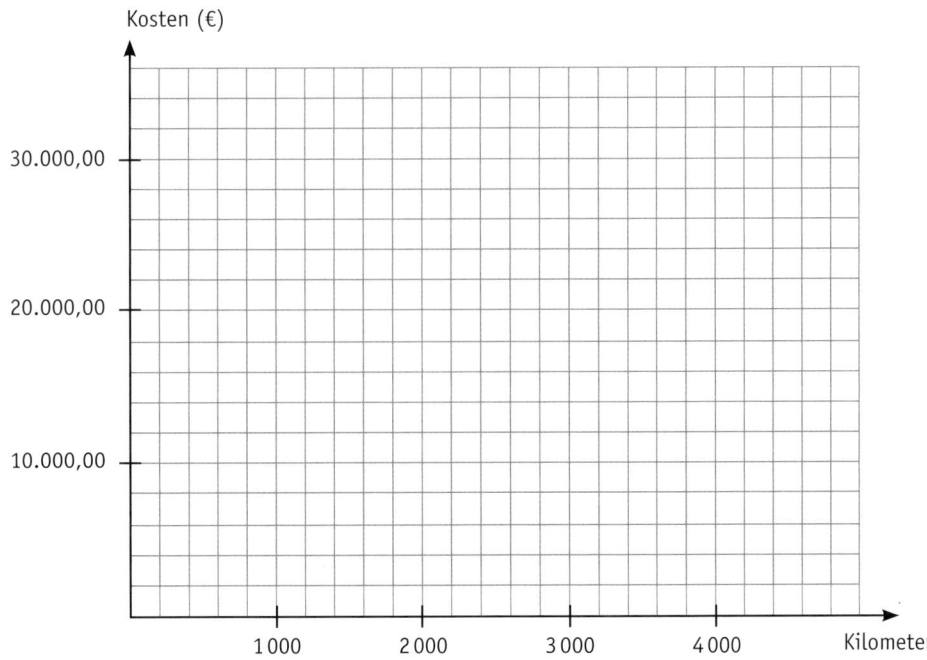

Aufgabe 4
Erklären Sie das Recht des Selbsteintritts beim Spediteur.

Aufgabe 5
Welche Möglichkeit haben Transportunternehmen, freie
Kapazitäten bei ihren Transportmitteln besser auszunut-
zen? Erläutern Sie.

Aufgabe 6
Die Fly Bike Werke GmbH versendet 25 Fahrräder an den
Kunden Zweirad GmbH in Düsseldorf. Für den Transport
der Ware wird das Transportunternehmen Scherler GmbH
beauftragt. Ermitteln Sie anhand von § 447 BGB sowie
§§ 431 und 461 HGB, wie die drei Unternehmen Fly Bike
Werke GmbH, Zweirad GmbH und Scherler GmbH bei einem zufälligen Verlust der Ware haften, wenn es keine
vertragliche Vereinbarung zum Gefahrenübergang gibt?

Beschwerdemanagement

Herr Peters, der Geschäftsführer der Fly Bike Werke GmbH, hat einen Beschwerdebrief von einem Stammkunden bekommen. Frau Fee, seine Sekretärin, leitet den Brief mit der folgenden E-Mail an Herrn Gerland, den Abteilungsleiter Vertrieb, weiter.

Von: evelyn.fee@flybike-werke.de
An: ralf.gerland@flybike-werke.de
Betreff: Beschwerdebrief eines Stammkunden
Datum: 16.08.20XX

Sehr geehrter Herr Gerland,

den Beschwerdebrief im Anhang hat Herr Peters von Herrn von Steckhausen bekommen. Bitte lösen Sie das Problem zur Zufriedenheit von Herrn von Steckhausen, aber im Rahmen angemessener Kosten.

Vielen Dank

Evelyn Fee

Anlage
Beschwerdebrief von Tobias von Steckhausen

Tobias von Steckhausen · Am Sonnenbrink 12 · 53227 Bonn

Fly Bike Werke GmbH
Herrn H. Peters
Rostocker Str. 334
26121 Oldenburg

14. August 20X4

Produktbeschwerde

Sehr geehrter Herr Peters,

ich bin ein langjähriger Kunde Ihres Hauses und fahre ausschließlich Fahrräder Ihres Unternehmens. Bislang war ich mit Ihrem Angebot, Ihrem Preis-Leistungs-Verhältnis und der Qualität Ihrer Fahrräder immer zufrieden. Im April 20X1 habe ich mir aber ein Rennrad der Sorte „Renn Fast" gekauft. Leider bin ich mit dem Fahrrad nicht so oft gefahren wie geplant und deswegen hat das Fahrrad erst ca. 750 Kilometer geleistet. Vor zwei Wochen musste ich dann bei einer Fahrt feststellen, dass die Gangschaltung nicht mehr funktioniert. Ein Verschulden meinerseits lag nicht vor. Ich bin mit dem Fahrrad sofort in die Werkstatt gefahren, wo mir gesagt wurde, dass ein irreparabler Schaden an der Gangschaltung vorliegt und diese ausgewechselt werden muss. Inklusive Austausch beläuft sich der Kostenvoranschlag auf 170,00 € brutto. Die Werkstatt konnte mir bestätigen, dass sich die Art des Schadens, der auch schon bei anderen Kunden aufgetreten ist, nicht auf eine unsachgemäße Anwendung der Schaltung zurückführen lässt.

Schaffen Sie bitte diesen unguten Eindruck aus der Welt, damit ich auch weiterhin Kunde Ihres Unternehmens bleibe.

Mit freundlichen Grüßen

Tobias von Steckhausen

1 Überlegen Sie, wie man mit der Beschwerde von Herrn von Steckhausen im Rahmen angemessener Kosten umgehen sollte. Verfassen Sie dann ein Antwortschreiben unter Beachtung der DIN-Norm. Nutzen Sie hierfür die Briefvorlage der Fly Bike Werke GmbH auf der folgenden Seite.

2 Stellen Sie Ihren Antwortbrief der Klasse vor und begründen Sie Ihre Art des Umgangs mit der Beschwerde.

Fly Bike Werke GmbH

FBW GmbH • Rostocker Str. 334 • 26121 Oldenburg

Herrn
Tobias von Steckhausen
Am Sonnenbrink 12
53227 Bonn

Ihr Zeichen, Ihre Nachricht vom	Unser Zeichen, unsere Nachricht vom	Telefon, Name	Datum

_____

_____

_____

_____

_____

_____

_____

_____

_____

_____

_____

_____

_____

_____

_____

_____

Fly Bike Werke GmbH	**Geschäftsführer**	**Bankverbindung**	**Handelsregister**
Rostocker Str. 334	Hans Peters	Landessparkasse zu Oldenburg	Amtsgericht Oldenburg
26121 Oldenburg		BLZ 280 501 00	HR Oldenburg B 2134
		Kto.-Nr. 112 326 444	
www.flybike-werke.de	Tel. 0441 88592-0	IBAN DE86 2805 0100 0112 3264 44	Steuer Nr. 112/8870/0057
mail@flybike-werke.de	Fax 0441 88592-11	BIC BRLADE21LZO	USt-Id.-Nr. DE236667691

Aufgaben

Aufgabe 1
Erklären Sie, was unter „Beschwerdemanagement" zu verstehen ist.

Aufgabe 2
Nennen Sie vier Ziele des Beschwerdemanagements.

Aufgabe 3
Berichten Sie der Klasse, wie in Ihrem Ausbildungsbetrieb mit Beschwerden umgegangen wird.

Aufgabe 4
Lesen Sie den folgenden Artikel und überlegen Sie, warum Unternehmen gewisse Beschwerden vor Gericht klären lassen, auch wenn das nicht zu einer hohen Kundenzufriedenheit beiträgt.

Sexunwillige Animateure, zu hohe Wellen
Verrückte Urlaubsbeschwerden

Düsseldorf (RPO). **Der Sandstrand war zu heiß, im spanischen Hotel waren zu viele Spanier. Mit derartigen Beschwerden haben die Briten schon für Aufsehen gesorgt. Doch die deutschen Urlauber stehen ihnen in nichts nach. Sexunwillige Animateure oder hohe Wellen waren für sie Grund genug, vor Gericht zu ziehen. Lesen Sie hier, worüber sich Touristen beklagten.**

Nach Ferienende werden die Gerichte immer wieder viel mit den Klagen unzufriedener Urlauber zu tun haben. Der Skurrilität sind dabei keine Grenzen gesetzt.

80 Millionen Reisen verzeichnet der Deutsche Reiseverband (DRV) jedes Jahr. In weniger als einem Prozent führt der Weg nach den Ferien vor Gericht. „Die meisten Beschwerden von Urlaubern werden noch vor Ort behoben, oder man einigt sich nach dem Urlaub mit dem Veranstalter", erklärt Torsten Schäfer, Pressesprecher beim DRV. Vor Gericht landen dann vor allem die abstrusen Fälle, für die ein Reiseveranstalter nicht einsieht zu zahlen.

Das ist kein Wunder, wenn man sich die bizarren Beschwerden mancher Touristen ansieht. Ein Familienvater aus Wiesbaden wollte sich nach seinem Seychellenurlaub nicht damit abfinden, dass ihm hoher Wellengang das Schnorcheln und Schwimmen vermiest hatte, und wollte ein Viertel des Reisepreises von 27.000 Euro erstattet bekommen. Vergeblich. Das Gericht weigerte sich.

Noch unglaublicher erscheint folgende Klage: Eine Urlauberin bemühte die Richter, weil ein Animateur sich nicht wie im Vorjahr mit ihr vergnügte, sondern eine Affäre mit einer anderen Touristin einging. Die enttäuschte Frau forderte den Reisepreis zurück – ohne Erfolg.

Auch für Schwangerschaften wollten Urlauber schon Reiseveranstalter verantwortlich machen. „Mein Verlobter und ich hatten ein Zimmer mit zwei Einzelbetten gebucht. Im Hotel aber war ein Zimmer mit Doppelbett reserviert. Ich mache nun Sie dafür verantwortlich, dass ich schwanger bin. Hätten wir das von uns gewünschte Zimmer bekommen, wäre das nicht passiert", lautete eine Beschwerde.

Ein Ehepaar wollte sich den Beziehungsstress im Urlaub versilbern lassen. Weil der Ehemann laut schnarchte, warf ihn seine Frau aus dem gemeinsamen Doppelzimmer. Der Gatte bezog daraufhin ein Einzelzimmer und wollte sich die Kosten dafür erstatten lassen. Auch diese Beschwerde scheiterte.

Quelle: http://www.rp-online.de/reise/news/Verrueckte-Urlaubsbeschwerden-1.2411408

Von: hans.peters@flybike-werke.de
An: oliver.thuene@flybike-werke.de, marco.rother@flybike-werke.de,
    christoph.steffes@flybike-werke.de, ralf.gerland@flybike-werke.de
Betreff: Ergebnisse der Marktforschung
Datum: 15.10.20XX

Liebe Abteilungsleiter,

seit gestern liegen die Ergebnisse der jüngsten Marktforschung vor. Zusammenfassend lässt sich Folgendes feststellen:

– Die Zulieferer für Rohre und Bleche aus Stahl und Aluminium sind aufgrund steigender Kosten für ihre Rohstoffe unter Druck. Deshalb sind steigende Preise für Industrieunternehmen zu erwarten.

– Aussagekräftige Befragungen haben ergeben, dass die Konsumenten es vorziehen, aus einer Vielzahl von Varianten zu wählen.

– Markenräder erobern weitere Marktanteile zulasten von No-Name-Rädern.

– Der Inlandsumsatz auf dem Fahrradmarkt stagniert weitestgehend.

– Die Tendenz zur Direktbelieferung des Facheinzelhandels unter Ausschluss des Fahrradgroßhändlers durch namhafte Fahrradhersteller hat sich verstärkt. Damit reagieren die Fahrradhersteller auf den steigenden Druck des Einzelhandels.

– In den Wintermonaten der Jahre 20X2 und 20X3 fiel der Umsatz auf dem Fahrradmarkt im Gegensatz zu den Sommermonaten um 35 %. Vor 10 Jahren waren es nur 27 %.

– Aussagekräftige Befragungen haben ergeben, dass sich soziale Wohltätigkeit von Unternehmen überproportional gut auf das Image auswirkt.

Es besteht dringender Handlungsbedarf. Auf der nächsten Abteilungsleitersitzung erwarte ich Ihre Vorschläge, wie wir auf diese Entwicklungen reagieren sollten.

Vielen Dank

H. Peters

1 Definieren Sie den Begriff „Marketing-Mix" und nennen Sie mithilfe von Arbeitsblatt 54.1 allgemeine Maßnahmen für die vier großen Bereiche des Marketing-Mix.[1]

2 Bilden Sie Gruppen und überlegen Sie, was für Vorschläge die Abteilungsleiter Herrn Peters präsentieren könnten. Stellen Sie die Vorschläge in angemessener Form Ihrer Klasse vor und begründen Sie Ihre Wahl.

---

[1] Hinweis: Die Servicepolitik als ein weiteres absatzpolitisches Instrument wird in dieser Lernsituation aus Gründen der Vereinfachung nicht berücksichtigt.

Arbeitsblatt 54.1: Marketing-Mix

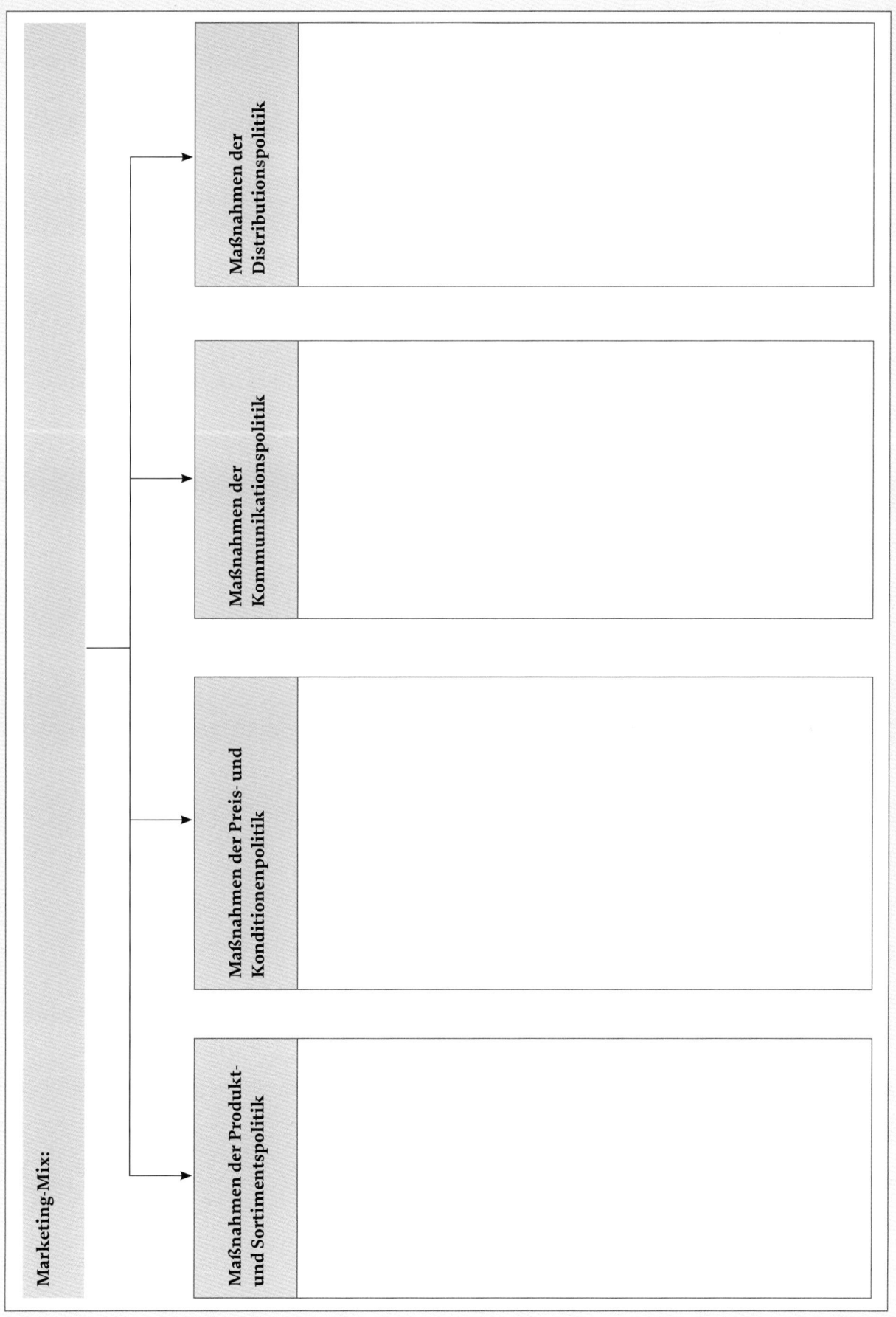

Aufgaben

Aufgabe 1
Nennen Sie drei Faktoren, die den Marketing-Mix beeinflussen können.

Aufgabe 2
Überlegen Sie sich für jede Phase des Produktlebenszyklus den idealen Instrumenteeinsatz für ein Unternehmen, das Festplatten für Computer produziert. Nutzen Sie hierfür die folgende Tabelle.

	Einführungsphase	Wachstumsphase	Reife- und Sättigungsphase	Rückgangsphase
Produkt-politik				
Preis-politik				
Kommuni-kations-politik				
Distribu-tions-politik				

Aufgabe 3
Definieren Sie die Begriffe „Käufermarkt" und „Verkäufermarkt". Erläutern Sie, wie sich die Art des Marktes auf den Marketing-Mix auswirkt.

Aufgabe 4
Das Zusammenwirken der vier absatzpolitischen Instrumente des Marketing-Mix wird manchmal mit der Formel „4 · 1 = 5" veranschaulicht. Erläutern Sie, was diese Formel ausdrücken soll.

SB → S. 505 f. | Lernfeld 10, Kapitel 11.1

Annahmeverzug

Die EGZ Einkaufsgenossenschaft schließt mit der Fly Bike Werke GmbH einen Kaufvertrag über diverse Fahrradmodelle und Zubehör ab. Der Rechnungsbetrag beläuft sich einschließlich 19 % Umsatzsteuer auf 4.872,00 €. Als Liefertermin wird „Lieferung am Mittwoch, den 25. Februar 20X4 um 7:00 Uhr fest" vereinbart, als Lieferort das Zentrallager in Köln. Eine Woche vor dem gewünschten Liefertermin ruft Frau Ganser – zuständig für den Fachhandel in der Abteilung Vertrieb – noch einmal ihre Kontaktperson Herrn Kleinheisel bei der EGZ Einkaufsgenossenschaft an. Sie bestätigt ihm, dass die Lieferung auf jeden Fall pünktlich am 25. Februar um 7:00 Uhr ankommen wird. Herr Kleinheisel ist sehr zufrieden über diese Aussage und betont, dass eine pünktliche Lieferung aufgrund einer geplanten Sonderverkaufsaktion sehr wichtig sei.

Herr Fischer, der Fahrer der Fly Bike Werke GmbH, kommt am 25. Februar pünktlich um 7:00 Uhr beim Zentrallager der EGZ Einkaufsgenossenschaft in Köln an. Dort trifft er aber nur den Pförtner an. Dieser sagt, dass am Vortag Karneval gefeiert wurde und die zuständigen Mitarbeiter sich deswegen wohl verspäten werden. Der Pförtner selbst hat keine Möglichkeit, die Ware anzunehmen.

Da Herr Fischer erst am Anfang seiner Tour ist und noch weitere feste Liefertermine hat, kann er nicht warten. Aus diesem Grund liefert er die Waren für die EGZ Einkaufsgenossenschaft am Ende seiner Tour wieder im Lager der Fly Bike Werke GmbH ab. Herr Schneider aus dem Lager ruft daraufhin bei Frau Ganser an und bittet sie, den Fall zu klären.

1 Nennen Sie mithilfe von Arbeitsblatt 55.1 die allgemeinen Voraussetzungen für einen Annahmeverzug und prüfen Sie für Frau Ganser, ob in der Situation ein Annahmeverzug vorliegt.

2 Erklären Sie mithilfe von Arbeitsblatt 55.1, wer im Falle eines Annahmeverzugs für die Beschädigung oder Vernichtung haftet, und erläutern Sie die Rechte und Pflichten des Verkäufers.

3 Klären Sie den Fall im Namen von Frau Ganser und schreiben Sie Herrn Kleinheisel eine E-Mail, in der Sie die Rechte der Fly Bike Werke GmbH durchsetzen. Benutzen Sie hierfür den Vordruck auf der nächsten Seite.

E-Mail von Frau Ganser an Herrn Kleinheisel

```
Von: sabine.ganser@flybike-werke.de
An: henning.kleinheisel@egz-einkaufsgenossenschaft.de
Betreff:
Datum: 27.02.20XX
```

Sehr geehrter Herr Kleinheisel,

Mit freundlichen Grüßen

Sabine Ganser

Sabine Ganser
Abteilung Vertrieb: Fachhandel
Fly Bike Werke GmbH
Rostocker Str. 334
26121 Oldenburg

Tel.: 0441 885-243
Fax: 0441 885-9211

E-Mail: sabine.ganser@flybike-werke.de

Internet: www.flybike-werke.de

Arbeitsblatt 55.1: Annahmeverzug

Voraussetzungen des Annahmeverzugs		
Voraussetzung 1	Voraussetzung 2	Voraussetzung 3

Haftung
Liegen die Voraussetzungen eines Annahmeverzugs vor, haftet der _____ für die Beschädigung oder Vernichtung der Ware. Der Warenlieferant haftet nur noch bei _____ oder _____ .

Rechte und Pflichten des Verkäufers	
Rechte des Verkäufers	Pflichten des Verkäufers
Ohne Nachfristsetzung:	
Mit Nachfristsetzung:	

Aufgaben

Aufgabe 1

Prüfen Sie in den folgenden Fällen die Rechtslage. Machen Sie außerdem einen Vorschlag, wie in der jeweiligen Situation reagiert bzw. gehandelt werden sollte.

a   Ein Großauftrag über Fahrradrahmen mit Firmenlogo des Käufers Zweirad GmbH wird trotz vertragsmäßiger Lieferung nicht angenommen, da der Käufer nach Abschluss des rechtsgültigen Kaufvertrags einen günstigeren Anbieter gefunden hat.

b   In einem rechtsgültigen Kaufvertrag über 50 City-Räder *Glide* zwischen der Fly Bike Werke GmbH und einem Kunden wird folgender Liefertermin vereinbart: „Lieferung Ende April des Jahres". Die Räder für diesen Kunden sind bereits am 15.04. produziert, sodass die Fly Bike Werke GmbH die Ware schon am 16.04. nach vorheriger Versandanzeige an den Kunden ausliefert. Der Kunde verweigert aber die Annahme mit der Begründung: „Wir haben die Ware erst für Ende April bestellt".

c   Ein Betonlieferant schließt mit der Hausbau GmbH einen Kaufvertrag über 50 t Beton ab. In den Lieferbedingungen wird „Selbstabholung am 14. April des Jahres" vereinbart. Der Beton liegt ab dem 13. April abholbereit und ordnungsgemäß gelagert im Lager des Betonlieferanten. Die Mitarbeiter der Hausbau GmbH vergessen den Liefertermin jedoch und denken erst am 16. April wieder daran. Aufgrund eines sehr starken Unwetters mit extremen Regenfällen dringen in der Nacht vom 15. auf den 16. April große Mengen Wasser in das Lager des Betonlieferanten ein. Die Feuerwehr muss das Lager vier Stunden lang auspumpen. Die 50 t Beton für die Hausbau GmbH bekommen dabei so viel Wasser ab, dass ein Großteil des Betons hart wird und somit nicht mehr nutzbar ist.

d   Die Fly Bike Werke GmbH erfüllt den Auftrag eines Neukunden durch die pflicht- und termingemäße Auslieferung von 20 Rennrädern „Renn *Fast*". Aufgrund eines Betriebsausflugs beim Kunden können die Fahrräder aber nicht angenommen werden. Da die Fly Bike Werke GmbH sich bei diesem Neukunden auf einen sehr niedrigen Verkaufspreis eingelassen hat, kommt ihr das nicht ungelegen: Sie lässt die Rennräder sofort über ein Auktionshaus versteigern und kann auf diese Weise einen höheren Preis erzielen.

e   In einer ähnlichen Situation ist ein Biobauer, der Obst und Gemüse an Biomärkte ausliefert. Auch hier wird die Ware von einem Neukunden trotz termingerechter Lieferung nicht angenommen und der Biobauer lässt das Obst und Gemüse sofort im Rahmen einer laufenden Auktion versteigern.

f   Die Fly Bike Werke GmbH bekommt von einem langjährigen Lieferanten 500 Fahrradrahmen aus Stahl und nicht, wie im Kaufvertrag vereinbart, aus Aluminium geliefert. Die Fly Bike Werke GmbH verweigert daraufhin die Annahme der 500 Fahrradrahmen.

g   Beim Rücktransport einer nicht angenommenen Ware durch einen Auslieferungsfahrer des Verkäufers verursacht der Fahrer aus Unachtsamkeit einen Verkehrsunfall ohne Fremdverschulden. Die nicht ordnungsgemäß gesicherte Ware wird dabei vollständig zerstört. Eine Versicherung wurde für eine solche Situation nicht abgeschlossen.

Aufgabe 2

Sind die folgenden Aussagen richtig oder falsch? Kreuzen Sie an und erläutern Sie.

	Richtig	Falsch	Erläuterung
Geht bei Annahmeverzug die Ware verloren, braucht der Käufer sie nicht zu bezahlen.			
Der Verkäufer hat das Recht, die Kosten, die ihm durch den Annahmeverzug entstanden sind, vom Käufer erstattet zu bekommen.			
Nicht hinterlegungsfähige Ware kann der Verkäufer versteigern lassen.			
Verderbliche Ware darf nur mit Nachfrist und vorheriger Androhung verkauft werden.			

Am 2. Mai kontrolliert die zuständige Vertriebssachbearbeiterin der Fly Bike Werke GmbH die Offene-Posten-Liste. Dabei zeigt sich ihr das folgende Bild:

FLY BIKE WERKE GMBH

Terminbuchung Kunden / Offene-Posten-Liste (Auszug)

Zahlungstermin	Skontotermin	Kunde	Rechnungsnummer	Rechnungsdatum	Betrag in €	gezahlt am	1. Mahnung	2. Mahnung
22.03.	02.03.	Zweirad GmbH Herzogstr. 70 40251 Düsseldorf	788	21.02.	6.177,00		01.04.	15.04.
21.04.	01.04.	Radplus GmbH Gütersloher Str. 102 33415 Verl	934	22.03.	18.792,00			
05.05.	15.04.	Schöller & Co. OHG Parlamentsplatz 2 60385 Frankfurt a. M.	1086	05.04.	5.017,00			
05.05.	15.04.	Uwe Klein e. K. Am Wasserturm 4 66113 Saarbrücken	1103	05.04.	548,97			
20.05.	02.05.	Nordrad GmbH Alter Markt 28 18055 Rostock	1152	20.04.	18.096,00			
20.05.	03.05.	Interrad e. G. Großbeerenstr. 30 12107 Berlin	1186	20.04.	43.533,91			

1 Nennen Sie mithilfe von Arbeitsblatt 56.1 die Voraussetzungen für einen Zahlungsverzug und die verschiedenen Möglichkeiten, ab wann dieser eintritt. Ermitteln Sie dann die Kunden der Fly Bike Werke GmbH, die sich am 2. Mai im Zahlungsverzug befinden.

2 Nennen Sie mithilfe von Arbeitsblatt 56.1 die Rechte des Gläubigers bei einem Zahlungsverzug.

3 Nennen Sie drei Maßnahmen, die der Fly Bike Werke GmbH gegenüber ihren Schuldnern zur Verfügung stehen.

4 Berechnen Sie die Verzugszinsen, die die Fly Bike Werke GmbH ihren Schuldnern in Rechnung stellen kann, wenn im Kaufvertrag keine Vereinbarung über den Verzugszinssatz getroffen wurde. Den aktuellen Basiszinssatz finden Sie auf der Website der Deutschen Bundesbank (http://www.bundesbank.de/info/info_zinssaetze.php).

5 Formulieren Sie angemessene Mahnschreiben an die Kunden, die sich im Zahlungsverzug befinden. Fordern Sie gegebenenfalls auch die berechneten Verzugszinsen ein.

Arbeitsblatt 56.1: Zahlungsverzug

Voraussetzungen des Zahlungsverzugs:	
Voraussetzung 1	**Voraussetzung 2**

Eintritt des Zahlungsverzugs:		
Möglichkeit 1	**Möglichkeit 2**	**Möglichkeit 3**
	oder ... oder	(Verbraucher müssen auf diese Regel hingewiesen werden!)

Rechte des Gläubigers beim Zahlungsverzug:			
ohne Nachfristsetzung		mit Nachfristsetzung	

Arbeitsblatt 56.2: Alle Kaufvertragsstörungen (seitens Verkäufer und Käufer) im Überblick

1 Ergänzen Sie die Tabelle.

Kaufvertrags-störung	Verantwort-lich ist ...	Erläuterung/Ausprägungen	Beispiel
Mangelhafte Lieferung (auch _____ _____ genannt)			

2 Ergänzen Sie die Lücken.

a Kaufvertragsstörungen entstehen, wenn_____ oder _____ ihre_____ aus dem Kaufvertrag nicht, zu _____ oder _____ erfüllen.

b Ein Unternehmen bekommt statt der bestellten 150 Stück einer Ware nur 15 Stück geliefert. Dabei handelt es sich um eine_____ .

c Ein bereits bezahlter Neuwagen wurde auf dem Parkplatz des Händlers durch einen Sturmschaden völlig zerstört. Der Verkäufer leistet nicht aufgrund von_____ .

d Der am 2.12.20XX fällige Zahlungseingang vom Kunden Max Säumig ist auch am 10.12.20XX noch nicht erfolgt. Damit gerät der Käufer in _____ .

e Familie Mohr hat einen neuen Kleiderschrank erworben und versucht ihn aufzubauen; leider war die Montageanleitung nur auf Schwedisch. Dies ist ein Beispiel für eine_____ .

f Ein Annahmeverzug liegt vor, wenn_____ .

g Pünktlich zum 50. Geburtstag um 15:00 Uhr sollte Konditor Zuck die Geburtstagstorte liefern. Es ist 19:00 Uhr und keine Torte in Sicht. Das ist ein Beispiel für_____ .

h Leistungsstörungen, die durch ein Fehlverhalten des Verkäufers eintreten, sind _____ _____ .

i Eine Schlechtleistung liegt dann vor, wenn der _____ _____ .

j Trotz fristgemäßer Lieferung nimmt der Kunde die bestellten Designerstühle für sein Atelier nicht an. Dabei handelt es sich um ein Beispiel für_____ .

k Leistungsstörungen, die durch ein Fehlverhalten des Käufers eintreten, sind_____ und_____ .

Aufgaben

Aufgabe 1
Richtig oder falsch? Kreuzen Sie an.

		richtig	falsch
a	Für den Zahlungsverzug gelten teilweise die gleichen Bestimmungen des BGB wie für den Lieferungsverzug.	☐	☐
b	Beim Zahlungsverzug hat der Gläubiger das vorrangige Recht, weiterhin auf Erfüllung des Vertrags zu bestehen.	☐	☐
c	Die Verzugszinsen, die im Falle des Zahlungsverzugs berechnet werden können, liegen beim Verbrauchsgüterkauf laut HGB 5 % über dem Basiszinssatz.	☐	☐
d	Das gerichtliche Mahnverfahren ist auf jeden Fall anzuwenden, damit die Rechte aus dem Zahlungsverzug in Anspruch genommen werden können.	☐	☐
e	Auf eine Mahnung darf verzichtet werden, wenn der Zahlungstermin kalendermäßig bestimmt war.	☐	☐
f	Eine vierte Mahnung ist notwendig, um den Schuldner ordnungsgemäß in Verzug zu setzen.	☐	☐
g	Im Falle des Zahlungsverzugs kann der Gläubiger jederzeit vom Vertrag zurücktreten.	☐	☐
h	Das kaufmännische Mahnverfahren ist offiziell geregelt.	☐	☐

Aufgabe 2
Nennen Sie drei Möglichkeiten, wie ein Unternehmen das Risiko vermeiden kann, dass seine Kunden nicht zahlen.

Aufgabe 3
Wie viel % Verzugszinsen kann der jeweilige Gläubiger in den folgenden Fällen verlangen?
a Die Sachsenrad GmbH aus Dresden kauft bei der Fly Bike Werke GmbH 10 Mountain-Bikes „Mountain *Constitution*" und 15 City-Räder „City *Surf*".
b Die Privatperson Irmgard Dober kauft bei der Privatperson Ulrich Thielmann ein Kinderfahrrad für ihre Tochter.
c Die Privatperson Ulrich Thielmann kauft beim Fahrradhandel Uwe Klein e.K. ein City-Rad.
d Die Interrad e.G. aus Berlin kauft bei der Fly Bike Werke GmbH 15 Kinderräder „Kinder *Twist*". Im Kaufvertrag ist ein Verzugszinssatz von 12 % vereinbart worden.

Aufgabe 4
Ab wann befinden sich die jeweiligen Personen bzw. Unternehmen in den folgenden Fällen im Zahlungsverzug?
a Die Fly Bike Werke GmbH liefert an die EGZ Einkaufsgenossenschaft in Köln mehrere Fahrräder. Die Rechnung über die Lieferung trifft am Mittwoch, den 14. April bei der EGZ ein. Als Zahlungsziel wurde vereinbart: „Zahlung innerhalb von 15 Kalendertagen nach Rechnungserhalt."
b Die Fly Bike Werke GmbH und ihr Kunde Radbauer GmbH aus München haben als Zahlungsziel „Zahlung bis zum 1. Oktober d.J." vereinbart.
c Marlene von Gröning kauft im Möbelhaus Scholte GmbH einen exklusiven Esstisch mit dazu passenden Stühlen auf Rechnung. Die Rechnung, welche Frau von Gröning am 1. Juni zugeht, enthält kein Zahlungsziel oder ähnliche Hinweise. Am 20. Juli geht bei Frau von Gröning eine Mahnung ein.
d Die Glasscheibenfabrik Kiegel & Söhne GmbH liefert an die Auto AG eine Vielzahl an Frontscheiben. Die Auto AG erhält die Rechnung über diese Frontscheiben am 5. September. Auf der Rechnung steht kein Zahlungsziel und es wird keine Mahnung versendet.
e Die Familie Dingenskirchen kauft im Möbelhaus Scholte GmbH eine Möbelgarnitur für ihr Wohnzimmer. Die Rechnung erreicht die Familie zusammen mit der Lieferung am 15. August. Als Zahlungsziel steht in der Rechnung: „Zahlung im September d.J."

Aufgabe 5
Beschreiben Sie mithilfe der folgenden Tabelle den Weg,
den ein Unternehmen gehen kann, wenn ein Kunde auch
auf das letzte Mahnschreiben nicht reagiert.

Vorgehensweise			

Mögliche Reaktionen des Schuldners			
Vorgehensweise			

Mögliche Reaktionen des Schuldners			
Vorgehensweise			

Im Mai 20X1 lieferte die Fly Bike Werke GmbH eine größere Menge von Renn- und Trekkingrädern an die Nordrad GmbH in Rostock. Am 17.12.20X4 geht bei der Fly Bike Werke GmbH eine Beschwerde eines Kunden dieses Großhändlers ein. Der Kunde Herr Pohl ist darüber verärgert, dass das kürzlich erworbene Trekkingrad mehrere kleine Kratzer am Rahmen hatte und der Großhändler hinsichtlich der Regulierung nicht verhandlungsbereit war.

Herr Baumann, der in der Abteilung Vertrieb für den Fachhandel zuständig ist, bittet daraufhin den Auszubildenden Herrn Adler, Recherchen zu der damaligen Lieferung anzustellen. So entdeckt Herr Adler am 18.12.20X4, dass die Rechnung der Fly Bike Werke GmbH vom 21.05.20X1 noch immer offen ist. Sie beläuft sich auf 13.590,00 € brutto und war laut Zahlungsziel bis zum 21.06.20X1 zu begleichen. Momentan kann sich niemand erklären, warum dieser offene Posten so lange unentdeckt blieb.

Dem Kunden des Großhändlers gegenüber verhält sich die Fly Bike Werke GmbH kulant, indem sie einen nachträglichen Preisnachlass gewährt. Doch das Problem der offenen Rechnung aus dem Jahr 20X1 besteht weiterhin. Deshalb ruft Herr Baumann bei der Nordrad GmbH an und bittet um unverzügliche Bezahlung der Rechnung. Aber Herr Gross, der zuständige Mitarbeiter der Nordrad GmbH, behauptet, von dieser Rechnung nichts zu wissen.

1 Am 30. Dezember 20X4 ist die Zahlung der Nordrad GmbH noch immer nicht eingegangen. Herr Adler möchte nun wissen, welche Rechte die Fly Bike Werke GmbH in dieser Situation hat.

   a Nennen Sie mithilfe von Zeitstrahl 1 Beginn, Dauer und Ende der Verjährungsfrist.

   b Finden Sie heraus, welche Rechte die Fly Bike Werke GmbH laut BGB hat.

2 Herr Adler möchte von Herrn Baumann wissen, unter welchen Bedingungen es zu einer Hemmung der Verjährung kommt.

   a Was müsste passiert sein, damit der Ablauf der Verjährungsfrist in der vorliegenden Situation gehemmt ist? Konstruieren Sie ein Beispiel.

   b Tragen Sie die Daten und Fristen aus Ihrem Beispiel in Zeitstrahl 2 ein und erläutern Sie diese Variante.

3 Als Nächstes interessiert Herrn Adler, unter welchen Bedingungen es zu einem Neubeginn der Verjährung kommt.

   a Was müsste passieren, damit die Verjährungsfrist in der vorliegenden Situation von vorn beginnt? Konstruieren Sie ein Beispiel.

   b Tragen Sie die Daten und Fristen aus Ihrem Beispiel in Zeitstrahl 3 ein und erläutern Sie diese Variante.

Zeitstrahl 1

| Fälligkeit | Beginn der Verjährungsfrist | Verjährungsfrist: _____ Jahre | Ende |

→ Zeit

Zeitstrahl 2 (Hemmung)

Verlängerung um _____ Monate

Fälligkeit	Beginn der Verjährungsfrist	Verjährungsfrist: _____ Jahre	Ende 1	Ende 2

→ Zeit

Dauer der Hemmung:

Beginn:

Ende:

Zeitstrahl 3 (Neubeginn)

Fälligkeit	Beginn der Verjährungsfrist	Verjährungsfrist: _____ Jahre	Ende 1	Ende 2

→ Zeit

Neubeginn der Verjährungsfrist:

Verjährungsfrist:

_____ Jahre

Arbeitsblatt 57.1: Verjährung

Ergänzen Sie die Lücken in der Tabelle.

Verjährungsfristen	Nach Ablauf der _____ hat der Schuldner das Recht der _____, da die Forderungen gegenüber dem Gläubiger _____ sind.		
	Regelmäßige Verjährungsfrist von 3 Jahren	Besondere Verjährungsfrist von _____ Jahren	Besondere Verjährungsfrist von _____ Jahren
Beginn			mit der Entstehung des Anspruchs oder mit der Rechtskräftigkeit des Urteils
Beispiele für Ansprüche			

Hemmung	In diesem Fall wird die Verjährungsfrist um den gehemmten Zeitraum verlängert. Beispiele für Voraussetzungen:
Neubeginn	In diesem Fall beginnt die Verjährungsfrist von vorn. Beispiele für Voraussetzungen:

Aufgaben

Aufgabe 1

Entscheiden Sie, um welche Art von Verjährungsfrist es in den Beispielen geht und wann diese beginnt.

Fall	Art der Frist	Beginn der Frist
a Ein Arbeitnehmer stellt fest, dass er noch Gehaltsforderungen gegenüber seinem Arbeitgeber hat.		
b Ein Kunde der Fly Bike Werke GmbH stellt einen Insolvenzantrag. Im Insolvenzverfahren wird festgestellt, dass eine Forderung der Fly Bike Werke GmbH vollstreckbar ist.		
c Eine Forderung ist aufgrund eines Pfandrechts entstanden.		
d Ein Kunde bestellt bei der Fly Bike Werke GmbH Fahrräder im Wert von 20.000,00 €		
e Die Fly Bike Werke GmbH verkauft ein Grundstück am Stadtrand von Oldenburg an die Stadt Oldenburg.		

Aufgabe 2

Entscheiden Sie, ob in den folgenden Situationen ein Grund für eine Hemmung oder ein Grund für einen Neubeginn der Verjährungsfrist vorliegt.

Situation	Grund für eine Hemmung?	Grund für einen Neubeginn?
a Ein Schuldner bittet den Gläubiger um Stundung und der Gläubiger willigt ein.		
b Der Gläubiger macht seine Ansprüche geltend, indem er einen gerichtlichen Mahnbescheid beantragt.		
c Durch einen erheblichen Datenverlust aufgrund eines Brandes war der Gläubiger mehrere Wochen lang an der Rechtsverfolgung seiner Ansprüche gehindert.		
d Der Schuldner leistet eine Teilzahlung.		
e Der Schuldner zahlt Verzugszinsen.		

Aufgabe 3

Am 16. Februar 20X0 liefert die Fly Bike Werke GmbH vereinbarungsgemäß die Laufbänder aus, die ein Großhändler bestellt hatte. Die am 16. März 20X0 fällige Zahlung ist im November 20X0 noch immer nicht beglichen. Per E-Mail wird eine Ratenzahlung ausgehandelt, woraufhin der erste Zahlungseingang am 16. Januar 20X1 verbucht wird. Kurz danach fragt der Großhändler erneut nach einem Zahlungsaufschub von 6 Monaten (bis 16. Juli 20X1) für die Restzahlung. Doch nach Ablauf dieser Frist steht die vereinbarte Restzahlung weiterhin aus. Durch einen Fehler im neuen EDV-System der Buchhaltung der Fly Bike Werke GmbH gerät der Vorgang in Vergessenheit. Erst drei Jahre nach Fälligkeit der Restforderung wird der offene Posten entdeckt und die Fly Bike Werke GmbH fordert den Großhändler auf, die noch ausstehende Restzahlung zu leisten.

a Stellen Sie mithilfe eines Zeitstrahls fest, welche Ansprüche die Fly Bike Werke GmbH in dieser Situation hat.

b Begründen Sie diese Ansprüche ausführlich.

Der Auszubildende Vlad Adler arbeitet derzeit in der Exportabteilung der Fly Bike Werke GmbH. Als er an diesem Morgen ins Büro kommt, zeigt ihm der zuständige Sachbearbeiter Rolf Polster das folgende Fax eines norwegischen Fahrradhändlers, das am Vortag eingegangen ist:

Uffe Johansson
Din sykkelbutikk i Oslo,
Bergen og Trondheim

Stortingsgata 7
Postboks 99 17
N-0134 Oslo
Tel.: +47-22 82 5110
Fax: +47-22 82 5512
uffe.johansson@sykkelbutikk.com

Uffe Johansson sykkelbutikk · Postboks 99 17 · N-0134 Oslo

Fly Bike Werke GmbH
Rostocker Str. 334
D-26121 Oldenburg
Germany

Inquiry   Oslo, 20XX-09-23

Dear Sirs,

We had a very interesting visit to your stall at the INTERMOT trade fair in Cologne this year and therefore we would like to list your products in our assortment.
We kindly ask you for your obligatory offer for the following articles:

    100 pcs. art-no. 301 mountainbike *Dispo*
    50 pcs. art.-no. 302 mountainbike *Constitution*

The bikes will have to be decorated with our "Uffe Johansson"-character on the frame.

Your offer should be calculated in Norwegian crowns and the delivery shall be made DAP Oslo.

Kind regards,

Uffe Johansson

„Kein Problem, Chef! Da nehm ich einfach die Großhandelspreisliste und mache das Angebot schnell mal fertig!", antwortet Vlad, nachdem er das Fax einen Moment lang studiert hat. „Langsam, langsam!", bremst Herr Polster ihn augenblicklich. „Ich würde vorschlagen, du übersetzt das Schreiben erst mal in aller Ruhe ins Deutsche und machst dir Gedanken, welche Besonderheiten wir hier zu beachten haben!"

1 Übersetzen Sie den englischen Text ins Deutsche. Nutzen Sie hierfür gegebenenfalls ein Online-Wörterbuch (z. B. www.leo.org).

2 Prüfen Sie mithilfe von Arbeitsblatt 58.1, welche besonderen Risiken das hier angefragte Außenhandelsgeschäft für die Fly Bike Werke GmbH im Vergleich zu einem Inlandsauftrag beinhaltet. Was genau bedeutet die Abkürzung DAP?

3 Unterbreiten Sie zu jedem der von Ihnen genannten Risiken einen Vorschlag zur Risikoabsicherung. Informieren Sie sich hierfür in Ihrem Lehrbuch und nutzen Sie Arbeitsblatt 58.1.

4 Da der Auftragswert der von dem norwegischen Händler angefragten Fahrräder die hausinterne Grenze von 50.000,00 € übersteigt, muss das Angebot vom Vertriebsleiter Herrn Gerland genehmigt werden. Dieser verlangt, dass mit dem Kunden eine Zahlung mittels eines unwiderruflichen Dokumentenakkreditivs vereinbart wird.

   a Beschreiben Sie, wie mit dem norwegischen Kunden eine Zahlung mittels eines unwiderruflichen Dokumentenakkreditivs abgewickelt würde. Nutzen Sie hierfür das folgende Schema.

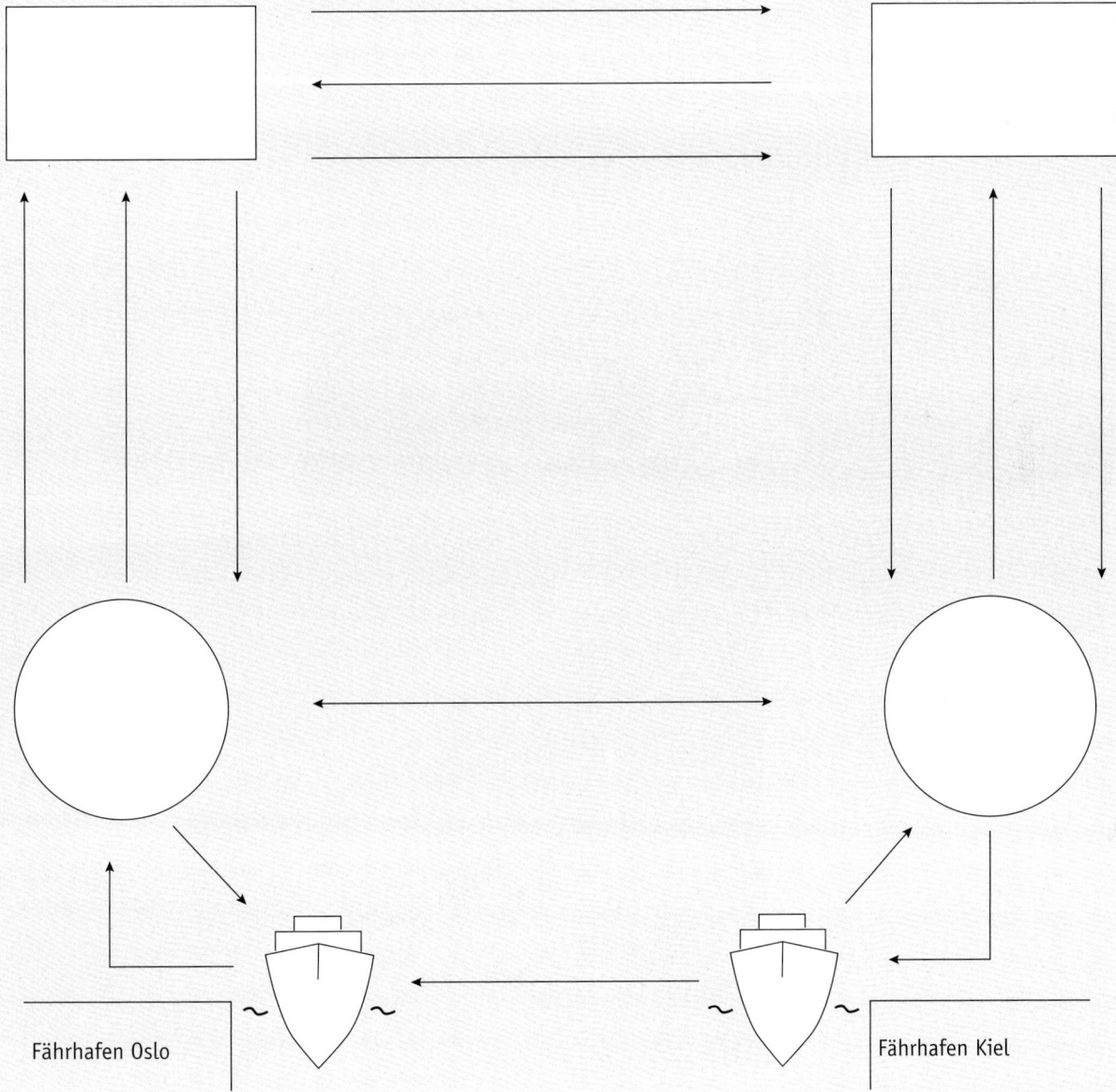

Fährhafen Oslo

Fährhafen Kiel

   b Welche Vorteile für die Fly Bike Werke GmbH hat ein unwiderrufliches Dokumentenakkreditiv gegenüber einer Lieferung auf Rechnung oder einem Dokumenteninkasso?

5 Recherchieren Sie, welche Dokumente die Fly Bike Werke GmbH für eine störungsfreie Abwicklung eines solchen Außenhandelsgeschäfts bereitstellen müsste. Informieren Sie sich dazu in Ihrem Lehrbuch, wenn möglich in der Exportabteilung Ihres Ausbildungsbetriebs oder im Internet unter www.zoll.de.

6 Formulieren Sie nun – in Englisch – ein Angebot an den norwegischen Kunden.
- Kalkulieren Sie wegen des größeren Bearbeitungsaufwands und der erhöhten Risiken eines Außenhandelsgeschäfts einen Zuschlag von 10% auf die regulären Listenpreise der Fly Bike Werke GmbH.
- Bieten Sie dem Kunden auf den von Ihnen kalkulierten Angebotspreis einen Neukunden-Sonderrabatt von 5% unter der Voraussetzung an, dass er die angefragten Mengen in einer Sendung abnimmt.
- Für die Berechnung der Preise in norwegischen Kronen (NOK) sollen folgende Kurse Gültigkeit haben: Geld: 7,2823, Brief: 7,3425.

7 Der norwegische Kunde ist auf Ihr Angebot eingegangen und hat entsprechend bestellt. Auf welche Besonderheiten ist bei der Erstellung der Ausgangsrechnung zu achten?

8 Der Transport der Fahrräder nach Oslo soll per Lkw erfolgen. Füllen Sie hierzu den nebenstehenden CMR-Frachtbrief so weit aus, wie es Ihnen mit den vorliegenden Informationen möglich ist. Berücksichtigen Sie dabei die folgenden Angaben:
- Zahl der Packstücke: 50 EUR-Paletten
- Bruttogewicht: 5 250 kg
- Volumen: 60 m³

CMR-Frachtbrief

weiß = Exemplar für Auftraggeber	**bianc** = Exemplaire pour commettant	**wit** = Exemplaar voor lastgever	**bianco** = Essemplare per committente	**white** = Copy for orderer	**hvid** = Exemplar for ordregiver
rosa = Exemplar für Absender	**rose** = Exemplaire de l'expéditeur	**rose** = Exemplaar voor afzender	**rosa** = Essemplare per mittente	**pink** = Copy for sender	**rosa** = Exemplar for afsender
blau = Exemplar für Empfänger	**bleu** = Exemplaire du destinataire	**blau** = Exemplaar voor geadresseerde	**blu** = Essemplare per destinatario	**blue** = Copy for consignee	**blaa** = Exemplar for modtager
grün = Exemplar für Frachtführer	**vert** = Exemplaire du transporteur	**groen** = Exemplaar voor vervoerder	**verde** = Essemplare per trasportatore	**green** = Copy for carrier	**grön** = Exemplar for befordrer

Les parties encadrées de lignes grasses doivent être remplis par le transporteur.

Die mit fett gedruckten Linien eingerahmten Rubriken müssen vom Frachtführer ausgefüllt werden.

Auszufüllen unter der Verantwortung des Absenders.
À remplir sous la responsabilité de l'expéditeur.

21+22 einschließlich **1–15** y compris et

1 Absender (Name, Anschrift, Land)
Expéditeur (nom, adresse, pays)

INTERNATIONALER
FRACHTBRIEF
LETTRE DE VOITURE
INTERNATIONAL

Diese Beförderung unterliegt trotz einer gegenteiligen Abmachung den Bestimmungen des Übereinkommens über den Beförderungsvertrag im internationalen Straßengüterverkehr (CMR).

Ce transport est soumis, nonobstant toute clause contraire, à la Convention relative au contrat de transport international de marchandises par route (CMR).

2 Empfänger (Name, Anschrift, Land)
Destinataire (nom, adresse, pays)

16 Frachtführer (Name, Anschrift, Land)
Transporteur (nom, adresse, pays)

3 Auslieferungsort des Gutes
Lieu prévu pour la livraison de la marchandise
Ort/Lieu
Land/Pays

17 Nachfolgende Frachtführer (Name, Anschrift, Land)
Transporteurs successifs (nom, adresse, pays)

4 Ort und Tag der Übernahme des Gutes
Lieu et date de la prise en charge de la marchandise
Ort/Lieu
Land/Pays
Datum/Date

18 Vorbehalte und Bemerkungen der Frachtführer
Réserves et observations des transporteurs

5 Beigefügte Dokumente
Documents annexés

6 Kennzeichen u. Nummern Marques et numéros	**7** Anzahl der Packstücke Nombre des colis	**8** Art der Verpackung Mode d'emballage	**9** Offiz. Benennung f. d. Beförderung* Désignation officielle de transport*	**10** Statistiknummer No. statistique	**11** Bruttogewicht in kg Poids brut, kg	**12** Umfang in m³ Cubage m³

UN-Nummer Numéro UN	Ben. s. Nr. 9 Nom voit N°9	Gefahrzettelmuster-Nr. Numéro d'étiquette	Verp.-Gruppe Groupe d'emballage
UN			

13 Anweisungen des Absenders (Zoll- und sonstige amtliche Behandlung) Sondervorschriften
Instructions de l'expéditeur (formalités douanières et autres) Prescriptions particulières

19 zu zahlen vom:
À payer par:

	Absender L'expéditeur		Währung Monnaie	Empfänger Le Destinataire	
Fracht Prix de transport					
Ermäßigungen Réductions	−				
Zwischensumme Solde					
Zuschläge Suppléments					
Nebengebühren Frais accessoires					
Sonstiges Divers	+				
Zu zahlende Gesamtsumme/Total à payer					

14 Rückerstattung
Remboursement

15 Frachtzahlungsanweisungen
Prescription d'affranchissement
Frei
Franco
Unfrei
Non Franco

20 Besondere Vereinbarungen
Conventions particulières

21 Ausgefertigt in
Etablie à
am
le

24 Gut empfangen
Réception des marchandises
Datum
Date
am
le

22

23

Unterschrift und Stempel des Absenders
(Signature et timbre de l'expéditeur)

Unterschrift und Stempel des Frachtführers
(Signature et timbre du transporteur)

Unterschrift und Stempel des Empfängers
(Signature et timbre du destinataire)

25 Angaben zur Ermittlung der Entfernung mit Grenzübergängen

von	bis	km

Paletten-Absender – Expéditeur des palettes

Art	Anzahl	Kein Tausch	Tausch
Euro-Palette			
Gitterbox-Palette			
Einfach-Palette			

Paletten-Empfänger – Destinataire des palettes

Art	Anzahl	Kein Tausch	Tausch
Euro-Palette			
Gitterbox-Palette			
Einfach-Palette			

26 Vertragspartner des Frachtführers

27	Amtliches Kennzeichen	Nutzlast in kg
Kfz		
Anhänger		

Bestätigung des Empfängers/Datum/Unterschrift

Bestätigung des Fahrers/Datum/Unterschrift

Benutzte Gen.-Nr.

☐ National ☐ Bilateral ☐ EG ☐ CEMT

*Bei gefährlichen Gütern ist in der letzten Zeile der Rubrik anzugeben: UN-Nummer, Gefahrzettelmuster-Nummer und Verpackungsgruppe. Güter der Klasse 1 und 7: siehe Sonderdokumentation Absatz 5.4.1.1.1 ADR.
*En cas de marchandises dangereuses, indiquer à la dernière ligne du cadre: Numéro ONU, Numéro d'étiquette et Groupe d'emballage. Marchandises des classes 1 et 7: voir demande spéciale dans ADR, Chapitre 5.4.1.1.

Arbeitsblatt 58.1: Risiken bei Außenhandelsgeschäften aus Sicht des Exporteurs

Ergänzen Sie die folgende Tabelle zu den möglichen Risiken bei Außenhandelsgeschäften aus Sicht des Exporteurs.

Art des Risikos					Abnahme- und Zahlungsrisiken
Erläuterung		Die Rechtsordnungen anderer Länder können erheblich von der deutschen Rechtsordnung abweichen. Rechtsstreitigkeiten über Verpflichtungs- und Erfüllungsgeschäfte bergen u. U. also erhebliche Risiken.			
Beispiele				Verlust oder Beschädigung der Sendung, z. B. durch Brand, Unfälle, Unwetter, Diebstahl, Piraterie	
Abschätzung des Risikos für die Fly Bike Werke GmbH im konkreten Fall	Das Risiko ist vergleichsweise sehr gering, weil der Staat Norwegen eine sehr stabile Demokratie und Mitglied der EFTA ist.				
Mögliche Absicherung			Devisentermingeschäft		

Arbeitsblatt 58.2: Dokumente bei Außenhandelsgeschäften

1 Ergänzen Sie die folgende Tabelle zu den Transportdokumenten.

Bezeichnung des Dokuments	Konnossement (engl. _____ _____)	Ladeschein (engl. _____ _____)	Luftfrachtbrief (engl. _____ _____)	CMR-Frachtbrief
Verkehrsträger				
Beteiligte Personen				
Funktion(en)				

2 Welche Art von Versicherung belegen die folgenden Versicherungsdokumente? Ergänzen Sie die Tabelle.

Einzelpolice	Generalpolice	Versicherungszertifikat

3 Was ist der Unterschied zwischen Intra- und Extrahandel, und was bedeutet dies für die Zolldokumente? Ergänzen Sie die Tabelle.

Art des Außenhandels	Intrahandel	Extrahandel
Erläuterung		
Benötigte Zolldokumente		

Arbeitsblatt 58.3: Länderanalyse Indien

1   Lesen Sie die folgenden Auszüge aus der „Länderanalyse Indien" der Bayern LB vom Februar 2012.

Politische Lage

Indien ist die bevölkerungsreichste Demokratie der Welt. [...] Bei den Wahlen zum Unterhaus im April/Mai 2009 konnte sich das Bündnis United Progressive Alliance (UPA) [...] gegen den konservativen Block durchsetzen. Mit 262 von 545 Sitzen verfehlte die UPA allerdings knapp die absolute Mehrheit und ist somit, wie in der vorherigen Legislaturperiode, auf die Unterstützung der Linksfront angewiesen. Dieser nach kommunistischen Maximen agierende Block hat das von der UPA angestrebte Reformtempo bzw. den Privatisierungsprozess in den beiden Jahren vor den Parlamentswahlen 2009 verlangsamt bzw. verhindert.

Auch in der laufenden Legislaturperiode – die nächsten Parlamentswahlen sind für Mai 2014 geplant – bleibt das Reformtempo bislang hinter den Erwartungen zurück. [...] Die zunehmende Handlungsunfähigkeit der Regierung spiegelt sich vor allem bei den wichtigen Reformen zur Öffnung des Einzelhandels für ausländische Unternehmen und der Korruptionsbekämpfung wider. Im Corruption Perceptions Index 2011 von Transparency International belegt Indien Platz 95 von 183 Ländern. [...] Immerhin konnte sich die Regierung Anfang Januar auf eine Lockerung der strikten Regelungen für ausländische Handelsketten einigen: Unternehmen, die Produkte unter einem einzigen Markennamen verkaufen, dürfen in Zukunft auch 100 % ihrer Warenhäuser in Indien besitzen. [...]

Außenpolitisch haben sich die in der Vergangenheit belasteten Beziehungen zu den USA, China und Japan schrittweise verbessert. Dagegen sind die Beziehungen zu Pakistan nach wie vor angespannt, und der Kaschmirkonflikt bleibt trotz aller Friedensbemühungen bislang ungelöst.

Gesamtwirtschaftliche Entwicklung

Nach China ist Indien eines der wachstumsstärksten Länder und hat in den vergangenen Jahren einen beachtlichen Aufholprozess mit überdurchschnittlich hohen Wachstumsraten des realen Bruttoinlandsprodukts gestartet. An der Kaufkraft des Bruttoinlandsprodukts gemessen ist Indien bereits nach den USA, China und Japan die viertgrößte Volkswirtschaft. Mit einem Pro-Kopf-Einkommen von 1.560 Dollar zählt das Land aber nach wie vor zu den armen Ländern. Auch wenn die Wachstumsdynamik des Jahres 2011 mit einem realen Plus des Bruttoinlandsprodukts von 7,3 % und die Prognose für 2012 (7,2 %) auf den ersten Blick überzeugen, lässt sich nicht verkennen, dass die indische Wirtschaft derzeit unter mehreren, miteinander verbundenen Problemen leidet: Rückgang der Industrieproduktion und Investitionstätigkeit, hohe Inflationsrate, Abwertung der Währung, Defizite in der Handels- und Leistungsbilanz. [...]

Ausblick

Auch wenn der kurzfristige Ausblick etwas gedämpft ist, sind die langfristigen Wachstumsaussichten der indischen Wirtschaft grundsätzlich positiv. Abgesehen vom großen Nachholbedarf (insbesondere im Bereich der Infrastruktur) zählen die zunehmende weltwirtschaftliche Integration, die günstige Bevölkerungsstruktur, das niedrige Lohnniveau sowie die trotz großer Armut weitgehende soziale Stabilität zu den Wachstum stimulierenden Faktoren. In einigen Bereichen wie der Biotechnologie, Pharmazeutik, IT-Software oder bei Kraftfahrzeugkomponenten ist Indien mit global agierenden und hoch profitablen Unternehmen in die internationale Spitzenklasse aufgestiegen. Die am Bruttoinlandsprodukt gemessen relativ geringen Auslandsschulden bei zugleich komfortablen Währungsreserven sind ebenso wie die überschaubaren Risiken im indischen Bankensystem weitere Aktivposten. Dennoch bergen die sozialen Verhältnisse (Armut, ungleiche Einkommensverteilung, hohe Arbeitslosigkeit) Konfliktpotenziale. Um die Armut zu überwinden, benötigt Indien weiterhin hohe Wachstumsraten und somit vor allem Infrastrukturinvestitionen. Marktregulierung, administrative und bürokratische Hürden, die unterentwickelte Infrastruktur sind weitere Hemmschuhe.

Quelle: Schimm, Manuel: „Länderanalyse Indien". In: Research-Portal Bayern LB. Stand: Februar 2012. URL: http://www.bayernlb.de/internet/media/internet_4/de_1/downloads_5/0100_corporatecenter_8/5700_volkswirtschaft_research_2/laender_1/laenderanalysena_k_1/indien_1/Indien0605.pdf

2 Welche Hinweise auf mögliche Risiken bei Außenhandelsgeschäften finden Sie in der „Länderanalyse Indien" der Bayern LB? Ergänzen Sie die folgende Tabelle.

Transportrisiken	Währungsrisiken

Juristische Risiken	Politische Risiken und Handelshemmnisse

3 Welche Gründe sprechen trotz der Risiken für Außenhandelsgeschäfte mit indischen Unternehmen?

Gründe für Außenhandelsgeschäfte mit indischen Unternehmen

Aufgaben

Aufgabe 1

Die Fly Bike Werke GmbH bezieht die für die Fahrradmontage benötigten Baugruppen bevorzugt von Lieferanten aus Südostasien. Erläutern Sie, welche besonderen Risiken damit im Vergleich zu deutschen bzw. europäischen Lieferanten verbunden sind.

Aufgabe 2

Insbesondere bei Außenhandelsgeschäften kommt der Bonitätsprüfung zwecks Vermeidung von Forderungsausfällen eine große Bedeutung zu. Schlagen Sie verschiedene Möglichkeiten vor, die Bonität eines Auslandskunden zu prüfen.

Aufgabe 3

Das Unternehmen Rohrfrei AG, Röhrenstraße 34, 44269 Dortmund, ist auf die Produktion und den Vertrieb von Stahlrohren aller Art spezialisiert. Von einem Unternehmen mit Sitz im Iran erhält die Rohrfrei AG eine Anfrage zur Lieferung von kaltgezogenen Präzisionsrohren aus nichtrostendem Stahl mit einem Außendurchmesser von 0,4 m und einer Wandstärke von 5 mm.

a Geben Sie an, aus welchen Gründen in diesem Fall Exportbeschränkungen vorliegen könnten.

b Nennen Sie weitere Beispiele für Güter, für die es Ausfuhrbeschränkungen geben kann.

Aufgabe 4

Erläutern Sie, welche Pflichten und Risiken die Fly Bike Werke GmbH übernehmen würde, wenn die Lieferung an den norwegischen Kunden

a EXW,

b FAS Hamburg,

c CIF Oslo,

d DDP Oslo

erfolgen würde.

Aufgabe 5

Angenommen, die Fly Bike Werke GmbH hätte die Rechnung an den norwegischen Kunden wie vereinbart in norwegischen Kronen gestellt, aber auf die Absicherung des Kursrisikos durch ein Devisentermingeschäft verzichtet.

Ermitteln Sie, ob diese Entscheidung sinnvoll war, wenn die norwegische Krone (NOK) am Tag der Gutschrift auf dem Konto der Fly Bike Werke GmbH wie folgt notiert:

a Geld: 7,3967 Brief: 7,4567

b Geld: 7,2158 Brief: 7,2751

Aufgabe 6

Eine Möglichkeit, um Liefer- und Zahlungsrisiken bei Außenhandelsgeschäften zu minimieren, ist die Zahlung mittels eines unwiderruflichen Dokumententenakkreditivs.

a Was ist der wesentliche Unterschied zwischen einem Dokumentenakkreditiv und einem Dokumenteninkasso?

b Wodurch unterscheidet sich ein unbestätigtes Dokumentenakkreditiv von einem bestätigten Dokumentenakkreditiv?

c Welches Risiko trägt der Exporteur bei einem unbestätigten Dokumentenakkreditiv?

d Welches Risiko trägt der Exporteur bei einem bestätigten Dokumentenakkreditiv?

e Welches Risiko trägt der Importeur bei einem Dokumentenakkreditiv?

f Welche Funktion hat die Bank des Exporteurs (avisierende Bank) bei einem unbestätigten Dokumentenakkreditiv?

Buchungen beim Verkauf von Erzeugnissen

In der Buchhaltung der Fly Bike Werke GmbH sind nachfolgende Belege zu buchen.

1 Buchen Sie die Belege im Grund- und Hauptbuch. Verwenden Sie dafür Arbeitsblatt 59.1.
2 Ermitteln Sie die Erhöhung der Nettoumsatzerlöse durch diesen Erzeugnisverkauf.
3 Wie hoch ist der Umsatzsteuerbetrag, den die Fly Bike Werke GmbH vom Käufer erhält?

Beleg Nr. 1

Fly Bike Werke GmbH

FBW GmbH • Rostocker Str. 334 • 26121 Oldenburg

Sachsenrad GmbH
Bayreuther Str. 20
01277 Dresden

Kundennummer:	10009
Ihre Bestellung Nr.	14
Ihr Bestelldatum:	17.09.20XX
Unsere Lieferschein-Nr.:	765
Unser Lieferdatum:	27.09.20XX
Ihr FBW-Ansprechpartner:	Herr Baumann
Tel.:	0441 885-01

Rechnung-Nr.: 765   **Rechnungsdatum: 27.09.20XX**

Artikel-Nr.	Artikelbezeichnung	Stück	Einzelpreis in €	Rabatt in %	Gesamtpreis in €
201	Trekking *Light*	25	299,25	29,00	5.311,69
202	Trekking *Free*	42	350,00	29,00	10.437,00
	Verpackungskosten				335,00
	Transportkostenpauschale				500,00

Versandart/Freivermerk:		
Lkw ab Werk	Nettorechnungsbetrag in €	16.583,69
	+19 % Umsatzsteuer in €	3.150,90
	Bruttorechnungsbetrag in €	19.734,59

Bitte überweisen Sie:	Datum:	Skonto in %	Skonto in €	Betrag in €
Innerhalb der Skontofrist bis:	05.10.XX	2,00	394,69	19.339,90
Innerhalb des Zahlungsziels bis:	30.10.XX			19.734,59

Beleg Nr. 2

Landessparkasse Oldenburg

IBAN	Kontoauszug	Auszug	Blatt
DE86 2805 0100 0112 3264 44	Landessparkasse Oldenburg	156	1

Buchungstag	Wert	Vorgang/Erläuterungen	Beträge in €
		Kontostand am 05.10.20XX	34.670,00 +
05.10.20XX	05.10.20XX	Sachsenrad GmbH, Rechnung 765 abzüglich 2 % Skonto	19.339,90 +
		Kontostand am 05.10.20XX	54.009,90 +

Fly Bike Werke GmbH, Oldenburg

Arbeitsblatt 59.1: Verkauf von Erzeugnissen

Grundbuch:

1 Erzeugnisverkauf mit Sofortrabatten und Vertriebskosten auf Ziel
2 Zahlungseingang unter Abzug von Skonto
3 Umbuchung Erlösberichtigungen

Nr.	Soll	€	Haben	€
1.				
2.				
3.				

Hauptbuch:

S   2400 Forderungen a. L. L.   H   S   5000 Umsatzerlöse f. e. Erz.   H

S   5001 Erlösberichtigungen   H   S   4800 Umsatzsteuer   H

S   2800 Bankguthaben   H
SV   34.670,00

Berechnungen	Nettobetrag = 100 %	Umsatzsteuer = 19 %	Bruttobetrag = 119 %
Ausgangsrechnung			
– 2 % Skonto			
= Zahlungseingang			

Arbeitsblatt 59.2: Verkauf von Erzeugnissen und Handelswaren

Grundbuch für Verkäufe auf Ziel, Gutschriften und Zahlungseingänge:

	Sollbuchungen	an	Habenbuchungen
Ausgangsrechnungen:			
Ausgangsrechnung für eigene Erzeugnisse			
Ausgangsrechnung für Waren			
Gutschriften:			
Gutschrift für Rücksendungen von Erzeugnissen			
Gutschrift für Rücksendungen von Waren			
Gutschrift für Mängelrügen und Boni bei eigenen Erzeugnissen			
Gutschrift für Mängelrügen und Boni bei Waren			
Zahlungseingänge:			
Kontoauszug: Zahlungseingang unter Abzug von Skonto für eigene Erzeugnisse			
Kontoauszug: Zahlungseingang unter Abzug von Skonto für Waren			
Umbuchungen:			
Umbuchung Konto Erlösberichtigungen für Erzeugnisse			
Umbuchung Konto Erlösberichtigungen für Waren			

Hauptbuch:

S   5001 Erlösberichtigungen   H   S   5000 Umsatzerlöse f. eigene Erz.   H

S   5101 Erlösberichtigungen   H   S   5100 Umsatzerlöse f. Waren   H

Aufgaben

Aufgabe 1

Buchen Sie nachfolgende Rechnungen für die Fly Bike Werke GmbH.

a Ausgangsrechnung für Fahrräder an die Interrad e.G., Debitor 24014

	€
Nettorechnungsbetrag	24.315,00
+ 19 % Umsatzsteuer	4.619,85
= Bruttorechnungsbetrag	28.934,85

b Ausgangsrechnung für Fahrradanhänger an die Radplus GmbH, Debitor 24012

Warenwert	11.835,00
+ Transportkostenanteil	300,00
+ Verpackungskostenpauschale	250,00
= Nettorechnungsbetrag	12.385,00
+ 19 % Umsatzsteuer	2.353,15
= Bruttorechnungsbetrag	14.738,15

c Ausgangsrechnung für Fahrräder an die Südrad e.G., Debitor 24013

Listenverkaufspreis	86.200,00
– 31 % Wiederverkäuferrabatt	26.722,00
= Nettorechnungsbetrag	59.478,00
+ 19 % Umsatzsteuer	11.300,82
= Bruttorechnungsbetrag	70.778,82

Aufgabe 2

Buchen Sie die nachfolgenden Geschäftsvorfälle (Debitorenkonto 24099, Kreditorenkonto 44099):

	Geschäftsvorfälle	Nettowert in €	19 % USt	Bruttowert in €
a	Erzeugnisverkauf auf Ziel	40.000,00	7.600,00	47.600,00
b	Erzeugnisverkauf auf Ziel Listenpreis 60.000,00 € abzüglich 20 % Rabatt	48.000,00	9.120,00	57.120,00
c	Einkauf von Verpackungsmaterial für die Versandabteilung auf Ziel	6.000,00	1.140,00	7.140,00
d	Eingangsrechnung einer Spedition für den Transport von Erzeugnissen an einen Kunden	1.200,00	228,00	1.428,00
e	Eingangsrechnung eines Vertreters für die Vermittlung von Erzeugnisverkäufen an neue Kunden	700,00	133,00	833,00
f	Gutschrift an einen Kunden für die Rücksendung von Erzeugnissen (Falschlieferung)	1.500,00	285,00	1.785,00
g	Bonusgutschrift an einen Kunden für Erzeugnisse	900,00	171,00	1.071,00
h	Gutschrift für mangelhafte Erzeugnisse an einen Kunden	1.800,00	342,00	2.142,00
i	Kontoauszug: Überweisung eines Kunden, Überweisungsbetrag: 11.662,00 € für Erzeugnisse, Rechnungsbetrag 11.900,00 €, Skonto 2 %	?	?	?

Aufgabe 3

Buchen Sie für die Fly Bike Werke die Zahlung der Sachsenrad GmbH für die Ausgangsrechnung Nr. 319, Verkauf von Fahrrädern, Debitor 24009:

Landessparkasse Oldenburg

Kontonummer 112326444		Kontoauszug Landessparkasse Oldenburg BLZ 28050100	Auszug 211	Blatt 1
Buchungstag	Wert	Vorgang/Erläuterungen	Beträge in €	
		Kontostand am 19.06.20XX	102.132,60 +	
20.06.20XX	20.06.20XX	Sachsenrad GmbH, Rechnung 319 vom 12.06.20XX		
		38.080,00 € abzüglich 2 % Skonto	37.318,40 +	
		Kontostand am 20.06.20XX	139.451,00 +	

Fly Bike Werke GmbH, Oldenburg

Arbeitsblatt 59.3: Korrekturbuchungen in der Beschaffungs- und Absatzwirtschaft: Berechnungen

Bei allen Geschäftsvorfällen ist ein Umsatzsteuersatz von 19 % zu berücksichtigen!

Korrekturen	Beschaffungswirtschaft Konto der Erfassung (aufwandsorientiert)	Absatzwirtschaft Konto der Erfassung
Sofortrabatte		
Rücksendungen		
Preisnachlässe ohne Rücksendungen		
Boni		
Skonti		

Fall 1 (Beschaffungswirtschaft): Rohstoffeinkauf und Korrekturbuchungen nach dem Rohstoffeinkauf

1 Rohstoffeinkauf auf Ziel, Rohstoffwert 400.000,00 € abzüglich 10 % Sofortrabatt 40.000,00 €
2 Rücksendung von Rohstoffen an den Lieferer, Lieferergutschrift: 10 % des Rechnungsbetrages aus Fall 1
3 Mängelrüge mit Preisnachlass ohne Rohstoffrücksendung, Lieferergutschrift: 10 % auf den Restbetrag nach Rücksendungsgutschrift
4 Banküberweisung der Restschuld an den Rohstofflieferer unter Abzug von 2 % Skonto
5 Bonusgutschrift des Rohstofflieferers: 1,0 % auf diesen Nettoumsatz, zzgl. 19 % Umsatzsteuer

Fall 2 (Absatzwirtschaft): Erzeugnisverkauf und Korrekturbuchungen nach dem Erzeugnisverkauf mit 19 % Umsatzsteuer

1 Erzeugnisverkauf auf Ziel, Erzeugniswert 400.000,00 € abzüglich 10 % Sofortrabatt 40.000,00 €
2 Rücksendung von Erzeugnissen vom Kunden, Gutschrift: 10 % des Rechnungsbetrages aus Fall 1
3 Mängelrüge des Kunden ohne Erzeugnisrücklieferung, Gutschrift: 10 % auf den Restbetrag nach Rücksendungsgutschrift
4 Banküberweisung der Restschuld vom Kunden unter Abzug von 2 % Skonto
5 Bonusgutschrift an den Kunden: 1,0 % auf den Nettoumsatz zzgl. 19 % Umsatzsteuer

Berechnungen	Nettowert	Umsatzsteuer 19 %	Bruttowert
Ursprungsrechnung nach Sofortrabatt			
– Rücksendung (10 %)			
= Wert nach Rücksendung			
– Preisnachlass (10 %)			
= Wert nach Preisnachlass			
– Skonto (2 %)			
= Wert nach Skonto			
– Bonus (1,0 %)			
= Wert nach Bonus			

Arbeitsblatt 59.4: Korrekturbuchungen in der Beschaffungs- und Absatz-wirtschaft: Buchungen

Fall 1 (Beschaffungswirtschaft): Rohstoffeinkauf und Korrekturbuchungen nach dem Rohstoffeinkauf (aufwandsorientiert)

Grundbuch:

Buchung	Soll	€	Haben	€
Rohstoffeinkauf				
Rücksendung				
Preisnachlass				
Skonto bei Zahlung				
Bonus				

Fall 2 (Absatzwirtschaft): Erzeugnisverkauf und Korrekturbuchungen nach dem Erzeugnisverkauf

Grundbuch:

Buchung	Soll	€	Haben	€
Erzeugnisverkauf				
Rücksendung				
Preisnachlass				
Skonto bei Zahlung				
Bonus				

Aufgaben

Aufgabe 4

Geben Sie für nachfolgende Geschäftsvorfälle jeweils die Buchungssätze mit den Kontennummern des Industriekontenrahmens an. Umsatzsteuersatz in allen Fällen 19 %.

1. Ausgangsrechnung: Einem Käufer von Erzeugnissen wird nachträglich eine Spezialverpackung in Rechnung gestellt. Der Bruttorechnungsbetrag beträgt 595,00 €.

2. Kontoauszug mit Banklastschrift: Banküberweisung an einen Hilfsstofflieferer. Die just-in-time gelieferten Hilfsstoffe werden unter Abzug von 2 % Skonto bezahlt. Rechnungsbetrag 28.560,00 €.

3. Gutschrift an einen Kunden: Preisnachlass für mangelhaft gelieferte Erzeugnisse in Höhe von 25 %. Der Kunde behält die gesamte Lieferung; der Bruttorechnungsbetrag betrug 11.900,00 €.

4. Kontoauszug mit Bankgutschrift: Banküberweisung eines Kunden für eine Erzeugnislieferung unter Abzug von 2,5 % Skonto. Überweisungsbetrag 10.602,50 €.

5. Gutschrift eines Lieferanten: Bevorratete Handelswaren wurden an den Lieferer zurückgeschickt. Die Handelswaren entsprachen nicht der vereinbarten Qualität. Gutschriftsbetrag inkl. 19 % USt 2.380,00 €.

6. Eingangsrechnung: Zielkauf von Verpackungsmaterial für den sofortigen Verbrauch im Versandlager, Nettorechnungsbetrag 6.500,00 € inkl. Transportkosten in Höhe von 500,00 € zzgl. 19 % USt.

7. Bonusgutschrift an einen Kunden: Nettoumsatz im 1. Quartal = 145.000,00 €, Bonussatz 1,5 % zzgl. 19 % USt.

8. Eingangsrechnung: Einkauf von Rohstoffen zur Aufstockung des Rohstofflagers auf Ziel. Listenpreis des Lieferanten 24.000,00 €, Großkundenrabatt 15 %, Frachtkostenpauschale 1.400,00 € zzgl. 19 % Umsatzsteuer.

9. Eingangsrechnung: Frachtkostenabrechnung einer Spedition für die Anlieferung von Hilfsstoffen sofort für die Produktion. Bruttorechnungsbetrag 8.330,00 €.

10. Bonusgutschrift eines Lieferanten: Nettoumsatz für auf Lager gelieferte Rohstoffe im 2. Quartal = 225.000,00 €, Bonussatz 2,5 % zzgl. 19 % USt.

Aufgabe 5

Rohstoffeinkauf und Korrekturbuchungen nach dem Rohstoffeinkauf (bestandsorientiert) mit 19 % Umsatzsteuer

1. Rohstoffeinkauf auf Ziel, Rohstoffwert 300.000,00 € abzüglich 12 % Sofortrabatt zzgl. 19 % Umsatzsteuer

2. Rücksendung von Rohstoffen an den Lieferer, Lieferergutschrift: 25 % des Rechnungsbetrages aus Fall 1

3. Mängelrüge mit Preisnachlass ohne Rohstoffrücksendung, Lieferergutschrift: 5 % auf den Restbetrag nach Rücksendungsgutschrift

4. Banküberweisung der Restschuld unter Abzug von 3 % Skonto

5. Bonusgutschrift des Rohstofflieferers: 1,0 % auf den Nettoumsatz zzgl. 19 % Umsatzsteuer

Aufgabe 6

Erzeugnisverkauf und Korrekturbuchungen nach dem Erzeugnisverkauf mit 19 % Umsatzsteuer

1. Erzeugnisverkauf auf Ziel, Erzeugniswert 25.000,00 € abzüglich 12 % Sofortrabatt zzgl. 19 % Umsatzsteuer

2. Rücksendung von Erzeugnissen vom Kunden, Gutschrift: 35 % des Rechnungsbetrages aus Fall 1

3. Mängelrüge des Kunden ohne Erzeugnisrücklieferung, Gutschrift: 7 % auf den Restbetrag nach Rücksendungsgutschrift

4. Banküberweisung der Restschuld vom Kunden unter Abzug von 2,5 % Skonto

5. Bonusgutschrift an den Kunden: 1,2 % auf den Nettoumsatz zzgl. 19 % Umsatzsteuer

Aufgabe 7

Zum 30.06.20XX muss ein Unternehmen entscheiden, ob eine fällige Eingangsrechnung in Höhe von 17.850,00 € inkl. 19 % Umsatzsteuer unter Abzug von 3 % Skonto überwiesen werden soll. Das Kontokorrentkonto zeigt zu diesem Zeitpunkt eine Kontoüberziehung in Höhe von über 15.000,00 € (= Kreditlimit) aus. Die Bank wird erfahrungsgemäß die Überweisung trotzdem ausführen; der Überziehungszinssatz beträgt 16 %. Die Zahlungsfrist des Lieferanten beträgt 30 Tage, die Skontofrist 10 Tage.

Ermitteln Sie unter Angabe Ihrer Berechnungen:

a. den Überweisungsbetrag,

b. das Nettoskonto,

c. die Lieferantenkreditfrist,

d. die effektive Verzinsung des Lieferantenkredits,

e. die zu zahlenden Bankzinsen und

f. den Finanzierungserfolg.

Kapitalbedarf und Finanzplan

Die Gesellschafter der Fly Bike Werke GmbH planen eine Kapazitätserweiterung am Standort Oldenburg. Ziel ist die Steigerung des Umsatzes und des Gewinns. In diesem Zusammenhang stellt sich die Frage, wie viel Kapital für die Betriebserweiterung benötigt wird. Herr Peters, der Geschäftsführer, erhält den Auftrag, den Kapitalbedarf zu ermitteln. Bei einer Gesellschafterversammlung berichtet er über die Ergebnisse seiner Recherchen.

Konferenzprotokoll der Gesellschafterversammlung (Auszug)

Fly Bike Werke GmbH

Datum: 20.01.20XX
Zeit: 14:00 bis 18:00 Uhr
Ort: Fly Bike Werke GmbH, Oldenburg
Thema: Kapazitätserweiterung Standort Oldenburg

[...]

Herr Peters informiert die Gesellschafter:

– Zunächst müsste eine zusätzliche Lagerhalle errichtet werden. Einschließlich des dazu benötigten Grundstücks sind Zahlungen an den derzeitigen Grundstückseigentümer und den Bauunternehmer von 200.000,00 € zu erwarten. Beim Erwerb des Grundstücks sind außerdem Grunderwerbsteuer und Notargebühren in Höhe von 8.000,00 € zu leisten.

– Die Lagereinrichtungen werden laut Angebot 40.000,00 € einschließlich Einbaukosten. Ferner müssten ein zusätzlicher Gabelstapler zum Preis von 18.000,00 € sowie ein weiteres Auslieferungsfahrzeug zum Preis von 59.000,00 € angeschafft werden. Dazu kommen noch 1.000,00 € für die Überführung und die Zulassung des Lkw.

– Zusätzlich müssen weitere Ausgaben für die Erweiterung der Betriebs- und Geschäftsausstattung eingeplant werden. Hier ist mit Anschaffungskosten von 20.000,00 € zu rechnen.

– Unsere „eisernen Bestände" sollten dann auch um 20.000,00 € erhöht werden – ständige Lieferbereitschaft setzen unsere Kunden immer voraus.

– Schließlich wird die geplante Umsatzsteigerung eine Erhöhung des täglichen Materialverbrauchs[1] um 10.000,00 € bedingen. Die Fertigungskosten[1] pro Tag erhöhen sich um 6.000,00 €, die täglichen Vertriebs- und Verwaltungskosten um 600,00 €.

– Die durchschnittliche Lagerdauer der Werkstoffe beträgt voraussichtlich 10 Tage, die Fertigungsdauer 2 Tage.

– Die durchschnittliche Lagerdauer der fertigen Erzeugnisse beträgt 5 Tage.

– Die durchschnittliche Zahlungsfrist unserer Lieferanten beträgt 8 Tage, da grundsätzlich der Skontoabzug ausgenutzt wird. Unsere Kunden erhalten – wie immer – ein Zahlungsziel von 14 Tagen.

[...]

---

[1] Hinweis: Bei den Material- und Fertigungskosten handelt es sich jeweils um Einzel- und Gemeinkosten.

1 Ermitteln Sie den möglichen Anlagekapitalbedarf für die Betriebserweiterung.
2 Ermitteln Sie den zusätzlichen Umlaufkapitalbedarf.
3 Beschreiben Sie für den vorliegenden Fall zwei mögliche Investitionsrisiken.

Hinweis: Alle Angaben von Herrn Peters verstehen sich ggf. ohne Umsatzsteuer, da diese vom Finanzamt kurzfristig erstattet wird bzw. mit einer Umsatzsteuerzahllast verrechnet werden kann.

Arbeitsblatt 60.1: Kapitalbedarf im Anlagevermögen (technische Anlagen)

Die Tech Bike GmbH benötigt ein neues Montageband. Der Kapitalbedarf für diese Anlage entspricht ihren Anschaffungskosten (= Anschaffungswert).

⊘ Anlagenbau Wolff AG ⊘
Hagen

Anlagenbau Wolff AG · Karlsruhe 8 · 58134 Hagen

Tech Bike Werke
Höhlerstr. 45
53199 Bonn

Rechnung 2387/02	Kunden-Nr. 211833	Bestell-Nr. 64711	Datum 10.04.20XX

Bitte bei Zahlung angeben.
Lieferdatum: 05.04.20XX

1 Montageband E-Bike 21 lt. Preisliste	205.850,00 €
abzüglich 5 % Rabatt	10.292,50 €
Nettowert des Montagebandes	195.557,50 €
Folgende Leistungen werden von uns zusätzlich berechnet:	
Fracht	3.495,00 €
Transportversicherung	205,00 €
Montage	12.520,00 €
Zwischensumme	16.220,00 €
Rechnungsbetrag (netto)	211.777,50 €
Umsatzsteuer 19 %	40.237,73 €
Rechnungsbetrag (brutto)	**252.015,23 €**

Bei Rechnungsausgleich innerhalb von 8 Tagen gewähren wir **auf den Nettowert des Montagebandes** einen Skonto in Höhe von 3 %.

1 Fügen Sie in das Berechnungsschema die entsprechenden Posten aus der Eingangsrechnung ein.

Berechnungsschema Anschaffungskosten	Posten aus der Eingangsrechnung
Anschaffungspreis	
– Anschaffungspreisminderungen	
+ Anschaffungsnebenkosten	
+ nachträgliche Anschaffungskosten	keine
= Anschaffungskosten	

2 Berechnen Sie den Kapitalbedarf.

a Kapitalbedarf, wenn kein Skonto in Anspruch genommen wird	**b** Kapitalbedarf, wenn Skonto in Anspruch genommen wird

Arbeitsblatt 60.2: Kapitalbedarf im Anlagevermögen (Grundstücke und Gebäude)

Ein Industrieunternehmen erwirbt eine neu erstellte Lagerhalle mit Grundstück. Der (umsatzsteuerfreie) Kaufpreis beträgt 2.000.000,00 €. Vom Kaufpreis entfallen 600.000,00 € auf das Grundstück. Die Grunderwerbsteuer beträgt 5,0 % vom Gesamtkaufpreis. Die Maklergebühr für die Vermittlung der Lagerhalle beträgt 3 % zuzüglich 19 % Umsatzsteuer vom Kaufpreis. Ein Notar berechnet für die Aufstellung und die Beurkundung des Kaufvertrags und die Eintragung des neuen Eigentümers in das Grundbuch 8.400,00 € zuzüglich 19 % Umsatzsteuer. Das Grundbuchamt berechnet für die Eintragung des Eigentümerwechsels Gebühren in Höhe von 5.350,00 €.

Für die Finanzierung der Lagerhalle wird eine Grundschuld im Grundbuch eingetragen. Der Notar berechnet für die Beurkundung der Finanzierung und die Eintragung der Grundschuld in Höhe von 1.800.000,00 € im Grundbuch 8.670,00 €. Das Grundbuchamt berechnet für den Eintrag der Grundschuld Gebühren in Höhe von 2.706,00 €.

Nach der Eigentumsübertragung lässt das Industrieunternehmen einen Aufenthaltsraum mit Toilettenanlage nachträglich in die Lagerhalle einbauen. Der Gesamtpreis für diesen Umbau beträgt 46.000,00 € zuzüglich 19 % Umsatzsteuer.

1 Ermitteln Sie den Kapitalbedarf für
  a das Grundstück,
  b das Gebäude.

Hinweise: Der Kapitalbedarf entspricht den Anschaffungskosten (= Anschaffungswert). Die Kosten der Finanzierung und die Umsatzsteuer gehören nicht zu den Anschaffungskosten. Alle Anschaffungsnebenkosten werden nach dem prozentualen Verhältnis der Kaufpreise des Grundstückes und des Gebäudes aufgeteilt.

Anschaffungskosten	Grundstück = %	Gebäude = %
Kaufpreis		
Grunderwerbsteuer		
Maklergebühr		
Notargebühren		
Grundbuchamt		
Umbaukosten	kein Anteil	
Summen		

Arbeitsblatt 60.3: Kapitalbedarf für das Umlaufvermögen

Für ein neues Zweigwerk, in dem Bremsanlagen gebaut werden sollen, muss ein Bremsenhersteller den Kapitalbedarf für sein Umlaufvermögen planen. Folgende Planwerte stehen zur Verfügung:

Produktionsmenge je Tag: 200 Stück			
Einzelkosten je Stück		**Gemeinkosten je Tag**	
Fertigungsmaterial:	120,00 €	Materialgemeinkosten:	5.000,00 €
Fertigungslöhne:	25,00 €	Fertigungsgemeinkosten:	6.000,00 €
		Verwaltungsgemeinkosten:	600,00 €
		Vertriebsgemeinkosten:	400,00 €
Durchschnittswerte für die Ermittlung der Kapitalbindungsdauer in Tagen			
Lagerdauer des Fertigungsmaterials:	20 Tage	Produktionsdauer:	2 Tage
Lagerdauer der fertigen Erzeugnisse:	5 Tage	Kundenziel:	18 Tage
Lieferantenziel:	14 Tage		

1 Stellen Sie die Kapitalbindungsdauern in der folgenden Übersicht dar.

Kapitalbindungsdauer in Tagen

1	2	3	4	5	6	7	8	9	10	11	12	13	14	15	16	17	18	19	20	21	22	23	24	25	26	27	28	29	30	31	32	33	34	35	36	37	38	39	40	41	42	43	44	45

2 Ermitteln Sie den Kapitalbedarf für das Umlaufvermögen.

Kostenarten	Kosten je Tag	·	Kapitalbindungs-dauer in Tagen	=	Kapitalbedarf
Materialeinzelkosten		·		=	
Materialgemeinkosten		·		=	
Kapitalbedarf für Materialkosten					
Fertigungseinzelkosten		·		=	
Fertigungsgemeinkosten		·		=	
Kapitalbedarf für Fertigungskosten					
Verwaltungsgemeinkosten		·		=	
Vertriebsgemeinkosten		·		=	
Kapitalbedarf im Umlaufvermögen (ohne Sicherheitszuschlag)					
Sicherheitszuschlag 20 %					
Kapitalbedarf im Umlaufvermögen (mit Sicherheitszuschlag)					

Arbeitsblatt 60.4: Finanzplan

Die Sommers Industrie AG ermittelt ihren Kapitalbedarf mit dem folgenden Finanzplan. Berechnen Sie den Kapitalbedarf für den Planmonat März, wenn die Differenz zwischen Einnahmen und Ausgaben im März 0,00 € betragen soll.

Finanzplanung in Tsd. €			
	Januar	Februar	März
flüssige Mittel	32		
Einnahmen (Erlöse):			
Umsatzerlöse	1.600	1.750	1.800
sonstige Erlöse	0	30	25
Summe Einnahmen (Erlöse)			
Ausgaben:			
Roh-/Hilfs- und Betriebsstoffe	870	910	875
Personalkosten	320	325	325
Miet- und Pachtzahlen (inkl. Leasing)	60	60	60
Steuerzahlungen	34	36	35
Versicherungszahlungen	20	20	20
weitere aufwandsbezogene Ausgaben	290	300	300
Kauf von Anlagegütern	0	50	1.500
Summe Ausgaben			
Finanzierungszahlungen:			
Auszahlung von aufgenommenen Krediten	0	100	
Zinsgutschriften	5	6	8
Summe Finanzierungseinzahlungen			
Tilgung von Krediten	0	0	0
Zinszahlungen	20	22	39
Summe Finanzierungsauszahlungen			
= Einnahme-/Ausgabenüberschuss			0

Hinweis: Der Einnahmeüberschuss eines Monats entspricht den flüssigen Mitteln des Folgemonats.

Die Sommers Industrie AG rechnet:

	flüssige Mittel
+	Summe Einnahmen (Erlöse)
–	Summe Ausgaben
+	Summe Finanzierungseinzahlungen
–	Summe Finanzierungsauszahlungen
=	Einnahme-/Ausgabenüberschuss

Arbeitsblatt 60.5: Entscheidungsregeln

Die Hausbank der Wollner GmbH hat die Vergabe eines Kredits u. a. davon abhängig gemacht, dass die aktuelle Bilanz des Unternehmens die von ihr verlangten Vorgaben erfüllt.

Vorgaben:
Das Anlagevermögen muss vollständig durch langfristig verfügbares Kapital finanziert sein.
Das Fremdkapital darf nicht mehr als das Doppelte des Eigenkapitals betragen.
Das kurzfristige Fremdkapital muss durch flüssige Mittel und kurzfristige Forderungen gedeckt sein.

Herr Wollner, Geschäftsführer der Wollner GmbH, hat jetzt die aktuelle Bilanz vorliegen:

Aktiva	Bilanz der Wollner GmbH, Bonn zum 31.12.20XX		Passiva
A. Anlagevermögen		A. Eigenkapital	
I. Immaterielle Vermögens-gegenstände	40.000,00	I. Gezeichnetes Kapital	1.500.000,00
II. Sachanlagen	4.322.600,00	II. Kapitalrücklage	50.000,00
III. Finanzanlagen	–	III. Gewinnrücklagen	70.000,00
B. Umlaufvermögen		IV. Gewinnvortrag	750,00
I. Vorräte	698.200,00	V. Jahresüberschuss	215.000,00
II. Forderungen und sonstige Vermögensgegenstände	396.200,00	B. Rückstellungen	54.000,00
III. Wertpapiere	6.500,00	C. Verbindlichkeiten	3.680.100,00
IV. Kassenbestand, Bundesbank-guthaben, Guthaben bei Kredit-instituten und Schecks	106.350,00		
	5.569.850,00		5.569.850,00

Hinweise zur Bilanz: Alle Forderungen, die Wertpapiere des Umlaufvermögens und alle Rückstellungen sind kurzfristig. Die Position „C. Verbindlichkeiten" enthält 2.500.000,00 € langfristige Bankverbindlichkeiten.

1 Prüfen Sie, ob die Vorgaben der Hausbank zu den Bilanzwerten durch die aktuelle Bilanz der Wollner GmbH erfüllt werden. Alle Ergebnisse sind auf zwei Nachkommastellen kaufmännisch zu runden.

Die horizontalen Kapitalstrukturregeln	
Goldene Bilanzregel im engen Sinne	**Goldene Bilanzregel im weiten Sinne**
Deckungsgrad I = $\dfrac{\quad\quad\quad}{\text{Anlagevermögen}} \cdot 100$	Deckungsgrad II = $\dfrac{\quad\quad\quad}{\text{Anlagevermögen}} \cdot 100$
= $\dfrac{\quad}{\quad}$ =	= $\dfrac{\quad}{\quad}$ =

Die vertikale Kapitalstrukturregel
Verschuldungsgrad = $\dfrac{\quad\quad\quad}{\text{Eigenkapital}} \cdot 100 = \dfrac{\quad\quad\quad}{\quad\quad\quad} =$

Liquiditätskennzahlen		
Liquidität 1. Grades	**Liquidität 2. Grades**	**Liquidität 3. Grades**
= $\dfrac{\quad\quad\quad}{\text{kurzfristiges Fremdkapital}} \cdot 100$	= $\dfrac{\quad\quad\quad}{\text{kurzfristiges Fremdkapital}} \cdot 100$	= $\dfrac{\quad\quad\quad}{\text{kurzfristiges Fremdkapital}} \cdot 100$
= $\dfrac{\quad}{\quad}$ =	= $\dfrac{\quad}{\quad}$ =	= $\dfrac{\quad}{\quad}$ =

2 Wird die Wollner GmbH den Kredit bekommen?

Aufgaben

Aufgabe 1
Erläutern Sie die Begriffe Investition und Finanzierung.

Aufgabe 2
a Nennen Sie je drei Bilanzposten der Mittelherkunft
und der Mittelverwendung.

Mittelherkunft	Mittelverwendung

b Welche anderen Begriffe könnten hier ebenfalls als
Überschrift eingesetzt werden?

Aufgabe 3
Für eine geplante Neugründung liegen die folgenden Daten vor:

Anschaffung
Die Anschaffungskosten für ein Grundstück mit Lagerhalle und Büros betragen 380.000,00 € zuzüglich Anschaffungsne-benkosten in Höhe von 12 %.
Der Anschaffungspreis der benötigten Maschine beträgt 125.000,00 €. Auf diesen Anschaffungspreis gewährt der Hersteller 5 % Rabatt.   Die Lieferungs- und Montagekosten betragen 24.200,00 €, die nachträglichen Umbaukosten 12.000,00 €.
Weitere Anschaffungskosten für Betriebs- und Geschäftsausstattung betragen 220.000,00 €.

Produktion	
Geplante Produktionsmenge:	2.200 Stück je Tag
Materialeinzelkosten je Stück:	25,00 €
Fertigungslöhne je Stück:	4,50 €
Materialgemeinkosten je Tag:	6.000,00 €
Fertigungsgemeinkosten je Tag:	5.000,00 €
Verwaltungsgemeinkosten je Tag:	600,00 €
Vertriebsgemeinkosten je Tag:	400,00 €
Zu berücksichtigende Zeiten	
Durchschnittliche Lagerdauer der eingekauften Materialien:	14 Tage
Durchschnittliche Produktionsdauer:	3 Tage
Durchschnittliche Lagerdauer der fertigen Erzeugnisse:	2 Tage
Durchschnittliches Zahlungsziel der Lieferanten:	10 Tage
Durchschnittliches Zahlungsziel für die Kunden:	20 Tage

Ermitteln Sie für diese Neugründung
a den Kapitalbedarf im Anlagevermögen,
b den Kapitalbedarf im Umlaufvermögen.

Aufgabe 4

Im Monat Januar verzeichnet die Fahrrad GmbH die folgenden Einnahmen und Ausgaben (Plan- und Istwerte):

Geplante Einnahmen und Ausgaben im Januar		Realisierte Einnahmen und Ausgaben im Januar	
Einnahmen:		**Einnahmen:**	
geplante Umsatzerlöse	500.000,00 €	Umsatzerlöse	485.000,00 €
andere Erlöse	12.000,00 €	andere Erlöse	13.520,00 €
		sonstige Einnahmen	3.000,00 €
Ausgaben:		**Ausgaben:**	
Materialaufwendungen	280.000,00 €	Materialaufwendungen	295.000,00 €
Personalaufwendungen	122.225,00 €	Personalaufwendungen	122.225,00 €
Steuern/Abgaben	8.000,00 €	Steuern/Abgaben	8.000,00 €
Anlagenkäufe	12.000,00 €	Anlagenkäufe	13.100,00 €
andere Aufwendungen (ohne Zinsen)	5.700,00 €	andere Aufwendungen (ohne Zinsen)	5.700,00 €
Zinszahlungen	5.040,00 €	Zinszahlungen	5.040,00 €
sonstige Ausgaben	22.500,00 €	sonstige Ausgaben	22.000,00 €

Der Zahlungsmittelbestand (flüssige Mittel) am 1. Januar 20XX betrug 36.000,00 €.

a   Ermitteln Sie den Zahlungsmittelbestand am Monatsende nach Plan- und Istwerten.

b   Um wie viel % unterschreitet der Ist-Zahlungsmittelbestand am Monatsende den Planwert?

c   Welcher Anteil in % von der Gesamtabweichung ist auf

   ca   nicht erzielte Einnahmen aus dem Erzeugnisverkauf,

   cb   erhöhte Ausgaben bei den Materialaufwendungen zurückzuführen?

Aufgabe 5

Erstellen Sie für die Klausen Papier und Druck KG (ggf. auch mithilfe eines Tabellenkalkulationsprogramms) den Finanzplan mit Soll-/Ist-Vergleich für die Monate Januar bis März. Arbeiten Sie hierfür die folgenden Ist-Daten in die Übersicht auf der folgenden Seite ein. Die Soll-Daten sind dort bereits vorgetragen.

Zahlungsmittelbestand Anfang Januar, Istwert	350.000,00 €
Im Januar fallen folgende Ausgaben und Einnahmen an:	
Einnahmen:	
Umsatzerlöse	490.000,00 €
Nebenerlöse	11.000,00 €
Zinsgutschriften	6.900,00 €
Ausgaben:	
Materialaufwand	270.000,00 €
Personalaufwand	130.000,00 €
Steuern/Abgaben	8.500,00 €
allgemeine Aufwendungen	14.000,00 €
Anlagenkäufe	25.000,00 €
Eigenkapitalminderungen	5.000,00 €
Fremdkapitaltilgung	25.000,00 €
Zinslastschriften	6.250,00 €
Sonstige Ausgaben	24.000,00 €
Im Februar fallen folgende Ausgaben und Einnahmen an:	
Einnahmen:	
Umsatzerlöse	510.000,00 €
Nebenerlöse	10.000,00 €
Anlagenverkäufe	5.000,00 €
Fremdkapitalerhöhungen	25.000,00 €
Zinsgutschriften	5.200,00 €
Sonstige Einnahmen	6.200,00 €

Ausgaben:	
Materialaufwand	310.000,00 €
Personalaufwand	135.000,00 €
Steuern/Abgaben	8.000,00 €
allgemeine Aufwendungen	16.200,00 €
Zinslastschriften	5.200,00 €
Sonstige Ausgaben	23.500,00 €
Im März fallen folgende Ausgaben und Einnahmen an:	
Einnahmen:	
Umsatzerlöse	490.000,00 €
Nebenerlöse	8.000,00 €
Anlagenverkäufe	16.000,00 €
Eigenkapitalerhöhung	50.000,00 €
Zinsgutschriften	6.200,00 €
Sonstige Einnahmen	7.500,00 €
Ausgaben:	
Materialaufwand	280.000,00 €
Personalaufwand	135.000,00 €
Steuern/Abgaben	8.900,00 €
allgemeine Aufwendungen	15.000,00 €
Anlagenkäufe	850.000,00 €
Eigenkapitalminderungen	10.000,00 €
Zinslastschriften	5.600,00 €
Sonstige Ausgaben	48.000,00 €

Übersicht: Finanzplan mit Soll-/Ist-Vergleich der Klausen Papier und Druck KG

Zahlungsbeträge in €	Januar			Februar			März		
	Soll	Ist	Differenz	Soll	Ist	Differenz	Soll	Ist	Differenz
I. Zahlungsmittel									
Anfangsbestand	360.000			431.460			522.960		
II. Einnahmen									
Umsatzerlöse	500.000			520.000			540.000		
Nebenerlöse	12.000			12.000			12.000		
Anlagenverkäufe	0			20.000			12.000		
Eigenkapitalerhöhungen	0			0			50.000		
Fremdkapitalerhöhungen	0			0			0		
Zinsgutschriften	12.000			12.000			12.000		
Sonstige Einnahmen	0			0			5.000		
Summe Einnahmen	524.000			564.000			631.000		
III. Ausgaben									
Materialaufwand	280.000			290.000			290.000		
Personalaufwand	125.000			130.000			130.000		
Steuern/Abgaben	8.000			8.500			8.500		
allgemeine Aufwendungen	12.000			12.000			12.000		
Anlagenkäufe	0			0			400.000		
Eigenkapitalminderungen (Entnahmen)	0			0			0		
Fremdkapitaltilgung	0			5.000			50.000		
Zinslastschriften	5.040			4.500			3.500		
Sonstige Ausgaben	22.500			22.500			22.500		
Summe Ausgaben	452.540			472.500			916.500		
IV. Zahlungsmittel (Schlussbestand = I.+II.–III.)	431.460			522.960			237.460		

Hinweis: Differenz = Istwert – Sollwert

SB → S. 559 ff. | Lernfeld 11, Kapitel 3.1–3.2

Eigenfinanzierung

Herr Kly, der Geschäftsführer der Kleinert GmbH, hat ein Problem. Für dringend notwendige Modernisierungen und Erweiterungen benötigt er frisches Kapital. Allerdings haben die Gesellschafter schon im letzten Geschäftsjahr auf Gewinnauszahlungen in Höhe von 50.000,00 € verzichtet und damit das Eigenkapital der Kleinert GmbH erhöht.

Ergebnisverwendung im Vorjahr:

	Ergebnis vor Ergebnisverwendung	Ergebnis nach vollständiger Ergebnisverwendung
Gezeichnetes Kapital	1.200.000,00 €	1.200.000,00 €
Kapitalrücklage	100.000,00 €	100.000,00 €
Gewinnrücklagen	300.000,00 €	350.000,00 €
Gewinnvortrag (Vorjahr)	6.000,00 €	
Jahresüberschuss	100.000,00 €	
Gewinnvortrag (Berichtsjahr)	–	2.000,00 €
Summe Eigenkapital	1.706.000,00 €	1.652.000,00 €
Gewinnauszahlung an Gesellschafter	–	54.000,00 €

Auf der entscheidenden Gesellschafterversammlung des aktuellen Geschäftsjahres soll wieder über die Gewinnverteilung abgestimmt werden. Herr Kly erläutert den Gesellschaftern, dass der Gewinnverzicht des Vorjahres noch nicht ausreicht und dass er für die Verwirklichung seiner Modernisierungs- und Erweiterungsziele weitere 100.000,00 € aus dem Gewinn benötigt. Die Gesellschafter stimmen zu.

1 Stellen Sie das diesjährige Ergebnis der Kleinert GmbH nach vollständiger Ergebnisverteilung dar (kein Gewinnvortrag).

	Ergebnis vor Ergebnisverwendung	Ergebnis nach vollständiger Ergebnisverwendung
Gezeichnetes Kapital	1.200.000,00 €	
Kapitalrücklage	100.000,00 €	
Gewinnrücklagen	350.000,00 €	
Gewinnvortrag (Vorjahr)	2.000,00 €	
Jahresüberschuss	160.000,00 €	
Gewinnvortrag (Berichtsjahr)	–	
Summe Eigenkapital	1.812.000,00 €	
Gewinnauszahlung an Gesellschafter	–	

2 Ein Jahr später hat Herr Kly erneut ein Problem. Neue Trends auf dem Markt machen den Kauf einer neuartigen Maschine notwendig, wodurch ein zusätzlicher Kapitalbedarf von 300.000,00 € entsteht. Die Gesellschafter stimmen zwar erneut einem Gewinnverzicht von 100.000,00 € zu; doch den verbliebenen Bedarf von 200.000,00 € muss Herr Kly auf anderen Wegen decken.

    a Welche weiteren Finanzierungsarten könnte Herr Kly in Betracht ziehen? Machen Sie Vorschläge.

    b Welche dieser Finanzierungsmöglichkeiten wäre ebenfalls eine Form der Eigenfinanzierung? Erläutern Sie.

Arbeitsblatt 61.1: Finanzierungsarten

1 Ergänzen Sie die Grafik.

Fremd-finanzierung		Kreditfinanzierung: – kurzfristig – langfristig
Eigen-finanzierung		
	Innenfinanzierung	**Außenfinanzierung**

2 Ordnen Sie den Finanzierungsarten die Herkunft der Mittel zu:

a Die Mittel stammen aus dem Leistungsprozess.

b Die Mittel werden dem Unternehmen von außerhalb zugeführt.

c Die Mittel stammen aus einbehaltenen Gewinnen.

d Die Mittel stammen von Gläubigern des Unternehmens.

e Die Mittel stammen z. B. aus verdienten Abschreibungen.

f Die Mittel müssen z. B. später an Mitarbeiter ausbezahlt werden.

g Die Mittel vergrößern das Eigenkapital des Unternehmens.

Finanzierungsart	Mittel-herkunft
Einlagen oder Beteiligungsfinanzierung:	
Fremdfinanzierung:	
Innenfinanzierung:	
Außenfinanzierung:	
Selbstfinanzierung:	
Finanzierung durch Rückstellungen:	

3 Benennen Sie die Finanzierungsart und kreuzen Sie an, ob es sich dabei um eine Eigen- oder Fremdfinanzierung, Innen- oder Außenfinanzierung handelt.

Situation	Finanzierungsart (Finanzierungsform)	Eigen- oder Fremdfinanzierung?		Innen- oder Außenfinanzierung?	
		eigen	fremd	innen	außen
Um einen Verwaltungsneubau zu finanzieren, wird eine Hypothek aufgenommen.					
Eine GmbH nimmt einen neuen Gesellschafter gegen Leistung eines Gesellschafteranteils auf.					
Angesammelte Vermögenswerte für Pensionsrückstellungen werden zum Kauf einer Beteiligung eingesetzt.					
Im Umsatzprozess verdiente Abschreibungen werden zum Kauf neuer Maschinen eingesetzt.					
Eine Aktiengesellschaft bildet freiwillig Rücklagen für zukünftige Betriebserweiterungen.					
Die Gesellschafter einer GmbH beschließen in der Gesellschafterversammlung, dass der Gewinn des abgelaufenen Geschäftsjahres zu 50 % nicht ausbezahlt, sondern für Rationalisierungsinvestitionen in der Produktion eingesetzt wird.					
Eine Aktiengesellschaft beschließt auf ihrer Hauptversammlung eine Kapitalerhöhung durch die Ausgabe von neuen Aktien zur Übernahme eines Konkurrenzunternehmens.					

Arbeitsblatt 61.2: Eigenfinanzierung aus einbehaltenen Gewinnen: OHG

In der Werner & Klausen OHG ist ein Jahresgewinn in Höhe von 356.500,00 € ermittelt worden. Vor der Aufstellung der Bilanz (Bilanz nach vollständiger Ergebnisverwendung) muss der Gewinn noch verteilt werden. Die Regelungen aus dem Gesellschaftsvertrag zur Gewinnverteilung lauten:

– Die Gesellschafter Herr Werner und Herr Klausen erhalten vorab ein monatliches Arbeitsentgelt in Höhe von 3.000,00 €. Frau Klausen, die nur halbtags arbeitet, erhält ein Arbeitsentgelt in Höhe von 1.500,00 € je Monat. Frau Werner arbeitet nicht in der OHG.

– Die Kapitalanteile (vom Geschäftsjahresbeginn) werden mit 4 % verzinst.

– Der Restgewinn wird nach den Kapitalanteilen vom Jahresanfang verteilt.

Beschluss der Gesellschafterversammlung zur Gewinnverteilung des Jahres 20XX:

Zur Verbesserung der Eigenkapitalausstattung der Werner & Klausen OHG werden aus dem Gewinn des aktuellen Geschäftsjahres in Höhe von 356.500,00 € die Arbeitsentgelte voll und alle anderen Gewinnanteile nur zu 30 % ausgezahlt.

Gesellschafter der OHG	Kapitalanteile am 01.01.20XX	Anteile	Arbeitsentgelte 01.01. bis 31.12.20XX	Verzinsung Kapitalanteile	Restgewinn	Gesamtgewinn	Kapitalanteile am 31.12.20XX
Rudolf Werner	1.000.000,00						
Walter Klausen	800.000,00						
Karin Klausen	400.000,00						
Renate Werner	400.000,00						
Summen	2.600.000,00						

1 Ermitteln Sie

a den Gesamtgewinn je Gesellschafter,

b die Kapitalanteile je Gesellschafter am Geschäftsjahresende,

c die Höhe der Selbstfinanzierung der OHG.

Arbeitsblatt 61.3: Eigenfinanzierung aus einbehaltenen Gewinnen: KG

Das Industrieunternehmen Miller KG muss für seinen Jahresabschluss das Eigenkapital der Gesellschaft nach vollständiger Ergebnisverwendung ermitteln. Der zu verteilende Gewinn des Geschäftsjahres beträgt 306.000,00 €. Die Regelungen aus dem Gesellschaftsvertrag zur Gewinnverteilung lauten:

- Die Komplementäre Miller und Raul erhalten vorab ein Arbeitsentgelt in Höhe von 4.000,00 € pro Monat.
- Die Verzinsung der Kapitalanteile vom Jahresanfang beträgt 4 % für alle Gesellschafter.
- Der Restgewinn wird im Verhältnis der Kapitalanteile vom Jahresanfang verteilt.

Beschluss der Gesellschafterversammlung zur Gewinnverteilung des Jahres 20XX:

Zur teilweisen Finanzierung einer Betriebserweiterung erhalten die Vollhafter Miller und Raul von ihrem Gewinn das Arbeitsentgelt und 60 % ihres darüber hinausgehenden Gewinnanteils ausgezahlt. Die Kapitalanteile der Kommanditisten (alle anderen Gesellschafter) erhöhen sich aus ihren Gewinnanteilen um je 5.000,00 €. Darüber hinausgehende Gewinnanteile werden ausgezahlt.

Gesellschafter der KG	Kapitalanteile am 01.01.20XX	Anteile	Arbeitsentgelte 01.01. bis 31.12.20XX	Verzinsung Kapitalanteile	Restgewinn	Gesamtgewinn	Kapitalanteile am 31.12.20XX
Karl Miller	800.000,00						
Werner Raul	600.000,00						
Inge Werner	150.000,00						
Susanne Claset	100.000,00						
Rudolf Claset	50.000,00						
Kevin Rost	50.000,00						
Summen	1.750.000,00						

1 Ermitteln Sie
a das Eigenkapital der KG nach der Gewinnverteilung und der vereinbarungsgemäßen Auszahlung von Gewinnanteilen,
b die Höhe der Selbstfinanzierung der KG.

Arbeitsblatt 61.4: Eigenfinanzierung aus Abschreibungsgegenwerten

Eine Weberei besitzt im Jahr der Gründung acht vollautomatische Webmaschinen. Die Webmaschinen werden linear innerhalb von sieben Jahren vollständig abgeschrieben. Die Anschaffungskosten je Webmaschine betrugen zum Jahresanfang 20X0 77.000,00 €. Die Abschreibungen werden – falls die Anschaffungskosten einer Webmaschine erreicht werden – immer reinvestiert, Restbeträge werden angespart und dann reinvestiert.

1 Ergänzen Sie die folgende Tabelle. Nehmen Sie dabei an, dass die Anschaffungskosten für Webmaschinen konstant bleiben.

a	b	c	d	e	f	g	h	i	j	k
Jahr	Maschinenbestand am Jahresbeginn (Stück)	Abschreibungsgegenwerte dieser Periode, die ...			kumulierte, noch nicht reinvestierte Abschreibungsgegenwerte aus dieser und aus der Vorperiode			Gesamte Reinvestition (€)	Maschinenzugang (Stück) am Beginn des Folgejahres	Maschinenabgang (Stück) am Ende des aktuellen Jahres
		...neu entstehen (€) (b · 11.000,00)	...reinvestiert werden (€)	..."übrig" bleiben (€)	Insgesamt (€)	von denen nun reinvestiert werden (€)	von denen "übrig" bleiben (€)	d + g (€)		
20X0	8	88.000,00	77.000,00	11.000,00	11.000,00	–	11.000,00	77.000,00	1	–
20X1										
20X2										
20X3										
20X4										
20X5										
20X6										
20X7										
20X8										
20X9										
20X10										

Arbeitsblatt 61.5: Beschaffung von Eigenkapital

1   Eine GmbH nimmt einen neuen Gesellschafter auf. Bisher waren die Stammeinlagen wie folgt verteilt:

Gesellschafter	Stammeinlage in €	Anteile	Gewinnanteil in €
A	350.000,00		
B	250.000,00		
C	150.000,00		
D			
Summe			120.000,00

a   Ermitteln Sie bei einer Stammeinlage von D = 250.000,00 € und einem Agio von 100 % die Gewinnanteile aller GmbH-Gesellschafter, wenn ein Gewinn von 120.000,00 € erzielt wird und der Gewinn im Verhältnis der Stammeinlage verteilt wird.

b   Berechnen Sie die Verzinsung des eingesetzten Kapitals von D im ersten Geschäftsjahr.

2   Eine Aktiengesellschaft weist in der Bilanz vor der Ergebnisverwendung folgende Werte aus:

A. Eigenkapital	
I. Gezeichnetes Kapital:	2.000.000,00 €
II. Kapitalrücklage:	250.000,00 €
III. Gewinnrücklagen:	150.000,00 €
IV. Gewinnvortrag:	5.000,00 €
V. Jahresüberschuss:	165.000,00 €

In der Hauptversammlung werden folgende Beschlüsse gefasst:
   (1) 12,5 % der Summe aus dem Jahresüberschuss und des Gewinnvortrags werden in die Gewinnrücklagen eingestellt.
   (2) Die auszuzahlende Dividende soll 6,5 % betragen.
   (3) Der unverteilte Gewinnrest soll auf das neue Geschäftsjahr vorgetragen werden.
   (4) Es soll eine Kapitalerhöhung im Verhältnis 10 (alte Aktien) zu 2 (neue Aktien) durchgeführt werden.
   — Der Nennwert aller Aktien beträgt 10,00 €.
   — Der Ausgabekurs der neuen (jungen) Aktien beträgt 30,00 €.

a   Weisen Sie das Eigenkapital der AG nach der Ergebnisverwendung und nach der Kapitalerhöhung aus:

A. Eigenkapital	nach der Ergebnisverwendung (Werte in €)	nach der Kapitalerhöhung (Werte in €)
I. Gezeichnetes Kapital		
II. Kapitalrücklage		
III. Gewinnrücklagen		
IV. Gewinnvortrag		

b   Ermitteln Sie
   ba den Wert in € aus der Selbstfinanzierung durch einbehaltene Gewinne und
   bb den Wert in € aus der Einlagenfinanzierung.

Aufgaben

Aufgabe 1

Nummerieren Sie den „Abschreibungskreislauf" mit den Ziffern 1–9 in einer sachlogischen Reihenfolge:

☐ Einnahmen aus Erzeugnisverkäufen

☐ Ermöglichung von Neuinvestitionen durch (angesparte) Abschreibungsrückflüsse

☐ Ermittlung von Abschreibungsbeträgen in Höhe des Wertverlustes

☐ Kalkulation der Verkaufspreise = Selbstkosten (Abschreibungen + alle anderen Kosten) + Gewinn

☐ Erste Neuinvestitionen

☐ Nutzung der Neuinvestitionen

☐ Rückfluss der Abschreibungsbeträge = verdiente Abschreibungen

☐ Verkauf der Erzeugnisse zum geplanten Verkaufspreis

☐ Wertverlust durch Nutzung

Aufgabe 2

Ein Unternehmen hat ein Erstinvestitionsvolumen von 2.000.000,00 €. Die (fixen) Abschreibungen betragen pro Jahr 10 % der Investitionssumme. Alle anderen Kosten pro Jahr betragen bei einer Produktionsmenge von 15.000 Stück insgesamt 450.000,00 €, davon sind 30 % fix. Der Nettoverkaufspreis je Stück beträgt 46,00 €.

a Ermitteln Sie den Erfolg (Gewinn oder Verlust) und die Höhe der verdienten Abschreibungen bei einem Jahresabsatz von

    aa 20 000 Stück,   **ab** 15 000 Stück,   **ac** 10 000 Stück.

b Ermitteln Sie die Absatzmenge, die notwendig ist, damit die Abschreibungen noch verdient werden können.

Aufgabe 3

In der Klaus & Unger KG ist ein Jahresgewinn in Höhe von 138.000,00 € ermittelt worden. Vor der Aufstellung der Bilanz muss der Gewinn noch verteilt werden. Die Regelungen aus dem Gesellschaftsvertrag zur Gewinnverteilung lauten:

- Die Vollhafter Klaus und Unger erhalten vorab ein monatliches Arbeitsentgelt in Höhe von 2.000,00 €.
- Frau Lange (Teilhafterin) erhält kein Arbeitsentgelt.
- Die Kapitalanteile (vom Geschäftsjahresbeginn) werden mit 5 % verzinst.
- Der Restgewinn wird nach Kapitalanteilen verteilt.

Gesellschafter der KG	Kapitalanteile am 01.01.20XX	Arbeitsentgelte 01.01. bis 31.12.20XX	Verzinsung Kapitalanteile	Restgewinn	Gesamtgewinn	Kapitalanteile am 31.12.20XX
Albert Klaus	300.000,00					
Walter Unger	200.000,00					
Karin Lange	100.000,00					
Summen	600.000,00					

a Ermitteln Sie den Gesamtgewinn je Gesellschafter.

b Ermitteln Sie die Kapitalanteile je Gesellschafter am Geschäftsjahresende, wenn laut Gesellschafterbeschluss alle Arbeitsentgelte und – in diesem Geschäftsjahr – nur ein Drittel des darüber hinausgehenden Gewinns an die Vollhafter ausgezahlt werden. Die Teilhafterin Lange erhält ihren Gewinn vollständig ausgezahlt.

c Ermitteln Sie die Höhe der Selbstfinanzierung (einbehaltene Gewinnanteile) der KG.

Aufgabe 4

Der Fahrradzulieferer Müller KG muss für seinen Jahresabschluss das Eigenkapital der Gesellschaft nach vollständiger Ergebnisverwendung ermitteln. Nur die Vollhafter Müller und Paul erhalten vorab ein Arbeitsentgelt in Höhe von 3.200,00 € pro Monat. Die Verzinsung der Kapitalanteile ist im Gesellschaftsvertrag für alle Gesellschafter mit 3 % geregelt. Der Restgewinn wird im Verhältnis der Kapitalanteile verteilt. Die Teilhafter Klein und Wolpert erhalten ihren Gesamtgewinn vollständig ausgezahlt. Die Vollhafter Müller und Paul entnehmen von ihrem Gewinn nur das Arbeitsentgelt und 60 % ihres darüber hinausgehenden Gewinnanteils. Der Jahresgewinn beträgt 461.600,00 €.

Gesellschafter der KG	Kapitalanteile am 01.01.20XX	Arbeitsentgelte 01.01. bis 31.12.20XX	Verzinsung Kapitalanteile	Restgewinn	Gesamtgewinn	Kapitalanteile am 31.12.20XX
Claudia Müller	750.000,00					
Werner Paul	450.000,00					
Ines Klein	250.000,00					
Susanne Wolpert	50.000,00					
Summen	1.500.000,00					

a Ermitteln Sie das Eigenkapital der KG nach der Gewinnverteilung und der Auszahlung von Gewinnanteilen.

b Ermitteln Sie die Höhe der Selbstfinanzierung (einbehaltene Gewinnanteile) der KG.

Aufgabe 5

Die Woltermann KG produziert Zirkulationspumpen für Heizungssysteme. Um ein neuartiges Produkt in Lizenz produzieren zu können, müsste ein erheblicher Kapitalbedarf in Höhe von 5.000.000,00 € für neue Produktionsanlagen gedeckt werden. Eine derartige Summe kann nach Aussagen der Hausbank nicht über Kredite finanziert werden.

Bisherige Gesellschafter	Einlagen in €
Karl Woltermann	500.000,00
Klaus Woltermann	500.000,00
Regina Woltermann	100.000,00
Karin Woltermann	100.000,00

Die Brüder Karl und Klaus Woltermann, Komplementäre der KG, und ihre Ehefrauen Regina und Karin Woltermann, Kommanditisten der KG, haben auf Anraten der Hausbank jetzt eine andere Idee: Sie wollen 50 Kommanditanteile zu je 50.000,00 € Einlagewert und 100 Kommanditanteile zu je 25.000,00 € Einlagewert ausgeben. In einschlägigen Fachzeitschriften erscheint folgende Anzeige (Auszüge):

Gewinnen Sie mit einem völlig neuartigen Produkt, das die Stromkosten für Heizungssysteme in Privathaushalten massiv verringert. Werden Sie Kommanditist in einer seit 1955 erfolgreichen Kommanditgesellschaft. Wir bieten eine sichere und ertragreiche Kapitalanlage. Laut Gesellschaftsvertrag wird eine Einlagenverzinsung in Höhe von 5 % je Jahr vereinbart. Darüber hinaus beteiligen wir Sie anteilsmäßig am Restgewinn!

Woltermann KG, Düren · Der Spezialist für Zirkulationspumpen

a Welche Finanzierungsart will die Woltermann KG in Anspruch nehmen?

b Wie hoch ist das neue Eigenkapital der Woltermann KG, wenn alle Kommanditanteile tatsächlich gezeichnet werden?

c Wie hoch wäre die Verzinsung des Eigenkapitals für alle Gesellschafter bei vollständiger Zeichnung der neuen Kommanditanteile, wenn ein Gewinn in Höhe von 352.000,00 € erzielt wird? Hinweis: Die Arbeitsentgelte der Komplementäre, die immer vorab vom Gewinn einbehalten werden, betragen zusammen 100.000,00 €.

d Wie hoch muss der Gewinn der KG pro Jahr mindestens sein, damit alle Gesellschafter ihr Eigenkapital mit 5 % verzinst bekommen?

e Die neuen Kommanditanteile werden leider nur zu 87 % gezeichnet. Wie hoch müsste in diesem Fall das zusätzlich notwendige Darlehen der Hausbank sein?

f Welche Aussagen sind zu dieser Finanzierungsart richtig? Bitte kreuzen Sie die richtigen Aussagen an:

- [ ] Das Kapital steht langfristig zur Verfügung.
- [ ] Eine Verzinsung der Kapitalanteile muss erfolgsunabhängig geleistet werden.
- [ ] Die Mitsprache der neuen Gesellschafter ist beschränkt.
- [ ] Die Kreditwürdigkeit des Unternehmens steigt.
- [ ] Die neuen Gesellschafter sind Fremdkapitalgeber.
- [ ] Die an die Gesellschafter gezahlten Zinsen verringern den steuerpflichtigen Gewinn.

Fremdfinanzierung I: Kurzfristige Kredite

Die Kramer Zweiradmanufaktur GmbH hat bei ihrer Hausbank ein Kontokorrentkonto, für das ein Kreditlimit von 10.000,00 € und die folgenden Zinssätze vereinbart sind: 2% Habenzinsen, 9% Sollzinsen und 16% Überziehungszinsen. Zu Beginn des Monats Juni 20XX beträgt der Kontostand 2.000,00 € (Guthaben). Im weiteren Verlauf des Monats sind die Zahlungsausgänge jedoch höher als die Zahlungseingänge:

Datum, Vorgang	€
01.06. Guthaben	2.000,00
04.06. Gutschrift	12.000,00
12.06. Gutschrift	4.000,00
14.06. Lastschrift	20.000,00
22.06. Lastschrift	16.000,00
24.06. Gutschrift	6.000,00
27.06. Lastschrift	2.000,00

Hinweis: Angegeben sind jeweils die Daten der Wertstellung. Die Hausbank berücksichtigt (verzinst) nach ihren Allgemeinen Geschäftsbedingungen den aktuellen Kontostand jeweils ab dem Tag der Wertstellung.

1 Zeichnen Sie den Verlauf (Guthaben, Kredit und Überziehung) des Kontokorrentkredits der Kramer Zweiradmanufaktur GmbH in die folgende Grafik ein:

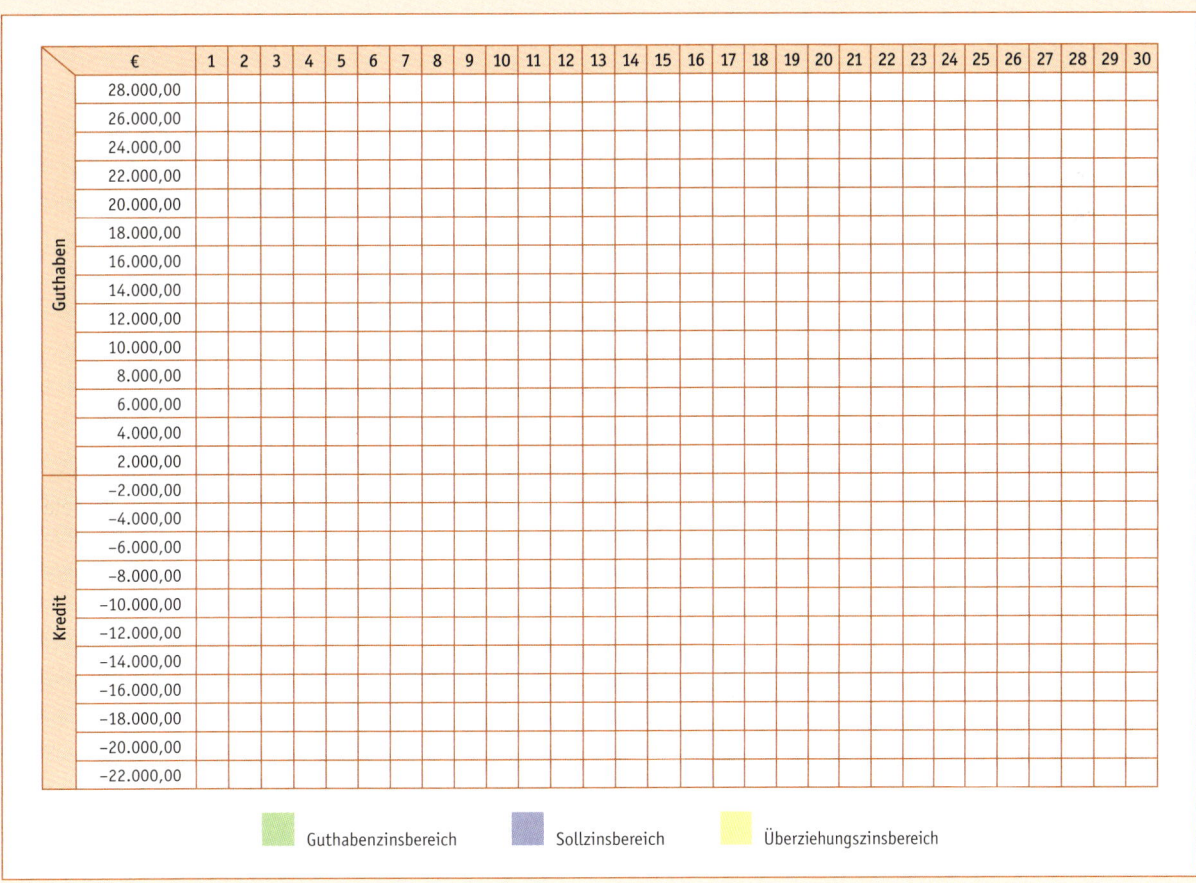

2 Berechnen Sie die Haben, Soll- und Überziehungszinsen.

3 Ermitteln Sie den Kontostand nach der Zinsabrechnung zum Monatsende.

4 Zum 30.06. muss die Kramer Zweiradmanufaktur GmbH entscheiden, ob eine fällige Eingangsrechnung der Color GmbH unter Abzug des Skontos überwiesen werden soll. Die Hausbank wird die Überweisung erfahrungsgemäß auch bei einer Überschreitung des Kreditlimits ausführen.

Color GmbH
Ludwigshafen

Color GmbH, Hafenstr. 125, 67061 Ludwigshafen

Kramer Zweiradmanufaktur GmbH
Kölner Weg 12
53844 Troisdorf

Kunden-Nr.: 424
Ansprechpartner: Frau Reineke
Telefon: 0621 5826-64
Liefer-Datum: 22.06.20XX
Rechnungs-Datum: 22.06.20XX

Rechnung Nr.: 12292

Pos.	Artikel-Nr.	Artikelbezeichnung	Menge	Preis je Einheit	Gesamtpreis
1	900100	Klarlack	2 000 Liter	3,45 €	6.900,00 €
2	800200	Spezialgrundierung für Edelstähle	2 000 Liter	2,45 €	4.900,00 €
3	700100	Standardfarbe „gelb"	100 Liter	4,30 €	430,00 €
4	700821	Sonderfarbe „mirror-polish"	120 Liter	6,00 €	720,00 €
5	702400	Sonderfarbe „Lemon Squash"	120 Liter	6,00 €	720,00 €
6	100000	Transportkosten	1	545,00 €	545,00 €
			Nettorechnungsbetrag		14.215,00 €
			+19 % Umsatzsteuer		2.700,85 €
			Bruttorechnungsbetrag		16.915,85 €

Der Rechnungsbetrag ist zahlbar innerhalb von 8 Tagen unter Abzug von 3 % Skonto.
Das Zahlungsziel beträgt 30 Tage.

---

a Wie hoch ist der mögliche Überweisungsbetrag bei Inanspruchnahme des Skontos?

b Berechnen Sie die effektive Verzinsung des Lieferantenkredits.

c Welche Entscheidung sollte die Kramer Zweiradmanufaktur GmbH hinsichtlich des Rechnungsausgleichs treffen?

Arbeitsblatt 62.1: Kontokorrentkredit und summarische Zinsrechnung

Ein Unternehmen hat bei seiner Hausbank ein Kontokorrentkonto mit einem Kreditlimit von 10.000,00 €. Die vereinbarten Zinssätze sind: 2,5 % Habenzinsen, 10 % Sollzinsen und 18 % Überziehungszinsen. Den Monat Juni 20XX beginnt das Unternehmen mit einem Kontostand in Höhe von 14.000,00 € (Guthaben). Im weiteren Verlauf des Monats sind die folgenden Zahlungsein- und -ausgänge zu verzeichnen:

Datum, Vorgang	€
01.06. Guthaben	14.000,00
04.06. Gutschrift	10.000,00
14.06. Gutschrift	4.000,00
20.06. Lastschrift	36.000,00
23.06. Lastschrift	14.000,00
25.06. Gutschrift	6.000,00
28.06. Lastschrift	2.000,00

Hinweis: Angegeben sind jeweils die Daten der Wertstellung. Die Bank berücksichtigt (verzinst) nach ihren Allgemeinen Geschäftsbedingungen den aktuellen Kontostand jeweils ab dem Tag der Wertstellung.

1 Stellen Sie den Kontenverlauf für den Monat Juni in der Übersicht dar.

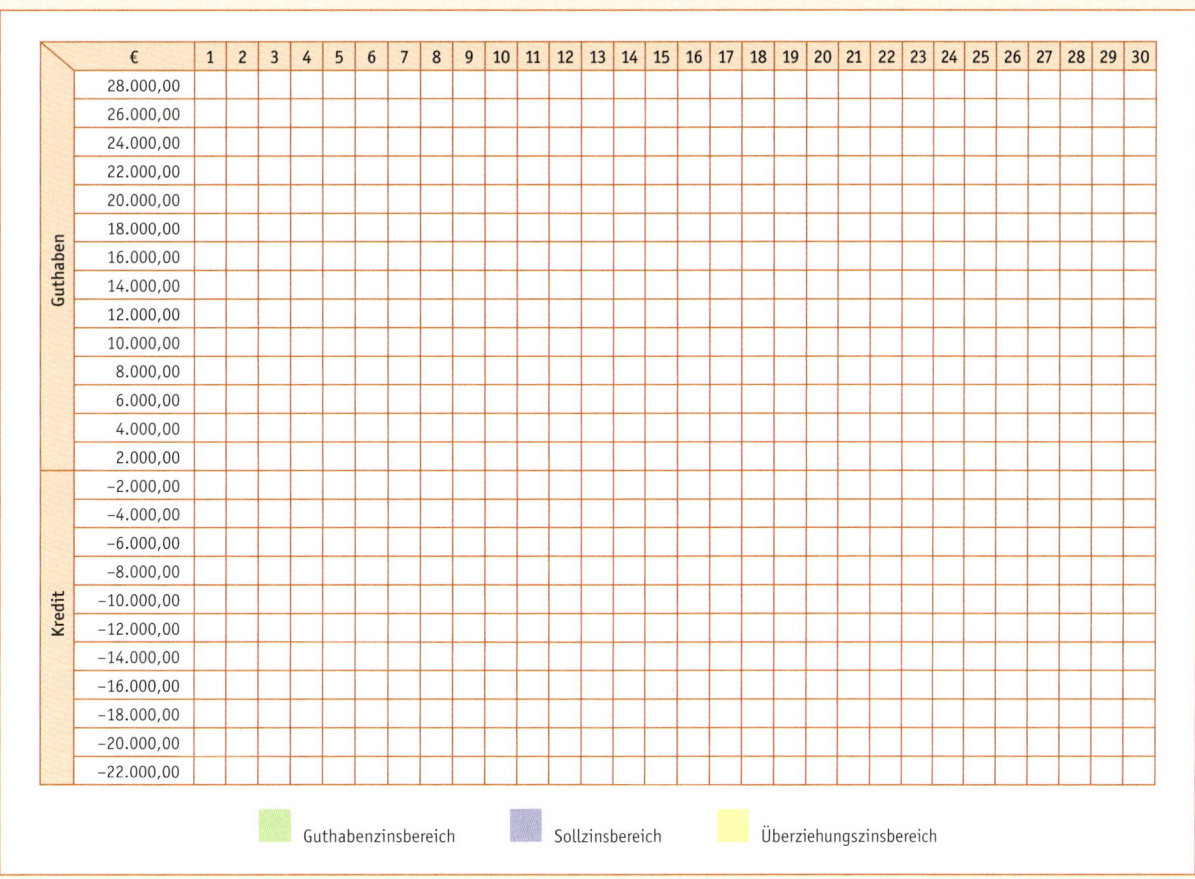

2 Berechnen Sie alle Zinsen und den Kontostand am Monatsende nach Zinsabrechnung. Alle Ergebnisse sind auf zwei Nachkommastellen kaufmännisch zu runden.

Guthabenzinsen

Ermittlung der Zinszahlen:

Ermittlung des Zinsteilers bei _____ % Guthabenzins:

Ermittlung der Zinsen:

Ergebnis:

Sollzinsen

Ermittlung der Zinszahlen:

Ermittlung des Zinsteilers bei _____ % Sollzinsen:

Ermittlung der Zinsen:

Ergebnis:

Überziehungszinsen

Ermittlung der Zinszahlen:

Ermittlung des Zinsteilers bei _____ % Überziehungszinsen:

Ermittlung der Zinsen:

Ergebnis:

Kontostand

Ermittlung des Kontostands am Monatsende nach Zinsabrechnung:

Ergebnis:

Arbeitsblatt 62.2: Lieferantenkredit

Die Fly Bike Werke GmbH hat die folgende Eingangsrechnung erhalten:

AWB Aluminiumwerke AG, Bonn

AWB Aluminiumwerke · Sankt-Augustiner-Straße 30 · 53225 Bonn

Sankt-Augustiner-Straße 30
53225 Bonn

Tel.: 0228-46477-0
Fax: 0228-46477-11
E-Mail:
awb-mail@aluminiumwerke.de
Ansprechparter: Herr Köllen

Fly Bike Werke GmbH
Rostocker Straße 334
26121 Oldenburg

Lieferdatum: 08.05.20XX
Lieferscheinnummer: 664
Rechnungsdatum: 08.05.20XX

Rechnung-Nr.: 664

Artikel Nr.	Artikelbezeichnung für Aluminiumrohre	Menge in Metern	Einzelpreis in €	Gesamtpreis in €
40045225	Rundrohr 45 · 2,25	2000	10,20	20.400,00
	– 12,5 % Rabatt			2.550,00
	= Warenwert			17.850,00
	+ Transportkosten			500,00
	= Nettorechnungsbetrag			18.350,00
	+19 % Umsatzsteuer			3.486,50
	= Bruttorechnungsbetrag			21.836,50

Der Rechnungsbetrag ist innerhalb von 45 Tagen fällig. Bei Zahlung innerhalb von 10 Tagen gewähren wir auf den Warenwert der Rundrohre 2,5 % Skonto.

1   Während der Skontofrist befindet sich das Kontokorrentkonto der Fly Bike Werke GmbH im Kreditbereich. Die Sollzinsen würden 9 % betragen. Ermitteln Sie den Finanzierungserfolg bei kreditfinanzierter Skontoausnutzung.

Begriffe	Formeln	Berechnungen und Ergebnisse
Nettoskonto	$\cdot$ Skontosatz in %	
Überweisungsbetrag	Bruttorechnungsbetrag $-$	
Lieferantenkredit-frist	Zahlungsziel $-$	
Bankzinsen (=Kreditzinsen)	$\dfrac{\text{Überweisungs-} \cdot \quad \cdot}{100 \cdot 360}$ betrag	
Finanzierungserfolg	Nettoskonto $-$	
Effektive Verzinsung des Lieferantenkredits	$\dfrac{\cdot\ 100 \cdot 360}{\cdot\ \text{Lieferantenkreditfrist}}$	

Aufgaben

Aufgabe 1

Die Fly Bike Werke GmbH muss entscheiden, ob sie die folgende Eingangsrechnung unter Abzug von Skonto ausgleicht.

a Ermitteln Sie
  aa den Nettoskonto,
  ab den möglichen Überweisungsbetrag bei Inanspruchnahme des Skontos,
  ac die Bankzinsen bei kreditfinanzierter Skontoausnutzung,
  ad die effektive Verzinsung des Lieferantenkredits,
  ae den möglichen Finanzierungserfolg für die Fly Bike Werke GmbH.
b Wie hoch wäre der Finanzierungserfolg, wenn das Zahlungsziel der Union Elektro AG nur 30 Tage betragen würde?

Aufgabe 2

Ein Unternehmen handelt mit einem Produkt, das in einem Geschäftsjahr 20 000 Mal eingekauft und auch verkauft wird. Der Einstandspreis des Produkts beträgt 50,00 €. Die Handlungskosten (ohne Abschreibungen) betragen 400.000,00 €; die Abschreibungen belaufen sich auf 300.000,00 €. Der Gewinn soll 100.000,00 € betragen. Das Produkt wird für durchschnittlich 80,00 € verkauft.

Wie hoch ist die Summe der verdienten Abschreibungen, die für Neuanschaffungen verwendet werden könnten?

Aufgabe 3

Ein Rohstofflieferant gewährt grundsätzlich einen Skonto von 3 % bei Zahlung innerhalb von 8 Tagen und ein Zahlungsziel von 30 Tagen.
a Berechnen Sie, wie teuer dieser Lieferantenkredit bei einem Rechnungsbetrag von 23.800,00 € inkl. 19 % Umsatzsteuer wäre:
  aa in € und
  ab in % (effektiver Zinssatz).
b Wie hoch wäre der Finanzierungserfolg, wenn für die Zahlung innerhalb der Skontofrist das Kontokorrentkonto mit einem Sollzinssatz von 9,5 % überzogen werden muss?

UNION ELEKTRO AG

Union Elektro AG
Landsberger Str. 66
12623 Berlin

Union Elektro AG, Landsberger Str. 66, 12623 Berlin

Fly Bike Werke GmbH
Rostocker Str. 334
26121 Oldenburg

Bankverbindung:
Berliner Industriebank
IBAN: DE58 1001 0700 0160 9233 09
BIC: INBADEBEXXX

Ihre Zeichen	Ihre Nachricht vom	Unser Zeichen	Unsere Nachricht vom	Tel.:	Herford,
cm	22.02.20XX	wa/s		030 5628362	12.03.20XX

Rechnung Nr.: 613

Für die Ausführung Ihrer Bestellung Nr. 312 stellen wir Ihnen folgende Positionen in Rechnung:

Menge/Stück	Artikelbezeichnung	Einzelpreis in €	Gesamtpreis in €
200	Rücklampe ‚Blinky', Art.-Nr. 234	6,45	1.290,00
300	Beleuchtungssystem ‚Magic Light', Art.-Nr. 122	22,08	6.624,00
	Warenwert		7.914,00
	+ 19 % Umsatzsteuer		1.503,66
	= Rechnungsbetrag		**9.417,66**

Zahlungsbedingungen: 8 Tage 2 % Skonto oder 60 Tage Ziel
Lieferungsbedingungen: Frei-Haus-Lieferung

Landessparkasse Oldenburg

IBAN	Kontoauszug		Auszug	Blatt
DE86 2805 0100 0112 3264 44	Landessparkasse Oldenburg		15	1

Buchungstag	Wert	Vorgang/Erläuterungen	Beträge in EUR
		Kontostand am 20.03.20XX	350,00 –
		Kreditlimit	10.000,00 –
		Zinssatz für Kontokorrentkredit im Limit	12,9 %
		Zinssatz für geduldete Überziehung	16,9 %

Fly Bike Werke GmbH, Oldenburg

SB → S. 572 ff. | Lernfeld 11, Kapitel 3.3.3

Fremdfinanzierung II: Langfristige Kredite

Die geplante Betriebserweiterung der Fly Bike Werke GmbH am Standort Oldenburg (siehe Lernsituation 60) nimmt Formen an. Die Gesellschafter haben den Vorschlägen des Geschäftsführers, Herrn Peters, zugestimmt. Ein Teil des Kapitalbedarfs konnte bereits auf dem Wege der Eigenfinanzierung gedeckt werden; für den noch verbliebenen Kapitalbedarf ist eine langfristige Fremdfinanzierung notwendig.

Hausmitteilung

Fly Bike Werke GmbH

Absender	Empfänger	mit der Bitte um
X Geschäftsführung	☐ Geschäftsführung	☐ Kenntnisnahme
☐ Zentralsekretariat	☐ Zentralsekretariat	**X** Erledigung
☐ Controlling	☐ Controlling	☐ Stellungnahme
☐ Einkauf/Logistik	☐ Einkauf/Logistik	
☐ Produktion	☐ Produktion	
☐ Verwaltung	**X** Verwaltung	
☐ Vertrieb	☐ Vertrieb	
X ~~Frau/~~Herr *Peters*	**X** ~~Frau/~~Herr *Steffes*	

Lieber Herr Steffes,

im Zuge der Betriebserweiterung sind erhebliche Finanzmittel notwendig. Trotz der Einlage unseres neuen Gesellschafters und verschiedener weiterer Maßnahmen (Kürzung der Gewinnausschüttung an die Gesellschafter, Verkauf einer nicht mehr benötigten Anlage) verbleibt ein Finanzierungsbedarf von ca. 200.000,00 €, der über ein langfristiges Darlehen abgedeckt werden soll.

Bitte teilen Sie mir die für uns interessanten Finanzierungsangebote bis zum 25.02.20XX mit! Angebote von verschiedenen Kreditinstituten habe ich bereits eingeholt und Ihnen Formulare zur Berechnung beigelegt.

H. Peters

Die Angebote, die Herr Peters eingeholt hat, stammen von vier verschiedenen Kreditinstituten.

1 Lesen Sie den Informationstext der Landessparkasse Oldenburg auf S. 389 und vergleichen Sie die Kreditangebote der Landessparkasse Oldenburg und der Commerzbank auf S. 390.

    a Erstellen Sie einen Zins- und Tilgungsplan für die beiden Angebote. Nutzen Sie hierfür die Arbeitsblätter 63.1 und 63.2.

    b Ermitteln Sie das günstigste der beiden angebotenen Annuitätendarlehen.

Ermittlung der Kreditkosten	Angebot der Landessparkasse Oldenburg	Angebot der Commerzbank AG
Zinsen für die gesamte Kredit-laufzeit		
+ Disagio		
= gesamte Kreditkosten		

2 Lesen und vergleichen Sie die Kreditangebote der Deutschen Bank und der Volksbank Oldenburg auf S. 391.

    a Erstellen Sie einen Zins- und Tilgungsplan für die beiden Angebote. Nutzen Sie hierfür die Arbeitsblätter 63.3 und 63.4.

    b Ermitteln Sie das günstigste der beiden angebotenen Abzahlungsdarlehen.

Ermittlung der Kreditkosten	Angebot der Deutschen Bank	Angebot der Volksbank Oldenburg
Zinsen für die gesamte Kredit-laufzeit		
+ Disagio		
= gesamte Kreditkosten		

3 Für welches Darlehen sollte die Fly Bike Werke GmbH sich entscheiden? Begründen Sie Ihre Empfehlung.

Information der Landessparkasse Oldenburg

Das passende Darlehen für jeden Bedarf!

Sie möchten eine planbare und konstante Ratenzahlung?
Dann ist das Annuitätendarlehen genau das Richtige für Sie!

Darlehensart	Art der Tilgung	Kreditkosten
Annuitätendarlehen	Das Annuitätendarlehen zeichnet sich durch eine **gleich bleibende Belastungsrate** (Annuität = Tilgung + Zins) für den Kreditnehmer aus. Beachten Sie, dass hierbei die **Tilgungsrate (Abzahlung) des Darlehens steigt.** Die Zinsen werden mit sinkender Kreditsumme geringer.	– Zinsen von der jeweiligen Restschuld – Disagio

Sie möchten eine abnehmende Ratenbelastung?
Dann ist das Abzahlungsdarlehen genau das Richtige für Sie!

Darlehensart	Art der Tilgung	Kreditkosten
Abzahlungsdarlehen/ Ratendarlehen	Das Abzahlungsdarlehen zeichnet sich durch eine hohe anfängliche Belastung aus. Diese fällt während der Laufzeit. Hierbei ist zu beachten, dass die jährliche **Belastungsrate** (= Tilgung + Zins) sinkt. Die **Tilgungsrate (Abzahlung) des Darlehens ist jedoch konstant**. Der Zinsanteil in der jährlichen Rate sinkt mit der Laufzeit.	– Zinsen von der jeweiligen Restschuld – Disagio

Sie möchten Ihr Darlehen in einer Summe zum Ende der Laufzeit tilgen?
Dann ist das Festdarlehen genau das Richtige für Sie!

Darlehensart	Art der Tilgung	Kreditkosten
Festdarlehen	Beim Festdarlehen tilgen Sie zum Ende der Laufzeit die Kreditschuld in einer Summe.	– Der Darlehensbetrag wird während der Laufzeit nicht getilgt, entsprechend bleiben die Zinsen konstant. – Disagio

COMMERZBANK

Fly Bike Werke GmbH
Rostocker Str. 334
26121 Oldenburg

Es schreibt Ihnen
Thomas Lufen
Tel 0441 21050
Fax 0441 21151
Datum 24. 01. 20XX

Ihre Finanzierungsanfrage vom 22. 01. 20XX

Sehr geehrter Herr Peters,

Ihre Finanzierungsanfrage haben wir bearbeitet. Nach eingehender Überprüfung Ihrer Unterlagen können wir Ihnen folgendes Angebot unterbreiten:

Gewerbekredit (Annuitätendarlehen)	200.000,00 €
Disagio:	4,0 % der Darlehenssumme
Nominalzinssatz:	5 % pro Jahr
Laufzeit:	10 Jahre
Jährliche Belastungsrate:	25.900,91 €

Wir freuen uns auf eine künftige Zusammenarbeit!

Mit freundlichen Grüßen

Commerzbank AG

Thomas Lufen

Thomas Lufen

Landessparkasse
Oldenburg

Fly Bike Werke GmbH
Rostocker Str. 334
26121 Oldenburg

Es schreibt Ihnen
Elisabeth Lange
Tel 0441 2815-88
Fax 0441 2815-89
Datum 25. 01. 20XX

Ihre Finanzierungsanfrage vom 22. 01. 20XX

Sehr geehrter Herr Peters,

Ihre Finanzierungsanfrage haben wir bearbeitet. Wir freuen uns, Ihnen folgendes Angebot unterbreiten zu können:

Gewerbekredit (Annuitätendarlehen) über	200.000,00 €
Disagio:	3,0 % der Darlehenssumme
Nominalzinssatz:	3,5 % pro Jahr
Laufzeit:	10 Jahre
Jährliche Belastungsrate:	24.048,27 €

Wir freuen uns auf die weitere Zusammenarbeit!

Mit freundlichen Grüßen
Landessparkasse Oldenburg

Elisabeth Lange

Elisabeth Lange

Volksbank Oldenburg

Es schreibt Ihnen
Luise Metzger
Tel 0441 810-50
Fax 0441 810-70
Datum 24.01.20XX

Fly Bike Werke GmbH
Rostocker Str. 334
26121 Oldenburg

Ihre Finanzierungsanfrage

Sehr geehrter Herr Peters,

bezüglich Ihrer Anfrage vom 22.01.20XX können wir Ihnen natürlich auch ein Abzahlungsdarlehen anbieten. Wir möchten jedoch darauf hinweisen, dass die damit verbundene anfängliche Belastung vergleichsweise hoch ausfällt. Das Angebot gestaltet sich nun wie folgt:

Abzahlungsdarlehen über	200.000,00 €
Disagio:	5,5 % der Darlehenssumme
Nominalzinssatz:	4,5 % pro Jahr
Laufzeit:	10 Jahre

Weitere Fragen beantworten wir Ihnen gerne!

Mit freundlichen Grüßen

Volksbank Oldenburg eG

Luise Metzger

Luise Metzger

Deutsche Bank

Deutsche Bank Privat- und Geschäftskunden AG
Staugraben 10
26122 Oldenburg

Paul Michels
Telefon (0441) 2108-15
Telefax (0441) 2110-3
paul.michels@db.com

Oldenburg, 24.01.20XX

Fly Bike Werke GmbH
Rostocker Str. 334
26121 Oldenburg

Ihre Anfrage zu einem Hypothekendarlehen

Sehr geehrter Herr Peters,

bezüglich Ihrer Anfrage vom 22.01.20XX können wir Ihnen aufgrund Ihrer guten Bonität zu folgenden Konditionen ein Hypothekendarlehen als Abzahlungsdarlehen anbieten:

Abzahlungsdarlehen (Ratendarlehen)	200.000,00 €
Disagio:	7 % der Darlehenssumme
Nominalzinssatz:	3 % pro Jahr
Laufzeit:	10 Jahre

Weitere Fragen beantworten wir Ihnen gerne.

Mit freundlichen Grüßen

Paul Michels

Paul Michels
Abteilungsleiter

Arbeitsblatt 63.1: Zins- und Tilgungsplan für das Annuitätendarlehen der Landessparkasse Oldenburg

Jahr	Schuld am Jahresanfang	Tilgung	Zinsen	Annuität (Belastungsrate)	Schuld am Jahresende
1					
2					
3					
4					
5					
6					
7					
8					
9					
10					
Summe					

Arbeitsblatt 63.2: Zins- und Tilgungsplan für das Annuitätendarlehen der Commerzbank

Jahr	Schuld am Jahresanfang	Tilgung	Zinsen	Annuität (Belastungsrate)	Schuld am Jahresende
1					
2					
3					
4					
5					
6					
7					
8					
9					
10					
Summe					

Arbeitsblatt 63.3: Zins- und Tilgungsplan für das Abzahlungsdarlehen der Deutschen Bank

Jahr	Schuld am Jahresanfang	Tilgung	Zinsen	jährliche Gesamtzahlung	Schuld am Jahresende
1					
2					
3					
4					
5					
6					
7					
8					
9					
10					
Summe					

Arbeitsblatt 63.4: Zins- und Tilgungsplan für das Abzahlungsdarlehen der Volksbank Oldenburg

Jahr	Schuld am Jahresanfang	Tilgung	Zinsen	jährliche Gesamtzahlung	Schuld am Jahresende
1					
2					
3					
4					
5					
6					
7					
8					
9					
10					
Summe					

Arbeitsblatt 63.5 Darlehensarten

Die Fly Bike Werke GmbH benötigt dringend Kapital für einen neuen Lackierautomaten. Die Hausbank bietet ein Darlehen in Höhe von 120.000,00 € mit einer Laufzeit von acht Jahren. Wahlweise kann das Darlehen als Fälligkeitsdarlehen (Festdarlehen), Abzahlungsdarlehen (Ratendarlehen) oder auch als Annuitätendarlehen gewährt werden. Die Konditionen sind immer gleich: Disagio 5,2 %, Nominalzins 6,5 %.

1 Ermitteln Sie den Tilgungsverlauf des Darlehens in Abhängigkeit von der gewählten Darlehensart.

Fälligkeitsdarlehen (Tilgung am Ende der Kreditlaufzeit)

Jahr	Schuld am Jahresanfang	Tilgung	Zinsen	Jährliche Gesamtzahlung	Schuld am Jahresende
1.					
2.					
3.					
4.					
5.					
6.					
7.					
8.					

Ratendarlehen (Tilgung in gleichbleibenden Jahresraten = Abzahlungsdarlehen)

Jahr	Schuld am Jahresanfang	Tilgung	Zinsen	Jährliche Gesamtzahlung	Schuld am Jahresende
1.					
2.					
3.					
4.					
5.					
6.					
7.					
8.					

Annuitätendarlehen (jährliche Gesamtzahlung = 19.708,48 € = Annuität)

Jahr	Schuld am Jahresanfang	Tilgung	Zinsen	Jährliche Gesamtzahlung	Schuld am Jahresende
1.					
2.					
3.					
4.					
5.					
6.					
7.					
8.					

2 Ermitteln Sie den effektiven Zinssatz für das Fälligkeitsdarlehen.

Aufgaben

Aufgabe 1

Vergleichen Sie das Fälligkeits-, das Abzahlungs- und das Annuitätendarlehen im Hinblick auf die Entwicklung des Tilgungsbetrags, der Zinszahlungen und der Gesamtbelastung.

	Fälligkeitsdarlehen	Abzahlungsdarlehen	Annuitätendarlehen
Tilgungsbetrag			
Zinszahlungen			
Gesamtbelastung			

Aufgabe 2

Zur Finanzierung einer neuen Maschine benötigt ein Unternehmen ein Darlehen in Höhe von 400.000,00 € (= Anschaffungswert) mit einer Laufzeit von fünf Jahren. Das Darlehen würde mit 8 % verzinst und zum Beginn des neuen Geschäftsjahres ausgezahlt.

a Berechnen Sie jeweils die Zinsen, die Tilgung und die Restschuld im Zeitablauf bei einem

    aa Abzahlungsdarlehen (Ratendarlehen),

    ab Annuitätendarlehen (Annuität = 100.182,58 €),

    ac einem Fälligkeitsdarlehen (Festdarlehen).

b Der Darlehensgeber berechnet ein Disagio in Höhe von 3,5 %. Wie hoch wäre der effektive Zinssatz, wenn das Unternehmen ein Fälligkeitsdarlehen wählt?

Aufgabe 3

Ein Fälligkeitsdarlehen in Höhe von 400.000,00 € mit einer Laufzeit von fünf Jahren wird mit einem Disagio in Höhe von 4,5 % zum Nominalzinssatz von 4,5 % angeboten. Ermitteln Sie den effektiven Zinssatz.

Aufgabe 4

Ordnen Sie den nachfolgenden Aussagen die Darlehensarten zu. Die Konditionen (Nominalzins, Bearbeitungsgebühr und Disagio) sind bei allen Darlehensarten gleich.

1 = Fälligkeitsdarlehen   2 = Ratendarlehen   3 = Annuitätendarlehen

Zuordnung	Aussage
	Die Belastung bleibt während der Darlehenslaufzeit immer gleich hoch.
	Die Darlehenszinsen sind im Vergleich am geringsten.
	Die jährlichen Zahlungen sinken von Jahr zu Jahr.
	Zum Ende der Darlehenslaufzeit sind die Zahlungen am höchsten.
	Für Existenzgründer, die erst in Zukunft Gewinne erwarten, ist diese Darlehensart optimal.
	Für die Finanzplanung ist diese Darlehensform am besten kalkulierbar.

Aufgabe 5

Ein Industrieunternehmen benötigt für die Neuanschaffung eines Fahrzeugs ein Darlehen von seiner Hausbank. Das Angebot der Hausbank lautet: Darlehenssumme 36.000,00 €, Disagio 7,5 %, Darlehenslaufzeit 6 Jahre, Nominalzinssatz 5,5 %.

a Erstellen Sie einen Zins- und Tilgungsplan für die gesamte Laufzeit

    aa für ein Abzahlungsdarlehen und

    ab ein Annuitätendarlehen (Annuität = 7.206,44 €).

b Ermitteln Sie den effektiven Zinssatz für das Darlehen, wenn sich das Industrieunternehmen aufgrund von Liquiditätsüberlegungen für ein Fälligkeitsdarlehen entscheidet.

Kredit oder Leasing?

Hausmitteilung

Fly Bike Werke GmbH

Absender	Empfänger	mit der Bitte um
☒ Geschäftsführung	☐ Geschäftsführung	☐ Kenntnisnahme
☐ Zentralsekretariat	☐ Zentralsekretariat	☒ Erledigung
☐ Controlling	☐ Controlling	☐ Stellungnahme
☐ Einkauf/Logistik	☐ Einkauf/Logistik	
☐ Produktion	☐ Produktion	
☐ Verwaltung	☒ Verwaltung	
☐ Vertrieb	☐ Vertrieb	
☒ ~~Frau/Herr~~ *Peters*	☒ ~~Frau/Herr~~ *Steffes*	

Lieber Herr Steffes,

für die Erneuerung unseres Fuhrparks sind folgende zwei Angebote eingegangen.

Bitte treffen Sie eine begründete Vorauswahl und stellen Sie mir diese vor.

H. Peters

Darlehensvertrag für Selbstständige

Nutzfahrzeuge GmbH

Fahrzeug:	LIDECO Daily
Nettokaufpreis:	31.500,00 €
Anzahlung:	0,00 €
Darlehensvertragssumme:	31.500,00 €
Laufzeit:	48 Monate
monatliche Rate netto:	760,90 €

Leasingvertrag für Selbstständige

Nutzfahrzeuge GmbH

Fahrzeug:	LIDECO Daily
Leasingrate netto:	520,08 €
Sonderzahlung:	0,00 €
Laufzeit:	48 Monate
Restwert:	13.230,60 €
Kilometer pro Jahr:	20.000

1 Welche Gründe sprechen für den Darlehensvertrag? Erläutern Sie.
2 Welche Gründe sprechen für den Leasingvertrag? Erläutern Sie.
3 Für welche Variante sollte die Fly Bike Werke GmbH sich entscheiden?

Arbeitsblatt 64.1: Leasing I

1 Nennen Sie die wesentlichen Unterschiede zwischen einer Kredit- und einer Leasingfinanzierung.

Unterschiede Kreditfinanzierung – Leasing	
Kreditfinanzierung	Leasing

2 Nennen Sie die Vor- und Nachteile einer Leasingfinanzierung.

Leasing	
Vorteile	Nachteile

Arbeitsblatt 64.2: Leasing II

Vervollständigen Sie die nachfolgenden Übersichten.

1 Vergleichen Sie das Operate-Leasing mit dem Finance-Leasing.

Vergleichskriterium	Operate-Leasing	Finance-Leasing
Laufzeit		
Kündbarkeit		
Träger des Risikos einer Fehlinvestition		

2 Wie kann der Leasinggegenstand nach Ablauf der Grundmietzeit beim Finance-Leasing verwendet werden?

Verwendungsmöglichkeit 1:	
Verwendungsmöglichkeit 2:	
Verwendungsmöglichkeit 3:	

3 Wer ist der Leasinggeber beim direkten und beim indirekten Leasing?

Direktes Leasing	Indirektes Leasing
Der Leasinggeber ist	Der Leasinggeber ist

4 Welche Kosten entstehen regelmäßig bei einer Bankfinanzierung und bei einer Leasingfinanzierung?

Kosten bei einer Bankfinanzierung (Darlehen)	Kosten bei einer Leasingfinanzierung

Aufgaben

Aufgabe 1

Ein Industrieunternehmen möchte eine bereits bestehende Lagerhalle mit Bürotrakt (Anschaffungskosten = 200.000,00 €) nutzen. Der Immobilienmakler vermittelt zwei Finanzierungsalternativen, da nur ein Kauf oder Leasing möglich ist. Das Industrieunternehmen möchte die Liegenschaft auf Dauer nutzen.

Kauf mit Kreditfinanzierung	Finance-Leasing
Kreditbetrag: 200.000,00 € Disagio: 1,5 % Zinssatz: 6,5 % pro Jahr Kreditlaufzeit: 10 Jahre Art des Kredits: Fälligkeitsdarlehen mit jährlicher Zinszahlung am Jahresende und Kredittilgung zum Ende der Kreditlaufzeit.	Grundmietzeit: 10 Jahre Monatliche Leasingrate: 1,2 % der Anschaffungskosten Kalkulierter Restwert: 80.000,00 € (Die Lagerhalle kann zum Restwert am Ende der Grundmietzeit gekauft werden.)

a Ermitteln Sie für beide Finanzierungsalternativen die Gesamtzahlungen innerhalb von zehn Nutzungsjahren, wenn die Liegenschaft nach Ablauf der Grundmietzeit zum kalkulierten Restwert gekauft werden kann.

b Nennen Sie je drei Vor- und drei Nachteile einer Leasingfinanzierung im Vergleich zu einer Bankfinanzierung.

Aufgabe 2

a Zur Finanzierung einer neuen Maschine benötigt ein Unternehmen ein Darlehen in Höhe von 420.000,00 € (= Anschaffungswert) mit einer Laufzeit von fünf Jahren. Das Darlehen würde mit 8,5 % verzinst und zum Beginn des neuen Geschäftsjahres ausgezahlt. Das Disagio beträgt 5,5 %.
Berechnen Sie jeweils die Gesamtkosten bei einem
aa Abzahlungsdarlehen (Ratendarlehen),
ab Annuitätendarlehen (der Kapitalwiedergewinnungsfaktor ist selbst zu berechnen!),
ac Fälligkeitsdarlehen (Festdarlehen).
b Eine Leasinggesellschaft würde eine entsprechende Maschine ebenfalls für eine Grundmietzeit von fünf Jahren zur Verfügung stellen. Bei einem kalkulierten Restwert von 120.000,00 € wären die Leasingbedingungen:
  – Sonderzahlung bei Übernahme der Maschine: 50.000,00 €,
  – Leasingrate: 1,6 % vom Anschaffungswert je Monat.
Die Maschine kann am Ende der Grundmietzeit zum Restwert erworben werden.
ba Welche Finanzierungsart (Leasing oder Kredit) ist für das Unternehmen in diesem Fall günstiger?
bb Welche Verwendung des Leasinggegenstands nach Ablauf der Grundmietzeit wäre bei diesem Finance-Leasing je nach Vertragsgestaltung möglich?

Aufgabe 3

a Im Leasingvertrag für einen Pkw ist für eine Leasingdauer von 36 Monaten eine Kilometer-Leistung von 45 000 km fest vereinbart. Abweichungen bis maximal 2 500 km bleiben unberücksichtigt. Mehrkilometer werden mit 12,7 Cent/km berechnet, Minderkilometer werden mit 8,7 Cent/km bis zu einem Höchstbetrag von 500,00 € vergütet. Mit welchen Zahlungen muss der Leasingnehmer rechnen, wenn er das Fahrzeug
aa mit 52 500 km,
ab mit 28 000 km
zurückgibt? Ein vertragsgerechter Zustand des Fahrzeugs wird in beiden Fällen unterstellt.
b Bei einem Restwert-Vertrag für einen neuen PKW wurde die Leasingrate mit einem Verkaufserlös von 12.000,00 € (Restwert) für den Gebrauchtwagen kalkuliert. Zum Rückgabezeitpunkt werden jedoch Reparaturen nötig, die 2.500,00 € kosten. Trotz der Reparatur beträgt der tatsächlich erzielte Verkaufserlös nur 7.200,00 €. Berechnen Sie die Nachzahlung des ehemaligen Leasingnehmers.

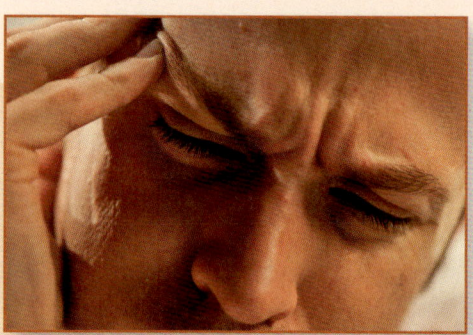

Nach der Betriebserweiterung (siehe Lernsituationen 60 und 63) ist die finanzielle Lage der Fly Bike Werke GmbH etwas angespannt. Herr Peters, der Geschäftsführer, macht sich zeitweise sogar Sorgen um die Liquidität des Unternehmens. Als möglichen Ausweg zieht er ein Factoring in Betracht. Deshalb bittet er die Westdeutsche Factoring Bank AG um ein Angebot.

WESTDEUTSCHE FACTORING BANK AG

Sehr geehrter Herr Peters,

vielen Dank für Ihr Interesse an unserem Factoring-Angebot. Wie wir Ihrer Anfrage entnehmen konnten, sind Sie an einem „Full-Service-Factoring-Vertrag" interessiert.

Sehr gerne würden wir mit Ihrem Unternehmen Geschäftsbeziehungen aufnehmen. Allerdings benötigen wir für ein unternehmensindividuelles Angebot die Jahresabschlüsse und betriebswirtschaftlichen Analysen der letzten drei Jahre. Weiterhin benötigen wir Ihre Lieferanten- und Kundendaten, den geplanten Umsatz und die Anzahl der Rechnungen, die üblicherweise je Monat ausgestellt und von uns übernommen werden sollen. Wichtig für uns ist auch das Zahlungsziel, das Sie üblicherweise Ihren Kunden gewähren.

Um Ihnen – wie gewünscht – vorab schon einmal einen Einblick in die möglichen Factoring-Kosten zu ermöglichen, hier unsere derzeitigen durchschnittlichen Gebühren und der aktuelle Zinssatz:

2,50 % Factoring-Gebühr für angekaufte Forderungen
6,50 % Zinsen p. a. für die Laufzeit der Bevorschussung
25,00 € Prüfgebühr je Debitor je Jahr

Bevorschusst werden maximal 90 % der Forderungssumme einschließlich Umsatzsteuer, wobei je Kunde ein von uns vorgegebenes Kreditlimit eingehalten werden muss. Für eine ggf. erstmalige Bonitätsprüfung Ihrer Kunden müssen wir Ihnen die uns entstehenden Kosten in Rechnung stellen. Weitere Einzelheiten entnehmen Sie bitte den beigelegten Allgemeinen Geschäftsbedingungen.

Nach Prüfung der von Ihnen zur Verfügung gestellten Unterlagen erstellen wir Ihnen ein betriebsindividuelles Angebot, das wir Ihnen gerne in Ihrem Hause präsentieren möchten.

Mit freundlichen Grüßen

Westdeutsche Factoring Bank AG

ppa. *G. Schröder*

Dr. Gerhard Schröder

---

1 Ermitteln Sie auf Basis der Angebotsdaten der Westdeutschen Factoring Bank AG:
   a für einen Rechnungsbetrag von 119.000,00 € die erste Teilauszahlung, wenn die Factoring-Gebühr und die Prüfgebühr davon einbehalten werden,
   b den Restzahlungsbetrag, wenn davon die angefallenen Zinsen für 30 Tage auf den Bevorschussungsbetrag (ohne Abzüge) einbehalten werden,
   c den Gesamtabzug vom Rechnungsbetrag in Höhe von 119.000,00 € in € und in %.
2 Welche möglichen Kosteneinsparungen muss die Fly Bike Werke GmbH bei einem Full-Service-Factoring diesen Factoring-Kosten gegenüberstellen?

Hinweis: Die Factoring-Gebühr und die Prüfgebühr werden vom Factor zzgl. 19 % Umsatzsteuer in Abzug gebracht, die Zinsen sind umsatzsteuerfrei.

Arbeitsblatt 65.1: Ablauf des Factoring

Stellen Sie mit den Ziffern des Schaubildes einen möglichen Factoringablauf in einer sinnvollen Reihenfolge dar.

( ) Bevorschussungsbetrag (Teilauszahlung)　　( ) Kunden- und Limitprüfung

( ) Factoring-Vertrag　　　　　　　　　　　　( ) Bestellung des Kunden

( ) Forderungsausgleich　　　　　　　　　　　( ) Forderungsverkauf

( ) Warenlieferung　　　　　　　　　　　　　( ) Rechnungsstellung

( ) Restzahlung

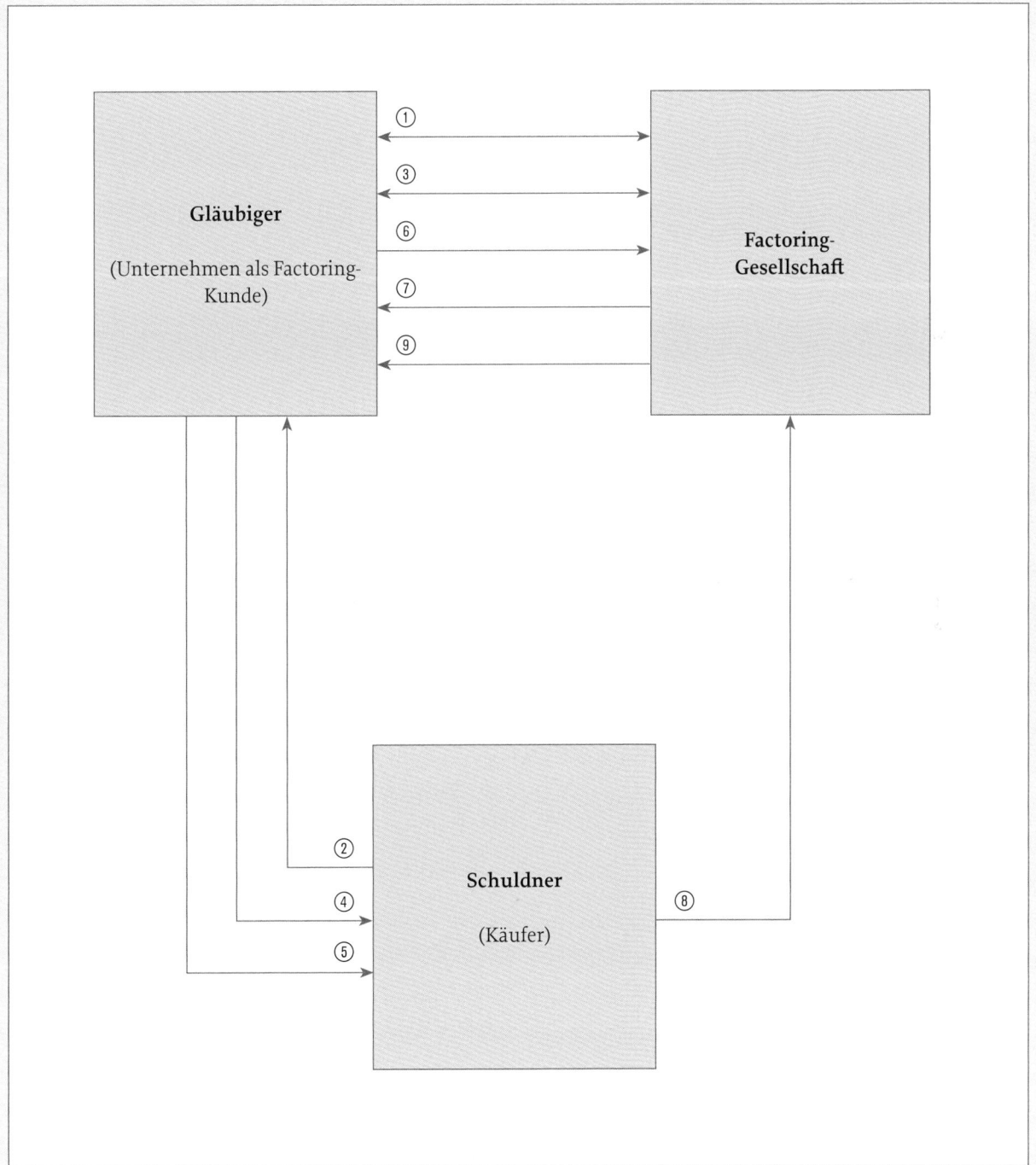

Aufgaben

Aufgabe 1

Setzen Sie die fehlenden Begriffe ein!

Beim Full-Service-Factoring übernimmt der Factor die _____,

die _____ und die _____ funktion.

Für den Factoring-Kunden ergeben sich dann Vorteile bei seiner _____,

ein Schutz vor _____ und Einsparungen bei den _____.

Natürlich sind nicht alle Forderungen _____. Auch eine Verschlechterung von _____

_____ muss unter Umständen in Kauf genommen werden. Die _____

müssen letztendlich in der Kalkulation der Verkaufspreise berücksichtigt werden.

Aufgabe 2

Eine Forderung in Höhe von 58.900,00 € wird an einen Factor verkauft. 80 % der Forderung werden vorfinanziert. Der Factor behält vom Bevorschussungsbetrag seine Factoring-Gebühr in Höhe von 3 % des Rechnungsbetrags und eine Limitprüfgebühr in Höhe von 30,00 € ein – jeweils zzgl. 19 % Umsatzsteuer. Nach 45 Tagen wird die Forderung an den Factor überwiesen. Von der Restzahlung werden 9,5 % Zinsen für den Vorfinanzierungsbetrag einbehalten. Ermitteln Sie mithilfe des unten stehenden Berechnungsschemas

a den Auszahlungsbetrag der Vorfinanzierung,
b den Auszahlungsbetrag der Restzahlung,
c die Gesamtabzüge bei diesem Forderungsverkauf ohne Umsatzsteuer in € und % unter Einbezug der Limitprüfgebühr.

Aufgabe 3

Ein Hersteller kalkuliert für einen konkreten Auftrag Selbstkosten in Höhe von 78.000,00 € und einen Gewinnzuschlagssatz in Höhe von 20 %. Rabatt und Skonto werden für diesen Auftrag nicht gewährt. Die Forderung gegenüber diesem Kunden ist factoringfähig. Für eine Vorfinanzierung von 80 % des Bruttorechnungsbetrags stellt der Factor in Rechnung:

– 3,0 % Factoringgebühr zzgl. 19 % Umsatzsteuer,
– 25,00 € Limitprüfgebühr zzgl. 19 % Umsatzsteuer,
– 8 % Zinsen umsatzsteuerfrei für 45 Tage.

Ermitteln Sie

a den Barverkaufspreis für diesen Auftrag,
b den Gesamtbetrag, den der Factor überweist,
c den Gewinn in € für diesen Auftrag ohne die Nutzung von Factoring,
d den Gewinn in € für diesen Auftrag mit Nutzung von Factoring,
e den Gewinnrückgang in % bei Nutzung von Factoring.

Aufgabe 4

Ein Factor bietet ein Full-Service-Factoring mit einem Bevorschussungsbetrag von 70 % der Rechnungssumme an. Dafür stellt er in Rechnung:

– 2,54 % Factoringgebühr zzgl. 19 % Umsatzsteuer,
– 30,00 € Limitprüfgebühr zzgl. 19 % Umsatzsteuer,
– 7,5 % Zinsen p. a. für die Laufzeit der Bevorschussung.

Nutzen Sie das unten stehende Berechnungsschema und ermitteln Sie für einen Rechnungsbetrag von 23.800,00 € bei einem Bevorschussungszeitraum von 45 Tagen:

a den Auszahlungsbetrag der Bevorschussung,
b den Auszahlungsbetrag der Restzahlung.

	Berechnungsschema für das Factoring
Vorfinanzierung (Bevorschussungsbetrag)	Bruttorechnungsbetrag (BRB) · Vorfinanzierungsatz in %
Auszahlungsbetrag 1 (Bevorschussung)	Bevorschussungsbetrag – Factoringgebühr (vom BRB) + 19 % USt – Limitprüfgebühr in € + 19 % USt
Restbetrag	BRB · (100 % – Vorfinanzierungsatz in %)
Auszahlungsbetrag 2 (Endabrechnung)	Restbetrag – Zinsen für die Laufzeit bezogen auf den Bevorschussungsbetrag (ohne Abzüge!)
Gesamtabzüge	Factoringgebühr + Limitprüfgebühr + Zinsen

Als die Fly Bike Werke GmbH für ihre Betriebserweiterung (siehe Lernsituationen 60 und 63) ein Darlehen über 200.000,00 € benötigte, war dies nicht ohne Gewährung einer Kreditsicherheit möglich. Alle in Betracht kommenden Kreditgeber wollten deshalb u. a. die aktuelle Bilanz und die GuV-Rechnung des Unternehmens sehen.

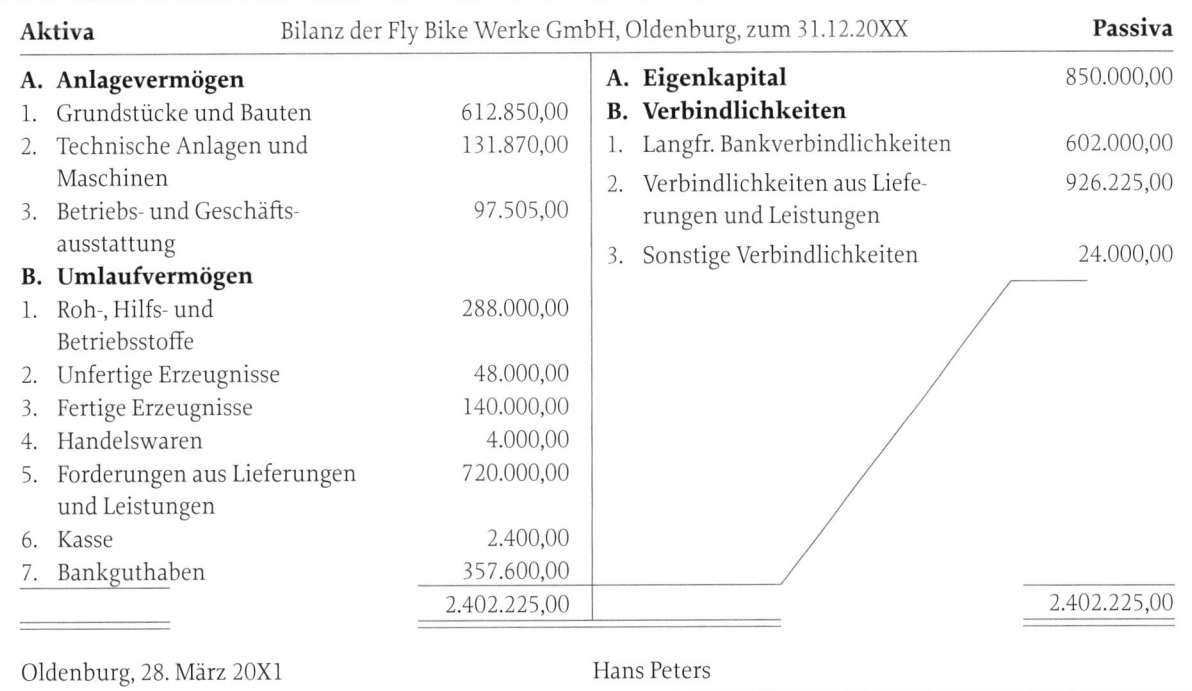

Aktiva	Bilanz der Fly Bike Werke GmbH, Oldenburg, zum 31.12.20XX		Passiva
A. Anlagevermögen		**A. Eigenkapital**	850.000,00
1. Grundstücke und Bauten	612.850,00	**B. Verbindlichkeiten**	
2. Technische Anlagen und Maschinen	131.870,00	1. Langfr. Bankverbindlichkeiten	602.000,00
3. Betriebs- und Geschäfts-ausstattung	97.505,00	2. Verbindlichkeiten aus Liefe-rungen und Leistungen	926.225,00
B. Umlaufvermögen		3. Sonstige Verbindlichkeiten	24.000,00
1. Roh-, Hilfs- und Betriebsstoffe	288.000,00		
2. Unfertige Erzeugnisse	48.000,00		
3. Fertige Erzeugnisse	140.000,00		
4. Handelswaren	4.000,00		
5. Forderungen aus Lieferungen und Leistungen	720.000,00		
6. Kasse	2.400,00		
7. Bankguthaben	357.600,00		
	2.402.225,00		2.402.225,00

Oldenburg, 28. März 20X1   Hans Peters

Für die Banken besonders interessant war der Bilanzposten „Grundstücke und Bauten".

Infoblatt:

Kreditsicherung

Damit eine Bank überhaupt für eine Immobilie einen Kredit gewährt, wird als Sicherheit eine Grundschuld oder eine Hypothek im dazugehörigen Grundbuch eingetragen. Das Grundbuch wird beim zuständigen Amtsgericht geführt. Ein solcher Eintrag kann nur von einem Notar gegen ein entsprechendes Notar-Honorar vorgenommen bzw. veranlasst werden. Dieser Grundbucheintrag ist für die Bank absolute Voraussetzung für eine Kreditvergabe, denn sollte der Kreditnehmer durch widrige Umstände zahlungsunfähig werden, so können die Banken durch den Verkauf, die Versteigerung oder die Nutzung der Immobilie ihren geliehenen Geldbetrag zurückerhalten.

Hypothek

Eine Hypothek ist ein im Grundbuch eingetragenes Recht an einem Grundstück. Dieses Recht erlaubt es einem Gläubiger (Kreditinstitut), wenn der Kreditnehmer seinen Zahlungsverpflichtungen nicht nachkommen kann, das Grundstück zu veräußern. Die Hypothek wird bei langfristigen Finanzierungen als Sicherungsmittel einge-setzt. Für eine Hypothek ist das Vorhandensein einer persönlichen, auf die Zahlung von Geld gerichteten Forde-rung unabdingbare gesetzliche Voraussetzung. Diese Forderung ist im Allgemeinen ein Darlehen.

Grundschuld

Immer häufiger wird die Absicherung über eine ins Grundbuch eingetragene Grundschuld genutzt. Der Kredit-nehmer tilgt die Darlehensschuld und die Grundschuld bleibt in vollem Umfang erhalten. Im Falle einer Insol-venz des Kreditnehmers kann der Gläubiger durch zwangsweisen Verkauf der Immobilie an sein Geld kommen. Im Gegensatz zu Hypotheken sind Grundschulden nicht an den Bestand einer bestimmten Forderung gebunden. Daher können Grundschulden nicht nur für einzelne Forderungen, sondern auch für mehrere, auch zukünftige Verbindlichkeiten als Sicherung dienen.

Quelle: http://www.immobilienscout24.de

Nach Überprüfung der Bonität der Fly Bike Werke GmbH machte die Landesparkasse Oldenburg Herrn Peters ein weiteres Angebot. Herr Steffes hatte sich in der Zwischenzeit über die Kosten für die Eintragung einer Grundschuld informiert.

Landessparkasse
Oldenburg

Fly Bike Werke GmbH
Rostocker Str. 334
26121 Oldenburg

Es schreibt Ihnen
Elisabeth Lange
Tel 0441 2815-88
Fax 0441 2815-89
Datum 25.01.20XX

Finanzierung der Betriebserweiterung

Sehr geehrter Herr Peters,

wie vereinbart bieten wir Ihnen gerne auch ein Fälligkeitsdarlehen an. Die zuvor besprochenen Konditionen können aufgrund Ihrer guten Bonität übernommen werden. In einem persönlichen Beratungsgespräch können wir gerne noch weitere Möglichkeiten zur Finanzierung der Betriebserweiterung erörtern.

Unser Angebot lautet wie folgt:

Gewerbekredit als Fälligkeitsdarlehen:	200.000,00 €
Disagio:	2,5 % der Darlehenssumme
Nominalzinssatz:	4,5 % pro Jahr
Laufzeit:	10 Jahre

Zur Absicherung unserer Darlehensforderung haben wir vereinbart, dass eine Grundschuld auf das Firmengrundstück Rostocker Str. 334 in 26121 Oldenburg in Höhe von 200.000,00 € eingetragen wird.

Mit freundlichen Grüßen
Landessparkasse Oldenburg

Elisabeth Lange

Elisabeth Lange

Kosten für Eintragung der Grundschuld

Darlehenssumme 200.000,00 €

Notarkosten

Beurkundung*	446,25 €
Schreibgebühren	20,00 €
Versandkostenpauschale	12,00 €
Summe Notarkosten	478,25 €
+ 19 % Umsatzsteuer	90,87 €
Rechnungsbetrag des Notars	569,12 €
Grundbuchkosten (mit Briefausstellung)	446,25 €
Gesamtkosten (exkl. Umsatzsteuer)	**924,50 €**

* mit Vollstreckungsunterwerfung und Notarbestätigung

1   Erstellen Sie für das von der Landessparkasse Oldenburg angebotene Fälligkeitsdarlehen (Festdarlehen) den Zins- und Tilgungsplan. Nutzen Sie hierfür das Arbeitsblatt 66.1.

2   Ermitteln Sie die gesamten Kreditkosten (einschließlich Grundschuldeintrag).

3   Welche weiteren Bilanzposten der Fly Bike Werke GmbH könnten für alternative Kreditsicherungen genutzt werden?

Arbeitsblatt 66.1: Zins- und Tilgungsplan für das Fälligkeitsdarlehen der Landessparkasse Oldenburg

Jahr	Schuld am Jahresanfang	Tilgung	Zinsen	jährliche Gesamtzahlung	Schuld am Jahresende
1					
2					
3					
4					
5					
6					
7					
8					
9					
10					
Summe					

Aufgaben

Aufgabe 1

Welche Art der Kreditsicherung passt zu den folgenden
Bilanzposten? Ergänzen Sie die Tabelle.

Bilanzposten	Art der Kreditsicherung
Grundstücke und Bauten	
Technische Anlagen und Maschinen	
Betriebs- und Geschäftsausstattung	
Vorräte (z. B. Roh-, Hilfs- und Betriebsstoffe, Erzeugnisse, Handelswaren)	
Forderungen aus Lieferungen und Leistungen	

Aufgabe 2

Erläutern Sie die Begriffe „Kreditfähigkeit" und
„Kreditwürdigkeit".

Aufgabe 3

Nennen Sie je drei persönliche und sachliche Faktoren,
die bei einer Kreditwürdigkeitsprüfung von Bedeutung
sein können.

Aufgabe 4

Ordnen Sie den folgenden Aussagen die entsprechende
Kreditsicherung zu.

Aussage		Kreditsicherung
a	Ein Dritter verpflichtet sich zur Rückzahlung der Schulden, falls der Schuldner nicht zahlen kann.	
b	Als Sicherheit dient ein Grundstück.	
c	Der Schuldner tritt Forderungen an den Gläubiger ab.	
d	Der Schuldner überträgt dem Gläubiger das Eigentum an Vermögensgegenständen, die in seinem Besitz bleiben.	
e	Ein Lieferant bleibt bis zur vollständigen Bezahlung der Warenlieferung deren Eigentümer.	
f	Der Schuldner übergibt dem Kreditgeber Wertgegenstände als Pfand.	

Aufgabe 5

Wenn es schwierig ist, ein ungesichertes Darlehen zu bekommen, kann ein Lombardkredit ein Ausweg sein.

a Definieren Sie den Begriff „Lombardkredit".

b Welche Vermögensgegenstände kommen bei einem Lombardkredit als Pfandobjekte infrage?

c Wer ist bei einem Lombardkredit der Eigentümer und wer ist der unmittelbare Besitzer des Pfandobjekts?

d Bietet ein Lombardkredit dem Kreditgeber eine hundertprozentige Sicherheit? Begründen Sie Ihre Antwort.

Herr Peters, der Geschäftsführer der Fly Bike Werke GmbH, erfährt aus der Tageszeitung von der Insolvenz eines langjährigen Kunden, der auch bei der Fly Bike Werke GmbH noch eine größere Rechnung offen hat.

Hausmitteilung

Fly Bike Werke GmbH

Absender	Empfänger	mit der Bitte um
☒ Geschäftsführung	☐ Geschäftsführung	☐ Kenntnisnahme
☐ Zentralsekretariat	☐ Zentralsekretariat	☒ Erledigung
☐ Controlling	☐ Controlling	☐ Stellungnahme
☐ Einkauf/Logistik	☐ Einkauf/Logistik	
☐ Produktion	☐ Produktion	
☐ Verwaltung	☒ Verwaltung	
☐ Vertrieb	☐ Vertrieb	
☒ ~~Frau/Herr~~ *Peters*	☒ ~~Frau/Herr~~ *Steffes*	

Lieber Herr Steffes,

habe heute Morgen beiliegende Information aus der Tageszeitung entnommen.
Bitte leiten Sie alle notwendigen Schritte ein.

H. Peters

Amtliche Bekanntmachungen

Amtsgericht Dortmund

Über das Vermögen der Firma Fahrrad & Motorrad GmbH, Alter Hellweg 46, 44379 Dortmund, wurde am 07.12.20XX, 17:30 Uhr das Insolvenzverfahren eröffnet.
Insolvenzverwalter: Rechtsanwalt Dr. Krelle, Mittelweg 13, 44267 Dortmund, Tel. 0231 12435-0, Fax 0231 12435-90.
Forderungen der Insolvenzgläubiger sind bis zum 27.01.20X1 beim Insolvenzverwalter anzumelden. Berichtstermin und gleichzeitig Prüfungstermin: Freitag, 03.03.20X1, 9:30 Uhr, im Gebäude des Amtgerichts Dortmund, Gerichtsplatz 1, 44135 Dortmund, 2. Stock, Saal 2.1.

FBW GmbH • Rostocker Str. 334 • 26121 Oldenburg

Fahrrad & Motorrad GmbH
Alter Hellweg 46
44379 Dortmund

Kundennummer:	10005
Ihre Bestell-Nr.:	HG-81
Ihr Zeichen:	Frau Stöhr
Ihr Bestell-Datum:	02.11.20XX
Unsere Lieferschein-Nr.:	354-05
Unser Lieferdatum:	05.11.20XX
Ihr Ansprechpartner:	Frau Taubert
Tel.:	0441 885-01

Rechnung-Nr.: 354-05   **Rechnungs-Datum: 05.11.20XX**

Artikel-Nr.	Artikelbezeichnung	Stückzahl	Einzelpreis in €	Gesamtpreis in €
101	City *Glide*	30	230,00	6.900,00
202	Trekking *Free*	15	330,00	4.950,00
Versandart/Freivermerk: Lieferung frei Haus			Nettorechnungsbetrag in €	11.850,00
			+19 % Umsatzsteuer in €	2.251,50
			Bruttorechnungsbetrag in €	14.101,50

Bitte überweisen Sie den Rechnungsbetrag unter Angabe der Rechnungsnummer ohne Abzug 10 Tage nach Rechnungserhalt. Die Ware bleibt bis zur vollständigen Bezahlung Eigentum der Fly Bike Werke GmbH.

1 Welche Schritte sollte Herr Steffes einleiten? Erstellen Sie eine Liste.

Arbeitsblatt 67.1: Insolvenzverfahren

Insolvenzgründe		
_____ _____	_____ _____	nur bei GmbH und AG: _____ _____

Konsequenzen[1] aus der Insolvenzeröffnung		
		Einzelne Gläubiger können keine Zwangsvollstreckungen mehr in das Vermögen des Schuldners durchführen lassen.

Vorgehensweisen bei der Insolvenzdurchführung	

[1] Hinweis: Diese Konsequenzen gelten nicht für das Schutzschirmverfahren.

Aufgaben

Aufgabe 1

a Erklären Sie den Begriff Insolvenz.

b Nennen Sie zwei Gründe der Insolvenz, die sowohl für Privat- als auch für juristische Personen gelten.

c Erläutern Sie den Grund, der nur bei Kapitalgesellschaften zur Insolvenz führen kann.

Aufgabe 2

Erläutern Sie das Ziel eines Insolvenzverfahrens.

Aufgabe 3

a Beschreiben Sie die Vorgehensweise, wie ein Insolvenzverfahren eröffnet werden kann.

b Erläutern Sie die Konsequenzen für den Unternehmer, wenn über sein Vermögen ein Insolvenzverfahren eröffnet wurde.

Aufgabe 4

Erläutern Sie, wie die Insolvenzmasse berechnet wird.

Aufgabe 5

a Erklären Sie den Unterschied zwischen der Liquidation und der Sanierung eines Unternehmens.

b Erläutern Sie den Vorteil, den sich ein Gläubiger von der Sanierung eines Unternehmens erhofft.

Aufgabe 6

Die Breuer & Kaiser OHG meldet Insolvenz an. Karl Breuer und Petra Kaiser sind die Gesellschafter. Der Insolvenzverwalter stellt fest, dass das Betriebsvermögen noch 100.000,00 € ausmacht. Es bestehen Forderungen der OHG in Höhe von 10.000,00 € und Verbindlichkeiten in Höhe von 280.000,00 €. Waren im Wert von 15.000,00 € stehen unter Eigentumsvorbehalt. Das Privatvermögen von Karl Breuer beträgt 15.000,00 € und von Petra Kaiser 10.000,00 €. Die Kosten des Insolvenzverfahrens werden auf 30.000,00 € beziffert.

a Kann das Insolvenzverfahren eröffnet werden?

b Wie hoch sind die Insolvenzverbindlichkeiten?

c Berechnen Sie die Insolvenzquote.

d Die Breuer & Kaiser OHG schuldet dem Bürobedarfshandel Emilie Holzwurm e. K. noch 5.000,00 € für ein Büroregal. Wie viel erhält Emilie Holzwurm von diesen 5.000,00 € und was geschieht mit ihrer Restforderung?

Aufgabe 7

Erläutern Sie die Wirkungen des Eröffnungsbeschlusses des Insolvenzverfahrens auf

a die Gläubiger,

b die Drittschuldner.

Aufgabe 8

Der Insolvenzverwalter ist eine zentrale Person im gesamten Insolvenzverfahren.

a Erläutern Sie, wer den Insolvenzverwalter bestimmt und welche Kriterien für die Auswahl entscheidend sind.

b Welche Aufgaben und Befugnisse hat der Insolvenzverwalter im Rahmen des Insolvenzverfahrens?

Aufgabe 9

Die Bike Union GmbH hat im September 20X1 Fahrräder an die Sachsenrad GmbH verkauft. Der Bruttorechnungsbetrag betrug 28.400,00 €.

a Ermitteln Sie die Insolvenzquote.

b Um wie viel € sinkt der Gewinn der Bike Union GmbH durch diesen Forderungsausfall?

c Wie kann sich ein Unternehmen vor Forderungsausfällen durch Insolvenz des Kunden schützen?

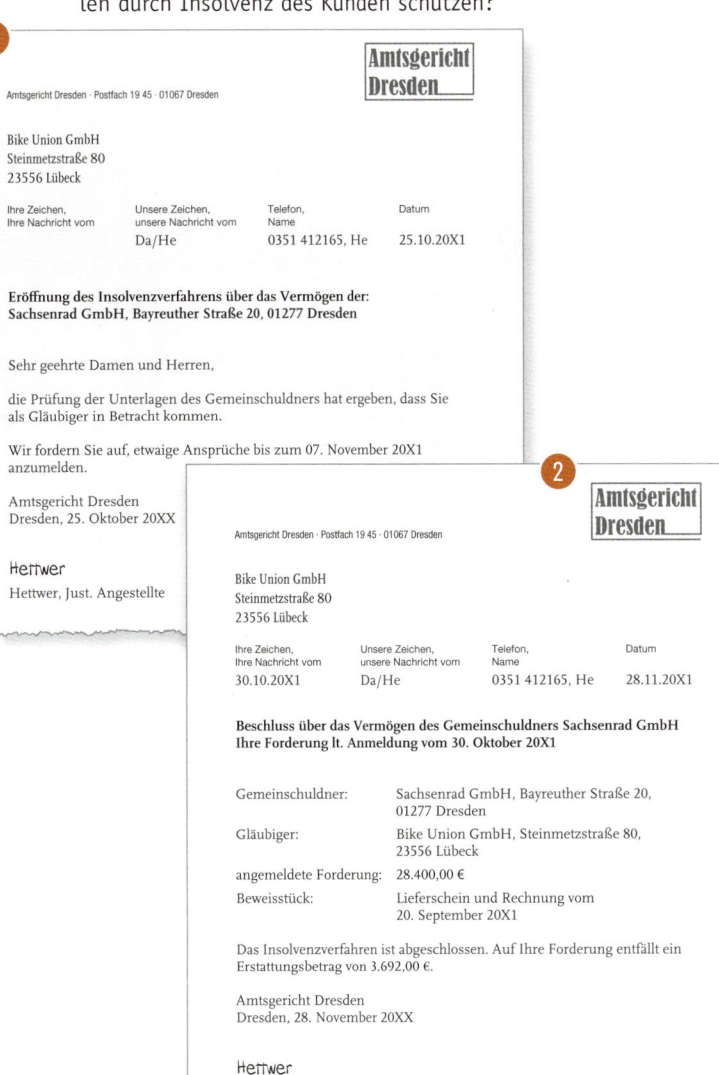

①

Amtsgericht Dresden

Amtsgericht Dresden · Postfach 19 45 · 01067 Dresden

Bike Union GmbH
Steinmetzstraße 80
23556 Lübeck

Ihre Zeichen, Ihre Nachricht vom	Unsere Zeichen, unsere Nachricht vom	Telefon, Name	Datum
	Da/He	0351 412165, He	25.10.20X1

Eröffnung des Insolvenzverfahrens über das Vermögen der: Sachsenrad GmbH, Bayreuther Straße 20, 01277 Dresden

Sehr geehrte Damen und Herren,

die Prüfung der Unterlagen des Gemeinschuldners hat ergeben, dass Sie als Gläubiger in Betracht kommen.

Wir fordern Sie auf, etwaige Ansprüche bis zum 07. November 20X1 anzumelden.

Amtsgericht Dresden
Dresden, 25. Oktober 20XX

Hettwer

Hettwer, Just. Angestellte

②

Amtsgericht Dresden

Amtsgericht Dresden · Postfach 19 45 · 01067 Dresden

Bike Union GmbH
Steinmetzstraße 80
23556 Lübeck

Ihre Zeichen, Ihre Nachricht vom	Unsere Zeichen, unsere Nachricht vom	Telefon, Name	Datum
30.10.20X1	Da/He	0351 412165, He	28.11.20X1

Beschluss über das Vermögen des Gemeinschuldners Sachsenrad GmbH Ihre Forderung lt. Anmeldung vom 30. Oktober 20X1

Gemeinschuldner:	Sachsenrad GmbH, Bayreuther Straße 20, 01277 Dresden
Gläubiger:	Bike Union GmbH, Steinmetzstraße 80, 23556 Lübeck
angemeldete Forderung:	28.400,00 €
Beweisstück:	Lieferschein und Rechnung vom 20. September 20X1

Das Insolvenzverfahren ist abgeschlossen. Auf Ihre Forderung entfällt ein Erstattungsbetrag von 3.692,00 €.

Amtsgericht Dresden
Dresden, 28. November 20XX

Hettwer

Hettwer, Just. Angestellte

Investitionen beurteilen

Neueste Marktforschungsergebnisse haben gezeigt, dass die Fahrradfahrer in Deutschland immer höhere Ansprüche an die Qualität gefederter Fahrradgabeln stellen: Eine moderne, elegante Form wird ebenso gewünscht wie Pflegeleichtigkeit und eine hohe Federungskraft bei möglichst geringem Gewicht. Aus Sicht von Herrn Rother, dem Leiter der Produktionsabteilung der Fly Bike Werke GmbH, spricht dieser Trend dafür, gefederte Fahrradgabeln erstmals im eigenen Werk zu produzieren, statt sie komplett aus den USA zu importieren. Für besonders zukunftsträchtig hält er den Kauf einer Anlage, welche die fast vollautomatische Produktion einer völlig neuen Generation von Federgabeln erlaubt. Herr Rother ist davon überzeugt, dass man dieses Bauteil auch sehr

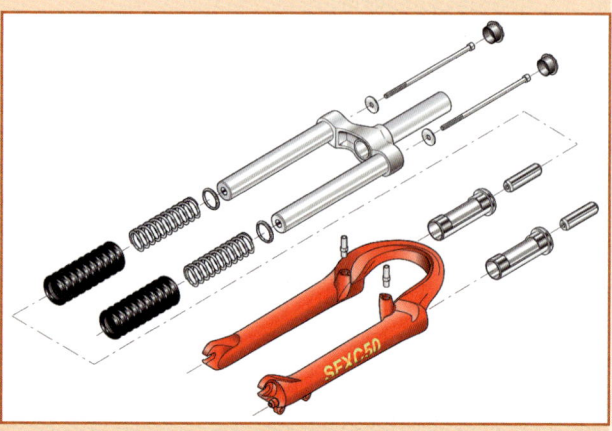

gut auf dem europäischen Fahrradmarkt verkaufen könnte. Bei einem Verkaufspreis von 95,00 € je Gabel könnte man sogar die amerikanische Konkurrenz „abhängen".

Auf der nächsten Abteilungsleitersitzung präsentiert Herr Rother seine Pläne. In einem ausführlichen Plädoyer begründet er seinen Kollegen und dem Geschäftsführer Herrn Peters, wie wichtig diese Erweiterungsinvestition für die künftige Umsatzentwicklung der Fly Bike Werke GmbH ist. Er stellt auch zwei Anlagentypen vor, mit denen die Produktion der neuen Generation von Federgabeln gleichermaßen möglich wäre.

Ausgaben in dieser Höhe müssen natürlich genau überlegt werden. Und so kommt es zu einer hitzigen Diskussion zwischen den Teilnehmern der Sitzung:

Herr Steffes:
„Das sehe ich anders: Eine ordentliche Rendite sollten wir schon erzielen!"

Herr Thüne:
„Also, wenn wir schon neu investieren, dann bitte in die günstigste Anlage! Schließlich stehen noch mehr Investitionen in diesem Jahr an!"

Herr Peters:
„Also, für mich ist entscheidend, wann wir nach der Investitionsausgabe wieder über das Kapital im Unternehmen verfügen können."

Herr Gerland:
„Machen Sie es doch nicht so kompliziert! Hauptsache, die Maschine trägt dazu bei, dass wir Gewinne erzielen!"

Es kommt zu keiner Einigung. Deshalb erhält Herr Steffes von Herrn Peters den Auftrag, die beiden Varianten durchrechnen zu lassen, damit man besser beurteilen kann, wie vorteilhaft sie sind.

Folgende Investitionsalternativen (ohne Restwerte) stehen zur Auswahl:

Daten der Anlagenkartei (lineare Abschreibung):		
Basisdaten	**Anlage 1**	**Anlage 2**
Wiederbeschaffungskosten	300.000,00 €	380.000,00 €
Anschaffungswert	250.000,00 €	320.000,00 €
kalkulatorischer Zinssatz 5 % auf den halben Anschaffungswert		
betriebsindividuelle Nutzungsdauer	8 Jahre	8 Jahre
Kapazität	2 500 Stück	3 000 Stück
Maschinenabhängige Kosten		
kalkulatorische Abschreibungen	€	€
kalkulatorische Zinsen	€	€
Reparatur- und Wartungskosten	3.500,00 €	2.250,00 €
Energie- und Betriebskosten	9.800,00 €	10.950,00 €
Versicherung	3.750,00 €	5.000,00 €
Raumkosten	4.500,00 €	5.500,00 €
Produktionsabhängige Kosten bei Kapazitätsauslastung		
Fertigungsmaterial	75.000,00 €	90.000,00 €
Materialgemeinkostenzuschlag	13 %	13 %
Fertigungslöhne	14.300,00 €	6.200,00 €
(Rest-)Fertigungsgemeinkostenzuschlag	50 %	50 %
Verwaltungsgemeinkostenzuschlag	3 %	3 %
Vertriebsgemeinkostenzuschlag	5 %	5 %
Erlöse je Stück	95,00 €	95,00 €

Ergebnisse bei Kapazitätsauslastung	Anlage 1	Anlage 2
Fertigungsmaterial		
Materialgemeinkosten		
Materialkosten		
Fertigungslöhne		
maschinenabhängige Kosten		
(Rest-)Fertigungsgemeinkosten		
Fertigungskosten		
Herstellkosten (HK)		
Verwaltungsgemeinkosten		
Vertriebsgemeinkosten		
Selbstkosten (SK)		
Erlöse		
Gesamtgewinn		
Gewinn/Stück		
Rentabilität in %		
Amortisationsdauer in Jahren		

Berechnungen	Formeln (ohne Restwerte)	Anlage I	Anlage II
Kalkulatorische Abschreibungen =	$\dfrac{\text{Wiederbeschaffungskosten}}{\text{betriebsindividuelle Nutzungsdauer}} =$		
Kalkulatorische Zinsen =	$\dfrac{\text{Anschaffungswert}}{2} \cdot \dfrac{\text{kalkulatorischer}}{\text{Zinssatz in \%}} =$		
Rentabilität =	$\dfrac{(\text{Gewinn} + \text{kalkulatorische Zinsen}) \cdot 100}{\varnothing \text{ Kapitaleinsatz}^{1}} =$		
Amortisations- dauer in Jahren =	$\dfrac{\text{Kapitaleinsatz}^{2}}{\text{Jahresgewinn} + \text{Jahresabschreibungen}} =$		

[1] Halber Anschaffungswert
[2] Anschaffungswert

1 Ermitteln Sie alle Werte in der Tabelle auf S. 413. Nutzen Sie hierfür die oben stehende Berechnungstabelle und runden Sie alle Werte kaufmännisch auf zwei Nachkommastellen.

2 Die Kapazitäten der beiden Anlagen sind nicht gleich. Berechnen Sie unter Berücksichtigung der fixen und der variablen Kosten beider Anlagen die kritische Menge (Kosten der Anlage I = Kosten der Anlage II).

Kostenanalyse	Variator in %[1]	Anlage I		Anlage II	
		variabel	fix	variabel	fix
Maschinenabhängige Kosten					
Kalkulatorische Abschreibungen	0				
Kalkulatorische Zinsen	0				
Reparatur- und Wartungskosten	50				
Energie- und Betriebskosten	100				
Versicherung	0				
Raumkosten	0				
Produktionsabhängige Kosten					
Fertigungsmaterial	100				
Materialgemeinkosten	50				
Fertigungslöhne	100				
(Rest-)Fertigungsgemeinkosten	40				
Verwaltungsgemeinkosten	80				
Vertriebsgemeinkosten	60				
Summen					

[1] Der Variator gibt den Anteil der variablen Kosten einer Kostenart bei vorgesehener Beschäftigung (Produktionsmenge) an. Aus Vereinfachungsgründen wird der Variator hier in % angegeben.

3 Bei den Berechnungen zu 1 haben Sie verschiedene Investitionsrechenverfahren angewendet.
  a Wie heißen diese Rechenverfahren?
  b Welches Rechenverfahren passt zu der Aussage
    ba von Herrn Thüne,
    bb von Herrn Steffes,
    bc von Herrn Peters,
    bd von Herrn Gerland?

4 Machen Sie einen begründeten Vorschlag, für welche der beiden Produktionsanlagen die Fly Bike Werke GmbH sich entscheiden sollte.

Arbeitsblatt 68.1: Investitionsarten – Investitionsziele

Investitionsarten	
1. nach den Objekten	**2. nach der Zwecksetzung**
a) Real- bzw. Sachinvestition b) Finanzinvestition c) immaterielle Investition	a) Errichtungsinvestition b) Ersatzinvestition c) Rationalisierungsinvestition d) Erweiterungsinvestition e) Sozialinvestition f) Sicherheitsinvestition
3. nach der Nutzungsdauer	**4. nach dem Zeitpunkt**
a) kurzfristige Investition b) mittelfristige Investition c) langfristige Investition	a) Gründungsinvestition b) laufende Investition

1 Ordnen Sie die Investitionsarten den folgenden Investitionszielen zu. (Mehrfachzuordnungen sind möglich.)

Nr.	Investitionsziel
	Kapitalanlage für Forschung, Werbung, Ausbildung
	erstmalige Bereitstellung des Anlage- und Umlaufvermögens
	Verbesserung der Leistungsfähigkeit (Produktivität, Kosten) von Betriebsmitteln
	Erhöhung der eisernen Bestände im Vorratsvermögen
	Aufbau einer betrieblichen Altersvorsorge für Mitarbeiter
	Ersatz verbrauchter Betriebsmittel
	Schaffung neuer Produktionsgrundlagen bei veränderten Unternehmenszielen
	Anpassung der Betriebsmittel an den technischen Fortschritt
	Vergrößerung der Kapazität (zusätzliche oder leistungsfähigere Betriebsmittel)

2 Ordnen Sie die Investitionsarten den folgenden Situationen zu. (Mehrfachzuordnungen sind möglich.)

Nr.	Situation
	Ein Waschmittelhersteller plant eine groß angelegte Werbeaktion in Deutschland.
	Eine Raffinerie verdoppelt ihren Vorrat an Rohöl.
	Ein Automobilhersteller rüstet seine Montagebänder für ein neues Pkw-Modell um.
	Ein Existenzgründer erwirbt und renoviert eine gebrauchte Produktionsanlage.
	Eine Versicherung stellt verstärkt Ausbildungsplätze zur Verfügung.
	Der Geschäftsführer einer GmbH kauft ein neues Dienstfahrzeug und gibt das vergleichbare Altfahrzeug in Zahlung.
	Aufgrund gestiegener Absatzmengen erwirbt ein Fahrradhersteller ein drittes Montageband.
	Die Personalcomputer (PX-Rechner) in der Verwaltung werden durch eine neue Gerätegeneration (PY-Rechner) ersetzt.
	Ein Chemiekonzern verstärkt seine Forschungsaktivitäten für neue Medikamente.
	Ein Unternehmen beteiligt sich zu 50 % an der betrieblichen Altersvorsorge der Mitarbeiter.
	Um auch kurzfristig auf die Entwicklung auf allen Beschaffungsmärkten reagieren zu können, hält ein Unternehmen stets erhebliche Finanzmittel bereit.
	Eine halbautomatische Werkzeugmaschine wird durch eine vollautomatische Werkzeugmaschine mit höherer Kapazität ersetzt.

Arbeitsblatt 68.2: Grundsätzliche Entscheidungen im Investitionsprozess

1. Eigenfertigung oder Fremdbezug?

Voraussetzung für die Eigenfertigung eines Investitionsobjekts ist, dass das Industrieunternehmen in der Lage ist, es selbst herzustellen. Diese z. B. im Maschinen- und Anlagenbau häufig relevante Alternative kann bei freien Kapazitäten kostensparend sein. Oftmals werden auch nur bestimmte Teile für eine Anlage selbst hergestellt.

1   Ein Anlagenbauer bietet Aluminiumrohre für eine Großanlage für 6,00 €/m an. Bei einer Eigenfertigung dieser Rohre würden die variablen Kosten 4,50 €/m betragen; die Fixkosten lägen bei 30.000,00 €. Ermitteln Sie die kritische Menge (Kosten der Eigenfertigung = Kosten des Fremdbezugs).

Berechnungen:

Schlussfolgerung: _____

2. Kostenvergleich von Anlagen ohne Kapazitätsbetrachtung

Ist bei der Wahl zwischen zwei Investitionsalternativen (oder bei der Entscheidung „Eigenfertigung oder Fremdbezug?") die Kapazität, z. B. die Produktionsmenge je Zeiteinheit, gleich oder ohne Bedeutung, so ist – bei gleicher Qualität der Produktionsergebnisse – nur die Höhe der Gesamtkosten das relevante Entscheidungskriterium.

2   Nehmen Sie an, dass die oben genannten Aluminiumrohre in einer Meterzahl von 25 000 benötigt werden. Ermitteln Sie die Kosten der Eigenfertigung und des Fremdbezugs.

Berechnungen:

Schlussfolgerung: _____

3. Kostenvergleich von Anlagen mit unterschiedlicher Kapazität

Ist die Kapazität von möglichen Alternativinvestitionen nicht gleich, muss zuerst die kritische Menge ermittelt werden. Meist sind die fixen Kosten der „kleineren" Anlage geringer, während die variablen Kosten je Produktionseinheit oft höher sind als bei der „größeren" Anlage. Hier spielt die über einen längeren Zeitraum voraussichtlich genutzte Kapazität (oder die Bedeutung von freien Kapazitäten für z. B. Zusatzaufträge) eine wichtige Rolle.

3   Ein Unternehmen, das eine Erweiterungsinvestition tätigen will, hat die Wahl zwischen zwei verschiedenen Maschinen. Ermitteln Sie die kritische Menge, die bei dieser Investitionsentscheidung berücksichtigt werden muss.

	Maschine 1	Maschine 2
Kapazität je Abrechnungsperiode:	11 000 Stück	15 000 Stück
Fixe Kosten je Abrechnungsperiode:	50.000,00 €	75.000,00 €
Variable Kosten je Stück:.	7,50 €	5,00 €

Berechnungen:

Schlussfolgerung: _____

Arbeitsblatt 68.3: Weitere statische Investitionsrechnungsverfahren (ohne Restwerte)

1. Gewinnvergleichsrechnung

Wenn sich einer Investition nicht nur die Kosten, sondern auch die erbrachten Leistungen direkt zurechnen lassen, kann die Gewinnvergleichsrechnung als Entscheidungshilfe dienen. Steht nur ein Investitionsobjekt zur Auswahl, ist herauszufinden, ob der Gewinn über null liegt.

Formel: Verkaufspreis je Einheit · maximale Produktionsmenge – Gesamtkosten der Produktionsmenge = Leistungen – Kosten = Gewinn

1 Ermitteln Sie den Gesamtgewinn der folgenden Investition für ein Jahr.

Verkaufspreis je Stück:	25,00 €
Variable Kosten je Stück:	15,00 €
Produktionsmenge:	12 000 Stück/Jahr
Fixe Kosten:	25.000,00 €/Jahr

Berechnungen:

Schlussfolgerung: _____

2. Rentabilitätsrechnung

Bei der Rentabilitätsrechnung wird der erzielte Gewinn zum durchschnittlich eingesetzten Kapital in Beziehung gesetzt, d. h., es wird die Verzinsung des eingesetzten Kapitals berechnet.

Grundformel: $$\text{Rentabilität} = \frac{\text{Gewinn} \cdot 100}{\text{Kapital}}$$

Das durchschnittlich eingesetzte Kapital entspricht i. d. R. der Hälfte der Anschaffungs- oder Herstellungskosten.

2 Ermitteln Sie die Rentabilität der folgenden Investition.

Anschaffungskosten der Maschine:	200.000,00 €
Produktionsmenge:	5 000 Stück je Jahr
Erlöse je Stück:	50,00 €
Variable Kosten je Stück:	30,00 €
Fixe Kosten je Jahr:	85.000,00 €

Berechnungen:

Schlussfolgerung: _____

3. Amortisationsrechnung (Pay-off-Methode → Kapitalrückfluss)

Mit der Amortisationsrechnung wird geprüft, in welcher Zeit eine Investition sich amortisiert, d. h., in welcher Zeit das eingesetzte Kapitel durch Kapitalrückflüsse wiedergewonnen wird. Je kürzer die Zeit des Kapitalrückflusses, desto schneller hat sich das Investitionsgut amortisiert.

Formel: $$\frac{\text{Amortisationszeit}}{\text{(Kapitalrückflusszeit)}} = \frac{\text{Kapitaleinsatz}}{\text{Jahresgewinn} + \text{Jahresabschreibungen}}$$

3 Eine Produktionsanlage hat Anschaffungskosten von 240.000,00 € (Kapitaleinsatz) verursacht. Durch den Verkauf der mit dieser Anlage produzierten Erzeugnisse werden pro Jahr 40.000,00 € Gewinn erzielt. Bei 10 Jahren Nutzungsdauer und Wiederbeschaffungskosten von 260.000,00 € betragen die Abschreibungen für diese Maschine 26.000,00 € pro Jahr. Ermitteln Sie die Amortisationsdauer in Jahren.

Berechnungen:

Schlussfolgerung: _____

4 Ergänzen Sie die folgende Übersicht über die statischen Investitionsrechenverfahren.

Statische Investitionsrechenverfahren				
Investitionsrechenart	**a)**	**b)**	**c)**	**d) Amortisationsrechnung**
Durchführung		Vergleich des Gewinns, den verschiedene Investitionsobjekte versprechen		
Entscheidungsregel			Wahl der Investition mit der maximalen (durchschnittlichen) Rentabilität	
Nachteile	keine Berücksichtigung anderer Faktoren; keine Möglichkeit, die Eignung eines einzelnen Investitionsobjekts zu beurteilen			

Arbeitsblatt 68.4: Gewinnvergleichsrechnung mit Restwerten

1 Ermitteln Sie für die unten stehenden drei Investitionsalternativen
   a die Erlöse pro Jahr,
   b die Summe der variablen Kosten pro Jahr,
   c die Summe der fixen Kosten pro Jahr,
   d den Gewinn.
   Nehmen Sie dabei an, dass die produzierbaren Einheiten (Ausbringungsmengen) zum geplanten Verkaufspreis absetzbar sind.

Alternative Investitionen in eine Produktionsmaschine	Maschine 1	Maschine 2	Maschine 3
Anschaffungskosten (in €)	580.000,00	620.000,00	650.000,00
Wiederbeschaffungskosten (in €)	638.000,00	682.000,00	715.000,00
Restwert (in €)	58.000,00	62.000,00	65.000,00
Nutzungsdauer in Jahren	8 Jahre		
kalkulatorische Zinsen in %	8 %		
Ausbringungsmenge (je Jahr in Stück)	60 000	62 500	65 000
Verkaufspreis in €/Stück	9,00	9,00	9,00
Erlöse			
Variable Kosten der Ausbringungsmenge (in €)			
Fertigungsmaterial	90.000,00	93.750,00	97.500,00
Fertigungslöhne	120.000,00	125.000,00	130.000,00
Betriebsstoffe	3.000,00	3.125,00	3.250,00
Wartung/Reparatur	11.600,00	12.400,00	13.000,00
Energie	9.000,00	9.375,00	9.750,00
Werkzeugkosten	5.000,00	5.000,00	5.000,00
weitere variable Kosten	2.000,00	2.200,00	2.500,00
= Summe variable Kosten der Ausbringungsmenge (in €)			
Fixkosten je Jahr (in €)			
Raumkosten	25.000,00		
kalkulatorische Abschreibungen			
kalkulatorische Zinsen			
sonstige Fixkosten	10.000,00		
= Summe fixe Kosten je Jahr			
Erlöse (in €)			
− Gesamtkosten (in €)			
= Gewinn (in €)			

Arbeitsblatt 68.5: Investitionsentscheidungen

Ein Unternehmen plant eine Erweiterungsinvestition und hat zwei Alternativen zur Auswahl.

1 Berechnen Sie in der folgenden Anlagenkartei die kalkulatorischen Abschreibungen und die kalkulatorischen Zinsen.

Daten der Anlagenkartei (lineare Abschreibung)	Anlage 1	Anlage 2
Wiederbeschaffungskosten	500.000,00 €	480.000,00 €
Anschaffungswert	450.000,00 €	430.000,00 €
kalkulatorischer Zinssatz auf den halben Anschaffungswert	5 %	5 %
betriebsindividuelle Nutzungsdauer	10 Jahre	10 Jahre
Kapazität	3 500 Stück	3 200 Stück
Maschinenabhängige Kosten		
kalkulatorische Abschreibungen		
kalkulatorische Zinsen		
Reparatur- und Wartungskosten	4.500,00 €	2.250,00 €
Energie- und Betriebskosten	9.800,00 €	10.950,00 €
Versicherung	4.200,00 €	4.200,00 €
Raumkosten	5.500,00 €	3.400,00 €
Summe maschinenabhängige Kosten		
Produktionsabhängige Kosten je Stück		
Fertigungsmaterial	25,00 €	25,00 €
Fertigungslöhne	14,00 €	16,00 €
Erlöse je Stück	105,00 €	105,00 €

2 Ermitteln Sie die Kosten der beiden Anlagen bei voller Kapazitätsauslastung.

Kostenvergleich			
	Zuschlagssätze	Anlage I	Anlage II
Fertigungsmaterial			
Materialgemeinkosten	25 %		
Materialkosten			
Fertigungslöhne			
maschinenabhängige Kosten			
(Rest-)Fertigungsgemeinkosten	60 %		
Fertigungskosten			
Herstellkosten (HK)			
Verwaltungsgemeinkosten	5 %		
Vertriebsgemeinkosten	7 %		
Selbstkosten (SK)			
Selbstkosten je Stück			

3 Vergleichen Sie für die maximal mögliche Absatzmenge den Gewinn, die Rentabilität und die Amortisationsdauer.

Berechnungen für die Absatzmenge (maximale Kapazität)	Anlage I	Anlage II
Erlöse der möglichen Absatzmenge		
Kosten der dafür notwendigen Produktionsmenge		
Gesamtgewinn		
Rentabilität in %		
Amortisationsdauer in Jahren		

Hinweis: Alle Ergebnisse sind auf zwei Nachkommastellen kaufmännisch zu runden.

Aufgaben

Aufgabe 1

Was kann für und was kann gegen eine Erweiterungsinvestition sprechen?

a Nennen Sie drei mögliche Gründe, die zu einer Erweiterungsinvestition führen können.

b Beschreiben Sie die (positiven oder negativen) wirtschaftlichen Folgen, die eine Erweiterungsinvestition nach sich ziehen kann.

Aufgabe 2

Der Kauf einer neuen Produktionsanlage wirkt sich nachhaltig auf die Geschäftsprozesse eines Unternehmens aus. Daher müssen Investitionsvorhaben sorgfältig geplant werden. Benennen und erläutern Sie die Phasen, die der Planungsprozess für eine Investition normalerweise durchläuft.

Aufgabe 3

Ein Unternehmen, das eine Erweiterungsinvestition plant, hat die Wahl zwischen zwei Alternativen:

	Anlage I	Anlage II
Anschaffungswert	40.000,00 €	48.000,00 €
Wiederbeschaffungskosten	42.000,00 €	50.000,00 €
Nutzungsdauer	8 Jahre	8 Jahre
Kapazität	1 250 Stück	1 400 Stück

Die Maschinen werden linear abgeschrieben, der kalkulatorische Zinssatz (auf den halben Anschaffungswert) beträgt 10 %.

a Ermitteln Sie die Summe der fixen Kosten je Jahr.

	Anlage I	Anlage II
kalkulatorische Abschreibungen		
kalkulatorische Zinsen		
weitere fixe Kosten	2.500,00 €	3.000,00 €
Summe fixe Kosten		

b Die variablen Kosten je Stück betragen 11,90 € bei Anlage I und 10,50 € bei Anlage II; der geplante Verkaufspreis je Stück beträgt 24,00 €. Bei welcher Produktionsmenge sind die Kosten beider Anlagen gleich hoch?

c Ermitteln Sie für die jeweils volle Kapazitätsauslastung (ggf. alle Zwischen- und Endergebnisse auf zwei Nachkommastellen kaufmännisch runden)

   ca den Gewinn je Stück der Anlage I und II,

   cb die Rentabilität der Anlage I und II,

   cc die Amortisationszeit der Anlage I und II.

Aufgabe 4

Ein Hersteller bietet Aluminiumrohre für 6,00 €/m an. Bei einer Eigenfertigung würden die variablen Kosten für diese Rohre 4,50 €/m betragen; die Fixkosten für die Rohreproduktion lägen bei 30.000,00 €. Der Verkaufspreis beträgt 8,00 €/m. Ermitteln und erläutern Sie die kritische Menge.

Aufgabe 5

Mit einer Maschine zum Anschaffungswert von 84.000,00 € stellt ein Industrieunternehmen bei 1 725 Arbeitsstunden im Jahr 50 000 Werkstücke her. Die Maschine wird von einer Arbeitskraft bedient, die je Arbeitsstunde Kosten in Höhe von 20,00 € verursacht. Die Maschinenkosten betragen pro Jahr 16.800,00 €. Der Wert der Werkstücke beträgt 1,25 €. Eine Umrüstung der Maschine, die 25.000,00 € kostet, würde die notwendigen Arbeitsstunden um 50 % reduzieren. Dafür würden die Maschinenkosten pro Jahr um 25 % steigen. Erläutern Sie anhand von Kennzahlen, ob sich diese Rationalisierungsinvestition für das Industrieunternehmen lohnt.

Aufgabe 6

Erläutern Sie die Aufgaben des strategischen und des operativen Investitionscontrollings.

Aktiva | **Passiva**

Anlagevermögen | Umlaufvermögen

Kontenklasse 0

0 Immaterielle Vermögensgegenstände und Sachanlagen

| 00 | Ausstehende Einlagen |
| 0000 | Ausstehende Einlagen |

Immaterielle Vermögensgegenstände

02	Konzessionen, gewerbliche Schutzrechte und ähnliche Rechte und Werte sowie Lizenzen an solchen Rechten und Werten
0200	Konzessionen und Lizenzen
03	Geschäfts- oder Firmenwert
0300	Geschäfts- oder Firmenwert

Sachanlagen

05	Grundstücke, grundstücksgleiche Rechte und Bauten einschließlich der Bauten auf fremden Grundstücken
0500	Unbebaute Grundstücke
0510	Bebaute Grundstücke
0530	Betriebsgebäude
0540	Verwaltungsgebäude
0550	Andere Bauten
0560	Grundstückseinrichtungen
0570	Gebäudeeinrichtungen
0590	Wohngebäude
07	Technische Anlagen und Maschinen
0700	Anlagen und Maschinen der Energieversorgung
0710	Anlagen der Materiallagerung und -bereitstellung
0720	Anlagen und Maschinen der mechanischen Materialbearbeitung, -verarbeitung und -umwandlung
0730	Anlagen für Wärme-, Kälte- und chemische Prozesse sowie ähnliche Anlagen
0740	Anlagen für Arbeitssicherheit und Umweltschutz
0750	Transportanlagen und ähnliche Betriebsvorrichtungen
0760	Verpackungsanlagen und -maschinen
0770	Sonstige Anlagen und Maschinen
0780	Reservemaschinen und -anlageteile
0790	GWG Anlagen und Maschinen
0791– 0795	GWG-Sammelposten Anlagen und Maschinen, Jahr 1 bis 5
08	Andere Anlagen, Betriebs- und Geschäftsausstattung
0800	Andere Anlagen
0810	Werkstätteneinrichtung
0820	Werkzeuge, Werksgeräte und Modelle, Prüf- und Messmittel
0830	Lager- und Transporteinrichtungen
0840	Fuhrpark
0850	Sonstige Betriebsausstattung
0860	Büromaschinen, Organisationsmittel und Kommunikationsanlagen
0870	Büromöbel und sonstige Geschäftsausstattung
0880	Reserveteile für Betriebs- und Geschäftsausstattung
0890	GWG Betriebs- und Geschäftsausstattung
0891– 0895	GWG-Sammelposten Betriebs- und Geschäftsausstattung, Jahr 1 bis 5
09	Geleistete Anzahlungen und Anlagen im Bau
0900	Geleistete Anzahlungen auf Sachanlagen
0950	Anlagen im Bau

Kontenklasse 1

1 Finanzanlagen

13	Beteiligungen
1300	Beteiligungen
15	Wertpapiere des Anlagevermögens
1500	Wertpapiere des Anlagevermögens
16	Sonstige Finanzanlagen
1600	Sonstige Finanzanlagen

Kontenklasse 2

2 Umlaufvermögen und aktive Rechnungsabgrenzung

Vorräte

20	Roh-, Hilfs- und Betriebsstoffe
2000	Rohstoffe
2001	Bezugskosten
2002	Nachlässe
2010	Vorprodukte/Fremdbauteile
2011	Bezugskosten
2012	Nachlässe
2020	Hilfsstoffe
2021	Bezugskosten
2022	Nachlässe
2030	Betriebsstoffe
2031	Bezugskosten
2032	Nachlässe
2040	Verpackungsmaterial
2041	Bezugskosten
2042	Nachlässe
2070	Sonstiges Material
2071	Bezugskosten
2072	Nachlässe
21	Unfertige Erzeugnisse, unfertige Leistungen
2100	Unfertige Erzeugnisse
2190	Unfertige Leistungen
22	Fertige Erzeugnisse und Waren
2200	Fertige Erzeugnisse
2280	Waren (Handelswaren)
2281	Bezugskosten
2282	Nachlässe
23	Geleistete Anzahlungen auf Vorräte
2300	Geleistete Anzahlungen auf Vorräte

Forderungen und sonstige Vermögensgegenstände

24	Forderungen aus Lieferungen und Leistungen
2400	Forderungen aus Lieferungen und Leistungen
2470	Zweifelhafte Forderungen
26	Sonstige Vermögensgegenstände
2600	Vorsteuer (voller Steuersatz)
2610	Vorsteuer (ermäßigter Steuersatz)
2627	Vorsteuer aus ig-Erwerb
2628	Einfuhrumsatzsteuer
2630	Sonstige Forderungen an Finanzbehörden
2640	Sozialversicherungs-Vorauszahlung
2650	Forderungen an Mitarbeiter
2690	Übrige sonstige Forderungen
27	Wertpapiere des Umlaufvermögens
2700	Wertpapiere des Umlaufvermögens
28	Flüssige Mittel
2800	Guthaben bei Kreditinstituten (Bankguthaben)
2850	Postbank
2860	Schecks
2870	Bundesbank
2880	Kasse
2890	Nebenkassen
29	Aktive Rechnungsabgrenzung (und Bilanzfehlbetrag)
2900	Aktive Jahresabgrenzung
2920	Umsatzsteuer auf erhaltene Anzahlungen
2990	Nicht durch Eigenkapital gedeckter Fehlbetrag

Kontenklasse 3

3 Eigenkapital und Rückstellungen

Eigenkapital

| 30 | Eigenkapital/Gezeichnetes Kapital |

Bei Einzelkaufleuten

| 3000 | Eigenkapital |
| 3001 | Privatkonto |

Bei Personengesellschaften

3000	Kapital Gesellschafter A
3001	Privatkonto A
3010	Kapital Gesellschafter B
3011	Privatkonto B
3070	Kommanditkapital Gesellschafter C
3080	Kommanditkapital Gesellschafter D

Bei Kapitalgesellschaften

3000	gezeichnetes Kapital (Grundkapital/ Stammkapital)
31	Kapitalrücklagen
3100	Kapitalrücklage
32	Gewinnrücklagen
3210	Gesetzliche Rücklagen
3230	Satzungsmäßige Rücklagen
3240	Andere Gewinnrücklagen
33	Ergebnisverwendung
3310	Jahresergebnis des Vorjahres
3320	Ergebnisvortrag aus früheren Perioden
3340	Veränderungen der Rücklagen
3350	Bilanzgewinn/Bilanzverlust
3360	Ergebnisausschüttung
3390	Ergebnisvortrag auf neue Rechnung
34	Jahresüberschuss/Jahresfehlbetrag
3400	Jahresüberschuss/Jahresfehlbetrag
35	Sonderposten mit Rücklageanteil
3500	Sonderposten mit Rücklageanteil

Rückstellungen

37	Rückstellungen für Pensionen und ähnliche Verpflichtungen
3700	Rückstellungen für Pensionen und ähnliche Verpflichtungen
38	Steuerrückstellungen
3800	Steuerrückstellungen
39	Sonstige Rückstellungen
3910	– für Gewährleistung
3930	– für andere ungewisse Verbindlichkeiten
3970	– für drohende Verluste aus schwebenden Geschäften
3990	– für Aufwendungen

Kontenklasse 4

4 Verbindlichkeiten und passive Rechnungsabgrenzung

41	Anleihen
4100	Anleihen
42	Verbindlichkeiten gegenüber Kreditinstituten
4200	Kurzfristige Bankverbindlichkeiten
4250	Langfristige Bankverbindlichkeiten
43	Erhaltene Anzahlungen auf Bestellungen
4300	Erhaltene Anzahlungen
44	Verbindlichkeiten aus Lieferungen und Leistungen
4400	Verbindlichkeiten aus Lieferungen und Leistungen
48	Sonstige Verbindlichkeiten
4800	Umsatzsteuer (voller Steuersatz)
4810	Umsatzsteuer (ermäßigter Steuersatz)
4829	Umsatzsteuer aus ig-Erwerb
4830	Sonstige Verbindlichkeiten gegenüber Finanzbehörden
4840	Verbindlichkeiten gegenüber Sozialversicherungsträgern
4850	Verbindlichkeiten gegenüber Mitarbeitern
4860	Verbindlichkeiten aus vermögenswirksamen Leistungen
4870	Verbindlichkeiten gegenüber Gesellschaftern
4890	Übrige sonstige Verbindlichkeiten
49	Passive Rechnungsabgrenzung
4900	Passive Jahresabgrenzung
4920	Vorsteuer auf geleistete Anzahlungen

Erträge	Aufwendungen	Ergebnisrechnungen

Kontenklasse 5

5 Erträge

50	Umsatzerlöse für eigene Erzeugnisse und andere eigene Leistungen
5000	Umsatzerlöse für eigene Erzeugnisse
5001	Erlösberichtigungen
5050	Umsatzerlöse für andere eigene Leistungen
5051	Erlösberichtigungen
5060	Umsatzerlöse aus Ausfuhrlieferungen
5070	Umsatzerlöse aus ig-Lieferungen
51	Umsatzerlöse für Waren und sonstige Umsatzerlöse
5100	Umsatzerlöse für Waren
5101	Erlösberichtigungen
5190	Sonstige Umsatzerlöse
5191	Erlösberichtigungen
52	Erhöhung oder Verminderung des Bestandes an unfertigen und fertigen Erzeugnissen
5200	Bestandsveränderungen
5201	Bestandsveränderungen an unfertigen Erzeugnissen und nicht abgerechneten Leistungen
5202	Bestandsveränderungen an fertigen Erzeugnissen
53	Aktivierte Eigenleistungen
5300	Aktivierte Eigenleistungen
54	Sonstige betriebliche Erträge
5400	Nebenerlöse (z.B. Mieterträge)
5410	Sonstige Erlöse (z.B. aus Provisionen oder Anlagenabgängen)
5420	Entnahme von Gegenständen und Leistungen
5430	Andere sonstige betriebliche Erträge
5440	Erträge aus Werterhöhungen von Gegenständen des Anlagevermögens (Zuschreibungen)
5450	Erträge aus der Auflösung oder Herabsetzung von Wertberichtigungen auf Forderungen
5480	Erträge aus der Herabsetzung von Rückstellungen
5490	Periodenfremde Erträge
5495	Erträge aus abgeschriebenen Forderungen
55	Erträge aus Beteiligungen
5500	Erträge aus Beteiligungen
56	Erträge aus anderen Wertpapieren und Ausleihungen des Finanzanlagevermögens
5600	Erträge aus anderen Finanzanlagen
57	Sonstige Zinsen und ähnliche Erträge
5710	Zinserträge
5730	Diskonterträge
5780	Erträge aus Wertpapieren des Umlaufvermögens
5790	Sonstige zinsähnliche Erträge
58	Außerordentliche Erträge
5800	Außerordentliche Erträge

Kontenklasse 6

6 Betriebliche Aufwendungen

Materialaufwand

60	Aufwendungen für Roh-, Hilfs- und Betriebsstoffe und bezogene Waren
6000	Aufwendungen für Rohstoffe/Fertigungsmaterial
6001	Bezugskosten
6002	Nachlässe
6010	Aufwendungen für Vorprodukte/Fremdbauteile
6011	Bezugskosten
6012	Nachlässe
6020	Aufwendungen für Hilfsstoffe
6021	Bezugskosten
6022	Nachlässe
6030	Aufwendungen für Betriebsstoffe/Verbrauchswerkzeuge
6031	Bezugskosten
6032	Nachlässe
6040	Aufwendungen für Verpackungsmaterial
6041	Bezugskosten
6042	Nachlässe
6050	Energie
6060	Aufwendungen für Reparaturmaterial
6061	Bezugskosten
6062	Nachlässe
6070	Aufwendungen für sonstiges Material
6071	Bezugskosten
6072	Nachlässe
6080	Aufwendungen für Waren
6081	Bezugskosten
6082	Nachlässe
61	Aufwendungen für bezogene Leistungen
6100	Fremdleistungen für Erzeugnisse und andere Umsatzleistungen
6140	Frachten und Fremdlager
6150	Vertriebsprovisionen
6160	Fremdinstandhaltung
6170	Sonstige Aufwendungen für bezogene Leistungen

Personalaufwand

62	Löhne
6200	Löhne einschließlich tariflicher, vertraglicher oder arbeitsbedingter Zulagen
6210	Löhne für andere Zeiten (Urlaub, Feiertag, Krankheit)
6220	Sonstige tarifliche oder vertragliche Aufwendungen für Lohnempfänger
6230	Freiwillige Zuwendungen
6250	Sachbezüge
6260	Vergütungen an gewerbliche Auszubildende
63	Gehälter
6300	Gehälter und Zulagen
6310	Urlaubs- und Weihnachtsgeld
6320	Sonstige tarifliche oder vertragliche Aufwendungen
6330	Freiwillige Zuwendungen
6350	Sachbezüge
6360	Vergütungen an techn./kaufm. Auszubildende
64	Soziale Abgaben und Aufwendungen für Altersversorgung und für Unterstützung
6400	Arbeitgeberanteil zur Sozialversicherung (Lohnbereich)
6410	Arbeitgeberanteil zur Sozialversicherung (Gehaltsbereich)
6420	Beiträge zur Berufsgenossenschaft
6440	Aufwendungen für Altersversorgung
6490	Aufwendungen für Unterstützung

Abschreibungen auf Anlagevermögen

65	Abschreibungen
6510	Abschreibungen auf immaterielle Vermögensgegenstände des Anlagevermögens
6520	Abschreibungen auf Sachanlagen
6540	Abschreibungen auf geringwertige Wirtschaftsgüter
6541–6545	Abschreibungen auf GWG-Sammelposten, Jahr 1 bis 5
6550	Außerplanmäßige Abschreibungen auf Sachanlagen
6570	Unüblich hohe Abschreibungen auf Umlaufvermögen

Sonstige betriebliche Aufwendungen

66	Sonstige Personalaufwendungen
6600	Aufwendungen für Personaleinstellung
6610	Aufwendungen für übernommene Fahrtkosten
6620	Aufwendungen für Werkarzt und Arbeitssicherheit
6630	Personenbezogene Versicherungen
6640	Aufwendungen für Fort- und Weiterbildung
6650	Aufwendungen für Dienstjubiläen
6660	Aufwendungen für Belegschaftsveranstaltungen
6670	Aufwendungen für Werksküche und Sozialeinrichtungen
6680	Ausgleichsabgabe nach dem Schwerbehindertengesetz
6690	Übrige sonstige Personalaufwendungen
67	Aufwendungen für die Inanspruchnahme von Rechten und Diensten
6700	Mieten, Pachten
6710	Leasing
6720	Lizenzen und Konzessionen
6730	Gebühren
6750	Kosten des Geldverkehrs
6760	Provisionsaufwendungen (außer Vertriebsprovison)
6770	Rechts- und Beratungskosten
68	Aufwendungen für Kommunikation (Dokumentation, Information, Reisen, Werbung)
6800	Büromaterial
6810	Zeitungen und Fachliteratur
6820	Postgebühren/Telefon
6850	Reisekosten
6860	Bewirtung und Präsentation
6870	Werbung
6880	Spenden
69	Aufwendungen für Beiträge und Sonstiges sowie Wertkorrekturen und periodenfremde Aufwendungen
6900	Versicherungsbeiträge
6920	Beiträge zu Wirtschaftsverbänden und Berufsvertretung
6930	Verluste aus Schadensfällen
6940	Sonstige Aufwendungen
6950	Abschreibungen auf Forderungen
6951	Abschreibungen auf Forderungen wegen Uneinbringlichkeit
6952	Einzelwertberichtigungen
6953	Pauschalwertberichtigungen
6970	Einstellungen in den Sonderposten mit Rücklageanteil
6979	Anlagenabgänge
6980	Zuführungen zu Rückstellungen für Gewährleistung
6990	Periodenfremde Aufwendungen

Kontenklasse 7

7 Weitere Aufwendungen

70	Betriebliche Steuern
7020	Grundsteuer
7030	Kfz-Steuer
7070	Ausfuhrzölle
7080	Verbrauchsteuern
7090	Sonstige betriebliche Steuern
74	Abschreibungen auf Finanzanlagen und auf Wertpapiere des Umlaufvermögens und Verluste aus entsprechenden Abgängen
7400	Abschreibungen auf Finanzanlagen
7420	Abschreibungen auf Wertpapiere des Umlaufvermögens
7450	Verluste aus dem Abgang von Finanzanlagen
7460	Verluste aus dem Abgang von Wertpapieren des Umlaufvermögens
75	Zinsen und ähnliche Aufwendungen
7510	Zinsaufwendungen
7590	Sonstige zinsähnliche Aufwendungen
76	Außerordentliche Aufwendungen
7600	Außerordentliche Aufwendungen
77	Steuern vom Einkommen und Ertrag
7700	Gewerbeertragsteuer
7710	Körperschaftsteuer
7720	Kapitalertragsteuer

Kontenklasse 8

8 Ergebnisrechnungen

80	Eröffnung und Abschluss
8000	Eröffnungsbilanzkonto
8010	Schlussbilanzkonto
8020	GuV-Konto Gesamtkostenverfahren
8030	GuV-Konto Umsatzkostenverfahren

Konten der Kostenbereiche für die GuV im Umsatzkostenverfahren

8100	Herstellkosten
8200	Vertriebskosten
8300	Allgemeine Verwaltungskosten
8400	Sonstige betriebliche Aufwendungen

Konten der kurzfristigen Erfolgsrechnung (KER) für innerjährige Rechnungsperioden (Monat, Quartal, Halbjahr)

85	Korrekturkonten zu den Erträgen der Kontenklasse 5
86	Korrekturkonten zu den Aufwendungen der Kontenklasse 6
87	Korrekturkonten zu den Aufwendungen der Kontenklasse 7
88	Kurzfristige Erfolgsrechnung (KER)
8800	Gesamtkostenverfahren
8810	Umsatzkostenverfahren
89	Innerjährige Rechnungsabgrenzung
8900	Aktive Rechnungsabgrenzung
8950	Passive Rechnungsabgrenzung

Kosten- und Leistungsrechnung

Kontenklasse 9

9 Kosten- und Leistungsrechnung (KLR)

90	Unternehmensbezogene Abgrenzungen (betriebsfremde Aufwendungen und Erträge)
91	Kostenrechnerische Korrekturen
92	Kostenarten und Leistungsarten
93	Kostenstellen
94	Kostenträger
95	Fertige Erzeugnisse
96	Interne Lieferungen und Leistungen sowie deren Kosten
97	Umsatzkosten
98	Umsatzleistungen
99	Ergebnisausweise

In der Praxis wird die KLR gewöhnlich tabellarisch durchgeführt.